Johann Samuel Schröter

**Lithologisches Real und Verballexicon**

Johann Samuel Schröter

**Lithologisches Real und Verballexicon**

ISBN/EAN: 9783742897244

Hergestellt in Europa, USA, Kanada, Australien, Japan

Cover: Foto ©Andreas Hilbeck / pixelio.de

Manufactured and distributed by brebook publishing software (www.brebook.com)

Johann Samuel Schröter

**Lithologisches Real und Verballexicon**

# Lithologisches Real- und Verballexikon,

in welchem nicht nur die

## Synonymien

der deutschen, lateinischen, französischen und holländischen Sprachen angeführt und erläutert, sondern auch alle

## Steine und Versteinerungen

ausführlich beschrieben werden,

von

## Johann Samuel Schröter,

Ersten Diaconus an der Stadt- und Hauptpfarrkirche zu Weimar, Aufseher über das Herzogliche Naturalien- und Kunstkabinet, der Römisch-Kayserlichen Academie der Naturforscher, der Churfürstlich Sächsischen physicalisch-öconomischen Bienengesellschaft in der Oberlausitz, der Churfürstlich Mayn-zischen Academie nützlicher Wissenschaften in Erfurt, und der Gesellschaft naturforschender Freunde in Berlin, Mitglied.

## Erster Band.

Frankfurt am Mayn,
bei Varrentrapp Sohn und Wenner.
1779.

Der

Durchlauchtigsten Fürstin und Frauen,

Frauen

Annen Amalien,

verwittweten Herzogin
zu Sachsen, Jülich, Kleve und Berg, auch Engern und Westphalen,

gebohrnen Herzogin zu Braunschweig und Lüneburg,

Landgräfin in Thüringen, Marggräfin zu Meißen, gefürsteten Gräfin zu Henneberg, Gräfin zu der Mark und Ravensberg, Frauen zu Ravenstein ꝛc.

Obervormünderin und Landesregentin der Herzogthümer Weimar, Eisenach und Jena.

Meiner
gnädigsten Fürstin und Frauen

# Durchlauchtigste Herzogin,

## Gnädigste Fürstin und Frau!

Wenn es die wahreste Schuldigkeit für Unterthanen ist, ihrer höchsten Landesobrigkeit von einer jeden Handlung ihres Lebens Rechenschaft zu geben; und wenn sie über den sorgfältigen Gebrauch ihrer Stunden, keine demüthigende Vorwürfe ihres Gewissens zu befürchten haben; so darf ich keine schreckende Sorge meines Herzens be-

fürch-

fürchten, wenn ich es wage, Ihro Hochfürstlichen Durchlaucht dieses Buch in Unterthänigkeit zu Füßen zu legen. Mein heiliges Amt hat seine bestimmten Arbeiten, denen ich mich, ohne in die größte Sünde zu fallen, nicht entziehen darf. Aber die Stille, die ich auf dem Lande genieße, überläßt mir noch manche Stunde zum freyen Gebrauche. Wie niedrig! wenn ich nicht bedächte, daß mir eine jede Stunde meines Lebens kostbar sey: Wie strafbar! wenn ich meine übrigen Stunden einer faulen Nachläßigkeit, oder solchen Geschäften widmen würde, welche nicht nur den großen Glanz des Predigtamts, sondern so gar auch die Ehre verdunkeln, auf welche man nicht geizig genug seyn kann. Ich darf nicht befürchten, daß das Geschäfte der Naturgeschichte jener Größe zuwider sey, da ihr großer Werth, die Pracht ihrer Mannigfaltigkeit, und ihr unvermerkter Zug zum anbethungswürdigsten Schöpfer so gewiß entschieden ist,

ist, daß in unsern erleuchteten Zeiten viele Fürsten, die sich mit der Natur beschäftigen, ihre Lust an den Werken des Herrn sehen; und sich große Gottesgelehrten von je her der Naturgeschichte mit Lust gewidmet haben, ohne zu befürchten, daß es ihrem Stande nachtheilig sey, nicht nur für sich an der prächtigen Natur ihre Lust zu sehen, sondern so gar in ihren Schriften davon öffentliche Zeugnisse an den Tag zu legen.

Würden Ihro Hochfürstliche Durchlaucht mein heutiges Unternehmen als die freudigste Rechenschaft von meinen Beschäftigungen, als den unterthänigsten Beweis meiner größten Ehrfurcht, als den lebhaftesten Dank für viele genossene Gnade anzusehen, gnädigst geruhen; so würde ich mit entzückender Lust von Dero Fürstenthrone zurückgehen, und den heutigen Tag unter die schönsten meines Lebens zählen!

Ich kenne die Pflichten, die ich Ihnen, Durchlauchtigste Herzogin! als Priester und Unterthan schuldig bin. Ich werde es mir daher zur süßesten Pflicht machen, für Dero hohes Wohl, daß es schön bis in die spätesten Jahre sey, und für das Glück unserer beyden Durchlauchtigsten Prinzen unermüdet zu bethen. Erlauben Sie mir nur, Gnädigste Fürstin! daß ich mich in der grössten Ehrfurcht, und in der bereitwilligsten Unterthänigkeit auf alle meine Tage unterzeichnen dürfe

Durchlauchtigste Herzogin,
Gnädigste Fürstin und Frau,
Ihro Hochfürstlichen Durchlaucht

Thangelstedt,
den 12ten May 1772.

unterthänigsten Diener
Johann Samuel Schröter.

Vorrede.

# Vorrede.

Ich habe meinen Lesern in diesem Vorberichte zweyerley zu sagen. Ich will zuförderst die Umstände anführen, die mich bestimmt haben, diese mit vieler Mühe verknüpfte Arbeit zu übernehmen, um dadurch mein Unternehmen zu rechtfertigen. Ich werde hernach von der Einrichtung dieses Werks einiges bemerken, damit ich auf der einen Seite meinen Lesern den Gebrauch dieser Schrift erläutere, auf der andern Seite aber einigen unnöthigen Kritiken im Voraus begegnen könne.

Die Lithologie, welche sich mit Steinen und versteinten Körpern beschäftiget, ist, nach dem Ausspruche aller Kenner, eine angenehme Wissenschaft, welche endlich zur Verherrlichung eines allmächtigen Schöpfers führet, der sich in der Natur in einer erstaunungswürdigen Größe geoffenbahret hat. Aber wie schwer ist nicht diese Wissenschaft für Anfänger? Welche fast unüberwindliche Schwierigkeiten finden sich nicht für manche Anfänger insonderheit? Ich kann hier aus der Erfahrung reden. Wenn ich also diejenigen mächtigen Hindernisse

derniße aufrichtig erzähle, die mir in der Erlernung der Lithologie im Wege stunden, so werde ich zugleich die Schwierigkeiten entdeckt haben, welche Liebhabern des Steinreichs, wenn sie noch Anfänger sind, im Wege stehen.

Es haben sich viele Gelehrte in den ältern, mittlern und neuern Zeiten gefunden, welche sich durch Schriften in der Lithologie die größten Verdienste erworben haben. Aber so groß meine Verehrung gegen diese Männer und gegen ihre Verdienste ist, so muß ich doch sagen, daß ihre Schriften noch nicht alle Schwierigkeiten gehoben haben. Ich will nur zweyerley bemerken. Erstlich: Die mehresten Schriften sind wegen der vielen nöthigen Abbildungen so theuer, daß sich wohl unter hundert Freunden dieser Wissenschaft kaum einer unterstehen darf, auf den Einfall zu gerathen, sich diese Bücher anzuschaffen. Zweytens: Fast ein jeder Schriftsteller belegt die Steine mit andern Namen, und hat seine eigene Terminologie, seine eigene Klaßifikation, oder schreibt wohl gar ohne alle Ordnung. Es ist daher möglich, daß man ein kostbares Buch besitzen kann, und ein anderes doch nicht verstehet. Ich habe mich bemühet, dieser Schwierigkeit bey meinem Buche folgendergestalt abzuhelfen. Ich habe mehrere Benennungen, die einem Steine beygeleget werden, sorgfältig gesammlet, und sie also beschrieben, daß ein jeder wissen kann, was für ein Stein gemeynet sey. Ich will zwar nicht behaupten, daß ich schon alle Benenennungen gesammlet hätte, so wenig ich mich rühmen will, alle lithologische Schriften gesehen oder gelesen zu haben. Allein ich kann mir doch schmeicheln, so viel Namen gesammlet zu haben, als nöthig sind, mehrere Schriften der Gelehrten auf einmal zu lesen, ihre oft widersprechenden Meynungen zu vereinigen, und sie zu verstehen.

Diese

## Vorrede.

Diese Bemühung hat für Anfänger den Nutzen, daß sie einen Stein, den sie kennen, mit Namen zu nennen wissen. Aber hier bleibt noch immer die Frage übrig: wie lerne ich Steine kennen, die ich weder kenne noch mit Namen nennen kann? Es ist wahr, die verschiedenen vortreflichen Steinsammlungen, die sich hie und da in den Kabinetten befinden, sind ein eben so vortreflicher Weg, zu einer gewissen Kenntniß der Steine zu gelangen. Aber ich muß auch hier sagen, daß noch immer Schwierigkeiten vorhanden sind, die im Wege stehen. Erstlich sind der Gegenstände in einem vollständigen Kabinette viel zu viel, als daß es möglich wäre, auf ein oder zehnmal die Steine zu kennen, die man siehet. Wie oft betrügt uns die Einbildungskraft, wenn wir uns in der Entfernung den Körper vorstellen wollen, den wir ehedem gesehen haben? wie oft wird dabey das Gedächtniß ungetreu! Hernach sind die Männer, welche sich Kabinette gesammlet haben, meistentheils in viel zu viel Arbeiten verwickelt, als daß sie Zeit genug hätten, nicht nur einem jeden ihr Kabinet zu öffnen; sondern auch auf die Vorhaltung und Erklärung der Steine einige Stunden zu wenden. Und was sind bey einer so großen Mannigfaltigkeit einer vollständigen Sammlung einige Stunden? Ja, wenn man auch Männer findet, welche Muße und Gütigkeit genug haben, ihr Kabinet allen Liebhabern allezeit zu öffnen, so wird dieses doch nur ein Vortheil für diejenigen seyn, die an eben diesem Orte, oder wenigstens nicht weit davon entfernt leben. Fremde werden daran wenig Antheil haben.

Mit Vergnügen bemerken wir, daß verschiedene große Kenner der Naturgeschichte, auf Akademien dieser Schwierigkeit in unsern erleuchteten Zeiten dadurch abzuhelfen suchen,

daß

daß sie denen Lehrbegierigen auf Akademien die Naturgeschichte und das Steinreich erläutern. Nie wird man auch ohne innigste Lust lesen, mit welcher Aufmerksamkeit verschiedene gekrönte Häupter und Fürsten die Naturgeschichte beehren, wenn sie auf hohen Schulen Vorlesungen darüber zu halten, gnädigst befehlen. Aber zweyerley Menschen haben an dieser so schönen Einrichtung und an diesen Bemühungen doch keinen Antheil, nämlich diejenigen, welche ihre akademischen Jahre bereits zurück gelegt haben, und diejenigen, welche ihre Studien auf solchen hohen Schulen treiben, wo sie dazu noch keine Gelegenheit haben.

Auch dieser Schwierigkeit habe ich vielleicht in diesem Buche einigermaßen abgeholfen, und hoffe meinen Zweck dadurch erreicht zu haben, daß ich die Steine und Versteinerungen deutlich charakterisiret, auch bey den meisten Steinarten die Kennzeichen angeführet habe, wodurch man sie von ähnlichen oder verwandten Körpern unterscheiden kann. Ich sage nicht, daß ich hier logische Begriffe gegeben hätte, man wird auch bey solchen Körpern, als diejenigen sind, welche ich hier beschreibe, keine strengen Begriffe von mir fordern. Es reicht hin, wenn ich aus der Beschreibung eine Gelegenheit erhalten kann, Steine zu kennen, die ich zuvor nicht kannte. Ich läugne es zwar nicht, und es haben schon andere vor mir angemerket, daß die bloßen Beschreibungen nicht allezeit hinreichend sind, in allen Fällen Deutlichkeit zu erwecken \*); allein ich habe die Ehre, meinen Lesern zu sagen, daß

---

\*) Der Herr Rath und Pastor Schäfer zu Regensburg hat es auch sehr wohl angemerket, daß eine bloße Beschreibung des natürlichen Körpers zu dessen vollständiger Kenntniß noch nicht hinlänglich sey: daß

## Vorrede.                                    XIII

daß das vortrefliche systematische Steinreich des Hrn. Hofrath Walchs zu Jena, mein erster Anführer bey dieser Arbeit gewesen sey. Aus diesem Buche, welches bereits einen wohlverdienten allgemeinen Beyfall erlangt hat, und welches meiner Empfehlung gar nicht bedarf, habe ich eine große Menge Beschreibungen der Steine genommen. Diesem Buche sind viele deutliche Abbildungen der Steine beygefüget worden, welche dem Auge das natürlich vorstellen, was ein Schüler der Naturhistorie aus dem Munde eines geschickten Lehrers hören, oder in einer wohlangelegten Sammlung sehen möchte, und wegen obiger Schwierigkeiten weder hören noch sehen kann. Wenn man nun die Beschreibung eines Steines lieset, nachher aber mit dem Kupfer vergleichet, so lernt man gewiß einen Stein kennen, den man zuvor nicht kannte, und den man vielleicht auch außerdem nicht würde kennen lernen. Ich gestehe es aufrichtig, daß mir das Walchische System, und die Betrachtung des Heydenreichischen Kabinets zu Weimar, und der Walchischen und Kaltschmiedischen Kabinette zu Jena in der Lithologie mehr wesentlichen Nutzen geleistet haben, als eine große Menge anderer lithologischer

daß daher eine genaue Abbildung dazu kommen müsse. In der Vorrede zum andern Bande der Onomatologiae historiae naturalis completae, sagt dieser große Naturforscher: „Durch diese Abbildungen müssen die Kennzeichen und Unterscheidungsstücke der Klassen, der Geschlechter und der übrigen vorkommenden Abtheilungen in das helle Licht gesetzet werden. Bleibet es sonst nicht eine höchst schwere, und ohne fremde Anweisung fast unmögliche Sache, sich von diesen und jenen Benennungen, die ohnedem nur willkührlich, gleichnißweise, und nicht selten ziemlich zweydeutig, gesetzet sind, einen deutlichen und bestimmten Begriff zu machen? Ein einziges Bild hiervon lehret alsdann mehr, als ein ganzer Vorrath von bloßen Worten."

logischer Bücher, die ich theils selbst besitze, theils durch die
Güte verschiedener Gönner nutzen durfte. Gleichwohl habe
ich damit viele andere Schriften verglichen, um dadurch ei=
ner ausführlicheren Deutlichkeit der Sache zu Hülfe zu kom=
men. Ja am Ende eines jeden Artikels wird man einige
Schriften angemerkt finden, wo man Zeichnungen des Pe=
trefakts, von dem ich gehandelt habe, finden kann. Aber
da doch das schöne Walchische System, außer den Kupfern,
die Beschreibungen der Steine vorleget, so ist vielleicht mein
Buch gar entbehrlich? — Ich läugne nicht, daß ich mir
diesen Vorwurf anfänglich selbst gemacht habe. Allein da ich
mein Wörterbuch in alphabetischer Ordnung vorgetragen, und
dadurch dem Gedächtniß eine ungemeine Erleichterung gestif=
tet habe: da auch außerdem gar viele Zusätze, welche der
Augenschein lehret, und eine genaue Durchblätterung dem
Leser leicht zeigen wird, hinzu gekommen sind; so glaube ich
doch, daß meine Arbeit die angenehme und doch beschwerliche
Erlernung der Lithologie einigermaßen erleichtern könne.

Ich hatte erst den Vorsatz, bloß für Anfänger zu schrei=
ben, und daher bediente ich mich einer sorgfältigen Kürze.
Ich sammlete Namen, setzte kurze Beschreibungen hinzu,
brachte nur hin und wieder einige Anmerkungen aus der Ge=
schichte bey, laß aus der Lithogeognosie nur einige vorzügliche
Anmerkungen aus, und nahm sie meistentheils aus dem zwey=
ten Theile des Walchischen Systems. Nun glaubte ich, sey
mein Endzweck wirklich erreichet. Noch nie habe ich meinen
eigenen Kräften gänzlich getrauet, so wenig als ich es noch
gewagt habe, etwas durch den Druck bekannt zu machen,
darüber ich nicht einige Urtheile von Männern eingeholet
hätte, deren Einsichten groß genug sind, um sie als meine

Lehrer

Lehrer zu verehren. So machte ich es mit meinen gesammleten Namen, denen ich den Namen eines Entwurfs eines lithologischen Lexikons gegeben hatte. Ich zeigte es einem meiner Freunde, und bath mir dessen bestimmtes Urtheil über mein kleines Buch aus. Allein ich erhielt den Rath, dasselbige vollständiger zu machen, und es für den Anfänger, für den Liebhaber, und für den Kenner zugleich einzurichten. Diesem freundschaftlichen Rathe folgte ich gern, las mehrere Schriften, und erweiterte mein Wörterbuch von acht Bogen bis zu einigen Bänden. Ich habe zwar die neuern Schriftsteller den alten billig vorgezogen, aber die ältern Schriften doch nicht verachtet. Ich habe die Gedanken der Alten, wo sie von den neuern abgehen, bald bloß historisch vorgetragen, und das Urtheil dem Leser selbst überlassen; bald aber auch eine kurze Widerlegung beygefüget. Hier habe ich mich mehrentheils der eignen Worte meiner Schriftsteller bedienet, und sie sorgfältig angezogen, damit ich um so viel weniger den Vorwurf befürchten müsse, ich hätte diesem oder jenem einen falschen Sinn angedichtet. Dadurch habe ich zugleich meine Leser in den Stand gesetzt, einzusehen, aus welchen Quellen ich für andern geschöpft habe. Oft genug aber habe ich auch meine Gedanken eingewebt, sonderlich da, wo mir die Schriftsteller nicht deutlich und vollständig genug waren.

Dennoch habe ich die Anfänger beständig vor Augen gehabt, und daher die deutschen, lateinischen, französischen und holländischen Benennungen am gehörigen Orte beygebracht und erläutert; die Hauptsache aber bey dem Hauptnamen, auf den ich mich bey den einzelnen Benennungen allemal berufen habe, ausgeführet. In diesem Betrachte kann man mein Buch als ein Verbal- und Reallexikon zugleich ansehen, zumal da ich nicht selten die Ableitungen der Namen, wo ich sie ergründen konnte, mit bemerket habe. Hier muß ich mich über ein Geschäfte deutlicher erklären, um allen widrigen Urtheilen auszuweichen. Unter den gesammleten Namen habe ich einige aus der Konchyliologie in die Lithologie übergetragen. Hiezu haben mich folgende Gründe bestimmt:

1. Ist die Verwandtschaft unter der Konchyliologie und Lithologie so groß, daß wir in der letztern nicht glücklich fortschreiten, wo wir nicht die erste damit verbinden. Alle versteinte Muscheln und Schnecken, die den größten Theil der Versteinerungen ausmachen, haben ja ihre Originale in der Konchyliologie zu suchen.

2. Kommen wir in der neuern holländischen Synonymie ohne die Konchyliologie nicht glücklich fort, weil man diesen fast lauter Namen giebt, die bloß in der Konchyliologie vorkommen. Z. E. Unter den Kraiselschnecken heißt die Bagynetrolle im Museo Chaisiano S. 93. verstende Bagyne-Drollen; unter den Schraubenschnecken, ist eine Art unter dem Namen der Wickelkinder bekannt, welche in dem Museo Leersiano S. 212. gebakerde Kindertjes genennet werden. Das genabelte Orange-Bukcinum heißt in dem Museo Chaif. S. 95. geele Kuypers-Booren. Das alte Weiberdoublet heißt in dem Museo Leersiano S. 212. und Chaisiano S. 97. versteend Oude-Wyfs-Schulp of Doublet. Der versteinte Ramisolknopf unter den Trochiliten kömmt in dem Museo Chaisiano S. 94. unter dem Namen versteende Prins Roberts Knoopjes vor, u. d. gl. Selbst Hr. Davila hat eben diese Methode in seinem Catalogue systematique T. III. nachgeahmet, und ich gestehe es aufrichtig.

richtig, mir gefällt diese Methode überaus wohl, und es wäre zu wünschen, daß man sie allenthalben einführte, ohne dadurch die in der Lithologie angenommenen Namen zu verdrängen. Wir kommen zwar dadurch in die scheinbare Verlegenheit, unserm Gedächtniß noch eine gute Anzahl Namen einzuprägen; allein da es in unsern Tagen zu einer unumgänglichen Nothwendigkeit geworden ist, daß der Litholog zugleich die Konchyliologie studieret, so hat er darum nicht nöthig, einen einzigen Namen mehr zu erlernen, als er außerdem erlernen muß.

Aus eben diesen Gründen, die mich bey allen billigen Kennern rechtfertigen werden, habe ich in meinem Buche die Konchyliologie stets mit der Lithologie zu verbinden gesucht, und daher bey den Versteinerungen von Schalthieren allemal vom Original selbst gehandelt. Ich habe aber weder alle Namen der Konchyliologie, noch alle Wahrheiten derselben vortragen wollen, weil ich wohl wußte, daß mein Hauptvorwurf die Steine waren. Wir haben vom Hrn. Doktor Martini ein Konchyliologisches Reallexikon zu erwarten, mit welchem er seine schöne, und mit großer Sorgfalt ausgearbeitete Konchyliologie beschlüßen wird. Diese Bemühungen eines großen Kenners der Konchylien haben mich eben bestimmt, hier nur bey dem Allgemeinen stehen zu bleiben. Wo sich aber bey mir noch Fehler und Unvollkommenheiten finden, da muß man bedenken, daß ich auch ein Mensch bin, und daß man daher von mir nichts erwarten könne, welches der Menschlichkeit ganz entsagte; zumal da bey Gegeneinanderhaltung mehrerer Schriftsteller die Verwirrung und Dunkelheit zu groß; und bey ganz entgegen gesetzten Meynungen die Sache viel zu schwer ist, als daß es möglich wäre, ohne Mängel zu

schrei-

schreiben. Ich habe mich zwar bemühet, bey allen Artikeln eine durchgängige Gleichheit zu beobachten. Es ist geschehen, wo es möglich war. Allein, daß es bey solchen Steinarten, die man entweder überaus selten, oder in wenigen Abänderungen findet, nicht möglich sey, das werden meine Leser ohne meine Erinnerung zugestehen.

Viele Artikel wird man bey mir vergeblich suchen. Ich meyne solche, welche bloße Steinspiele sind, wenn auch die alten Schriftsteller von ihnen viel Lärm gemacht haben. Der Kreuzstein, der Käsestein und viele von der Art haben keine eigenen Rubriken bekommen, weil in unsern aufgeklärten Zeiten dergleichen Spielereyen aus der Mode sind. Ich habe daher geglaubt, es sey für unsere Tage genug, wenn ich unter dem Wort Steinspiele davon überhaupt handeln würde.

Bey den Steinen und Versteinerungen habe ich zwar die Begriffe mehrentheils aus dem Walchischen System, und aus dessen Naturgeschichte der Versteinerungen entlehnet; ich habe aber die Gedanken anderer Schriftsteller nicht aus den Augen gesetzt. Hier weichen freylich die Schriftsteller gar merklich von einander ab; aber weit gefehlt, daß der Leser hieben in die Gefahr der Verwirrung kommen sollte. Wer mit Nachdenken lieset, der wird sich dabey mit den angenehmsten Betrachtungen unterhalten können; der Anfänger aber wird bey dem Leitfaden, den ich ihm gereicht habe, allemal den Weg finden, sich aus dem Labyrinth heraus zu ziehen.

Die chymischen Versuche mit Steinen und Versteinerungen habe ich nicht aus den Augen gesetzt, und hier habe ich die Schriften eines Potts und eines Marggrafs vortrefflich nutzen können. Ob ich gleich glaube, daß es noch nicht

Zeit

Zeit sey, auf die chymischen Wahrnehmungen ein System des Steinreichs zu bauen, so ist doch diese Wissenschaft in unsern Tagen zu einer solchen Vollkommenheit gediehen, daß ich sie als einen nöthigen Theil meines Wörterbuchs betrachten mußte.

Nur selten habe ich einige lateinische oder französische Schriftsteller mit ihren eigenen Worten auftreten lassen. Ich habe voraus gesetzt, daß wenigstens der größte Theil meiner Leser diese Sprachen verstehen werden. Diejenigen, die diese Sprachen nicht erlernet haben, werden alle diese Stellen ohne Schaden überschlagen können, da ihnen in ihrer Muttersprache allemal so viel gesagt wird, als ihnen zur Kenntniß der Körper nöthig ist.

Wo ich mehrere Klaßifikationen entweder von einem ganzen Geschlechte, oder von einer vorzüglichen Geschlechtsgattung habe finden können, da habe ich sie jederzeit genutzt, und mehrentheils mit den eigenen Worten der Verfasser angeführet. Ich halte dies für eine überaus wichtige Sache. Wir werden nicht eher richtig denken, bis wir ordentlich denken. Ich habe hier die Schriften eines Linné, eines Bertrands, eines Walchs, eines Wallers, eines Woltersdorfs, eines Vogels, eines Baumers, und vieler andern, mit großen Vortheilen genutzet. Man wird sich vielleicht über die großen Abweichungen in den Gedanken der Naturforscher oft wundern; allein der Anfänger kann sich, bis er in seiner lithologischen Kenntniß weiter kömmt, unter diesen Klaßifikationen auslesen, welche ihm die leichteste scheint; und der Kenner? — der wird sich hier gar leicht aus der Verwirrung heraushelfen, und das Gegründete von dem Ungegründeten zu trennen wissen.

## Vorrede.

Bey den Versteinerungen habe ich jederzeit zugleich von ihrem Werth gehandelt, und die vornehmsten Oerter angeführet, wo sie entweder ehemals gefunden worden, oder noch gefunden werden. Bey dem Werth der Versteinerungen habe ich bloß die Anfänger vor Augen gehabt, um ihnen eine Anleitung zu geben, was sie für andern suchen müssen, wenn sie ihre Stuben nicht mit Steinen füllen wollen, die besser dazu dienen, Gräben damit auszufüllen, als Zierden einer guten Steinsammlung zu seyn. Ich habe aber das, was man von äußern Kennzeichen urtheilen kann, mit Bedacht übergangen, weil ich sonst würde genöthiget gewesen seyn, bey einer jeden Versteinerung immer einerley zu sagen. Ich wünschte, daß diejenigen Leser, die hier einer Anleitung bedürfen, meine Abhandlung von dem Werthe und der Seltenheit der vorzüglichsten Versteinerungen, in dem zweeten Bande der Berlinischen Sammlungen S. 117—143. darüber nachlesen möchten; darauf ich mich desto freudiger berufen kann, weil ich das Zeugniß verschiedener öffentlichen gelehrten Blätter vor mir habe, daß sie für Anfänger, für welche sie auch bestimmt war, von Nutzen seyn könne. Bey der Anzeige der Oerter werden vielleicht manche meiner Leser die Schriftsteller angeführet wünschen, welche von den Oertern selbst Nachrichten gegeben haben. Es wäre mir die leichteste Arbeit gewesen, dieses zu thun; allein da ich auf der einen Seite den überflüßigen Raum ersparen wollte, auf der andern Seite aber einst ein eigenes Werk auszuarbeiten gedenke, davon ich auch im dritten Bande der Berlinischen Sämml. S. 372 eine Probe vorgeleget habe: so hoffe ich hier Entschuldigung deswegen zu finden. Ich kann meine Leser auf das heiligste versichern, daß ich keinen Ort angeführet habe,

habe, wo ich nicht aus glaubwürdigen Schriftstellern, oder aus gewissen Erfahrungen zuversichtlich wußte, daß die Versteinerung entweder ehedem daselbst gelegen habe, oder jetzt noch zu finden sey, von der ich rede. Am Ende eines jeden Hauptartikels habe ich mehrere Schriftsteller angeführet, die von diesem Körper handeln, mich aber dabey allemal auf den ersten Theil meines Entwurfs einer lithologischen Bibliothek berufen.

Kurz, meine Sorge ist dahin gegangen, daß ich in diesem Fache etwas Vollständiges liefern möchte, und da ich noch keine Schrift dieser Art kenne, so schmeichle ich mir mit dem Beyfall des ganzen Publikum. Aber waren denn des Hrn. Bertrand Dictionaire des fossils, waren denn die Bemühungen der Verfasser der Onomatologiae historiae naturalis completae nicht schon zu diesem Zweck hinlänglich? Was die Bemühung des Hrn. Bertrands anlanget, so hat dessen französisches mineralogisches Wörterbuch den Beyfall längst erhalten, den es verdienet; und ich gestehe es, in der französischen Synonymie haben mir Herr Bertrand und Herr Davila die wesentlichsten Dienste geleistet. Allein, es ist doch in den mehresten Artikeln zu kurz, nicht zu gedenken, daß es in einer Sprache geschrieben ist, die zwar alle Kenner der Natur und Gelehrte, aber nicht alle Liebhaber verstehen. In der Onomatologie sind die mehresten Artikel mit einer großen Sorgfalt ausgearbeitet worden. Aber wird man dies auch von den lithologischen Artikeln sagen können? Ein Buch in unsern Tagen, wo man der Anleitung eines Langen, den schon Scheuchzer auf allen Blättern widerlegt, folget, und wo man immer in dem Tone der Alten fortsingt, bey den deutlichsten Versteinerungen schwankt, und die richtigern

Bemerkungen der Neuern ganz übergehet; ein solches Buch kann unmöglich auf unsere Tage passen. Ich habe daher den beißenden Vorwurf nicht zu befürchten, daß ich eine vergebliche Arbeit unternommen hätte.

Man macht aber den Wörterbüchern den Vorwurf, daß sie einer systematischen Kenntniß der Sachen, die sie abhandeln, entgegen wären, und daß sie Körper von einander trenneten, die in einem System zusammen gehörten? Dieser Einwurf ist an sich nicht ungegründet; allein ich glaube doch, daß er mein Buch nicht ganz treffe. In allen wichtigen Artikeln habe ich den Zusammenhang der lithologischen Wahrheiten zu erweisen gesucht, und bey den häufigen Klaßifikationen, die ich anführe, führe ich ja meine Leser wirklich auf eine systematische Kenntniß der Steine und der Versteinerungen.

Ich muß es sagen, und ich erkenne es mit den lebhaftesten Empfindungen des Dankes, daß es mir nicht an kräftigen Ermunterungen bey meiner schweren Arbeit gefehlet hat. Das glänzende Glück, drey Fürstliche, zwey Gräfliche, und verschiedene andere Personen von großem Range diesem Buche vorsetzen zu dürfen, ist für mich eine außerordentliche Ehre, und für mein Buch eine vortrefliche Empfehlung. Ich kann eine schöne Anzahl Briefe vorzeigen, wo man mich zu wiederholten malen ermunterte, an diesem Buche unermüdet zu arbeiten. Es sind darunter verschiedene Gelehrte vom ersten Range, und Männer, von welchen ich aus tausend Proben weis, daß sie mir keine Schmeicheleyen sagen. Viele Gönner und Freunde haben mir nicht nur die kräftigsten Unterstützungen versprochen, die ich auch brauchte, sondern ich habe sie auch wirklich erhalten. Der fürstliche so prächtige Bücherschatz zu Weimar ist mir nie verschlossen gewe-

## Vorrede.

gewesen; ich habe so gar diejenigen Bücher, die ich brauchte, mit mir nehmen, und zu meinem freyen Gebrauche anwenden dürfen. Der Herr Hofrath Heydenreich zu Weimar, dieser große Menschenfreund, hat mir einen prächtigen Schatz lithologischer Bücher anvertrauet, und von denen Herren Professoren Walch und Baldinger zu Jena habe ich eine gleiche Güte genossen. Was ich in der neuern holländischen Synonymie weis, das habe ich der Güte des Herrn Doktor Martini zu Berlin zu danken, der mir aus den neuern Versteigerungs=Verzeichnissen, die der gelehrte Herr Legationsrath Meuschen in Haag zu besorgen pflegt, die körnichsten Auszüge mitgetheilet hat. Und der lehrreiche Briefwechsel mit dem Hrn. Baron von Hüpsch zu Kölln am Rhein, und dessen mir überschickte schöne und seltene Versteinerungen, haben mir manchen lithologischen Artikel meines Wörterbuchs erweitern und berichtigen helfen. Ich führe dieses alles darum an, damit ich das geehrteste Publikum ersuchen dürfe, wenn dessen Neugierde in diesem Buche gesättiget wird, gegen diese Männer, deren Namen ich nie ohne Ehrfurcht nenne, dankbar zu seyn, da ich es nie vermögend bin, ihre Güte, so wie es mein Herz wünschet, zu vergelten.

Man hatte den Anschlag für dieses Buch auf zwey Bände gemacht; allein meine Arbeit ist mir unter der Feder dergestalt gewachsen, daß ich den Gönnern und Freunden meiner Bemühungen drey Bände liefern kann. Ich muthmaße, es geschehe mit ihrer großen Zufriedenheit, weil sie hievon auf einige Vollständigkeit des Buches schließen können.

Ich übergebe den gelehrten Naturforschern meine Arbeit zur geneigten Kritik. Ich will es noch nicht für ein vollständiges Werk ansehen, denn ich merke noch hie und da

Lücken,

Lücken, und wer weis, wie viele meinen Augen noch immer verborgen sind? Warum ich aber meine Arbeit nicht länger zurück gehalten habe? darinn will ich mich nicht auf eine große Sehnsucht des Publikums berufen, ob ich gleich hievon einige Beweise anführen könnte. Mir fielen nur die Worte des Hrn. Pontoppidans ein, die er in seiner natürlichen Historie von Norwegen in der Vorrede zum zweyten Theile S. 5. nach der Uebersetzung des Hrn. Scheibens sagt: "Es scheinet mir in der Republik der Gelehrten weit richtiger gehandelt zu seyn, daß ein jeder Bürger das Seinige zu der Zeit, da es ihm noch zugehöret, den andern mittheilet, und die Vermehrung und Verbesserung dessen, den Nachkommen überläßet, und zwar nach dem Grade des Lichts und der Einsicht, den ihre Zeiten mit sich bringen können." Dennoch werde ich meine Hand von dieser meiner Frucht nicht ganz abziehen, ich werde vielmehr immer an Zusätzen und Verbesserungen arbeiten, und sie dann, wenn sie zu einiger Vollständigkeit gelanget sind, durch den Druck bekannter zu machen suchen.

Inzwischen ist mein Wunsch zu Gott, daß ein Jeder, der die Natur betrachtet, oder ein Liebhaber natürlicher Sachen ist, zugleich ein Liebhaber dieses Gottes seyn möchte, der sich in der Natur so herrlich geoffenbaret hat, und von dessen Größe der geringste Stein zeuget. Sollte daher diese meine Arbeit Einige ermuntern, ihren großen Schöpfer zu verherrlichen, so hätte ich den Lohn für meine große Mühe, den ich mir gewünscht habe.

Johann Samuel Schröter.

# Pränumeranten

auf

des Hrn. Pastor Schröter Lithologisches Reallexikon.

Exempl.
- 1. Se. Durchlauchten, Herr Karl August, Herzog zu Sachsen, Weimar und Eisenach.
- 1. Se. Durchlauchten, Herr Friedr. Ferdinand Konstantin, Herzog zu Sachsen, Weimar und Eisenach.
- 1. Se. Durchlauchten, Herr Friedrich Karl, Fürst zu Schwarzburg-Rudolstadt.
- 1. Herr Jo. Eustachius, Graf von Schlitz, genannt Görtz, Fürstl. Sächs. Weimar- und Eisenachscher Legationsrath.
- 1. Herr Johann Wilhelm Karl Adam, Freyherr von Hüpsch, Baron von Lontzen zu Kölln am Rhein.
- 1. Heinr. Friedrich von Thangel, auf Thangelstädt, Tannroda und Bergern, Fürstl. Sächs. Weimarischer Kammerjunker.
- 1. Frau Etatsministerin, Gräfin von Podewils, geb. von der Marwitz.
- 1. Herr Obristlieutenant Hering, bey dem Heßischen Prinz Friedrichschen Dragonerregiment in Schmalkalden.
- 1. Herr von Polenz, Hauptmann bey dem Infanterieregiment von Kowalsky.
- 2. Herr Rath und Pastor Schäfer zu Regensburg.
- 2. Herr Geheime Rath und Oberhofmeister von Türkheim zu Meinungen.
- 1. Herr Oberkonsistorialrath und Oberhofprediger Volkradt Ebend.
- 1. Herr Lieutenant und Rendante Thiele in Freyenwalde.
- 1. Der Königl. Oberkonsistorialrath und Probst, Herr Spalding.
- 1. Der Königl. Oberkonsistorialrath und Probst, Hr. D. Teller.
- 1. Der Kön. Oberkonsist. Rath und Direktor, Hr. D. Büsching.
- 1. Hr. Rath und Hofmedikus Müller zu Weimar.
- 1. Herr Joh. Adolph. Jakobi, Pastor zu Kochberg um Milwitz im Herzogthum Gotha.
- 1. Herr D. Abt in Stadtsulza.

1 Herr

| Exempl. | |
|---|---|
| 1. | Herr D. Kretzschmar in Dessau. |
| 1. | Herr Berg- und Hofrath Waitz in Schmalkalden. |
| 1. | Herr Rath und Oberschuldheiß Henkel ebendas. |
| 2. | Hr. Superintendent von Tröttsch in Nördlingen. |
| 1. | Herr Magister Kynneth zu Bareuth. |
| 10. | Herr Inspektor Wilkens in Kottbus. |
| 1. | Herr Präpositus Haken in Stolpe. |
| 1. | Herr Doktor und Professor Brandes. |
| 1. | Herr D. Martini in Berlin. |
| 1. | Herr D. Krünitz ebend. |
| 1. | Herr D. Bloch ebend. |
| 1. | Herr Konrektor Volkhardt zu Meinungen. |
| 1. | Herr P. Hindenberg. |
| 1. | Herren Splittgerber und Daun in Berlin. |
| 1. | Bunzlauer Waysenhaus. |
| 1. | Herr George Gottfried Günther, Apotheker in Jauer. |
| 1. | Herr Lange, Kaufmann in Greifenberg. |

A. Aal=

## A.

**A**atstein, Aat, ist ein japanischer Edelstein, dessen die Onomatologie a) gedenket. Er hat eine rosenartige Farbe, und wird von den Chinesern weit über den Diamant gesetzt, und daher auch nur von den vornehmsten Frauenzimmern jener Gegend getragen. Ob er aber auch wirklich einen Vorzug vor den Diamanten hat? das wird in Deutschland, wo dieser Edelstein eben nicht bekannt ist, so leicht nicht entschieden werden. Er ist aber bey uns ohne Zweifel darum nicht bekannt, weil ihn die Juwelenhändler nicht ohne große Kosten verschreiben, und gleichwol nicht gegen den Demant mit Vortheil verkaufen können.

**Abdrücke,** Spurensteine, lat. Typolithi, fr. Typolithes, Empreintes, Empreintes sur la pierre, Holländ. *Afdruksels, Spoorsteenen,* heißen diejenige Steine, an welchen ein Körper des Thier- oder des Pflanzenreichs seine äußere Figur zurückgelassen hat. Man findet sie sonderlich bey den Konchylien und Kräutern sehr häufig. S. Spurensteine.

**Abrotanoïde,** fr. heißet der Abrotanoides. s. *Madrepora Abrotanoides,* und *Millepora Abrotanoides.*

**Abrotanoïdes,** lat. Abrotanoides, Madrepora abrotanoides, Millepora abrotanoides, fr. Abrotanoïdes, Madrepores ou Millepores abrotanoïdes ist eine Korallart, die wir bey den Namen *Madrepora* und *Millepora abrotanoides* beschreiben werden.

**Abyssinus lapis,** wird der reife Asbest von dem Lateiner genennet. s. Asbest.

**Acanthiados,** Seehundszähne, holl. Seehonds-of Robbetanden, sind die versteinten Zähne vom Karcharias. Sie gehören folglich unter die Glossopetern. s. Zähne.

**Acerosus lapis,** heißet beym Lateiner der Aehrenstein. s. Aehrenstein.

**Acetabula echinorum,** heissen die Warzensteine der Seeigel. s. Warzensteine.

**Acetabula echinorum hexagona,** heißen die Warzensteine, wenn sie fünfeckigt sind. s. Warzensteine.

**Acetabuli,** heißen französisch die Warzensteine.

**Achaat,** heißet auf holländisch der bald folgende Achat.

**Achallochite,** franz. lat. Achallochites, heißet das versteinte Holz von der Aloe, welches man im Steinreiche ebenfalls gefunden hat. s. Holz.

Achat,

---

a) Onomatologia historiae naturalis T. 1. p. 1.

**Achat**, lat. Silices achatini, Achates, Achati, Silex rupestris, cortice rufo noduloso subdiaphanus Linn. fr. Agates, holl. Achaat, Achaaten, Agaatjes, heißet der Hornstein, welcher von gemischter hoher Farbe ist, wie sich Hr. Kronstedt b) ausdrückt. Der Begriff, den Hr. Baumer c) vom Achat giebt, daß er ein feiner Hornstein sey, ist zu unbestimmt, da man mehrere edle Hornsteine hat, so wie der vorige nur auf die mehr farbigen Achate passet, da man sie auch einfärbig hat. Es möchte wohl schwer genug werden, einen bejahenden Begriff vom Achat zu geben; weil er in seinen Abänderungen so gar mannigfaltig ist. Verneinend könnte man ihn leichter beschreiben, nur daß alle verneinende Begriffe so gar wenig zur Kenntniß eines Körpers beytragen. Man lernet hier wohl, was der Körper nicht sey, aber nicht, was er sey?

Seinen Namen hat er, wie Lesser d), und schon lange vor ihm Theophrast e) bezeugen, von einem Fluß in Sicillen, Achat genannt, wo man ihn ohne Zweifel zuerst gefunden hat.

Der Achat ist bald einfarbig, bald mehrfärbig, und im letztern Falle oft mit Adern und Flecken von andern Edelsteinen vermischt. Daher hat er auch verschiedene Namen. Er heißt Jaspachat, wenn er mit Jaspis: Chalcedonachat, wenn er mit Chalcedon: Sardachat, wenn er mit Sarder: Malachitachat, wenn er mit Malachit vermischt ist. Hill f) versichert, daß man diese Benennungen nicht allein denjenigen Steinen gegeben habe, welche wirklich an der Natur anderer Steine Antheil genommen hätten; sondern auch denen, welche ihnen nur ähnlich gewesen wären. Darum spricht er: „so nennten sie diejenige Gattung, welche mit dem Jaspis verwandt zu seyn schien, Jaspachates." Außerdem, daß der Achat Streifen und Flecken von Edelsteinen hat, so hat er auch Flecken oder Striche, die nicht edelhaltig sind. Daher entstehen noch folgende Benennungen, die ihm sonderlich die Alten gegeben. Der Achat mit weißen Streifen heißt Leucachates, der blutstreifigte Haemachates, jetzo aber Lapis oder Gemma St. Stephani. Der wie ein Horn oder gelb und wachsfarbig ist, heißt Cerachates, der den Korallen ähnlich ist, oder wohl gar korallartige Adern in sich schließet, Corallachates. Von diesen allen aber ist, dem Namen nach, der Bildachat gewissermaßen unterschieden. s. Bildachat. Bey den Holländern ist es gewöhnlich, daß sie dem Achat, nach der Beschaffenheit seiner Zeichnungen, oder seiner zufälligen, oder der durch die Kunst ihm mitgetheilten Bildung, verschiedene Namen beylegen. In den holländischen Steigerungsverzeichnissen, die wir der Geschicklichkeit und der Güte des Hrn. Legationsrath Meuschen zu verdanken haben,

---

b) Versuch einer neuen Mineralogie. S. 64. der ältern Ausgabe.
c) Naturgeschichte des Mineralreichs Th. 1. S. 250.
d) Lithotheologie S. 408. der neuern Ausgabe.
e) Von den Steinen S. 187. der deutschen Ausgabe.
f) S. 122. der vorigen Ausgabe des Theophrast.

haben, sind uns folgende Benennungen vorgekommen: Aguaten, groen bemooste, sind die Moosachate im Musco Leersiano p. 181. Aguaten, swart geurboriseerte orientaalse, orientalischer Baumachat mit schwarzen Bäumchen. Ebend. S. 185. Agaate-Plaaten, gepolyste orientaalse en Europeese. fr. Plaques d'Agate orient. et Européennes, orientalische und europäische gepolirte Achatplatten. Ebend. S. 180. Agaate-koogeltjes, fr. Balles d'Agate, Achatkugeln. Ebend. S. 183. Agaatekoogeltjes met amethyst Kryſtallen bezet. van Veldenz, Achatkugeln mit Amethyſtkryſtallen. Im Musco Chaisiano p. 103. Swarte Agaate, die ächte glasartige, feuergebende Lava aus dem feuerspeyenden Berge Hekla in Island, Ebend. S. 104. Da ich einmal auf die Namen gekommen bin, mit welchen man den Achat entweder ehedem beleget hat, oder noch beleget, so darf ich die Anmerkung nicht übergehen, welche der gelehrte Hill g) zum Theophraſt beybringt: „Anderen haben ſie, ſagt er, beſondere Namen gegeben; die, von welchen ſie die Meynung hatten, ſie beſäßen die Kraft, die Wuth der Löwen und anderer wilden Thiere zu dämpfen, nannten ſie Λεοντιεις, das einige ſehr übel durch Leonina überſetzt haben: denn ſie ſetzten voraus, man habe dieſem Stein deswegen den Namen beygelegt, weil er die Farbe der Löwenhaut hätte. Wie ſehr ſie ſich aber betrogen haben, kann man aus der Beſchreibung ſehen, die man in einem ſo alten Schriftſteller, wie Orpheus iſt, antrift."

Schon Theaphraſt gedenket in ſeinem Buche von den Steinen h) des Achats. Er beſchreibt ihn als einen ſchönen Stein, der aus dem Fluß Achates in Sicilien komme, und theuer verkauft werde. Herr Hill ſagt in einer Anmerkung zu dieſer Stelle am angezogenen Orte, daß er eben ſo hart, als der Onyx ſey, und ſich von ihm bloß durch die unordentliche und ungewiſſe Ausbreitung ſeiner Flecken, ſeiner Schattirung oder Wellen unterſcheide. Er ſey gewöhnlicher Weiſe auf dem Grunde grau und hornfarbig, habe aber Flecken von unterſchiedenen Farben. Man hat aber auch einfarbige Achate, welches Hr. Hill nicht bemerkt zu haben ſcheinet. Hieher gehört die Anmerkung, die uns Herr Kronſtedt i) über die Farben und Namen der Achate macht. „Nach der verſchiedenen Vollkommenheit in der Miſchung der Farben beſtimmt man daher den Werth. Aus dieſen Grunde ſind auch unendlich viele Namen erdichtet, und ihnen gegeben worden. Die mehreſten derſelben ſind griechiſche, weil bey den Griechen das Steinſchleifen zuerſt gebräuchlich geweſen, und eine gewiſſe Raſerey, auf Verſchiedenheiten und Farben der Figuren zu achten, eingeriſſen war. Da inzwiſchen die Farben nicht allezeit ſo beſchrieben werden können, daß ihre Beſchreibung allen begreiflich ſeyn ſolte, ſo hat es ſich zugetragen, daß die Nachwelt die Kennt-

---

g) In ſeinen Anmerkungen über den Theophraſt S. 189.
h) S. 187. der Ausgabe von Hrn. Baumgärtner.
i) Verſuch einer Mineralogie S. 64.

Kenntniß dieser Steine verlohren hat." Die Naturforscher haben angemerket, daß der Achat durch eine Kongelation entstehe, und zwar dann, wenn das Wasser von einer beygemischten Tonerde trübe ist.

Die Verfasser der Onomatologie k) geben von dem Achat folgende Nachricht: „Man findet die Achate nie in vesten Klüften, Strichen und Adern, sondern meistens einzeln auf dem Feld in dem Sand, an dem Seestrand, oder unter den Felssteinbrocken. Ein rechter Achatstein ist ganz hart, und spielt mit verschiedenen hohen Farben; er ist auch meistens durchscheinend in dem Bruch, eben und glänzend, ja dieser Glanz wird durch das Poliren ungemein erhoben. Man findet fast nirgends mehrere Abänderungen und Verschiedenheiten unter den Steinen, als unter den Achaten, und kaum findet man einen, der dem andern ganz gleich wäre."

Herr Leßing l) sagt, daß der Name Achat heut zu Tage ein Geschlechtsname sey, darunter alle durchsichtigere edle Hornsteine begriffen würden. Allein andere wollen dem nicht beyfallen. Wer wird sagen, spricht man, daß z. E. ein Sarder, ein Chalcedon u. s. w. ein Achat sey? Der Geschlechtsname oder das Genus wären die edlen Hornsteine, darunter die Sarder, die Lynkurer, die Chalcedonier, die Onixe und der Achat als Geschlechtsgattungen, oder als Species stehen müßten. Die Hauptsache kömmt, wie mich dünkt, darauf an, daß man die edlen Hornsteinarten, nach ihren verschiedenen Farben mit verschiedenen Namen beleget hat. Folglich ist so viel gewiß, daß z. E. der Onyx und der Achat einerley Grundstoff haben, aber darum ist der Onyx kein Achat, und der Achat kein Onyx. Es ist ja mit den edlen Kieseln, ja selbst mit den edlen Quarzen, oder den eigentlichen Edelsteinen eben also. Durch diese Anmerkung wird zugleich wider Herrn Leßing deutlich, daß der Achatonix kein Monstrum sey, wie bey dem Namen Achatonix mit mehrern soll erwiesen werden.

Herr Leßing hat noch einige Schriftsteller auf seiner Seite, die eben das behaupten. Ich nenne nur folgende.

Der erste, den ich gefunden habe, ist der berühmte Waller m), der die Worte Kieselstein, Achat Silex, Agathes, für gleichgeltend hält. Er bringt darunter folgende Geschlechtsgattungen:
I. dunkle und grobe Kieselsteine, Flintensteine.
  1. grober Kiesel.
  2. halbdurchscheinender Kiesel.
  3. Feuersteine.
II. hochfarbige halbdurchscheinende Kiesel, welche eigentlich Agathe genennet werden.
  1. Kachalong. 2. Karneol.
  3. Chalcedon. 4. Onyx.
  5. Opal. 6. Weltauge.
  7. Achat. 8. Mineralische Schwalbensteine n).

---

k) Onomatol. histor. natur. T. I. p. 58.
l) Briefe antiquarischen Inhalts, Th. 1. S. 198.
m) Mineralogie S. 105.
n) Die Schwalbensteine gehören gar nicht unter die eigentlichen Steine,

Herr Bertrand o) thut dieß ebenfalls. Er rechnet zum Achat
1. den Kachalong, d. i. Leucachates.
2. den Karneol, Cornaline.
3. den Chalcedonier, Calcedoine.
4. den Onyx.   5. den Opal.
6. die Chalcedonier, Pierre d'Hierondelle, eine Art von Schwalbensteinen.

Hr. Baumer folget diesen ebenfalls p). Dieser rechnet zum Achat:
1. den Karneol.
2. den Korallachat.
3. den Chalcedon.
4. den Onyx.
5. den gemeinen Hornstein, von welchem er S. 254. sagt: „er ist von einem gröbern Gewebe, und schlechtern Farben, als die eigentlichen Achatarten." Im andern Theil seiner Naturgeschichte hat er seine Meynung geändert, und beleget diese Steine mit dem Namen der Hornsteine.

Herr Prof. Vogel q) gehöret auch unter die Schriftsteller, welche den Achat zu einem Geschlechtsnamen machen. Dies erhellet nicht nur aus seinem Begriff, den er von den Achaten macht: „einen reinen, theils undurchsichtigen, theils halbdurchsichtigen Hornstein stellet uns der Achat vor:" sondern es erhellet auch daher, weil er den Chalcedon, den Sarder, den St. Stephansstein, den Onyx, den Sardonyx, den Opal, und den Jaspachat als Geschlechtsgattungen unterscheidet, die vom Achat nur der Farbe nach unterschieden wären, und eben daher von Alters her verschiedene Namen bekommen hätten.

Auch Herr Skopoli r) macht den Achat zu einem Geschlechtsnamen. Denn er unterscheidet diejenigen Steine, die man sonst nebst dem Achat zum edlen Hornsteine rechnet, bloß nach ihren Farben. Da heißts bey ihm:
1. der milchfarbige Achat, Chalcedon.
2. der rothe Achat, Beryll.
3. der violette Achat, Amethyst.
4. der bleichrothe Achat, Sarder.
5. der bleichrothe Achat mit rothen Tüpfeln, St. Stephansstein.
6. der aus vielen vielfarbigen Lagen zusammengesetzte Achat, Onyx.

Wäre es aber nicht besser und natürlicher, könnte man nicht mancher Verwirrung entgehen, wenn man die Hornsteine in edle und unedle eintheilte, und solchergestalt den Feuerstein gar von den Achatarten trennete? wenn man dann die edlen Hornsteine so zum Geschlechte machte, daß der Achat eben so wohl, als der Karneol, der Chalcedonier u. s. w. zu bloßen Geschlechtsgattungen gemacht würden?

Ehe ich die verschiedenen Arten der Achate erzähle, mache ich erst noch folgende Anmerkungen bekannt. Herr Wallerius irret sich, wenn er s) von seinen Kieseln oder Achaten erzählet, daß sie

---

noch vielweniger unter die Achate, denn es sind versteinerte Fischzähne. S. Walchs Naturgeschichte der Versteinerungen. Th. 2. Abschn. 2. S. 215.
t Schwalbensteine.
o) Diction. des Fossils T. 1. p. 9.

p) Naturgesch. des Mineralreichs, Th. 1. S. 251.
q) Praktisches Mineralsystem S. 132.
r) Einleitung zur Kenntniß der Fossilien S. 21.
s) Mineralogie S. 124.

sie nur einzeln auf den Feldern gefunden würden. Von den Hornsteinen und eigentlichen Kieseln ist es wahr, aber nicht von den Achaten. Folglich ist es auch falsch, wenn der Herr von Justi t) vorgiebt, daß der Achat allemal wie ein Kiesel erzeugt würde. Der Verfasser eines Versuchs einer neuen Mineralogie berichtet S. 67. daß bey Konstantinopel verschiedene Achatarten in Gängen mit Saalbändern gefunden würden, und bey Chemnitz bricht ein Achat flötzweise, der oft einen gesprengten zarten Quarz in sich hat. Von diesen Achatarten aber, welche man bisweilen als ein Geschiebe in Flötzen findet, glaubt Herr Prof. Vogel u), daß es nicht schiene, als wenn der Achat darinne wäre erzeuget worden, sondern daß es vielmehr zu glauben sey, daß er in einer großen Ueberschwemmung vom Ganzen abgerissen, und in die Flötzschichten mit verschwemmet, oder durch andere Zufälle dahin gebracht worden sey. Aber mit dieser Anmerkung wird Hr. Wallerius nicht viel gewinnen. Denn einmal bricht er doch bisweilen flötzweise, und also nicht bloß nesterweise, er mag nun in das Flötzgebirge gekommen seyn, wie er will. Hernach muß man den Achat doch als ein Ganzes betrachten können, wenn er, nach der Muthmaßung des Hrn. Vogels von dem Ganzen soll abgerissen und in die Flötzgebirge geführet worden seyn. Wie man den Achat vom Onix und vom Jaspis, mit welchen er in manchen Fällen einige Aehnlichkeiten hat, unterscheiden könne, das lehret Hr. Pastor Lesser v) in folgenden Worten: Er ist dergestalt vom Onychel unterschieden, daß dieser aus breiten Bändern und größern Flecken von mancherley Farben bestehet, der Achat aber schmalere Streifen und kleinere Flecken hat. Vom Jaspis ist er unterschieden an Härte und Glätte. Denn obwohl der Jaspis alle Farben hat, wie der Achat, so ist er doch weicher und dunkler, als derselbe, weswegen er auch nicht so gut poliret werden kann.“ Vom Jaspis unterscheidet sich der Achat mehr durch seine Durchsichtigkeit, da der Achat, als ein edler Hornstein, halb durchsichtig, der Jaspis aber, als ein edler Kiesel, undurchsichtig ist.

In den Sammlungen der Liebhaber werden viel Versteinerungen gezeiget, welche in einen feinen Achat verwandelt sind, sonderlich aber wird man dies beym petrificirten Holze überaus häufig finden. Ich habe zuvor angemerket, daß der Achat durch eine Kongelation entstehe. Hierzu aber sind keine Körper geschickt, die specifisch schwerer als das Wasser sind; denn diese würden zu Boden, und also unter das Wasser, welches kongeliret, sinken. Das Holz, als ein leichter Körper, der auf dem Wasser schwimmt, kann daher gar leicht in eine kongelirende Masse kommen, und mit derselben versteinen. Eben so ist es mit kleinern Konchylien beschaffen. Man findet

---

t) Grundriß des gesammten Mineralreichs S. 208.
u) Praktisches Mineralsystem p. 133.
v) Lithotheologie S. 408.

det daher oft Holz, und bisweilen Konchylien, die in Achat verwandelt sind, desto seltener aber andere Körper, weil sie schwerer als das Wasser sind w).

Ich habe zwar schon zu Anfange dieses Artikels einiger Gattungen des Achats gedacht, aber weit gefehlt, daß man weiter keine Veränderungen desselben wüßte. Wallerius x) sagt sogar, daß es unmöglich sey, alle Achatarten zu erzählen, zumal da man selten einen Achat finde, der dem andern vollkommen gleich wäre. Gleichwol hat sich dieser große schwedische Mineralog viel Mühe gegeben, die Achate in eine Klaßifikation zu bringen. Er macht zwo Gattungen.

I. Fleckichte oder streifichte Achate, Achates variegata.
1. schwärzlicher Achat, Achates nigra.
2. brauner Achat, Achates fusca.
3. grauer Achat, Achates cinerea.
4. Löwenhaut gleicher Achat, Achates pellis leoninae, *Leontion, Leontodora*.
5. Vielfrashaut gleicher Achat, Achates pellis hyaenae.
6. Pantherhaut Achat, Achates pellis pantherae, *Pardalion*, Pantachates.
7. weißgeaderter Achat, Achates venulis albis, Leucachates.
8. rothgeaderter Achat, Achates venulis rubris, Haemachates, welcher heiliger Achat, Achates sacra heißt, wenn er rothe Tüpfeln hat.
9. Sardachat, Achates maculis pallide rubris, Sardachates.
10. Jaspachat, Achates virideſcens punctulis rubris, Jaspiachates.
11. Achat mit drey Farben, Achates tricolor.
12. Elementachat, Achates quadricolor, Achates elementarius.

II. Figurirter Achat.
13. Achat mit Malerey, einiger Kunst gleichend, Achates technomorphos.
14. Achat mit Malerey, himmlischen Körpern gleichend, Achates vranomorphos.
15. wellenförmiger Achat, Achates colore fluctuante.
16. Korallischer Achat, Achates corallina, Corallio-Achates.
17. Baumachat, Achates phytomorphos, Dendrachates, Achates Mochoënsis Woodwardi.
18. Achat mit Malerey von Thieren, Achates zoomorphos.
19. Achat mit Malerey, die Menschen gleichet, Achates anthropomorphos.

Herr von Justi y) hält von diesen Eintheilungen der Achate nach ihren Farben nicht viel. Er sagt: „Es ist unnöthig, die Abwechselungen seiner Farben zu beschreiben, die er in seinen Flecken, Adern und Streifen zeiget; wie denn zeither eine große Verschiedenheit dieser Farbenmischung und von allen nur möglichen Farben zum Vorschein gekommen ist. Jedoch wird er auch allerdings einfarbig und auch ganz weiß, zuweilen nur mit sehr wenigen Adern gefunden.

---

w) S. Walchs systematisches Steinreich Th. 2. S. 50 f. dessen Naturgeschichte der Versteinerungen Th. 2. Abschn. 1. S. 9. ff.

x) Mineralogie S. 120 f.
y) Grundriß des Mineralreichs S. 208.

den. Aus diesen Adern und Strichen macht sich öfters die Einbildungskraft allerley Vorstellungen von Bildern und Figuren, daran aber einem wahren Naturforscher wenig liegt."

Herr Kronstedt z) macht uns mit folgenden Achatarten bekannt:

1. Brauner undurchsichtiger mit schwarzen Adern und Baumähnlichen Figuren. Egyptischer Kiesel.
2. Wie Chalcedon gefärbter Achat.
3. Halbdurchsichtiger mit schwärzlichen braunen Rändern, und Baumähnlichen Figuren. Mochus.
4. Halbdurchsichtiger mit rothen Punkten, Gemma divi Stephani.
5. Halbdurchsichtiger mit brandgelben Wölkchen.
6. Dunkelrother, oder violetter halbdurchsichtiger.
7. Bunter. 8. Schwarzer.

Was ist von diesen Klaßifikationen zu halten? Da es ausgemacht ist, daß sich der Achat in seiner Farbenmischung in unzähligen Veränderungen zeigt, so ist eine vollständige Eintheilung der Achate beynahe unmöglich, gewissermaßen auch unnöthig. Wir müssen uns so lange mit unvollkommenen Eintheilungen begnügen, bis es vielleicht einmal einem Naturforscher gelingt, einen Weg zu finden, die Achate, ohne merkliche Unvollkommenheiten, klaßificiren zu können. Bis jetzo haben wir noch keine einzige Eintheilung, die nicht ihre sichtbare Unvollkommenheiten hätte.

Die Farben der Steine entstehen aus metallischen und korrosivischen Dünsten, und eben so entstehen die verschiedenen Farben in den Achaten. Es erhellet daraus, daß alle Farben der Achate, und selbst die Bilder der figurirten Achate, die wir in einem eigenen Artikel abzuhandeln gedenken, nur etwas zufälliges sind, und in diesem Betracht unter die bloßen Natur = und Steinspiele gehören. Noch merke ich an, daß man die Achate auch künstlich färben und mit Malereyen versehen kann, so wie man jetzo die Kunst verstehet, den damit gemachten künstlichen Betrug zu entdecken. Von beyden handelt Hr. Wallerius a) ziemlich vollständig, dahin ich meine Leser verweise.

Was die Oerter und Landschaften anlanget, wo der Achat gefunden wird, so ist gewiß, daß er in den mehresten Gegenden der Welt vorkömmt. Aber schwerer ist es zu beweisen, ob er allemal da, wo er gefunden wird, zu Hause sey? Man theilet ihn daher in orientalischen und okcidentalischen ein. Mir sind folgende Oerter bekannt: Argunische Gegend. Blankenburg. Böhmen. Chemnitz. Engelland. Flandern. Gasebach. Kanton Glarus. Hessen. Hohenstein. Italien. Kastelen. Koburg. Konstantinopel. Kirn. Languedok. Nordhausen. Norwegen. Oberstein. Ostindien. Pohlen. Rochlitz. Sachsen. Schlesien. Schonen. Schweitz. Siberien. Sicilien. Spanien. Ungarn. Uster. Walkenrieth. Wer-

z) Versuch einer neuen Mineralogie. S. 64. a) Mineralogie S. 121 f.

Wernigeroda. Würtemberg. Zürch. Zweybrücken.

Vom Werthe der Achate kann ich nicht so gar viel sagen. Da man aus dem Achat Tobaksdosen, Schüsseln und andere Sachen verarbeiten kann, so bleibt dieser Stein allemal in großem Werthe. In den Sammlungen der Liebhaber des Steinreichs kömmt auf die Farbenmischung der Achate, und auf den Geschmack des Käufers gar sehr viel an. Man behauptet übereinstimmend, daß der Achat, der aus Ostindien kömmt, der schönste sey. In Deutschland wird der Zweybrückische für den besten gehalten.

Die vorzüglichsten Schriftsteller, die vom Achat gehandelt haben, habe ich in meinem Entwurfe einer Lithologischen Bibliothek gesammlet.

ACHATES, heißt lateinisch der vorher beschriebene Achat.

ACHATES *elementarius*, heißt der Elementstein. f. Elementstein.

ACHATES fere pellucida, colore rubescente, wird von einigen der Karneol genennet, aber mit Unrecht. Denn der Karneol gehört nicht unter die Achate, wohl aber unter die Hornsteine. f. Hornstein und Karneol.

ACHATES fere pellucida colores pro situ spectatoris mutans, wird vom Wallerius der Opal genennet, aber ohne Grund. Denn der Opal gehört weder unter die Hornsteine, noch unter die Achate, sondern unter die Quarze. f. Opal.

ACHATES Islandica, Jsländischer Achat, Glasachat, franz. Achates d'Islande, holländ. Is-landze Achaat ist eine Achatart, von welcher uns Herr Kronstedt b) folgende Nachricht giebt: „Ist schwarz, dicht, und glasartig im Bruche; in dünnern Scheiben aber grünlich und halbdurchsichtig, wie ein eisenhaltiges Flaschenglas. Das merkwürdigste ist, daß er in großen Stücken ganz dicht ist, als man in den Glasfabriken kein Glas zuwege bringen kann. Man findet es auf der Ascensionsinsel. Von den Jubelirern wird er als Achat gebraucht, er ist aber zu hart, um geschliffen zu werden.

ACHATES maculis pallide rubris, heißt beym Wallerius der Sardachat. Dieser Begriff aber würde ganz anders ausgefallen seyn, wenn Hr. Wallerius nicht den gedoppelten Irrthum hegte, daß der Achat ein Geschlechtsname sey, und daß in diesem Achate keine wirklichen Sardertheilchen enthalten wären. f. Sardachat.

ACHATES minutulus chelidonii minerales vulgo dictus, nennet Scheuchzer die Schwalbensteine, die er unter die Achate setzet, da es doch Fischzähne sind. Nach ihm haben Waller und verschiedene andere dies Petrefakt aus Irrthum zu einem Achat gemacht.

ACHATES opalina tenax fractura inaequalis, heißt beym Wallerius eine Achatart, der man auch den Namen Kachalong gegeben hat, wo wir ihn ausführlicher beschreiben wollen.

ACHATES vnguium colore, in aere opaca, aqua perfusa pellucens, heißt beym Waller das Weltauge, ein Edelstein, über den man sich noch nicht hat vereinigen

---

b) **Versuch einer neuen Mineralogie** S. 261.

einigen können. Aber wenn wir voraussetzen, was einige Naturforscher behaupten, daß das Weltauge zum Opal gehört, so kömmt ihm der Name eines Achats nicht zu, sondern er gehöret unter die edlen Quarze.

ACHATES vix pellucida, nebulosa, colore griseo mixta, wird vom Wallerius der Chalcedon genannt, dem aber der Name eines Achats nicht gehöret, weil er mit dem Achat unter einem Geschlechte der edlen Hornsteine stehet. s. Chalcedon.

ACHATES viridescens punctulis rubris heißt beym Wallerius der Jaspachat. Man wiederhole die Anmerkung, die vorher bey dem Namen Achates maculis pallide rubris gemacht wurde, und vergleiche damit das Wort: Jaspachat.

ACHATES vix semipellucida, fasciis aut stratis, diuerse coloratis, ornata, heißt beym Waller der Onix, aber mit Unrecht, weil er nicht unter die Achate, sondern unter die edlen Hornsteine mit den Achaten gehört. s. Onix. Alle diese Namen, die wir aus dem Herrn Wallerius genommen haben, sind mehr Beschreibungen als eigentliche Namen zu nennen.

ACHATES phytomorphus, heißt unter den Achaten mit Bildern derjenige, welcher Bilder von Kräutern, Bäumen u. d. gl. vorstellet. s. Bildachat.

ACHATES technomorphus, heißt derjenige, auf dem die Einbung Werke der Kunst stehet. s. Bildachat.

ACHATES zoomorphus, heißt derjenige, auf welchem sich Menschen und Thiere, oder einzelne Theile derselben zeigen. s. Bildachat.

Achatonix, lat. Achatonyx, Achates onychite mixta, heißt der Achat, wenn er mit Onix verwachsen ist, oder wenn er Streifen und Flecken hat, welche Onyx sind. Herr Leßing e) glaubt, daß Achatonix ein Monstrum sey, weil der Achat und der Onyx zu einem Geschlechte gehörten. Allein man kann hier auf zweyerley antworten: 1. daß die verschiedenen edlen Hornsteinarten nicht so wohl ihren Bestandtheilen nach, als vielmehr ihren Farben nach unterschieden sind, wie ich vorher beym Wort Achat bemerket habe. Wenn also ein edler Hornstein zweyerley Farben hat, deren eine dem Achat, die andere dem Onyx eigen ist, warum soll man einen solchen Stein nicht Achatonix nennen? Man könnte es zugeben, daß Achat ein Geschlechtsname sey, so wäre doch wenigstens der Onyx eine Geschlechtsgattung. In der Vermischung beyder kann man doch den Onyx nicht ausschließen, daher Achatonix eben kein Monstrum ist. 2. Man hat auch einen gemengten edlen Hornstein, der Chalcedonix heißt, und den noch niemand für ein Monstrum gehalten hat, obgleich der Chalcedon und der Onyx einerley Bestandtheile haben.

Achtstrahl, lat. Octactis, heißt unter den geritzten Seesternen derjenige, der acht Stralen hat. Eine Zeichnung davon kann man in Herrn Linkens schöner Abhand-

---

e) Briefe antiquarischen Inhalts Th. 1. S. 198.

handlung de Stellis marinis Tab. XIV. Fig. 25. finden. s. Seesterne.

ACICULAE, heißen die eigentlichen Judennadeln. s. Judennadeln.

ACICULAIRES, ACICULES, heißen französisch die Judensteine. s. Judensteine.

ACULEATI LAPIDES, wird der Bergkrystall genennet, wegen seiner Spitzen, die seine einzelne Strahlen haben. s. Bergkrystall.

ACULEI, heißen beym Luidius die Judennadeln, weil sie mehrentheils spitzig sind. s. Judennadel.

ACULEI crystallorum, heißen die Strahlen vom Krystall, sonderlich wenn sie spitzig sind.

ACULEOFERI lapides, heißen die Bergkrystalle aus der schon angezeigten Ursache. s. Bergkrystall.

ADAMAS, heißet der Diamant. Das Wort kömmt aus dem Griechischen her vom α privativo und δαμάζω, domo, ich überwältige. Man hat bey dieser Benennung auf seine große Härte gesehen, vermittelst welcher er ganz unüberwindlich seyn soll. In unsern Tagen ist er es nicht mehr, da man ihn zu Glase schmelzen kann.

**Adlersteine, Klappersteine,** lat. Aetites, Lapides aquilei, Lapides aquilini, Lithotomi cavitate latente donati, *Waller*: Concreta intra lapidis cavitatem *Linn*. fr. Aetite, Etite, Pierres d'Aigle, Pierre d'aquila, Geodes. Holländ. Adelaar-Steen, Arendsteene, Klappersteene, sind unter den Steinspielen diejenigen Steine, welche ausgehöhlten Kugeln oder Büchsen gleichen. Es sind bald runde, bald ovale oder anders gebildete Steine, doch dergestalt, daß sich in der Höhlung mehrentheils auch etwas befindet. Bald ein Stein, und das ist der eigentliche Ætites; bald Erde, und den nennet man Geodes, bald Wasser, und dieser hat den Namen Enhydros. s. *Aerites, Geodes, Enhydros*.

Ueber den Ursprung der Adlersteine sind eigentlich dreyerley Meynungen. Sonst hielt man dafür, daß sie in den Nestern der Adler gefunden würden, da hinein sie die Adler legten, sich ihre Ausbrütung zu erleichtern. Auf diese Erzählung gründet sich eben die Benennung Adlerstein, und die Namen Lapis aquileus, aquilinus, Pierre d'aigle, d'aquila und dergleichen. Schon Plinius d) erzählet dies: Reperiuntur in nidis aquilarum, sicuti in decimo volumine diximus. Ajunt binos inveniri marem et foeminam. Nec sine iis pavere, quas diximus aquilas, et idem binos tantum. Agrikola, Gesner und beynahe alle alte Schriftsteller bezeugen eben dieses; doch hat es, wie es scheinet, immer einer aus dem andern genommen, ohne die Sache gehörig zu untersuchen. Diese Meynung widerlegt sich schon dadurch hinlänglich, daß man diese Steine in Flüssen und Bergen, Aeckern, Sand und Steinritzen findet. Gleichwohl haben noch verschiedene neue Schriftsteller angemerket, daß der Aquila pygargus, der weißgeschwänzte Adler solche Steine in sein Nest lege, um sich die

---

d) Histor. natural. Lib. XXXVI. Cap. 21.

die Geburt zu erleichtern. Denn wenn er auf seinen Eyern sitze, soll die Hitze sehr stark, und er genöthiget seyn, dieselbe durch Hülfe dieses Steins zu dämpfen e). Auch der sel. D. Pondoppidan bestätiget diese Meynung, wenn er sagt f): „Adlersteine findet man hier, so wie anderwärts, in den Nestern der Adler, die, wie es wahrscheinlich ist, von diesen Vögeln diesfalls hinein geleget werden, um darinn die allerheftigste Wärme zu mäßigen, die die rauchende Brust der Mutter bey sich führen kann, vornämlich da der Adler ein hitziger Vogel ist. Sie sind gemeiniglich dunkelgelb, länglich, und an beyden Enden spitzig. Allein da die Verfasser der Onomatologie noch hin und wieder die alten Vorurtheile aufwärmen, Pondoppidan aber in seiner Historie von Norwegen vieles auf das Zeugniß anderer stützet; so dürfen wir hierinne beyden nicht sicher genug trauen. Wir leugnen nicht, daß sich in den Nestern der Adler bisweilen Steine finden, aber ob es allemal eigentliche Adlersteine sind? ob sie von ihnen mit Vorsatz in die Nester getragen werden? und ob es sonderlich darum geschehe, sich die Hitze zu mäßigen? das sind Fragen, die noch einer großen Bestätigung bedürfen g).

Andere hielten die Adlersteine für versteinte Früchte, und den Callimum oder den inwendigen Stein für den gleichfalls versteinten Kern. Diese Meynung aber, welche Venette h) zuerst zu behaupten suchte, hat gar wenig Anhänger gefunden, so wie sie auch höchst unwahrscheinlich ist.

Die allermehresten Naturkündiger zählen die Adlersteine unter die Steinspiele, dahin sie auch eigentlich gehören. Mylius i) weiß nicht, zu welcher Meynung er sich schlagen soll, er nennet sie daher Lapides incertae originis. Selbst der D. Baier ist hier noch schwankend k). Wenn wir aber zum Grunde legen, daß die Adlersteine wirklich zu den Steinspielen gehören, so ist ihr ganzer Bau etwas Zufälliges. Das beweisen fünf Gründe: a. Ihre unterschiedene Farbe, b. Ihr unterschiedener äußerer Bau, da einige rund, andere breit, einige länglicht, andere gerade, und noch andere gebogen sind. Einige haben drey, vier, sechs, auch wohl mehr Ecken, c. Ihre verschiedene Steinart, da einige eisenhaltig, andere einer vesten Steinart, andere einer zusammengebackenen thonartigen Erde gleich, und noch andere kalkartig sind. d. Ihre verschiedene Bauart, da einige gleichsam in verschiedene Zellen eingetheilet sind,

---

e) Onomatol. histor. natural. T. I. p. 619. 649. 650.

f) Natürliche Historie von Norwegen Th. 1. S. 314.

g) In dem Magen eines gemeinen Hahns fand man zu Krannichsfeld im vergangenen Jahre eine Terebratul von mittlerer Größe. Wer behauptet aber, daß er diesen Stein mit Vorsatz verschluckt habe? Solche Beyspiele beweisen nichts.

h) Tract. de lapidibus.

i) Saxon. subterran. P. II. Rel. VII. p. 72.

k) Oryctogr. Nor. Cap. 6. p. 16. Lapidibus rotundis, e naturae lusu, aut minus manifesta causa profectis Aetites mereretur annumerari.

sind, andere aber keine Zellen haben. Endlich e. ihr verschiedenes Eingeweide. Einige sind ganz hohl und leer, und diese werden stille Adlersteine, Lapides aquilini taciti seu non crotulantes, l) genennet. Andere haben etwas in ihrer Höhlung, als einen oder mehr Steine. Diese sind es, welche, wenn sie geschüttelt werden, klappern, und heißen daher Klappersteine. Andere haben anstatt der Steine Sand, Erde, Thon, Ocher. Etliche Erde und Steine, Sand und Erde, ja etliche haben gar Quarz in sich eingeschlossen.

Herr von Justi m) und Herr Baumer n) meynen, daß die Adlersteine größtentheils verwitterte Kieskugeln wären. Hrn. Prof. Vogel o) aber kömmt dies nicht wahrscheinlich vor. Er sagt: „Mir deucht es aber, daß die wenigsten von dieser Beschaffenheit sind, da man nicht an ihnen bemerket, daß sie an der Luft zerfallen; und daß man eben nicht nöthig hat, eine Verwitterung zur Erzeugung einer inwendigen Höhle im Steine anzunehmen. Viel wahrscheinlicher ist es, daß der Adlerstein aus einer verhärteten Erde entstanden, die sich um einen andern Körper herum geleget hat. Das eingeschlossene Wasser scheint vom Steine selbst herzukommen, aus welchem während Verhärtung einige Wassertropfen ausgedrücket worden."

Herr Wallerius p) hat über den Ursprung der Adlersteine artige Gedanken, die ich auszeichnen will. Er spricht: „Da unmöglich ein solider Körper in einem andern vesten Körper gezeuget werden kann, wo der äußere Körper nicht vorher flüßig gewesen ist, so folget nothwendig, daß der Klapperstein oder Adlerstein aus einer flüßigen Materie gezeugt seyn muß, die, indem sie zu Steine geworden ist, eine andere bereits harte Erde oder Stein, in sich geschlossen hat, welche entweder mit dieser Materie zusammengewachsen oder gänzlich losgeblieben sind. Das Wasser, so man eingeschlossen findet, scheinet vom Steine selbst herzukommen, denn dieser, da er aus einer flüßigen Materie gezeuget ist, hat während der Verhärtung Wassertropfen ausgedrückt." Der berühmte Hill, der die Adlersteine zu den Kieseln rechnet, bildet sich ihre Entstehung folgendergestalt ein q): „Der innere Stein oder der Kallimus bildet sich zuerst. Um denselben legt sich eine Rinde nach der andern an, und wenn dies Ansetzen genau an einander passet, so entstehet daher der Kiesel. Bisweilen aber geschiehet es, daß, wenn sich nach vollendeter Bildung der äußern Rinde, die Partikelchen des Kügelchens mehr und mehr einander nähern, und sich genau mit einander

---

l) Diesen Namen, den Baier am angezogenen Orte ridiculam non minus, quam barbaram phrasin nennet, hat Franciskus Kupanus Supplement. II. ad Hort. Cathol. Panormit. p. 51. erfunden.

m) Grundriß des Mineralreichs §. 344. S. 285 f.

n) Naturgesch. des Mineralreichs Th. I. S. 275.

o) Praktisches Mineralsystem S. 252.

p) Mineralogie S. 512.

q) Anmerkungen zum Theophrast S. 37 f. der deutschen Ausgabe.

anber vereinigen, sich alsdenn auch seine Größe vermindert, und folglich von der innern Oberfläche der Rinde, an welche er best anschloß, abgelöset wird. So wird also dieses Kügelchen ein besonderer Stein, welcher in dieser Höhle, die nunmehro zu groß für ihn ist, herumrollet. Folglich klappert der Stein, wenn man ihn schüttelt. Manchmal zerreibt sich dasselbe in Sand oder Erde, und bleibet in der innern Höhlung abgesondert." Diese Erklärung scheint sehr natürlich zu seyn; aber wenn Hill die Adlersteine mit noch einigen Naturforschern unter die Kiesel setzet, so ist dies nicht allgemein wahr. Man hat Adlersteine, die kieselartig sind, aber man hat auch andere, die nicht unter die Kiesel gehören. Bey Langensalza finden sich bisweilen Adlersteine, die aus einem bloßen weißen Kalksteine bestehen, und in meiner Gegend habe ich solche entdeckt, die aus einer verhärteten Thonerde entstanden sind. Von eben dieser Masse liegen sie bey Naumburg häufig genug.

Ohne Zweifel gehöret des Plinius Cissites ebenfalls unter die Adlersteine. Er beschreibt ihn r) also: Cissites circa Capton nascitur candida, et videtur intus habere partum, qui sentiatur etiam strepitu. Es kann aber seyn, daß er unter diejenigen gehöre, welche Sand und Erde in sich halten, und die daher mehr ein Geräusch als ein Klappern hervorbringen.

Einige Arten von Adlersteinen hat Hr. Baldassari bey Siena entdeckt, die er uns also beschreibet s): Er rechnet sie zu der Art, die man Geodes nennet. Die eine Art beschreibet er als bauchförmig, und sagt, daß sie an Farbe, Gestalt und Größe den bauchförmigen Krystallen gleich wären, aber nicht wie diese in ihrer Höhlung helle und durchsichtige Tüpfelchen, auch nicht das geringste von einem weinsteinartigen Wesen enthalten, sondern sie sind von allen fremden Sachen leer. Von einer andern Art sagt Herr Baldassari, sie wären walzenförmig, oder ein wenig zusammengedrückt. Die äußere Schale sey so hart als Felsenstein, rostfarben und mit einigen Hügelchen besetzt, inwendig aber sey nur ein verhärteter Sand. Die größern wären zween Querfinger dicke, sie streckten seitwärts Aeste von sich, daß sie wie Stämme von Bäumen mit abgehauenen Aesten aussähen. Eben hieher will Hr. Baldassari eine Art eines röhrförmigen Steinwuchses bringen, der wie gedrehete und gebogene Röhren gebildet ist, aus gelber verhärteter Erde bestehet, und an Größe wie der kleinste Finger an der Hand ist.

Man kann die Abwechselungen der Adlersteine beynahe nicht alle beschreiben. Denn da sie, wie ich gleich anfänglich bemerket habe, einen zufälligen Ursprung haben, so konnten sie auch verschiedene zufällige Bildungen annehmen. Daher entspringen ihre so verschiedene Farben, da sie weiß, weißgelb, röthlich, braun, schwarz und noch anders erschie-

---

r) Histor. natur. lib. 37. cap. 10.    s) Osservazioni sopra il Sale della Creta.

erscheinen. Daher ihre verschiedene Größe, wo sie von der Größe einer welschen Nuß, bis zur Größe von zwo Fäusten erwachsen. Daher ihre verschiedene äußere Gestalt, da sie bald rund, bald länglich, bald glatt, bald uneben sind, und noch tausend andere Abwechselungen haben, die ich unmöglich alle anführen kann.

Was die innere Beschaffenheit der Adlersteine anlangt, so ist dieselbe ebenfalls sehr verschieden. Man hat daher den Grund zu mancherley Benennungen hergenommen, davon wir nur die gewöhnlichsten anführen wollen. Aetites aqua inclusa, *Enhydros*, Wasseradlersteine, welche in ihrer Höhle Wasser haben. Aetites cavitatibus pluribus distinctus; *Aetites multiplex*, der vielhöhlichte Adlerstein, welcher von innen viel abgesonderte Höhlen hat. Aetites embryone lapilluloso libero, *Aetites mas*, Aetites lapide incluso mobili, Lithotomus cavitate latente donatus, Klapperstein, welcher in seiner Höhle einen beweglichen Stein hat, und daher, wenn er geschüttelt wird, klappert. Aetites lapide incluso non mobili, Aetites primus Plinii, *Aetites foemina*, Aetites geodes, *Geodes*, Aetites terra inclusa. Aetites embryone terrestri fixo, stille Adlersteine, Erdadlersteine, die in ihrer Höhle entweder einen unbeweglichen Stein oder Erde haben. Aetites hermaphrodicus, Aetites lapide incluso et mobili et immobili, Zwitteradlersteine, hermaphroditische Adlersteine, die in ihrer Höhle einen beweglichen und einen unbeweglichen Stein

haben. *Aetites inanis*, der leere Adlerstein, in dessen Höhle weder ein Stein, noch Erde, noch Wasser ist. Sonst aber ist noch der Enorchis oder Gailenadlerstein bekannt, den wir beym Worte Enorchis beschreiben wollen. Außerdem haben die Alten und die Schriftsteller der mittlern Zeit noch manche Eintheilung der Adlersteine erdacht, die wir aber eben nicht alle anführen wollen. Plinius hat in seiner Naturgeschichte ein ganzes Kapitel von Adlersteinen. Er macht zwo Gattungen. Die eine nennet er Aetitem gemmam, er schreibet aber nach seiner Gewohnheit so dunkel, daß man nicht errathen wird, was er meynet. So viel ist gewiß, daß er das Wort Gemma nicht in seinem eigentlichen Verstande für einen Edelstein annimmt, sondern bloß für einen Stein von vorzüglicher Achtung und Werthe. Die andere Gattung des Plinius ist eben diejenige, die wir noch unter dem Namen des Adlersteins kennen. Außerdem nahm man, sonderlich in den mittlern Zeiten, die Eintheilung unter die männlichen und weiblichen Adlersteine an. Aetites mas hieß der eigentliche Klapperstein, derjenige aber, der nicht klapperte, wurde Aetites foemina genennet.

Die eigentlichen Adlersteine sind die Klappersteine, und diese sind meistens von außen rauh und nicht leicht glatt, von Farbe aber unterschieden. Die mehresten sind schwärzlich. Man findet sie selten größer, als Zwetschgen und Abrikosen, und diese kommen meistentheils aus Ostindien, wiewohl man sie auch
bis

bisweilen in Apulien findet. Die übrigen Adlersteine sind allezeit größer, bis zur Größe von zwo Fäusten, und diese werden auch in Europa und in vielen Gegenden Deutschlands, z. E. bey Jena, Meißen, Schweinfurth, Hildesheim, Mutschen, Zwickau, Leipzig, Zelle, Langensalza sind dergleichen gefunden. Die Elsaß, Spanien und mehrere Oerter reichen den Liebhabern eben dergleichen.

Der Ritter Linne t) hat die Adlersteine in seinem System unter dem Namen Concreta, und giebt ihnen den Namen Concretum intra lapidis cavitatem. Daß er aber das Wort Adlerstein überaus weitläuftig nehme, das zeiget nicht nur sein Begriff, sondern auch die Eintheilung derselben, die nun folgen soll. Der Ritter nimmt von denselben zwo Gattungen an:

I. *Aetites genuinus* embryonibus liberis.
  1. *Geodes*, Aetites embryone libero terrestri.
  2. *Aquilinus*, Aetites embryone libero lapilluloso.

II. *Aetites spurius* embryonibus adnatis.
  1. *Haemachates*, Aetites siliceus, embryonibus fixis crystallinis nitri quarzosi. Das sind des Breyns Melonen vom Berge Karmel.
  2. *Marmoreus*, Aetites marmoreus embryonibus fixis crystallinis Natri hyodontis.
  3. *Cretaceus*, Aetites margaceus, embryonibus fixis crystallinis muriae chrysolampis.

Die Adlersteine gehören unter diejenigen Steine, von welchen die Alten ganz besondere abergläubische Dinge niedergeschrieben haben. Kundmann u) führet eine ganze Menge Schriftsteller an, die es behaupten, daß dieser Stein das Gebähren erleichtere, für den Abortus bewahre, verborgenes Gift und heimliche Diebe verrathe u. b. gl. mehr. Man muß aber auch einigen der ältern Schriftsteller das Zeugniß geben, daß sie diese Fabeln entweder in Zweifel zogen, oder wohl gar leugneten. Theophrast gehöret unter die erstern, denn wenn er v) die bewundernswürdigsten und vorzüglichsten Eigenschaften der Steine berühret, daß einige nämlich das Gebähren erleichtern, so setzt er hinzu εἴπερ ἀληθές, wenn es wahr ist. Es ist also um so weniger zu begreifen, wie ihm Plinius den Vorwurf machen konnte, daß er und Mucianus geglaubet hätten, daß es Steine gebe, welche die Niederkunft bewirken w). Ohne Zweifel entstand dieser Aberglaube aus dem Irrthum, daß der Adler ohne diesen Stein keine Jungen ausbrüten könne, man schloß daraus, er werde vielleicht bey den Menschen eine gleiche Kraft haben. Der Aberglaube nährte diesen Irrthum, davon nur noch ein

---

t) Systm. natur. T. III. p. 179. der neuesten Ausgabe.

u) Rariora naturae et artis medicae p. 125 sq.

v) von den Steinen S. 32. der deutschen Ausgabe des Hrn. Baumgärtners.

w) Hier sind Plinius Worte: Idem Theophrastus et Mucianus esse aliquos lapides qui pariant, credunt.

ein ganz besonderes Beyspiel bekannt ist. H*. H*. zu W*. verwahret in seinem schönen Kabinet einen Stein, den man in Silber gefaßt, seinen Werth anzuzeigen, und ehedem an die entferntesten Oerter zu den vornehmsten Personen geschicket hat, ihnen dadurch die Geburt zu erleichtern. Bey genauer Betrachtung aber erhellet, daß es nicht einmal ein Adlerstein ist, sondern eine Terebratul. Welche Macht hat doch der Aberglaube über die Herzen der Menschen, wenn sie blind sind!

Ich habe angemerket, daß die Adlersteine eigentlich unter die Steinspiele gehören, und daß die Arbeit derer vergeblich gewesen sey, welche ihren Ursprung so mühsam haben erforschen wollen. Steinspiele werden zwar in unsern Tagen in den Kabinetten sehr wenig geachtet, aber die Adlersteine haben darinne noch immer ihren Platz behalten. Eigentlich aber doch nicht als Seltenheiten eines Kabinets. Gleichwol giebt es solche unter den Adlersteinen, auf deren Besitz ein jeder ziemlich stolz seyn kann. Ich will das Beyspiel nicht hieher rechnen, welches Rundmann x) beschreibet, Aetito-Campoides nennet, und Tab. VII. n. 9. abgebildet hat. Er sagt von ihm, daß, da er ihn zerbrochen, er in demselben eine vollkommene steinerne Raupe angetroffen habe. Denn es ist eine gar wichtige Frage, ob eine Raupe, die so viele flüßige Theilchen hat, in eine solche Versteinerung übergehen könne, bey welcher ihr ganzer organischer Bau unverletzt bleibet? Aber das Beyspiel, welches in der Beschreibung der Teßinianischen Naturaliensammlung y) vorkömmt, ist gar sonderbar, wo sich nämlich in der Höhlung des Adlersteins ein kleines Ammonshorn befindet. Herr Baumgärtner z) versichert gleichwohl, daß man sehr oft in Adlersteinen Ammoniten finde. Hieher gehören auch die Melonen vom Berge Karmel, wenn diejenigen Recht haben, die sie zu den Adlersteinen rechnen. Denn ob sie wohl dort sehr oft vorkommen sollen, so sind sie doch bey uns, wegen ihrer Entfernung, eine wahre Seltenheit. Der kohlschwarze Adlerstein, dessen Rundmann am angeführten Orte gedenket, gehöret ebenfalls unter die Seltenheiten eines Kabinets. In den Schriften der Naturforscher a) wird ein Adlerstein beschrieben von blaugrauer Farbe, die man auch nicht gar häufig findet. Auch die feuersteinartigen Adlersteine, von welchen uns Lesser b) Nachricht giebt, gehören hieher als seltene Beyspiele. Ich übergehe mehrere Exempel. Diejenigen, die ich angeführet habe, sind ein Beweis, daß ein Adlerstein vor dem andern einen Vorzug habe, und daß so gar unter ihnen solche sind, welche das Kennzeichen einer wahren Seltenheit an sich tragen.

---

x) Rar. natur. et art. med. p. 128.
y) Muſeum Teſſinianum p. 78.
z) In ſeiner Ueberſetzung des Theophraſt S. 39.
a) Ephimerid. natur. curioſor. Dec. II. Ann. VI. Obſ. 1. p. 1.
b) Lithotheologie S. 267.

tragen. Jetzo setze ich nur noch hinzu, was Herr Baumgärtner in seinem übersetzten Theophrast am angezogenen Orte angemerket. „Die florentinischen Adlersteine sind die schönsten, und diese würden wirklich unter die dritte Klasse gehören, (nämlich unter die Adlersteine, die Enhydros heißen, weil sie Wasser in sich halten), wenn sich das Wasser, so darinne war, nicht krystallisirt hätte, so daß sie fast einer Melone des Bergs Karmel gleich sehen.„

Die Schriftsteller, die von den Adlersteinen geschrieben haben, sind in meinem Entwurf einer Lithologischen Bibliothek §. 16. gesammlet.

In des Herrn Kundmanns rarioribus naturae et artis sind Tab. VII. Fig. 5–9. einige Zeichnungen von Adlersteinen zu finden.

AEGOPHTHALMUS, wird eine Art vom Onix genennet. s. Onix.

AEGOPODIUM, heißt unter den Anomiten diejenige Versteinerung, deren Original von den Schriftstellern die Narrenkappe oder Sootskappe ist. Die Verfasser der Onomatologie c) beschreiben diesen Anomiten, als eine zweyschalige Muschel, mit überworfner Angel, gleich einer Mütze. Eine Beschreibung, die dunkel genug ist d).

AEGROOPHTHALMUS, ist eben diejenige Art vom Onix, welche den vorher angeführten Namen Aegophthalmus hatte.

Aehrenstein, lat. Lapis acerosus, Asbestus fibris sparsis. holl. Aaresteen Wall. ist eine zum Asbest gehörige Steinart, wo die einzelnen Faden wie die Spitzen der Aehren gestaltet sind. Man hat daher auch den Grund der Benennung genommen. Des Wallerii Name, der den Aehrenstein zur letzten Art seiner Asbeste macht, ist mehr eine Beschreibung des Körpers selbst, als ein Name e). Herr Prof. Vogel sagt f), daß der Aehrenstein aus Faden bestehe, die den Aerhenspitzen gleichen, die hie und da in dem Stein zerstreuet sind. Einige Sorten, fährt er fort, sind zu zerreiben, und fühlen sich etwas fett an, welches den Ritter Linnäus mag bewogen haben, diesen Stein unter das Talkgeschlechte zu bringen. Das macht aber eben so große Verwirrung, daß man manche Asbestarten zum Amiant, manche Amiantarten zum Asbest, und von beyden manche Arten unter den Talk geworfen hat. Wir werden auch wohl hier nicht ehe in Ordnung kommen, als bis man alle Asbest- Amiant- und Talkarten der chymischen Probe unterwirft, und denn diejenigen Arten zusammenbringt, die im Feuer einerley Verhalten haben.„ Hr. Prof. Pott hat in der Vorrede zur ersten Fortsetzung seiner Lithogeognosie eine chymische Abhand-

---

c) Onomatol. histor. natural. T. I. p. 109. 461.

d) Man darf diesen Anomiten nicht mit einigen Napfschnecken verwechseln, denen man ebenfalls den Namen der Narren- oder Sootskappe gegeben hat. Von diesen giebt Hr. D. Martini Nachricht in seinem neuen systematischen Konchylienkabinet, Band 1. S. 146. und S. 150.

e) Mineralogie S. 194.

f) Praktisches Mineralsystem S. 171.

handlung über den Asbest versprochen, welche aber, so viel ich weis, nicht erschienen ist. Herr Kronstedt g) will den Aehrenstein, und die meisten unreifen Asbestarten unter eine Basaltart werfen, dem er den Namen stralförmiger Basalt gegeben hat. Er führet den chymischen Grund an, weil der Stralbasalt vorm Blasrohre ziemlich leicht zu Glase schmelze, ohne verzehret zu werden, wie solches beym reinen Asbest zu geschehen scheine. Allein sollte wohl nicht daraus folgen, daß entweder der Stralbasalt mit dem Aehrensteine zum Asbest, oder der Asbest zum Stralbasalte gehöre. Folglich wird dadurch die Schwierigkeit nicht gehoben, sondern nur vergrößert. Herr Wallerius führet am angezogenen Orte seiner Mineralogie zwo Gattungen des Aehrensteins an:

1. gröbere Aehrenstein, Lapis acerosus fibris rasilibus, dessen Fäden grob und etwas fett anzugreifen sind.
2. kleinere Aehrenstein, Lapis acerosus fibris rigidis, dessen Fäden hart und trocken sind.

AERUGO NATIVA SOLIDA, dichtes Kupfergrün, wird von einigen der Malachit genennet, weil ihn die neuern lieber unter die Kupfererze, und zwar unter das Kupfergrün, als unter die Jaspisarten setzen wollen. s. Malachit h).

Aestige Entrochiten, lat. Entrochi ramosi, fr. Entroques étoilées, heißen die Entrochiten, welche an ihren Seitenflächen Aeste, oder wenigstens Warzen haben, aus denen man nicht undeutlich schlüßen kann, daß hier ehedem Aeste gewesen sind. s. Entrochiten. Zeichnungen davon liefern Knorr in den Sammlungen von den Merkwürdigkeiten der Natur Th. II. Tab. G. II. G. IV. Schulze von den Seesternen Tab. I. Fig. 1. 2. Rossinus de Lithozois Tab. X. Fig. L.

Aestige Sternsäulensteine, lat. Asteriae columnares ramosae, fr. Entroques étoilées épineuses, heißen die Sternsäulensteine, wenn sie an ihren Seitenflächen Aeste, oder wenigstens Warzen, als Spuren ehemaliger Aeste, haben. s. Sternsäulensteine.

AETITE, AETITES, nennet der Franzose die Adlersteine. s. Adlersteine.

AETITO AMMONITES, nennet Rundmann i) einen Stein, der nicht nur ein deutliches Ammonshorn abbildet, sondern auch dabey von innen klappert.

AETITO BUCARDITES, nennet Rundmann ein Bukardit, der zugleich ein Adlerstein ist. Er sagt von ihm k), daß in demselben nicht nur ein Callimus klappere, sondern daß der Bukardit auch noch seine natürliche Schale habe. Er muthmaßet, daß der klappernde Kallinus

auch

---

g) Versuch einer neuen Mineralogie S. 79.

h) Das thut Wallerius im Mineralreiche S. 359. Vogel l. c. S. 469. vergl. mit S. 182. Skopoli Einleitung in die Fossilien S. 137. Kronstedt l. c. S. 185. Baumer Naturgesch. des Mineralreichs Th. I. S. 409. und andere.

i) Rar. naturae et artis medica S. 71. 128.

k) l. c. S. 105. 128.

auch das Muschelthier seyn könne. In so fern könnte es zugegeben werden, daß man annimmt, das ehemalige Thier habe sich in einen unförmlichen Spatklumpen verwandelt, der sich nach und nach losgegeben hat.

AETITO CAMPOIDES, nennet Rundmann l) einen Adlerstein, in dessen Höhle eine versteinte Raupe gesessen habe. Ich habe bey dem Worte Adlerstein dieses Stücks bereits gedacht und mein Urtheil darüber gefällt.

AETITO COLITES, nennet Rundmann m) einen Adlerstein, der zugleich ein vollkommenes männliches Glied vorstellen soll. Man kann die Beschreibung davon im Rundmann selbst lesen.

AETITO HYSTEROLITHES, nennet Rundmann n) einen Hysterolith, der innwendig klappert. Er hat ihn Tab. VII. Fig. 5. abstechen lassen. Vergleicht man diese Ableitung mit der Nachricht, die er giebt, daß der Stein ein harter gelblicher Tophus sey, so ist dies Stück kein Hysterolith, sondern nur eine zufällige Bildung.

AGAATEN, Agaatjes heißt im holländischen der Achat. s. Achat.

AGAATE groen bemooste, heißt in eben dieser Sprache der Moosachat. s. Dendrachat.

AGAATE gearboriseerte, heißt bey ihnen der Baumachat. s. Dendrachat.

AGAATE-Planten, heißen bey ihnen die Achatplatten. s. Achat.

AGALLOCHITES. s. *Achallochites*.

AGARIC VEGETAL fossile heißen französisch die versteinten Schwämme. s. *Agarici*, Agariciten, und Fungiten.

AGARICI minerales petrificati, Corallo fungitae forma agarici, Korallinische Baumschwämme, Agariciten, fr. Agaric vegetal fossile heißen unter den Fungiten diejenigen, welche wie ein Baumschwamm gebildet sind. Sie haben oft die Gestalt eines Pferdehufs. Da die Fungiten nur im weitläuftigen Verstande zu den Korallen gehören, so hätte man sie nicht Korallinische Baumschwämme, Corallo fungitas, nennen sollen.

Agariciten, Korallinische Baumschwämme, lat. Agarici minerales petrificati, Corallo fungitae forma agarici, fr. Agaric vegetal fossile sind eigentlich diejenigen Fungiten, welche in ihrer Bildung den Baumschwämmen gleichen. s. *Agarici minerales*. Herr Bertrand o) nimmt das Wort viel weitläuftiger, denn er verstehet unter den Agariciten diejenigen Fungiten, welche aus mehrern über einander liegenden Schichten oder Lamellen zusammen gesetzt sind, so daß eine Lamelle unter der andern etwas hervorgehet. Die Schichten sind gemeiniglich porös, einige gestreift, andere mit Sternen versehen.

AGATE Es ist eigentlich ein zarter Quarz, der sich in den Adlersteinen bisweilen findet, und aus zurückgebliebenem Wasser entstanden ist.

---

l) l. c. S. 128.
m) ibid.
n) ibid. Eben dieser Schriftsteller beschreibt S. 196. einen Adlerstein, der in seinen Höhlungen Amethysten hat, und nennet ihn Aetito-amethystum.

o) Dictionnaire des Fossils T. I. p. 237.

Agate Cachalon, nennen die Franzosen den Kacholon. s. Kachalong.

Agate Chalcedoine, heißt bey ihnen der Chalcedonachat. s. Chalcedonachat.

Agate cornaline melée d'amethyste, heißt bey denenselben der Korallachat, wenn er mit Amethyst durchwachsen ist. s. Korallachat.

Agate jaspée, heißt in dieser Sprache der Jaspachat. s. Jaspachat.

Agates arborisées, heißt im Französischen der Baumachat. s. Dendrachat.

Agate, heißet französisch der Achat. s. Achat.

Aigue-marin, lat. Aqua marina, heißet französisch der Aqua Marin oder Beryll, weil die grüne Farbe dieses Edelsteins dem Seewasser gleichet. s. Beryll.

Ailees, heißen französisch die Alatiten. s. Flügelschnecken.

Alabandicus, wird von einigen der Allmandin genennet. s. Allmandin. Aldrovand aber beschreibet einen lapidem alabandicum, den Sibbaldus crystallum nigri et rufescentis coloris nennet, und der auch der schwarzrothe Krystall heißt, und sagt, daß er eine Gattung von dunklen Krystallen sey, deren Farbe so dunkelroth ist, daß er einem gekochten Blute ähnlich siehet. Der Name eines schwarzrothen Krystalls gehört ihm nicht, da der Krystall eigentlich zu reden allemal weiß ist. s. Krystall. Aber ein gefärbter Quarz, oder wie die neuern lieber reden, ein Flußspath kann es seyn, und folglich auch ein Fluß von Allmandin. Plinius beschreibt unter dem Namen Alabandicus zweyerley Steine, deren einen er unter die Karfunkel zählet, in Ansehung des andern aber können die Naturforscher nicht einig werden, ob er den vorherbeschriebenen Alabandicum des Aldrovand meyne p).

Alabaster, lat. Alabastrum, Alabastrites nonnull. Onyx veterum, Marmor onychites veterum, Gypsum particulis minimis, punctulis nitens, polituram admittens, *Wall.* Marmor fixum, particulis arenaceis micantibus. *Linn.* Gypsum particulis impalpabilibus, diaphanum. *Linn.* fr. Alabâtre, Plaques d'Albatre. holl. Alabaster-Plaatjes, ist unter den Körnichten Steinen derjenige, welcher schimmert, und in Ansehung seines Gewebes dicht, vest und fein ist. Oder wie sich Hr. Prof. Vogel q) ausdrückt, der Alabaster ist ein Gypsstein, der sich poliren läßt. Der berühmte Albrecht Ritter leitet das Wort Alabaster her von dem griechischen Wort λαβιθαι und dem α privativo, und drückt sich darüber r) also aus: Sic adpellatur, vel quasi ου λαβιθαι, prehendere, propter lacvorem sit αδυνατος, vel δια το μη λαβαν ιχιν, quod ansas non habcat. Andere leiten das Wort her a gerendo seu sustinendo, und behaupten, was die Griechen αλαβαρον nennten, das hieße bey den Atticis αλαβαρον. Beyde Meynungen gründen sich darauf, daß das

---

p) S. die Onomatologie T. 1. p. 223 s.
q) Praktisches Mineralsystem p. 119.
r) Lucubrat. l. de Alabastris Hohnsteiniensib. §. 2. S. 3.

das Wort Alabaster bey den Schriftbenten ein Gefäß bedeutet, wie es denn selbst auch in der heiligen Schrift also gebraucht wird. Matth. 26, 7. Es bedeutet aber auch nicht selten den Stein selbst, aus welchem dergleichen Gefäße bereitet werden, und in dieser Bedeutung wird das Wort in der Lithologie genommen, nämlich für einen bloßen Stein.

Damit man die Alten verstehe, wenn sie vom Alabaster reden, muß man merken, daß die Griechen den Alabaster bisweilen Onix, und die Lateiner marmor onychites nannten. Herr Hill giebt s) davon folgende Nachricht: „weil man ihn zur Verfertigung derjenigen Büchsen gebrauchte, die man gewöhnlicher Weise Onyxes nannte, und zur Aufbehaltung kostbarer Salben dieneten. Dioskorides nennet ihn Ἀλαβαςρἱτης ὁ καλούμενος ὄνυξ. Dies hat zu allen den Irrthümern, in welche diejenigen gefallen sind, die nach ihm geschrieben haben, Gelegenheit gegeben, indem sie den Marmor Onix (so wurde der Alabaster überhaupt genennet) mit dem Edelstein, der gleichen Namen führet, vermengten; und dies kam bloß daher, weil sie den Plinius nicht fleißig genug gelesen, noch gründlich genug verstanden hatten."

Ritter giebt am angezogenen Orte vom Alabaster den Begriff: est lapis mollis, ex terra viscosa pingui concretus, variis saepe coloribus mixtus, vt hoc modo solum differat a marmore, ratione duritiei vel substantiae durioris. Er muß ihm aber auch Sandstheilchen beygeleget, und von seiner weißen Farbe behauptet haben, daß sie aus zerfressenen Bleytheilchen herrühre. Denn der Herr Prof. Pott t) leugnet wider ihn beydes, weil er bey seinen Untersuchungen dergleichen nicht gefunden habe. Daß er nicht zu den Marmorn gehöre, wie König, Brückmann, Ritter, der Ritter Linné in den ältern Ausgaben seines Natursystems und noch mehrere behauptet haben, soll unten gezeiget werden. Daß er ferner, wie Henkel meynet, im Feuer ziemlich flüßig sey, kann Herr Pott auch nicht eingestehen, weil er allemal Zusatz verlangt, wenn er fließen soll. Man würde sich folglich bestimmter ausdrücken, wenn man sagte: der Alabaster fließet für sich im Feuer nicht, mit Zusatz aber ist er ziemlich flüßig. Eben so will Herrn Pott das Aufbrausen in den Säuren nicht gefallen, welches Wallerius vorgiebt, es müßte denn seyn, daß er nicht rein, sondern mit kalkichten Theilen vermischt wäre. Wir werden von alle dem bald mehr zu sagen Gelegenheit haben.

Der Alabaster wird in weißen und gefärbten eingetheilet. Der gefärbte ist von mancherley Art, hornfärbig, weiß mit rothen Adern, hornfärbig mit rothen Adern, weiß mit schwarzen Adern. Von dem Alabaster, welcher schwarze und graue Flecken, oder unordentliche Streifen hat, behauptet

---

s) in seinen Anmerkungen über den Theophrast S. 46.

t) In der ersten Fortsetzung der Lithogeognosie S. 59.

hauptet der Herr von Justi u), daß diese Flecken nnd Streifen fast allemal sichtbar Marmor wären; ja es scheine beynahe, daß ein Marmor durch unterirdische Witterungen, und durch andere zufällige Begebenheiten zu Alabaster werden könne. Mir scheinet dies unglaublich, weil Gyps, daraus der Alabaster bestehet, und Kalk, daraus der Marmor wird, nach des Herrn von Justi ausdrücklichem Geständniß v) von einer ganz verschiedenen Natur sind, dadurch eine Verwandelung des einen Körpers in der andern unmöglich wird.

Der Alabaster entstehet, wenn bey den Sedimentsteinen, d. i. bey solchen, die sich durch ein Sediment erzeugen, Erden mit salinischen Theilen verbunden werden, und zwar also, daß die Kalkerde mit einer Vitriolsäure geschwängert wird, und die daher entstandene Gypssteine fein sind w). Doch sagt Herr Baumer x), daß der Alabaster nicht allezeit mit der Vitriolsäure gänzlich gesättiget wäre.

Der Ritter Linné giebt von dem Alabaster den Begriff, er sey ein marmor fixum, particulis arenaceis micantibus, und daraus erhellet, daß er ihn unter die Marmore zähle. In der neuesten Ausgabe seines Natursystems hat diesen Irrthum der Ritter verbessert, und hat ihn unter die Gypse gerechnet. Richtiger bringt man ihn unter die Gypssteine, und das that eben Waller, wenn er von ihm den Begriff gab: Gypsum particulis minimis, punctulis nitens, polituram admittens. Man kann ihn nicht füglich unter die Marmore zählen, denn er ist offenbar weicher und lockerer, als der Marmor, er läßt sich zwar auch poliren, er bekommt aber nie den Glanz und die Schönheit eines Marmors. Außerdem brennt sich der Alabaster allemal zu Gyps, der Marmor aber zu Kalk. „Nach dem äußern Ansehen, sagt die Onomatologie y), unterscheidet der Alabaster sich von dem Marmor, darinne, daß seine Theile weit feiner, milder und kugelgleicher sind, wie auch, daß wenigstens diese Art, roh mit Scheidewasser nicht aufgähret, ob sie wohl auch öfters mit demselben brauset. Kalcinirt und mit Salmiak abgerieben, treibt er diesem einen Geruch aus; mit Wasser vermischt wird er nicht hart, sondern verhält sich wie ein Kalkstein. Seine eigenthümliche Schwere, in Verhältniß mit dem Wasser, ist 1, 8 12 : 1000 da hingegen das Verhältniß bey wahren Marmorarten sich wie 2,718 : 1000, oder wie 2, 70 : 100 ausweiset. Herr Prof. Pott zeigt es in seiner Lithogeognosie z) ganz deutlich, wie sehr König, Brückmann, und mit ihnen alle diejenigen irren, die bem Alabaster und dem Marmor einerley Bestandtheile beylegen. Er sagt: „Aus dem Ala-

---

u) Grundriß des Mineralreichs p. 221.
v) l. c. p. 217.
w) Walch fof. Steinreich Th. 2. s. 35.
x) Naturgesch. des Mineralreichs Th. 1, S. 201.

y) Onomatolog. histor. natural, T. I. S. 225. Man vergleiche damit Wallerius im Mineralreiche S. 68 f.
z) Lithogeognosie S. 16.

Alabaſter wird kein Kalk, ſondern ein Gyps: und die Signa diagnoſtica des Marmors beſtehen darinne, daß der Marmor ſich in Säuren auflöſt und durchs Feuer ſich zu Kalk brennet; der Alabaſter aber ſolvirt ſich gar nicht in Acidis, und wird im Feuer zu Gyps.„ Dies beweiſet Hr. Pott noch durch folgende chymiſche Probe: „ich habe noch zum Ueberfluß den Alabaſter mit ſehr heftigem Feuer calciniret, auf einen Theil Oleum vitrioli gleich ſchwer gegoſſen, ſolches in mäſſigem Sandfeuer abgezogen, das reſiduum mit Waſſer ſolvirt, filtrirt und gelinde concentrirt, allein ſeine Säure war ungeändert; nach der Koncentration zeigten ſich zwar einige in dem Oleo vitriolico ſchwimmende Flöckchen; weil aber durch die Præcipitation mit alcali fixo ſich kein Stäubchen præcipitirte: ſondern alles klar blieb, ſo war dieß genugſamer Beweisthum, daß ſich keine Erde ſolvirt hatte.„ Mit dem weißen Alabaſter machte Herr Pott viel Proben, fand aber allemal, daß er ein guter Gyps war a). Wer die übrigen chymiſchen Verſuche mit dem Alabaſter wiſſen will, der leſe nicht nur die angeführte Abhandlung des Herrn Pott, ſondern vergleiche auch damit in der zwoten Fortſetzung ſeiner Lithogeognoſie die Tabelle S. 48 f.

Wer übrigens keine Gelegenheit hätte, den Alabaſter nach ſeinen innern Beſtandtheilen unterſuchen zu können, dem werden die äußern Unterſcheidungszeichen nicht unangenehm ſeyn, die Hr. Woltersdorf angiebt b).

„Er hat, ſagt er, eine beſtimmte Geſtalt, ein dichtes weißes Gewebe, ſchimmert auf dem Bruche, und läßt ſich poliren.„ Das letztere aber iſt nicht bey allen Alabaſtern gleich, denn einige ſind ſo weich, daß, wo ſie ja eine Politur annehmen, ſie doch matt genug iſt. In den Anmerkungen aber c) redet er noch beſtimmter. „Der Unterſchied zwiſchen dem gemeinen Gypsſteine und Alabaſter beruhet bloß in dem Gewebe. Der Gypsſtein iſt rauh, und nimmt keine rechte Politur an, der Alabaſter dagegen iſt dicht, und läßt ſich gut poliren. Gemeiniglich aber pflegt man auch die ſchlecht gefärbten Alabaſterarten, wenn ſie gleich dicht genug ſind, Gypsſteine zu nennen; nicht deswegen, weil ſie keine Politur annehmen, ſondern weil ſie ſolcher nicht werth ſind. Eben dies muß bey dem Unterſchied des gemeinen Kalkſteins vom Marmor bemerket werden.„

Man hat den Alabaſter zwar verſchieden eingetheilet, dabey aber allemal nur auf die Farbe geſehen. Die Onomatologie d) macht drey Gattungen.

1. Alabaſtrum candicans, weiſſer Alabaſter, welches der gewöhnlichſte iſt.
2. Alabaſtrum candicans, maculis nigris, weißer ſchwarzgefleckter Alabaſter, den man ſchon ſeltener findet.
3. Alabaſtrum ruſeſcens, röthlicher Alabaſter, den eben die Alten unter ihrem Onix ſollen verſtanden haben, und der ſeltenſte iſt.

Wal-

---

a) In der Lithogeognoſie S. 76.
b) Mineralſyſtem S. 11.
c) Ebendaſelbſt S. 49. n. 19.
d) Onomat. hiſtor. nat. T. I. P. 226.

Wallerius e) hat eben diese drey Gattungen, aus dem sie die Verfasser der Onomatologie scheinen genommen zu haben; er setzet aber noch den Alabastrit, als eine vierte Gattung, hinzu, von dem er vorgiebt, daß er mit den andern Abänderungen des Alabasters in allen Stücken übereinkomme, nur daß er härter und dichter, und dabey ganz undurchsichtig sey.

Herr Woltersdorf f) theilet ihn in weißen, schwarzen, bunten und streifichten ein.

Der Ritter Linne g) hat die Alabasters nur in zwo Klassen gebracht, die er also nennet:
1. Gypsum album.
2. Gypsum flavescens.

Nimmt man den Eintheilungsgrund der Alabaster von ihren Farben her, so reichen alle diese Eintheilungen nicht hin, uns den ganzen Umfang der Alabaster zu lehren. Man kann sich davon überzeugen, wenn man sich die Bemühungen des verstorbenen Albrecht Ritters h) zu Nutze macht. Dieser erzählet uns folgende Alabasterarten:

1. Alabastrum nigrum. 2. Alabastrum album, taeniis cinereis. 3. Alabastrum lucido cinereum. 4. Alabastrum coloris subalbidi cum lineis vel lucido - vel obscuro-cinereis. 5. Alabastrum albo cinereum. 6. Alabastrum album, venis subcinereis. 7. Alabastrum lucido cinereum. 8. Alabastrum albissimum, cum taeneis lucido-etiam obscuro cinereis. 9. Alabastrum albicans, parvulis maculis cinereis. 10. Alabastrum colore rufo, albo sparsim intermixto. 11. Alabastrum discolor maculis et cinereis et rubris et albis. 12. Alabastrum album maculis nigricantibus. 13. Alabastrum virgatum colore albo magis cinereo. 14. Alabastrum album lineolis cinereis pallidissimis. Ich übergehe die andern Alabaster, die er in seiner zwoten Abhandlung von den Hohensteinischen Alabastern in Menge angeführet hat.

Der Alabaster wird gemeiniglich da gefunden, wo Gyps ist i). Er wird aber an so viel Orten gefunden, daß es fast unnöthig ist, davon besonders zu reden. In Persien, in Amboina, in Hohenstein, in Schwarzburg, in dem Erfurtischen bey Osteroda, und noch vielen andern Orten. Die Schwarzburgischen Alabasters, die so sehr merkwürdig sind, hat der sel. Ritter in den angeführten Schriften sehr ausführlich beschrieben, wo man zugleich von allen einzelnen Orten Nachricht findet, wo daselbst Alabaster bricht. Herr Prof. Vogel k) merket an, daß der merkwürdigste Alabasterbruch ohne Zweifel in der Grafschaft Hohenstein sey, sonderlich bey Ellrich, Obersachswerfen und Niedersachswerfen, wo ganze Berge von diesem Steine stehen, die über dreyßig Lachter hoch sind.

Da sich der Alabaster zu allerley Gefäßen bearbeiten läßt, so hat

---

e) Mineralogie S. 69.
f) Mineralsystem S. 18.
g) Systema naturae T. III. p. 45.
h) Lucubratiuncula de Alabastris Hohnsteinensib. p. 8. sqq. Lucubrat. II, p. 10 sqq.
i) Baumer Naturgesch. des Mineralreichs Th. 1. S. 200.
k) Praktisches Mineralsystem S. 119.

hat er noch allemal einen sehr großen Werth in den Augen der Künstler. Man ziehet aber die härtern Alabasters, und diejenigen, welche eine feine Farbenmischung haben, und eine gute Politur annehmen, den andern billig vor.

Wer eine Nachricht von den Schriftstellern vom Alabaster verlangt, der wird sie in meinem Entwurf einer Lithologischen Bibliothek §. 54. finden.

ALABATRE, heißet französisch der Alabaster. s. Alabaster.

Alabastrit, thebaischer Marmor, lat. Alabastrites, Alabastrita, Marmor thebaicum, Alabastrum durius opacum, Marmor alabastrites *Agric.* wird der härteste Alabaster genennet. Er wird von einigen unter die Gypsarten gerechnet, und daher für einen wahren Alabaster gehalten; doch sagen sie, daß er härter und dichter, als der Alabaster und zugleich ganz undurchsichtig sey. Andere glauben, er komme mehr dem Marmor, als dem Alabaster bey. Wallerius l), der dem thebaischen Marmor den Namen Brokatell, und die lateinische Umschreibung: Porphyr rubens lapillulis flavis giebt, zählet ihn gar unter die Porphyre. Doch gestehet er in einer Anmerkung, daß dieser Brokatell und der Granito rosso der Italiäner von vielen zu den Marmorarten gezählet würden. Er fährt dann fort: „daß dieses aber alle Jaspisarten sind, zeigt sich dadurch, daß sie, obgleich nach einem langen und starken Feuer, zu einem dichten und vesten Glase schmelzen. Wie denn auch, wenn man diese Steine nach ihrer Zusammensetzung genau beobachtet, sie am ehesten unter die klaren Felsarten und einartige Fliessteine aufgenommen werden zu müssen scheinen, wo es nicht die nahe Verwandschaft mit dem Jaspis, und die Politur verhindert." Seiner Beschaffenheit nach ist dieser thebaische Marmor röthlich, und hat gelbe Tüpfeln. Ist diese Beschreibung des Herrn Wallers richtig, so gehöret dieser thebaische Marmor, wie er ihn beschreibet, gar nicht zum Alabastrit, aber auch nicht zum Porphyr, sondern wie mich dünkt, unter die Marmore, und das kann man behaupten, und dennoch zugestehen, daß die Flecken dieses Marmors porphyrartig seyn können. s. Brokatell. Wenn wir uns von der wahren Beschaffenheit des Alabastrits folglich überzeugen wollen, so müssen wir andere Quellen aufsuchen. Beym Theophrast m) finden wir zwar der berühmten Gruben zu Theben gedacht, allein er sagt uns weiter nichts als die Worte: Um Theben herum findet man den Alabaster in großen Stücken. Die Schriftsteller nach ihm, sonderlich Boetius von Boodt, von Laet, Worm und andere brauchen das Wort Alabastrit, und verstehen nur den Alabaster, wie wir sie denn überhaupt in einer großen Verwirrung und in vielen Wiedersprüchen erblicken. Dies ist wohl der Grund, warum Herr

---

l) Mineralreich S. 135.    m) von den Steinen S. 43. 50. der Ausgabe vom Herrn Baumgärtner.

Herr Prof. Vogel n) den Unterschied unter dem Alabastrit, als dem härtesten Alabaster, und dem Alabaster selbst gar aufgehoben wissen will. Sein Grund ist dieser: weil sich die Grenzen der Härte schwerlich bestimmen lassen, indem dasjenige, was einem hart vorkömmt, dem andern nicht so scheinen könne. Ich setze hinzu, man würde wenigstens den Alabastrit nicht eher finden, bis man alle Alabasters beysammen, und sie in Ansehung ihrer Härte gehörig geprüfet hätte. Herr Hill o) sucht uns aus der Verwirrung heraus zu helfen, aber wie mich dünkt, mit unglücklichem Erfolg. Er setzet den Unterschied unter den beyden darinne, daß der Alabaster eigentlich derjenige weiche Stein sey, der von einer gypsartigen Substanz ist, und sich in eine Gypsart verwandelt, wenn er verbrannt wird; der Alabastrit aber sey derjenige harte Stein, der eine feine Politur annimmt, und dessen innrer Bau mit der marmorartigen Struktur nahe verwandt ist. Aber hat man nicht auch Alabasters, die eine schöne Politur annehmen? und wie soll man die Worte verstehen: der innre Bau ist einer marmorartigen Struktur nahe verwandt? Wir wollen also setzen, der Alabastrit gehöret unter die Marmore, bleibet uns nun nicht die Frage übrig: welcher Marmor es sey, dem man den Namen des Alabastrits geben soll? Es erhellet daraus, daß die Schriftsteller selbst nicht wissen, was der Alabastrit sey. Da er bey Theben gefunden wird, und seiner Härte nach dem Marmor sehr nahe kommen soll, so hat man ihn deswegen thebaischen Marmor genennet. Hr. Hill merket am angezogenen Orte an, daß die Gruben, wo er zu Theben gebrochen werde, noch nicht erschöpft wären, und es sey wahrscheinlich, daß noch viele Jahrhunderte vorbeygehen werden, bis dies geschehe.

ALABASTRUM, heißet latein. der Alabaster. s. Alabaster.

ALABASTRUM durius opacum, heißt der Alabastrit, weil er viel härter, als der Alabaster, und dabey ganz undurchsichtig sey. Es ist dies mehr eine Beschreibung, als ein Name des Alabastrits. s. Alabastrit.

ALATAE, heißen lateinisch die Flügelschnecken, weil die ausgebreitete Schale der einen Seite ihrer Mundöffnung einem Flügel gleichet. s. Flügelschnecken.

ALATITES, heißen französisch die Flügelschnecken. s. Flügelschnecken.

Alatiten. s. Flügelschnecken.

Alaun. s. *Alumen*.

Alaunholz, lat. Lithoxylum aluminosum, Aluminosum mineralisatum vegetabile, fr. Bois vitrifié, heißt unter dem versteinten Holze dasjenige, welches mit Alaun geschwängert, und gleichwol versteint ist. Die Onomatologie p) giebt davon folgende Nachricht: "Man findet dasselbe bey Düben in Meißen. Es siehet einer Steinkohle sehr gleich, unterscheidet sich

---

n) Praktisches Mineralsystem S. 119.
o) In der Ausgabe des Hrn. Baumgärtners S. 451.

p) Onomatolog. histor. natural. T. I. S. 322 f.

sich aber davon, sowohl nach der Farbe, welche bey diesem Alaunholz bräunlich ist, als auch in Ansehung seines innern Baues, der wie bey andern Holz faserichst ist, ja wohl auch in Ansehung seiner Leichtigkeit, nach welcher es gar wohl von den Steinkohlen zu unterscheiden ist. Am allermeisten aber läßt es sich daraus erkennen, daß die Bäume, wenn sie an die freye Luft kommen, und oft nur kurze Zeit über in Haufen über einander liegen, sich von selbst entzünden und brennen; daher man, um dieses zu verhüten, solche Haufen beständig mit Wasser begießen muß. Es gehöret also dieses Alaunholz unter die eigentliche und wahrhafte Versteinerungen." Diese Erzählung erweiset, daß das Alaunholz zu Düben in großer Menge anzutreffen sey, welches auch daher deutlich wird, weil Lesser q) anmerket, daß man zu Düben aus diesem Holze Alaun zu sieden pflege. Doch Düben ist nicht der einzige Ort, der eine solche Versteinerung darbietet. Zu Kommodau und Altsattel in Böhmen, bey Hainfeld in Niederösterreich liegt eben dergleichen, und Hr. Prof. Vogel r) merket an, daß in Hessen zu Weißner, und bey Minden ein braunes unterirrdisches Holz gefunden würde, welches daselbst zum Alaunmachen genützet würde. Dies letztere Alaunholz ist aber nicht versteint, wie denn Hr. Justi s) von demselben berichtet, daß zu Minden dasjenige, worinn sich wenig Alaun

vermuthen läßt, wirklich verkohlet werde. Da der Alaun unter die Salze gehöret, dabey aber zugleich eine vitriolische Säure hat, so kann sich dasselbe desto leichter in die zarten Poros des Holzes ziehen und dasselbe schwängern. Daß aber dieses Holz an dem einen Orte versteint liegt, daran ist der Alaun um so weniger Schuld, da ein Salz überhaupt nicht gar zu geschickt ist, zu versteinen. Die Beschaffenheit der Lage des Holzes ist der eigentliche Grund, den man hier aufzusuchen hat.

ALCYONIA, heißen lateinisch die gleich folgenden Alcyonien.

Alcyonien, lat. Alcyonia, Corallo-fungitae, Pori lapidei, fr. Alcions; Fongites-Alcyons, heißen die knorpel- oder lederartigen Seegewächse. Das Wort ist seinem Ursprunge nach griechisch, und kömmt von dem Worte ἁλκυόνιον, Meerschaum, weil man von den Alcyonien ehedem glaubte, daß sie aus dem Meerschaum entstünden.

Der Hr. Prof. Pallas t) macht sich von den Alcyonien den Begriff: das Alcyonium ist knorplicht, und sproßt aus einer harten Borke mit Polypen, nicht daß diese Polypen das Alcyonium bauen sollten. Es scheinet nach diesem Begriff, daß er die Alcyonien von den Fungiten trenne, wie in unsern Tagen die mehresten thun.

In den ältern Zeiten brauchte man das Wort Alcyonium in einer gar vielfachen Bedeutung,
gab

---

q) Lithotheologie S. 695.
r) Praktisches Mineralsystem S. 274.
s) Grundriß des Mineralreichs, S. 144.
t) Elenchus zoophytorum.

gab aber nur damit zu großer Verwirrung Anlaß. Ueberhaupt brauchten die Alten das Wort, die eigentlichen Fungiten damit auszudrücken, nahmen es aber doch dabey so weitläuftig, daß sie beynahe alles Alcyonien nannten, was aus der See kam, und eine pflanzenähnliche Gestalt hatte. Die Namen, die wir in der Folge erklären werden, werden dies hinlänglich bestätigen.

Ich habe vorher angemerket, warum man den Alcyonien diesen Namen gegeben habe, aber eben daraus ist manche Verwirrung entstanden. Es ist bekannt, daß man von dem Bimstein geglaubet hat, er entstünde aus dem Meerschaum, wenigstens behauptete man, daß dies von einigen Bimsteinarten wahr sey. Daraus hat man folgern wollen, daß manche Schriftsteller dasjenige Alcyonien genennet hätten, was sie nur von dem Bimstein gesagt haben. Die Vorwürfe, die man dem Theophrast machte, und die eifrige Vertheidigung seines Kommentators, Herrn Hills wird man hiebey mit Nutzen lesen u).

Nachher nannte man das Alcyonien, was eine poröse und schwammichte Struktur hatte, und dabey den Erdschwämmen, Pilzen, Morgeln u. d. gl. ähnlich war, es mochte nun ein eigentliches Alcyonium, oder ein eigentlicher Fungit seyn. In den neuern Zeiten theilen sich die Schriftsteller. Einige rechnen die Alcyonien noch zu den Fungiten. Das thut Hr. Bertrand in seinem Dictionnaire des Fossils, wie aus seinen Klaßifikationen von den Fungiten erhellet, welche wir beym Artikel Fungit auszeichnen wollen. Das thun Hr. Baumer, Hr. Vogel, Herr von Justi, in deren Schriften man das Wort Alcyonium vergeblich sucht, und so weiter. Andere trennen beyde von einander. Bey diesen heißt das ein Fungit, was steinartig ist und eine Aehnlichkeit mit einem Erdschwamme hat; hingegen heißt das ein Alcyonium, was nicht steinartig, sondern knorpel= und lederartig ist. Ich glaube, man gehe am sichersten, wenn man die Alcyonien von den Fungiten trennt. Wir finden die Alcyonien im Reiche der Versteinerung allemal, die Fungiten aber sehr selten spatartig. Ist dieses, so muß schon das Wesen der Alcyonien so beschaffen seyn, daß aus ihnen nothwendig ein spatartiger Körper werden muß; das Wesen der Fungiten aber muß in der See anders beschaffen seyn. Ist dieses, so müssen wir auch beyde als zwey Geschlechter ansehen, und beyde werden daher mit Recht getrennt.

Der Herr Hofrath Walch gehöret unter diejenigen Schriftsteller, der die Alcyonien von den Fungiten trennt, ob er sie gleich in seinem System v) ebenfalls unter den Fungiten hat. Von ihm werden wir daher den sichersten Unterricht von den Alcyonien erwarten können. Er sagt w): "Sie sind von einer porösen, weichen, fleischichten, auch zum Theil schwam=

---

u) Theophrast von den Steinen S. 109 ff. der deutschen Ausgabe.
v) System. Steinreich S. 140. §. 85. der ersten Ausgabe.
w) Naturgesch. der Versteinerungen Th. II. Abschn. II. S. 36.

schwammigten Substanz, und mit einer knorplichten oder leberartigen Kruste überzogen. Diese Kruste oder Oberhaut, die sich im Reiche der Versteinerung sehr deutlich zu erkennen giebt, und meist spatartig ist, erscheint oft von außen griesicht, wie Chagrin, und bey eingedorreten Alcyonien ordentlicher Weise bald mehr, bald weniger schrumpflich, doch giebts auch viele, an welchen man eine ziemlich glatte spatichte Oberfläche ohne Runzeln und Schrumpfen findet. Sie haben Oeffnungen, die man Oscula nennet, weil sie durch solche ihre Nahrung erhalten, und diese sind, im natürlichen Zustande, gemeiniglich wie Warzen, die, wenn sie sich öffnen, bey einigen wie eine Blume mit länglichten spitzigen Blättern, die zusammen eine Sternfigur haben, bey andern anders gebildet sind. Doch nimmt man diese Warzen und Oscula im Reiche der Versteinerung nicht bey allen Alcyonienarten wahr. Woraus aber noch kein sicherer Schluß zu machen, daß sie nicht dergleichen im natürlichen Zustande gehabt haben sollten."

In ihrem natürlichen Zustande erscheinen die Alcyonien unter mancherley Gestalten. Bald wie Bäume, deren stumpfe Aeste gerade in die Höhe gehen, welche doch bisweilen ein wenig gekrümmt sind. Bald gleichen sie einem bloßen Stamme, und haben nur am obern Theile kurze Aeste. Bald sind sie den Aepfeln oder runden Ballen, oder andern Früchten gleich. Bald haben sie andere Gestalten. Dies alles wird deutlicher werden, wenn wir hernach die verschiedenen Alcyonienarten anführen werden.

Man kann die Alcyonien von allen Korallen am sichersten durch ihre Kruste unterscheiden, die sie allemal haben, und welche denen andern Korallen allemal mangelt; sie müßten denn außer der See inkrustiret seyn. Eben so ist auch diese Kruste bey den allermehresten Alcyonien schrumpflich, und das kömmt daher, weil die Alcyonien, ehe sie versteinern können, zusammen zu dorren pflegen. Ihr Bau ist nie so regelmäßig, als der Bau anderer Korallen, und ihre Figur unterscheidet sie außerdem von jenen hinlänglich.

Man kann hier die Schriftsteller des Steinreichs nicht sicher genug gebrauchen, wenn man die verschiedenen Alcyonien bemerken will, weil sie, wie ich zu Anfange angemerket habe, das Wort oft in einer gar zu weitläuftigen, mehrentheils aber in einer zu unbestimmten Bedeutung gebrauchen. Das mehreste werden wir von ihren Gedanken auszeichnen können, wenn wir beym Wort Alcyonium ihre gebrauchten Namen erläutern. Herr Guettard hat in seiner Abhandlung sur quelques corps fossils peu connus x) die Alcyonienarten ziemlich vollständig erzählet, so sehr verwirrt er auch diese Materie in einer neuern Schrift y) vorgetragen.

Herr

---

x) In den memoires de l'academie des sciences ann. 1751.

y) Memoires sur differentes parties des sciences et arts, P. II, a Paris 1770. Daselbst

Herr Davila z), der einen so prächtigen Schatz von Versteinerungen besaß, kann uns einiges Licht in Ansehung der Alcyonienarten geben, wenn wir diejenigen Stücke erzählen, die er hieher rechnet. Wir bedienen uns seines eignen Registers, wo er sie folgendergestalt erzählet:

Alcyonites à double umbilic, Alc. à pédicule, Alc. à umbilic plein, Alc. à umbilic vuide, Alc. coniques, Alc. en concombre, Alc. en coupe, Alc. en entonnoir, Alc. en figue, Alc. en forme d'Hura, Alc. en fuseau, Alc. en gobelet, Alc. en molette, Alc. en poire, Alc. en pomme, Alc. globuleuses, Alc. pointilées, Alc. rameuses, Alc. reticulées, Alc. sans pédicule, Alc. tuberculeuses.

Herr Hofrath Walch a) macht ohne Streit die richtigste Klaßifikation, wenn er die Alcyonien also eintheilet.

1. Alcyonienwurzeln. Sie sehen aus wie Wurzeln, sind rauh, grieselicht, oft hin und wieder etwas bauchig und knotig. s. *Arbuscula marina*.

2. Alcyonienstämme. Sie sind rund cylindrisch, und theilen sich oben gemeiniglich in zusammen gewachsene stumpfe Aeste, deren Oberfläche konvex ist.

3. Alcyonienfinger und Alcyonienhände. Die erstern sind konisch oder auch cylindrisch, und haben meistentheils die Stärke eines Fingers. Wenn mehrere solche Finger bey einander liegen, so werden die Versteinerungen Alcyonienhände gennenet.

4. Priapolithen, welche eine Aehnlichkeit mit dem männlichen Gliede haben. s. Priapolithen.

5. Alcyonienbälle, welche rund wie Kugeln sind.

6. Alcyonienbecher, welche eine sehr weite Oeffnung haben, und bald einem Becher, bald einem Trichter, bald einem umgekehrten Kegel, bald einer Koffeetasse ähnlich sind.

7. Alcyonienschwämme, welche darinne den Fungiten ähnlich sind: daß sie eine konvexe Oberfläche, eine platte Unterfläche, und einen Stiel haben. Sie unterscheiden sich aber von ihnen, theils dadurch, daß sie auf ihrer Oberfläche porös sind, theils dadurch, daß sie ein großes sternförmiges Osculum mit langen Stralen haben.

8. Alcyonienfeigen, welche wie Feigen gestaltet sind und auf der konvexen Seite in der Mitte eine Vertiefung haben. s. Korallinische Feigen.

9. Alcyonienäpfel, welche entweder rund, wie Aepfel, mit einer Vertiefung auf beyden Seiten sind, oder etwas weniges länglicht, wie eine dicke Birn.

10. Knotigte Alcyonienstücke von unbestimmter Gestalt, meist etwas länglich.

An und für sich betrachtet gehören die Alcyonien gar nicht unter die seltenen Versteinerungen, zumal da sie an mehrern Orten, und

---

Daselbst hat er eine ganz neue Klaßifikation der Korallen bekannt gemacht, und in derselben die Alcyonien hie und dahin geworfen. Beym Artikel Korallen wollen wir die ganze Eintheilung mittheilen, um unsere Leser zu überzeugen, wie sehr er diese Materie verwirrt habe.

z) Catalogue systematique et raisonné T. III. S. 36—42.

a) Naturgesch. der Versteiner. Th. 2. Abschn. 2. S. 37 f.

und an manchen oft in angesehener Menge gefunden werden. Allein wenn die Alcyonienwurzeln, welche in der See bisweilen die Höhe von drey Ellen erreichen, in der Versteinerung ziemlich groß und wohl erhalten sind, so ist ihr Werth in den Augen der Liebhaber sehr groß. Die Alcyonienfeigen, die bisweilen von einer Länge von zehn Zoll gefunden werden, sind in diesem Falle den Kennern sehr schätzbar. Die Alcyonienhände aber sind unter allen Alcyonien die seltensten.

Diejenigen Oerter, wo sich für andern Alcyonien finden, sind: Bensberg im Bergischen, Berg, Berndorf in der Eifel, Birse, Dornach, Eifel, Frankreich, Mecklenburg, Pfeffiger, Schafhausen, Schweiz, Stargard im Mecklenburgischen.

Die Schriftsteller, welche von den Alcyonien handeln, habe ich in meiner Einleitung in die Lithologische Bibliothek §. 188. gesammlet.

Zeichnungen haben geliefert

1. von natürlichen Alcyonien, der Graf Marsigli histoire physique de la Mer Tab. XIII. fig. 69. Tab. XIV. fig. 72. 73. Tab. XV. fig. 74. 75. Tab. XVI. fig. 79. Tab. XXV. fig. 112. 114. Tab. XXVIII. Tab. XXIX.

2. von versteinten Alcyonien: Knorr Sammlungen der Merkwürdigkeiten der Natur Tab. F. fig. 1-5. Tab. F. I. fig. 1. 4. 8. Baier monumenta rerum petrificat. Tab. II. fig. 13-17. Walch systemat. Steinreich Tab. XXIV. n. 3. b. Baier Oryctogr. Nor. Tab. I. fig. 26. 27. 30. 38. Tab. VII. fig. 11. 12. Volkmann Siles. subterran. Tab. V. fig. 16. Tab. XVI. fig. 3. Tab. XVIII. fig. 6. Tab. XXI. fig. 6, Tab. XXIII. fig. 3. Tab. XXV. fig. 5. Tab. XXVI. fig. 3. Bourguet Traité des petrificat. Tab. II. Fig. 14. 15. Tab. XIII. fig. 55-59. 60. 63.

Insonderheit haben Zeichnungen geliefert von den Alcyonienäpfeln, Knorr l. c. Tab. F. I. fig. 8. von den Alcyonienbällen ebenderselbe Tab. F. I. fig. 1. 4. von den Alcyonienfeigen Walch im systemat. Steinreiche Tab. XXIV. n. 3. b. Volkmann Siles. subterran. Tab. XIX. fig. 3. und von den Alcyonienwurzeln Knorr l. c. Tab. F. fig. 3. 4.

ALCYONITES, heißen französisch die Alcyonien. s. Alcyonien.

ALCYONIUM, ist der lateinische Name der Alcyonien. Die Onomatologie b), wenn sie die Worte Alcyonium, und Ficoides, Feigensteine, als gleichgeltend zusammensetzet, thut Unrecht, da die korallinischen Feigen zwar unter die Alcyonien gehören; aber nicht ein jedes Alcyonium ist ein Feigenstein. Ueberhaupt ist der ganze Artikel nur aus alten Schriftstellern entlehnt, die in unsern Tagen so gar wenig zu gebrauchen sind.

ALCYONIUM AURANTIUM, heißen bey den Schriftstellern diejenigen Alcyonien, welche wie Aepfel oder runde Birnen gestaltet sind. Sie heißen daher auch in der Versteinerung Alcyonienäpfel. Sie sind entweder rund, wie Aepfel, oder ein wenig länglich wie Birnen. Baier hält sie für versteinte Früchte, welchen Fehler

---

b) Onomatolog. histor. natur. T. I. p. 278.

Fehler man noch heut zu Tage in Frankreich hat. Das eine Beyspiel Tab. I. fig. 26. c) nennet er Pyrum Moschatellinum, das andere fig. 27. nennet er Mali Persici majoris imitamentum. Besser machte es sein Hr. Sohn d), denn die beyden hieher gehörigen Beyspiele Tab. II. fig. 15. 16. nennet er Alcyonium striatum malo cotoneo simile, und das andere Idem Pomiforme minus.

ALCYONIUM branchiale, ist ein zu den blätterichten Fungiten gehöriger corallinischer Körper, s. Fungiten.

ALCYONIUM BURSA, ist beym Herrn Prof. Pallas e) eine Alcyonienart, welche eine runde den Kugeln ähnliche Form hat. Wir führen diese Alcyonienart darum an, weil man dieselbe auch im Steinreiche findet. Sie hat allemal eine griesichte Kruste, und wird bald einzeln, bald zusammen gewachsen angetroffen. Beym Hr. Walch f) hat die Versteinerung den Namen der Alcyonienbälle erhalten.

ALCYONIUM candicans vermiculare, ist der Name, den Worm g) einer zusammengehäuften Masse von Vermikuliten giebt, die dabey sehr weiß ist.

ALCYONIUM cinereum, bifurcatum, punctis quadratis, corallitae reticulati instar insignitum, et in basi tuberosa cavitate donatum ist eine Fungitenart, die Lange anführt, und Scheuchzer wiederholt, die ohne Zweifel zu den Fungiten gehört. Die Onomatologie h) giebt uns von dieser Versteinerung folgende Nachricht: „Es ist ein Stein, der wahrhaftig wie gedoppelt aussiehet, als ob zweene schief über einander lägen, welche beyde beynahe kurzen gedupsten Morchen gleichen, und auf ihrem breiten knopfichten Theil in der Mitte ein wenig ausgehöhlt sind." Man hat von dieser Versteinerung zwo Gattungen. Die erste, welche den Namen Alcyonium majus, cinereum, oblongum et acuminatum, punctis quadratis, corallitae reticulati instar insignitum, et in basi profunda lataque cavitate donatum führet, ist der vorhergehenden völlig gleich, nur daß sie länger und spitziger ist, und eine breite Höhlung hat, die zugleich tiefer in den Körper hineingehet. Die andere: Alcyonium minus cinereum, pediculo insidens et in basi tuberosa, striataque, cavitate donatum, ist mehr eine corallinische Feige, und daher ein wahres Alcyonium. Denn sie hat nicht nur die äußere Bildung einer zusammengedrückten Feige, sondern auch unten einen kurzen Stiel.

ALCYONIUM cotoneum sind knotichte Alcyonienstücke, die eine unbestimmte Gestalt haben, gemeiniglich aber länglich sind. Diesen Namen braucht Hr. Prof. Pallas i). Das Petrefakt kommt vor beym Volkmann in Siles. subterran. Tab. XVI. fig. 3.

ALCYO-

---

c) Oryctograph. Nor. p. 23.
d) Monumenta rerum petrificat.
e) Elenchus zoophytorum p. 352.
f) Naturgesch. der Versteiner. Th. II. Abschn. II. S. 39.

g) S. die Onomatolog. histor. natural. T. l. p. 282.
h) l. c. T. I. p. 283. 284.
i) Elenchus zoophytor. p. 359.

ALCYONIUM ficus, heißen die korallinische Feigen, s. Korallinische Feigen.

ALCYONIUM fistulosum rubrum nennen einige das korallinische Orgelwerk, weil es in seinem natürlichen Zustande blutroth ist. Wie unrichtig hier das Wort Alcyonium gebraucht werde, ist daher klar, weil dieses Petrefakt unter die Tubuliten, und folglich unter die eigentlichen Korallen gehöret, wovon, wenn man sich genau ausdrückt, so wohl die Alcyonien, als auch die Fungiten, getrennet werden müssen. s. Korallinisches Orgelwerk.

ALCYONIUM MILESIUM ist ein Name, den die Schriftsteller gar verschieden gebrauchen. Einige haben den Madreporiten diesen Namen gegeben, aber ohne allen Grund; denn die Madreporiten gehören nicht zu den Alcyonien, sondern zu den Korallen im allereigentlichsten Verstande. s. Madreporiten. Einige der Alten verstanden darunter eine Art von Fungiten, welchen sie eine Purpurfarbe beylegten, und beynahe also schilderten, daß man glauben muß, sie verstünden darunter die Tubularia purpurea Imperati, das vorherbeschriebene Alcyonium fistulosum rubrum oder das korallinische Orgelwerk k). Imperatus selbst brauchte das Wort Alcyonium Milesium in einer ganz besondern Bedeutung. Er verstand darunter eine gewisse Vermikulitenart, nämlich diejenigen unter den Tubulis, vermicularibus, welche in unordentlichen Krümmungen und Windungen, meist in runden Massen, in einander geflochten sind. Aber daraus folgt noch nicht, daß Imperatus die eigentlichen Alcyonienarten verwechselt habe. Zu seinen Zeiten gab es noch mehrere, welche verschiedene von den Vermikuliten mit dem Namen der Alcyonien belegen, wie in der Folge noch ein paar Beyspiele vorkommen werden. Bedienet sich doch einer der neuesten Schriftsteller dieses Worts, ein schalichtes Gehäuse damit zu bezeichnen: Nämlich der Ritter Linne l), der dem Belemnit den Namen Helmintholithus Alcyonii Lyncurii giebt. Ob es aber fein sey, einen Namen von so gar verschiedenen Körpern, als die eigentlichen Alcyonien, die Vermikuliten, und die schalichten Gehäuse sind, zu gebrauchen? das ist eine Frage, die ein jeder mit mir verneinen wird.

ALCYONIUM petrosum vermiculare nennet Merkatus unter den Tubulis vermicularibus diejenigen, welche in unordentlichen Krümmungen und Windungen meist in runden Massen durch einander geflochten sind.

ALCYONIUM saccharinum ist ein Körper, der vermuthlich unter die Tubulos vermiculares gehöret, und dem Worm diesen Namen gegeben hat. Die Onomatologie m) giebt davon folgenden Unterricht: „Also giebt es auch einige Meerbälle, pilae mari-

---

k) Das bezeuget Imperatus Histor. natural. S. 821. der lat. Ausg. Tubularia purpurea, juxta quosdam Halcyonium milesium.

l) System. natur. T. III. p. 170.

m) Onomatolog. histor. nat. T. I. p. 283.

marinae, die ganz löcherigt und krauß sind, wie der Zucker, womit man hie und da in den Apotheken einige Samen und Früchte überziehet. Einige unter denselben sind ganz kuglicht, andere in etwas zusammengedruckt, und einige länglich und gleich löcherigt; alle sind sehr schön, kraus und weiß. Worm nennet sie daher: Alcyonium faccharinum, Zuckereißvogelstein. Wenn man die kuglichte Art dieser Steine entzwey bricht, so findet man in ihrem innersten Mittelpunkt einen kleinen Stein, um welchen herum der äußere steinichte Ueberzug wie ein Zucker angeschossen ist. Man findet diese Steine vielfältig an den Norwegischen Ufern, und wenn man sie mit Wasser auf einem Stein abreibt, werden sie zu einem milchichten Saft."

ALCYONIUM scolicoides war ein Name des Körpers, der vorher Alcyonium petrofum vermiculare genennet wurde.

ALCYONIUM scolycoideum heißen auch bey einigen die Dentaliten, wie aus dem Richterischen Muſeo S. 232. erhellet.

ALCYONIUM tuberosum majus cinereum in basi cavitate donatum ist beym Lange eine Alcyonienart, die ohne Zweifel unter die Alcyonienfeigen gehöret. Der Körper ist nicht gar lang, aber sehr breit, knopficht, höckericht und durchaus ungleich, rauh, hat aber in der Mitte seines breiten Endes eine Höhle n).

ALCYONIUM undatum, vndulatum, ist ein Name, damit man die wellenförmigen Fungiten belegt. ſ. Jungiten.

ALCYONIUM vermiculare nennen einige die Tubulos vermiculares, und sonderlich diejenigen, welche auf Muscheln, Steinen, Korallen und andern Seekörpern in unterschiedener Lage und Krümmungen angetroffen werden. Man muß aber das Wort in einer ganz eigenen Bedeutung nehmen, wenn man diese Benennung entschuldigen will. ſ. Vermikuliten.

ALCYONS heißen französisch die vorherbeschriebenen Alcyonien.

ALGA marina, heißet lateinisch, ALGUE MARIN französisch das Meerschilf. ſ. Meerschilf.

Almandin, lat. Almandines, Alabandici, Alabandines, Rubini vivido colore rubro, Rubini orientales, Carbunculi nonnullor. fr. Almandine heißen unter den ächten Quarzen oder unter den eigentlichen Edelsteinen die Rubinen, wenn sie ganz dunkel von Farbe sind. Ihre Farbe stehet in der Mitte zwischen einem Spinel und einem Granat. Herr Hill aber sagt o): „dieser Stein kömmt zwischen dem Rubin und Granat zu stehen." Die Alten rechneten diesen Stein unter die Granaten. Einige der neuern glauben, daß die Allmandinen die eigentlichen Karfunkel der Alten wären. Das thun die Verfasser der Onomatologie p). Denn sie übersetzen nicht nur die zwey Worte Alabandines, Almandines durch Karfunkel, sondern fahren auch fort: „wenn ein blutrother orientalischer

---

n) Onom. hist. nat. T. I. p. 285.   p) Onomatolog. histor. natural.
o) Theophraſt von den Stein. p. 102.   T. I. p. 214.

scher Rubin zwanzig Karat in dem Gewicht übersteiget. nennet man ihn einen Karfunkel." Ob es nun wohl nicht kann entschieden werden, welchen Stein die Alten Karfunkel nannten? und also noch vielweniger, daß der Almandin der Karfunkel der Alten sey; so ist doch wenigstens so viel gewiß, daß die Almandinen unter diejenigen Steine gehören, welche ein wahres Recht auf die Karfunkel der Alten haben. Das ist der Grund, warum viele der neuern Schriftsteller behaupten, daß die Almandinen unter diejenigen Steine gehören, welche die Alten zu den Karfunkeln rechneten. Man sehe den Hill am angeführten Orte nach, der zugleich behauptet, daß der Almandin derjenige Stein sey, den Plinius Alabandicus nennet.

**Alocholz**, wenn es versteint ist, so wird es Achallochites und französisch Achallochite genennet. s. Holz.

**Alpschösse**, **Alpsteine**, heißen die Belemniten, weil man ehedem glaubte, daß man damit den Alp vertreiben könne. Schösse aber hieß man sie, weil man die Belemniten unter die Donnersteine warf, von denen man vorgab, daß sie im Wetter vom Himmel herunter geschleudert würden. s. Belemniten.

ALUMEN; Alaun, gehöret als ein Salz nicht in unser Lithologisches Lexikon. Allein, da der Ritter Linne, der die Edelsteine unter den Salzen hat, einige unter das Alumen zählet, so dürfen wir auch dieses nicht übergehen. Ich will inzwischen nichts mehr thun, als die Klaßifikation mittheilen, die dieser berühmte Schriftsteller gemacht hat q). Sie ist folgende:
 I. Alumina nuda.
 II. Alumina folubilia.
 III. Alumina lapidofa.
1. Alumen lapidofum quarzofum extus nigrum. Alumen quarzofum.
2. Alumen lapidofum calcariospatofum diaphanum rasile. Alumen spatofum. Amethystfluß, Schmaragdfluß.
3. Alumen lapidofum pellucidissimum solidissimum, Gemma pretiofa, Edelstein.
 a. Alumen hyalinum, der Diamant.
 b. Alumen rubrum, der Rubin.
 c. Alumen coeruleum, der Sapphir.

ALUMEN plumofum wird das Federweiß genennet. s. Federweiß.

ALUMEN scajolae, ALUMEN sciffile, heißt unter den Gypssorten derjenige Stein, der Asbestartig gewachsen, und folglich von einem faserichten Gefüge ist. Sonst wird auch unter diesem Worte eine Art von Alaun verstanden, welches sonst auch Alumen plumofum oder Plumeum, Federalaun genannt wird. s. Amianth). Man darf aber nicht glauben, das Alumen sciffile gehöre unter die Asbeste, denn an statt daß der Asbest im Feuer nicht verbrennt, so zerfällt dieses in einen feinen Gyps. Es gehöret also unter die Gypse.

ALU-

---

q) Syſtem. natur. T. III. p. 101. ſq.

Aluminosum mineralisatum vegetabile wird im Lateinischen das Alaunholz genennet. s. Alaunholz.

Aluta montana heißt das Bergleder. s. Bergleder.

Alveatula multifora, Lithoxylum multiforum sind Namen, welche von einigen Lithologen ehedem gebraucht wurden, zweyerley Körper auszudrücken. Man gebrauchte es erstlich von gewissen versteinten Hölzern, nämlich von dem, welches ganz röhricht, leicht und durchbohrt ist. Hernach brauchte man es von dem Ebur fossile, von der Cartilagine minerali, und andern Knochen mehr, die ihrer Leichtigkeit wegen einem Holze gleich sind. Man nennete sie daher gegrabene oder versteinte hölzerne Knochen, Xylostea canaliculata, Ossa fossilia lignosa u. d. gl. r).

Alveolen, Schüsselsteine, steinerne Kegel, lat. Alveoli, fr. Alveoles, wird das innere vielkammerichte Gehäuse der Belemniten, oder auch die einzelnen Glieder dieses Gehäuses genennet. Es ist bekannt, daß der Belemnit ein röhrichtes Schalengehäuse ist, in dessen Höhle befindet sich ein kleiner konischer Stein, der nach der Höhle des Belemniten zugespitzt ist, und aus lauter auf einander sitzenden Gliedern, oder konkaven Lamellen, die wie eine Schüssel ausgeschweift sind, bestehet, und dieser Stein ist es, den man eigentlich eine Alveole nennet. Man kann den Grund dieser Benennung leicht errathen. Alveus heißt bey den Lateinern derjenige leere Theil, der sich zwischen den beyden Ufern eines Baches befindet; man hat folglich dieses Gehäuse sich im Kleinern also vorgestellet, weil es wirklich zwischen den beyden Seitenwänden des Belemnits sitzet, und es Alveolum genennet. Daß aber der gelehrte Luid die Sache aus einem andern Gesichtspunkte betrachtete, sich unter einer Alveole und einem Bienenkorbe eine Aehnlichkeit gedachte, und daher den Grund der Benennung nahm, das wird weiter unten bemerkt werden. Gleichwohl braucht man eben diesen Namen von den einzelnen Gliedern dieses vielkammerichten Gehäuses, welche, da sie wie eine Schüssel ausgeschweift sind, und daher eine Aehnlichkeit mit einer Schüssel haben, Schüsselsteine genennet werden. s. Schüsselsteine. Wenn die Alveolen breit gedruckt sind, so haben die Schriftsteller sie Krebsschwänze, Lapides caudae cancri, fr. Queues d'Ecrévisse pétrifiés, Queues de Crabe, Orthoceratites comprimées genannt, s. Krebsschwänze. Da die Alveolen wegen ihres konischen Baues einem Kegel sehr gleich sind, so hat das Langen Gelegenheit gegeben, sie steinerne Kegel zu nennen.

Einige lithologische Schriftsteller wollen zweyerley Alveolen haben. Solche, die von den Orthoceratiten herkommen, und diese nennen sie: Alveolos in thalamis Orthoceratitorum natos: und solche, die von den Belemniten herkommen, und diese heißen bey ihnen Alveoli Belemnitarum.

---

r) S. die Onomatol. histor. natural. T. 1. p. 304. sq.

nitarum. Ist hier die Rede von den einzelnen Gliedern des vielkammerichten Gehäuses, oder von den Schüsselsteinen, so kann man den Namen gewissermaßen gelten lassen, da ein Orthoceras, in einer einzeln Zwischenkammer betrachtet, einem Schüsselstein sehr ähnlich ist. Nimmt man aber das Wort Alveole von dem ganzen Körper, so ist keine Alveole möglich, außer bey dem Belemnit. Denn der Orthoceras ist eigentlich, im Ganzen betrachtet, ein vielkammerichtes Gehäuse, der Belemnit aber ist ein schalichter Körper, der in seinem Innern ein vielkammerichtes Gehäuse hat. Das ist der Grund, warum sehr viele Schriftsteller die Alveolen der Orthoceratiten nicht kennen wollen. Gleichwohl halte ich es für meine Pflicht, eine Beschreibung derselben mitzutheilen, damit meine Leser wissen, wie man sich darüber erkläret. Wir wollen die Verfasser der Onomatologie s) anhören. „Also (nämlich Alveolen) nennet man eine Art schalenähnlicher Steine, welche auch daher Wallerius in die Versteinerungen von Konchylien nimmt, die auf einer Seite ausgehöhlt, auf der andern erhaben sind, als wenn sie gedrechselt und polirt wären. Sie sind nicht gar groß, ohngefehr wie ein Dreyer oder Korallin, mehr oder weniger dick; man glaubt, sie sind in den abgetheilten Kammern der Orthoceratiten erzeugt. Sie sehen durchgängig aus, als ob sie in Kegel zusammen gekittet wären, und unterscheiden sich von den Orthoceratiten darinne, daß sie keinen durchlaufenden Gang oder Siphonen haben, welches daher kommt, daß sie allein Modellsteine von den in den Orthoceratiten vorkommenden Höhlen und Kammern sind. Nachdem also zuerst die innere Schale und die Säulen selbst gänzlich zernichtet sind, pflegen sich hiernächst diese, eine mit der andern zu verbinden, wobey denn noch die äußere Schale, welche sie zusammen gehalten hat, erhalten ist. Man theilet sie gemeiniglich ein in getrennte Alveolen, Alveoli separati, welche man stückweise findet, und in zusammengewachsene Alveolen, Alveoli connexi, die man meistens ganz antrift." Diese Eintheilung ist aus dem Wallerius t) genommen. Hr. Prof. Vogel u) sagt, daß von Einigen diejenigen Orthoceratiten Alveolen genennet würden, welche ihrer Schale gänzlich beraubet sind. Er merket an, daß man an diesen, sie mögen getrennet oder zusammen gewachsen seyn, keine Nervenröhren finde. Allein dies hebt die Schwierigkeiten noch lange nicht, und rechtfertiget solche, welche dies Wort also gebrauchen. Man müßte sie denn von solchen Orthoceratiten herleiten wollen, welche ihre Nervenröhre ganz an der einen Seite liegen haben, welches sich aber eher behaupten, als beweisen ließ. Es scheinet daraus zu erhellen, daß diese Alveolen von den Alveolen der Belemniten nicht

---

s) Onomatol. histor. natural. T. I. p. 305.

t) Mineralreich S. 494.
u) Praktisches Mineralsystem S. 217.

nicht unterschieden sind, und daß man folglich in dem Innern der Orthoceratiten vergeblich Alveolen sucht und ohne Grund annimmt. Wenigstens hat der angegebene Zeugungsgrund noch viele Zweifel mit sich verbunden.

Der berühmte D. Breyn v) beschreibet die Alveolen als Steine wie Hohlspiegel, oder hohle und gewölbte Brenngläser, welche die Kegelhöhle der Belemniten ausfüllen, und so, daß wie bey den Entrochiten viele Trochiten auf einander sitzen, und in einander durch Gelenke passen, eben so sitzen auch hier viele einzelne Glieder auf einander.

Bisweilen liegen diese Alveolen noch in der hohlen Basi des Belemniten, bisweilen aber werden sie auch einzeln gefunden, ja bisweilen findet man sie auf andern Steinen einzeln. Diejenigen, welche zweyerley Alveolen annehmen, sagen, daß die kegelförmigen Schüsselsteine (Alveoli conici) zu den Belemniten, die cylindrischen aber, (Alveoli cylindrici) welche ovale Kammern haben, und immer dünner und spitziger werden, zu den Orthoceratiten gehören w).

Die beste Nachricht von den Alveolen haben wir dem Herrn Hofrath Walch zu danken, die wir aus dessen Naturgeschichte der Versteinerungen x) wörtlich mittheilen wollen: „Das vielkammerichte Gehäuse, welches die innere konische Höhlung der Belemniten ausfüllt, hat vom Luid im Steinreiche den Namen der Alveolen erhalten, weil er

zwischen ihm und einen Bienenkorb eine Aehnlichkeit zu finden geglaubt. Dieses Gehäuse besteht aus gewissen über einander sitzenden Gliedern, die alle einerley Gestalt haben, sie sind nämlich auf der einen Seite konvex, auf der andern konkav, daher sie auch Schüsselsteinchen heißen. Sind sie von keinem korrosivischen Wesen angegriffen, so sind sie schön glatt, wie polirt, und dabey, wenn sie nicht gedruckt sind, zirkelrund, nehmen aber nicht sowohl in der Dicke, als in der Größe so allmählich ab, daß deren mehrere, wenn sie in ihrer natürlichen Lage sind, eine konische Figur bilden, da denn die Spitze dieses konischen Gehäuses nach der Spitze des Belemniten zu gerichtet ist, die Glieder selbst aber eine solche Lage haben, daß der konvexe Theil nach jetzt gedachter Belemniten Spitze zugekehrt stehet. Diese mit einander zu einem Konus verbundene Alveolen, die einzeln wie kleine Schälchens aussehen, werden von einer Schale umgeben, die an die strahlichte Substanz des Belemniten stößet, und mit ihr verbunden ist. Die Alveolen selbst sind oft aus den Belemniten gefallen, da denn ihre Stelle entweder leer geblieben, oder sie ist mit Erde und andern mineralischen Theilen ausgefüllet worden, welche Ausfüllung den Namen Nucleus alveoli führet. — An dem Rande der Alveolen entdeckt man an manchen Exemplaren den so genannten Nervengang, der mit dem

---

v) de Polythalamis. S. die Oamatologie am angezogenen Orte S. 308.

w) S. Schrebers Lithographia Halensis p. 37.

x) Th. 2. Abschn. 2. Kap. 15. S. 241.

dem langen Kanal oder der Nervenröhre, die von der Spitze des Alveolen bis zur Spitze des Belemniten gehet, eine Verbindung hat. Es finden sich diese Alveolen oft außer den Belemniten, und zwar einzeln, da man sie Alveolos separatos nennet, und das sind die eigentlich so genannten Schüsselsteine, bald in ihrer noch natürlichen Verbindung, Alveoli connexi, sehr oft gedruckt und zerquetscht, und weil sie dadurch eine etwas veränderte Gestalt annehmen, so hat dies Gelegenheit gegeben, aus ihnen bald Krebsschwänze, bald Rückgradsglieder von Schlangen, bald etwas anders zu machen. Nach der Größe der Belemniten ist auch die Größe der Alveolen unterschieden. Es giebt welche, deren Basis im Durchschnitt einen Zoll beträgt, doch muß man sich hier hüten, die Konkameration eines Orthoceratiten, mit der Konkameration des Belemniten, oder vielmehr seines Alveolen zu verwechseln." Hieraus kann man zugleich eine Klaßifikation der Alveolen machen, und sie nicht allein in separantes und connexos, sondern auch in gedrückte und runde eintheilen.

Leſſer y) vergleicht die Alveolen mit einem erhöheten Deckel einer runden Büchſe, und ſagt, weil ſie, wo die Deckelchen auf einander ſitzen, Gelenke oder Streifen haben, ſo würden ſie von einigen Columnulæ striatæ genennet. Wenn er aber zugleich behauptet, daß einige der Alveolen in der Mitte ein Loch hätten, und zu den Orthoceratiten zu gehören ſcheinen, ſo kann ja dieſes Loch der Nervengang ſeyn, den die Belemniten eben ſo wohl als die Orthoceralıten haben. Daß folglich die Alveolen, wenn ſie auf einander ſitzen, das vielkammerichte Gehäuſe der Belemniten ausmachen, einzeln aber als einzelne Theile deſſelben anzuſehen ſind, das iſt die Meynung, welche die mehreſte Wahrſcheinlichkeit hat, und der daher in unſern Tagen die mehreſten Lithologen beyfallen. In den ältern Zeiten aber fiel man auf allerley Muthmaßungen. Erſt glaubte Klein z), ſie könnten mit dem Ammonshorn des Rumphs Tab. XX. num. I. ſeiner Amboiniſchen Raritätenkammer verglichen werden; nachher aber ſahe er ſeinen Irrthum ein, und verfiel in einen andern, daß er ſie für beſondere Gattungen ſchalichter Seethiere ausgab. Ich habe oben geſagt, daß die breit gedrückten Alveolen Krebsſchwänze genennet würden, und dafür haben ſie auch Geßner a), Hellwing b), Lange c) und andere wirklich gehalten. Luid d) hingegen hielt ſie für Gelenke von den Rückgraden einiger Fiſche, und nennete ſie daher Ichthyoſpondylos.

An und für ſich ſelbſt ſind die Alveolen im Steinreiche eben keine gar zu große Seltenheit, aber

---

y) Lithotheologie S. 707.
z) Leſſer l. c. S. 748.
a) de lapid. figur p. 167.
b) Lithographia Angerburgica P. I. p. 63.
c) Hiſtor. lapid. figurat. Helvet. p. 67.
d) Lithophylac. Britannic. Cl. XII. Cap. XXIII. n. 1737. sq. p. 89. sq.

aber sie gehören auch nicht unter die gemeinsten Versteinerungen. Sie haben gleichwohl unter sich einen verhältnißmäßigen Werth. Die bloßen Schüsselsteine hält man nicht so hoch, als eine ganze Alveole, unter diesen aber ziehet man die größern den kleinern, und diejenigen, die noch ihre Schale haben, denen vor, wo die Schale mangelt. Die seltensten sind diejenigen, an welchen man noch den Nervengang wahrnehmen kann, und die feuersteinartigen, die beyde überaus selten angetroffen werden.

Wo sich Belemniten finden, da werden auch gemeiniglich Alveolen gefunden; ich halte es daher für unnöthig, die Oerter herzusetzen, die ich unten bey den Belemniten auszeichnen werde.

Die Schriftsteller, die von den Alveolen handeln, kommen in meinem Entwurf einer Lithologischen Bibliothek §. 118. vor. Zeichnungen von den Alveolen liefern: Baier Oryctograp. Nor. Tab. I. fig. 3. 4. 6. 8. 11. Walch systemat. Steinreich Tab. VI. n. 2. b. Volkmann Siles. subterran. Tab. XXVIII. Helwing Lithograph. Angerb. Tab. VII. fig. 21. Scheuchzer Spec. lithogr. Helvet. fig. 10. Lange lapid. figurat. Helv. Tab. XX. und andere mehr.

ALVEOLES heißen französisch die Alveolen. s. Alveolen.

ALVEOLI heißen lateinisch die Alveolen, weil Luid, der ihnen diesen Namen zuerst gab, unter ihnen und einem Bienenstock eine Aehnlichkeit zu finden glaubte, oder auch, weil sie in Betracht des Belemniten, darinn sie liegen, dem Zwischenraume beyder Ufer eines Baches gleichen. s. Alveolen.

ALVEOLI articulati ad apicem spiraeformes werden von einigen die Lithuiten, aber sehr unbequem genennet. s. Lithuit.

ALVEOLI articulati conici werden von einigen die Orthoceratiten genennet, aber eben so unbequem. s. Orthoceratiten.

ALVEOLI connexi werden die eigentlichen Alveolen genennet, oder diejenigen Körper, wo die einzelnen Glieder, die zusammen genommen eine Alveole bilden, noch auf einander sitzen. s. Alveolen.

ALVEOLI separati heißen die einzelnen Glieder der Alveolen oder die Schüsselsteine. s. Schüsselsteine.

ALYKRUIKEN heißen im holländischen die Originale der versteinten Trochitenartigen Kochliten. Oelkrüge heißen sie, wie Rumph e) sagt, weil sie die Gestalt der gemeinen Delkrüge haben. Bonanni f) aber sagt: Oleariam hanc dixerunt veteres eo, quod lucernae loco, vel pro mensura olei eadem uterentur. Rumph belegt sie sonst auch mit dem Namen der Mondschnecken, weil, wie er sagt, die Maleier alle solche Schnecken Mondsaugen nennen, welche ein rundes, dickes und steinhartes Schild führen, und davon die äußere Seite wie der Vollmond gestaltet ist. Auch unter den Erdschnecken hat man solche, die man für Originale versteinter Trochitenartigen Kochliten halten muß. Diese heißen

---

e) Amboinische Raritätenk. S. 20. der deutschen Ausgabe.

f) Recreatio mentis et oculi S. 450. der Ausgabe Rom 1684.

heißen Mondschnecken, wegen ihrer halbmondförmigen Mundöffnung g).

AMARANTHUS saxeus cum suo annato saxo Rumphii, Fungites marinus striatus et crispatus, der gekräußte steinerne Korallenschwamm, ist eine Art der blätterichten Fungiten, welche eine solche Lamelle haben, daß sie ganz krauß zu seyn scheinen. Wir finden des natürlichen Körpers und der Versteinerung zugleich in der Onomatologie h) gedacht, daher wir uns der Worte jener Verfasser bedienen, sie beyde zu beschreiben. „Der Schwamm steigt in die Höhe aus einem harten aschfarbichten Steine, der mit Wurmröhren besetzt ist. Er ist in sehr dünne Blättlein abgetheilt durch tieflaufende Striche. Er wächset unter dem Seewasser, und ist eine Art von Korallen, daher ihn die Italiäner weiße Korallenblüth i) nennen. Man bringt sehr viele aus der mittelländischen See. Die eigentliche Rumphische hat man um Amboina herum gefunden; man findet aber eben solche in der Schweitz, wie der berühmte Lang in seiner schönen Geschichte der Schweitzerischen gebildeten Steine ein Exempel anführet.“ Der Name Korallschwamm ist nicht richtig genug, da die Fungiten nur im uneigentlichen und weitläuftigen Verstande den Korallen beygezählet werden können. Die beyden Worte Korallen und Fungit sind eigentlich zwo Gattungen eines Geschlechts, nämlich der harten Seegewächse, oder wie die neuern lieber reden wollen, der Zoophyten.

Ameisen, versteinte werden Myrmecyten genennet. s. Myrmeciten.

AMETHYST. holländisch. s. Amethyst.

AMETHYST-*Spath*, heißt der Amethystfluß.

AMETHYST-*sakken* heißen die rohen Amethystzapfen.

AMETHYST-*Quarzen* heißen die Amethystdrusen.

Amethysten, lat. Amethystus, Paederos, Antheros, Gemma veneris, Gemma pellucidissima, duritie septima, colore violaceo in igne liquescens, fr. Pierre d'Eveque, holl. Amethyst, heißen diejenigen achten Quarze, oder diejenigen eigentlichen Edelsteine, welche eine violetblaue Farbe, und vor allen Edelsteinen das Eigene haben, daß sie gemeiniglich Gold= Silber= und Eisenhaltig sind. Hr. Skopoli k) nennet sie die violetten Achate. s. Achat. Wäre dieses, so hätte er unter den eigentlichen Edelsteinen seine Stelle auf einmal verlohren. Da er aber wirklich ganz durchsichtig ist, sich auch in ein wahres Glas schmelzen

---

g) S. des Hr. D. Martini Abhandl. von den Erdschnecken im Berl. Magaz. II. Band 5 St. S. 526. coll. Tab. I. II. III.

h) Onomatolog. histor. nat. Tom. I. p. 335. sq.

i) Diese weiße Korallblüthe darf man nicht mit den sechseckichten Korallblumen, fr. le fleur hexagone d'une coralloide verwechseln, die wir unter dem Namen Korallblumen beschreiben werden, und die ohne Zweifel zum Geschlecht der Enkriniten gehören.

k) In der Einleitung in die Fossilien S. 24.

zen läßt, so gehöret er nicht unter die Achate, sondern unter die glasartigen Steine, folglich auch unter die wahren Edelsteine. Mylius l) und mit ihm das Museum Calceolarii eignen dem Amethysten dreyerley Farben zu, Rosenroth, Violet und Purpur. Agrikola m) hingegen sagt schon vor ihnen, daß man den Amethyst in einer fünffachen Abwechselung betrachten müsse. Wir wollen seine eigene Worte hersetzen: *Prima species* indica est, quae absolutum purpurae colorem refert et optima est. *Secunda*, quae ad Hyacinthum descendit, cujus colorem Indi *Sacou*, et gemmam *Sacodion* appellant. *Tertia, Paranitis* dicitur, in cortemio Arabiæ reperibilis. *Quarta* vini colorem ostendat, ac etiam in Germania, Bohemia, Misnia, sed mollior et vilior reperitur. *Quinta* ob colorem probatur, et apud Sedunos et Rhaetos reperitur. Die beyden letzten Gattungen sind bloße Flüsse, und führen sonst auch den Namen Crystallus amethystina, einen Namen, der nur dann richtig wäre, wenn man gefärbte Krystalle annehmen dürfte; sonst aber liegt in der Erzählung des Agrikola der Beweis, daß der Amethyst so wohl im Orient als im Occident gefunden werde.

Die Onomatologie n) giebt uns von diesem Edelsteine eine etwas deutlichere Nachricht: „Man hält diejenigen unter den orientalischen für die schönsten, in welchen aus dem Dunkelrothen die Rosenfarbe herausspielt; sonsten aber findet man diese Amethysten überhaupt nach der Farbe in etwas unterschieden, bald weißlichter, bald mit etwas gelblichten vermischt, bald mehr, bald weniger röthlich, blau und durchsichtig. Man findet so gar in den Schriftstellern den weißen Amethyst, Amethystus albus, wiewohl dieses niemals anders zu verstehen ist, als daß derselbe ungleich blässer als gewöhnlich ausfällt, und einigermaßen auf die Weiße sticht o). Man findet diese Steine hauptsächlich in verschiedenen Gegenden von Ost- und Westindien, in Arabien, Armenien, Syrien und Siberien, ja selbst in Deutschland, Böhmen und Meißen vorzüglich. Doch sind die europäischen meistens weicher und geringer. Der Amethyst wächßt wie die Krystallen in dem Quarz, und ist meistens gleichsam stachlicht, würflicht, oder auch fünfeckicht, ja gar vielseitig. Wahre kubische giebt es nicht; man trift aber manchmal solche ähnlich gefärbte Spatkrystallen an, welche gar leicht vor Amethyste gehalten werden können, wenn man sie nicht gründlich zu beurtheilen weiß. Nach der Härte rechnet man

---

l) Saxon. subterran. P. II. p. 15 sq.
m) de natur. fossil. Lib. VI. p. 292.
n) Onomat. hist. nat. T. I. p. 339 sq.
o) Hr. Prof. Vogel giebt in seinem praktischen Mineralsystem S. 143. von diesen weißen Amethysten eine andere Nachricht; „in Meißen bey Purschenstein, wie auch in Böhmen hat man so genannte weiße Amethysten, die nur halbdurchsichtig sind, und durch borgenartige Streifen sich kenntlich machen, welche den Krystall in der Quere durchschneiden." Man sehe auch des Hrn. von Justi Grundriß des Mineralreichs S. 203. nach.

man die Amethyste in der siebenten Reihe auf den Diamant, und es ist doch mehr als wahrscheinlich, daß, gleichwie die Krystallen nichts anders als weichere Edelsteine sind, also diese für nichts anders, als für härtere Krystallen gelten können p). Hat doch ein aufmerksamer Scheuchzer in einem solchen Amethyst rothe Haare wahrgenommen; zu einem deutlichen Beweis, daß er in seinem ersten Ursprunge flüßig gewesen sey." Man muß überhaupt bey allen Edelsteinen den Unterschied unter den ächten Quarzen und unter den Flüßen in Obacht nehmen, damit man die wahren Edelsteine von den falschen gehörig trenne. Denn die Amethyste, welche man in Deutschland, Böhmen und Meißen antrift, sind eigentlich zu reden keine Amethyste, sondern nur Amethystflüsse, d. i. weiche Quarze oder Flußspath, welche zwar die Farbe der Amethysten, aber noch lange nicht ihre Güte haben. So ist es mit den Amethystkrystallen, Cryſtallus amethyſtina, holl. Amethyſt-Quarzen, es sind nur Flüsse und eigentlich keine Krystalle, denn diese sind allemal weiß. s. Krystall und Flüsse. Die unächten Amethyste werden bey den Holländern Amethyſt-Spath genennet. s. das Muſeum chaiſianum S. 102. Uebrigens ist auch bey den ächten orientalischen Amethysten die Farbe nicht ganz feurig, sondern etwas matt. Man findet sie bisweilen von einer angesehenen Größe, doch verlieren sie endlich im Feuer ihre Farbe, und zerfließen.

Zu diesen Amethystkrystallen, oder besser zu reden, Amethystflüssen gehören alle diejenigen Beyspiele, die Kundmann q) anführet, wo nämlich ein Stein halb Krystall und halb Amethyst, oder nur ein Theil wie ein Amethyst gefärbt, der übrige aber weiß ist. Oben auf einer Stria cryſtallina, wie er es nennet, waren sechs Würfel von Amethysten angesetzt, da das Fundament, darauf beydes ruhete, ein derbes Silbererz war. Aus einer durchsichtigen Druse sproßeten lauter Krystallen hervor, und zwischen ihnen die schönsten fünfeckichten Amethystſtralen. Eine andere Druse hatte auf der untersten Lage Kryſtallſpitzen, auf der obersten lauter kolbichte Amethysten, welche, je näher sie zu Tage kommen, desto blauer werden. Ich habe es schon angemerkt, daß die Amethysten gemeiniglich Gold=Silber= und Eisenhaltig sind. Silber, oder auch ein mit alkalischem Salze vermischtes Kupfer, färben einen Stein blau r), man wird also einsehen, wie ein Amethyst entstehen könne? Andere leiten seine Farbe vom Eisen her.

Die Amethysten waren den alten griechischen und lateinischen Schriftſtellern gar nicht unbekannt, um so vielweniger, da sie unter diejenigen Steine gehörten, auf welche die Alten zu schnei=

---

p) Wenn wir die Krystalle von den eigentlichen Edelsteinen mit Recht trennen, so muß der weichſte Edelſtein härter, als der härteſte Kryſtall ſeyn.

q) Rar. nat. et art. med. p. 196.
r) Walch syſtem. Steinreich Th. II. Kap. I. §. 64. S. 59.

schneiden pflegten. Theophrast s) kannte ihn, ob er gleich von ihm weiter gar nichts sagt, als daß er unter die Steine gehöre, die man zu Petschiren gebrauche. Die Schriftsteller der mittlern Zeit haben es ausgesagt, daß man den Amethyst aus dem Grunde gar sehr geschätzet habe t). Er ist es werth. Denn ob man wohl den Amethyst, der einen Karath wiegt, um vier Thaler erkaufen kann, so ist er doch von den Künstlern zu allerley Geräthen zu gebrauchen. Hr. Prof. Vogel merkt es an u), daß er bisweilen Nesterweise in einer solchen Größe breche, daß man daraus Stockknöpfe, Dosen, Uhrgehäuse u. d. gl. verfertigen könne. Freylich sind dergleichen Stücke allemal von einer vermischten Farbe, und spielen bald dunkler, bald heller. Ja oft sind die Amethysten nur an der einen Seite gefärbet, und auf der andern weiß, wie ein Bergkrystall. Man will Tabatieren und andere Gefäße gesehen haben, welche aus einem Stück Amethyst bearbeitet worden sind, und doch nur auf der einen Seite Farbe hatten. Die schönsten und seltensten Amethysten sind diejenigen, welche von Karthagena kommen, bey welchen die Violetfarbe etwas purpurartig ist.

Nach dem Agrikola am vorher angezogenen Orte müßte man fünf Gattungen von Amethysten annehmen; Herr Wallerius v) aber hat nur vier Gattungen.

1. Reinen violetten Amethyst, Amethystus violaceus, der von unvermischter violetter Farbe, oder ganz violblau, und zugleich der schönste unter allen Amethysten ist.

2. Gelblichten Amethyst, Amethystus violaceus subflavus, *Sacodion Plinii*, wo die Farbe zwar violett ist, aber dabey ins Gelbe spielt.

3. Bleicher Amethyst, Amethystus violaceus dilutus, *Sapinos, Paranites*, der meist weinfarbig, mit etwas blauen dabey, oft auch weißlich ist.

4. Röthlichter Amethyst, Amethystus violaceus sanguineo mixto colore, der wohl violett, aber gleichsam mit Blut so vermischt zu seyn scheint, daß er ins rothe schießet.

Hill w) sagt, daß die Alten nach der Beschaffenheit der Farbe fünf Amethystenarten gezählet hätten, und wir haben, fährt er fort, bey unsern Juwelirern beynahe eben so viel, ob sie sich gleich nicht die Mühe nehmen, sie durch besondere Namen zu unterscheiden. Sie theilen sie nur überhaupt in orientalische und okcidentalische. Die erstern sind sehr selten, aber auch sehr schön und hart, und haben viel Glanz. Die letztern erhalten wir aus verschiedenen Gegenden, besonders aus Sachsen, Deutschland

---

s) in seinem Buch von den Steinen S. 175. nach der Ausgabe des Hrn. Baumgärtners.

t) Ich berufe mich auf den Franciskus Rueus de Gemmis Cap. XI. p. 217. Praecipua inter violaceas gemmas Amethysto laus et auroritas est.

u) Praktisches Mineralsystem p. 143.

v) Mineralreich S. 150.

w) in seinen Anmerkungen über den Theophrast S. 178. f. der Ausgabe vom Herrn Weingärtner.

land und Böhmen. Öfters haben sie eine eben so schöne Farbe, als die morgenländischen, sind aber nicht härter als der Krystall. Man findet auch dergleichen in England, die sehr schön und ziemlich hart sind."

Von den Träumereyen der Alten, daß der Amethyst ein gutes Ingenium machen, großer Herren Freundschaft zuwegebringen, den Schlaf vermindern, und ich weiß nicht was noch sonst bewerkstelligen könne, will ich nichts anführen. Denn solche Ideen sind für unsere Tage allzu abgeschmackt. Aber das darf ich nicht verschweigen, daß er der Trunkenheit widerstehen soll, weil dieses vermuthlich der Grund seiner Benennung ist x).

Die vorzüglichsten Schriftsteller von den Amethysten habe ich in meiner Lithologischen Bibliothek Th. 1. §. 34. gesammlet.

Ich habe zwar schon manche Oerter angeführt, wo man im Orient und im Occident Amethysten findet, es wird mir aber erlaubt seyn, sie zu wiederholen, und mehrere hinzuzuthun.

Arabien. Armenien. Auvergne. Böhmen. Buenos Ayres. Cyprien. Galatien. Guldbrandsdal. Hohenstein. Irrland. Karthagena. Katalonien. Kerry. Meißen. Murcia. Norwegen. Osterdal. Ostindien. Parragay. Pohlen. Pyrenäische Gebirge. Sachsen. Schlesien.

Schottland. Schweden. Schweiz. Siberien. Ungarn. Westindien. Wolkenstein.

AMETHYSTUS heißt der vorher beschriebene Amethyst.

Amiant, lat. Amiantus, Lapis amiantus, Asbestus nonnull. fr. Amiante, Pierre d'Hieraclée, Lin incombustibile, holl. Amiant, Rype Steenvlas, heißt derjenige faserichte Stein, welcher fadenartig gewachsen ist, dessen Faden aber biegsam und spröde sind. Das Wort kömmt aus dem Griechischen her, vom a privativo, und μιαίνω, ich beflecke, weil ihn das Feuer nicht verzehret, sondern vielmehr von den Unreinigkeiten, damit er befleckt ist, reiniget. Wallerius y) setzet vom Amiant folgende Eigenschaften veste: a. die kleinsten Theile von dieser Steinart sind fadenartig, faserlicht und zähe, die Fibern laufen entweder parallel, oder schneiden sich unter einander ab, und bilden Blättchen, zuweilen durchschneiden sie sich ungewiß, ohne Bestimmung zu einer gewissen Figur. b. Im Bruche ist der Stein uneben und von ungewisser Figur. c. unter den Steinen sind diese Amiante die weichsten, indem sie mehrentheils etwas gebeugt werden können, man kann auch von ihnen spinnen und weben. Diese Steine sind auch die leichtesten, indem sie allesamt auf dem Wasser oben schwimmen. Daher

---

x) Man leitet das Wort her vom a privativo und μεθύσκω, ich mache trunken. Aristoteles enim auctor est, amethystum umbilico admotum, vini vaporem primum ad se trahere, deinde eum discutere; proinde a crapula et ebrietate ferentem vindicare. Rueus de Gemmis Lib. II. Man sehe auch des Worms Museum Cap. XVI. p. 99. Andere leiten das Wort zwar eben daher, sie erklären sich aber so: tanquam amethystinus color sit sobrius.

y) Mineralogie S. 136.

Daher kommen die Amiante in Ansehung ihrer Weiche und Leichtigkeit den Thieren und Vegetabilien am nächsten. Im Feuer bestehen diese Steine mehrentheils, so daß sie keine andere Veränderung, als an der Farbe, welche davon weißer wird, leiden. Sie erhärten auch etwas, werden aber dabey spröde.

Herr Geofroy der ältere meynet z), daß der Amiant aus einem Acido vitriolico und aus einer kalkichten Erde bestehe, weil er eine solche spießichte Salzerde gebe. Das zieht Herr Pott a) in Zweifel, weil das Verhältniß im Feuer damit nicht übereinstimmen wollte.

Schon Plinius b) gedenket des Amiants, der ihn mit dem Alaun vergleicht, und hatte bereits die Erfahrung, daß er im Feuer nicht verzehret werde. *Amiantus alumini similis nihil igni deperdit.*

Die Nachrichten, die Herr Baumer c) von dem Amiant giebt, sind werth ausgezeichnet zu werden. „Der Amiant ist weiß oder grün, bestehet aus zarten, biegsamen, bald längern bald kürzern Fasern, die theils neben einander, theils kreutzweise über einander laufen. Der äußern Gestalt nach hat er eine Aehnlichkeit mit dem faulen Holze. Er ist leichte, schwimmt auf dem Wasser, leidet im Feuer keine Veränderung, läßt sich spinnen, und zu der Bereitung der unverbrennlichen Leinewand und des Papiers brauchen." Zum Amiant gehöret der Bergflachs oder die Bergwolle, das Bergleder und das Bergfleisch. Einige rechnen auch den Berggork dazu. Diejenigen irren, die das Federweiß als eine Gattung des Amiants ansehen, weil es zum Asbest gehöret. Denn der Amiant hat einen zusammenziehenden und salzichten Geschmack, und brennt auf der Zunge, das Federweiß aber hat gar keinen Geschmack. s. Federweiß. Dieser salzichte Geschmack hat ohne Zweifel Hrn. D. Süchsel d) bewogen, den Amiant ein Sal argillaceae originis zu nennen.

Der Amiant gehöret unter die Steine, bey welchen wir unter den Schriftstellern manche Verwirrung finden. In vielen lithologischen Schriftstellern wird er mit dem Asbest fälschlich für einerley gehalten. Hr. Prof. Vogel e) sagt, daß er unter dem Amiant und unter dem Asbest keinen rechten wesentlichen Unterschied finden könne. „Sie bestehen beyde bald aus etwas biegsamen, bald aus spröden und zerbrechlichen Fasern, und im Feuer verhalten sie sich auch auf gleiche Art, nämlich daß sie keine sonderliche Veränderung darinne leiden; einige wenige Sorten ausgenommen, welche sich schmelzen lassen; und daher mag es wohl gekommen seyn, daß einer Asbest nennet, was der andere Amianth heißt, und umgekehrt.

---

z) Memoires de l'Academie des Sciences vom Jahr 1744.
a) Erste Fortsetzung der Lithogognosie S. 52.
b) Histor. natural. Lib. XXXVI. Cap. XIX.
c) Naturgesch. des Mineralreichs, Th. I. S 212.
d) Acta academ. Elect. Mogunt. Tom. II. p. 211
e) Praktisches Mineralsystem S. 169.

kehrt. Wollte man einen Unterschied von der Leichtigkeit hernehmen, und diejenigen Sorten Amiant heißen; welche die leichtesten sind und auf dem Waſſer ſchwimmen; die andere aber, welche unterſinken, Asbeſt nennen: ſo geriethe man von neuem in Verwirrung, und müßte z. E. das ſo genannte Federweiß, welches die Aerzte unter den Amiant zählen, nicht ſo, ſondern Asbeſt heißen; welches aber wider den Wortgebrauch liefe. Man müßte auch das ſo genannte Bergfleiſch, da es im Waſſer unterſinket, nicht unter den Amiant, wie doch viele thun, ſondern unter den Asbeſt zählen.„ Doch geſtehet er nachher ein, daß, wenn man beyde zu zwey Geſchlechtern machen wolle, man auf die Richtung der Faſern ſehen müſſe. Hier ſey der Amiant der Stein, der parallele, der Asbeſt aber, der durchkreuzende und gleichſam gewebte oder durchſchoſſene Faſern hat. Hr. Baumer f) will ihn lieber vom Amiant dadurch unterſcheiden, daß er ſchwerer, und aus härtern, unbiegſamern, meiſtentheils parallel laufenden Faden zuſammengeſetzt iſt. Hr. Hofrath Walch g) unterſcheidet beyde alſo: Der Amiant hat biegſame Faden; am Asbeſt aber ſind ſie ſteif, ſpröde und brüchig. Es iſt wohl richtig, daß beyde zween verſchiedene Geſchlechter ſind, aber es iſt auch gewiſſermaßen ſchwer, einen Unterſcheidungscharakter zu finden, der in allen Fällen deutlich genug ſey). Die Amiante und Asbeſte werden in einer gar vielfachen Abwechſelung gefunden. Diejenigen, denen es eine Luſt iſt, die geringſte Abweichung zu einer neuen Gattung zu machen, und ihr einen beſondern Namen zu geben, haben dadurch die Geſchlechtsgattungen ohne Noth vermehret, und die Verwirrung dadurch vergrößert. Zur Feuerprobe können wir hier nicht ſicher genug fliehen; theils weil manche zufällige Umſtände die Sache zweifelhaft machen können; theils weil wir hier noch nicht genug Erfahrungen haben; theils auch weil wir nicht einmal einen ſichern Schluß machen können, bis wir alle Amiant= und Asbeſtarten, die bekannt ſind, aus allen Orten verſchrieben und durch mehrere Verſuche unter ſich ſelbſt vergleichen können. Wir gehen daher nach meiner Einſicht am ſicherſten, wenn wir ein äußeres Kennzeichen aufſuchen, und wäre das nicht das ſicherſte, wenn wir nicht ſo wohl auf die Lage der Faſern, als auf ihre eigentliche Beſchaffenheit ſehen wolten? Hier finden wir, daß einige Fäden biegſam und gelinde, andere ſteif und ſpröde ſind; daß ſich folglich die eine Art zu Leinewand und Papier verarbeiten läßt, die andere aber dieſes nicht thut. Man nenne alſo das eine Amiant und das andere Asbeſt, ſo entgehet man aller Verwirrung.

Wie einige den Amiant mit dem Asbeſt verwechſeln, ſo thun dies andere in Anſehung des Bergflachſes oder der Bergwolle. Diejenigen reden nicht beſtimmt

---

f) Naturgeſch. des Mineralreichs Th. 1. S. 213.

g) Syſtemat. Steinreich Th. 1. S. 52. der ältern Ausgabe.

bestimmt genug, die vom Amiant überhaupt sagen, daß er sich zu Leinwand und Papier verarbeiten lasse. Nur die Bergwolle hat diese vorzügliche Eigenschaft. Ich kann daher zwar sagen, die Bergwolle ist Amiant, und läßt sich verarbeiten, aber nicht umgekehrt. Wollte man aber den reinsten und feinsten Amiant Bergflachs nennen, so würde man sagen: der reinste Amiant läßt sich verarbeiten. Ich merke bey dieser Gelegenheit an, daß der Amiant, wenn er durchsichtige und zerbrechliche Fäden hat, Glasamiant genennet werde. Eigentlich aber gehöret dieser nicht zu dem Amiant; sondern man würde besser thun, wenn man ihn unter die Asbeste würfe, und lieber Glasasbest nennete.

Die seltenste Meynung vom Amiant hat ohne Zweifel Reiger h) erfunden. Er will den Amiant ganz von den Steinen trennen, und in das Reich der Pflanzen verweisen. Seine sechs Gründe, damit er dieses erhärten will, verdienen gar keine Antwort, und daher auch keine Anzeige. Wer sie wissen möchte, und den Reiger nicht besitzt, der darf nur Hrn. Wallerius i) nachschlagen, der sie noch mit zween andern Gründen vermehret hat. Er sagt aber nachher: „Allein es ist nicht schwer, auf diese ganze Muthmaßung zu antworten, wenn jemand denselben aus uralten Bergen hat brechen sehen, wenn man die mit ihm vereinigte Erdarten kennt, und sein Verhalten im Feuer weis." Da der Amiant im Feuer beständig ist, so kann er kein Vegetabile seyn, von welchem bekannt ist, daß es dem Feuer nicht widersteht.

Eine besondere Anmerkung liefert Hr. Turbeville Needham k), die eine Entdeckung in Frankreich betrift. Ein Schmidt in Frankreich brach seinen Ofen ab, um einen neuen zu bauen, und fand am Grunde desselben eine große Menge Amiant, der alle Eigenschaften eines natürlichen Amiants oder Asbests hatte. Er entdeckte dann bey genauerer Untersuchung, daß so wohl dieser, als auch der natürliche Amiant nichts anders sey, als ein kalcinirt Eisen, welches das Phlogistische verlohren habe. Ja er glaubt so gar, daß man aus dem Amiant wieder Eisen machen könne, wenn man ihm nur das Phlogistische wieder beygesellte. Diese Wahrnehmungen wären wichtig genug, wenn sie nur weiter untersucht und bestätiget werden könnten.

Ich nehme hier Gelegenheit, von dem siberischen Amiant noch etwas zu gedenken. Er wird in der siberischen Landschaft Werchoturski in einem Berge gefunden, den die Einwohner den Seidenberg nennen, so wie bey ihnen der Amiant Seidenstein oder in ihrer Sprache Kamenni Schelk heißet, ohne Zweifel, weil sie die Fäden des Amiants für Seidenfäden hielten. Der Amiant liegt dort in einem dunkel-

---

h) Lexicon histor. natural. unter dem Wort Amiant.
i) Mineralreich S. 189.
k) S. die philosoph. Transakt. LI. Band, Art. LXXII. Bremisches Magazin VI. Band S. 127 f.

dunkelgrünen Steine, der ungemein vest ist, und besondere Adern hat, die ihm an Farbe nicht gleichen. Man kann den Amiant daselbst nicht gewinnen, wo man nicht den Berg erst mit Pulver sprengt. Der Amiant liegt in dieser Matrix in gewissen Adern, die bald mehr bald weniger als einen Zoll im Durchschnitt haben, und von der Wurzel bis an die Spitze in beständiger Reihe fortgehen. Er ist so fein, daß er zu Leinewand und Papier kann verarbeitet werden l).

Die Art, die unverbrennliche Leinewand und das unverbrennliche Papier zu machen, soll beym Artikel Bergflachs aus Schriftstellern erzählet werden. Die verschiedenen Amiantarten, Bergflachs, Bergleder, Bergfleisch, sind unter ihren gehörigen Rubriken zu suchen. Ueberhaupt aber wünschte ich, daß meine Leser hier zugleich dasjenige nachlesen wollten, was ich unten von dem Asbest sagen werde, wo noch manche Anmerkungen vorkommen, die zum Amiant gehören. Hier ist es dem aufmerksamsten Schriftsteller nicht möglich, sich aus aller Verwirrung herauszuwickeln.

Der Amiant wird von den Schriftstellern verschieden, aber nicht allemal richtig genug abgetheilet. Es ist meine Pflicht, wenigstens die vorzüglichsten Klaßifikationen anzuführen.

Herr Bertrand m), der mit vielen andern den Amiant und den Asbest für einerley hält, rechnet zum Amiant:
1. den Bergflachs, reifen Asbest. 2. das Bergleder. 3. das Bergfleisch. 4. den Bergkork. 5. den unreifen Asbest, Federasbest. 6. den Aehrenstein.

Der Ritter Linne n) hat zehn Gattungen.
1. *Asbestus*, Amiantus fibrosus fibris separabilibus flexilibus tenacibus.
2. *Plumosus*, Amiantus fibrosus, fibris separabilibus, flexilibus, fragilibus, pappofis.
3. *Fragilis*, Amiantus fibrosus, fibris separabilibus, rigidis, nitidis, fragilibus.
4. *Immaturus*, Amiantus fibrosus, fibris connatis angulatis, rigidis, opacis.
5. *Terrestris*, Amiantus fibrosus, fibris subargillaceis.
6. *Radians*, Amiantus fibrosus fibris concentratis divergentibus, rigidis.
7. *Suber*, Amiantus corticosus flexilis, suberosus.
8. *Caro montana*, Amiantus corticosus flexilis, natans.
9. *Aluta*, Amiantus corticosus flexilis, membranaceus, natans.
10. *Implexus*, Amiantus solidus, fascicalis fibrarum contortis, rigidis.

Der Ritter bringt folglich die Amiante in drey Hauptgattungen, davon er die eine Amiantum fibrosum, die andere Amiantum corticosum, und die dritte Amiantum solidum nennet.

Herr Wallerius o), der den Amiant mit Recht von den Asbesten

---

l) Brückmann Magnalia Dei in locis subterraneis T. II. p. 954.

m) Dictionnaire des Fossils. T. I. p. 23. 24.

n) Systema naturae T. III. S. 55. der neuesten Ausgabe.

o) Mineralreich S. 187 ff.

sesten trennt, nimmt nur vier Gattungen an:
1. **Bergflachs,** Amiantus fibris mollioribus parallelis, facile separabilibus.
2. **Bergleder,** Amiantus fibris mollioribus intertextis, in lamellas compactus, leuis.
    a. gröberes Bergleder, Aluta montana crassior.
    b. feineres Bergleder, Aluta montana tenuior.
3. **Bergfleisch,** Amiantus fibris durioribus, in lamellas crassiores compactis, ponderosus.
    a. ebenes Bergfleisch, Caro montana lamellis parallelis
    b. gewundenes Bergfleisch, Caro montana lamellis contortis.
4. **Berggork,** Amiantus, fibris flexilibus, inordinate se intersecantibus, leuissimus.

Hr. Prof. Vogel p) rechnet zum Amiant.
1. Den Bergflachs oder ächten Asbest, Linum incombustibile.
2. den unreifen Asbest oder Amiant.
3. den Glasamiant.
4. das Federweiß.
5. den Aehrenstein.
6. den Straußasbest oder fleischmuskelartigen Stein.
7. den Sternasbest.

Herr Skopoli q) hat die wenigsten Untergattungen vom Amiant, da er derselben nur zwo annimmt.
1. Bergflachs, Amiantus Linum.
    a. weißer und feiner.
    b. grauer und grober.
2. Bergleder, Amiantus aluta.

Die Schriftsteller vom Amiant kann man in meinem Entwurf einer lithologischen Bibliothek S. 81. 82. 83. nachschlagen.

Von den Oertern, wo sich der Amiant findet, sind mir folgende bekannt worden:
Asien. Böhmen. Cypern. Engeland. Frankreich. Indien. Italien. Kärnthen. Karistia. Korsika. Lappland. Magdeburg. Querfurth. Rußland. Salzburg. Schlesien. Schweden. Siberien. Siena. Stepermark. Tyrol. Ungarn. Voigtland. Wernigeroda.

AMIANTE, französisch. S. Amiant.

AMIANTUS, auf lateinisch der vorher beschriebene Amiant.

AMIANTUS amboinicus, amboinischer Amiant, ist eine Steinart, die zwar mit dem Amiant einige Gleichheit hat, sich aber von demselben doch wirklich unterscheiden läßt. Der Stein oder die eigentliche Matrix ist von außen hart und schwarzgrau, doch ist er blätterich und schuppicht. Schlägt man denselben von einander, oder spaltet ihn vielmehr in Platten, so findet man dann den eigentlichen Amiant, der darinne, wie grünliche Haare, liegt. Diese Fasern kleben gleichwohl vest zusammen, und liegen in vielen seegrünen zarten Blättern auf einander. So bald dieser Amiant an die Luft kömmt, wird er härter und seine Farbe grau. Mit dem eigentlichen Amiant hat dieser amboinische Amiant das gemein, daß er sehr anziehend ist, dergestalt, daß wenn man ihn an die Lippen oder Zunge hält, er so vest anklebet, daß man ihn nicht losbringen kann, ohne die Zunge zu verletzen. Der Stein selbst

D 2 hat

---

p) Praktisches Mineralsystem S. 169. q) S. Onomatologia Th. 1. S. 344.

hat mehr eine Aehnlichkeit mit dem Talk, als mit dem Amiant, und wird auch wirklich von vielen für Talk gehalten. In Amboina in einem Thal des Flusses Way-hau werden ganze Felsen davon gefunden r).

Amiantus corticosus flexilis membranaceus, natans, wird vom Ritter Linne das Bergleder genennet. s. Bergleder.

Amiantus corticosus flexilis, natans, heißt bey eben demselben das Bergfleisch. s. Bergfleisch.

Amiantus corticosus flexilis suberosus heißt bey ihm der Berggork. s. Berggork.

Amiantus fibris durioribus in lamellas crassiores compactis, ponderosus, heißt beym Wallerius das Bergfleisch. s. Bergfleisch.

Amiantus fibris filiformibus, flexibilibus, heißt bey einigen die Bergwolle. s. Bergflachs.

Amiantus fibris flexilibus inordinate se intersecantibus, leuissimus nennet Wallerius den Berggork. s. Berggork.

Amiantus fibris mollioribus intertextis, in lamellas compactus, leuis heißt beym Wallerius das Bergleder. s. Bergleder.

Amiantus fibris, mollioribus parallelis facile separabilibus heißt beym Wallerius der Bergflachs. s. Bergflachs.

Amiantus fibrosus, filis separabilibus, flexibilibus, fragilibus pappofus heißt beym Ritter Linne das Federweiß. s. Federweiß.

Amiantus fibrosus filis separbilibus, flexibilibus, tenacibus heißt bey eben diesem Ritter der Asbest. s. Asbest. Alle diese angeführte Benennungen hat man ehe für Beschreibungen, als für bloße Namen anzusehen.

Amite, französisch. s. Roggenstein.

Amithon lignum heißt der Bergflachs, welchen Namen ihm Hieronymus gegeben hat, ohne Zweifel weil er unter dem Bergflachs und unter dem mulmichten Holze eine Aehnlichkeit zu finden geglaubt hat. s. Bergflachs.

Ammite, französisch. s. Roggenstein.

Ammites, Hammites, lateinisch. s. der Roggenstein.

Ammochrysus lapis. s. *Lapis ammochrysus*.

Ammoniae, Ammonitae, heißen die gleich folgenden Ammoniten. Der Name kömmt vom Jupiter Ammon her, wie bey dem Worte *Cornua Ammonis* soll gezeiget werden.

Ammoniten, Ammonshörner, Widderhörner, Ziegerhörner, Scheherhörner, Posthörner, Belschnecken, Meuwendreck, Seilfischsteine, Drachensteine, Schneckensteine, Steinhörner, Bergschnecken, steinerne Schnecken, Schlangen; lat. Cornua Ammonis seu Hammonis, Ammoniae, Ammonitae, Hammonitae, Ophicidae, Nautili minimi, Nautilitae, *Luidii* et multor. Ophiomorphitae *Aldrov*. Chrysolitae *Mercat*. Ceratoidae *Agric*. Serpentes Lapidei *Agric*. Lapides serpentis in spiram revoluti effigie *Gesn*. Cochliti conuoluti compressi Ammonitarum, *Waller*. Helmintholithus nautili testa spirali, apertura anfractibus contiguis rugoso inaequabilibus *Linn*,

---

r) S. die Onomatologie Th. 1. S. 344.

*Linn. franz.* Ammonites, Cornes d'Ammon, Corne de belier, Serpent, Couleur de pierre, Pierre de Serpent, Cornets de St. Hubert, Cornets de Postillon, Fiente de moëtte, Cornet chambré; *holländ.* Posthoorn, Posthoorntje, Ammonshoorn, Rams'-hoorntjes, Bel-Slakjes, heißen unter den vielkammerigen gewundenen Schnecken diejenigen, wo die Windungen der röhrichten Schale allmählig abnehmen, doch dergestalt, daß die Windungen auf beyden Seiten bis an die Endspitze deutlich zu sehen sind. Oder sie sind, wie der Hr. D. Martini s) redet, vielkammerichte schalichte Canäle, die auf einer horizontalen Fläche in eine auf beyden Seiten sichtbare, regelmäßige Windung in einander gerollt sind. Fast eben diesen Begriff giebt Breyn t): Ammonia est polythalamium in spiram externe vtrinque apparentem in plano horizontali convolutum. Die Lituiten sind der äußern Bauart nach den Ammoniten fast gleich, darinne aber bestehet ihr Unterschied, daß die Gewinde der Lituiten sich nicht in einander schlüßen, und daß das äußerste Gewind sich in einer geraden Linie endiget. Bey den Ammoniten hingegen legt sich die ganze röhrichte Schale um ihren Mittelpunkt vest herum. Wie man die Ammoniten und Nautiliten, die oft genug mit einander verwechselt worden sind, von einander unterscheiden könne, das soll weiter unten bey einer andern Gelegenheit gezeigt werden. Ueberhaupt betrachtet kommen Ammoniten, Nautiliten und Lituiten darinne vollkommen überein, daß sie gewunden, und mit Zwischenkammern und einer Nervenröhre versehen sind; unter sich aber wechseln die einzeln Gattungsarten also ab, daß man den Uebergang des einen Geschlechtes auf das andere gar zu deutlich siehet. Unter den Ammoniten finden sich solche, bey welchen die erste Windung ungleich größer ist, als die folgenden, die daher die größte Aehnlichkeit mit dem Nautilus haben, dem sie auch zugezählet werden müßten, wenn nicht alle ihre übrigen Gewinde sichtbar wären. Diese nennet Hr. Hofr. Walch u) Nautiliten ähnliche Ammoniten. Sie machen den Uebergang von den Nautiliten auf die Ammonshörner aus. Wir finden hingegen unter den Nautiliten solche, welche auf der Oberfläche ihrer Seite breit sind, und an denen man nicht nur das ganze erste Gewinde, sondern auch oft noch einen großen Theil der folgenden sehen kann. Diese nennet gedachter Herr Walch Ammoniten ähnliche Nautiliten. In meiner Abhandlung von den Foßilien um Weimar, die ich unter der Feder habe, werde ich eine ziemliche Anzahl von dieser Art anführen und beschreiben können. Eigentlich schlüßen bey den Ammoniten die Gewinde ganz vest an einander, und das gab eben den Alten Gelegenheit, sie als steinerne Schlangen zu betrachten. Es giebt aber Ammoniten,

---

s) Neues systemat. Conchylienkabinet 1. Band S. 254.
t) de polythalamiis §. 39. p. 20.

u) Naturgesch. der Versteinr. Th. 2. Abschn. 1. S. 39.

monnten, wo sich die Gewinde nicht berühren, sondern bald mehr bald weniger von einander abstehen, und diese sind es, welche die Gränzen unter den Ammonshörnern und Bischofstäben vestsetzen v). Das sind Beweise, daß die Natur nie durch einen Sprung handle, daß sie aber auch nicht bloß einer Kette gleich sey, wo alle Körperarten genau an einander passen, sondern vielmehr einem Netze, welches sich auf alle Seiten ausbreitet.

Durch diese Gedanken wird man nicht in die Gefahr gerathen, Ammoniten, Nautiliten und Lituiten zu verwechseln. Aber mit den plattgewundenen Nabelschnecken und den unächten Posthörnern, die man um ihrer großen Aehnlichkeit willen, die sie mit den Ammoniten haben, Cornua ammonis spuria nennet, und die sich sonderlich unter den Flußschnecken häufig finden w); ich sage, mit diesen Flußschnecken könnte man sie vielleicht noch leichter verwechseln. Allein man kann dem Irrthum leicht entgehen. Hat man unversteinte Beyspiele vor sich, so zeigt uns ein einziger Blick in die Mundöffnung, was Zwischenkammern habe, und wo die Schale inwendig hohl und leer ist. Das erste sind ächte, das andere unächte Ammonshörner. Bey den versteinten aber machen sich die Zwischenkammern der Ammoniten durch äußere schlangenförmige Striche um so mehr kenntlich, da diejenigen Ammo-

niten, die noch ihre ganze Schale haben, und dadurch die Zwischenkammern bedecken, noch immer die größte Seltenheit sind.

Lange sucht uns das Bild der Ammoniten dadurch deutlich zu machen, daß er sie also beschreibet: „Es sind solche gebildete, und gleichsam zusammengewickelte Schneckensteine, welche wie die Schlangen in etliche Ringe geschlungen sind, von denen man nirgends einen Anfang findet, die hinter einander stehen und ganz zusammenhangen." Allein wer noch keinen Ammoniten kennt, wird ihn nach dieser Beschreibung gewiß nicht kennen lernen, zumal da sie ganz falsch ist. Denn wenn man ein komplet Exemplar vor sich liegen stehet, kann man die Mundöffnung und die Endspitze, oder den Anfang und das Ende ganz deutlich wahrnehmen. Der Ritter Linne setzet die Ammoniten unter das Geschlecht der Nautiliten, unter dem Namen Helmintholithus nautili; uns aber scheinet dieser Gedanke nicht richtig genug zu seyn, da man sonst eben so wohl die Ammoniten zum Geschlechte machen könnte. Beyde, die Ammoniten und die Nautiliten sind vielmehr Gattungen eines Geschlechts.

Wenn man ein vollständiges Exemplar eines Ammoniten hat, so ist daselbst zuförderst der leere Theil ohne Zwischenkammern, darinne sitzt das lebendige Thier. Die Zwischenkammern sind von außen an den versteinten Ammoniten, durch Erhöhungen oder Ein-

---

v) S. Martini am angezogenen Orte S. 258 f.
w) S. das Berlin. Magazin IV. Band S. 114. S. 247 ff. verglichen mit Tab. VII. fig. 15. 16. Tab. VIII. fig. 17-24.

Einlegungen kenntlich, welche Kammern durch Scheidewände von einander getrennet werden, und durch diese gehet eine Nervenröhre, von welcher Hr. Prof. Vogel x) behauptet, daß sie dichte an dem Rücken liege; darinne liegt der Sipho des Thiers, vermöge dessen dasselbe das Wasser ein- und auspumpen, sich leicht und schwer machen, und sich folglich emporheben und niedersenken kann y). Ob die Mundöffnung des Thiers mit einem Deckel verschlossen sey, kann ich nicht sagen. Rumph, der doch so gar aufmerksam auf seine Schalengehäuse war, und den verschiedenen Schneckendeckeln ein eigenes Kapitel widmete z), und Martini, der in seinem Konchylienwerke keinen Umstand vergaß, der zur vollständigen Kenntniß seiner Körper gehörte, schweigen davon gänzlich. Wenn die Lithologen den Mangel großer Originale mit Recht darinn suchen, daß sich die Ammonshörner nur in dem Abgrunde der See aufhalten, und daß sie sich bey großen Stürmen an die Klippen vest anhängen; wenn Scheuchzer in seiner Beschreibung des so genannten Rumphischen Ammonshorns a) mit Wahrheit berichtet: „daß diese Schnecke vest an den Klippen sitze, und von denselben durch die Nordwinde abgeschmissen werde, dergestalt, daß allezeit ein Stück von der Schale an den Klippen hängen bleibet, und sie daher nie ganz gefunden werde:" ich sage, wenn diese beyden Erzählungen Wahrheit sind, so hat das Ammonshorn keinen Deckel nöthig, ja es kann unter solchen Umständen gar keinen Deckel haben. Gleichwol sagt uns Hr. Rath Baumer b), daß, ob man wohl die Deckel der Ammonshörner nur sehr selten auf denselben, und eben so selten allein fände; ihm gleichwohl beyde Fälle vorgekommen wären.

Kein Geschlecht der Konchylien stellt sich im Steinreiche in mehr Veränderungen vor, als das Geschlecht der Ammoniten. Scheuchzer c) macht uns 140 Ammoniten bekannt, unter welchen allein aus der Schweitz 94 waren. Luid d) fand allein auf der Insel Bath in Engeland dreyßig Arten. Kundmann e) besaß über hundert Gattungen von diesen Schnecken. Bertrand f) zählt hundert und zwanzig Arten, und der so genaue Rosinus g) will gar dreyhundert Gattungen angeben. Man kann daraus urtheilen, in welcher unglaublicher Menge sich diese

---

x) Praktisches Mineralsystem p. 220.
y) Von dem Nutzen der Nervenröhre und der übrigen Zwischenkammern haben die Gelehrten nicht einerley Meynungen. S. Martini Konchylienkabinet 2. Band S. 108.
z) Amboin. Raritätenkammer Kap. VIII. und Tab. XX.
a) Naturhistorie des Schweizerl. Th. 3. S. 252.

b) Naturgesch. des Mineralreichs Th. 1. S. 316.
c) Museum diluvianum p. 18. sqq.
d) Lithophyl. Britann. Epist. II. p. 102.
e) Rar. nat. et art. p. 66.
f) Essai sur les usages des montagnes Cap. XVII.
g) S. Kundmann l. c. S. 65. der sich auf die Breslauischen Sammlungen vom Jahr 1725. S. 203. beruft.

diese Schnecken unter der See befinden müssen.

So groß inzwischen die Anzahl der Ammonitenarten ist, und so häufig sie im Reiche der Versteinerungen vorkommen, so groß war ehedem die Unwissenheit unserer Vorfahren bey der Frage: was sind diese Körper? In den ältern Zeiten, da man die Originale der Ammoniten theils noch nicht kannte, theils sich noch nicht viel um die Originale bekümmerte, hat man von den Ammonshörnern ganz besondere Meynungen geheget. Diejenigen, welche sie zu gebildeten Steinen oder zu Naturspielen machten, gehören eigentlich gar nicht hieher, denn bey diesen hatten alle Petrefakten ein gleiches Schicksal. Wir reden nur von denen, die sie für Versteinerungen hielten. Balbinus h) machte aus ihnen wirklich versteinte Schlangen, und das thaten auch der Graf Mosfardi und Worm in ihren Muséis. Wenn wir Langen i) nachlesen, so werden wir finden, daß sie von andern bald für Rückgrade von gewissen Schlangenarten, bald für gewisse Seeinsekten und Seewürmer, die sich in einander gewunden hätten, gehalten worden sind. Bey solchen Verwirrungen konnte freylich die Entdeckung eines Originals viel

Licht geben. Es giebt aber wirklich Originale, die man zu Rimini in einer bolognesischen Sandart, zu Bergen, und noch an andern Orten entdeckt hat. Doch noch nicht von der Größe, wie sie sich uns im Steinreiche darstellen k).

Es ist meine Schuldigkeit, hievon umständlicher zu reden. Man hat eigentlich zweyerley Arten von entdeckten Originalen der Ammonshörner. Bey dem einen stehen die Windungen von einander ab, und das sind eben diejenigen, von denen ich oben sagte, daß sie den Uebergang von den Ammoniten auf die Lituiten machten. Diese sind unter den Konchylien längst bekannt, wie man aus den Zeichnungen eines Klein l), eines Rumphs m), eines Martini n), eines Scheuchzers o) und anderer sehen kann. Allein man hat diese in den Schriften der Lithologen fast allemal übergangen, nur Scheuchzern gehört die Ehre, daß er es am angeführten Orte S. 252. für das wahre Original der Ammoniten angesehen. Die andere Art der Originale sind diejenigen, wo die Gewinde ganz vest an einander anschlüßen, und das sind eben diese, die man jetzo noch nur im Kleinen entdeckt hat, sie sind in den Schriften eines Martini p), eines Gualtier q), eines

---

h) Miscellanea historica regni Bohemiae.

i) Histor. lapid. figurator. Helvet. p. 86.

k) Walch systemat. Steinr. Th. 1. S. 96. not. y. der ältern Ausgabe.

l) Method. Ostracolog. Tab. 1. fig. 6.

m) Amboinische Raritätenkammer Tab. XX. n. 1.

n) Neues systemat. Konchylienkabinet Tab. XX. fig. 184. 185.

o) Naturhistorie des Schweizerl. Th. III. fig. 15.

p) Konchylienkabinet 1. Band. S. 256. 261 f. verglichen mit Tab. XIX. fig. 178. 179. Tab. XX. fig. 175. 176. 177.

q) Index testarum conchyliorum, quae adservantur in Museo Nic. Gualtieri Tab. XIX. fig. H. H. l.

eines Plankus r) abgezeichnet und beschrieben. Wir wollen von beyden die Beschreibungen mittheilen. Die erste Art der Originale heißet bey den Schriftstellern nur schlechthin das Rumphische Ammonshorn, weil es Rumph zuerst abgezeichnet, und beschrieben hat. Wir wollen daher auch die Beschreibung dieses Schriftstellers allen andern vorziehen. Rumph sagt s) „Dieses ist eine kleine Schnecke, welche die Gestalt eines Widderhorns, dergleichen man dem Abgott Ammon an den Ohren mahlet, und die Größe eines Groschens hat. Sie scheinet gleichsam ein Fortsatz des großen Nautili oder die innerste und letzte Windung desselben zu seyn, ist aber keineswegs dergleichen, sondern macht ein besonderes Geschlecht aus. Sie ist wohl in einander gewunden, wie ein Widderhorn, aber die Windungen berühren einander nicht, und sind bis an den Mittelpunkt von einander unterschieden, an welchem man denn zuletzt ein kleines Knöpfchen, wie eine Perle, in der Größe eines ganz feinen Stecknadelsknopfs antrift. Die äußerste Windung hat die Dicke eines mittelmäßigen Federkiels, ist recht rund und schneeweiß, dazu vorne her abgebrochen. Inwendig ist dieses Posthörnchen durch viele Zwischenwände, in so viele Kämmerchen eingetheilet, welche wie Perlenmutter glänzen. Jede Kammer hat eine kleine Oeffnung mit einer hineinwerts gehenden Röhre, eben so wie beym Nautilus major. Aus dieser Ursache glauben viele, daß dieses Hörnchen Fortsätze von jenem sind. Doch ich habe Posthörnchen gefunden, die größer sind, als der kleinste Nautilus, welche ebenfalls aus- und inwendig wie Perlenmutter glänzen." Bey der andern Art von Originalen soll der Herr D. Martini t) unser Anführer seyn. „In sechs Unzen, sagt er, vom riminischen Meersand hat der Hr. D. Plankus an 6700 dergleichen Ammonshörnchen entdecket, und sie deswegen die allergewöhnlichsten genennet; ob sie gleich an andern Ufern des adriatischen Meeres, z. E. an dem venetianischen, nur selten und höchst sparsam gefunden werden. Sie sind so klein, daß deren 130 kaum einen Gran wiegen: dennoch wird man die größten unter ihnen mit bloßen Augen so gleich für Ammonshörner erkennen müssen. Ihre Schale ist rund, etwas gedrückt, weiß, glänzend, so groß als eine kleine Wicke, tellerförmig und so in sich selbst eingerollt, daß ein Gewinde das andere allenthalben aufs genaueste und sichtbarste berühret. Es lassen sich daran fünf Windungen zählen, deren Mittelpunkt auf der einen Seite ein wenig in die Höhe steht, auf der andern aber eine kleine Vertiefung bildet. Gualtieri hat an dieser Schale ebenfalls einen Rand bemerkt, und in seinen außerordentlich vergrößerten Figuren deutlich vorgestellt. Die reinsten Stücke geben auf silberfarbigem Grunde einen

---

r) de Conchis minus notis] 1760. Tab. I. fig. 1. A. B. C.

s) Amboinische Raritätenkammer S. 18. der deutschen Ausgabe.

t) Konchylienkab. 1 Band S. 268 f.

einen blendenden, vielfarbigen Widerschein. Die innre Bauart der Kammern, deren Gualtieri ohngefehr vierzig zählet, und der an der innern Seite ununterbrochen fortlaufenden Nervenröhre, kann man bey der 175sten Figur nachsehen. Alle diese Kammern bilden von außen eben so viel runde Abschnitte, welche die Fläche uneben machen. Bokkarius hat dieses Ammonshorns zuerst gedacht, daher es auch beym Ritter von Linne Nautilus Beccarii genennet worden." Diese gedoppelte Beschreibung wird, wie ich hoffe, denen genug seyn, welche bisher nicht haben glauben wollen, daß die Originale der Ammoniten vorhanden wären. Doch leugnen wir nicht, daß sie uns nicht nur in Ansehung ihrer Größe, mit der versteinten verglichen, noch immer mangeln, sondern daß wir auch im Reiche der Versteinerung eine große Menge Abweichungen finden, dazu wir die Originale noch immer vergebens suchen. Ist es nun ausgemacht, daß die Originale der Ammoniten entdeckt sind, so gehören sie nicht mehr in die Klasse der Versteinerungen, dahin sie Herr Wallerius gesetzt hat, nämlich unter die versteinten Schnecken, ohne bekanntes Original, Cochliti ignoti originalis.

Die Ammoniten und Nautiliten werden in vielen Schriften sonderlich des vorigen und zu Anfange des jetzigen Sekulums für einerley gehalten, da doch ihre Figur und Beschreibung deutlich zeiget, daß sie nicht eine Schneckenart ausmachen. Denn bey den Ammoniten nehmen die Windungen allmählig ab, bey den Nautiliten nicht, bey welchen das äußere Gewind sehr groß ist, und die übrigen gleichsam bedecket. Daher kömmt es, daß der Ammonit beynahe die Gestalt eines Zirkels hat, der Nautilus aber ist nur einem halben Zirkel ähnlich. Beym Ammonit sind ferner alle Windungen sichtbar, es wäre dann, daß sie zufälligerweise mit Erde oder Stein bedeckt wären, beym Nautilus aber sind die folgenden Windungen in der ersten versteckt. Herr Prof. Vogel u) bemerkt auch noch diesen Unterschied, daß die Kammern bey diesen nicht, wie beym Nautilus, abgetheilet wären, und daß auch ihre Nervenröhre ganz am Rücken anliege, die beym Nautilus in der Mitte hindurch gehet. Der Unterscheidungsgrund, den Lesser v) anführet, daß die Nautiliten unter die Petrefakten gehörten, deren Originale wir haben, die Ammoniten aber unter diejenigen Versteinerungen, deren Originale fehlen; der Grund, sage ich, taugt nichts, und wenn auch die Originale der Ammonshörner noch nicht entdeckt wären. Man darf sich beyde Arten nur in einem deutlichen Kupferstiche, dergleichen beym Hrn. Walch im Steinreiche Tab. VII. n. 2. 3. und Tab. VIII. n. 1. oder wenn man sie lieber in der Natur sehen möchte, beym Martini im ersten Bande des neuen systematischen Konchylienkabinets Tab. XVIII. Fig. 164. und Tab.

---

u) Praktisches Mineralsystem S. 220. v) Lithotheologie S. 659. Num. 1.

Tab. XX. Fig. 175. 176. 177. vorkommen, vorstellen, so wird man den Unterschied leicht einsehen. Kurz sie sind sowohl in der innern, als auch in der äußern Struktur unterschieden.

Wallerius w) meynet, daß die Ammoniten um deswillen von einigen unter die Nautiliten wären gerechnet worden, weil man ihre Originale noch nicht gefunden habe. Allein dies ist schon von denen geschehen, die alle Versteinerungen zu Lapidibus sui generis oder zu Naturspielen machten, welche sich daher um die Originale in der See wenig bekümmerten, und wenn sie auch einen natürlichen Körper fanden, sich es nicht einmal einfallen ließen, ihn für das Original einer Versteinerung zu halten. Mir ist es glaublicher, daß man bey beyden Körpern bloß auf die Scheidewände gesehen habe. Da man nun dies an beyden Körpern fand, daß sie gewundene und mit Zwischenkammern versehene Schnecken waren, so gab man beyden den gemeinschaftlichen Namen der Nautiliten. Wenn aber eben dieser Schriftsteller den Unterschied unter den Ammoniten und Nautiliten darinne setzet, daß die Ammoniten keine eingetheilte Kammern, wie die Nautiliten hätten, so muß ich aufrichtig gestehen, daß ich diese Worte gar nicht verstehe. Denn von der Konkameration beyder Schnecken selbst kann man das nicht annehmen. Es würde deutlicher seyn, wenn man sagte, daß die Ammoniten geschlängelte, die Nautiliten aber hämisphärische Zwischenkammern haben. So viel ist gewiß, daß die Ammoniten und die Nautiliten unter ein Geschlecht gehören, und so urtheilte schon Scheuchzer x), sie sind aber zwo verschiedene Geschlechtsgattungen. Aus dem Grunde unterscheiden die neuern Lithologen beyde Arten sorgfältig, nur Hr. Beckmann y) und Hr. von Justi z) reden noch im Tone der Alten, daß sie nichts anders als Nautili oder Schiffkuttel gewesen, wie sich der letztere in seinem Grundrisse ausgedrückt hat. Doch muß man auch einigen der ältern Schriftsteller, z. E. einem Scheuchzer in seiner Naturhistorie des Schweizerlandes Gerechtigkeit widerfahren lassen, daß sie diesen Unterschied eingesehen, und die Nautiliten von den Ammoniten getrennet haben.

Die Onomatologie a) macht zwey Hauptgattungen der Ammonshörner, wenn sie sagt: „der größte Theil dieser Ammonshörner bestehet entweder aus Wirbelsteinen, (Spondylolithi, vetebrae lapideae,) das ist, versteinten Wirbelbeinen, die auf das künstlichste in einander gefüget sind b), oder aus abgetheilten Kammern und Fächern, die

---

w) Mineralreich S. 477.
x) Naturhistorie des Schweizerlandes Th. III. S. 257.
y) Anfangsgründe der Naturhistorie Bremen 1767.

z) Grundriß des gesammten Mineralreichs §. 303. S. 164.
a) Onomatol. histor. natural. T. I. S. 365.
b) Vielleicht wollen die Verfasser sagen,

sie überall mit krystallenen Spitzen überzogen sind, und durch Schiedwände, die wellenweise laufen, abgetheilt werden, welches sehr schön aussiehet, wenn man das obere Band wegnimmt, daß die Kammern offen da stehen." Allein die Eintheilung ist so unrichtig, so dunkel die Beschreibung derselben ist. Alle Ammonshörner bestehen aus abgetheilten Kammern und Fächern, denn das lehret der Begriff von den vielkammerichten Schnecken. Es würde daher folgen, daß die Wirbelsteine keine Ammonshörner wären. Solche Ammonshörner, die aus versteinten Wirbelbeinen bestehen, sollen in Tyrol häufig gefunden werden, und die obigen Verfasser wollen versichern, daß, wenn man ein solch Ammonshorn in warm Wasser lege, sich die Gelenke erweichen sollen, sonderlich, wenn das Ammonshorn markasitartig wäre.

Am allermeisten sind die Zwischenkammern und die Scheidewände der eigentlichen Ammonshörner zu betrachten und zu bewundern. Sie stellen im Ganzen betrachtet eine Welle vor. Die Schneckengänge fangen von dem breitern Theil an, werden nach und nach enger, und verlieren sich in eine Spitze, als den Mittelpunkt. Je enger die Schneckengänge werden, desto mehr nehmen die Kammern in ihrem ganzen Umfange ab, und alle Scheidewände stehen in einer geraden Linie, und passen ganz genau auf einander. Es läßt sich nicht eigentlich genug bestimmen, wie viel ein Ammonshorn Zwischenkammern haben. Denn zuförderst ist es ausgemacht, daß sich die Anzahl der Kammern nach dem Alter, und nach dem zunehmenden Wachsthum des Bewohners richte. Er sitzt in dem vordern leeren Theil der Schale. Wächset nun sein Körper, so baut er an der Mundöffnung sein Gehäuse größer, hinter sich aber setzet er so viel Zwischenkammern an, als der übrige Theil seiner ihm nun unnützen Schale nothwendig macht. Hernach stehen auch die Zwischenkammern nicht in einer Richtung, sondern sind bald weiter, bald enger, wenigstens sind sie gegen die Endspitze zu allemal ungleich enger, als sie gegen die Mundöffnung sind. Man müßte auch noch erst entscheiden, ob die Ammonshörner alle zu einer Geschlechtsgröße gehörten, wozu aber solche Untersuchungen erfordert werden, die man jetzo noch nicht erwarten kann, da die Originale dieser Schnecken so außerordentlich selten sind. Ein Ammonshorn, das 2¼ Zoll im Durchschnitte hatte, und das doch nur unter die kleinern Versteinerungen gehöret, hatte beynahe funfzig Zwischenkammern, ein anderes von 2 Zoll hatte derselben mehr als siebenzig, und ein drittes von 6 Zoll im Durchschnitt hat derselben kaum funfzig. Man urtheile von diesen Beyspielen, ob die Mühe würde belohnet werden, wenn man sich des-

sagen, daß die Zwischenkammern einzeln betrachtet, einem Rückwirbel, und alle zusammen genommen dem Rückgrade ähnlich wären; in so fern hätten diese Worte einige Deutlichkeit.

deswegen in weitere Untersuchungen einlassen wollte?

Man findet die Ammoniten bisweilen noch mit ihrer natürlichen Schale, welche dann gemeiniglich weiß ist, und in das Perlenfarbene spielet; so werden sie bey Boll gefunden. Oft finden sie sich auch mit brauner Schale z. E. bey Buschweiler, aber da ist die Schale durch färbende Dünste verändert worden. Ein schönes Beyspiel eines Ammoniten mit unverletzter Schale hat der sel. Albrecht Ritter besessen, und ausführlich beschrieben c). In diesem Falle sind die Zwischenkammern von außen nicht sichtbar, weil sie von der Schale bedeckt sind. Doch giebt es auch einige Arten, wo sich die Zwischenkammern, durch äußere Erhöhungen auf der Schale kenntlich machen. Wo man also Zwischenkammern siehet, da ist ein Beweis, daß der Ammonit seiner Schale beraubt worden ist.

Wir kommen nun auf die eigentliche Beschaffenheit der Ammoniten, wo wir sie theils in Ansehung ihrer äußern Beschaffenheit, theils in Ansehung ihrer Bestandtheile zu betrachten haben. Ihrer äußern Beschaffenheit nach sind sie entweder glatt, oder knoticht, oder geritzt, oder gefurchet, oder blätericht. Die gefurchten haben erhabene Streifen, und diese sind entweder einfach, oder gespalten, die gespaltenen entweder zweyfach, oder dreyfach, oder vielfach gespalten. Die Eintheilungsarten der Ammonshörner sind bey den Schriftstellern so verschieden, daß ein jeder seine besondere Eintheilung hat, und daher ist es unmöglich, sie alle besonders anzuführen. Diejenige, die ich vorhin angeführet habe, ist aus dem Walchischen System entlehnt, woselbst d) der Scheuchzerischen Eintheilung, die wir bald anführen werden, der Vorzug für allen andern zugestanden wird.

Andere theilen die Ammoniten ein e):

1. Cornua ammonis unita, wo die Windungen ganz anschlüßen.
   a. Cornua ammonis unita anomala, wo das erste Gewind ungleich größer ist, als die folgenden.
   b. Cornua amonis proportionata, wo unter allen Gewinden eine verhältnißmäßige Abnahme ist.
2. Cornua ammonis diuisa, wo die Windungen nicht vest an einander anschlüßen.
   a. Cornua ammonis integre diuisa, wo alle Gewinde von einander abstehen.
   b. Cornua ammonis simpliciter diuisa, wo nur das erste Gewind nicht an die andern anschlüßet.

Dieser unvollkommnen Eintheilung wollen wir einige andere an die Seite setzen.

Scheuchzer f) hat folgende Klaßifikation.

I. Cornua ammonis non spinata, die kein erhabenes Rückgrad haben. Diese sind
   1. lævis,

---

c) Oryctographia Goslariensis p. 27.
d) System. Steinreich S. 97. und Anmerk. z.
e) S. die Onomatologie T. I. S. 375. ff.
f) Naturhist. des Schweizerlandes Th. III. S. 254.

1. lævia, glatt.
2. striata, gestreift.
  a. striis simplicibus, mit einfachen Streifen.
  b. striis bifurcatis, mit zweygablichten Streifen.
  c. striis simplicibus et bifurcatis, mit einfachen und gabelförmigen Streifen.
  d. striis bifurcatim et trifurcatim ambitum trajicientibus, mit zwey und dreyzinkichten Streifen, die über den Rücken gehen.
  e. striis bifurcatis et trifurcatis tuberculosis dorsum non trajicientibus, mit zwey und dreyzinkichten buckelichten Streifen, die nicht über den Rücken gehen.
  f. striis trifurcatim dorsum trajicientibus, mit dreyzinkichten Streifen.
  g. striis quadrifurcatis, mit vierzinkichten Streifen.
  h. striis trifurcatim et quadrifurcatim ambitum trajicientibus, mit drey und vierzinkichten Streifen.
  i. striis bi-tri-quadri-quinque- et sexti partitis ambitum trajicientibus, mit zwey- drey- vier- fünf- und sechseckichten Streifen.
  k. striis quadri-quinque-sexti- et septem partitis ambitum extimum trajicientibus, mit vier- fünf- sechs- und siebenzinkichten Streifen.
  l. striis diuisis, praecedente linea eminente.
II. Cornua ammonis spinata, die einen Rückgrab haben.
1. laevia, glatte.
2. striata, gestreifte.

  a. striis simplicibus, mit einfachen Streifen.
  b. striis bifurcatis, mit zweyzinkichten Streifen.
  c. striis simplicibus et bifurcatis, mit einfachen und zweyzinkichten Streifen.

Man irret, wenn man in dieser Eintheilung eine Klaßifikation aller Ammoniten sucht, es sind bloß die schweizerischen, die hier vorgestellet werden, und die Scheuchzer alle zugleich hat in Kupfer abstechen lassen.

Herr Bertrand g) hat drey Gattungen:

1. *Cornua ammonis laevia.* Cornes d'ammon lisses, glatte Ammonshörner.
  a. *lisse et comprimée*, entierement arborisée, à dos entier et aigu, sans epines, glatt und flach gedruckt, mit beträchtlichem scharfem Rücken, ohne Stacheln.
  b. *lisse et comprimée* à peu de volutes, souvent arborisée, à dos épineux, glatt und flach, mit wenigen Windungen, oft mit Bäumchen bemahlt, ohne Zacken.
  c. *lisse* à dos arrondi et sans epines, glatt, mit runden Rücken, ohne Stacheln.
  d. *lisse* à dos crenelé ou dentelé à simple et double crenclure, mediocrement comprimée, glatt mit einfach oder doppelt gezaktem Rücken, nur wenig zusammengedruckt.

2. *Cornua ammonis striata*, Cornes d'ammon striées, gestreifte Ammonshörner.
  a. *Cornes d'ammon comprimées à petites stries*, à dos aigu, flache,

---

g) Dictionnaire des fossils T. I. p. 158.

flache, zartgestreifte Ammonshörner, mit scharfem Rücken.

b. *Cornes d'Ammon à stries simples, à dos arrondi, sans épinés*, mit einfachen Streifen, runden und ungezaktem Rücken.

c. — — *à stries rares simples épaisses et relevées en bosse, à dos arrondi*, mit einzelnen, dicken, knotichten Streifen und rundem Rücken.

d. — — *à stries bifourchues et divisées en plusieurs branches à dos arrondi*, mit Streifen, die in 2. 3. oder mehrere Zweige ausgebreitet sind, und einem runden Rücken.

e. — — *à stries bi- et trifourchués, auec une seule volute apparente, à grande bouche et à dos arrondi en forme de Nautile*, mit zwey oder dreyfach getheilten Streifen, mit einer einzigen sichtbaren Windung und weitem Mund, wie bey den Schiffsbooten.

f. — — *à stries rares et ondoyées, à dos entier*, mit einzelnen wellenförmigen Streifen und glattem Rücken.

g. — — *à dos épineux*, mit eben solchen Streifen und zackichtem Rücken.

h. — — *à stries simples ou fourchués, à dos crenelé et dentelé*, mit einfachen und gabelförmigen Streifen und gezacktem Rücken.

i. — — *à stries rares, simples ou bi-fourchués en relief*, qui se terminent en deux rangs d'épines qui bordent de deux côtés le sillon du dos, mit einzelnen, entweder einfachen oder vierzweigichen erhabenen Streifen, die sich in zwo Reihen Dornen endigen, welche auf beyden Seiten die Furche des Rückens begrenzen.

k. — — *à stries rares et simples auec une épine simple au dos, qui sort d'entre deux sillons*, mit einzelnen und einfachen Streifen, und einer einzigen Reihe Zacken zwischen beyden Rückenfurchen.

l. — — *à stries simples. à dos triplement crenelé, dont l'épine du milieu s'éleve sur les deux autres rangs*, mit einfachen Streifen und drey Reihen Zacken, wovon die mittelste über die beyden andern hervorragt.

3. *Cornua ammonis tuberculosa*, Cornes d'Ammon tuberculeuses, knotichte Ammonshörner.

a. — — *et lisses à un ou deux rangs de petites tubercules rondes*, placées sur la superficie de la volute extérieure, à dos entier, glatte Ammonshörner mit zwo Reihen kleiner runder Knoten, auf der äußern Fläche der Windung; mit ungetheiltem Rücken.

b. — — *et lisses à deux rangs de tubercules*, dont l'un est rangé autour du centre, de figure cylindrique et l'autre est placé au milieu de la volute exterieure, à dos entier, Glatte Ammonsh. mit zwo Reihen Knoten, wovon die eine Reihe walzenförmiger Knoten um den Mittelpunkt, die andre mitten

c. —— —— avec des tubercules cylindriques rangées autour du centre, à dos silloné, glatte Ammonsh. mit cylindrischen Knoten um den Mittelpunkt und gefurchtem Rücken.

d. —— —— et striées, à stries simples et noueuses en rélief, avec un rang des tubercules vers le dos, à dos épineux, einfach, knoticht und erhaben gestreifte Ammonshörner mit einer Reihe Knoten, nahe am gedornten Rücken.

e. —— —— à stries bifourchués en relief, avec des tubercules ronds à l'origine de la bifurcation, à dos entier, Knotichte Ammonshörner mit erhabenen gabelförmigen Streifen und runden Knoten am Ursprung der Gabel und ungetheiltem Rücken.

f. —— —— à stries simples et ondoyantes avec des tubercules épineuses et pyramidales. Einfach und wellenförmig gestreifte Ammonshörner mit zackichten pyramidenförmigen Knoten.

g. —— —— striées et arborisées, extrémement globuleuses, en forme de Citrouille, à dos fort large, dont les stries finissent de deux côtés par des tubercules élevées, elle en est comme couronnée, knotige, gestreifte und mit Bäumchen gezierte, Kürbisförmige Ammonshörner, mit sehr breitem Rü-

cken, dessen Streifen auf beyden Seiten in erhabne Knoten auslaufen, womit das Horn, nach Art der Mohrenkrone, einer gewissen Kahnschnecke, gleichsam gekrönet ist.

Diese Eintheilung ist vollständiger, als die vorigen, doch hat sie noch ihre Mängel, die Hr. Bertrand selbst dadurch eingestehen muß, daß er in seinem Essai sur les usages des montagnes Cap. XVII. von 120 verschiedenen Ammonitengattungen redet, da er hier derselben nur 22, hat. Von den Cornibus tuberculosis, deren eigentlicher Sammelplatz die weimarische Gegend ist, habe ich in meiner Einleitung in die Foßilien um Weimar, an der ich noch arbeite, eine weit größere Anzahl, als Herr Bertrand überhaupt, anführen können.

Da Herr Davila h) eben diese Ammonitengeschlechter, die Hr. Bertrand hat, annimmt, so will ich dessen Klaßifikation dieser so gleich anhängen.

I. Cornes d'Ammon lisses. 1. à dos crénelé. 2. à épine tranchante. 3. comprimées. 4. ventruës.

II. Cornes d'Ammon striées. 1. à deux rangs d'épines. 2. à deux sillons. 3. à dos aigu. 4. à dos arrondi. 5. à dos entier. 6. à épine crénelée. 7. à épine simple. 8. à stries bifourchuës. 9. à stries quadrifourchuës. 10. à stries simples. 11. à stries trifourchuës. 12. à un sillon. 13. comprimées. 14. ventruës. 15. umbiliquées. III. Cor-

---

h) Catalogue systematique et raisonnée T. III. p. 67. sqq.

III. Cornes d'Ammon tuberculeuses.
1. à carêne. 2. à deux fillons. 3. à dos applati. 4. à dos arrondi. 5. à dos étroit. 6. à dos large. 7. à épine cachée. 8. à épine crénelée. 9. à épine granuleuse. 10. à épine tranchante. 11. à stries bifourchues. 12. à stries quadrifourchues. 13. à stries simples. 14. à stries trifourchues. 15. comprimées. 16. lisses. 17. ventrues. 18. umbiliquées.

Die Eintheilung des Hrn. Hofrath Walchs in seiner Naturgeschichte i) kommt zwar mit der, die er in seinem System hat, in der Hauptsache überein, nur daß sie auf mehrere Untergattungen ausgedehnet worden ist. Wir wollen sie mit den eignen Worten des Herrn Verfassers vortragen: „Der Gattungsunterschied läßt sich am besten von der Beschaffenheit der Schale auf der flachen Seite hernehmen, und nach solchen sind die Ammoniten entweder glatt oder nicht. Jene haben entweder einen glatten oder gefurchten Rücken; diese sind mit Einschnitten, oder mit erhabenen Streifen und Furchen, oder mit Knoten versehen. Wir haben also von den Ammoniten, die keine glatte Schale haben, drey Gattungen, eingeschnittene, gefurchte und knotichte. Die eingeschnittenen haben entweder gerade, oder gespaltene, oder gebogene Furchen. Diese Nebengattungen sind wieder von einander mannigfaltig unterschieden. Bey einigen sind die Furchen dicht und enge, bey andern weit, das ist, sie sind von einander in einer etwas mehrerer Entfernung, als jene. Einige haben tiefe, andere flache Furchen, einige einen runden, andere einen scharfen, noch andere einen breiten Rücken, welche letzte entweder glatt oder gekehlt, und wenn das letztere, gemeiniglich mit einer innliegenden Nervenröhre versehen ist. Die gefurchten mit einem runden Rücken sind darinn wieder von einander unterschieden, daß bey einigen sich die Furchen über den Rücken gerade weg legen, bey andern hingegen in der Mitte entweder gerade, oder in einen Winkel zusammen stossen. So ist auch die Nervenröhre bey einigen glatt, bey andern gekerbt, bey noch andern knoticht.

Herr Woltersdorf k) hat die Ammoniten in fünf Klassen gebracht, die er also zählet:
1. Ammonitae rotundi, die einen runden Rücken haben.
2. Ammonitae acuti, die einen scharfen Rücken haben.
3. Ammonitae spinati, die mit einem Rückgrad versehen sind.
4. Ammonitae sulcati, die eine Furche auf dem Rücken haben.
5. Ammonitae sulcati et spinati, die einen Rückgrad zwischen zwo Furchen haben.

Der Ritter von Linne l) hat die Ammoniten in folgende Klassifikation gebracht. Ammonites
1. Ambitu acuto integro, disco compresso, suturis flexuosis.
2. Ambitu carinato integro, disco compresso, sulcis bifidis.

3. Am-

---

i) Naturgesch. der Versteinerungen Th. II. Abschn. I. S. 42.
k) Mineralsystem.
l) Systema naturae T. III. p. 162.

3. Ambitu carinato crenato, disco sulcis elevatis remotis.

4. Ambitu obtuso, disco compressiusculo, striato.

5. Ambitu obtuso, disco depresso, sulcis dorsi bifidis.

6. Ambitu depresso, disco lateribus nodosis.

7. Ambitu depresso, disco striis acutis.

8. Ambitu subquadrato carinato, sulcis acutis remotis.

9. Ambitu rotundato nodoso, sulcis transuersis flexuosis.

Wallerius m) hat nur vier Gattungen.

1. Glatte Ammoniten, Cornua ammonis lapidea laevia.

2. Runde Ammoniten, Cornua ammonis lapidea, lineis distincta.

3. Streifichte Ammoniten, Cornua ammonis lapidea striata.

4. Knotichte Ammoniten, Cornua ammonis lapidea tuberculosa.

Da ein glatter Ammonit zugleich rund seyn konn, und ein runder glatt, so ist diese Eintheilung nicht logisch, so wie es auch derselben an der nötigen Vollständigkeit mangelt. Wenn ich die Walchische, Davilaische, und Bertrandische Klassifikation ausnehme, so scheinet mir die Eintheilung des Hrn. Lessers n) ziemlich genau und vollständig zu seyn. Sie ist folgende:

Cornua ammonis sunt
    I. Laevia.
1. lineis destituta.
  a. dorso integro b. dorso sulcato.
2. lineis distincta:
  a. lineis simplicibus.
    aa. rectis.    bb. undosis.
  b. lineis foliaceis.

    II. Aspera.
1. tuberculis.
  a. rotundis.
    aa. ad marginem.
    bb. ad medium.
  b. oblongis.
  c. oblongis et rotundis simul.
2. striis.
  a. per dorsum integris.
    aa. simplicibus.
      α. dissitis.
      β. densis.
      γ. disruptis.
    bb. furcatis.
    cc. serpentinis.
  b. per dorsum diuisis, quod
    aa. articulatum.
      A. serratum vel dentatum.
      B. spinatum.
        a. spina sine sulco.
        b. spina inter duos sulcos.
    bb. non articulatum.
      A. simplex. B. sulcatum.

Zur äußern Beschaffenheit der Ammoniten, von der wir bisher geredet haben, gehöret auch ihre verschiedene Geschlechtsgröße. Man findet die Ammonshörner in dem bolognesischen Sande, in dem Muschelsande zu Rimini, und noch in andern Gegenden unversteint so klein, daß sie kaum eine Linie im Durchmesser haben. In dem Sande dieser italiänischen Berge liegen so häufige Versteinerungen ganz kleiner Ammoniten, daß man zuweilen aus einer Unze Sand 1500 Stück Ammonshörner auslesen kann o). Im Kabinet zu Dresden hingegen findet sich ein versteintes Stück, welches zween Schuh im

---

m) Mineralreich S. 477.
n) Sie befindet sich in seiner Lithotheologie in einer Tabelle zu §. 131.
o) Martini Konchylienkabinet, 1ter Band S. 262.

im Durchschnitt hat p). Ja Valisnieri q) gedenket eines Ammoniten, welcher dreyzehn Palmen im Umfange hat; und die Gesellschaft zu London besitzt ein Stück, welches einen Centner wiegt; endlich erzählet auch Kundmann r), daß der D. Ehrhard in Memmingen ein Ammonshorn besessen habe, welches 1¼ Centner wog, und so groß als ein mittelmäßiges Tischblatt war. Man findet also die Ammoniten von der kleinsten möglichen Größe bis zur ungeheuren. Herr Bertrand s) fragt: was für ein Verhältniß haben die ganz kleinen Ammoniten mit den ungeheuren großen? Herr Hofrath Kästner t) antwortet: „Ohngefähr das Verhältniß, welches unter den Schmetterlingen die kleinste und fast unsichtbare Motte zum surinamischen Atlas hat." Ueberhaupt muß Herr Bertrand damals nicht gar viel Ammoniten gesehen haben, sonst würde er sie in ihrer Stufenfolge betrachtet, und seine Frage, die ihm wie seine ganze angeführte Abhandlung wenig Ehre bringt, für sich behalten haben.

Bisher haben wir die Ammoniten in Ansehung ihrer äußern Beschaffenheit betrachtet, wir kommen nun auf ihre Bestandtheile. Hier giebt es dreyerley Arten. Einige sind metallisirt, d. i. es hat sie ein metallischer Dunst oder Schwefelkies durchdrungen, welche im Reiche der Versteinerungen etwas seltsam sind. Man muß sich aber bey diesen metallisirten Ammonshörnern vorsehen, daß man nicht betrogen werde. Denn bey den meisten, die zumal einen dünnen Ueberzug haben, ist er nichts anders, als eine Art einer feinen salzicht schwefelichten Blüte, welche auf der Oberfläche des Steins angeschlagen ist, oder wohl gar nur ein Katzengold. Von den geharnischten Ammonshörnern, wo nämlich nur ein bloßer Schwefelkies angeflogen ist, werden wir bald noch etwas erinnern; jetzo halten wir uns bey den metallisirten Ammonshörnern noch eine kurze Zeit auf. Diese metallisirten Ammonshörner nennen die Franzosen Cornes d'ammon metallisées, und die Holländer metalliseerde Ammonshoorns. Sie sind in mehr als einer Rücksicht merkwürdig. Daß ein Ammonit in Schwefelkies verwandelt werden kann, ist leicht zu zeigen. Eine Eisenerde, welche Schwefel, oder Arsenik, oder beydes zugleich in sich hat, erzeuget, durch Hülfe der unterirrdischen Wärme, zarte Kiestheilchen, welche sich an andere Körper ansetzen, oder sich in den Körper gar hineinziehen. Im ersten Falle wird der Ammonit ein geharnischter genennet, im andern Falle ein metallisirter. Dieses ist demnach ein Umstand, der sich bey den Ammoniten leicht erklären läßt. Aber ein anderer ist desto schwerer. Man findet keine Versteinerung so häufig metal-

---

p) Kayßler neueste Reisen S. 1306. der Ausg. 1751.
q) Anton Vallisnieri de statu diluvii et a diluvio. S. Kundmann rar. nat. et art. p. 73.
r) loco citato.
s) Memoires sur la structure interieure de la terre.
t) Hamburgisch. Magaz. X. Band, 4. St. N. II. S. 389.

metallisirt, als die Ammoniten, und gleichwohl haben die Schalen derselben eben das Wesen, welches alle andere Konchylien haben. Wie möchte man wohl dieses erklären können?. Hr. Gottlieb Siegmund Gruner u) bemühet sich diese Frage zu beantworten. Da wir aber sein Buch nicht selbst bey der Hand haben, so wollen wir uns an dasjenige halten, was Hr. Hofr. Walch v) davon angemerket hat. Er sagt: „die kieshaltigen Ammoniten finden sich nicht überall, sondern nur in einigen Gegenden, wo es kieshaltige Gebirge giebt." Das war nun ein bloßer Zufall, daß just an diesen Orten entweder durch eine Ueberschwemmung, oder weil in einer ehemaligen dortigen See dergleichen Thiere daselbst ihren Wohnplatz gehabt und beysammen gelegen, meist Ammonshörner, und diese noch dazu in großer Menge anzutreffen gewesen. Hätte es sich so von ohngefähr zugetragen, daß an eben demselben Orte eine andere Art Muscheln oder Schnecken wären zu liegen gekommen, so würde dieselbe eben so gut, als die Ammoniten verkieset worden seyn. Das siehet man ganz deutlich an den koburgischen, und besonders den memelsdorfischen Ammoniten, die im Gestein hin und wieder kleine Chamiten bey sich liegend haben, welche eben so gut kieshaltig als die Ammoniten sind. In Engeland finden sich eben so an einem Ort eine Menge von kieshaltigen Bukciniten, wie Ammoniten in andern Strichen und Gegenden. Die Farbe der kieshaltigen ist nicht einerley, wovon der Grund theils in dem Mischungsgrad des Schwefels und des Eisens, theils in der Farbe des Gesteins, so von jenem durchdrungen worden, zu suchen ist. Es giebt blaßgelbe, hochgelbe, rothgelbe, braune, braungelbe, schwarzgelbe und schwarze kieshaltige Ammoniten, welche letztere aus einem schwarzen Gestein bestehen, so gegen das Licht gehalten, in die dem Schwefelkies eigene metallische Farbe spielt."

Andere Ammoniten sind spatartig, dergestalt, daß entweder ein Theil desselben, oder wohl gar das ganze Ammonshorn, in Spat verwandelt ist, und diese sind auch etwas selten. In meiner Gegend habe ich ein spatartiges Ammonshorn entdeckt, und bey einer andern Gelegenheit beschrieben w), wo die Zwischenwände mit einer braunen Ochererde erfüllt sind. Bey den spatartigen Ammoniten sind das die gewöhnlichsten Fälle, wo sich nur ein oft sehr geringer Theil des Petrefakts in Spat verwandelt hat; und das sind solche Theilchen, welche durch einen bloßen Zufall von keiner Erde vollgestopft worden sind. Das darinne zurückgebliebene Wasser zeugte eben, in der Vermischung mit den kalkartigen Theilen der Schale, den Spat. Je reiner nun das Wasser war, desto reiner wird der Spat,

---

u) Geschichte der Schweizerischen Eisgebirge.
v) Naturgesch. der Versteiner. Th. 2. Abschn. 1. S. 48.

w) In meiner lithographischen Beschreibung der Gegenden um Thangelstädt und Rettewitz S. 91.

Spat, und eben daher entstehet auch bisweilen ein kryſtalliniſcher Anflug, wenn nämlich das Waſſer durch keine beygemiſchte Theilchen trübe wird. Im Weimariſchen hat man im Jahr 1768. eine hieher gehörige ganz beſondere Entdeckung gemacht. In groben, doch ſehr veſten, und einem Muſchelmarmor gleichenden Kalkſteinen fand man Ammonshörner, bey welchen alle Zwiſchenkammern noch ganz offen, die ſämtlichen Scheidewände aber in einen groben Kalkſpat verwandelt ſind. Man hat ſie aber meiſt nur in Fragmenten gefunden. Ein unverletztes Exemplar davon würde für den Liebhaber eine prächtige Seltenheit ſeyn, dem Kenner aber, in dem Bau des Ammonshorn, viel Licht geben können.

Die allermeiſten Ammoniten ſind bloß verſteint, bald kalkartig, bald marmorartig, wie denn die mehreſten, wenn ſie gehörig polirt werden, eine gute Politur annehmen x). Das thut zwar auch ein bloßer Kalkſtein, wenn er nicht gar ſo weich oder locker iſt; allein in den Marmorn werden ſie nichts deſto weniger häufig genug gefunden, die vor andern eine ſchöne Politur annehmen.

Hieher gehören auch die geharniſchten Ammonshörner, unter welchen man diejenigen verſtehet, wo der Schwefelkies nicht das ganze Petrefakt durchdrungen hat, ſondern wo derſelbe nur angeflogen iſt, und daher nur eine dünne Kruſte macht. Ferner gehören hieher diejenigen, wo ein Katzengold, ein Katzenſilber oder ein Katzenmetall das Petrefakt überzogen hat ſ. Harniſch. Dieſe Ammonshörner werden Chryſammonitae, Ammochryſi, und Chryſami genennet y).

Ihrer Farbe nach ſind die Ammoniten auch unterſchieden, weiß, grau, röthlich, braun, gelb, aſchfarbig u. d. gl. Sie werden bald in ihrer Matrix bald einzeln gefunden, bald liegen ſie tief in dem Stein, oder Erde, bald nicht, da denn diejenigen, die tief in dem Eingeweyde der Erde liegen, ſchöner, glänzender und härter ſind, als die andern. Man vermuthet, es rühre daher, weil ſie vielleicht nicht durch Fluthen dahin geſchleppet worden, ſondern in einer See dort ſchon ihren Wohnplatz gehabt haben. Sie hatten folglich keine harten Schickſale auszuſtehn, welche ſie hätte verderben können. Denn ſchon ein ruhiges Lager kann ein Petrefakt wohl erhalten. Auf der Inſel Malta und in der Gegend um Florenz ſollen einige Arten derſelben zu finden ſeyn, welche ſo durchſichtig und klar, wie ein Selenit ſind. Und ſollte nicht vielleicht Plinius z) ſolche Ammoniten meynen, wenn er ihnen den

---

x) Diejenigen, welche die Kunſt zu poliren noch nicht verſtehen, können in Leßers Lithotheologie S. 1391. f. noch beſſer aber im Berliniſchen Magazin III. Band, S. 225 ff. S. 350 ff. S. 454. ff. dazu eine Anweiſung finden.

y) Den Namen Chryſammonites braucht Aldrovand im Muſeo metallico Lib. I. S. 54. f. zuerſt. Doch ſcheinet er unter dieſem Namen die metalliſirten und die geharniſchten Ammonshörner zugleich zu verſtehen.

z) Hiſt. naturali Lib. XXXI. Cap. 10. Cornu Ammonis inter ſacratiſſimas Aethiopiae gemmas refertur.

den Namen der Edelsteine giebt? In der Schweitz liegen sie auf den Alpen in größter Menge, und bey Stutgard sind sie ganz klein und in Markasit verwandelt.

Ueberhaupt ist in und außer Deutschland beynahe keine Landschaft, die irgend einen Vorrath von Petrefakten liefert, wo sich nicht auch Ammoniten finden sollten. Sie werden aber nicht an allen Orten auf einerley Art, oder gleich häufig gefunden. Zuvörderst ist es hier anmerkungswürdig, daß man an einem Orte sehr selten mehr, als eine Gattung der versteinten Ammoniten findet; wo es ist, da sind gewiß auch wahrscheinliche Gründe vorhanden, daß sie bloß durch Fluthen dahin geschleppet worden sind. In diesem Falle liegen sie einzeln und auf den Felsbern zerstreut. Man findet sie aber auch in großen Steinklumpen oder Erblagen in großer Menge, und diese möchten doch wohl in einer See daselbst gewohnet haben. Die Oerter selbst, wo man entweder Ammoniten gefunden hat, oder noch findet, sind:

Achelberg. Aethiopien. Afrika. Aichstedt. Alting. Altdorf. Aristorf. Bengalen. Blaubeuern. Böhmen. Boll. Bologna. Delsberg. Denkendorf. Duslingen. Echterdingen. Eisenach. Elsas. Engeland. Erfurth. Erzgebirge. Fechheim. Florenz. Franken. Frankendorf. Frankreich. Giech. Harz. Heidenheim. Hessen. Hildesheim. Jena. Italien. Koburg. Kotta. Ruckenburg. Langensalza. Lauter. Lengefeld. Lutherischhallstadt. Magdala. Maltha. Mannsfeld. Massel. Memelsdorf. Metzingen. Mähren. Neustadt. Obermengau. Oedenburg. Oeringen. Osterbingen. Phuligen. Planischer Grund. Prag. Querfurth. Reutlingen. Rhein. Roche. Rosenfeld. Schetzlitzer Grund. Schlesien. Schottland. Schwäbischgemünd. Schweitz. Stuttgard. Thangelstedt. Thüringen. Tyrol. Urach. Verona. Voigtland. Weimar. Westphalen. Witzleben.

Ich muß noch etwas von dem Werth und der Seltenheit der Ammoniten hinzusetzen. Die allerseltensten Ammoniten sind wohl diejenigen, die man zu Bengalen findet, und welchen man den Namen Salagramann ertheilet hat. Kein deutscher Schriftsteller hat uns eine Beschreibung von ihnen gegeben, ob sie gleich einige genannt haben. Nur wenige Franzosen haben die Neugier der Liebhaber einigermaßen befriediget. Herr Davila besaß zwey Exemplare davon, die er uns genau beschrieben hat a). Ich werde meinen deutschen Lesern gewiß eine Freude machen, wenn ich ihnen die Beschreibung des Hrn. Davila in einer freyen Uebersetzung liefere. Er nennet sie zwey Kiesel von der größten Seltenheit, welche in Indien unter dem Namen Salagramann bekannt sind, und fähret dann fort: „Es sind zwey schwärzlichrothe, tellerförmige, und platte Steine, die an dem einen Rande eine gedoppelte

---

a) Catalogue systematique et raisonné T. III. p. 87. 88.

doppelte Oeffnung haben, in welcher sich eine Art eines Abdrucks eines Ammonshorns befindet, welches aber zerstört ist. Einer von diesen Steinen ist noch um eines zirkelförmigen gestreiften Bandes willen merkwürdig, und durch einen andern äußerlichen Eindruck, der aber ebenfalls zur Hälfte verdorben ist. Beyde scheinen fortgerollt zu seyn, wie sie sich denn wirklich in den Wasserfällen des Flusses Gandika zu Bengalen befinden." In so fern wäre freylich ihre Seltenheit noch nicht so außerordentlich groß; allein wir wollen nun das überlegen, was Hr. Davila noch in einer Anmerkung sagt: "Die Indianer haben tausend Fabeln über diesen Stein erdacht, und erweisen ihm einen vorzüglichen Gottesdienst, welches seine Seltenheit selbst in diesem Lande verursachet. Da sie solche gar nicht an Fremde verkaufen, so kann man sie nur mit unendlicher Mühe zu sehen bekommen: denn sie sind der Meynung, ihr Gott werde verunehret, wenn er von Personen anderer Religion, als die ihrige ist, berühret würde. Die kleine Anzahl derjenigen, welche nach Europa gekommen sind, ist man nur denjenigen Heyden schuldig, die nach ihrer Bekehrung diese Steine zum Opfer gebracht haben. Man kann über diesen Salagraman den Brief des Pater Kalmette an den Pater du Halde in der 26. Sammlung des lettres édifiantes S. 599. f. nachlesen." Nach diesen Salagraman verdienet das Ammonshorn mit biegsamen Gelenken, welches eine Zierde des ehemaligen Kaltschmiedischen Kabinets ist, gewiß den Rang vor allen Herr Hofr. Walch hat es b) beschrieben; es wird uns aber vergönnet seyn, das Vorzüglichste davon zu wiederholen. Es hat dieses Stückchen, welches nicht gar zu groß ist, nicht nur dadurch schon eine Marque eines großen Werthes, daß es kieshaltig ist, sondern es wird auch dessen Seltenheit dadurch noch vermehret, daß alle dessen Glieder beweglich sind, und daher hin und her gebogen und bewegt werden können. Das gilt vom ersten Gewind an, bis an die Endspitze. Hr. Walch erkläret dies seltene Phänomenon dadurch, daß nicht nur die äußere Schale dieses Körpers, sondern auch seine innern Zwischenwände von einem korrosivischen Wesen wären angegriffen und verzehret worden. Es sind daher nur noch die Nuklei, oder die Ausfüllungen der Zwischenkammern vorhanden, folglich ist zwischen einer jeden Kammer der Raum übrig, den die Schale der Scheidewand eingenommen hatte. Dadurch mußte der Körper ganz natürlich beweglich werden. Daß er aber nicht aus einander fällt, das kommt daher, weil die Scheidewände der Ammoniten sehr viel Krümmungen und Vertiefungen haben; denn dadurch sind diese Nuklei so in einander gefüget, daß sie zusammenhängend und beweglich bleiben. Solche Beyspiele sind freylich die einzigen ihrer Art; doch

---

b) Naturgesch. der Versteinerungen Th. II. Abschn. I. S. 146 f.

doch haben auch solche Ammoniten, welche häufiger gefunden werden, unter sich selbst eine verschiedene Seltenheit und einen verschiedenen Werth. Die metallisirten stehen dann billig oben an, sonderlich wenn sie wenigstens von einer mittelmäßigen Größe und deutlich sind. Daß die spatartigen Ammoniten weit seltner, als die bloß versteinten sind, das habe ich schon oben angemerket. In allen Arten der Versteinerungen ziehet man die großen den kleinern billig vor, und so ist es auch bey den Ammonshörnern. Haben die Ammoniten noch den vordern leeren Theil, den man bey den wenigsten findet, so schätzt man sie höher, als wo dieser Theil mangelt. Die Cornua Ammonis Lysteri, welche wegen der verhältnißmäßigen Abnahme ihrer Gewinde, die völlige Gestalt einer zusammen gerollten Schlange haben, welche dabey mehr flach als dicke sind, bey denen außerdem der Sipho, nach der Meynung des Hrn. Hofrath Walchs, außen auf dem Rücken liegt, und die gewöhnlich eine Spanne und drüber im Durchschnitte haben; diese Cornua Ammonis sind den Liebhabern höchst schätzbar. Man hält auch diejenigen sehr hoch, die noch ihre natürliche Schale haben. Unter den Steinkernen aber werden diejenigen für andern geschätzt, bey welchen die äußerlich sichtbaren Zwischenkammern eine Figur bilden, die wie Blätter gestalt ist, und die man auch daher Cornua ammonis foliacea genennet hat.

Die Ursache, warum man diese Schnecken Ammoniten nennet, wird bey dem Worte *Cornua Ammonis* vorkommen, wo zugleich die vorzüglichsten Namen der Schriftsteller erkläret werden.

Die Schriftsteller, die von den Ammoniten handeln, habe ich in meinem Entwurf einer Lithologischen Bibliothek §. 120. gesammlet.

Zeichnungen haben geliefert:
1. von natürlichen Ammoniten: Scheuchzer Naturhistorie des Schweizerl. Th. III. fig. 15. Martini, systemat. Konchylienkab. Band I. S. 254. und Tab. XIX. fig. 178. 179. Tab. XX. Plankus de conchis minus notis. Tub. I. Gualtieri Index testar. conchyl. Tab. XIX. fig. 1. Rumph Amboin. Raritätenkammer Tab. XX. n. 1.

2. von versteinten Ammoniten: Knorr Sammlungen von den Merkwürdigkeiten der Natur Th. I. Tab. XXXVII. fig. 1. 2. 3. Th. II. Tab. I. fig. 1-6. Tab. I. a. fig. 1-4. Tab. A. fig. 1-12. 15-17. 20. Tab. A. II. Tab. A. III. Tab. A. IV.** n. 2. 3. Tab. A. V. fig. 1-7. Tab. D. III. a. n. 4. 5. Baier Oryctograph. Nor. Tab. II. Tab. III. fig. 1-10. Tab. VI. fig. 1-9. Baier monumenta rer. petrificat. Tab. XII. Tab. XIII. Kundmann rar. nat. et art. Tab. IV. fig. 2-7. Ritter Comment. II. de Alabastris fig. 3. Ritter Oryctogr. Goslar. Tab. II. fig. 2. Ritter Spec. I. Oryctogr. Calenberg fig. 3. Walch systematisch. Steinreich Tab. VII. n. 2. 3. Leßer Lithotheologie n. XVII. Baumer Naturgesch. des Mineralreichs Th. I. fig. 18. Scheuchzer Naturhist. des Schweizerl. Th. III. fig. 13-57. Büttner rudera

dera diluv. testes Tab. XII. Tab. XIV. fig. 1. 2. Leibniz Protogaea Tab. IV. Tab. V. Bourguet Traite des petrificat. Tab. XLVIII. fig. 306. 309.

Wer die kieshaltigen Ammoniten noch nicht kennet, den werden die Knorrischen Sammlungen von den Merkwürdigkeiten der Natur Th. II. Tab. A. fig. 1 - 12. desto sicherer unterrichten, da alle Zeichnungen zugleich ausgemahlet sind.

Die Ammoniten mit blätterichten Figuren, Cornua ammonis foliacea, haben in Zeichnungen vorgestellet: Knorr in den angeführten Sammlungen Th. II. Tab. A. V. fig. 6. Scheuchzer in der Naturhistorie des Schweizerl. Th. III. fig. 17. 29. 42. 43. 46 - 48. 56. Stobäus in opusculis Tab. I. fig. 7. 8. 9. und Kundmann in rar. nat. et art. Tab. IV. fig. 4.

Endlich diejenigen Ammoniten, die Herr Hofrath Walch nautilitenähnliche Ammoniten nennet, hat Herr Knorr in den angeführten Sammlungen Th. II. Tab. I. fig. 4. in einem Beyspiele gewiesen.

**Ammoniten, gestreifte,** heißen lat. Cornua ammonis striata, fr. Cornes d'Ammon striées. Es sind diejenigen Ammoniten, welche eine gestreifte Schale haben, davon man noch oft genug die Spuren auch auf bloßen Steinkernen findet. Man darf nur diese Streifen nicht mit den geschlängelten Strichen der Zwischenkammern verwechseln, die mehrentheils sichtbar sind, wenn die Schale gänzlich mangelt.

**Ammoniten, glatte,** lat. Cornua ammonis laevia, fr. Cornes d'Ammon lisses, heißen diejenigen Ammoniten, die eine glatte Schale haben. Da wir die mehresten Ammonshörner ohne Schale finden, so ist es nicht sicher genug, diese an sich richtige Eintheilung zu gebrauchen. Es werden uns tausend Fälle vorkommen, wo wir es nicht entscheiden können, ob wir glatte oder gestreifte Ammonshörner vor uns haben.

**Ammoniten, knotige oder tuberkulöse,** lat. Cornua ammonis tuberculosa, fr. Cornes d'ammon tuberculeuses, heißen diejenigen Ammonshörner, die auf ihrer Oberfläche erhöhete Buckeln haben. Diese bestehen entweder aus einzelnen bald größern Knoten, und diese heißen insonderheit knotichte Ammoniten; oder die erhöheten Buckeln nehmen die ganze Fläche ein. Diese habe ich bey Weimar in folgenden Abwechselungen gefunden:

1. Solche, wo sich die Knoten zugleich über den ganzen Rücken,

2. Solche, wo sie sich nicht über den ganzen Rücken ausbreiten.

A. Bey einigen gehen die Tuberkula auf dem ganzen ersten Gewinde des Ammoniten fort. Diese sind
  a. entweder gedrückt und platt, bald mehr bald weniger sichtbar.
  b. oder erhaben. Diese sind
  aa. entweder sehr hoch und scharf.
  bb. oder hoch, aber nicht scharf.

B. Bey andern gehen die Tuberkula

berkula nicht auf dem gantzen ersten Gewinde fort, sondern stehen nur am Ende des Rückens.

C. Bey noch andern sind die Tuberkula erhaben und gedoppelt, ohne unter sich zusammenzuhangen. Hier steht die eine Reihe derselben gantz an dem Rücken, und sie selbst sind rund; die andere Reihe aber ist bald länger, bald kürzer.

AMMONITES ist einer der frantzösischen Namen, damit man die Ammonshörner beleget.

AMMONIUS LAPIS das Ammonshorn.

AMMONSHOORN versteend heißt im Holländischen der Ammonit. s. Ammoniten.

AMMONSHOORNS, metalliseerde heißen holländisch die metallisirten Ammoniten. s. Ammoniten.

AMMONSHOORNS, gearboriseerde, holländisch, heißen die Ammoniten, welche mit Bäumchen bemahlt sind. Ein Beyspiel davon kömmt in dem Museo Leersiano S. 211. und eine Zeichnung beym Rundmann Rar. nat. et art. Tab. IV. fig. 5. vor. s. Am:moniten.

AMORPHI. s. *Lapides amorphi*.

AMOSTÉE, frantz. der Beinbruch. s. Beinbruch.

AMOSTEOS. s. Beinbruch. Das Wort kömmt her von dem griechischen Worte ἄμμος Sand, weil man den Beinbruch gemeiniglich in Sande antrift, auch wirklich einen Theil seines Wesens Sand ist. Nur muß man hier die Toph- und Stalaktitenarten, die manche fälschlich auch Beinbruch nennen, von der wahren Osteokolle zu unterscheiden wissen.

Amphibien, lat. Amphibia, fr. Amphibies, holl. Amphibium, werden diejenigen Thiere genennet, welche im Wasser und auf dem Lande zugleich leben können, oder welche kalt Blut und keine Floßfedern haben. Davon, daß sie auf dem Lande und in dem Wasser zugleich leben können, haben sie auch ihren Namen, der von den Wörtern ἀμφίς, allenthalben, und βίος, das Leben, herkömmt. Man theilet sie in Schildkröten, Frösche, Eydexen und Schlangen ein. Man sollte aber billig noch eine fünfte Klasse hinzuthun, da sich auch unter den Konchylien eine gefunden hat, welche im Wasser und auf dem Lande zugleich lebet. Sie heißt auch deswegen die beydlebige, die Amphibienschnecke, fr. l'Amphibie. Sonst wird sie die Kahnschnecke, die Bernsteinfarbige Schnecke, fr. l'Ambrée genennet, und in dem Berlinischen Magazin IV. Band, n. CVII. * S. 360 f. verglichen mit Tab. XI. fig. 60. und im Geoffroy von den Erd- und Flußkonchylien um Paris S. 58. b. der deutschen Uebersetzung beschrieben. Die versteinten Amphibien werden Amphibiolithen genennet.

Amphibiolithen, Amphibiensteine, lat. Amphibiolithi, Petrificata animalia amphibiorum, *Wall.* frz. Amphibiolithés, Parties des amphibies petrifiées heißen die versteinten Amphibien. Das Wort kömmt her von ἀμφίβιος und λίθος, der Stein, und bedeutet demnach eine versteinte Amphibie. Man theilet sie ein in Schildkröten, in Frösche,

dazu

dazu die Kröten gerechnet werden, in Eydexen, dazu man die Krokodillskelete rechnet, und Schlangen, dahin man Vipern, Blindschleichen und dergleichen zählet. Der Ritter Linne macht in einer ältern Ausgabe seines Natursystems nur drey Arten von versteinten Amphibien bekannt: Amphibiolithi ranarum, Froschsteine oder versteinte Frösche, Amphibiolithi lacertarum, versteinte Eydexen, und Amphibiolithi serpentum, Schlangensteine, versteinte Schlangen. Eben diese drey Gattungen hat auch Herr Wallerius c). In der neuesten Ausgabe des Natursystems hat der Herr von Linne d) sechs Gattungen:

1. Amphibiolithus totalis *testudinis*. 2. Amphibiolithus totalis *ranae*. 3. Amphibiolithus totalis *lacertae*. 4. Amphibiolithus totalis *serpentis*. 5. Amphibiolithus totalis *Nantis*. 6. Amphibiolithus *dentis Squali*. Dies letztere sind die Glossopetern, welche andere unter das Geschlecht der Fischzähne setzen. Die Schriftsteller reden auch bisweilen von versteinten Amphibienknochen, davon sonderlich das versteinte Krokodillskelet, Xylosteum sceleti Crocodili bekannt ist. Wir werden unter ihren Namen von jedem Amphibiengeschlechte einige Beyspiele beybringen, und noch einige Anmerkungen hinzuthun. Herr Baumer e) merket an, daß einige diese Art der Versteinerungen für bloße Naturspiele ausgeben wollten, und er gestehet zu, daß in gewissen Fällen, wo die Einbildungskraft die Bestimmung macht, die Sache gegründet wäre. Ueberhaupt aber, meynet er, könne man die Sache nicht leugnen. „Ich sehe nicht ein, sagt er, warum Schildkröten, Krokobille, Schlangen, Aale, Eidexen nicht so gut, als Krebse und Fische, versteinert werden könnten? dazu noch kommt, daß man wirklich Beyspiele davon findet, die ihren Originalen vollkommen ähnlich sehen." Freylich läßt sich von dieser Sache dann nichts gewisses entscheiden, wenn man den Körper nicht selbst vor sich sehen und betrachten kann. Eine wahre Versteinerung muß sich durch entscheidende Kennzeichen selbst rechtfertigen; auf Kupferstiche kann man sich nicht allemal verlassen. Wie oft ist nicht schon ein neugieriges Publikum getäuscht worden? Gleichwohl beruhet diese Sache auf dem Zeugniß so vieler glaubwürdigen Männer, daß man sich am historischen Glauben versündigen würde, wenn man die Sache in Zweifel ziehen wollte. Aber das bleibet wahr, daß die versteinten Amphibien zu den größten Seltenheiten gehören. Hr. Baumer f) denkt davon also: „die Schalthiere sind um ihrer ziemlich harten Schale willen der Verwesung nicht so sehr unterworfen, und also zur Versteinerung geschickter, als diejenigen, welche nur aus Gräten und Fleisch bestehen; daher ist es gar kein Wunder, daß sie die größte Anzahl von den Versteinerungen ausmachen; so daß

---

c) Mineralreich S. 459 f.
d) Tom. III. S. 158.

e) Naturgesch. des Mineralreichs Th. 1. S. 298 f.
f) Ebendaselbst Th. 2. S. 110 f.

daß man ganze Flötzgebirge antrift, deren obere Schichten daraus bestehen. Die Fische werden viel seltener, und zwar mehrentheils nur in Schiefern, und die hürtern Theile derselben, als eine große Seltenheit, in dem grauen thonartigen Kalkstein gefunden. Eben das hat auch bey den beyblebigen Thieren statt. Wenn man außerdem ihre geringere Anzahl vor den Schalthieren und Fischen dazu nimmt; so wird man sich gar nicht verwundern, daß ihre Versteinerungen so selten vorkommen."

Ich habe eine gute Anzahl von Schriftstellern, die von den Amphibiolithen handeln, in meinem Entwurf einer lithologischen Bibliothek §. 165. gesammlet.

AMPHIBIOLITHI heißen im Lateinischen die vorher beschriebenen versteinte Amphibien.

AMPHICONE heißen die wurmartigen Wasserkorallen. Wir werden ihrer unten unter den Fungiten gedenken.

**Amselschnäblein** werden von einigen die Judennadeln genennet, weil man ohne Zweifel unter ihnen und dem Schnabel einer Amsel eine Aehnlichkeit zu finden glaubte. s. Judennadeln.

AMYGDALA ist eine Echinitenart, welche unter die herzförmigen gehöret, und sich von andern, die wir unter dem Namen Echiniti cordati beschreiben werden, dadurch unterscheidet, daß sie einen etwas scharfen Rücken hat. Beym Klein g) stehet dieser Echinit unter den Pleurocystis, insonderheit aber unter den Ovis marinis, und wird von ihm §. 103. sehr dunkel also beschrieben: Amygdala, Cornea, Thalamum habet in lapide corneo, unde eximi potest. Ein Abbruck davon ist Tab. XXIV. h. i. zu finden. Im Steinreiche wird dieser Echinit höchst selten angetroffen.

AMYGDALA STALACTYCA heißsen die Mandelsteine, oder unter den Steinspielen diejenigen, welche die Gestalt einer Mandelkern haben. s. Mandelsteine. Das Wort ist seinem Ursprunge nach griechisch, wo ἀμυγδαλία eine Mandel heißt. Der Beysatz stalactyca ist sehr gut gewählet, denn er zeiget an, daß es nicht etwa versteinte Mandeln, wie man vielleicht ehedem aus Unwissenheit glaubte, sondern ein bloßer gebildeter Tropfstein ist.

AMYGDALITE im Französischen s. Mandelsteine.

AMYGDALAE FIGURAE LAPIS, AMYGDALOIDES, sind zwey andere lateinische Namen der Mandelsteine.

ANDRODAMAS Linnei, ist bey diesem berühmten Schriftsteller eine Muschelart, die er h) unter dem Namen hat: Helmintholithus mytili margaritiferi cardinis viridis. Er beruft sich dabey auf das Museum tessinianum 24. n. 2. und macht folgende Anmerkung: Hic gemma e viridi et caeruleo nitidissimo pro situ et flexione versus lucem varians. Mytili margaritiferi tendo cardinis induratus et politus hanc gemmam praebet, ab artificibus elaborandam. Um sie von dem folgenden Androdamas des Plinius

zu

---

h) Naturalis dispos. Echinodermat. S. 36.

i) Systema naturae Tom. III. S. S. 165.

zu unterscheiden, haben wir ihm den Namen Androdamas Linnaei gegeben.

**Androdamas,** lat. Androdamas Plinii, Selenites rhomboidalis, Rhombites Agricolae, frz. Cristal d'Islande, holl. Yslandse verdubbelende Krystal, Selenitische Spath, ist eine besondere Art von Spaten, welche würflicht, doch ein wenig rhomboidalisch, allezeit aber durchsichtig sind. Plinius i), wenn er von dem Ursprunge dieses Namens redet, sagt: Magi putant nomen impositum ab eo, quod impetus hominum et iracundias domet. Im Griechischen kömmt das Wort ἀνδροδάμας bey den Profanscribenten vor, welches von ἀνήρ und δαμάω hergeleitet wird, daher ἀνδροδάμας natürlich bedeutet, qui viros domat. Wir können die verschiedenen Gattungen dieses Steins nicht eher anführen, bis wir zuvor von dem Gebrauche dieses Worts einiges vorausgesetzt haben. Plinius redete vom Androdamas so dunkel, daß sich Salmasius, von Laet, von Boodt und viele andere nicht unterstanden, ihn in ein gehöriges Licht zu setzen. Scheuchzer wagte es indessen in seinem Dialogo Plinium inter et Sulmasium de Androdamante k) eine Erklärung zu finden; allein noch immer mit großer Ungewißheit. Er erklärte sich endlich dahin, daß alle Steine, welche in viereckichte, rhomboidalische Theile zerspringen, zum Androdamas gehörten; gleichwohl rechnet er ihn am angeführten Orte seiner Naturgeschichte zum Selenit, und ihm folgt hierinne Brückmann nach. An einem andern Orte rechnet Scheuchzer auch den isländischen Krystall zum Androdamas, da es doch chymische Beobachtungen zeigen, daß er unter die alkalischen Steine gehöre. Dahin rechnet ihn auch Hr. Wallerius l), und merket zugleich in einer Anmerkung an, daß Scheuchzer den Androdamas und den isländischen Krystall beständig mit einander verwechsele. „Wegen der besondern Eigenschaften, sagt er, so dieser Doppelstein hat, kann man nicht anders, als ihn von dem durchsichtigen Spat, welcher weder das, was man durch ihn siehet, verdoppelt, noch so schieferigt ist, unterscheiden. Die vielen Arten, welche Scheuchzer in der Oryctogr. Helvet. p. 147 sqq. alle zum Androdamas gerechnet hat, muß man dergestalt unterscheiden, daß man einen Theil zum durchsichtigen Spate, einen Theil zum Doppelsteine und einen Theil zu den Spatkrystallen rechnet; indem sie alle durchsichtig und zu schönen Krystallen angewachsen sind." In dem fünf und zwanzigsten Theile der breslauischen Sammlungen S. 537. redet Scheuchzer von einem Stein, den er Androdamas pyramidalis nennet, und rechnet ihn unter die Kalkspate, da er doch nach den angegebenen chymischen Proben unter die Flußspate gehöret. Man wird den Hrn. Prof. Pott

---

i) Histor. natural. Lib. XXXVII. Cap. 10.

k) In seiner Naturhist. des Schweizerlandes Th. III. S. 139 ff.
l) Mineralreich S. 80. f.

in der ersten Fortsetzung seiner Lithogeognosie S. 44 f. mit vielem Vortheil nachlesen. Aus diesem allen erhellet ganz deutlich, daß wir noch lange nicht zuversichtlich entscheiden können, was der Androdamas des Plinius sey, und welche Gattungen dazu gehören. Wir werden davon bald noch einige Anmerkungen mittheilen.

Man hat von diesem Androdamas verschiedene Nebengattungen angegeben, die wir nun betrachten wollen.

Die Onomatologie m) erzählet uns folgende:

1. Androdamas Plinii, welchen Wallerius Spatum pellucidum oder molle nennet, welcher würflicht, rhomboidalisch und durchsichtig ist. In Rußland will man davon einen weißen und durchsichtigen, in der Schweitz aber einen aberichten finden. So rechnen auch andere den Doppelstein hieher, den wir unter dem Namen Crystallus islandica beschreiben werden. Eben so will auch Rumph seinen Maas Vrong zu den Androdamas Plinii rechnen, von dem er sagt: daß er ein schöner und seltener Stein, schwer, hart und maßiv sey, und dem gelben Kupfer sehr gleiche. Er gebe am Stahl Feuer, und sey sehr eckicht und unordentlich. Doch beobachteten alle Spitzen eine gehörige Ordnung, welche meistens rundlich wären. Sie bestünden aus drey flachen Seiten, die in einem Winkel zusammen gefügt sind, welche Winkel zwölfeckicht zu seyn schienen. Von innen sind sie einfach und nicht also abgetheilt, wie alle Krystalle." Daß nun diese und noch mehrere Arten von den Schriftstellern bald zum Androdamas des Plinius gerechnet, bald von demselben getrennet worden, kommt daher, weil Plinius von diesem Spate sehr dunkel redet. Er redet aber zweymal von dem Androdamas. In der einen Stelle n) behauptet er, daß der Androdamas einen Silberglanz wie der Demant habe, daß er viereckicht, und wie ein Doppelstein sey." In der andern Stelle o) aber redet er von dem Androdamas des Sotakus, und sagt: er sey schwarz und überaus schwer und hart, ziehe auch Silber, Erz und Eisen an sich. Das erklärte Salmasius, es sey eine Gattung vom Blutstein. Rumph aber will, daß er ein Pyrites oder Feuerstein sey, da ihn doch andere lieber für einen durchsichtigen Selenit halten. Scheuchzer p) glaubt, die letztere beschriebene Gattung gehöre gar nicht unter die Androdamas, sondern unter die Blutsteine. Wir wollen es nicht wagen,

---

m) Onom. hist. nat. T. 1. p. 430 sqq.

n) Histor. natural. Lib. XXXVII. Cap. 10. Androdamas argenti nitorem habet, ut Adamas, quadrata, semperque tessellis similis. Magi putant nomen impositum ab eo, quod impetus hominum et iracundias domet. Eadem sit, an alia Argyrodamas, auctores non explicant.

n) Lib. XXXVI. Cap. 20. Alterum Androdamanta dicit vocari, colore nigro, pondere ac duritie insignem, et inde nomen traxisse, praecipueque in Africa repertum. Trahere autem in se, argentum, aes, ferrum.

p) Naturhist. des Schweitzerlandes Lb. 3. S. 141. f.

gen, hier etwas zu entscheiden; was aber unstreitig daraus folget, ist dieses, daß Plinius nur zwo Gattungen von dem Androdamas gekannt habe. Den einen, der silberfarbig, und den andern, der schwarz war. Folglich irren gewiß alle diejenigen Schriftsteller, welche unter dem Namen Androdamas Plinii mehr als zwo Gattungen beschreiben.

2) Androdamas flauescentis coloris, Spatum pellucidum flauescens, gelblichter durchsichtiger Spat.

3) Androdamas nigricans, Spatum pellucidum nigricans, schwarzlichter durchsichtiger Spat.

4) Androdamas rubelli coloris, Spatum pellucidum croceum, brandgelber, durchsichtiger Spat.

5) Androdamas smaragdinus, Spatum pellucidum viride, grünlicher durchsichtiger Spat. Diesen grünlichen Spat untersuchte Herr Pott q) und fand: daß seine Farbe stark ins grünliche schiele: daß er mit den Säuren nicht aufbrause, und mit dem Stahl kein Feuer schlage; daß er sich leicht spalten und klein machen lasse: daß er bey mäßigem Glüen alle seine grüne Farben verliere, auch ganz durchsichtig und durchscheinend zurück bleibe, und sich folglich nicht in Gyps verkehre: und welches das vornehmste ist, daß wenn er mit Kreide vermischt und in ein starkes Feuer gebracht wird, er so dünne schmelzt, daß er auch die Tiegel selbst sehr schnell anfrißt und durchläuft. Aus diesem allen schließt Herr Pott, daß dieser grünliche durchsichtige Spat eigentlich kein Spat, noch vielweniger ein Androdamas, sondern ein grünlicher Flußspat, und unächter Schmaragd sey.

Scheuchzer r), der vielleicht mehr Gattungen zum Androdamas rechnete, als dazu gehören, zählet in seinem Dialogo Plinium inter et Salmasium de Androdamante folgende Arten:

1. Androdamas diaphanus.
2. Androdamas diaphanus flauescentis coloris.
3. Androdamas diaphanus venis nigris parallelis et angulatis insignitus.
4. Androdamas in diaphanitate nebulosus.
5. Androdamas bullas in sinu suo fovens.
6. Androdamas argenti nitorem habens, haud pellucidus. Wenn der Androdamas ein durchscheinender Spat seyn soll, so gehöret diese Art nicht hieher. Plinius sagt indessen, daß der Androdamas einen Silberglanz habe. Siehe die Note n). Hingegen könnte man sagen, wenn der Androdamas einen Silberglanz haben muß, so sind alle die vorhergehenden und nachfolgenden Gattungen des Scheuchzers kein Androdamas.
7. Androdamas vario situ concretus.
8. Androdamas constans e duplici Trapezio solido.
9. Androdamas simplex Trapezoides.
10. Androdamas quadrata tessellis similis.
11. Androdamas cubicus flauescentis coloris, vel Topasii.
12. Andro-

---

q) S. die erste Fortsetzung der Lithogeognosie S. 45.
r) Am angezogenen Orte S. 197 s.

12. Androdamas nigricans.
13. Androdamas viridis. Man wiederhole hier die Anmerkung aus dem Herrn Pott, die ich vorher angeführet habe.
14. Androdamas rubelli coloris.
15. Androdamas Crystalloides hexagono planorum pyramidalium irregularium licet, numero crystallnm mentiens.

**Wallerius** s), bey dem der Androdamas die vierte Klasse der Spate ausmacht, unterscheidet ihn von dem Doppelsteine, und von den Spatkrystallen. Er giebt ihm den Namen durchsichtiger Spat, Spatum pellucidum molle, Spatum pellucidum, Androdamas Plinii, und rechnet dahin:
1. Weißen durchsichtigen Spat, Spatum pellucidum album.
2. Gelblichen durchsichtigen Spat, Spatum pellucidum flauescens, Androdamas flauescentis coloris Scheuchzeri.
3. Brandgelben durchsichtigen Spat, Spatum pellucidum croceum, Androdamas rubelli coloris Scheuchzeri.
4. Aderichten durchsichtigen Spat, Spatum pellucidum venosum.
5. Schwärzlichen durchsichtigen Spat, Spatum pellucidum nigricans, Androdamas nigricans Scheuchzeri.
6. Grünlichen durchsichtigen Spat, Spatum pellucidum viride. Androdamas smaragdinus Scheuchzeri.

Die Schriftsteller vom Androdamas habe ich in meiner Lithologischen Bibliothek §. 67. gesammlet.

Die Oerter, wo der Androdamas in Engeland, in der Schweitz, in Italien, in Korsika, in Island, in Griechenland, in Deutschland, Spanien und Asien gefunden wird, hat Scheuchzer am angeführten Orte S. 149. ff. gesammlet.

Eben dieser Scheuchzer hat in seiner Naturhistorie auf einer besondern Kupfertafel Fig. 6-10 Zeichnungen davon geliefert.

ANIMALIA MURIA CONDITA nennet Wallerius unter den mineralisirten Körpern diejenigen, welche mit einem Salz durchdrungen und dadurch verhärtet sind. Zum Beyspiel beruft er sich auf jene Henne, von welcher Bakcius t) berichtet, daß sie mit Eyern in einer Salzgrube versteinet sey gefunden worden. Er bemerket mit Recht, daß man sie den Versteinerungen nicht zuzählen dürfe, sondern daß sie bloß vom Salze verhärtet worden sey. Denn daß das Salz die Eigenschaft habe, Thiere und ihre Theile zu erhalten, das ist bekannt genug.

**Annabergischer Stein**, s. Basalt.

ANOCYSTI, Cidaris, Cidares, werden unter den Seeigeln diejenigen genannt, wo die Lage der Abführungsöffnung an dem Gipfel der Schale ist, oder welche ihre Oeffnung oben an dem Wirbel haben. Eben das zeigt ihr Name, der von ἄνω, supra, und κύστις, anus, herkömmt. Sie heißen auch Seeäpfel von Gestalt eines türkischen Bundes, Cidares, weil sie beynahe das Ansehen eines türkischen

---

s) Mineralreich S. 80 f.  t) de Thermis Lib. V. Cap. IV. p. 282.

lichen Bundes haben. Beym berühmten Klein u) wird das Wort von einer ganzen Klaſſe der Seeigel gebraucht, dazu er die Cidares und die Clypeos rechnet. Die Cidares ſind darinne den Anocyſtis gleich, daß ſie die Abführungsöffnung auf ihrem Wirbel haben; allein ſie haben noch das Beſondere, daß auf ihrer Fläche Erhöhungen wie Edelſteine ſind, bald gemahlt, bald eingekerbt, und daß ſie dabey eine runde oder ſchildförmige Geſtalt haben. ſ. *Cidaris.* Daraus erhellet, daß die Worte anocyſtus und cidaris nicht vollkommen gleichgeltend ſind, ſondern ſie ſind wie genus und ſpecies unterſchieden. Ich merke dies an, weil die Onomatologie v) dieſe beyden Worte als gleichgeltend braucht; denn ſie überſetzt das Wort anocyſti Seeäpfel von Geſtalt eines türkiſchen Bundes. Wenn unter den Verſteinerungen die Schale gänzlich mangelt, ſo hält es ſehr ſchwer, die gedoppelte Oeffnung der Echiniten zu finden, folglich wäre es nicht einmal bequem genug, die verſteinten Seeigel alſo abzutheilen, ſo bequem es auch bey den natürlichen Seeigeln iſt. Auf den erſten zwölf Kupfertafeln beym Herrn Klein ſind dieſe Anocyſti in ihren Veränderungen abgeſtochen.

ANOMIAE conchae heißen die bald folgenden Anomiten.

ANOMIES, franzöſiſch die Anomiten.

**Anomiten,** lat. Anomiae, Conchae anomiae, Conchitae anomii, Musculiti anomali, Helmintholithus anomiae deperditae *Linn.* fr. Anomies, Anomites, Poulettes petrifiées, heißen der Wortbedeutung nach diejenigen zweyſchaligen Muſcheln, die keinen ganz regelmäßigen Bau haben. Das Wort ἀνομία vom α privativo, und νόμος, das Geſetz, heißt eine Abweichung vom Geſetze. Hier aber dürfen wir nicht ſo wohl auf die eigentliche Bedeutung, als auf den Gebrauch des Wortes ſehen, welcher hier bey den Schriftſtellern ſo gar verſchieden iſt. Wir wollen uns bemühen, die Sache in ihr gehöriges Licht zu ſetzen. \*)

Wenn wir die Gedanken der alten und neuen Lithologen vereinigen wollen, ſo müſſen wir eine dreyfache Bedeutung des Wortes veſtſetzen, eine weitläuftige, eine engere und eine ganz enge. Ueberhaupt und in der weitläuftigſten Bedeutung werden hieher alle zweyſchalige, ungleichſchalige Muſcheln gerechnet, wo nämlich die eine Hälfte kürzer iſt, als die andere; weil ſie nicht ſo regelmäßig gebauet ſind, als der größte übrige Theil der Muſcheln. Dahin wurden gerechnet die Pectines anomali, die gemeinen Auſtern, und unter dieſen die gezähnelten und die geſchnabelten, die Seeauſtern, die Gryphiten und die Terebratuliten w). Nach dieſer Bedeutung hießen die Gryphiten Conchitae anomii roſtro prominulo non pertuſo, die Terebratuliten, Concitae anomii roſtro prominulo et pertuſo,

---

u) Naturalis diſpoſitio Echinodermatum p. 14. ſq.
v) Onom. hiſt. natur. T. I. p. 460.

w) vide Onomatologiam T. I. p. 416. voce Anomiae.
\*) Cf. Berl. Samml. III. B. S. 485.

pertuso, und die Austern, Conchitae anomii compressi, sine striis et rostro. In dieser Bedeutung nahm Lange das Wort; doch ließ er die Terebratuliten in seiner Liste aus, wie aus der Onomatologie am angeführten Orte erhellet.

Im engern Verstande waren die Anomiten eine besondere Art von Muscheln, nämlich die Versteinerung derjenigen Muschel, welche bey den Schriftstellern den Namen der Narrenkappe, der Bootskappe, lat. Aegopodium führt. s. *Aegopodium* Das thut die Onomatologie x). Da man nun diese Narrenkappe glatt und gestreift findet, so machte man daraus zwo Gattungen: Conchitae anomii laeves hießen die glatten; und Conchitae anomii striati die gestreiften.

In der allerengsten Bedeutung nennet man diejenigen Muscheln Anomiten, welche ungleiche Schalen haben, und weder zu den Gryphiten, noch zu den Terebratuliten, noch zu den Ostraciten gehören. Hier ist die so genannte Narren= oder Bootskappe eine bloße Untergattung. Die Schriftsteller gebrauchen das Wort mehrentheils in der ersten Bedeutung; doch giebt es auch einige, die die Anomiten und die Terebratuliten für völlig gleichgeltend halten. Bey diesen wäre dasjenige ein Anomit, was ungleich schalicht ist, und weder zu den Gryphiten, noch zu den Ostraciten gehöret. Gleichwohl kann man sich über die Anzahl der hieher gehörigen Gattungen nicht vergleichen.

Schon Fabgius Kolumna y) gedenket der Anomiten, und verstehet darunter diejenigen Muscheln, deren eine Schale von der andern, womit sie zusammenhängt, theils an Größe, theils an Gestalt, theils in beyden Stücken zugleich unterschieden ist. Hier blieb Kolumna bey der eigentlichen Bedeutung des Worts Anomie stehen; welches im Griechischen ἀνομία unregelmäßig bedeutet.

Nach ihm gedenket Lange dieser Muschelart, und rechnet dahin sechs Klassen. 1. die ungleichen Stralmuscheln. 2. die gemeinen Austern. 3. die Stralaustern. 4. die gezähnten Austern. 5. die geschnabelten Austern. 6. die ganz besondern Austern.

Die ganz besondern Austern sind bey ihm die Gryphiten.

Herr Klein z) gedenket unsrer Muschel unter dem Namen Diconcha inaequalis, und dieser hat sieben Gattungen, die er also nennet:

1. Terebratula. 2. Concha triloba. 3. Concha adunca. 4. Bursula. 5. Globus. 6. Stola. 7. Concha ansata.

Allein diese Eintheilung thut der Sache so wenig eine Genüge, als alle die vorhergehenden. Wenn auch seine Concha triloba, wie wir glauben, die Käfermuschel nicht wäre, welche zuversichtlich nicht mehr unter die Muscheln gehöret, so hat man doch in den neuern Zeiten Anomiten

---

x) Onomatol. T. I. p. 461, vóce Anomia.
y) de purpura Cap. XII.
z) Methodus ostracologica §. 424. p. 171.

miten gefunden, die unter keine dieser sieben Klassen gezogen werden können.

Herr Woltersdorf a) hat folgende acht Gattungen, die er zu den Anomiten rechnet:
1. Mytulites arcuatus. 2. Pectinites major. 3. Ostracites. 4. Gryphites. 5. Terebratulites laevis. 6. Terebratulites striatus. 7. Hysterolithes. 8. Conchites trilobus.

Der Ritter von Linne b) führet unter dem Namen Helmintholitus anomiae deperditae folgende zwölf Gattungen an:
1. Pectinata. 2. Pecten. 3. Striatula. 4. reticularis. 5. Plicatella. 6. Crispa. 7. Lacunosa. 8. Farcta. 9. Angulata. 10. Biloba. 11. spinosa. 12. novem striata.

Gleichwohl hat er noch dem Hysterolithen den Namen Helmintholithus anomiae Hysteritae, und dem brattenburgischen Pfennige den Namen Helmintholithus anomiae craniolaris gegeben, und beyde von seinen Anomiten unterschieden.

Herr Wallerius c) nimmt von den Anomiten diesen Unterscheidungscharakter an, daß dahin diejenigen Muscheln gehören, deren Originale unbekannt sind, und nennet sie daher: Conchylia lapidea bivalvia, ignoto adhuc originali, Conchiti anomii, Musculiti anomali. Dahin rechnet er die Gryphiten, die Terebratuliten, und die Ostreopektiniten, welche andere gestreifte Terebratuliten nennen. Allein nach dieser Klaßifikation fallen gewiß viele Gattungen aus, die doch zu den Anomiten gehören. Es gehören hieher verschiedene Austerarten, und die Terebratuliten müssen nun gar bey ihnen wegfallen, da man die Originale derselben zuversichtlich entdecket hat.

Der Ritter Linne erfordert zum Geschlecht der Anomiten folgende Merkmale:
1. Ihre beyden Schalen müssen ungleich und sich nicht ähnlich seyn.
2. Die eine muß flach, die andere an der Basis mehr erhaben,
3. und am Schnabel oft durchbohrt seyn.
4. Das Schloß darf keine Zähne, sondern die gewölbte Schale muß innwendig eine stark hervorragende Linie haben, die an der flachen Schale uns am Rand erscheint; und
5. zur Lage des Thieres müssen sich zwey erhabene oder knöcherne Stralen zeigen.

Der Verfasser der schönen Abhandlung von einigen seltenen Anomiten d), von dem wir zuversichtlich wissen, daß es der Herr Doktor Martini zu Berlin ist, macht über diese Kennzeichen folgende gegründete Anmerkung: „Wir gestehen gern, daß wir nach diesen Charaktern viele wirkliche Anomiten unmöglich unter diese Familie bringen könnten, wenn sie alle als wesentliche Unterscheidungszeichen zu betrachten wären." Eben dieser würdige Verfasser giebt daher den eigentlichen Begriff der Anomiten folgendergestalt an: „der

F 2          Begriff

---

a) Mineralsystem S. 42.
b) System. naturae T. III. p. 163.
c) Mineralreich S. 480 f.
d) Im Berlinischen Magazin. IV. Band, I. St. S. 39.

Begriff von den Anomien scheint uns deutlicher und bestimmter zu seyn, wenn wir nur diejenigen natürlichen oder versteinten Muscheln darunter verstehen, deren beyde Schalen

1) sich weder an Größe und Länge einander gleichen, noch
2) auch überhaupt so regelmäßig, als andere zweyschalichte Konchylien aussehen, und deren größere Schale
3) allemal einen krummen, zuweilen durchbohrten Schnabel hat."

Diese Charaktere sind bestimmter; denn man wird nach ihnen es so gleich bestimmen können, was man für eine Anomie zu halten hat, und was man davon trennen muß?

Das ist folglich die gewöhnlichste Bedeutung der Anomien, daß man außer den eigentlichen Anomiten die glatten und die gestreiften Terebratuliten mit dahin rechnet. Allein es giebt doch auch Anomiten, die man in keiner Rücksicht unter das Geschlecht der Terebratuliten bringen kann. Was ist demnach eine eigentliche Anomie? Anstatt einer positiven Antwort muß ich eine Anmerkung wiederholen, die ich in einer Abhandlung von den versteinten Terebratuliten im Bergischen und in der Eifel e) gemacht habe. „Im engern Verstande getraue ich mir noch nicht einen richtigen Begriff einer Anomie zu machen, nämlich einen solchen, der auf alle Beyspiele passete. Gemeiniglich nennet man das einen eigentlichen Anomiten, wo die untere oder kürzere Hälfte ganz platt ist. Aber nicht zu gedenken, daß man dieses bey den Geraischen Gryphiten ordentlich findet; so werde ich bald eine wahre Anomie zuerst bekannt machen, die keine platte Hälfte hat. Ich sage, ich getraue mir nicht, einen eigentlichen Begriff von den Anomiten zu machen; denn wir haben weder genug Originale, noch auch Versteinerungen genug, daß man hierinne etwas entscheiden könnte. Originale haben wir sehr wenige. Beynahe kann ich sagen, daß man mehrere verschiedene Arten versteinter Anomien hat; aber es entdecken sich immer mehrere, und die machen eben einen richtigen Begriff immer schwerer."

Da man gewohnt ist, alle kleine Muscheln Pektunkuliten zu nennen, so hat man auch Pectunculitas anomios, und verstehet darunter diejenigen Anomiten, welche ganz klein sind. f. Pektunkuliten. Man könnte sie ebenfalls in glatte, Pectunculi anomii læves, und gestreifte, Pectunculi anomii striati eintheilen.

In den ältern Zeiten waren außer den Terebratuliten, den Gryphiten, und den Ostraciten wenige Anomiten bekannt; in unsern Tagen aber hat man ihrer eine ziemliche Anzahl entdecket. Lesser f), der sich doch alle Mühe gab, die seltensten Stücke aus den Schriftstellern zu sammlen, hat nicht mehr als drey Exemplare auftreiben können, eine wahre Perlenmutter

---

e) In der Berlinischen Sammlungen III. Band 5tes St. f. 3. S. 482.
f) Lithotheologie S. 665 f.

ter, die der sel. D. Baier besaß, eine ungleichseitige Gienmuschel aus dem Scheuchzer, und eine Spitzmuschel aus dem Lange. In den neuern Zeiten sind für andern folgende bekannt worden.

1. Die Narrenkappe, die sich sonderlich in Engeland versteint findet.
2. Ein runder in der Mitte gewölbter Anomit g).
3. Gefaltete Anomiten, die bey Arisdorf, Schafhausen, und Nordhausen gefunden werden h).
4. Ein eyförmiger Anomit i).
5. Anomia rotunda, una lacuna versus verticem directa k).
6. Ein Anomit, der auf der einen Seite viel Aehnlichkeit mit den Hysterolithen hat l).
7. Ein Conchites rhomboidalis inaequaliter. m).
8. Des Herrn Baron von Hypsch Pantoffelsteine, oder Sandaliolithen n).
9. Eben desselben Taschenmuschelsteine, Peridiolithen o).
10. Der Conchites anomius multilobus mediae magnitudinis extremitatibus valde acutis, binis rostris donatus, den wir zuerst beschrieben haben p).
11. Die Concha anomia Terebratulae formis q).
12. die Concha anomia ventricosa striata, echinata r).

Es ist möglich, daß sich in den Kabinetten noch manche Stücke befinden, die hieher gehören, und die einer weitern Bekanntmachung allerdings würdig sind. Es ist aber auch möglich, daß uns die Zeit noch manche wichtige Entdeckung in diesem Geschlechte ertheilen wird.

Die Originale der Anomiten sind freylich äußerst selten, wie man denn zu der Zeit, da Wallerius sein Mineralreich schrieb, noch gar keine hatte. Das war eben die Ursache, warum er unter den Anomiten solche Muscheln verstand, die keine bekannten Originale haben. In unsern Tagen sind aber derselben verschiedene entdeckt worden. Von den Terebratuliten und Ostreopektiniten werden wir im zweyten Bande beym Artikel Terebratuliten einige Nachrichten ertheilen. Von den eigentlichen Anomiten aber haben wir ebenfalls einige Originale. Es gehören hieher:

1. der Papageyenschnabel, le Bec de Perroquet des Hrn. von Argenville s).
2. Die große rothe Anomie, Anomia rubra des Hrn. Pallas t).
3. Die

---

g) Diesen hat der Hr. D. Martini beschrieben im Berlin. Magaz. IV. Band S. 45 f. §. 7.
h) Ebenderselbe gedenket ihrer l. c. S. 50. §. 9.
i) Ebenderselbe S. 57. §. 11.
k) Diese Anomie beschreibt Herr Wilkens in seiner Nachricht von seltenen Versteinerungen des Thierreichs, welche zu Berlin und Stralsund 1769. einzeln gedruckt ist. S. 66 f.
l) Ebenderselbe l. c. S. 77.
m) Ebenderselbe l. c. S. 78 f.

n) Der Herr Baron hat sie zuerst bekannt gemacht in seinen neuen in der Naturgesch. des niedern Deutschlandes gemachten Entdeckungen, Frankfurt und Leipzig 1768. S. 40. f.
o) Ebenderselbe l. c. S. 142. f.
p) Berlin. Samml. III. Band S. 485. §. 3. n. 3.
q) Walch Naturgesch. der Versteinerungen Th. II.
r) Ebendaselbst.
s) Conchyliologie S. 299.
t) Miscellanea zoologica S. 182.

3. Die Anomia disculus, die kleine flache Anomie, der kleine Teller eben dieses würdigen Gelehrten u).

In dem mehr angezogenen Berlin. Magazin sagt der Herr Verfasser S. 43. §. 6: „Ob es gleich ausgemacht ist, daß die Originale der Anmoniten von je her unter die seltensten Kabinetsstücke gerechnet, und daher ihr Daseyn von einigen gar geleugnet worden; so ist doch eben so zuverläßig, daß in den holländischen, französischen und andern großen Sammlungen noch viel Arten derselben aufbehalten werden." Wenn wir aber fragen: warum die Originale der Anomiten so gar außerordentlich selten sind? so antwortet Rundmann v): es komme daher, weil sie unter die Pelagias gehörten, die daher ihren Namen haben, weil sie in dem Grunde des Meeres im tiefen Schlamme und Sande stecken, und deswegen nicht so leicht vom Sturme können in die Höhe getrieben und ausgeworfen werden.

Da die Anomiten so gar selten gefunden werden, und in den Oertern, wo man sie antrift, nur zerstreut liegen, so ist es bey den mehresten Orten noch ungewiß, ob sie ursprünglich daselbst gelegen haben, oder ob sie durch Fluthen dahin geführt worden sind. In Engeland, in der Schweiz, im Jülichischen, in der Eifel und im Mecklenburgischen entdecket man bisweilen diese Schalthiere, die wegen ihrer Seltenheit in den Augen der Kenner den größten Werth haben.

Die Schriftsteller von den Anomiten habe ich in dem Entwurfe einer Lithologischen Bibliothek §. 148. gesammlet.

Zeichnungen liefern:

1. von natürlichen Anomiten: d'Argenville Tab. XXIII. O. Pallas miscellanea zoologica Tab. XIV.

2. von versteinten Anomiten: Knorr Sammlung der Merkwürdigkeiten der Natur. Th. II. Tab. B. IV. fig. 3. 4. 7-10. Baier Oryctogr. Nor. Tab. V. fig. 21. Berlinisches Magaz. IV. Band, 1. St. fig. 6. Wilkens Nachricht von seltenen Versteinerung. Tab. VII. VIII. Hüpsch neue in der Naturgeschichte gemachte Entdeckungen Tab. I. H. Tab. IV. fig. 16. 17.

ANOMITES heißen französ. die Anomiten und Terebratuliten.

ANOMITES lisses, französisch. glatte Anomiten und Terebratuliten.

ANOMITES striées, gestreifte Anomiten und Terebratuliten.

ANSULA. s. Krebsfüße.

ANTALES, französisch. s. Dentaliten,

Antaliten, lat. Antales, fr. Antale, sind eigentlich nichts anders als die kleinsten Dentaliten; einige Schriftsteller aber wollen sie von denselben gänzlich trennen. Diese verstehen darunter diejenigen Tubuliten, welche kleiner sind, als die Dentaliten. s. Dentaliten. Bonanni w) bestätigt es in folgenden Worten: Antales dicuntur tubuli parviores.

Falso

---

u) Ebendaselbst.
v) Rar. naturae et artis S. 74.

w) Museum Kircherian. p. 436. n. 9.

falso putant nonnulli e maxillis piscis Dentalis cecidisse. Sunt rotundi et expoliti. A Dentalibus distinguuntur parvitate molis, et colore. Allein ob die Größe hier etwas entscheide? daran zweifle ich um so viel mehr, da ein kleiner, oder noch nicht ausgewachsener Dental ohnstreitig viel kleiner ist, als einer der sein völliges Wachsthum erreicht hat. Andere wollen unter den Antaliten und Dentaliten den Unterschied vest sezen, daß die glatten Meerzähne Antales, die gestreiften aber Dentales hießen x). Da wir in des Hrn. D. Martini Konchyliologie 1 Band S. 26 f. eine ausführliche Beschreibung eines natürlichen Antalis lesen, so bediene ich mich derselben zum Unterricht für verschiedene meiner Leser. „Die kleinen Meerzähne oder zahnförmige Röhren sind gemeiniglich glänzend, wie Elfenbein, und glatt, oder wenigstens so fein gestreift, daß dadurch auf der äußern Fläche keine sichtbare Unebenheit entsteht. Ihre Länge und Dicke ist sehr unterschieden. Man findet sie von ¼ bis ½ Zoll und drüber. Plankus hat sie noch kleiner gefunden, und das Röhrchen, welches der Ritter von Linné Dentalium minutum nennet, kann mit unbewaffneten Augen kaum erkannt werden. An Dicke nimmt ihr Umfang von der Stärke der kleinsten Rabenfeder bis zur Dicke einer starken Gänsefeder zu. Auf beyden Seiten sind sie offen; oben weit, nach unten zu immer enger und spitziger, niemals ganz gerade, an der untern Spitze allemal, bald mehr, bald weniger umgebogen. Die gerabesten sind gemeiniglich an der Spitze abgebrochen. Wir haben bemerkt, daß die dünnesten immer am stärksten, und die dickern am wenigsten gekrümmt sind. Die Schale ist, im Verhältniß mit der Größe dieser Röhrchen betrachtet, überaus stark und veste." Da im Steinreich die Schale gar zu oft fehlet, so möchte es doch wohl in vielen Fällen überaus schwer werden, die Antaliten von den Dentaliten zu unterscheiden. Die Schriftsteller der Konchyliologie haben diesen Meerzähnchen verschiedene Namen gegeben, an denen der Litholog eigentlich keinen Antheil nimmt. Dahin gehöret der Name des Aldrovand, Buccinum antale, des Argenville Canalis Antalis dictus laevis, albidus, oder im Französischen Tuyau tout uni, blanc, appellé *Antale*, und des Plankus Caniculus Sympathicus.

In der angeführten Konchyliologie des Hrn. D. Martini Tab. I. fig. 1. 2. 3. a. und B. sind einige natürliche Schalengehäuse dieser Art abgestochen.

ANTHERUS wird von einigen der Amethyst genennet. s. Amethyst.

ANTHOLITHUS heißen beym Ritter von Linné die versteinten Blumen, von ἄνθος, eine Blume, und λίθος, der Stein. s. Blumen.

ANTHRACION, das zu Kohlen verbrannte und nachher versteinte Holz

---

x) Ich habe diesen Unterschied in des Hrn. D. Martini Konchyliologie 1ten Band S. 22. 26. f. gefunden.

Holz, von ἄνθραξ, eine Kohle. s. Holz.

ANTHRAX heißet bey einigen Schriftstellern der Rubin. Das Wort kömmt her von ἄνθραξ, eine Kohle, weil man sich unter dem Rubin und einer glühenden Kohle eine Aehnlichkeit vorgestellet hat. s. Rubin.

ANTHROPOLIHTE, französisch, die versteinten Menschenkörper. s. Menschenkörper.

Anthropolithen, lat. Anthropolithi, franz. Anthropolithe, heißen die versteinten Menschenkörper von ἄνθρωπος, ein Mensch, und λίθος, ein Stein. s. Menschenkörper.

ANTHROPOMORPHI sind unter den Steinspielen diejenigen, welche Bilder von Menschen oder deren Theilen vorstellen. Das Wort kömmt her von ἄνθρωπος, ein Mensch, und μορφή, die Gestalt, weil sich auf solchen Steinen die Gestalt von einem Menschen oder dessen Theilen vorstellet. Sie sind also keine Versteinerungen, sondern bloß zufällige Bilder, welche sich durch das Anschleifen der Steine oft finden, zumal wenn man den Stein mit einer lebhaften Einbildungskraft anstarret. Gleichwohl waren diese Steine bey den Alten in großem Ansehen, und wurden daraus oft große Wunderwerke gemacht. Beym Artikel Bildsteine werden wir noch etwas davon sagen. In unsern Tagen, wo das Studium der Lithologie reeller geworden ist, werden diese und alle übrige Spielereyen von dieser Art nicht sonderlich mehr geschätzet. Wenn diese Bildsteine besondere Theile von Menschen abbilden, so hat man ihnen auch ihre besondere Namen gegeben. So hieß z. E. Anthrocephaloides ein Stein, der einen Menschenkopf abbildet. Wenige Schriftsteller verstehen unter dem Wort Anthropomorphi auch die wahren Versteinerungen von Menschen, oder derer Theile, welche doch die mehresten lieber und bestimmter durch Anthropolithen ausdrücken.

ANTIPATES heißen unter den Ceratophiten diejenigen Meergewächse, welche gewöhnlich von Farbe schwarz sind. Sie unterscheiden sich von den eigentlichen Korallen nicht nur der Farbe nach, sondern auch in andern Stücken; denn sie sind nicht nur viel zäher, als die Korallen, und wie ein Horn anzusehen; sondern sie wachsen auch so lang und stark, daß man sich derselben statt eines Stocks bedienen kann. So beschreibet diese Ceratophyten die Onomatologie y), die gleichwohl an einem andern Orte z) unter dem Namen Keratophyton antipates eine ganz andre Schilderung davon macht. „Höchstens, heißt es dort, erreicht sie in der Länge anderthalb Fuß, und der Durchmesser ihrer Dicke macht höchstens eine Linie aus. Die frische Rinde hat eine Farbe, die dem Eyerdotter gleicht, sie ist fein und lederweich; getrocknet wird sie weiß und läßt sich mit den Fingern zerreiben; ihre Zellen sind ganz rund und mit einem klebrichten Saft angefüllt. Von der Rinde entblößt sieht die Meer-

---

y) Onomatologia histor. natural. T. I. p. 491.    z) Tom. III. p. 350.

Meerhand, (das ist der deutsche Name, damit man daselbst die Ceratophytenart beleget,) grünlicht, oder schwärzlicht aus. Sie ist nicht so aufrecht, als wie Linnäus schreibt, sondern mehr gewunden, wohl aber ein wenig ästig und durchsichtig." Rundmann a), der doch lange vorher lebte, hat sie zwar sehr kurz, aber ziemlich deutlich beschrieben. Er hat sie unter den Lithodendris, ein Name, den man sonst den Ceratophyten gab, und die daher Wallerius Korallholz nennet, und sagt: "Antipates coralloides mit starken ausgebreiteten Aesten, ist von kohlschwarzen Holze, mit einem weißen Stein überzogen." Die beste Nachricht von ihnen giebt uns der Herr Hofrath Walch b): "unter den Ceratophyten oder Horngewächsen verstehen wir diejenigen pflanzenähnlichen Seeprodukte, welche die Schriftsteller sonst Gorgonien und Antipathes zu nennen pflegen. Es sind hornartige Seegewächse, wie Bäume und Sträucher, mit Stamm, Aesten und Zweigen von mannigfaltiger Stellung und Lage. Das hornartige besteht aus über einander liegenden zarten Lamellen, die von einem faserichten Gewebe sind, daher auch diese Ceratophiten auf der Oberfläche ihrer Aeste zarte Streifen haben. Ihr Grundboden bestehet aus einem breiten Stück von gleicher Substanz, und ist dasselbe auf den Stein, worauf der Ceratophyt gewachsen, wie vest angeleimet. Diese Ceratophyten sind mit einer zellichten, porösen, kalkichten Kruste überzogen, in welcher gewisse blumenförmige Polypenarten ihren Sitz und Wohnung haben. In ihrem natürlichen Zustande gehören sie zu dem Hauptgeschlecht der Zoophyten, und man glaubt, daß auch so gar die hornartige Substanz unter der Kruste kein vegetabilisches, sondern animalisches Wachsthum habe, und sich zu der Kruste, wie die Knochen des menschlichen Körpers zu Haut und Fleisch verhalte. Eben daher wird diese Kruste bey den Ceratophyten für etwas wesentliches gehalten, sonderlich vom Herrn Pallas; allein Herr Müller macht in seinen Anmerkungen zu den Knorrischen deliciis naturae selectis dagegen verschiedene Erinnerungen, und behauptet zuversichtlich, es gäbe Meeresgegenden, wo die Ceratophyten gar keine Kruste hätten." Eigentlich gehet dem Lithologen dieser Streit gar nichts an, der sich nicht so wohl um die nähere Beschaffenheit der Originale, als seiner Versteinerungen zu bekümmern hat. Die Versteinerung, die unter dem Namen Ceratophyten bekannt ist, soll bey diesem Namen beschrieben werden. s. *Arbuscula marina*.

Lesser c) braucht das Wort Antipathes in einer sonderbaren und ungewöhnlichen Bedeutung, von einem glänzenden schwarzen Steine, der wie Myrrhen riechen, und wenn er in Wein und Milch gekocht wird, auch so schmecken soll.

Aphroselenit, lat Aphroselenites, fr. l'Aphroselenites, l'Argyro-

---

a) Rar. nat. et artis p. 160. Th. II. Abschn. II. S. 34.
b) Naturgesch. der Versteinerungen
c) Lithotheol. S. 363.

gyrolithe, heißet beym Galenus das Frauenglas. Andere belegen auch den Selenit mit diesem Namen. s. Frauenglas und Selenit.

APHROSELENITES ist im Lateinischen und Französischen der vorige Aphroselenit.

APYRI LAPIDES, feuerveste Steine, heißen diejenigen, die im Feuer weder zu Glase schmelzen, noch auch zu Kalk verbrennen, sondern die darinne unveränderlich bleiben. Das Wort kömmt her vom α privativo und πῦρ, das Feuer, weil das Feuer diesen Steinen nichts anhaben kann. Aus eben diesem Grunde heißen sie auch bey den Franzosen refractaires. s. Feuerveste Steine.

AQUA CRYSTALLORUM. siehe Krystall.

**Aquamarin**, lat. Aqua marina, fr. Aigue-marin, le Beryll, holl. Aqua marin of Beryll, wird der Beryll genennet, weil er seegrün oder grünblau von Farbe ist. s. Beryll.

AQUA MARINA SPURIA, heißet der Flußspath, oder der ocidentalische Quarz, wenn er die Farbe eines Berylls hat. s. Flüsse.

AQUILEI, AQUILINI lapides, heißen die Adlersteine. s. Adlersteine.

**Arachneolithen**, Spinnensteine, lat. Arachneolithi, Astroitae solidi figura ovali, fr. Arachneolithes, Araignées petrifiées, heißen theils die versteinten Spinnen, theils einige unkenntliche Ueberbleibsel von Seesternen, welche sich sonderlich in Sandsteinen finden. Das Wort kömmt her von ἀράχνης, eine Spinne, und λίθος, ein Stein. Was die versteinten Spinnen anlangt, so findet man so wohl englische, als auch eichstädtische Schiefer, auf welchen das menschliche Auge Spinnen entdecken will; andere aber haben dergleichen Versteinerungen durch das Vergrößerungsglas betrachtet, und gefunden, daß es nur unkenntliche Ueberbleibsel von Seesternen sind. Daß es aber gleichwohl wahrhaftige versteinte Spinnen gebe, das werden wir aus Schriftstellern zeigen, wenn wir auf die Insekten kommen. s. Entomolithen. Wallerius gebraucht das Wort Arachneolith noch in einer andern Bedeutung. Er verstehet nämlich darunter eine Gattung von Astroiten, die er ausdrücklich Spinnensteine nennet, und von welchen er d) uns folgende Beschreibung giebt: „Sie sind länglich rund, fast wie Eyer. Man nennet sie Spinnensteine, weil sie mit ihren Sternen eben wie die Spinnen auf den Bäuchen fleckicht sind; gleichen auch ihrer Gestalt nach Spinnen mit abgehauenen Köpfen und Füßen."

ARACHNEOLITHES heißen französisch die vorher beschriebenen Arachneolithen.

ARACHNOIDES heißen unter den Medusenhäuptern diejenigen, die mit einer Spinne einige Gleichheit haben. s. Medusenhäupter.

ARAIGNÉES PETRIFIÉES, heißen französisch die versteinten Spinnen. s. Arachneolithen und Entomolithen.

ARBUS-

---

d) Mineralreich S. 440.

ARBUSCULA MARINA nennet Bauhin diejenigen Alcyonien, welche in ihrem natürlichen Zustande mit den Bäumen eine Aehnlichkeit haben, dergestalt, daß man an ihnen Stamm, Ast und Zweige findet. Im Steinreiche hat man von ihnen noch keine ganzen Exemplare gefunden, wohl aber einzelne Stücke. Sie sind unter dem Namen der Alcyonienwurzeln bekannt, weil sie die Gestalt der Wurzeln haben, rauh und griesicht, oft hin und wieder etwas bauchicht und knoticht sind. An dem obern Ende sind sie rundlicht, und haben nicht nur daselbst in der Mitte ein Grübchen, sondern auch dergleichen so wohl, als Warzen und Knötchen auf der Oberfläche. Sie sind entweder hohl, und in diesem Falle ist von ihnen die bloße Kruste erhalten, oder sie haben eine Steinausfüllung. s. *Walchs Naturgeschichte der Versteinerungen Th. II. Abschn. II. S. 37 f.* Die vorherbeschriebene *Antipates* gehöret auch hieher.

Zeichnungen liefern:

1. Vom Original oder von den Meerbäumchen: Marsigli Histoire physique de la mer Tab. XV. n. 74. 75. Tab. XXV. n. 112. 114. Tab. XXXVIII. Tab. XXXIX.

2. Vom Petrefakt: Knorr Sammlungen von den Merkwürdigkeiten der Natur Th. II. Tab. F. fig. 3. 4. Baier Oryctograph. Nor. Tab. I. fig 30. Volkmann Siles. subterran. Tab. V. fig. 16.

ARCA NOAE. s. Arken.

ARCHE DE NOE, französisch. s. Arken.

ARDESIA. s. Schiefer.

ARDOISE, franz. s. Schiefer.

ARDOISE arborisée de Pappenheim, holl. *Ley*, geelagtige van Pappenheim met bruine en zwarte boomtjes, heißt der gelblichte pappenheimer Baumschiefer. s. Dendriten.

ARENA MICANS, heißet der Glimmer, weil er sich oft auf Sandsteinen findet. Man hat gleichwohl andere Steine, auf welchen Glimmer sitzet, versteintes Holz mit Glimmer, welches nicht sandartig ist; ja man hat glimmerichte Erden, daher ist dieser Name viel zu unbestimmt. s. Glimmer.

ARETES DE POISSONS petrifiées, sind im franz. versteinte Fischgräten. s. Fische und Fischgräten.

ARGENTUM CATINUM, das Katzensilber, eine Art silberfarbiger Glimmers. s. Katzensilber.

Agonauten, fr. Nautile de Papier ou papyracé, Coeffe de Cambray, werden die papiernen Schifskutteln genennet, das sind diejenigen Nautili, welche keine Zwischenkammern haben. Herr Legationsrath Menschen und Hr. Hofrath Walch haben, nach dem Linné, diesen Namen einzuführen gesucht. s. Nautiliten.

ARGUATULA ist der Name einer Art von Fischzähnen, welche die Gestalt einer Schote haben. s. Ichthyodontes.

ARGURITES, ARGYRITES, ARGYROLITHOS, ist das Katzensilber, oft der Glimmer selbst, ja der letzte Name wird bey den Alten auch vom Talk gebraucht gefunden. Das Wort kömmt her von ἄργυρος, Silber, daran man beym dritten Namen das Wort λίθος, ein Stein, gehänget hat, weil das Katzensilber die Farbe eines

eines Silbers hat, auch der Talk oft wie Silber glänzt. s. Katzensilber, Glimmer und Talk.

ARGYRITES. s. *Argurites.*

ARGYRODAMAS heißet bey einigen der Talk. Von ἄργυρος, Silber, und ἀδάμας, Demant; weil der Talk wie Silber glänzt, und dem Feuer wie ein Demant widerstehet. s. Talk.

ARGYROLITHES, französisch. s. Aphroselenit.

ARGYROLITHOS ist bey einigen das rußische Frauenglas, bey andern der Selenit, bey noch andern das Katzensilber oder der Glimmer, und bey noch andern der Talk. Man hat aber allemal darauf gesehen, daß man Steine mit diesem Namen beleget, die wie Silber glänzen. s. *Argurites.*

Arken, die Arche Noah, der Kasten Noah, das Schiffchen e), lat. Arca Noae, franz. Arche de Noé, Noyaux d'Arches, holl. Ark, versteende Arken, de Noachsark, und Bastartarken, lat. Arca antiquata Linn. holl. Bastaard-Ark, Bastert-Arken; sind Muscheln, deren Bau den Chamiten sehr ähnlich ist, nur daß ihre beyden Schnäbel sehr weit von einander stehen. Sie haben den Namen der Arche Noah oder eines Schiffchens, weil man sich zwischen ihnen und der Arche Noah oder einem Schiffe eine Aehnlichkeit gedenken kann, darauf auch wohl der Erfinder dieses Namens mag gesehen haben.

Der zwischen den beyden Schnäbeln befindliche Zwischenraum könnte die Wand eines Gebäudes, die untere konvexe Schale den Schiffboden, und die obere ebenfalls konvexe Schale das Dach vorstellen, wie Hr. Hofrath Walch f) sehr gründlich anmerket. Wir nehmen hier die Arken und Bastartarken zusammen, weil sich dann beyde besser beschreiben lassen, auch der Unterschied unter beyden wirklich sehr gering ist. Weil aber beyde im Steinreiche noch außerordentlich selten sind, so werden wir zugleich einige Schriftsteller der Konchyliologie mit zu Hülfe nehmen, um von ihnen etwas vollständiges liefern zu können.

Zuvörderst warne ich meine Leser, diese Archen Noah nicht etwa mit der Chama montana, welche auch Vater Noah Muscheln, ja bey manchen Schriftstellern Arche Noah Muscheln genennet werden, zu verwechseln. Sie haben außer dem Namen unter sich nichts gemein, wenn wir das einzige ausnehmen, daß man sie beyde zum Chamitengeschlecht rechnen könnte; ob die Arken, von denen wir hier reden, im Steinreiche gleich ihren Platz unter den Herzmuscheln haben, verschiedene natürliche aber dem Muskulitengeschlecht in ihren äußern Kennzeichen sehr nahe kommen.

Die Arken und Bastartarken haben in ihrem Bau sehr wenige Merkmale, die sie von einander unterscheiden. Die eigentlichen Arken

---

e) Auch die dickschaligen Schiffsboote oder der Nautilus crassus werden bisweilen Schiffchen genennet. S. Martini Konchylienkabinet Band I. S. 304. und not. p.

f) Naturgesch. der Versteiner. Th. 2. Abschn. I. S. 82.

Arken ſind breiter als die Baſtartarken, welche beynahe eben ſo breit als lang ſind, und daher faſt eine runde Geſtalt haben. Sie zeigen auch zwiſchen ihren Schnäbeln eine höhere Wand, als die Baſtartarken folglich Sind ſie gleichſchalige runde Muſcheln, welche beynahe und in den mehreſten Fällen die Geſtalt eines Herzens haben. Die beyden Schnäbel am Schloſſe paſſen nicht, wie bey den Chamiten zuſammen, ſondern zwiſchen ihnen iſt ein großer Zwiſchenraum, bey welchem die Schale eben iſt. Ihre Schnäbel ſind viel weiter entfernt, auch ſpitziger und gebogener, als bey den Bukarditen, dadurch man ſie auch beyde wohl von einander unterſcheiden kann.

Bonanni g) beſchreibet die Arken ziemlich deutlich: "Concha naviculam exprimens. In parte inferiori aditus patet, quo animal veluti planta ſaxis adhaeret. Plana eſt pars ſuperior, vbi binae valvae minutatim denticulatae uniuntur, lineisque ſignatur ita diſpoſitis, vt lancearum acumina alterum alteri ſuperpoſitum effingant.

Die natürliche Arke hat Rumph nicht beſchrieben, ſein Kommentator aber, Simon Schynvoet, hat Tab. XLIV. lit. P. eine genaue Zeichnung von ihr geliefert. Wenn wir dieſe genau betrachten, ſo hat ſie nicht nur ganz zarte Streifen, ſondern auch eine ſolche Lage des Schloſſes, daß man ſie ehe zu den Muskuliten, als zu den Chamiten rechnen ſollte. Das mag wohl den genauen Liſter h) und den ſorgfältigen Klein i) bewogen haben, ſie mit dem Namen eines Musculi zu belegen.

Die Baſtartarken aber hat Rumph abgebildet, und beſchrieben Tab. XLIV. lit. I. K. L. M. N. Doch iſt diejenige, welche er mit Lit. I. bezeichnet hat, die eigentliche Baſtartarke. Er nennet ſie k) Pecten virgineus, die Jungfern Kammmuſchel, und beſchreibet ſie alſo: "die Muſchel iſt dickſchallicht, gezähnelt, und hat an der einen Seite eine herausstretende Ecke, wodurch ſie ſchief wird, als wenn man von einer halbmondförmigen Figur die eine Spitze ſchief abgeſchnitten hätte. Der Hintertheil bey der Schalen formirt zwo runde gegen einander ſtehende Erhöhungen; ſie haben aber keinen Wirbel, ſondern werden von auſſen mit einer Haut an einander gehalten, und ſelbſt nur an dem Hintertheil mit feinen Zähnchen in einander geſetzet. Die Falten ſind platt, und haben zwiſchen beyden ſchmale Furchen, dahero die Ränder auch nicht tief eingekerbt ſind. Die Farbe iſt bleichweiß

---

g) Recreatio mentis et oculi p. 443. n. 31.

h) Hiſtor. Conchyl. Lib. III. fig. 208. Muſculus ſtriatus faſciis vndatis ſubfuſcis depictus. Muſculus Matthioli.

i) Method. Oſtracolog. p. 167 ſqq. §. 415. n. 1. Muſculus polylepto ginglymus eſt d concha vmbonatis verticibus intercipiens planum rhomboidale pluribus rhombis inſcriptum et per medium crenularum coniunctione quaſi conſutum.

k) Amboiniſche Raritätenkammer Kap. XXXI. S. 132. n. VIII. der deutſchen Ausgabe.

weiß ohne Zeichnung, wenn sie aber frisch aus der See kommen, so sind sie durchgängig mit einem dunkelgrauen erdfarbigen wollichten Wesen bekleidet, und der Rand ist haaricht, welches sich aber alles leicht mit Sand abreiben lässet."

Die außerordentliche Seltenheit macht diese Versteinerungen in den Augen der Kenner und der Liebhaber zugleich schätzbar. Mir ist daher, außer der Gegend um Turin, kein Ort bekannt, wo versteinte Arken gefunden würden. Selbst die natürlichen sind nicht gar zu gemein. In dem Museo chaisiano kömmt S. 98. eine versteinte Arke, und S. 97. 98. zwo Bastartarken vor, wo zugleich gemeldet wird, daß die eine von Maltha, die andere von Hessen wäre.

Die Schriftsteller, die uns einige Nachrichten von den Arken und Bastartarken gesammlet haben, sind in meiner lithologischen Bibliothek §. 162. angeführt.

Zeichnungen haben geliefert:
1. Von natürlichen Arken: Rumph amboin. Raritätenkammer Tab. XLIV. I. P. Lister Histor. Conchyl. Lib. III. fig. 70. 208. Gualtier Index testar. Tab. 37. D, H.
2. Von versteinten Arken: Knorr Samml. von den Merkwürdigk. der Natur Tab. B. II. b. * fig. 1. 2. 3.

ARMATURA s. Harnisch.

ARMENIE, französisch. S. Den gleich folgenden armenischen Stein.

Armenischer Stein, lat. Lapis armenius, Lazuli lapis pallide coeruleus, punctulis albis. *Wall.* Armenia, coeruleo et cupro variegata. *Linn.* Cuprum coeruleum calcarium *Linn.* frz. Armenic, ist ein zur Kupferlasur gehöriger Lasurstein. Der Ritter von Linne rechnet daher diesen Stein unter den Kupferlasur, und nennet ihn in den ältern Ausgaben seines Natursystems Armenum coeruleo et cupro variegato, und in der neuesten Ausgabe Cuprum coeruleum calcarium. Wallerius 1) sagt, er sey ein Lazuli lapis, pallide coeruleus, punctulis albis, und giebt von ihm diese Beschreibung: „er ist von grünblauer oder sichtblauer Farbe, mit weißen Tüpfeln, als mit weißen Sandkörnern, vermengt, doch ohne Kiessplitter; verliert seine Farbe im Feuer." Hr. Prof. Pott m) sagt: „Dieser Stein hat allemal einen Kalkstein zu seiner Grunderde; daher effervescirt er augenblicklich mit den acidis, und dies ist die sicherste Marque, wobey er ihn am geschwindesten und unfehlbarsten vom Lapide lazuli unterscheiden kann." Da ihn einige mit dem Lasurstein für einerley halten, so wird ihr Unterschied bey der Beschreibung jenes Körpers noch deutlicher dargethan werden. Der Grundstoff des armenischen Steins ist eine Kalkerde, seine blaue Farbe aber kömmt von der Kupfersolution her. Er gehöret demnach unter die Sedimentsteine, und ist aus Erde mit ver-

---

1) Mineralreich. S. 131.
m) Erste Fortsetzung der Lithogeognesie S. 17 f.

verwitterten Kupfertheilchen entstanden.

Herr Baumer n) nennet ihn einen blauen Kalkstein, der aus einer reinen mit Kupferkalk vermischten Kalkerde bestehe, und fähret dann fort: „Die Härte und Schwere desselben ist verschieden, nachdem er mehr oder weniger rein, kürzer oder länger an der freyen Luft gelegen hat. Zuweilen hat er weiße, oder goldfarbige Pünktchen, die sich aber durch das Glüen verlieren. Er phosphorescirt mit einem blauen Lichte. Die Farbe kommt von den beygemischten Kupfertheilen her, und er verursacht deswegen ein Brechen. Er wird gemeiniglich bey dem Lasurstein, und zwar in größern Stücken, als dieser gefunden, und zuweilen soll auch Malachit mit eingemischet seyn." Der Stein ist übrigens nicht gar zu hart, und läßt sich daher leicht zerschlagen. Da man ihn zuerst aus Armenien zu uns gebracht hat, so hat er den Namen des armenischen Steins bekommen.

Zuweilen wird dieser Stein auch Bergblau, aber fälschlich genennet. Das Bergblau ist die blaue Farbe, welche aus dem armenischen Steine gewonnen wird, und dieser Stein ist es, in welchem sich die blaue Farbe findet, wenn man ihn klar stoßset und nachher rein schlämmet. Ich halte daher für nöthig, die Anmerkung des Hrn. Wallerius zu wiederholen o). „Schiefergrün und Bergblau muß man mit dem armenischen Stein, ob sie gleich oft zusammen gefunden werden, nicht vermengen. Auch muß man Kupferlasur mit dem Lasursteine nicht vermischen, (andere aber nehmen den Kupferlasur unter die Lasursteine) unangesehen, daß der Lasurstein, wenn er kalcinirt wird, einen Schwefelgeruch von sich giebt, welcher vom Kiese kommt. Er giebt nach dem Probeschmelzen ein sechzentheil Kupfer, nebst etwas Silber, zuweilen giebt er auch einiges Gold."

Herr Hill p) meynet, der κυανος oder Cyanus der Alten, den andere Lapidem cyanaeum nennen, sey nichts anders als der armenische Stein; da doch andere den Cyanum zum Lasursteine rechnen. Aber das ist nicht die einzige Verwirrung, die wir bey diesem Steine in den Schriften der Alten finden. Sie gebrauchten das Wort κυανος nicht nur von dem Steine, daraus eine prächtige blaue Farbe bereitet werden kann, sondern oft von der Farbe selbst. Die Schriftsteller, die sich ihrer Schriften bedienten, behaupteten oft von dem Steine dasjenige, was jene von der Farbe sagten, und umgekehrt. Daraus entstanden freylich sichtbare Verwirrungen. Hr. Hill spricht davon den Plinius nicht frey. Allein man kann Herrn Hill dagegen mit Grunde vorwerfen, daß er in den Anmerkungen, wo er seinen Theophrast vertheidiget, weder den Stein, noch das Bergblau, das man aus ihm nimmt, deutlich genug beschrieben

---

n) Naturgeschichte des Mineralreichs S. 184.

o) Mineralreich S. 131.

p) Theophrast von den Steinen, nebst Hills Anmerkungen S. 221. f. vergl. mit S. 279. der deutsch. Ausgabe.

ken habe. Dieser Fehler wird bey ihm größer, da er unter dem armenischen Stein die Farbe der Mahler, und unter dem Cyanus den eigentlichen Edelstein versteht.

Nicht allein in Armenien wird dieser Stein gefunden, sondern auch in Ungarn, Tyrol und Böhmen, bey Bulach im Herzogthum Würtenberg, in Sachsen, und vielleicht an noch mehr Orten.

ARTICULI brachii cancrini, brachii locustae heißen die versteinten Krebsscheeren. s. Krebsscheeren.

ARTICULI stellae marinae heißen bey den Schriftstellern der mittlern Zeit, z. E. einem Mylius, die Trochiten und Asterien, weil sie glaubten, der Körper, von dem diese Theile abstammten, müßte unter die Seesterne gehören. s. Asterien und Trochiten.

ARTICULI stellae marinae forma rotae heißen beym Wallerius Trochiten, weil nicht nur bey ihm der Enkrinit unter den Seesternen steht, sondern weil auch die Trochiten die Form eines Rades haben, und daher auch oft Rädersteine genennet werden. s. Trochiten.

**Asbest,** lat. Asbestus, Asbestus filis aut fibris parallelis. *Wall.* Amiantus fibrosus fibris separabilibus flexibilibus, tenacibus. *Linn.* fr. Asbeste, Lin incombustible, holl. Asbest, Rype en onrype Asbest, Steen vlas, ist eine Steinart der fadenartigen Steine, wo die Faden steif und brüchig sind. Das Wort ist griechischen Ursprungs, und kömmt her von dem α privativo, und σβέννυμι, extinguo, weil ihn das Feuer nicht verzehren kann. Man theilet ihn in reifen und unreifen ein. Der reife ist grau und weiß, und läßt sich splittern, der unreife ist grün und läßt sich nicht splittern.

Die Asbeste gehören unter die feuervesten Steine, und bestehen ihre kleinen Theile aus Fasern, die entweder durchaus oder zum Theil parallel laufen. Diese Steine sind etwas hart und spröde, und lassen sich nicht wie ein Amiant biegen, schwimmen auch nicht, wie jener auf dem Wasser, sondern sinken vielmehr zu Boden. Im Feuer werden sie, je länger sie gebrannt werden, desto vester. Man hat verschiedene Arten der Asbeste, doch auch darüber verschiedene Meynungen der Naturforscher, dergestalt, daß z. E. ein Stein, den Wallerius zum Asbest rechnete, vom Ritter von Linne unter die Amiante gezählet wird. Diese Unbequemlichkeit aber würde wegfallen, wenn man die Unterscheidungszeichen unter dem Asbest und Amiant, ja auch unter einigen Talkarten gehörig vestsetzte. Andere verwirren diese Lehre noch mehr dadurch, daß sie das Wort Asbest bald als einen Geschlechtsnamen, bald als einen Gattungsnamen ansehen, wie sich hernach zeigen wird, wenn wir zu den Klaßifikationen kommen. Die mehresten Arten, die man zum Asbest rechnet, sind von keiner Erheblichkeit, außer denen, daß man ihn in reifen und unreifen einzutheilen pfleget. Der reife Asbest, der auch Lapis abyssinus heißt, unterscheidet sich

sich von dem unreifen dadurch, daß die Fäden etwas zähe sind, und sich daher splittern lassen. Von dem unreifen Asbest sind vier Gattungen bekannt: grauer halbdurchscheinender, schwärzlichter, und grünlichter. Eine Art der Asbeste ist vorher unter dem Namen Aehrenstein beschrieben worden, dahin ich meine Leser verweise. Bey der Beschreibung des Amiants aber habe ich gewiesen, wie man den Amiant und den Asbest am füglichsten unterscheiden könne?

Hr. von Bromell p), der Ritter von Linne q), Wallerius r), Herr von Justi s) haben die Asbeste unter den feuervesten Steinen, Hr. von Bomare t), der Ritter von Linne u), Herr Woltersdorf v), und Hr. Baumer w) unter den thonartigen Steinen, Herr Kartheuser x) und Herr Walch y) unter den Lapidibus filamentosis; Hr. Vogel z) unter den Lapidibus plumosis, Hr. Kronstedt a) unter den Terris asbestinis, und Herr Klein b) unter den Steinen, die er Paktoliten nennet, angeführt.

Wir wollen es nicht untersuchen, bey welchem dieser Systeme man am sichersten gehe? da wir glauben, daß ein jeder Schriftsteller seine Gründe hat, die ihn dazu bestimmet haben. Aber die Frage müssen wir untersuchen, ob man den Asbest mit hinlänglichen Gründen zu den thonartigen Steinen zähle? Herr Baumer c) setzet von den thonartigen Steinen unter andern folgende zwo Eigenschaften veste: Von den Säuren werden sie nicht aufgelöset. In dem Feuer verändern sie ohne Zusatz ihre Figur nicht. Hingegen sagt er von dem Asbest: „Einige Asbestarten fließen für sich in dem Feuer, andere erfordern den Zusatz eines Laugensalzes zu dem Flusse, und geben alsdann mit dem Stahl Feuer. Aber mit dem Sonnenfeuer können alle Arten desselben viel geschwinder, als die einfachen Erden und Steine zum Flusse gebracht werden. Daß der Asbest aus den Feuerspeyenden Bergen, als eine sehr flüßige Schlacke herausschmelzet, kommt ohne Zweifel von andern mit eingemischten Erzarten her." Herr Kronstedt d) scheinet auch dafür zu seyn, daß der Asbest thonartig sey. Er führet folgenden Grund an:

---

p) Lithographia et mineralogia. Suecana.
q) System. natur. T. III. der Ausgaben 1736. 1748.
r) Mineralreich S. 131.
s) Grundriß des gesammten Mineralreichs S. 215. §. 407.
t) Mineralogie oder neue Erklärung des Mineralreichs. 10v.
u) System. naturae T. III. der neuesten Ausgabe.
v) Mineralsystem.
w) Naturgeschichte des Mineralreichs S. 213.

x) Elementa Mineralogiae. p. 16.
y) Systemat. Steinreich S. 42. der ältern Ausgabe.
z) Praktisches Mineralsystem S.168.
a) Versuch einer neuen Mineralogie S. 108. §. 102.
b) Lucubratiuncula subterranea prior de lapidibus Macrocosmi proprié talibus Petropoli 1758.
c) Naturgesch. des Mineralreichs Th. I. S. 205. verglich. mit S. 214. Th. II. S. 176.
d) Versuch einer neuen Mineralogie S. 110.

an: „Ich bin sehr geneigt zu glauben, daß die Asbestarten so wohl, als der Glimmer, aus einer Thonerde entstanden seyen, indem die Brüchichkeit, die sie im Feuer erhalten, anzeiget, daß sie erhärten, und durch die Eisenerde leicht flüßig werden. Allein die Art, der sich die Natur zur Hervorbringung derselben bedienet, ist so unbekannt, als es in anderer Absicht unnöthig seyn würde, nach wenigerer Anleitung, Erdarten unter wenige Klassen zu bringen." Hr. Prof. Pott c) will es nicht eingestehen, daß der Asbest thonartig sey. Er führet den Grund an, weil er beym mäßigen Glüen nicht erhärte, wie alle thonartige Steine thun müssen; sie würden vielmehr bey einem solchen Grad des Feuers brüchicher. Ja der Asbestus plumosus oder maturus wurde bey einem merklich heftigen Feuer brüchicher und zugleich gelb gefärbt, der unreife Asbest wurde in eben dem Grad noch brüchicher, wollte auch kein Feuer schlagen. Darauf gründet Hr. Pott eine Anmerkung, welche die thonartigen Steine überhaupt betrifft, und die uns viel zu wichtig scheinet, als daß wir sie übergehen sollten. „So viel ich einsehen kann, halte ich dafür, daß alle diejenige Steine, welche nicht bey mäßigem Feuer merklich erhärten, mit keinem Recht unter die Thonsteine gerechnet werden sollen. Man muß hier billig auf den Unterschied des gegebenen Feuergrades Achtung geben, und vestsetzen, daß nur die Art Steine, welche im heftigen Feuer härter werden, mit Recht thonichte Steine heißen sollen: hingegen bey denjenigen Steinarten, welche nicht eher, als nach sehr heftigem Feuer hart werden, da ist diese Verhärtung vielmehr eine Wirkung einer angehenden Schmelzung und Zusammensiebung; und dergleichen kann auch bey solchen Steinarten vorkommen, welche gar nichts thonichtes enthalten, sondern mehrentheils entweder aus verschiedenen Erden zusammengesetzt, oder mit metallischen Theilen vermischt sind. Daß aber der Asbest von dem Sonnenfeuer der großen Brennspiegel ziemlich leicht schmelzt, ist aus andern Orten genugsam bekannt. Ja er schmelzt auch mit Zusatz von einem wenigen Alkali; denn da ich das reife Alumen plumosum nur mit der Hälfte Alcali versetzt habe, so ist es zu einer weißgrünlichen Masse, wie Porcelain, die scharf Feuer schlug, zusammen geschmolzen."

Herr von Justi macht am angeführten Orte aus dem Wort Asbest einen Geschlechtsnamen, darunter er den Amiant, den er, wider den Gebrauch zu reden, Bergflachs nennet, das Federweiß und den Aehrenstein als Geschlechtsgattungen ansieht. Seinem Begriffe nach, den er sich von dem Asbest macht, da er ihn einen Stein von bald vestem, bald mürbem Bestandwesen nennet, der aus zarten Fäserchen bestehet, die einander über das Kreuz durchschneiden, oder von einer Mittellinie nach zwo Seiten auslaufen, konnte er es thun.

Herr

---

c) Erste Fortsetzung der Lithogeognosie S. 51. 52.

Herr Kronstedt thut dies in seinem Versuch einer neuen Mineralogie auch; doch erzählet er die verschiedenen Gattungen des Amiants und des Asbests ordentlicher und vollständiger. Wir werden bald seine Klaßifikation ganz mittheilen.

Wir kommen nun auf die verschiedenen Klaßifikationen, und fangen mit der an, die uns Hr. Skopoli f) ertheilet. Er giebt vier Untergattungen an:
1. Glasichter Asbest, Asbestus crystallinus.
2. Aehrenstein, Asbestus acerosus.
3. Unreifer Asbest, Asbestus immaturus.
4. Unächter Asbest, Asbestus lithomorphus. Er giebt ihm diesen Namen, weil er einem halbvermoderten Holze gleich siehet. Er wird in Böhmen gefunden.

Herr Bertrand g) macht folgende Gattungen bekannt, die er unter zwey Hauptgeschlechter gebracht hat.
1. Asbestus mollior subvirescens, filamentis tenuioribus continuis inflexis.
2. Asbestus sericeus, albido fuscus, filamentis longioribus continuis, latis.
3. Asbestus sericeus, cinereus, filamentis longissimis, crassiusculis, continuis subrotundis.
4. Asbestus sericeus, cinereo virens, filamentis longioribus, tenuissimis, continuis.
5. Amiantus mollior, rubro nigrescens, filamentis abruptis crassioribus.
6. Amiantus mollior albissimus, filamentis brevibus convolutis, abruptis et intertextis.
7. Amiantus rigidus cinereo virescens, filamentis brevibus abruptis et intertextis.
8. Amiantus mollior, fusco virens, filamentis brevissimis abruptis, tenuissimis et intertextis.

Wallerius h) hat den Asbest besser vom Amiant, als viele seiner Vorgänger, unterschieden, obgleich seine Klaßifikation noch manche Fehler hat. Sie ist folgende:
I. Reifer Asbest, Asbestus filis parallelis tenacioribus separabilibus.
II. Unreifer Asbest, Asbestus filis parallelis durioribus, non separabilibus.
  1. der graue. 2. der grünliche. 3. der schwärzliche. 4. der halbdurchscheinende.
III. Federweiß, Asbestus fibris parallelis, fragillimis, vix separabilibus.
IV. Sternasbest, Asbestus fibris e centro radiantibus.
V. Strausasbest, Asbestus fibris fasciculatis, e centro vario radiantibus.
VI. Aehrenstein, Asbestus fibris sparsis.
  1. gröberer Aehrenstein, Asbestus fibris sparsis rasilibus.
  2. kleinerer Aehrenstein, Asbestus fibris sparsis rigidis.

Herr Prof. Vogel i) nimmt nur drey Arten von Asbesten an.
1. Den Berggork. 2. das Bergleder. 3. das Bergfleisch. Drey Untergattungen, die die mehre-

---

f) Einleitung zur Kenntniß und Gebrauch der Foßilien S. 14 f.
g) Diction. des Foßils T. I. p. 26.
h) Mineralreich S. 131.
i) Praktisches Mineralsystem S. 172.

mehreſten zu den Amianten
zählen.

Herr Kronſtedt k), der den
Asbeſt und den Amiant unter
dem Geſchlechtsnamen Asbeſtarten vorträgt, theilet ihn alſo ein:
I. Aus weichen und dünnen
Scheiben zuſammengeſetzter Asbeſt, Asbestus membranaceus,
Amianthus Wallerii.
  1. Von gleichliegenden Schei-
    ben. Bergleder, Bergfleiſch.
    a. rein und weiß.  b. eiſen-
    haltig und gelblichbraun.
  2. Von Scheiben, die in ein-
    ander gewunden ſind. Berg-
    gork.
    a. rein und weiß.  b. eiſen-
    haltig und gelblichbraun.
II. aus feinen biegſamen Faſern
zuſammen geſetzter Asbeſt, Asbestus fibrosus, Asbeltus Wallerii.
  1. mit gleichlaufenden Faſern.
    Bergflachs.
    a. reiner und weicher.
      aa. hellgrüner. bb. weißer.
    b. etwas eiſenſchüßig und
    brüchiger.
  2. aus zerbrochenen und zu-
    ſammengeſetzten Faſern.
    a. eiſenſchüßiger.
    b. hellgrüner.

Herr Woltersdorf l), der
Asbeſt und Amiant für gleichlautende Worte hält, unterſcheidet
die Asbeſte folgendergeſtalt,
die zugleich ſeine Klaßifikation
enthält.
  1. Sie haben gleichlaufende
    haarige Faſern, ſo ſich ſpinnen
    laſſen. Aechter Asbeſt. Berg-
    flachs.
  2. Sie haben gleichlaufende
    haarige brüchige Faſern. Feder-
    asbeſt. Federweiß.
  3. Sie haben gleichlaufende
    borſtenartige ſteife Faſern. Un-
    reifer Asbeſt.
  4. Sie haben gleichlaufende
    holzartige, harte Faſern, unäch-
    ter Asbeſt.
  5. Sie haben durch einander
    laufende haarige biegſame Fa-
    ſern. Bergleder. Berggork.

Beym Ritter von Linné muß
man den Asbeſt unter den Amianten ſuchen, dahin verweiſe ich
auch meine Leſer, wenn ſie eine
nähere Nachricht ſeiner Eintheilung der Asbeſte wiſſen wollen.

Folgende Oerter habe ich gefunden, an welchen man Asbeſte antreffen ſoll:

Böhmen. Bünden. Cy-
pern. Dannemorg. Dännemark.
Deutſchland. Grönland. Kärnthen. Kläven. Lappland.
Magdeburg. Norwegen. Ober-
ſteuermark. Pyrendiſche Gebirge. Reichenſtein. Sahlberg.
Schleſien. Schweden. Siberien. Sicilien. Steyer. Voigtland. Wallis. Wernigeroda.

Gleichwohl hat keine Steinart
ſo verſchiedene Matrices, als
die Asbeſte, nach dem Zeugniſſe
der Schriftſteller, haben. Bey
Reichenſtein in Schleſien liegt der
Asbeſt im Bleyerz; und eben auf
dieſe Art wird er in Schweden
gefunden. Bey Wernigeroda
liegt er in Schichten von Marienglas und weißem Spat. In
Sibirien ſoll er in einem grünen
glasartigen Steine liegen. Von
den Pyrendiſchen Gebirgen meldet Herr Baumer, daß er auf
einem weißen Kalkſteine wachſe,
und daß er in den daſigen Marmorbrüchen zween Schuh hoch
ange-

---

k) Verſuch einer neuen Mineralogie S. 108 f.
l) Mineralſyſtem S. 16.

angeschossen sey; und bey Magdeburg ist in den Sandsteinbrüchen eine Asbestart zu finden, die kalkartig ist.

In meiner Lithologischen Bibliothek habe ich §. 84. eine Menge Schriftsteller gesammlet, die vom Asbest handeln.

ASBESTE heißet französisch der vorherbeschriebene Aebest.

ASBESTUS, lat. Asbest.

ASBESTUS fasciculatus, Straußasbest. s. Straußasbest.

ASBESTUS fibris e centro radiantibus. s. Sternasbest.

ASBESTUS fibris fasciculatis, e centro vario radiantibus, heißt beym Wallerius der Straußasbest. s. Straußasbest.

ASBESTUS fibris parallelis durioribus, non separabilibus ist bey diesem Schriftsteller der unreife Asbest. s. Asbest.

ASBESTUS fibris parallelis, fragillimis, vix separabilibus s. Federweiß.

ASBESTUS fibris parallelis, tenacioribus, separabilibus, heißt bey ihm der reife Asbest. s. Asbest.

ASBESTUS fibris sparsis. s. Aehrenstein.

ASBESTUS immaturus, der unreife Asbest. s. Asbest.

ASBESTUS immaturus cinereus, der unreife Asbest, wenn er eine graue Farbe hat.

ASBESTUS immaturus coriaceus, subdiaphanus, der schwärzliche Asbest, wenn er unreif ist. Er heißt aber darum halbdurchscheinend, weil er gemeiniglich an einem andern Steine veste sitzt, den man durch den Asbest selbst, wie durch ein Horn, sehen kann, wie Wallerius im Mineralreich S. 192. sagt.

ASBESTUS immaturus niger, der unreife Asbest, wenn er eine schwarze Farbe hat.

ASBESTUS immaturus viridis, der unreife Asbest, wenn er grünlich siehet.

ASBESTUS lithomorphus heißt beym Hrn. Skopoli der unächte Asbest, weil er einem vermoderten Holze gleicht.

ASBESTUS membranaceus. s. Bergfleisch.

ASBESTUS plumosus. s. Federweiß.

ASBESTUS solidiusculus, fissilis, wird vom Ritter von Linne in der ältern Ausgabe seines Naturshstems das Bergfleisch, das doch zum Amiant gehöret, genennet. Das kömmt daher, weil der Ritter den Amiant und den Asbest für einerley hält. s. Bergfleisch.

ASBESTUS solidiusculus flexilis, wird von eben demselben, aus eben dieser Ursache, der Berggork genennet. s. Berggork.

ASBESTUS stellatus, s. Sternasbest.

ASCHENTREKER, holländisch, der gleich folgende Aschenzieher.

**Aschenzieher, Trip, Turmalin,** lat. Lapis electricus, Tourmalinus, Borax diaphanus subopacus, purpureus, maximé electricus *Linn.* franz. Tourmaline, Tourmale, holländ. Turmalin of Aschentreker, Assetrekker, Trip, ist ein durchsichtiger brauner Stein, welcher die Eigenschaften hat, daß, wenn man ihn auf eine glüende Kohle legt, er um sich herum die Asche wechselsweise an sich ziehet und von sich stößet. Bruckmann

mann m) sagt, er sey Pomeranzen roth mit Feuerfarbe, fast wie ein Chrysolith. Er sey im Jahr 1703. durch die Holländer zuerst aus Ostindien zu uns gebracht worden, und ziehe die Turfasche, wie der Magnet das Eisen, und stoße solche zugleich wieder von sich. Heut zu Tage zählet man den Turmalin unter die Edelsteine, und nur die Insel Ceylon ist es, wo man ihn an dem Meerstrande findet.

Was diesen Stein berühmt und schäzbar macht, das ist seine elektrische Kraft, wo er nämlich, wenn er erwärmet, bald die Asche an sich ziehet, bald wieder von sich stößet. Und eben das ist es, was die Aufmerksamkeit vieler Naturforscher auf sich gezogen hat, von deren Gedanken wir nun das vorzüglichste auszeichnen wollen.

Herr Hofrath Walch n) erklärt sich darüber also: "Es hat derselbe sehr viel elektrische Materie bey sich, welches seine bräunliche Farbe zu erkennen zu geben scheinet, die von einer innigsten Vermischung eines Erdharzes zeiget. Er ist daher auch gewissermaßen leichter, als die andern Edelsteine. Wird nun derselbe auf Kohlen gelegt, so wird dadurch der in demselben befindliche Aether in eine Bewegung gesetzt, er dringt aus ihm heraus, und verschafft ihm dadurch eine ätherische Atmosphäre. Stößet nun dieselbe an die herumliegende Asche, so ziehet sie solche, als einen sehr leichten Körper, in kleinen Flocken an sich, die alsdenn von dem eindringenden und durchströmenden neuen Aether wieder fortgestoßen wird."

Herr Riemann o) hat eine Abhandlung von den Bestandtheilen des Aschenziehers bekannt gemacht, und glaubt in derselben, daß dieser Stein zu den Zoolithen gehöre, und daß derselbe mit gleichem Feuer in eine phosphorische Schlacke übergehe, und kein Eisen eingemischt habe. Eine Vermuthung, die noch großen Zweifeln unterworfen ist, und gleichwohl die elektrische Kraft dieses Steines sehr dunkel erkläret. Herr Bergmann, der in eben diesem Bande die elektrischen Eigenschaften des Turmalins untersucht, glaubt, daß sie auf folgende Gesetze zusammenkommen: "Der eine Pol dieses Steines erhält bey der Erwärmung eine bejahende Kraft, und beym Abkühlen eine verneinende. Der andere Pol hat eine gerade entgegengesetzte Beschaffenheit. Wenn zur nämlichen Zeit der eine Pol erwärmet, und der andere abgekühlet wird, so erhalten sich beyde die nämlichen Kräfte: der eine kann auch seine Kräfte, dieweil der andere unverändert bleibet, nicht verändern." Noch immer scheinet uns die Walchische Erklärung natürlicher und faßlicher.

Herr Aepinus p) hat die Ehre, der Erfinder der Entdeckung zu seyn,

---

m) Magnalia Dei in locis subterran. T. I. p. 302.
n) Systematisch. Steinreich Th. II. p. 149.
o) K. Wetenskaps Academiens handlingar im 27ten Bande.
p) Sermo academicus de similitudine vis electricae atque magneticae, Petrop.

seyn, daß der Turmalin eine elektrische Kraft hat. Er bezeugt daselbst, daß er, nach vielen mühsamen Versuchen, zweyerley elektrische Kräfte bey diesem Steine wahrgenommen habe. Die eine wird durch das Reiben, die andere durch einen gewissen Grad der Wärme erregt. Die erste hat eben die Beschaffenheit, wie die Elektricität des gemeinen Glases. Die andere aber entstehet, wenn man den Stein in heißem Wasser erwärmet. Hier wird die Elektricität sehr groß, und dauret einige Stunden, auch dann noch, wenn der Stein erkaltet. Ist der Stein durchaus gleich erwärmet worden, so ist die eine Seite bejahend, die andere verneinend elektrisch, d. i. an dem einen Pole zieht er an, an dem andern stößt er von sich. Ist aber der Stein ungleich erwärmet, so finden sich in der Elektricität ganz andere Richtungen. Mit einem Brasilianischen Schmaragd hat Herr Aepinus ähnliche Versuche angestellet, wie im zweeten Bande bey diesem Edelstein soll aufgeführet werden.

Diese Untersuchung des Hrn. Aepins gab nachher dem Hrn. Wilson aus Engeland Gelegenheit, mehrere Versuche damit anzustellen. Er suchte sonderlich zu erforschen, ob es auch andere Körper gebe, die eben diese Erscheinung äußern? Er fand Edelsteine, die eben diese Kraft haben, allein sie scheinen wirklich verschiedene Arten des Turmalins zu seyn.

Nach dem, was wir gleich zu Anfange dieses Artikels angemerket haben, gehört der Turmalin unter die Edelsteine, die erst seit wenigen Jahren bekannt geworden sind. Da er durchsichtig ist, so zählet man ihn unter die Quarze oder unter die glasartigen Edelsteine. Man weiset ihm aber unter denselben den letzten Rang an, ob es gleich eben nicht ausgemacht ist, daß er unter allen eigentlichen Edelsteinen der weichste sey. Zum Schmuck hat man ihn noch nicht gebrauchen wollen, daher man ihn bey vielen Juwelenhändlern vergeblich sucht. Nur den Naturforschern ist er wegen seiner elektrischen Kraft merkwürdig und schätzbar.

Man kann noch nicht sagen, daß seine wahre Natur so untersucht worden sey, daß man ihn nach allen seinen Eigenschaften kenne. Dies gab dem Hrn. Prof. Vogel q) Gelegenheit, eine neue Klasse von Steinen zu machen, die er neue Steine nennete, und dahin setzte er den Aschenzieher, weil er ihn unter keine der bisher bekannten Klassen bringen konnte.

Die Aschenzieher sind nicht alle durchsichtig. Allein in Brasilien hat man einen Stein entdeckt, den einige zu den Turmalinen rechnen. In der neuesten Ausgabe von Kronstedts Mineralogie stehen sie unter den dunkelgrünen Smaragden, und werden von den eigentlichen Turmalinen ausdrücklich unterschieden. So viel ist gewiß, daß die in Brasilien entdeckten neuen Steine nicht alle die Asche an sich ziehen, es finden sich aber doch

---

trop. 1758. und Histoire de l'Acad. des Sciences de Berlin année 1756. S. 105.    p) Praktisches Mineralsystem S. 191.

doch auch solche unter ihnen, die es thun. Diejenigen, die es nicht thun, gehören folglich eigentlich nicht unter die Turmaline, man kann ihnen, weil sie dunkelgrün sind, unter den Schmaragden ihre Stelle anweisen. Diejenigen aber, die es thun, müssen wohl so lange unter den Turmalins stehen, bis wir vielleicht mit der Zeit noch mehrere Steine entdecken, die eine gleiche elektrische Kraft haben, da denn diese Kraft nur etwas zufälliges würde.

Wir haben folglich zweyerley Turmalins.
1. Orientalische, und diese sind braun.
2. Brasilianische, und diese sind dunkelgrün.

In meinem Entwurf einer Lithologischen Bibliothek habe ich §. 39. Schriftsteller gesammlet, welche von den Turmalinen gehandelt haben.

**Aßischer Stein, Fleischfresser, Todtenstein, Sargstein**, lat. Asius, Assius, Lapis Asius, Sarcophagus lapis, franz. Pierre Assienne, Pierre d'Assos, ist ein Stein, davon die Alten zwar viel, aber jederzeit mit Widerspruch unter sich geschrieben haben. Plinius sagt, daß in Asso Troadis der Sargstein, wie ein Schieferstein, gehauen werde. Von dieser Stadt Assos mag er auch wohl den Namen Aßischer Stein, Asius, u. d. gl. bekommen haben. Galenus sagt, der Sargstein sey nicht hart, sondern mürbe und locker. Dioskorides meynt, er müsse wie ein Bimstein aussehen, leicht, schwammicht und mürbe seyn, und durchaus gelbe Adern haben. Dalekampius sagt in seinen Anmerkungen zum Plinius, daß ihn einige für einen mit Vitriol geschwängerten Schwefelkies, einige für einen Dintenstein, einige für einen kupferreichen Bimstein hielten. Cäsalpinus giebt drey Arten dieses Steins an: die eine Art sey weiß, wie Zucker, mit gelblichten Adern und Flecken: die andere sey ohne gelbe Flecken, und sehe fast wie ein Bimstein, sey schwammicht und ohne Geschmack: die dritte Art sey, wo sich die Adern in die Tiefe durchschneiden, welche von außen in ein zartes weißes Mehl zerfallen q).

Warum aber dieser Stein der Sargstein heiße? davon giebt man folgende Ursache an. Die Griechen nennten zwar alle steinerne Särge Σαρκοφαγος, belegten aber diesen Sargstein besonders darum mit diesem Namen, weil sie glaubten, daß ein Leichnam, den man in einen solchen steinernen Sarg lege, in vierzig Tagen verzehret würde. Eben das scheinet die Abstammung des Wortes von Σαρξ, Fleisch, und φαγω, ich esse, darzuthun.

Wie einige vorgeben, daß dieser Stein dasjenige, was man in ihn leget, verzehre, so haben andere, als Theophrast, Mucianus und Plinius von ihm behauptet, daß er zugleich alles in Stein verwandeln könnte. Theophrast nennet zwar diesen Stein nicht ausdrücklich, er meynet ihn aber gewiß, wenn er von Steinen redet, welche dasjenige, was man auf sie leget, gänzlich ver-

---

q) S. die Onomatologiam histor. natural. T. III. p. 9. sq.

versteinern können r). Hill s) macht darüber weitläuftige Anmerkungen, davon wir das wesentlichste auszeichnen wollen. Er meldet, daß dieser Stein nicht nur bey den Griechen sehr bekannt gewesen sey, und sagt, daß sie ihn stark bey ihren Grabmählern gebraucht hätten; sondern er berichtet auch, daß Mucianus erzähle, er habe in den Grabmählern die Schuhe der darinne Begrabenen in Stein verwandelt gesehen, so wie auch die Geräthschaften, welche man hie und da mit den Leichnamen zu begraben gewohnt war, besonders die, welche der Beygesetzte in seinem Leben am liebsten gehabt hatte. Ohne Zweifel sind das lauter Fabeln, daher auch viele Gelehrten an der Wahrheit so wohl von der Verzehrung der Körper, als auch der Versteinerung gezweifelt haben. Und gewiß, dies macht schon die Sache verdächtig genug, daß die Alten diesem Steine ganz widrige Eigenschaften beylegten. Denn Körper gänzlich und schnell verzehren, und Körper in Stein verwandeln, sind zwey ganz widersprechende Dinge. Ueber den Fall, daß der Aßische Stein Körper verzehre, hat sich Herr Hill nicht erklärt. Er bleibt nur bey der Meynung seines Schriftstellers stehen, und da er sich desselben in allen Fällen getreulich annimmt, und ihn äußerst vertheidiget, so scheint ihm die Sache, in Ansehung der diesem Steine eigenen Kraft zu versteinern, ganz wahrscheinlich. Wir wollen hier seine eigene Worte mittheilen: „Es stehet zu vermuthen, daß man in jenen entfernten Jahrhunderten unter Versteinerungen und Inkrustationen Spat, und steinartiger Substanzen, keinen Unterschied machte, so wie es noch heut zu Tage bey vielen geschiehet, welche Spatinkrustationen, die sich in gewissen Quellen über das Moos und andere Substanzen ziehen, versteinertes Moos nennen. Es konnten sich ja wohl leichtlich dergleichen Inkrustationen bey Substanzen äußern, welche man in Gefäße gelegt hatte, die aus diesem Stein verfertiget worden, wenn anders dieselben in einer solchen Stellung waren, daß durch ihre Oeffnungen (poros) Wasser bringen konnte, welches bey seiner Durchfließung von dem Gefäße die Spattheilchen, oder andere von dieser Natur hätte ablösen, mit sich nehmen, und in Form einer Rinde ohne Unterschied auf alle Körper anlegen können, die es im Wege gehabt hätte. Hiedurch konnten Substanzen, so verschieden sie auch immerhin ihrer Natur und ihrem innern Bau nach seyn mochten, die in Gefäße eingeschlossen waren, welche, wie erst gemeldet worden, eine wie die andere standen, der verschiedenen Gestalt ihrer Theile und Oeffnungen (pori) ungeachtet, überzogen werden." Wenn die Alten über diese Sache bestimmter geredet hätten, so würde vielleicht eher etwas zu entscheiden seyn; aber da sie von Versteinerungen

---

r) οἱ δ'ὅλως ἀπολιθῶν τα τιθέμενα εἰς αὐτὸς.

s) Theophrast von den Steinen mit Hills Anmerkungen S. 28. ff. nach der Ausgabe des Herrn Baumgärtners.

rungen in diesem Steine reden, und Theophrast so gar sagt ἀποστολιθοῦν, sie werden ganz und gar in Stein verwandelt, so weiß ich nicht, ob man Herrn Hill so schlechthin beypflichten kann. Es kann seyn, daß sich dieser Fall der Versteinerung in dem Assius einmal irgend durch einen ungefähren Zufall ereignet hat, und durchaus hat man nachher bey wiederholten Erzählungen, wie es in mehrern Fällen geschehen ist, behauptet, es geschehe allezeit. Daher ist man nachmals auf die Vermuthung gefallen, die andere zur Wahrheit machten, daß der Sargstein die Kraft habe, Körper in Stein zu verwandeln.

Ich habe oben gesagt, daß der Asso Troadis, der Sargstein, wie ein Schieferstein ausgehauen werde, es sollen dergleichen aber auch in Lycien und bey Trident gefunden werden. Vom ersten ist Plinius t) der Zeuge: ejus generis et in Lycia saxa sunt, das wollen wir glauben, et in Oriente, wenn er aber hinzusetzet, quæ viuentibus quoque adligata erodunt corpora, so wundern wir uns, daß man dies zu seinen Zeiten glaubte. In unsern Tagen sind solche Fabeln unglaublich.

ASTACOLITHUS heißen die versteinten Krebse. Das Wort kömmt her von ἀστακός ein Krebs und λίθος ein Stein. S. Krebse.

ASTACOLITHUS astaci heißen beym Wallerius die gemeinen versteinerten Flußkrebse. S. Krebse.

ASTACOLITHUS brachii majoris astaci heißen bey ihm die versteinten Krebsscheren. S. Krebsscheren.

ASTACOLITHUS Gammari heißen bey ihm die versteinten Humern oder Humerkrebse. S. Krebse.

ASTACOLITHUS lacerti minoris astaci heißen die versteinten kleinern Füße der Krebse. S. Krebse.

ASTACOLITHUS Squillae heißen die versteinten Squillen. S. Squillen.

ASTACOPODIUM heißen die versteinten Krebsscheren, von ἀστακός ein Krebs und πούς der Fuß. S. Krebsscheren.

ASTACUS fluviatilis heißen die versteinten Flußkrebse. S. Krebs.

ASTACUS petrificatus heißen überhaupt die versteinten Krebse, sie mögen nun Fluß= oder Seekrebse, und im letztern Falle Hummer oder Squillen seyn. S. Krebse.

ASTERIA Gemma, Asteria Plinii, Asteria vera ist ein Edelstein der Alten, davon uns in unsern Tagen nicht bekannt ist, was man darunter für einen Stein verstanden habe. Das Wort kömmt her, von ἀστὴρ ein Stern, weil dieser Edelstein, wie Plinius in den bald anzuführenden Worten saget: astris opposita fulgorem rapiat et regerat; oder wie es Agricola ausleget, weil er inwendig wie ein Stern leuchtet. Die Alten schrieben von diesem Steine gar zu dunkel. Plinius u) giebt von ihm folgende Beschreibung: Similiter candida est, quæ vocatur Astrios, Cryſtallo propinquans, in India nascens et in Pallenes littoribus. Intus a centro ceu Stella lucet fulgore Lunæ plenæ. Quidam cauſſam nominis reddunt, quod

---

t) Histor. nat. Lib. XXXVI. Cap. 17.
u) Histor. natural. Lib. XXXVII. Cap. 9.

quod aſtris oppoſita fulgorem rapiat, et regerat; optimam in Carimania gigni nullamque minus obnoxiam vitio. Agrikola v) ſchien dieſen Schriftſteller nicht viel beſſer, als viele ſeiner Vorgänger und Nachfolger verſtanden zu haben, wenigſtens wagte er es nicht, zur Stelle des Plinius ein Wörtchen zu ſetzen, um ihn, wenn er ihn auch nicht erläuterte, doch auch nicht zu verdunkeln. Er ſagt: Gignitur etiam ex cryſtallino ſucco candida gemma, intus veluti ſtella radians candida, vnde et eadem Aſteria, et Aſterios, et Aſtrios et Aſtriotes, et Aſtrobolos, et Solis gemma a diuerſis autoribus, quorum fere omnia ſcripta collegit Plinius, videtur appellata, quamquam ipſe Aſteriam idcirco dictam putat, quod contraria ſoli, regerat candicantes radios: Aſtrion, quod Aſtris oppoſita fulgorem rapiat ac regerat.

Die Schriftſteller der mittlern Zeit ſind zwar bey dem Namen Aſteria Gemma geblieben, allein nicht bey der Bedeutung. Boodt, w) zählet die Aſtroiten, die doch zu den Korallen gehören, zu der Aſterie des Plinius; und daß Rundmann x) ein gleiches gethan habe, das beweiſen folgende Worte: „Vor allen aber behält den Preiß der Aſtroites, oder die Aſteria Gemma, ſo in Tyrol ſoll angetroffen werden, und zählet er ihn deswegen unter die Edelgeſteine, weil ehedem abergläubige Leute, dieſen in Ringen getragen, ihm große Kraft zugeſchrieben, und Siegſtein genennet.“ Man beſehe die Figuren im Rundmann, Tab. X. Fig. 9. 10. 11. um mir Beyfall zu geben, daß er wahre Aſtroiten meyne. Eben in dieſem Fehler liegt Herr Hentſchel y). Er erzählet, daß dieſer Edelſtein auch) Stellaria, von den Griechen Aſtrios, vom Plinius Solis Gemma et Pontica, von Marſilino Dracontia, vom Gesner Sternſtein, und vom Agrikola Siegſtein genennet würde. Ja an einem andern Orte beruft er ſich auf den Aldrovand, der von einem Steine rede, wo acht und mehr Sterne auf einander erzeuget würden, die ſo genau verbunden wären, daß ſie kein Künſtler ordentlicher verbinden könne z). Das waren die Sternſäulenſteine, Aſteriae columnares, die eine Verſteinerung und kein Edelſtein ſind. Es iſt nicht glaublich, daß Plinius und die andern Schriftſteller jener Zeit bey ihrem Edelſteine an die Trochiten, Aſterien, Sternſäulenſteine und Aſtroiten haben gedenken können, wenn wir auch vorausſetzten, daß ſie dieſe Verſteinerungen gewiß gekannt hätten. Denn da Plinius unter ſeinem Edelſteine und dem Kryſtall eine nahe Verwandſchaft veſtſetzet, ſo kann er dahin keine Koral

---

v) De Natura Foſſilium Lib. VI.

w) Hiſtoria Gemmarum et lapid. Lib. II. Cap. 145. S. 297.

x) Rariora naturae et artis. S. 168. man ſehe auch S. 248. N. 46. bey ihm nach.

y) Samuel Hentſchel de Aſteria Gemma. Wittenb. 1662.

z) Aldrovandi Muſ. metallicum S. 877. „Octo vel plures ſtellæ in hoc lapide cohærentes naſcuntur, et ita copulatae; vt nullus artifex eas rectius conjungere potuiſſet.“

Korallen oder Spat und Selenitartige Versteinerungen rechnen.

Die neuern Schriftsteller, behaupten daher einstimmig, daß
die Asteria Plinii ein wirklicher
Edelstein gewesen sey, nur kann
man sich nicht vereinigen, ob es
ein besonderer Edelstein sey?
Oder ob ein uns noch bekannter
Edelstein mit dem Namen der
Asterie sey beleget worden? Die
Onomatologie a) behauptet, es
sey das Katzenauge, eine Gattung vom Opal; und braucht
die Namen Oculus Cati, Pseu-
doopalus Cardani, Lapis elementarius. Wallerius b) hat eben
diese Meynung, und wenn er
recht hätte, so wäre die Asterie
ein graugelblicher oder grünlicher Opal, der gegen dem Lichte
einen weißen, ins gelbe fallenden
Strahl von sich wirft. Eben
diese Meynung, daß die Asterie
ein Opal sey, hat neuerer Zeit
Herr Lehmann c) zu erweisen
gesucht.

Ich wage es nicht, meine Gedanken den Gedanken so großer
Schriftsteller entgegen zu setzen.
Allein aus den Worten des Plinius, den wir doch bey diesem
Steine zum Grunde legen müssen, kann dies nimmermehr folgen. Plinius sagt uns in den
obigen Worten von seiner Asterie
zweyerley. Er sey weiß, und
dem Kryftall verwand. Keins
von beyden kann man vom Opal
behaupten. Wie, wenn wir die
Asterie gar unter die Kryftalle
setzten? Wenn wir annähmen,
Plinius habe einen vorzüglich
schönen Kryftall gefunden, der
ein den Diamanten ähnliches
Feuer hatte, und der wie der
Demant, wenn die Sonne auf
ihn scheinet, viele sternförmige
Strahlen von sich wirft?

Noch merke ich an, daß Kar-
danus d) vorgegeben hat, man
könne die Asterie auf eine künstli-
che Art, und noch besser aus
dem Karncol nachmachen. Ein
neuer Beweis, daß auch dieser
Schriftsteller die Asterie des Plinius für einen wahren Edelstein
gehalten habe. Er sagt: „Gem-
marii ex Chalcedonio Onyche
eam (Astritem) aemulantur, quæ
nitorem et vires brevi amittit, maxime si calore et sudore vitietur.
Melior est, quae sit ex Sarda
splenditiore, quam Carneolum
vocant: optima fit ex ea, tum
ex aliis lapidibus durioribus, cavis, nam cavitate colligitur lu-
men: sola tamen vera Astrites
pulchritudinem ac decorem re-
tinet.

ASTERIA Plinii heißt die vorhergehende Asterie.

ASTERIA vera heißt eben dieselbe, um sie von den Asterien,
welche zu den Versteinerungen
gehören, zu unterscheiden.

ASTERIAE angulares heißen
beym Wallerius die Asterien.
Ein Zusatz, der zu seinen Zeiten,
da man noch keine runden Asterien kannte, ganz unnöthig war.
S. Asterien.

ASTE-

---

a) Onomatol. histor. natural. T. II.
S. 22.
b) Mineralreich S. 116. n. 4.
c) Von einer Stelle Plinii von der
Asterie, einem Edelstein der Alten, in
den memoires de l'Academie Royale
de Berlin, und übersetzt im zweyten Bande der mineralogischen Belustigungen.
d) De subtilitate Lib. VII. de lapidibus.

ASTERIAE columnares heißen die Sternsäulensteine. Weil auf ihnen mehrere Asterien übereinander verbunden sind, die zusammen genommen die Gestalt einer Säule haben; so hat man ihnen darum diesen Namen, und im Deutschen den Namen Sternsäulensteine gegeben. S. Sternsäulensteine.

ASTERIAE columnares entrocho similes heißen eben diese Sternsäulensteine, weil sie das mit den Entrochiten gemein haben, daß mehrere Glieder übereinander verbunden sind. Andere nennen sie daher nur schlechthin Asterias Entro similes. S. Sternsäulensteine.

ASTERIAE columnares ramosæ heißen die ästichten Sternsäulensteine. S. Sternsäulensteine.

ASTERIAE entrocho similes. S. *Asteriæ columnares entrocho similes.*

ASTERIAE orbiculares heißen die runden Asterien, weil sie die Gestalt eines Tellers, oder einer Scheibe haben. Sie sind aber mit den Trochiten, welche auch rund sind, nicht zu verwechseln. Herr Hofrath Walch e) der es zugleich anmerket, daß ihnen Rosinus diesen Namen zuerst gegeben habe, beschreibet sie folgendergestalt: „Es sind runde Steinchen, die auf ihrer Ober- und Unterfläche eine fünfblätterichte Blume haben. Die Blätter sind säulenförmig, und der leere Raum zwischen denselben ist mit zarten erhabenen Querzügen besetzt. Die runde Oeffnung in der Mitte ist ohne Einfassung. Die Querstriche, woraus die fünfblätterichte Blume besteht, sind bey einigen stärker und erhabener, als bey andern. Diese runden Asterien sind mit den oben beschriebenen Trochiten, die Stern- und Blumenfiguren in der Mitte um das Centrum haben, nicht zu verwechseln. Bey den Trochiten nehmen dergleichen Blumengestalten um das Centrum herum nur einen kleinen Raum ein, und die ganze übrige Fläche ist strahlicht. Bey den Asterien breitet sich die Blumengestalt über die ganze Fläche aus, und diese hat nie solche nach dem Centro zugehende Strahlen, wie die Fläche der Trochiten."

In des Herrn Knorr Sammlungen von den Merkwürdigkeiten der Natur, Th I. T. XXXV. Fig. f. und in Hrn. Rosinus Abhandl. de Lithozois et Lithophytis Tab. IV. A. Fig. 1. 5. 7. kommen Zeichnungen von diesen runden Asterien vor.

ASTERIAE pentaphylloideae heißen beym Luid die kurz vorherbeschriebenen runden Asterien. Das Wort kömmt her von πέντε fünf, und φύλλον ein Blatt, weil diese Steine auf ihrer Ober- und Unterfläche eine Blume von fünf Blättern haben. Da man aber auch Trochiten hat, die eine fünfblätterichte Blume auf ihrer Oberfläche haben, so ist diese Benennung nicht bestimmt genug.

ASTERIAE spuriae sind Steinspiele, die auf ihrer Oberfläche einen oder mehr Sterne haben. Sie haben mit den Dendriten einen Ursprung. Diejenigen, die gewohnt

---

e) Naturgesch. der Versteinerungen Th. II. S. 16.

gewohnt sind, auch die Steinspiele klaſſiſch einzutheilen, rechnen dieſe zu den Himmelsſteinen,
Vranomorphi. In unſern Tagen haben ſie mit allen Natur-
ſpielen das gleiche Schickſal, daß
ſie nicht ſonderlich geſchätzt werden. S. Steinſpiele

Asteriae ſtellarum mari-
narum werden von einigen fälſchlich die Trochiten genennet. Das
geſchahe in jenen Zeiten, da
man die Trochiten und Aſterien
gemeiniglich verwechſelte, und
ihnen den gemeinſchaftlichen Namen der Aſterien gab. In
Volkmanns und Liebknechts
Schriften ſind Beyſpiele davon
anzutreffen. Da man vermu-
thete, das Original der Trochiten
müſſe unter die Seeſterne gehören; da man nachher den En-
crinit, von dem eben die Trochiten herkommen, wirklich unter die Seeſterne rechnete; ſo
können meine Leſer zugleich ein-
ſehen, warum man ſie Aſterias
*ſtellarum marinarum* nennete. S.
Trochiten und Enkrinit.

Aſterien, Sternſteine, lat.
Aſteriae, Aſteriae columnares entrocho ſimiles, Aſtroitae entrocho ſimiles, Lapides ſtellares, Lapides pentagoni, Zoophytolithus
articuli ſinguli ſtellae marinae,
Lapides judaici ſiderum forma,
Petrificata animalia articulorum
compoſitorum Meduſae, forma
cylindrica vel prismatica ſuperne
et inferne ſtella quinquangulari
ordinata, ſuperficie per lineas vel
circulos indeterminata diſtantia,
diviſa. Wall. fr. Aſteries, Aſtroi-
le en relief, Pierre étoilée en re-
tief, Pierre étoilée, Stellites. Holl.
Starreſteentjes heißen die einzelnen Stielglieder der Pentakriniten, welche auch Sternſteine
heißen, weil ihre äußere Figur
die Geſtalt eines Sternes hat.
Daher kömmt auch der Name
von dem griechiſchen Wort ἄςρο
ein Stern. Einige halten ſie für
Theile des Meduſenhauptes.
Das haben Luid, Lange, Liſter, Helwing und viele andere
gethan. Da man diejenigen
Körper, die wir jetzo Pentakriniten nennen, ehedem auch Meduſen nennete, ſo würde zwiſchen
dieſen Schriftſtellern und uns
kein Widerſpruch ſeyn. Allein ſie
meynten das Rumphiſche Me-
duſenhaupt, wenn ſie das Original zu unſrer Verſteinerung
ſuchten, und darinne irreten ſie.
Denn wenn man damit das Me-
duſenhaupt vergleichet, welches
Rumph in der holländiſchen
Ausgabe ſeiner amboiniſchen Raritätenkammer abgezeichnet und
beſchrieben hat, ſo iſt es unmöglich, daß davon nur eine einzige
Aſterie herkommen könnte. Er
merket an, daß die harten Wir-
belbeine des Meduſenhauptes
zwar fünfeckicht ſind, allein er
ſagt davon zugleich, ſie wären
unten rundlich, und oben platt.
Keine der Aſterien aber hat dieſe
Bildung, ſondern ſie haben alle
oben und unten eine gerade
Fläche.

Ehe Luid denen beyfiel, die
ſie von den Seeſternen oder von
den Meduſen herleiten, glaubte
er, es wären Zähne oder Gebeine der Seeigel. Dies erhellet
aus dem einen ſeiner Briefe in
ſeinem Lithophyllacio f).

Mer-

---

f) Lithophyl. Britann. S. 115.

Merkatus rechnete sie gar unter die Judensteine, welches auch Bauhin, Boodt, und alle diejenigen thaten, die ihnen nachschrieben, ohne die Körper selbst zu untersuchen. Daher kam der Name, Lapides judaici siderum forma. Man konnte dabey gar keinen Grund anführen, außer die Aehnlichkeit in der Substanz, die bey beyden gemeiniglich Spat- und Selenit-artig ist. Andere leiten die Asterien von den Enkriniten her, dahin auch diejenigen zielen, die sie von den Seesternen herschreiben, weil man die Enkriniten ehedem unter die Seesterne zählete. Aber auch das kann der Ort nicht seyn, der ihnen gehöret, weil die Enkriniten nur runde, nie aber eckichte Stielglieder haben. Viele der lithologischen Schriftsteller nennen die Asterien auch Astroiten, und geben ihnen den Namen Astroitae Entrocho similes. Allein auf der einen Seite gehören die Astroiten in ein ganz ander Fach, als die Asterie, auf der andern Seite aber würde dieser Begriff nur auf die Sternsäulensteine passen. Man geräth aber gar nicht in die Gefahr, sie mit den Astroiten zu verwechseln, wenn man nur bemerket, daß der Astroit allemal aus sternförmig gesetzten Lamellen, und nie aus einzelnen Gliedern bestehe. Es ist daher auch gar nicht zu vermuthen, daß die Alten die Asterien zu den Astroiten gerechnet haben, ob sie ihnen gleich einen gemeinschaftlichen Namen ertheilten. Denn sie sahen wohl dabey weiter auf nichts, als auf die äußere Sternfigur, die beyde Körper gewissermaßen unter sich gemein haben. Am allerwenigsten kann man sie mit den Asteriis spuriis verwechseln. Denn es gehöret eine kleine Aufmerksamkeit dazu, um einen Körper, der auf einen Stein mit ätzenden Farben gemahlt ist, von einem solchen zu unterscheiden, der in einem Steine, als in einer Matrix liegt, und seine eigene Substanz hat.

Die Meynung des Herrn Liebknechts g) von dem Ursprung der Asterien ist die allersonderbarste, die man sich nur gedenken, und diesem Manne um so weniger verzeihen kann, da er zu einer Zeit lebte, da man in der Entdeckung der versteinten Körper schon weit gekommen war. Er sucht nämlich ihr Original unter dem Seesaamen, oder Früchten. So sagt er: Vndenam vero hae stellae sint? sorte non aberrauero, si a communi adpellandi ratione recedam, dicens, has ipsas non nisi rudera esse corpusculorum et quidem laeuiorum, in aquis vna cum conchis natantium. — Atque hoc modo Stellae hae possint certum semen referre, aut fructum certum in aquosa olim superficie natantem. Herr von Justi h) Lesser i) und andere haben sie unter den Versteinerungen, deren Ursprung unbekannt ist. Gaßenius k), hatte eine noch unwahrscheinlichere Mey-

---

g) Hassia subterranea. S. 70.
h) Grundriß des gesammten Mineralreichs. S. 180.
i) Lithotheologie. S. 769. f.
k) S. Leibnitz. Protogaea. S. 42.

Meynung, als die Meynung des Herrn Liebknechts war, ex spoliis sagte er, atque incisuris quorundam vermium formari. Allein man würde doch unter der unglaublichen Menge der Asterien, eine einzige entdeckt haben, auf welcher man die Spuren des Wurms erblickt hätte, dessen Fragmente und Eindrücke die Asterien sind. Herr D. Schreber l) behauptet, daß die Siphones der Orthoceratiten zur Bildung der Asterien und der Sternsäulensteine Gelegenheit gegeben hätten. Herr Hofrath Walch m) setzt ihm aber folgendes entgegen: „Die Orthoceratiten haben einen Sipho, und eine Konkameration. Der Sipho ist entweder einem Tubus ähnlich, ungegliedert, oder knoticht, wie etwan ein Paternoster. Beydes aber ist nicht fähig, nur eine Asterie, geschweige denn eine Asteriam columnarem zu bilden. Die Konkameration bestehet aus Scheidewänden, die schlüßelförmig, auf der einen Seite konvex, auf der andern konkav sind. Beydes ist auch hier wider den organischen Bau der Asterien." Zu jener Zeit, da Lange lebte, und alles zu bloßen Naturspielen machte, hatten die Asterien gleiches Schicksal. Zu Kundmanns Zeiten hatte man doch das Licht noch nicht, das wir jetzo haben, allein er schloß doch daraus, da sie an so verschiedenen Orten gefunden würden, und gleichwol allemal einerley Bildung hätten, daß sie Versteinerungen aus dem Meere seyn müßten. n) Der erste Schriftsteller, welcher unsrer Versteinerung den Namen der Asterien gab, war Gesner der auch die Ehre hat, die erste Zeichnung von denselben geliefert zu haben. Aber was sie waren? das wußte er so wenig, als alle seine Vorgänger. Anfänglich verwechselte man die Trochiten immer mit den Asterien; Mylius aber, der für seine Zeiten sehr gründlich dachte, unterscheidet sie sehr wohl von den Trochiten. Aber er verfällt doch in den zu seiner Zeit gewöhnlichen Irrthum, daß er nicht nur die Asiroiten mit zu den Asterien rechnet, sondern auch so gar die Asterias spurias, die doch Naturspiele sind, mit hieher zählet. o)

Ueberhaupt fallen nun alle diese Muthmaßungen weg, da man nun das Original der Asterien, oder besser den versteinten Körper entdeckt hat, von dem die Asterien einzelne Glieder sind. Wir werden bald noch etwas davon sagen können.

Wir wollen nun diesen Körper etwas näher untersuchen, so wie er uns im Steinreiche vorkömmt. Wir bemerken zuvor, daß derjenige Körper, den Hrn. Guettard Palmier marin nennet, und dem die Lithologen den Namen eines Pentakrinitengegeben haben, das wahre Original der Asterien sey. Nicht nur die Versteinerung dieses Körpers, der sich allemal in seinen Gliedern eckicht zeigt; sondern besonders der natürliche Kör-

---

l) Lithographia Halensis. S. 46.
m) Naturgesch. der Versteinerung. Th. II. Abschn. II. S. 112.
n) Rarior. natur. et. artis. S. 169.
o) Saxonia subterranea. P. II. S. 29. 30.

Körper beweisen dieses zur Gnüge. Herr Guettard hat sich die Mühe genommen, seinen Palmier marin auf das genaueste zu zergliedern, und hat seine Beobachtungen zum Vortheil der Naturforscher bekannt gemacht p). Bey dieser Zergliederung fand er, daß die einzelnen Stängelglieder auf ihren Oberflächen eben diejenige Zeichnung haben, die wir bey den Asterien finden, und daß man überhaupt an den Asterien keinen Umstand entdecke, den nicht auch sein Palmier marin aufzuweisen habe. Hierdurch hat er zugleich alle diejenigen widerlegt, welche das Original der Pentakriniten, der Asterien und der Sternsäulensteine in einem andern Körper suchen wollten. Im andern Band unsers Wörterbuchs werden wir davon ausführlicher handeln, wenn wir den Pentakriniten selbst beschreiben.

Jetzo halte ich mich blos an die Asterien, die man im Steinreiche in einer bewunderungsvollen Abwechselung findet. Herr Vogel sagt q): „Manche sind linsenförmig, manche sind rund, manche haben stumpfe Ecken, manche spitzige. Manche sind am Rande, oder an der Peripherie eingekerbt. Die Flächen sind bey manchen ausgehöhlt, und die Strahlen der Sterne bey manchen gespalten. Bisweilen sitzen einige kleine runde auswendig auf den größern." Allein dies reicht noch lange nicht hin, diesen Körper in allen seinen Gestalten zu kennen, denn man hat ihn auf gar verschiedene Art zu betrachten; r) nämlich:

I. In Ansehung ihrer verschiedenen Zeichnungen. Manche haben die Gestalt einer fünfblätterichten Blume, wo die Blätter bald rund, bald keulenförmig, bald kolbig, bald zugespitzt sind. Andere haben die Gestalt eines fünfstrahlichten Sternes. Dabey ist es in der That merkwürdig, daß der so mannigfaltige Unterschied der obern und untern Zeichnung seinen Grund in der Peripherie der Asterie hat. Diejenigen, die eine rundliche Figur haben, sind auch mit rundlichen Blättern versehen. Ist die Peripherie kolbicht, so sind es auch die Blätter, und die scharfeckichten haben auch spitzige Blätter. Gleichwol würde man irren, wenn man aus dieser so verschiedenen Zeichnung, auch so viel Geschlechtsgattungen machen wollte. Herr Guettard fand alle diese Veränderungen an seinem einzigen Exemplar. Die zarten Linien, daraus die Blumen der Ober- und Unterfläche bestehen, sind nichts anders, als Gelenke des Palmier Marin, durch welche sich dieser Zoophyt vor und rückwärts biegen, hin und wieder bewegen, und auf diese Art seine Nahrung in der See suchen und erhaschen kann.

II. In Ansehung der runden Oeffnung, die man an den Asterien wahrnimmt, ist zu merken, daß

---

p) In seinem Tractat Sur les Encrinites.
q) Praktisches Mineralsystem. S. 235.
r) Wir werden uns hiebey die genauen Bemerkungen des Hrn. Hofrath Walchs in der Naturgesch. der Versteiner. Th II. Absch. II. S. 88. f. zu Nutze machen.

daß dieses Loch im Mittelpunkte eigentlich der Nervengang sey, durch welchen eine einzige Nerve den ganzen Körper unter sich verbunden hat. Dieses Loch ist bey allen Asterien auf eine Art gebauet, und ganz rund.

III. In Ansehung der Seitenfläche findet man einen gröſſern Unterschied. Sie ist bald rund, bald einwärts gebogen, bald ein wenig konvex. Die Seitenfläche selbst bildet bald runde, bald kölbichte, bald scharfe Ecken.

IV. In Ansehung ihrer Stärke und Grösse. Von den Trochiten ist bekannt, daß sie oft sehr dicke oder hoch sind. Bey den Asterien ist die Sache ganz anders beschaffen. Sie sind mehrentheils sehr dünne, selten von mittler Stärke. Aber ihre Grösse ist sehr verschieden. Es giebt kleine, wie der Kopf einer kleinen Stecknadel, und das sind wohl Glieder von den zarten Nebenästen des Stängels, oder auch von den Nebensproſſen der Strahlen, woraus die Krone des Palmier Marin bestehet. Diese sind meist rund, und weil sie ausnehmend zart sind, so kann man von ihrer Figur auf der Ober- und Unterfläche sehr wenig erblicken.

V. In Ansehung ihrer Farbe und Matrix bemerken wir noch folgendes. Ihre Farbe ist bald weißgelb, bald grau, bald aschenfarbig. Ihre gewöhnlichste Versteinerungsart ist, wie bey den Trochiten, mehrentheils selenitartig. Ihre gewöhnlichste Matrix ist entweder ein bloßer Kalkstein, oder ein Marmor. Hier liegen sie oft genug auf einem rothen oder anders gefärbten Marmor, und haben gleichwohl eine ganz weiße, oder gelbe Farbe. Das ist ein Beweis, daß die Farbe der Matrix nicht allemal der Grund von der Farbe der Versteinerung sey. In meiner Gegend finden sie sich auch bisweilen auf einem klaren Sandsteine.

VI. Ihrer Beschaffenheit nach, in der sie sich sonderlich im Steinreiche darstellen, sind sie mehrentheils spatartig; doch dergestalt, daß sie zugleich ein selenitartiges Wesen verrathen. Das erste wird daher klar, weil sie mit dem Scheidewaſſer brausen, welches nur der Kalkspath, und überhaupt der Kalkstein thut; sie haben auch mehrentheils, wie ich schon erinnert, einen bloſſen Kalkstein zu ihrer Matrix. Doch kommen sie auch in thonichten, lettichten Schiefern, und was sonderlich ihre Abdrücke anlangt, in Feuersteinen vor. Wenn sie auf der Matrix liegen, so erblicket man sie oft in groſſer Menge, mehrentheils aber in der Gesellschaft von Trochiten. Bisweilen entdecket man von den Asterien die bloßen Steinkerne, doch kömmt dies bey den Trochiten weit öfter vor. Von diesen Steinkernen hat man die Spurensteine zu unterscheiden, die man sich nicht anders, als den Abdruck eines Petschafts, vorstellen kann. Man hat aber hier wohl zu merken, daß beym Spurensteine dasjenige erhöht ist, was beym natürlichen Körper vertieft erscheinet, und umgekehrt. Oft werden sie in der Mitte der Feuersteine in Abdrücken gefunden, ohne daß man nur die geringste Spur des Körpers

pers selbst entdecken kann. Folglich muß sich der Körper verzehrt haben, nachdem er bereits seinen Abdruck in der weichen Maße des Feuersteins hinterlassen hatte, und ehe er in die Versteinerung übergehen konnte. Erblicken wir aber diesen Zufall auf der Oberfläche eines Steins, so ist es möglich, daß die Asterie aus ihrer Matrix herausgefallen ist, nachdem dieselbe noch nicht ganz verhärtet war. Es hat vielleicht eben diese Bewandniß mit den Spurensteinen der Muscheln.

Eine besondere Anmerkung über die Asterien theilet uns Lesser s) mit: „sie sind, sagt er, auf den Seiten zart gestreift, doch mit dem Unterschiede, daß die Streifen der Würzburgischen erhöhet, hergegen aber die Streifen der Quedlinburgischen und Giesischen tief sind, als ob sie mit einem Griffel eingestochen wären."

Daß es auch mineralisirte Asterien gebe, können wir vom Herrn Brückmann t) lernen. Er beschreibet sie als Asterien mit einem Goldglanze aus einem Schwefelkies, in einem schwarzen Schieferstein, von Bebenhausen im Würtenbergischen.

Ich komme nun auf die verschiedenen Klaßifikationen der Asterien, die wir doch in den Schriftstellern sparsam genug antreffen.

Volkmann u) theilet die Asterien ein in Asterias pentagonas striatas, und giebt davon Tab. XXVII. fig. 29. ein Beyspiel, allein das sind eigentlich Trochiten von der Art, welche auf ihrer Oberfläche einen fünfblätterichten Stern haben; und in Asterias angulis s. radiis planis et rotundis valdè eminentibus, und giebt davon auf eben dieser Kupfertafel fig. 30. eine Kopie, allein das ist ein eigentlicher Sternsäulenstein, Asteria columnaris. Folglich taugt die ganze Eintheilung nichts, so wie sie auch nicht hinlänglich ist.

Wallerius v) nimmt nur zweyerley Asterien an.

1. **Eckichte Asterien.** Asteriae angulares.

2. **Runde Asterien.** Asteriae columnares.

Allein da dies letztere eben die Sternsäulensteine sind, so ist diese Eintheilung eben so fehlerhaft, als die vorige. Ueberhaupt hat sich Hr. Wallerius von den Asterien einen ganz falschen Begriff gebildet, da er sie Articulos compositos nennet. Das gilt wohl von den Sternsäulensteinen, aber nicht von den einzeln Gliedern derselben. Es würde auch folgen, daß seine Asteriae angulares keine Asterien wären, denn sie sind keine Articuli compositi.

Herr Davila w) hat auch nur zwo Klassen.

1. Stellites du genre des Etoiles à rayons entiers.

2. Stellites de l'espèce des Etoiles à queue de lézard.

Wollte man mit einigen die zwo Hauptklassen in der Bildung der Oberfläche suchen, und in die eine diejenigen setzen, die außer ihrer natürlichen eckichten Bil-

---

s) Lithcologie S. 796.
t) Epistol. Itiner. Cent. I. epist. 84.
u) Silesia subterranea.
v) Mineralreich. S. 465.
w) Catalogue systematique et raisonné, T. III. S. 188. 191.

Bildung noch eine Sternfigur auf ihrer Oberfläche haben, in die andere aber diejenigen, die dies nicht haben; so würde man sich doch in Verwickelungen stürzen, die der Deutlichkeit und Vollständigkeit der Sache Abbruch thäten.

Hr. Hofrath Walch x) hat sie am weitläuftigsten also eingetheilet:

1. Runde Asterien, die auf ihrer Ober- und Unterfläche eine fünfblätterichte Blume haben.

2. Runde Asterien, wo die Blätter der Blume krumm gebogen sind.

3. Runde Asterien, deren Peripherie fünf leichte unmerkliche Biegungen hat.

4. Runde Asterien mit einer doppelten fünfblätterichten Blume, einer größern und einer kleinern, die über einander liegen.

5. Runde Asterien wie N. 3. beschaffen, nur mit dem Unterschiede, daß bey einigen die eine, bey andern aber beyde Flächen etwas vertieft und konkav sind.

6. Asterien, deren Peripherie und Seitenfläche fünf starke Vertiefungen hat.

7. Asterien wie die vorigen, nur daß sie einen glatten Rand haben, und daß die fünfblätterichte Blume die ganze Fläche decket.

8. Asterien, welche so breite und tiefe Einschnitte haben, daß dadurch die beyden Flächen die Figur einer fünfblätterichten Blume mit zugespitzten Blättern erhalten.

9. Asterien, die keine geschweifte, sondern schief zulaufende Einschnitte haben.

10. Asterien von eben der Art, nur daß in den Falten, welche die Einschnitte machen, kleine zarte Zwischenwände sind.

11. Asterien, welche den beyden vorhergehenden gleich kommen, nur daß sie abgestumpfte Ecken haben.

12. Asterien, deren Peripherie ein regelmäßiges Fünfeck bildet.

13. Asterien, die ein Fünfeck mit einwärts gebogenen Seiten vorstellen.

14. Asterien mit etwas gekrümmten und auf die Seite gebogenen Ecken.

15. Asterien, welche anstatt der fünfblätterichten Zeichnung fünf runde Vertiefungen oder Löcher um das Centrum, und um die daselbst befindliche Oeffnung in gleicher Entfernung; und

16. Asterien, die vier Ecken haben.

17. Asterien mit vier ausgeschnittenen scharfen Ecken.

18. Sechseckichte Asterien.

Wenn mehrere Asterien über einander liegen, so wird der Körper ein Sternsäulenstein, lat. Asteria columnaris, Asteria Entrocho similis, fr. Entroques étoilées, genennet. S. Sternsäulenstein.

Was den Werth und die Seltenheit der Asterien anlanget, so werden wir bald eine angesehene Reihe Oerter anführen können, wo sie gefunden werden, und das ist ein Beweis, daß sie gar nicht unter die seltenen Versteinerungen gehören. Allein es sind doch unter ihnen solche, die vor andern einen großen

---

x) Naturgesch. der Versteinerung. Th. II. Abschn. II. S. 36. f.

sen Werth haben, und die in der
That höchst selten sind. Vor
andern aber sind die runden
Asterien weit seltener, als die
eckichten, auf diese folgen diejenigen, welche abgestumpfte Ecken
haben. Die Fünfeckichten überhaupt betrachtet, sind die allergewöhnlichsten; die mit vier
Ecken sind weit seltener, die mit
sechs Ecken sind die allergrößte
Seltenheit. Man hat gar zweifeln wollen, ob es sechseckichte
Asterien gebe? Allein da Brückmann y) sechseckichte Asterien beschreibet, und Kayßler z) überhaupt anmerket, daß es dergleichen gebe; so dürfen wir ihr Daseyn nicht leugnen, müssen aber
eingestehen, daß sie außerordentlich selten sind. Fast eben so selten sind die mineralisirte Asterien,
die wir vorher aus dem Brückmann angeführet haben, denn
kein Schriftsteller, außer ihm,
hat ihrer gedacht.

Von den Landschaften und
Oertern, wo sich Asterien finden, sind mir folgende bekannt
worden:
Angerburg. Bebenhaußen. Beuthen. Bleicherode. Bodenburg.
Braunschweig. Einbeck. Engelland. Franken. Frankfurt.
Frankreich. Giech. Giesen.
Goßlar. Gothland. Harz.
Halle. Hannover. Hessen. Hohenstein. Jena. Kalenberg. Leipzig. Lothringen. Lübeck. Mannsfeld. Massel. Nordhampton.
Obermengau. Quedlinburg.
Querfurt. Sachsen. Sachsenburg. Schlesien. Schraplau.
Schweden. Schweitz. Sondershausen. Spangenberg. Spa-
nien. Thangelstedt. Thüringen.
Tyrol. Weimar. Wolfenbüttel.
Würtenberg. Würzburg. Zelle.

Die Schriftsteller, welche
von den Asterien gehandelt haben, sind in meinem Entwurf
einer lithologischen Bibliothek,
§. 112. gesammlet anzutreffen.

Zeichnungen von Asterien
haben geliefert: Knorr Sammlung der Merkwürdigkeiten der
Natur, Th. I. Tab. XXXV. fig. f.
Baier Oryctogr. Nor. Tab. I.
fig. 12. 13. 14. Walch system.
Steinreich, Tab. III. n. 2. Baumer Naturgeschichte des Mineralreichs, Th. I. fig. 45. Büttner rudera diluvii testes, Tab.
XVI. fig. 5. Rosinus de Lithozois, Tab. IV. A. 1. 2. 3. 5. 6 - 10.
D. 1 - 6. G. 1. 2. Tab. V. A. 2.
B. 1 - 4. H. 1 - 4. Tab. VIII. E. 1.
2. Lange Historia lapid. figurat. Helvet. Tab. XX. Bourguet
Traite des petrificat, Tab. LVIII.
Kundmann rar. nat. et art. Tab.
X. fig. 13.

ASTERIES heißen französisch
die vorher beschrieben Asterien,
oder Sternsteine.

ASTROBOLUS Plinii heißet bey
denjenigen Schriftstellern das
Katzenauge, welche meynen, daß
die Asteria Plinii ein Opal sey.
Da aber das letzte noch lange
nicht ausgemacht ist; so kann
man auf das erstere von selbst
einen Schluß machen. S. Asteria gemma.

ASTROITE werden die bald folgenden Astroiten genennet, von
ἄστυ ein Stern, weil die einzelnen Lamellen, daraus die Astroiten bestehen, oben eine Sternfigur bilden. S. Astroiten.

---
y) Thesaur. subterran. ducar. Brunsuic. P. I. Cap. XI. S. 66.
z) Neueste Reisen. Hannov. 1751. S. 95.

Astroitae Angliae pentagoni ſind Aſtroiten, von denen uns die Onomatologie a) weiter nichts ſagt, als daß ſie eine Gattung von Korallen wären, die man in der See bey Jamaika und anderwärts antreffe. Sie gehören folglich zu den natürlichen Aſtroiten, und der Beyſatz pentagoni, von πυτε fünf, und γωνία ein Winkel lehret, daß ihre Lamellen, und die darauf befindlichen Sternfiguren fünfeckicht ſind. Da wir nicht wiſſen, aus welchen Quellen dieſe Verfaſſer geſchöpft haben, ſo können wir von dieſem Körper keine weitere Nachricht ertheilen.

Astroite Entrocho ſimiles werden von einigen die Sternſäulenſteine genennet. Da ſie aber von den Aſtroiten weſentlich unterſchieden ſind, ſo gehöret ihnen dieſer Name nicht. S. Sternſäulenſteine.

Astroitae olivaeformes ſind nach dem Zeugniß der Onomatologie am angeführten Orte geſtirnte Judenſteine, oder olivenähnliche Aſtroiten, welche Scheuchzer in den wöchentlichen Erzählungen der ſchweitzeriſchen Naturgeſchichte beſchreibt. Sie wären, ſagen ſie, nicht gar gemein, ſonſten aber mit ganz vollkommenen, und wohlgebildeten Sternlein bezeichnet, daß man ſie ohne Anſtand unter die Aſtroiten zählen kann. Ein ſolches Beyſpiel kömmt in der Scheuchzeriſchen Naturhiſtorie des Schweitzerlandes, Tab. III. fig. 143. vor, und wird von ihm S. 320. alſo beſchrieben: „Echinometrae digitus foſſilis, ſtellulis vndique ornatus. Dieſe Art Radiolorum, welche mit kleinen Sternlein an dem ganzen Leib bezeichnet, mag wohl die ſeltſamſte ſeyn von allen. Ich habe ſie erhalten aus der Graffſchaft Neufchatel." Es iſt wahr, der Körper hat eine ähnliche Geſtalt mit den olivenähnlichen Judenſteinen. Allein unter ſo vielen Entdeckungen, die der gelehrte Klein unternommen hat, iſt doch kein einziger Seeigelſtachel mit Sternen zu finden. Der Körper ſcheinet daher mit Grunde unter die Aſtroiten zu gehören. Seine Geſtalt, die ſonſt bey den Aſtroiten ungewöhnlich iſt, kann er auch durch das Abſchärfen im Waſſer erhalten haben.

Astroitae parvii ramoſi heiſſen bey einigen die äſtichten Madreporiten, aber mit Unrecht, weil ſie außer der Sternfigur nichts mit den Aſtroiten gemein haben. S. Madreporiten.

Astroitae ſolares heißen die Sonnenſteine bey denen, die alles mit dem Namen der Aſtroiten zu belegen gewohnt ſind, was Sternfiguren hat. Dieſe Sonnenſteine gehören unter die Steinſpiele, und darum gehört ihnen der Name eines Aſtroiten nicht. S. Sonnenſteine.

Astroitae ſolidi figurae incertae heißen die Aſtroiten. Mir iſt es unbekannt, auf welchen Umſtand man bey dieſem Namen geſehen habe. Denn daß die Aſtroiten ihre beſtimmte Geſtalt haben, iſt bekannt genug. S. Aſtroiten.

Astroitae ſolidi figurae ovalis ſind beym Wallerius eine Art der Aſtroiten, die wir vorher

---

a) Onomatol. hiſtor. natural. Tom. II. S. 28.

her beym Namen Arachneoliten beschrieben haben, dahin ich jetzt meine Leser zurück weise.

ASTROITAE striati. S. Aſtroiten.

ASTROITAE tubulares heißen unter den Aſtroiten diejenigen, welche ſehr große Sterne haben, und dabey die einzelnen Lamellen einem Tubus gleichen. Rundmann b) giebt ihnen den Namen: Pseudo-Corallina alba Indiae Orientalis striata, stellulis maximis elegantissimis totam substantiam permeantibus, liefert von denselben Tab. X. fig. 4. eine Zeichnung, und beschreibet sie also: „Es ist dieses ein vortreffliches Korallengewächse, da Fingersdicke Röhren ganz voll mit dergleichen nicht allzuharten Steinen angefüllet, so in superficie lauter Sterne abbilden, diese Röhren aber ganz ordentlich an einander gefügt sind." Man hat auch gestirnte Tubuliten, mit welchen man die gegenwärtigen Astroiten nicht verwechseln darf. Wie man sie aber beyde unterscheiden könne, das soll beym Namen Astroiten gezeigt werden.

ASTROITAE undulati werden die wellenförmigen Fungiten, und unter diesen sonderlich diejenigen genennet, welche sonst auch Wasserkorallen heißen. S. Fungiten und Wasserkorallen. Nach dem System derer, welche die Astroiten unter die Fungiten zählen, läßt sich der Name entschuldigen, nicht aber nach dem System derer, welche die Astroiten von den Fungiten trennen.

ASTROLITE en relief heißen im Französischen die Sternsteine. S. Astericn.

Aſtroiten, Sternkorallen, Siegelsteine, Lat. Astroidae, Astropedia, Corallia stellata, Lapides stellares, Draconitae, Dracontiae, Madreporae aggregatae, Fungi coralloides, Fungi astroitici, fr. Astroites, Astroites fossiles ou pétrifiées, Pierres etoilées en gravure. Holl. Astroiten of Starre-steentjes, Starr-koraal heißen diejenigen gestirnten Seegewächse, welche denen Fungiten ähnlich sind. Herr Professor Vogel c) beschreibet sie folgender Gestalt: „Sie bestehen aus mehrern runden oder eckichten gleichlaufenden oder zusammengewachsenen Röhren, die dichte bey einander stehen, woraus solchergestalt eine Masse hervorkommt, welche auf der obern Fläche mit vielen Sternen geschmückt ist." Die Onomatologie d) giebt von ihnen folgende Nachricht. „Sie sind insgemein von mittelmäßiger Härte, von Farbe aschgrau, bräunlich oder auch schwärzlich, allezeit aber mit schwärzlichten Sternlein bezeichnet. — — Manchmal siehet man die Sternlein nur auf der Oberfläche, zuweilen aber laufen sie durch beym ganzen Stein. Es geschiehet auch mehrmals, daß diese Zeichnungen nicht so wohl genau sternähnlich ausfallen, als vielmehr kleine Rosen vorstellen, daher man sie in diesem Falle, wenn man die Sache genau ausdrücken

H 4

---

b) Rar. naturae et artis. S. 167.
c) Praktisches Mineralsyst. S. 249.
d) Onomatol. hist. natural. Tom. II. S. 27.

cken will, eigentliche Rosensteine nennet." Am deutlichsten hat sie Herr Hofrath Walch e) beschrieben: "Sie bestehen aus gewissen steinichten porösen Massen, die voll zarter Löcher und Kavitäten sind, und auf ihrer Oberfläche allerhand Stern- und Blumenfiguren haben. Sie sind aus lauter zarten und dünnen Blättchen oder Lamellen zusammen gesetzt, die eine perpendikuläre Stellung, und dabey eine solche Lage haben, daß sie auf der Oberfläche eben die gedachte Sterne bilden. Die Lamellen und folglich auch die Kavitäten gehen in gleicher Situation durch die ganze Masse durch, und da diese aus lauter solchen Blättchens zusammen gesetzt ist, so sieht die ganze Masse im natürlichen Zustande schwammicht aus. Die Sterne stehen in regelmäßigen Entfernungen, und auf einer Masse sind sie ordentlicher Weise von gleicher Größe."

Viele, sonderlich der alten Schriftsteller, belegen die Astroiten mit dem Namen der Madreporiten, aber sie verwechseln dadurch die Korallengewächse unter einander. Ehe ich aber weiter gehe, muß ich anmerken, daß Herr Guettard mit dem Namen Astroit einen ganz andern Körper belege, als zeither von allen Lithologen geschehen ist. Er verstehet nämlich unter den Astroiten alle diejenigen Körper unter dem Korallengeschlechte, welche auf ihrer Oberfläche eckichte Sterne haben, ihr Bau mag, im ganzen betrachtet, diese oder jene Beschaffenheit haben f). Beym Namen Koralliolith werden wir von Herrn Guettards Namen, Begriffen und System mehr sagen.

Kayßler g) läugnet, daß die Astroiten, von denen wir hier reden, zu den Korallen gehören, und hält sie nur für Röhren, darinne ehedem Würmer gewohnet hätten. Er hat Recht, wenn die Rede von den eigentlichen Korallen ist, aber sie unter die Tubulos vermiculares zu rechnen, scheinet doch ohne Beweis zu viel gewagt zu seyn. Andre Schriftsteller trennen sie auch von den eigentlichen Korallen, aber darinne sind sie nicht ganz einig, wohin sie dieselben setzen sollen. Einige und zwar die meisten neuern Lithologen rechnen sie zu den Fungiten, andere aber trennen sie von denselben. Die Beweise davon werden sich in dem folgenden entwickeln. So viel ist gewiß, daß, wenn man sie als gestirnte Körper betrachtet, man sie dann gar leicht mit drey andern Seeprodukten verwechseln könne: als mit den Madreporiten, mit den gestirnten Tubuliten, und mit den gestirnten Fungiten. Man kann sie aber bald von einander unterscheiden, wenn man ihren Bau gehörig kennet.

Von den Madreporen kann man die Astroiten durch folgende zwey Stücke unterscheiden:

1. Die

---

e) Naturgeschichte der Versteinerungen. Th. II. Abschn. II. S. 30.

f) Memoires sur differentes parties des sciences et Arts. T. II.
g) Neueste Reisen. 102.

1. Die Madrepore hat die Gestalt eines Bäumchens, eines Zweiges oder Astes, der Astroit hat diese Gestalt niemalen.

2. Die Astroiten haben eine viel lockrere und größere Substanz, als die Madreporiten haben.

Es giebt unter den Tubiporiten solche, die ebenfalls Sterne haben, man unterscheidet sie aber von den Astroiten:

1. Dadurch, daß die Tubiporiten allezeit dichte Röhren, die Astroiten aber entweder gar keine, oder nur solche haben, die aus Lamellen zusammengesetzt sind.

2. Dadurch, daß bey den Tubiporiten zwischen ihren Röhren eine dichte Steinausfüllung ist. Bey den Astroiten hingegen findet man ein lamelleuses poröses Gewebe.

3. Dadurch, daß die Sterne der Tubiporiten nie so regelmäßig und in einer so gleichen Entfernung von einander stehen, als die Sterne der Astroiten.

Am allerleichtesten sind die Astroiten mit den gestirnten Fungiten zu verwechseln, wenn man nämlich die Astroiten nicht zu den Fungiten zählet. Man kann sie aber dadurch unterscheiden, daß die gestirnten Fungiten aus Blättern und Scheiben zusammengesetzt sind. Die Astroiten haben dieses nicht, sondern sie bestehen aus einer ganzen Masse. Sollten daher auch die Astroiten in der Versteinerung Risse bekommen, so wird man diese doch von Lamellen gar leicht unterscheiden können h). Aus diesen Unterscheidungskennzeichen erhellet zugleich, daß diejenigen viel mehr Gründe für sich haben, welche die Astroiten von den Fungiten trennen, als diejenigen, die sie zu den Fungiten zählen.

Da sonderlich die Alten auch solche Steine mit dem Namen der Astroiten belegten, welche eine bloße äußerliche gemahlte Sternfigur haben, und welche unter die Steinspiele gehören, so merket Hr. von Justi an i), wie man die eigentlichen Astroiten von den falschen unterscheiden könne. „Die Astroiten, sagt er, die man mit Grunde hieher rechnen will, müssen ihre Sternen, Rosen, Sonnen und andere Figuren, welche durch die Beschaffenheit der röhrichten Korallgewächse gebildet worden sind, in der ganzen Masse des Steins zeigen." Ist dieses, so irren die Verfasser der Onomatologie, wenn sie in den oben angeführten Worten behaupten, daß man die Sterne manchmal nur auf der Oberfläche sehe, daß sie aber auch bisweilen durch den ganzen Stein liefen.

Der berühmte Wallerius k) giebt von den Astroiten diesen Begriff: Corallia, columnis parallelis composita, massa solida plerumque fungiformi, superficie stellis radiatis, rotundis ornata. Er läßt ihnen zwar unter den Korallen einen Platz, aber er hat sie doch von den eigentlichen Korallen, und von den Fungiten zugleich getrennet. Er führet den Grund an: „Die von beson-

---

h) S. Walchs Naturgesch. der Versteiner. Th. II. Abschn. II. S. 30. f.

i) Grundriß des Mineralreichs. S. 176.

k) Mineralreich. S. 439. 440.

besonderer Figur vorkommende Aſtroiten, der Steinbeſchreiber ſorgfältige Aufmerkſamkeit auf ihre Sterne und deren Mannigfaltigkeit, nebſt den angenommenen Namen hat verurſachet, daß man von dieſen Aſtroiten eine beſondere Art machen müſſen. „Herr Bertrand rechnet die Aſtroiten zu den Fungiten, und ſagt es ausdrücklich, daß viele Schriftſteller die Aſtroiten mit den Madreporiten, Milleporiten und Tubuliten verwechſeln.

Volkmann 1) gab ſich zu ſeiner Zeit viele Mühe, es zu beweiſen, daß die Aſtroiten Korallen und wirkliche Marina wären, und das war zu ſeiner Zeit nöthig, da man noch hie und da von Natur und Steinſpielen redete. Seine Gründe waren für jene Zeiten überzeugend genug, ob ſie gleich bald zu viel, bald zu wenig beweiſen, und oft auch auf unrichtigen Grundſätzen beruhen. Er ſagt

1) Ihr Lager beweiſe dieſes, weil ſie mit und bey andern Marinis anzutreffen wären. Allein die reißenden Fluthen haben Erd- Fluß- und Seeprodukte unter einander geworfen, und nicht ſelten findet man auch Bildſteine und Steinſpiele unter andern Marinis.

2) Ihr Character ſpecificus, oder beſondere Geſchlechtsart, indem ſolche gegen andere in ſtatu naturali gehalten, ihnen ganz gleich wären, beweiſe dieſes ebenfalls. Dieſer Grund beweiſet ſehr viel, denn die natürlichen Aſtroiten beweiſen, daß die verſteinten zu ihrem Geſchlechte gehören, Aber ob Volkmann hiebey auf die Originale der Aſtroiten geſehen, oder nur von der Aehnlichkeit anderer Korallarten mit den Aſtroiten geſchloſſen habe? das traue ich mir beynahe nicht zu behaupten. Der gleich folgende Grund ſcheinet das letzte zu beweiſen.

3) Sie entſtünden aus der Madrepora, darein ſich Lette, Schlamm oder Erde ſetze, welche nachher verhärte. Aber das iſt falſch. Die Madrepora iſt von den Aſtroiten in allen Stücken unterſchieden, wie ich vorher gar zu deutlich gezeiget habe.

Wir ſehen alſo, daß die Meynungen der Schriftſteller über die Aſtroiten gar ſehr verſchieden ſind. Einige rechnen ſie zu den Korallen, andere trennen ſie davon. Einige ſagen, ſie gehörten zu den Fungiten, andere leugnen dieſes. Man wird aber dieſe ſcheinenden Widerſprüche leicht heben, wenn man nur einen richtigen Begriff der Korallen vorausſetzt. Nimmt man das Wort in einem weitläuftigen Verſtande, und begreift darunter alle Seegewächſe, die ganz welchen ausgenommen, ſo gehören freylich die Aſtroiten eben ſo wohl, als die Fungiten, zu den Korallen. Nimmt man aber das Wort in ſeinem engern Verſtande, und belegt damit nur die eigentlich ſogenannten Korallen, ſo gehören weder die Aſtroiten, noch die Fungiten, noch die Alcyonien, noch die Ceraſophyten unter die Korallen. Freylich wäre es

---

1) Sileſia ſubterranea. S. 135.

es besser, wenn man sich in den Worten und Gedanken etwas bestimmter ausdrückte; wie vieler Verwirrung würde man dadurch entgehen? Allein diese und andere unrichtige Anwendungen angenommener Namen haben wir unsern Vorfahren zu danken, bey welchen freylich die Lehre von den Korallen schlecht genug bearbeitet worden war.

Eben so wird man diejenigen verstehen, welche die Astroiten zu den Madreporiten zählen, wenn man überleget, daß sie alles dasjenige Madreporen nennen, was Sterne hat. Diese sind es, welche die Madreporen in Madreporas simplices, compositas und aggregatas eintheilen, wie z. E. der Ritter von Linne thut. Hier sind eben die Madreporae aggregatae die Astroiten. S. Madreporiten. Andere nennen aus eben dem Grunde die Astroiten Madreporas spongiosas.

Ueber den Ursprung der Astroiten hat Lange m) einen gar sonderbaren Einfall, sie würden nämlich aus gewissen salpeterischen Korallsalzen, welche sich theils aus der Luft hinunter lassen, theils von den Eingeweiden der Erde aufsteigen, und welche mit einer zur Versteinerung disponirten Materie vermischt würden, erzeuget. Diese Meynung, welche die unwahrscheinlichste ist, die man sich nur gedenken kann, gefällt schon Scheuchzern nicht, und Lange würde sicher nicht darauf gefallen seyn, wenn er nicht alle Versteinerungen Lapides sui generis genennet, und sie zu Spielen der Natur gemacht hätte.

Bisweilen haben die Sterne der Astroiten ordentliche Schwänze, und da sie dadurch eine Gleichheit mit den Kometen bekommen, so hat man sie auch Kometiten genennet. S. Kometiten.

Die kleinsten Astroiten haben das Sonderbare an sich, daß, wenn man sie in Essig oder schlechtes Wasser legt, sich dieselbe bewegen, und hin und her gehen. Worm und Boodt halten dafür, daß es daher komme, weil sie sehr porös und löcherigt wären, wenn nun der Essig hinein bringe, und die Luft austreiben wolle, so würde vermittelst der Retinenz, die daher entstehe, der Stein beweget n).

Ich komme nun auf die verschiedenen Klaßifikationen, die ich in Schriftstellern von den Astroiten gefunden habe.

Herr Prof. Vogel o), der die Astroiten mit vielen andern zu den Fungiten zählet, macht zwar keine besondere Klaßifikation derselben, er macht uns aber doch folgende Gattungen von ihnen bekannt:

1. Astroiten, deren Röhren zellenförmig sind. Zellenförmige Astroiten, Astroites cellularis.

2. Astroiten, die aus runden Röhren bestehen. Röhrenförmige Astroiten, Astroites tubulosus.

3. Astroiten, wo die Röhren unter einander zusammen gekettet

---

m) Histor. lapid. figurat. Helvet. S. 60.

n) S. Volkmanns Silesia subterranea. S. 135.

o) Praktisches Mineralsyst. S. 249.

telt ſind. Kettenförmige Aſtroiten, Aſtroites catenulatus. Sollen dieſes die ſo genannten Kettenſteine ſeyn, ſo gehören ſie nicht unter die Aſtroiten. S. Kettenſtein.

4. Aſtroiten, welche länglich rund ſind. Spinnenſteine, Arachneolithus.

5. Aſtroiten, welche aus wellenförmigen, mehrentheils hämiſphäriſchen Röhren beſtehen. Aſtroites vndulatus. Dieſe letzten gehören zu den eigentlichen Fungiten.

Herr Woltersdorf p) der die Aſtroiten ebenfalls zu den Fungiten zählet, hat von ihnen folgende vier Gattungen:

1. Zellenſchwammſteine, Fungitae cellulares, Aſtroitae cellulares.

2. Röhrenſchwammſteine, Fungitae tubuloſi, Aſtroitae tubuloſi. Dieſe haben runde Röhren, da jene zellenförmige hatten.

3. Kettenſchwamſteine, Fungitae catenulati, Aſtroitae catenulati, wo die Röhren kettenförmig geſetzt ſind.

4. Wellenſchwamſteine, Fungitae vndulati, Aſtroitae vndulati, wo die Röhren wellenförmig geſetzt ſind.

Dieſe Klaßifikation iſt der vorhergehenden ganz gleich, nur daß Herr Vogel aus dem Wallerius die Spinnenſteine als eine fünfte Gattung hinzugeſetzt hat.

Wallerius q) hat, wie wir ſchon angemerket, die Aſtroiten als ein eigen Geſchlecht betrachtet, und von den Fungiten gänzlich getrennet. Er beſchreibt vier Gattungen.

1. Dichte Aſtroiten. Aſtroitae ſolidi, figurae incertae.

2. Spinnenſteine, Aſtroidae ſolidi, figurae ovalis. S. Arachneolithen.

3. Tubulariſche Aſtroiten. Aſtroitae tubulares. Sie heißen bey ihm nicht darum alſo, als wenn die übrigen Aſtroiten nicht aus Röhren beſtünden, ſondern weil man es bey dieſen augenſcheinlich ſehen kann, daß ſie aus Röhren beſtehen, da es bey andern Gattungen der Aſtroiten ſchon ſchwerer zu erkennen iſt. Allein es kömmt hieben gar viel auf die Verſteinerungsart, und auf die Matrix an. Folglich kann in einem Falle und bey einerley Geſchlechts- oder Gattungsart ein Aſtroit tubulariſch ſeyn, und auch nicht. In einem ganz andern Sinne nahm Kundmann das Wort. S. Aſtroitae tubulares,

4. Fibreuſe Aſtroiten. Aſtroitae ſtriati, Lithoſtrotion ſtellatum, welche einem faſerichten Holze, das mit Sternen beſetzt iſt, gleichen.

Hr. Hofrath Walch r) macht uns mit folgenden Aſtroiten bekannt:

1. Aſtroiten mit geraden Strahlen, die runde Sterne bilden, ohne Einfaſſung.

2. Aſtroiten von eben der Art, aber mit einer Einfaſſung:

a. mit einer glatten Einfaſſung.

b. mit einer gezähnelten Einfaſſung.

3. Aſtroi=

---

p) Mineralſyſtem. S. 44.
q) Mineralreich. S. 439. f.

r) Naturgeſchichte der Verſteiner. Th. II. Abſch. II. S. 32.

3. Aſtroiten mit gebogenen Strahlen.
4. Aſtroiten, deren Strahlen nicht zum Mittelpunkt reichen, und welche daher Sonnenfiguren bilden.
5. Aſtroiten, die irregulär eckichte Sterne haben, und daher oft den Blumen ähnlich ſind.
6. Aſtroiten, deren Blumen aus keulenförmigen Strahlen beſtehn, und gleichfalls damit die Geſtalt einer Blume haben.
7. Kometiten.

Von dieſen Aſtroiten will ich nur noch etwas weniges, theils von ihrem natürlichen Zuſtande in der See, theils von ihrem veränderten Zuſtande im Steinreiche ſagen. Die natürlichen Aſtroiten ſind eben keine außerordentliche Seltenheit; allein noch ſind nicht alle Originale der Verſteinerungen vorhanden. Hingegen finden ſich auch in der See Aſtroiten, davon man im Steinreiche keine Beyſpiele aufweiſen kann. Im Steinreiche findet man ſie bald kalcinirt, bald hart verſteint, oft aber ſo wohl konſervirt, daß unter ihnen, und den natürlichen kein Unterſchied zu ſeyn ſcheinet. Man kann ſie aber dadurch unterſcheiden, daß die verſteinten in ihren Kavitäten eine Steinausfüllung haben, die man bey den natürlichen nicht antrift. Sind ſie hart verſteint, ſo nehmen ſie gemeiniglich eine ſehr ſchöne Politur an. Manchmal finden ſie ſich in ganz dicken Maſſen, ein andermal haben ſie auf ihrer Matrix kaum die Stärke eines Meſſerrückens. Herr Hofrath Walch ſagt S. 31. ſeiner mehr angeführten Naturgeſchichte der Verſteinerungen, daß man dieſen noch ein junges Alter beylege, und glaube, daß ſich die Polypen, die in den Sternkavitäten ihren Aufenthalt haben, wenige Zeit vorher angeſetzet hätten, ehe ſie in das Steinreich übergegangen ſind. Andere Naturforſcher behaupten, daß diejenigen Aſtroiten, welche erhabene Sterne auf einer dünnen Fläche hätten, nur Spurenſteine und Abdrücke der Aſtroiten wären. Man ſetzt aber dabey voraus, daß alle Aſtroiten vertiefte Sterne haben müſſen, welches ſo gewiß noch nicht erwieſen iſt.

So wie man den Unterſchied, den die Aſtroiten in Anſehung ihrer Sterne haben, aus der vorher angeführten Klaßifikation des Hrn. Walchs erkennen wird; alſo habe ich nur noch nöthig, von dem Werth, und der Seltenheit der Aſtroiten etwas weniges zu ſagen. Die Aſtroiten ſind im Steinreiche ſo wenig eine Seltenheit, ſo wenig es ihre Originale in der See ſind. Aber ſie haben in den Augen der Kenner und der Liebhaber einen großen Werth, zumal wenn ſie nicht bloß kalcinirt, ſondern hart verſteint ſind, und wenn ſie ſich im Steinreiche wohl erhalten haben. Diejenigen, deren Sterne die Figur einer Blume haben, ſind ſeltner als die, wo es eine bloße Sternfigur iſt.

In folgenden Landſchaften und Oertern werden dieſe Aſtroiten gefunden:

Baſel, (Bißth.) Baſel, (Kanton.) Birß. Burgund. Chatelaut. Elſas. Engelland. Eißenach. Frank-

Frankreich. Gothland. Italien. Krain. Maßel. Niendorp. Orfurth. Pfeffingen. Querfurth. Schlesien. Schweiz. Steuermark. Stuttgard. Tyrol. Würtenberg.

Die Schriftsteller, welche von den Astroiten gehandelt haben, sind in meinem Entwurf einer lithologischen Bibliothek S. 186. nachzusehen.

Zeichnungen von Astroiten liefern: Knorr Sammlung von den Merkwürdigkeiten der Nat. Th. II, Tab. F. III, a. fig. 5. Tab. F. V. Tab. F. VI. fig. 1. 2. 3. 4. Tab. F. VIII. fig. 1. Kundmann rar. nat. et art. Tab. X, fig. 4-12. Scheuchzer Herbar. diluvian. Tab. XII, fig. 4. Walch system. Steinreich Tab. XXIV, n. 1. 2. Herrmann Maslographia Tab. XI, fig. 32. Tab. XII, fig. 10. Stobäus Opuscula S. 129. Volkmann Silesia subterran. Tab. XVI, fig. 1. 4. Tab. XVII, fig. 2. 4. 10. Tab. XVIII, fig. 6. 11. Tab. XIX, fig. 1. 2. Tab. XX, Sg. 5. 8. 9. Tab. XXI, fig. 1. 3. 5. Bourguet Histoire des petrificat. Tab. III, fig. 19. 23. Tab. IV, fig. 25. 26. Tab. VII, fig. 34. 35. 36. Tab. VIII, fig. 39. Tab. IX, fig. 43. Tab. X, fig. 47.

ASTROITES wird im Französischen der vorher beschriebene Astroit genennet. Auch der lateinische Name dieses Seekörpers heißt also. S. Astroitae. Astroiten.

ASTROITES fossiles, gegrabene Astroiten heißen ebenfalls die versteinten Astroiten im Französischen, um sie dadurch von den natürlichen zu unterscheiden. Da man, wie vorher bemerkt worden ist, die Astroiten so wohl kalcinirt, als auch wirklich versteint findet, so kann man diese Benennung im allgemeinen und besondern Verstande entschuldigen. S. Fossilien.

ASTROPECTEN, Crenaster Luid. Stella marina pectinata Aldrov. sind die Namen eines Seesterns, der unter die Klasse der Fünfstrahle gehöret. Die Zusammensetzung des Worts aus ἀστήρ ein Stern; und Pecten ein Kamm giebt den Grund der Benennung leicht an die Hand. Es wird nämlich unter diesem Namen ein Seestern verstanden, dessen aufgerichtete Strahlen Furchen und Einschnitte haben, die den Kammzinken ähnlich sind. Eben diese äußere Gestalt hat einer Muschelart den Namen der Pektiniten gegeben, und mit diesen kömmt unser Seestern in Ansehung der Zeichnung ziemlich überein. Der berühmte Link s) erzählet uns acht Untergattungen dieses Seesterns, die wir, weil wir nicht so wohl mit den Originalen, als vielmehr mit ihren Versteinerungen zu thun haben, nur kurz anzeigen wollen.

1. Astropecten corniculatus, welcher darum hornicht genennet wird, weil seine Seiten franzicht und lederhaftig sind.

2. Astropecten echinatus major. Er heißt also, weil er nicht nur auf der einen Seite, wo der Rücken und der Bauch an einander stoßen, zwo Stacheln hat, sondern weil auch die Einschnitte der Unterfläche, die sich in

---

s) De stellis marinis, Lips. 1733.

in fünf Abschnitte zertheilet, mit Stacheln besetzt sind.

3. Astropecten echinatus minor, welcher sich von dem vorhergehenden nur dadurch unterscheidet, daß er ganz kleine und schmale Strahlen hat.

4. Astropecten fimbriatus, welcher darum also heißt, weil er auf beyden Seiten einen gedoppelten eingeschnittenen Saum hat.

5. Astropecten regularis, welcher diesen Namen führet, weil er ganz gleiche und regelmäßige Strahlen hat, deren Umkreis einen Zirkel bildet.

6. Astropecten irregularis, welcher ungleiche Strahlen hat.

7. Astropecten mesodiscus, welcher darum also heißt, weil er in seinem Mittelpunkt eine tellerförmige Scheibe hat.

8. Astropecten stellatus; weil er auf seinem Rücken einen deutlichen fünfstrahlichten Stern hat.

In des Hrn. Linkens schönen Tractat de stellis marinis kann mah Tab. VI, fig. 13. Tab. VIII, fig. 11. 12. Tab. XXIII, Tab. XXIV, fig. 38. Tab. XXVII, fig. 44. solche Seesterne abgebildet sehen.

ASTROPHYTA sind bey einigen Schriftstellern eine Klasse von Seesternen, welche auf ihren Strahlen keine Riße oder Furchen haben, und die sie daher ungeritzte nennen. Ihr Unterscheidungscharakter ist der, daß sie einen kleinen in der Mitte befindlichen Körper haben, der sich in fünf gleich weit von einander abstehende Stämme, jeder Stamm in Aeste, und jeder Ast in Zweige und Nebenzweige theilet. Das Wort kömmt her von ἀστήρ oder ἄστρον ein Stern, und φυτον eine Pflanze, weil man in dem Bau dieser Sterne etwas Pflanzenähnliches will entdeckt haben. Diese Klasse macht in unsern Tagen diejenigen Seesterne aus, welche man Medusenhäupter nennet, bey welchem Namen wir mehreres von ihnen werden sagen können. Man hat von diesen Astrophyten drey Untergattungen:

1. Astrophyta arachnoidea, wo der Leib sphärisch und etwas erhaben ist; dadurch bekömmt der Seestern einige Aehnlichkeit mit einer Spinne, und hat eben daher von dem griechischen Wort ἀράχνης eine Spinne seinen Namen.

2. Astrophyta costosa, wo auf dem Körper erhabene Rippen liegen. Von Costa eine Rippe.

3. Astrophyta scutata, wo der Leib mit einem ausgeschweiften Schilde bedeckt ist. Von Scutum ein Schild.

ASTROPODIUM werden von Luid die Trochiten und Entrochiten genennet. Das kam daher, weil er mit diesen Namen alle diejenigen Körper belegte, welche von Füßen oder Stängeln der Seesterne herkamen, oder herkommen sollen. Er rechnete aber mit vielen Lithologen, die Enkriniten, dessen Stielglieder die Trochiten sind, unter die Seesterne. Das Wort kömmt her von ἀστήρ oder ἄστρον ein Stern, und πους der Fuß. Der gelehrte Prorektor zu Ilefeld, Hr. Albrecht Ritter, gebraucht das Wort *Astropodium* auch von einer Madrepore,

pore, wenn er sagt: t) Astropodium vel Madrepora major, cujus superficies asteriis radiosis a centro versus peripheriam ex stantioribus consita, coloris flauido fusci. Er scheinet bey dieser Benennung auf nichts, als auf die Sternfigur gesehen zu haben: allein in diesem Betrachte paßte die Benennung auf alle Madreporen.

Astropodium multijugum et clavellatum sind beym Luid gewisse Versteinerungen, von denen Gesner u) bemerket, daß es Fragmente von einer Seesternart wären, die man Stella crinita polycacnemos nennet.

Astropodium pentagonon heisset bey einigen Schriftstellern der Gelenkstein des Enkriniten, weil er von ihnen unter die Seesterne gerechnet wurde; der Gelenkstein aber selbst eine fünfeckichte Gestalt hat. S. Enkrinit. Das Wort kömmt her von πεντε fünf, und Γωνια der Winkel.

Astropodium ramosum nennet Luid diejenigen Seesterne, die wir vorher unter dem Namen *Astrophyta* beschrieben haben. Er sahe bey diesem Namen auf die Aeste, die diese Seesterne von allen andern unterscheiden. An einem andern Orte aber v) giebt er auch dem Kettenkorall diesen Namen. S. Kettenkorall.

Astorrhiza heißt derjenige Theil des Enkriniten, dem man den deutschen Namen des Sternnagels gegeben hat, wo wir diesen Körper beschreiben werden.

Augites wird vom Plinius der Beryll genannt, wenigstens muthmaßet man in unsern Tagen, daß der Augites Plinii der Beryll sey. S. Beryll.

Aurantium marinum nennet Worm die Echiniten. S. Echiniten.

Aurenius lapis. S. Lapis ammocrysus.

Aures marinae, Conchae auritae, Auriculae divi Petri, Seeohren, werden die Planiten genennt. S. Planiten. Sie haben diesen Namen, weil ihre äußere Gestalt einem menschlichen Ohr sehr nahe kömmt.

Auriculae divi Petri, Ariculares lapides, Aricularia petrefacta, sind drey Namen, welche ebenfalls den Planiten aus obigem Grunde beygeleget werden.

Auriculaire ist der französische Name der Planiten.

Aurum felium wird das Katzengold genennet. S. Katzengold.

Austern, Austersteine. S. Ostraciten.

Azur heißt französisch der Lasurstein. S. Lasurstein.

Azurstein. S. Lasurstein.

B.

---

t) Spec. II. Oryctographiae Calenbergicae. S. 20.
u) Tractat. de petrificatis. S. 31.

v) Lithophylacium Britannicum, Num. 132.

## B.

**Bacilli.** So heißen die kleinern Krebsfüße, wenn sie versteint gefunden werden. Im Hannöverischen trift man sie zuweilen unter andern Fragmenten von Krebsen an.

**Baculi St. Pauli**, Bastoncelli di San Paolo, Bastoncini di S. Pauli Melitensium werden auf der Insul Maltha die Judensteine genennt, welche die Einwohner daselbst für Schlangenzungen halten, und von denen sie vorgeben, daß sie durch ein Wunder des Apostels Pauli dahin gekommen wären w). Die eigentliche Schlangenzungen führen bisweilen auch diesen Namen, aber Kayßler hat am angeführten Orte sehr wohl gezeiget, daß dieses Glossopeträ sind, die ihren Ursprung entweder der Lamia oder dem Carcharias zuzuschreiben haben. Die Onomatologie x) muß hier aus sehr ungewissen Quellen geschöpft haben. Denn sie beschreibet diese Baculos S. Pauli so, daß man nicht leicht auf die Vermuthung fällt, sie für Judensteine zu halten. „Unter diesen Namen ist bey den Bewohnern der melitensischen Inseln eine Gattung von weißen gypsartigen und säulenähnlichen Steinlein bekannt, die nicht länger sind, als das Glaich von einen Finger, rundlicht, so dick, als ein Hünerkiel, über die Hälfte hinaus mit einigen Knöpflein abgesetzet, an dem einen End nur etwas dicker und stumpfer."

**Badestein** heißt der Tophstein, weil er sich in den meisten Bädern befindet. S. **Tophstein**. Da man ihn aber auch oft genug außer den Bädern antrift, ja da er oft in ganzen Brüchen wie z. E. bey Weimar angetroffen wird; so ist diese Benennung viel zu unbestimmt.

**Baadner Würfel** lat. Tesserae Badenses fossiles fr. Des fossiles sind Steine, welche nach der Vermuthung der mehresten Naturforscher ehedem durch die Kunst bearbeitet worden sind, und welche die Gestalt eines Würfels haben. Wallerius behauptet von ihnen, daß es knöcherne Würfel wären y), und in diesem Betrachte gehörten sie gar nicht in das Steinreich. Er beruft sich auf Scheuchzers Naturgeschichte Th. II. S. 156. Die chinesischen Würfel scheinen zwar mit den Badner Würfeln eine Figur, aber nicht einen Ursprung zu haben. Wir werden von ihnen unter ihren Namen mit mehrern handeln.

**Bäche**, welche versteinen, werden bey den Franzosen Fontaines petrifiantes genennet. Beym Artikel Versteinerungen werden wir davon Beyspiele anführen.

Bäume

---

w) S. Kayßlers neueste Reisen. S. 100.

x) Onomat. hist. nat. T. II. S. 114.

y) Mineralreich. S. 510.

Bäume wenn sie versteint sind, werden Dendrolithen genennt. S. Dendrolithen.

BAGYNEDROLLEN werden im Holländischen die Trochiten genennet. S. Trochiliten.

BAKKEN heißen im Holländischen einige Voluten. s. Volutiten.

BALANI heißen vorzüglich die bald folgenden Balaniten, es sind aber auch einige Schriftsteller, welche den Judensteinen diesen Namen geben, weil einige unter ihnen die Gestalt einer Eichel haben.

BALANITAE heißen die gleichfolgenden Balaniten.

Balaniten Seeeicheln, Eichelsteine, lat. Balani, Balaniti, Balanitae, Pustulae, Balanorum testae lapideae Wall. Helmintholiti Balanorum Linn. fr. Balanites, Glands de Mer, Pustule. Holl. Ekelen, Puisten, Pokken, Zeeeikelen, Tulpen versteend heißen die vielschaligen Muscheln, welche unten einem breiten flachen Grund haben, oder eine Schale, welche rund herum gehet, und aus welcher in der Mitte mehrere Schalen auf eine eichelförmige Art hervorgehen. Da sie solchergestalt die Figur einer Eichel gewissermaßen an sich haben, so werden sie Seeeicheln, und in der Versteinerung Eichelsteine genennet. Man hat sie sich auch unter der Gestalt eines Geschwüres vorgestellet, und sie daher Blattersteine genennet, dahin auch der holländische Name Pokken zielet. Andere kommen in ihrer Figur der Gestalt einer aufgeblüheten Tulpe näher, und diese heißen Seetulpen. Das sind diejenigen, die der Holländer Tulpen, oder Zee-Tulpen nennet.

Die Anzahl dieser Blättchen, welche sich aus dem breiten Grunde in die Höhe richten, steiget von vier bis auf dreyzehen. Ihrer Größe nach sind sie bisweilen wie eine welsche Nuß, bisweilen sechsmal größer, als eine welsche Nuß. Sie sind aber allemal höher als dicke. Nach dieser Anmerkung muß die Erzählung der Onomatologie z) verbessert werden, wenn sie sagt, daß sie insgesammt 13 Blätchens hätten, und nicht größer als eine welsche Nuß wären. Hr. d'Annone a) bemerket, daß viele Balaniten von ihrer ersten Entstehung an, nur vier Hauptlamellen haben, die sich oben in eine kleine runde stumpfspitzige Oeffnung schließen. Braucht der darinne lebende Wurm zu seiner Bewohnung mehr Platz, so geben sich diese Lamellen allmählig von der Spitze an von einander, und da wachsen andere nach, die sich der Balanit von seinem schleimichten Ausfluß gleichsam bauet, so daß allezeit zween ältere Lamellen von einer neuen dazwischen tretenden verbunden und zusammen gehalten werden. Außer diesen Lamellen findet man noch bey vielen Balaniten gewisse schalichte Binden, inwendig in den innern Seitenflächen der aufrechtstehenden, spitzig zulaufenden Lamellen bevestiget, die mit diesen nicht verwechselt werden

---

z) Onomatol. histor. natural. T. II. S. 126. 127.

a) In den Actis Helveticis. T. II. S. 245.

ben dürfen. Der innere Bau der Lamellen bestehet aus zarten perpendikulär stehenden Blättchen, die sich alsdenn erst von außen zeigen, wenn sich die obere Schale von der Lamelle abgeschilfert hat, oder abgerieben worden ist b).

Noch ausführlicher redet von den Balaniten Rumph c), dessen Beschreibung wir mittheilen wollen. „Diese haben die Gestalt eines Geschwüres, welches aufgebrochen ist. Es wachsen allezeit ihrer viele, große und kleine durch einander, beysammen, und sitzen Klumpenweise an Schiffen und großen Klippen, mit einem flachen Boden angeklebet, so daß sie einen zugemachten, oder verschlossenen Boden haben. Von dem Boden an gehen sie mit ungleichen Seiten, die außenwendig geribbt oder gefurchet, und von grauröthlichter Farbe sind, in eine stumpfe Pyramide in die Höhe. Oben haben sie eine Oeffnung, welche etliche mit einer aufgehenden Tulipane vergleichen. Der Rand der Mündung ist scharf, und gleichsam ausgebrochen. In dieser Mündung nimmt man zwey zusammengesetzte platte und eingekerbete Beinchen wahr, die, wie ein Papageyenschnabel, etwas gekrümmet stehen, und als Zähne an einander schlüßen. Diese Zähne sitzen mit dünnen Häuten an dem Fleische veste; es lässet sich aber jeder Zahn wiederum in zwey spalten." — Ohngefähr in der Mitte der Schale trift man inwendig rings herum einen heraustretenden Rand an. Man findet sie in Klumpen, wie eine Faust, ja wie ein Kopf groß an den Schiffen sitzen. Die größte stehet in der Mitte, und die kleinen rings herum. Man findet noch zwo bis drey kleinere Arten, die auswendig nicht geribbt, aber unansehnlich grau, rauh und löchericht sind. An diesen hat die offne Mündung drey oder vier steife hervorragende Spitzen, woran man sich stark verwunden kann, wenn man unversehens darauf tritt. Diese letzte Art findet man sowol auf den Schildkröten, als an den Klippen. Die Chineser nehmen die größten Klumpen, und setzen sie, gleich einem Leuchter, mit Lichtern darinne, vor ihre Götzen. Man findet auch dergleichen Blattern, die als über sich hangende Warzen auf anderen Schnecken sitzen. Diese sind oben zu und unten offen, und haben daselbst ein scharfes Beinchen, womit sie die Schale, auf welcher sie sich gesetzt haben, durchbohren können, und ein rundes Loch daselbst hinein machen, als ob es ordentlich gebohret wäre."

So sehen die natürlichen Seeeicheln im Meere aus. Was nun sonderlich den Zustand der Balaniten im Steinreiche anlangt, so ist aus dem vorhergehenden bekannt, daß sich dieselben in ihrem natürlichen Zustande allemal an fremde Körper anhängen, daher werden sie auch ver-

---

b) S. Walchs Naturgeschichte der Versteinerungen Th. II. Abschn. II. Kap. XVII. S. 290.

c) Amboinische-Raritätenkammer S. 102. der deutschen Ausgabe.

versteint gemeiniglich auf andern Körpern, sonderlich aber auf Konchylien angetroffen Man findet sie aber auch einzeln, und da kann es seyn, daß sie durch eine äußere Gewalt von den Körpern abgestoßen sind, darauf sie in ihrem natürlichen Zustande saßen; es kann aber auch seyn, daß der Körper, darauf sie saßen, verzehret, und nur der Balanit erhalten worden ist. Man findet z. E. die Balaniten oft am Holz aufsitzend. Dieses Holz konnte verfaulen, da der Balanit, als ein schalichter Körper der Fäulniß lange widerstehen konnte. Selten finden sich die versteinten Seeeicheln allein, gemeiniglich sind ihrer auf einer Matrix mehrere beysammen. Ja man entdecket auch bisweilen bloße Steinkerne. Von denen, die haufenweise bey einander liegen, muthmaßet Hr. Hofrath Walch am vorher angezeigten Orte, daß diese schon in der See an den Orten, wo sich die Balani auf sie gesetzt, gelegen haben.

Herr Bertrand d) sagt, daß man nur zwey Hauptgeschlechter der Balaniten habe, größere und kleinere. Die größern hätten die Gestalt eines Turbans, eines Bechers, einer Tulpe u.s.w. die kleinere aber, die Gestalt einer Erdeichel.

Der berühmte Klein e) bringt zwar die Meereicheln auch nur unter zwo Klassen, aber er macht uns mehrere Untergattungen bekannt.

I. Monolopos, dieses Geschlecht nennet er so, weil es bey demselben scheinet, als wenn sie aus einer einzigen eichelförmigen Schale bestünden. Diese stellet er in zwo Gattungen vor:

1) Angipyle in quo os verticale angustatur. Dahin gehören
a. Kleinere Seeeicheln.
b. Größere und bauchichtere Seeeicheln.
c. Kleinere gestreifte Seeeicheln.
2. Platipyle, ore verticali diducto, dahin gehöret
a. Balanus barbadensis striatus.
b. Balanus jamaicensis.
c. Polliceps Aldrovandi.
d. Rubens.

II. Polylopos, dieses Geschlecht nennet er also, weil es scheinet, als wenn die Meereicheln aus mehreren eichelförmigen Schalen bestünden. Dahin rechnet er
1. Tulipam. 2. Balœnarim.

Die Eintheilung des Kleins gehöret freylich nur für die unversteinten Meereicheln, ich habe sie aber darum mitgetheilt, weil wir hier im Reiche der Versteinerung noch viele und wichtige Entdeckungen vor uns haben. Ich wiederhole nun die Walchische f) Eintheilung, die uns in den Stand setzet, dasjenige mit einem Blicke zu übersehen, was sich im Steinreiche bisher entdeckt hat. Sie besteht ebenfalls, wie die Bertrandische, nur aus zwey Geschlechtern.

I. Große Balaniten.
1. Die Seetulpe, ein großer Balanit, der die Gestalt einer Tulpe oder Glocke hat, nach der Spitze zu enger ist, und

---

d) Diction. des fossils. T. I. S. 64.
e) Methodus Astracologica. S. 175. f.

f) Naturgesch. der Versteinerungen. Th. II. Abschn. II. S. 289. f.

und keine sonderlich weite Oeffnung zeiget.
2. Desgleichen groß, aber von einer größern Oeffnung, und einer sehr breiten Grundfläche.
3. Cylindrische große Balaniten, deren Oeffnung so weit, als der Cylinder selbst ist.
4. Konische Balaniten von mittlerer Größe, einer zugespitzten Oeffnung und gefurchter Schale.

II. Kleine Balaniten.
1. Gestreifte Balaniten mit einer kleinen Oeffnung.
2. Desgleichen von eben der Größe, aber von einer weit zärtern Schale.
3. Desgleichen mit einer glatten Schale.

Alles, was ich jetzo von den Balaniten gesagt habe, das gilt von den eigentlich sogenannten Meereicheln. Die Schriftsteller aber brauchen das Wort noch von andern Körpern des Steinreichs; aber sie thun daran nicht recht. Ohnmöglich werden wir der Verwirrung in der Lithologie entgehen, wenn wir nicht anfangen wollen, bestimmt zu reden. Plinius hat einen Seeigelstachel, der eine eichelförmige Gestalt hat, also genennet. Hr. Bertrand bemerket am angezogenen Orte seines Wörterbuchs, daß Monti die Pholaden, Belloni eine Concham rhomboidalem striatam, und Lange eine Fungiten oder Alcyonienart Balanites genennet haben.

Vom Werth und der Seltenheit der Balaniten merke ich folgendes an. Vor unsern Zeiten waren die versteinten Meereicheln eine so große Seltenheit, daß man sie in den allermehresten großen Kabinetten gänzlich vermißte. Von dieser Seltenheit sind sie freylich jetzo nicht mehr, allein sie gehören noch immer nicht unter die gemeinen Versteinerungen. Die mehresten Stücke, die man heut zu Tage aufweiset, gehören unter die eigentlichen Foßilien, das ist, sie sind entweder nur kalcinirt, oder wohl gar noch in ihrem natürlichen Zustande erhalten. Diese müssen freylich den wirklich versteinten gar weit nachstehen, und gehören, wenn wir streng urtheilen wollen, gar nicht in eine Petrefaktensammlung. Die großen Seetulpen haben freylich einen merklichen Vorzug vor den mittlern, und diese vor den kleinern. Unter den kleinen sind diejenigen, die eine glatte Schale haben, seltener, als die mit der gestreiften Schale. Oft findet man die Balaniten nur in einzelnen Fragmenten, wie z. E. bey Hildesheim, und Udewallia; würden sie nun an diesen, oder an andern Orten vollständig gefunden, so würden freylich die ganzen Exemplare den Fragmenten weit vorzuziehen seyn.

Was die Oerter anlangt, wo sich Balaniten finden, so sind dieselben in Deutschland überaus sparsam anzutreffen. Baier g) hat einen einzigen in seiner Gegend auftreiben können, den er Tab. VI. fig. 13. hat abzeichnen lassen. Außerdem ist es mir zuversichtlich bekannt, daß am Galgberge bey Hildesheim eben=

---

g) Oryctographia Norica. S. 36.

ebenfalls Balaniten liegen, doch sind sie klein, und mehrentheils unvollständig. Hr. Rath Baumer h) hat auch ein Exemplar auf dem Steiger bey Erfurt entdecket. Außer Deutschland und sonderlich in Piemont sollen sie gar häufig angetroffen werden. Versteinte Seetulpen aus Piemont, Verona und Bourgogne kommen in Museo Chaisiano S. 100 vor. Von Uddewallia merket Stobäus i) an, daß die einzelnen Schalen oder Lamellen der Balaniten auf einem dortigen Muschelberge sehr häufig gefunden, und gemeiniglich für Seleniten angesehen würden. Er zeigt aber aus der Gegeneinanderhaltung eines ganzen dort gefundenen Exemplars, daß es einzelne Lamellen der Balaniten sind. Auf seiner XV. Kupfertafel findet man von beyden Beyspiele abgestochen. Von den Oertern und Landschaften aber, wo man entweder ehedem Balaniten gefunden hat, oder findet, sind mir folgende bekannt. Andona. Arignano. Baden. Basel. Bern. Bononien. Bourgogne. Erfurt. Hildesheim. Italien. Languedok. Lütgern. Maltha. Neuburg. Neufchatel. Piemont. Piso. Polen. Randeberg. Schweden. Schweiz. Siberien. Siena. Uddewallia. Verona.

Die Schriftsteller, welche von den Meereicheln handeln, habe ich in meinem Entwurf einer lithologischen Bibliothek S. 163. gesammlet.

Zeichnungen liefern:

1. Von natürlichen Meereicheln: Rumph Amboinische Raritätenk. Tab. XLI. fig. A. Klein Methodus ostracologica, Tab. XII. fig. 94. 95. d'Argenville Conchyliologie, Tab. XXIX. fig. 24.

2. Von versteinerten Balaniten. Knorr Samml. von den Merkwürdigkeiten der Nat. Th. II. Tab. K. n. 1-5. Tab. K. I. n. 4-9. Baier Oryctogr. Nor. Tab. VI. fig. 13. Walch system. Steinr. Tab. XX. n. 3. Baumer Naturgesch. des Mineralr. Th. I. fig. 39. Stobäus opuscula Tab. XV.

BALANITES heißen im Französischen die vorherbeschriebenen Balaniten.

BALANITES heißt beym Plinius ein Seeigelstachel, der die Gestalt einer Eichel hatte. Beym Monti haben die Phaladen, beym Bellonius eine rhomboidalische gestreifte Muschel, und beym Lange eine Fungiten- und Alcyonienart eben diesen Namen. Man sahe auf die Aehnlichkeit dieser Körper, die sie mit einer Eichel hatten, und bedachte nicht, daß es offenbare Verwirrung machen müßte, mehrern, wesentlich unterschiedenen Körpern, einerley Namen zu geben.

BALANITI heißen ebenfalls die versteinten Meereicheln, von βάλανος eine Eichel, weil viele derselben die Gestalt einer Eichel haben. Viele z. E. die Tulpen, haben sie aber nicht, und das ist Beweis genug, daß dieser Name nicht bestimmt genug ist.

Ba

---

h) Naturgesch. des Mineralreichs. Th. I. S. 334. f.        i) Opuscula. S. 305.

**Balasse**, lat. Balassi, Balassii, Blassii, Palatii, Rubinus colore incarnato subcaeruleo mixto, Wall, franz. Balais. Holl. Ballas werden die rosenfarbenen ächten Quarze genennt. Eigentlich ist die Farbe der Balasse nur bleichroth und fast fleischfarbich; doch scheinet dieser Farbe etwas blaues eingemischt zu seyn. Daher kömmt ihre Farbe dem Karmoisin nahe, und ist fast violetartig. Einige rechnen die Balasse unter die Rubinen. Das thun Wallerius k) wie aus seinem obigen Begriffe erhellet: Hr. Prof. Vogel l), der von ihnen den Begriff giebt, die blaßrothen Rubinen heißen Ballas, Balais. Hr. von Justi m), Hr. Skopoli n), Hr. Kronstedt o), Lesser p). Andere aber sehen den Balaß als einen besondern Edelstein an. Lesser q) erzählet uns nicht nur, daß der Balaß, wenn er in die vier Ecken eines Hauses oder eines Gartens gegraben werde, die Würmer vertreibe; sondern daß man auch aus einem Amethyste durch Betrug einen Balaß machen könne, wenn man denselben halb durchbohre, und alsdann eine gehörige Tinktur hinein thät.

Nach der Bemerkung des Hrn. Hofrath Walch r) entstehet die Farbe der Edelsteine aus den vermischten metallischen Theilchen, welche theils stärker, theils schwächer eingedrungen sind, und daher bald eine höhere, bald eine blässere Farbe hervorgebracht haben. Der Balaß hat daher weniger beygemischte Theilchen als der Rubin, darum ist seine Farbe blässer.

BALASSI, BALASSII, heißen die vorherbeschriebenen Balasse.

**Balaßrubin**, Rubis Balais, lat. Balustiorubinus, franz. Rubis-Balui, holl. Rubyn-Ballas heißen die Rubinen, welche hellroth oder rosenroth sind. Die Farbe dieser Steine ist für einen Rubin zu blaß; man hat sich daher genöthiget gesehen, ihm den Namen von beyden zu geben. Bisweilen sind die Balaßrubinen, oder wie sie auch heißen Rubis Balais, auch pomeranzenfarbig, mit einer kleinen Mischung von blau, welches macht, daß dieser Stein ein wenig in das Violet oder Karmoisin fällt. Dieser ist unter den Rubinen der allerweichste, und wird in Schlesien, Mexiko und Brasilien gefunden! Aus eben dem Grunde, weil er so gar weich ist, hält man seinen Werth nicht eben so gar hoch. Diejenigen, die den Balaß unter die Rubine zählen, dürfen den Balaßrubin nicht nennen, ohne zu befürchten, daß man sie eines Widerspruchs beschuldige. Das ist die Ursache, warum viele Schriftsteller dieses Steines gar nicht gedenken.

BALLES d'Agate. S. Achat.

---

k) Mineralreich. S. 153.
l) Praktisches Miner.syst. S. 143.
m) Grundriß des Mineralreichs. S. 202.
n) Einleitung in die Kenntniß der Fossilien. S. 17.
o) Versuch einer neuen Mineralogie. S. 48.
p) Lithotheologie. S. 48.
q) Ebendas. S. 1183; 1187.
r) System. Steinreich. Th. XI. S. 56. f.

BALLES de Veld-Quarz. S. **Bergkrystall.**

**Bandstein**, Bänderjaspis wird unter den Bildsteinen derjenige genennt, der einem streifichtem Bande ähnlich ist. Ich würde dieses Steins so wenig, als vieler anderer Bildsteine gedacht haben, wo nicht: Hr. Helks) einen Bandstein beschrieben hätte, der sich bey dem Bergstädtchen Berggieshübel befindet, und der viel Eigenes hat. Er liegt in einem Stollen fast hundert Lachter tief in der Erden, und ist bey drey Lachter mächtig. Seine Beschaffenheit ist nach Herrn Helks Beschreibung diese: „Dieser Bandstein ist der schönste in seiner Art, den ich jemals gesehen habe, zumal da die weißen und schwarzen Streifen einförmig, beständig und vielmal mit einander abwechseln, welche Regulairität und Einförmigkeit dem streifigen Achat und Karlsbader Sinter, so gleichfalls bisweilen eine Art von Bandsteinen machen, abgeht. Die weißlichten Streifen sind Hornstein, die schwarzen aber Schiefer, mithin der Politur unfähig, und nicht vest genug, daß man Dosen und andere Geschirre daraus verfertigen könnte, daß also sein Werth nur von denjenigen geschätzt werden kann, welche ein Vergnügen in der Erkenntniß dessen finden, was die Natur Verschiedenes und Sonderbares hervorgebracht hat. Doch könnte er zum Auslegen wohl gebraucht werden, da die schöne Politur des Hornsteins in den abwechselnden todten Streifen des Schiefers eine gute Wirkung thut. Die Streifen dieses Bandsteins gehen nicht beständig in gerader Linie fort, sondern werden mit viele Ritzen durchkreuzet, welche die Streifen auch manchmal in etwas verrücken, welche Querlinien jedoch eben auch aus Hornstein bestehen, daß sich der Stein selten durch diese Linien trennen läßt. Bisweilen machen die Streifen auch selbst gekrümmte Absätze." Herr Vogel t) redet auch von einem solchen Bandstein, den er unter die Jaspisse setzet, und aus diesem haben wir den Namen Bänderjaspis entlehnet. Er rechnet diesen Bandstein des Herrn Helks ausdrücklich unter die Jaspisse. Denn so sagt er: „Man nennt den Jaspis Bandstein, oder Bänderjaspis, wenn er allerhand farbige breite Streifen hat: dergleichen vor einigen Jahren bey Altenberg und bey Gießhübel in einem eigenen Flötze entdeckt worden." Ist es aber wahr, was Hr. Helk sagt, daß die weißen Streifen seines Bandsteins Hornstein sind, so kann er nicht unter die Jaspisse gehören, denen ihr Ort nicht unter den edlen Hornsteinen, sondern unter den edlen Kieseln angewiesen werden muß. S. **Jaspis, Hornstein und Kiesel.**

**Basalt**, Basaltes, lat. Basaltes, Basanus, Lapis lydius, corneus crystallisatus niger Wall. Wall. Borax lapidosus columnaris politus pyramidibus triquetris Linn. Stannum crystallisatum colu-

---

s) Hamb. Magaz. XII. B. 3. St. S. 288. f.   t) Praktisches Mineralsyst. S. 126.

lumnaribus nigris. Linn. fr. Baſalte iſt ein ſonderbares kryſtall ähnliches, doch undurchſichtiges Steingewächſe, welches ſonderlich in Schleſien, Sachſen und Irrland gefunden wird, und vier-fünf auch wohl ſechseckicht in Gliedern auf einander ſitzet. Hr. Henkel u) leitet das Wort her von βασανιζω exploro weil man ihn nämlich zum Probierſtein gebrauchen kann. Worm v) aber ſucht den Urſprung des Wortes in der äthiopiſchen Sprache in dem Worte Baſal, welches daſelbſt Eiſen bedeutet, und beſchreibet den Baſalt, als einen ſehr harten Marmor, der eiſenfarbig ſey, und ſich nicht feilen laſſe, der wie ein mittelmäßiges dickes Holz wachſe, und zwar ſo, daß man glauben ſollte, es ſey von einem Zimmermann alſo bearbeitet. Wallerius w) beſchreibet dieſen Baſalt als eine Gattung von Schörl, oder einer kryſtalliſirten Hornſteinfelsart. Hr Skopoli x) hingegen nimmt das Wort Baſalt in einem viel weitläuftigern Verſtande, als bisher geſchehen iſt, denn er nennet Baſalt: „alle ſchwere Erdarten, welche die Figur einer Säule, Spathesſtrahlen oder Schuppen haben." Brauchbare Nachrichten vom Baſalt liefert Hr. Pott y), wenn er ſagt: „der Baſaltes heißt bey den Autoribus ordinair auch eben das, was der Probierſtein iſt. Er iſt alſo vom Baſano nicht unterſchieden, folglich zeiget er nicht eben allemal den eigentlichen ſchwarzen Marmor an. Dies iſt offenbar bey dem ſchon lange berühmten Baſalte Stolpenſi oder ſtolpiſchen Stein in Meißen; denn dieſer iſt gar nicht eine Art von einem ſchwarzen Marmor, ( obgleich) Agricola, Bootius und Bruckmann ſolches verſichern) denn er efferveſcirt gar nicht mit Acidis, brennet ſich auch nicht durchs Feuer zum ungelöſchten Kalk, ſondern ſeine Grunderde kommt mit einem thonichten Schiefer überein, der zugleich mit einer eiſenſchüßigen Erde durchzogen iſt. Drum ſagt auch Henkel: daß er aus glaßichten Erden und Eiſentheilchen beſtehe. Es hat noch niemand angemerket, ja vielleicht auch noch nicht gemuthmaßet, daß dieſer veſte Stein ſich durch bloßes heftiges Feuer, ohne allen Zuſatz, ſchmelzen laſſe., und in eine ſchwarze Schlacke, wie ein ſchwarzer Achat verkehre, die ſo kompakt iſt, daß ſie mit Stahl Feuer ſchlägt. Es beſtehet mithin dieſer Stein ſeiner Miſchung nach aus eben der Zuſammenſetzung, als ein anderer thonichter eiſenſchüßiger Schiefer, der von ſich ſchmelzet, oder wie ein ächter Probierſtein, dem er auch darinn gleich kommt, daß er die Farbe des Metalls durchs Anreiben annimmt und ausdrückt. Seiner Farbe nach iſt er theils ſchwärzlich, theils aſchgrau und

J 5 eiſen-

---

u) Kleshiſtorie. S. 175.
v) S. Onomatolog. hiſtor. nat. T. II. S. 141.
w) Mineralreich. S. 186.
x) Einleitung in die Kenntniß der Foßilien. S. 25. f.
y) Erſte Fortſetzung der Lithogeognoſie. S. 63. f.

eisenfarbig nach verschiedenen Staffeln. z) Je schwärzer er ist, desto besser schickt er sich zum Probierstein. Er ist merklich hart, doch schlägt er mit Stahl kein Feuer, daher ich mich wundere, daß Gorräus von ihm vorgiebt, er lasse sich weder schneiden noch feilen, welches beydes der Erfahrung zuwider läuft, und der Antiquarius des Elbstroms schneidet p. 241. noch besser auf, wenn er sagt, daß er, fast so hart, als ein Demant sey."

Von seiner natürlichen Bildung läßt sich keine wahrscheinliche Meynung sagen; vielleicht aber hat er in der Kongelation seine bestimmte Figur bekommen. a) Und das meynet auch Hr. Schober b), wenn er vom Basalt vorgiebt, er sey aus dem Wasser entstanden.

Herr Baumer hat in dem vorher angeführten Orte von dem Basalt feine Nachrichten gesammlet. Er nennet den äthiopischen Basalt, eine schwere harte und glänzende Bergart, welche sich in 4. bis 8 eckichter Figur krystallisirt, und anderthalb Fuß dicke und 12 bis 14 Fuß hohe Säulen ausmacht. Dann fährt er fort: „Er ist dem Gehalt und der glasartigen Gestalt nach, einer Eisenschlacke völlig ähnlich, und etwas durchsichtig. Vor dem Blasrohr wird er, wie ein anderer thonichter und eisenschüßiger Schiefer, oder Probierstein, ohne allen Zusatze zu einem schwarzen dichten Glase, das mit dem Stahl Feuer schlägt. Nach des Hrn. Professor Potts Versuchen kömmt er in Absicht seiner Grunderde, mit einem thonigen Schiefer überein, der zugleich mit einer eisenschüßigen Erde durchzogen ist; und Herr Henkel sagt von ihm, daß er aus glasigten Erden und Eisentheilen bestehe." Der eigentliche Ort also, wohin man nach den chymischen Versuchen den Basalt zu rechnen hat, ist dieser, daß man ihn unter die thonichten Steine, mit Herrn Pott und Baumer setzet. Das haben gleichwohl nicht alle Schriftsteller gethan. Walerius c) hat ihn unter den feuerbesten Steinen, dahin er aber nicht gehöret, weil er vor sich im Feuer fließet. Kronstedt d) hat ihn unter den Terris granatinis, und daß ihn Boodt, Henkel und Brückmann gar unter die Marmore gesetzt haben, ist aus den obigen Worten des Hrn. Prof. Pott deutlich. Andere haben bey ihrer Eintheilung darauf gesehen, daß er eisenschüßig ist. Broniell e) setzt ihn daher unter die Halbmetalle, und an eben diesem Orte muß man ihn auch beym Hrn. Prof. Vogel f) suchen, der ihn unter die metallischen Steine bey den Schörl gesetzt hat.

Da dieser Stein sehr hart ist, so muß er aus zarten Bestandtheil-

---

z) Herr Baumer sagt in der Naturgesch. des Minerals. Th. I. S. 220. er sey von Farbe schwarz, braun, oder grün.

a) S. Walchs system. Steinreich. Th. II. Kap. I. §. 102. S. 85.

b) Hamburger Magazin VI. Band 2. St. S. 130.
c) Mineralreich. S. 186.
d) Versuch einer neuen Mineralogie S. 78. §. 72.
e) Lithogr. et Mineralogia Sulcans.
f) Praktisches Mineralsyst. S. 179.

theilchen bestehen, und wird vermuthlich eben so erzeuget, wie der Krystall. Sonst kömmt er mit dem Krystall auch darinne überein, daß er eine bestimmte Anzahl der Seiten und Ecken hat, und in eine Spitze ausgehet. Darinn aber ist er von demselben unterschieden, daß er undurchsichtig und viel größer als der Krystall ist. Er wächset nämlich allezeit in einer prismatischen Gestalt von 5 bis 8 Ecken, alle einzelne Säulen sind oft anderthalb Fuß dick, und 12 bis 14 Schuh hoch.

Ueber die Entstehungsart des Basalts sind die Naturforscher gar nicht einig, vielleicht wird sie ihnen auch ein ewiges Geheimniß bleiben. Ich habe vorher gesagt, daß er vielleicht eben so entstehe, wie der Krystall, und das ist die Meynung des Herrn Hofr. Walchs in seinem Steinreiche. Andere aber leiten ihren Ursprung anders woher. Herr Monnet hat in seiner Abhandlung von den ehemaligen feuerspeyenden Bergen in Niederlanguedok g) die Meynung des Hrn. Marets angenommen, daß nämlich der Basalt von feuerspeyenden Bergen entstanden sey, und zwar aus einem Granit, der durch die Heftigkeit des Feuers in einen Fluß gerathen, und die Gestalt eines sechsseitigen Prisma dadurch bekommen. Auf diese Art wäre die Bildung des Basaltes blos zufällig; sie ist aber viel zu weit hergeholt, und viel zu unwahrscheinlich, als daß sie sich einen großen Anhang versprechen könnte. Denn

1. Ist der Bau der einzelnen Säulen zu ordentlich, als daß man vermuthen könnte, daß eine geschmolzene Masse also hätte für sich können gebauet werden.

2. Würde diese Masse, die wie Hr. Pott angemerket hat, für sich im Feuer fließt, in einen unförmlichen Klumpen zusammen geflossen seyn, und am Stahl Feuer schlagen müssen, so wie sie Feuer schlägt, wenn sie geschmolzen wird.

Herr Guettard h) hat diese Meynung gründlich widerlegt, der zugleich denenjenigen beypflällt, welche den Basalt für eine Art der Krystallisation halten. Und nichts ist wahrscheinlicher, als dieses, da Dinge, die einerley äußern Bau haben, auch einerley Grundursachen haben müssen. Daß aber der Basalt undurchsichtig ist, kömmt von seinen Bestandtheilen her, die viel unreiner und gröber sind, als die Bestandtheile des Krystalls.

Der Basalt wird nicht allein in Schlesien und Irrland gefunden, sondern auch an andern Orten. Wir reden zuförderst von dem Sächsischen. Mylius i) merket an, daß zu Anneberg ein Stein gefunden werde, welcher nur der annebergische Stein heißt, der dem äthiopischen Stein fast gleichet, und von solcher Härte ist, daß ihn die Hufschmiede zu Amboßen brauchen können, derglei-

---

g) S die mineralogischen Belustigungen. Th. III. n. 6.

h) Memoires sur differentes parties des sciences et Arts. T. II. in der neunten Abhandlung.

i) Saxon. subterran. P. I. Rel. X. S. 78.

dergleichen werde auch zu Stolpen gefunden. Denjenigen Basalt, der zu Stolpen gefunden wird, beschreibt er an einem andern Orte k) davon wir folgendes anmerken: „Auf diesem Stein stehet das gantze stolpische Schloß, und ist besonders merkwürdig, daß dieser Stein wie Pfeiler an einander gesetzt, in dasigen Steinbruche zu sehen. — An sich selbst aber variiret dessen Gestalt, indem theils desselben 3. 4. 5. 6. und mehreckicht gefunden wird. Schon Agrikola l) gedenket dieses Steins bey Meißen und giebt davon folgende Nachricht:" Natura pilas gignit, modo teretes, cujusmodi sunt Syenitae lapides in Thebaide, inter Syenem et Philas: modo angulatas, cujusmodi in Misena basaltae. Vtraeque autem arctius inter se junctae, in Thebaide tamen interdum solitariae qnaedam. Vtrobique alterae in alteras videntur esse impositae, et quidem minores in majores. Ex Misenis maximae sesquipedem crassae sunt, altae pedes XIII. Ex Thebanis maximae duodecim pedes crassae, altae interdum pedes centum, aut amplius; vt ex obeliscis, quos statuerunt Reges Aegypti, potest intelligi." Diese von den Schriftstellern angegebene Höhe der einzelnen Basaltsäulen, ist bloß in so fern zu verstehen, in wie fern sie aus der Erde hervorragen, ihre Tiefe hat man, nach Herrn Gesners m) Anzeige, noch nicht ergründen können.

Herr Liebknecht n) gedenket auch eines solchen gebildeten Steines, darauf das alte Münzenbergische Schloß stehet, und meldet davon, daß der Felsen aus 5. 6. 7. eckichten an einander stehenden 10. 20. 30. und mehr Schuhe hohen Steinsäulen bestände. Es sey zwischen diesem Steine klüftig, daß man also die einzelnen Säulen leicht von einander unterscheiden könne. Ob es aber auch ein Basalt sey? will ich nicht untersuchen, glaube aber, daß er zum Geschlechte der Basalte gehöre, weil sein Bau dem Bau des Basaltes gar zu ähnlich ist.

In den philosophischen Transaktionen o) hat Herr Trempley eine Nachricht von gewissen Steinen zu Nassau, Trier und Kölln gegeben, welche denjenigen ähnlich sind, die bey dem Riesendamm in Irrland gefunden werden. Wir wollen aus einer sehr beliebten deutschen Monatsschrift p) davon das Wesentlichste mittheilen. „Es ist eine Masse von Steinen, die fast eine regelmäßige Gestalt haben: denn es sind Prismate, die eine gewisse Anzahl Seiten, von 3. bis 8. haben, durchgehends ungefähr zwey Fuß lang, und 9 Zoll dick. Man findet sie in senkrechter Stellung, und sie sind eine harte Gattung von Basalten, welche mit Stahl Feuer schlagen, und wenn sie zerbrochen werden, schwarz aussehen. In allen diesen Stücken sind sie den Steinen des Riesendammes in

---

k) Ib. P. II. S. 26.
l) De Natura fossilium. Lib. VII.
m) De rer. fossilium figuris S. 23. quanto spatio intra terram contineatur nemini adhuc est exploratum.
n) Hassia subterran. S. 144. f.
o) Band XLV. Art. LXXXV.
p) Brem. Magaz. III. B. S. 425.

in Irrland ähnlich. Man findet vier dieser Steine in Haufen und in Gebäuden zwischen Weilburg und Koblenz, wie auch zwischen Koblenz und Kölln. Zwischen Kölln und Bonn sahe man längst dem Rhein eine Masse dieser Steine, gleich einem Fels stehen, dessen Spitze bey niedrigem Wasser etwa zween Fuß über die Oberfläche desselben hervorragete." Herr Trempley hat übrigens die wahrscheinlichste Meynung vom Ursprunge dieser Steine angenommen, daß nämlich dieselbigen nichts anders, als Krystallisationen sind.

Von dem schlesischen Basalt, sonderlich demjenigen, der bey Liegnitz liegt, macht Hr. Schober q) folgende Nachricht bekannt: "Ich merke hier beyläufig an, daß ich in Liegnitz verschiedene Stücken von den Basaltes gefunden, die fast so gestaltet gewesen, als wie die in Irrland abgebildet werden: einige waren konver, andere konkav; allein beydes sehr flach, die erhabenen Ecken aber, die sich an den irrländischen finden, fehlten, und auf den gegenüber stehenden Seiten waren sie insgesammt irregulair abgebrochen."

Ich habe nun angemerket, daß sich der Basalt in Schlesien und Irrland, in Sachsen bey Annaberg und Stolpen, in Hessen, und bey Nassau, Trier und Kölln befinde. Außerdem bemerket Plinius in seiner Naturhistorie, daß er auch in Aethiopien gefunden werde, so wie Henkel die Nachricht giebt, daß man ihn auch bey Brandau anträfe. Ja selbst in der Donau soll er gesehen werden.

Sonst hat der Basalt auch die Natur eines Probiersteins, und die Kraft, auf ihm Gold und Silber zu prüfen. Daher kömmt es, daß ihn viele Schriftsteller mit dem eigentlichen Probierstein, der ein Marmor ist, verwechseln, und daß man dem Basalt die Namen: Lapis lydius, Basanus, und Corneus crystallisatus niger gegeben hat.

Der Ritter Linne r) gedenket einer dreyfachen Gattung von Basalt, schwarzen, grünen und weißen, und macht dabey die Anmerkung: Continet saepe ferrum, interdum Stannum aut Plumbum; interdum sterile est solo ferro. Medium quasi inter Sterilum et Granatum.

Herr Skopoli s), der, wie ich bereits angemerket habe, das Wort Basalt überaus weitläuftig nimmt, macht davon folgende Klaßifikation:

1. Prismatischer Basalt. Basaltes columnaris.
 a. schwarzer.  b. grüner.
2. Spatförmiger Basalt. Basaltes spatiformis.
3. Strahlichter Basalt. Basaltes radiatus.
 a. Aus flachen keilförmigen Theilen zusammengesetzt.
 b. Aus prismatischen kreuzenden Theilen zusammengesetzt.
 c. Aus ungestalteten gestreiften Stücken bestehend.

4. Glim-

---

q) Hamburg. Magazin. VI. Band 2. St. S. 120. Anm.
r) System. natur. T. III. S. 95.
s) Einleitung in die Kenntniß der Fossilien. S. 26.

4. Glimmerartiger Basalt. Basaltes micaceus.

Herr Kronstedt t) nimmt das Wort auch ein wenig ungewöhnlich, und macht folgende Eintheilung:

I. Eisenhaltiger, grober grüner Basalt. Basaltes martialis.

II. Spatförmiger Basalt. Basaltes spatosus.
 1. Hochgrüner. 2. bleichgrüner. 3. weißer.

III. Strahlförmiger Basalt. Basaltes particulis fibrosis.
 1. Mit gleichlaufenden Fasern,
  a. Schwarzer. b. grüner. c. weißer.
 2. Mit zusammen laufenden Fasern,
  a. Schwärzlichgrüner. b. hellgrüner. c. weißer.

IV. Krystallisirter Schörl. Basaltes crystallisatus.
 a. Schwarzer. b. dunkelgrüner. c. hellgrüner. d. rötlichbrauner.

Die Schriftsteller, die vom Basalt handeln, habe ich in meinem Entwurf einer lithologischen Bibliothek §. 14. gesammlet.

Eine genaue Zeichnung von seinem Bau hat Anselmus Boetius von Boodt in seiner Historia gemmarum et lapidum geliefert. Man vergleiche damit die Acta naturae curiosorum Vol. X. im Anhange, wo ein ganzer Berg in Irland in Kupfer gestochen ist, wo sich eben der Basalt so wunderbar zeigt. Die Beschaffenheit dieses Berges ist es werth, daß wir hier noch die Beschreibung anhängen, die uns Hr. Prof. Vogel u) davon mittheilet: „Inzwischen ist keine Gegend merkwürdiger, als die in Nordirrland, wo viele tausend solcher Säulen wohl vierzehn Meilen in der Runde stehen; welche Gegend daher der Riesenwall genannt wird. Der eigentlich so genannte Platz aber besteht aus etwa dreyßigtausend solcher Säulen, die meist perpendikular stehen, und fast an einander gewachsen, alle aber vieleckicht sind. Sie gehen bis acht Fuß tief, und vermuthlich noch viel tiefer in die Erde. Jede Säule hat gleiche Dicke, Winkel und Seiten in ihrer ganzen Höhe. Auf dem Billsteine stehen die Säulen mehrentheils in die Höhe, haben fünf, selten sechs Seiten, sind von drey bis acht Schuh breit."

Basalte heißt im Französischen der Basalt.

Basaltes ist der lateinische Name dieses Steins.

Basanites heißt der Probierstein, von βασανίζω ich erforsche genau, weil man auf diesem Steine die Güte des Goldes und Silbers erforschen kann. S. Lapis lydius. Weil man aber auch auf dem Basalt eben dieses thun kann, so ist es daher gekommen, daß einige auch den Basalt also genennet, ob ihm gleich dieser Name eigentlich nicht gehöret. Denn der rechte Probierstein ist ein Marmor, welches der Basalt nicht ist. S. Basalt.

Basanus heißt von eben dem Worte βασανίζω der Basalt, und der Probierstein; weil beyde dazu geschickt sind, daß man auf ihnen

---

t) Versuch einer neuen Mineralogie. S. 78.

u) Praktisches Mineralsyst. S. 180.

ihnen Gold und Silber prüfen kann. S. *Kasanites.*

BASIS *enerini* heißet der Gelenkstein des Enkriniten, weil derselbe da, wo oben die Strahlen und unten der Stiel auf ihm sitzen, eben den Mittelpunkt oder die Basis dieses Seekörpers ausmacht S. *Enkrinit.*

BASSINS heißen im Französischen die Pferdehufe. S. Pferdehuf.

BASTART-ARR heißen bey den Holländern die Bastartarken. S. Arken.

**Bastartarken.** S. Arken.

BASTERT-ARKEN. S. Arken.

BASTONCELLI DI San Paolo, BASTONCINI DI S. Pauli Melitensium. S. *Baculi St. Pauli.*

**Batrachiten** lat. Batrachites, Batrachoides heißen die Krötensteine; eine Gattung versteinter Fischzähne, von denen man ehedem glaubte, daß sie in dem Gehirne großer Kröten erzeuget würden. Das Wort hat seinen Ursprung von βάτραχος eine Kröte. S. Krötensteine und Glossopeters.

BATRACHITES ist der lateinische Name dieser Krötensteine.

BATRACHOIDES heißen nicht nur die Krötensteine, welche Fischzähne sind, sondern auch die versteinten Kröten. Ob es wirklich versteinte Kröten gebe? werden wir unten bey dem Titul Froschgeschlecht untersuchen. So viel ist gewiß, daß Lochner unter den Seltenheiten des Beßlerischen Kabinets auch einen Stein beschreibt, den er für eine orientalische Kröte hält.

**Baumachat.** s. Dendrachat.

**Baumschiefer.** s. Dendriten.

**Baumsteine** heißen die Dendriten, weil sie auf ihrer Oberfläche Bäumchens vorstellen. S. Dendriten.

**Beinbruch, Beinstein, Bruchstein, Beinwell, Beinheil, Wallstein, Steinbein,** latein. Osteocolla, Osteites, Stelechites, Lapis sabulosus, Psammosteum, Holosteum, Fossile arborescens, Lapis Ossifragus, Enosteos, Ammosteos, Osteolithus, Cysteolithus, Lapis Ostites, Lapis Morochius, Tophus calcarius subcylindricus perforatus Linn. Petrificatum vegetabile radicis arborum Wall. franz. Ammostée, Osteocolle, Pierre des os rompus, Sabloneuse, Pierre sabloneuse heißen die versteinten Wurzeln, welche von einer mürben, porösen, mergel, und sinterartigen Steinart sind, und dabey eine Aehnlichkeit mit zerbrochenen Knochen haben. Eben darum weil sie einem zerbrochenen Knochen ähnlich sind, und weil sie auch in der Medicin bey Beinbrüchen stark gebraucht werden, haben sie den Namen eines Beinbruchs erhalten. Der Beinbruch gehöret also zu den versteinten Hölzern.

Hr. Prof. Vogel v) will dem Beinbruch keine Stelle unter den Versteinerungen anweisen, sondern ihn unter die inkrustirten Körper gerechnet wissen. Seine Worte, darinne er zugleich seinen Begriff von der Osteokolla vorträgt, sind diese. „Unter solche (Incrustata) muß man auch die Beinwelle oder Osteokolla rechnen,

---

v) Praktisch. Mineralsystem. S. 257. s.

rechnen, welche in der Mark sehr häufig in einem feuchten niergelichten Boden gefunden wird. Herr Wallerius nennet zwar dieselbe Petrificatum vegetabile radicis arborum vel plantarum; allein dieser Begriff ist zu weitläuftig, massen nur derjenige Ueberzug von Wurzeln Osteokolla heißen muß, welcher kalkicht und sandicht ist, und sich nicht über der Erden, sondern unter der Erden um dieselben anlegt. Ob nun wohl, damit ich den Begriff der Osteokolle noch näher bestimme, die Osteokolla ein tuffsteinichter Ueberzug über Wurzeln ist; so ist doch umgekehrt nicht ein jeder tuffsteinichter Ueberzug der Wurzeln eine Osteokolla, sondern er muß nothwendig mergelicht seyn; und der linnäische Name schickt sich recht gut, wenn nur das Wort calcareus in margaceus verändert wird." Man findet unter den Toph und Stalaktitenarten solche, die dem äußern Ansehen nach der Osteokolla gleichkommen; diese werden zwar von einigen auch Osteokolla genennet, aber mit Unrecht, weil bey derselben in Ansehung der Materie eine vererbete Wurzel zum Grunde liegen muß.

Man siehet hieraus so wohl, als auch an den mehresten oben angeführten Namen, daß die Schriftsteller einen geboppelten Gebrauch des Wortes Osteocolla oder Beinbruch angenommen haben, einen wahren und einen falschen. Die wahre Bedeutung haben diejenigen, die ihn zu den Wurzeln der Bäume rechnen, die aber Tophsteine, Tropfsteine, Inkrustationen u. d. g. mit diesen Namen belegen, die geben dem Worte eine falsche Bedeutung. Wir wollen einige Schriftsteller davon nachschlagen.

Colerus hielt nach Zorns w) Berichte, den Beinbruch für eine wahrhaftige Pflanze, die eine kleine blaue Blume trage. Boetius von Boodt gieng noch weiter, er erzählte Ulrichen von Burgsdorf, daß der Lapis sabulosus bey ihm wie eine Pflanze wachse, die im Anfange des Frühjahrs in der Gestalt eines kleinen Kopfkohls, mit kleinen aschfarbigen und schwärzlichten Blättern aus der Erde hervorwüchse, die sich bald aus einander wickelten, und sich nach der Erde zu ausbreiteten. In dem Kopfe dieser Pflanze sey ein Staub, der leicht in ein flüßiges Wesen zergehe, und die Aeste der Pflanze wären beinicht x). Wie Schütte und sein schlechter Kommentator, Hr. D. Merkel, den Beinbruch für einen bloßen Tophstein gehalten haben, und was sonderlich letzterer zu seiner Vertheidigung sagt, das soll beym Wort Osteocolla angeführet werden. Albrech. Ritter y), wenn er von einer Osteokolle redet, von der man ganze Mauren aufführen kann, muß auch nicht gar zu richtige Begriffe davon gehabt haben. Den allerschlechtesten Begriff vom Beinbruch hatte

---

w) Botanologia medica. S. 488
x) Hamb. Magaz. VIII. B. 6. St. S. 580. f. in der schönen Abhandl. des Hrn. Hofr. Gleditsch, der wir mehrmalen gedenken werden.
y) Lucubr. II. de Alabastris. S. 32.

hatte ohne Zweifel Scheuchzer z) der ihn also beschreibt: „Ein Stein, der allerhand, doch unordentliche Figuren bildet, und einem versteinerten Lett gleich siehet." Er hat ihn unter das Geschlecht der Steine, welche eine gewisse Gestalt vorbilden, mit dem Stalaktit und Belemnit in eine Klasse gebracht, solchergestalt aber von dem Stalaktit ausdrücklich unterschieden.

Andere Schriftsteller kommen der Wahrheit näher. Wir nennen zuerst den Imperatus a), der nicht allein eine sehr genaue Zeichnung von einem Stück Beinbruch liefert, sondern auch sagt, daß er eine in Stein verwandelte Wurzel, weich wie Ciment, und von einer sandartigen Substanz wäre. Thomas Erastus b) erzählet unter andern, daß man in der Pfalz von dem Beinbruche den Stamm gefunden habe, der bis an die Wurzeln einerley Größe behalten hätte, und dem Stamme eines an diesem Orte gekrümmten Baumes ähnlich gewesen sey. Eben das behaupteten auch Beckmann c) und Hermann d), doch irrte letzterer darinne, daß er den Beinbruch für infrustirte Wurzeln hielt, der aus einem Gries bestehe, welcher durch einen Leim zusammengefügt wäre. So lauten seine Worte: „So viel der Augenschein weiset, wenn man in den Sandberg gräbet, so siehet man hin und wieder laufende röthliche Fäserle, auch was stärkere hohle Aedrichen, wie Wurzeln von Bäumen oder Bast. Um solche leget sich accedente nimirum lento et viscoso quodam humore, vim coagulandi habente eine weißliche Materie an, und wächset so fort, bis ein Corpus solidum, oder armdicker Stamm daraus wird." Das letzte behauptet auch Erastus; doch wird das Gegentheil bald erwiesen werden. Neumann gehöret auch unter die Schriftsteller, welche die Osteokolla für die Wurzel eines Baumes halten. Der Ritter Linne e) macht, wenn wir die Meynungen der Schriftsteller über den Beinbruch betrachten, eine eigene Klasse aus. Er setzt ihn unter die Tophos, und giebt doch zu, daß er aus Kalk, Sand und Baumwurzeln zusammengesetzt sey. Kronstedt f) kannte den Beinbruch gar nicht, sonst würde er ihn nicht unter die Körper, die in Thon verwandelt sind, gesetzt, und behauptet haben, daß er von einem unbekannten Thone herrühre. Wallerius g) machte es vor ihm besser, denn er hat den Beinbruch unter den versteinten Wurzeln. Nur zweyerley können wir ihm in seiner Beschreibung nicht zugeben:

1. Daß

---

z) Naturhistorie des Schweitzerl. Th. III. S. 162.

a) Hist. natural. S. 255. der lat. Ausgabe.

b) In seinem Briefe an Gesnern de natura, materia, ortu et vsu Lapidis sabulosi, in dem 2. Theil seiner Disput. de medicina nova Phil. Theophrasti.

c) In den philosophischen Transaktionen v. J. 1668.

d) Maslographia. S. 285.

e) System. natur. T. III. S. 189. f.

f) Versuch einer neuen Mineralogie. S. 255.

g) Mineralreich. S. 426.

K

1. Daß er nicht zugiebt, der Beinbruch sey kalkartig. Denn aus den Proben des großen berlinischen Chymisten Hrn. Marggrafs, derer wir unten gedenken werden, erhellet das Gegentheil.

2. Daß er vorgiebt, der Beinbruch komme bloß vom Espenbaume her, wie denn die Wurzel der Espe, wenn der Baum auf sandichtem Boden wachset, sogleich anfange, sich in Stein zu verwandeln, wenn der Baum abgehauen, oder dürre würde. Denn beydes streitet wider die Erfahrung, und wider die unläugbaren Untersuchungen, die der Herr Hofrath Gleditsch zu Berlin darüber angestellet hat, und die wir nachher auszeichnen werden.

Volkmann h) der sich bey dem, was er von der Osteokolla glaubt, auf die Acta Anglica beruft, giebt uns von derselben diesen Begriff: daß sie einen ganzen und großen Baum, mit Stamm und Aesten, doch ohne Blätter, vorstelle. Er führet an, daß er also in der Pfalz, bey Speyer, Heydelberg und Jena, in Hessen, bey Darmstadt, Friedberg und Giessen, bey Danzig an der Ostsee, ohnfern Dennstedt in Thüringen, und in Mähren bey Sternberg zu Sonnenburg gefunden würde. Zugleich macht er folgende Probe von seinen innern Bestandtheilen bekannt: „Wenn sie gerieben, in Wasser geschlämmt, und das Wasser von dem Sand abgegossen wird, setzet sich alsdann eine braune Ochra zu Boden. In der Kalcination giebet sie einen Crocum ♂tis, welchen der Magnet wie ein Eisenstaub an sich ziehet, und machet, wenn man Spiritum oder Oleum ⊕ darauf gießet, eine starke Ebullition mit einem ♂lischen Geruch und Geschmack. Wenn man es mit wenig Salpeter schmelzt, giebt es rechte Eisenschlacken." Wir werden in der Folge richtigere chymische Proben aus einem Marggraf und Pott, beybringen. Jetzo merke ich nur an, daß diese Versuche, die Hr. Volkmann anführet, mehr wider, als für ihn reden, wenn er den Beinbruch unter die Steinspiele wirft; aber auch wider diejenigen, welche die Osteokolla unter die Tropf- oder Topffsteine zählen. Sie reden das Wort mehr denen, welche eine vererbete Holzwurzel dabey zum Grunde legen, und aus ihren innern Bestandtheilen schlüßen, daß der Beinbruch kein bloßer Stalaktit sey.

Von dem Beinbruch, der sich ohnweit Dresden befindet, giebt Hr. Helk in den Nachrichten von den Versteinerungen um Dresden und Pirna i) folgendes an: „In eben dieser Thongrube (bey Kotta) findet man sogenannten Beinbruch, Beinwell, oder Walstein, (Osteocollam.) Er ist von eben der weißgraulichen Farbe und Materie wie der Thon, worinnen er stecket. Er klebet an der Zunge, aber ohne Geschmack. Er ist auch nicht von der Art, die einen Geruch von sich giebt, dessen Boodt in historia gemmarum et lapidum, und Lange in hist. lapid. figurator. Helvet.

---

h) Silesia subterran. S. 60.

i) Sie befindet sich im Hamb. Magaz. IV. Band S. 534. f.

Helvet. gedenket. Es sind lauter Stücke, wie er ordentlich gefunden zu werden pflegt, und liegen allemal derselben viele an einem Ort beysammen, und zwar ordentlich da, wo der Thon mit der Dammerde gränzet. Die größten, die ich gefunden, sind nicht viel über einen Zoll dick. Die Höhlungen sind meistens leer; manche mit eben solcher Materie ausgefüllt, woraus die Röhren bestehen, nur daß sie porös ist; wenige haben eine weißlichte Materie in sich, welche zarter Baumwolle ähnlich ist, aber nicht vest zusammen hängt, wie Spinnewebe.

Die richtigste Untersuchung des Beinbruchs haben wir dem Herrn Hofrath Gleditsch in Berlin zu danken k), der ihn durch mühsame Reisen genau zu untersuchen, schöne Gelegenheiten fand. Er giebt uns vom Beinbruch folgenden Begriff: Er sey eine Wurzel eines wilden Baumes mit dem Untertheil des Stammes, welche, nachdem sie abgestorben, im Sande von der stillstehenden Feuchtigkeit faul geworden, und deren Ansehen die Zeit verändert, indem sie selbige mit Kalkerde ausgefüllet hat. Es ist daher, sagt Hr. Gleditsch l), nicht jede figurirte Kalkerde Beinbruch. Diese allein muß den Namen führen, welche vermittelst der Kalkerde eine Veränderung und Konkretion erlitten, dadurch sie der wahren Wurzel eines Baumes ähnlich gemacht worden; oder diejenige, welche wirklich in der Wurzel eines hohlen und angefressenen Baumes ist gebildet worden, den das Wasser faul gemacht, und nach und nach mit Kalkerde erfüllet hat, so, daß selbige einen Theil der aufgelößten vegetabilischen Substanz einschlüßt, und alle natürliche Charaktere einer Baumwurzel, nämlich die Figur, Größe, Lage und Proportion behält." Dies ist die wahre Osteokolla, deren eigentliche Beschaffenheit wir aus dem Herrn Gleditsch ferner auszeichnen wollen. Der Beinbruch liegt im Sande verborgen, der bisweilen einige Schuh hoch darüber lieget. Hat man einen Theil der Wurzeln entdecket, und spüret behutsam bis zum Stamme selbst nach, so findet man: daß sich die Wurzeln zu allen Seiten ausbreiten, am Stamme selbst die Dicke des Armes haben, sich aber immer mehr und mehr verdünnen. Die kleinsten Wurzeln die man Haarwurzeln nennet, findet man zwar niemalen, wohl aber mancherley Erhöhungen und Vertiefungen, welche ihr ehemaliges Daseyn verrathen. Die Länge der Wurzeln ist unbestimmt, bisweilen länger, bisweilen kürzer. Sie liegen allemal in einem feuchten Sande, und das macht, daß der Beinbruch in der Erde nie eine Steinhärte erlangt, sondern mürbe und zerbrechlich ist. Daher glückt es sehr selten, daß man ein Stück von einer beträchtli-chen

---

k) Zwo Abhandlungen dieses würdigen Gelehrten befinden sich in den Memoires de l'Academie royale de Berlin 3. Band v. J. 1748. und übersetzt im Hamb. Magazin VIII. Band VI. St. S. 574. ff.

l) Im Hamb. Magaz. l. c. S. 600.

chen Größe ausgräbt; beym Ausgraben selbst, bekömmt es bald in der Luft unzählige Risse und zerfällt. Ordentlicher Weise hat das im Sande vergrabene Foßil eine weiße Farbe, die ins Gelbe fällt; dennoch aber sind einige Theile so weiß, als Schnee; dahingegen andere aschfarben und schwärzlich sind. So ist das Ansehen des Beinbruchs von außen beschaffen.

Von der innern Beschaffenheit, merket Hr. Hofr. Gleditsch an, daß die vornehmsten Wurzeln ganz vollkommen, und von einer fast einförmigen Substanz sind: daß die Substanz in der Mitte lockerer, und gegen die Rinde härter und einigermaßen grießicht ist: daß die größten Wurzeln eine viel feinere und reinere Materie haben, welche weniger zusammenhängt, als die kleinern; daß einige kleine Zweige bisweilen so hart sind, daß sie am Stahl Feuer geben; daß sie inwendig zwar hohl, aber nicht so gar hohl, wie Röhren sind; daß man bey einigen das Mittelste von der Rinde nicht unterscheiden kann, daß aber wieder andere mit kleinen Löchern ganz durchbohrt sind. Bisweilen giebt die Materie einen beißenden, wiewohl schwachen Geruch von sich, bisweilen macht sie aber einen grießichten und steinichten Körper aus, der ohne Geschmack und Geruch ist. Die Materie selbst bestehet ordentlicher Weise in gleichen Theilen Sand und Kalkerde.

Die Hauptsache kommt auf die Frage an, was der Beinbruch eigentlich sey? Ich habe schon angemerkt, daß man ihn für nichts anders, als für Baumwurzeln anzusehen habe. Hier genoß der Herr Hofr. Gleditsch das Vergnügen, solche Stücke zu finden, welche die Sache außer allen Zweifel setzen. Er merkt nicht nur überhaupt an, daß man den Beinbruch in der Mark Brandenburg, als dem eigentlichen Vaterlande desselben, an solchen Dertern finde, wo ehedem Waldungen gewesen sind; sondern er fand auch eine hohe Fichte, wo er einen Wurzelzweig sahe, von der Dicke eines Arms, der mit dem Stamme zusammen hieng, und dessen ganze todte Substanz in wahrhaften Beinbruch verwandelt worden, da indessen die holzichte und verfaulte Erde in der Mitte geblieben war. In der Sonnenburgischen Gegend fand er ein kleines Fichtenholz, wo er an den Wurzeln verschiedener durch die Fäulung hohl gewordener Bäume auf verschiedene Art wahren gebildeten Beinbruch sahe. Bald waren daselbst ganze Stöcke in Beinbruch verwandelt, bald eine oder mehrere Wurzeln, so daß daß die Osteokolla zuverläßig aus Baumwurzeln entsprungen seyn muß. Die Möglichkeit dieser Sache beschreibt uns unser würdiger Schriftsteller m) also: „In den Stämmen und Wurzeln, (welche nämlich der Fäulniß anfangen unterworfen zu werden) entstehen Höhlungen, in welche sich vermittelst des Wassers, der Sand und die Kalkerde aufgelößt, leicht hineinschleichen, indem sie durch alle Oeffnungen und angefressene

---

m) Hamb. Mag. l. c. S. 592.

freſſene Oerter eindringen, und bis an die äußerſten Theile des ganzen Schaffts und der Wurzeln hinunter ſteigen; bis mit der Zeit alle dieſe Höhlungen genau ausgefüllet werden. Das überflüßige Waſſer findet leicht einen Ausgang, wovon ſich die Spuren in der löcherichten Mitte der kleinſten Aeſte, offenbaren."

Alles dieſes hat der Herr Direktor Margraf durch ſeine chymiſchen Verſuche hinlänglich beſtätiget n). Damit ich nicht allzu weitläuftig werde, will ich nur eines einzigen gedenken. Er legte dabey den wahren märkiſchen Beinbruch zum Grunde, den er zu dieſer Abſicht vom Hrn. Hofrath Gleditſch ſelbſt erhalten hatte. Er fand, daß die Oſteokolla ein Mengſel iſt, und aus Kalkſtein, feinem Sand, und aus verfaulten Pflanzentheilchen beſtehe. Der Kalkſtein erhellet daher, weil die abgeſonderte Kalkerde mit allen ſauren Geiſtern brauſet. Die Sanderde wurde dadurch offenbar, weil ein Theil dieſer Sanderde mit eben ſo viel feuerbeſtändigen Laugenſalze vermiſcht, ein feines gelbes Glas gab. Die verfaulten Pflanzentheilchen wurden daher unläugbar, weil der rohe Beinbruch in verſchloſſenen Gefäßen mit offenem Feuer einen wahrhaften Uringeiſt gab, dergleichen nur aus verfaulten Pflanzentheilchen, und aus den Inſekten, die ſich gemeiniglich an das faule Holz anhängen, ſonſt herausgezogen wird.

Hr. Prof. Pott o) behauptet auch, daß in dem Beinbruch eine gedoppelte Art von Erde ſtecke, weil dieſelbe mit Alkali vermiſcht, ſehr zart zu einer faſt milchfarbenen Maſſe, wie ein Opal, floß, und oben mit einer Lage von Glasgalle bedecket war.

Hr. Neumann p) will im Beinbruch zugleich ein empyrevmatiſches Oel gefunden haben, welches Herr Marggraf nicht beobachten konnte, ob er gleich deswegen verſchiedene Proben machte. Auch hatte die Erde, welche Herr Marggraf, nach geendigter Deſtillation aus der Retorte nahm, alle Merkmale und alle Beſchaffenheiten eines lebendigen Kalkes, welches Herr Neumann ſchlechterdings leugnet. Hier macht Hr. Marggraf §. 16. ſeiner angeführten Abhandlung dieſe Anmerkung: „Da es aber Hr. Neumann nicht ſelbſten iſt, der dieſe Unterſuchung des Beinbruchs ans Licht geſtellet hat: ſo kann es ſeyn, daß der Herausgeber ſeiner Chymiſch-pharmaceutiſchen Lektionen, Hr. Zimmermann, eine nicht gar zu richtige Abſchrift gefunden hat." Hrn. Marggrafs Verſuche ſind aber um ſo zuverläßiger, weil er dabey einen Theil desjenigen Stückes Beinbruch zum Grunde legte, von welchem Hr. Gleditſch vorher bemerkte, daß es ein Theil einer noch lebendigen Fichte geweſen ſey.

In Anſehung der Oerter, wo man Beinbruch findet, muß ich diesmal von meiner gewöhnlichen

---

n) In den angeführten Memoires de l'academie des scienc. v. J. 1748. S. 52. und in dem Hamb. Magaz. IX. Band S. 410. ff.
o) Lithogeognoſie. S. 7. p) Lectiones chymico-pharmaceut.

chen Ordnung abgehen, weil zwar mehrere Oerter, wo sich Beinbruch finden soll, angegeben werden, allein nicht an allen Orten findet sich der wahre Beinbruch. Denn wenn wir die Oerter aus der Churmark, aus der Lausitz, und die Pfalz ausnehmen, so findet sich daselbst keine wahre Osteokolla, sondern ein bloßer Tophstein, dem man unrecht den Namen des Beinbruchs gegeben hat.

Die Oerter der Mark Brandenburg, wo sich Beinbruch findet, sind: bey Potsdamm, Treuenbritzen, Belitz, in dem Kremmischen Sandgebirge, bey Berlin, bey Schöneberg und Charlottenburg, im Lebuser Kreise, sonderlich bey Münchenberg, Hoppengarten, Quilitz, Rosenthal und Friedland. Ferner bey Drossen und Sonnenburg.

In der Niederlausnitz geben die Städte Beskow, Starkow und Liberose wahren Beinbruch.

Sonst wird er auch noch in der Pfalz, bey Speyer und Heydelberg, ächt gefunden.

Fälschlich sogenannten Beinbruch trift man in Thüringen, besonders bey Tenstedt, Sondershausen, Ostgreußen, Westgreußen, Großenehrich, an den Ufern der Helpe, bey Langensaltze, bey Jena, bey Remba; in Hessen, bey Darmstadt, Friedberg und Gießen; in Mähren bey Sternberg; und bey Dantzig, an der Ostsee an.

Unter den Schriftstellern, die von versteinten Wurzeln geschrieben haben, und die in meinem Entwurf einer lithologischen Bibliothek §. 172. gesammlet worden, wird man diejenigen nicht vermissen, welche von dem Beinbruch handeln.

In des Imperati Historia naturali ad p. 255. und in Hermanns Maslographia Tab. VIII. fig. 1. 2. wird man auch einige Zeichnungen von Beinbruch finden.

Beinheil heißt der vorherbeschriebene Beinbruch, ohne Zweifel darum, weil man ihn in der Medicin bey Beinbrüchen gebraucht, die er heilen soll.

Beinstein heißet im eigentlichen Verstande der Ostoolith, oder die versteinten Knochen. Einige nennen auch den Beinbruch Beinstein, aber sehr unbequem, weil man dadurch Gelegenheit zu Verwirrungen giebt, und die Knochen mit den Wurzeln verwechselt. S. Osteocolla und Beinbruch. Doch läßt sich diese Benennung einigermaßen damit entschuldigen, daß die Osteokolla zerbrochenen Beinen ähnlich siehet, und zerbrochene Beine heilen soll.

Beinwell heißt aus schon angeführten Ursachen der Beinbruch.

BELEMNITAE heißen die bald zu beschreibenden Belemniten. Das Wort kömmt aus dem Griechischen her von βέλεμνον ein Pfeil, weil sie die Gestalt eines Pfeils an sich haben. Sie heissen aus eben dem Grunde im deutschen Pfeilsteine.

BELEMNITAE ad mucronem distorti sind eine Belemnitenart, deren Luid q) gedenket, aber sich

---

q) Lithophyl. Britannicum. n. 1678.

ſich nicht deutlich genug darüber erkläret. Ohne Zweifel iſt bey ihnen die Spitze gequetſcht, und dadurch in eine andere Lage als gewöhnlich gebracht worden. Aber deſto weniger gehörte dann dieſem Belemnit ein eigner Name.

BELEMNITAE, aliis belemnites praegnantes nennet Scheuchzer diejenigen Belemniten, in welche andere Belemniten eingeſchoben worden ſind. Er nennet in ſeinem Nomenclatore dieſe Belemniten eine verſchiedene Gattung, da ſie es doch nicht ſeyn können, weil es etwas ganz Zufälliges iſt, wenn durch einen Stoß oder durch andere Urſachen zween Belemniten in einander geſchoben werden.

BELEMNITAE arcuati werden die Belemniten genennt, welche eine gekrümmte Spitze haben. Sie ſind ganz außerordentlich ſelten; daher auch einige an ihrem Daſeyn gar zweifeln, und vorgeben, daß ihnen die gekrümmte Spitze nicht natürlich ſey, ſondern daß ſie nur durch einen Druck ſey hervorgebracht worden. Gleichwohl hat Hr. Andreä in ſeinen ſchweizeriſchen Briefen r) bezeuget, daß er in den ſchweizeriſchen Kabinetten dergleichen geſehen habe, die ganz unbeſchädiget geweſen. Ein gleiches bezeuget Hr. d'Annone, welcher nicht nur in der großen Knorriſchen Petrefaktenſammlung Tab. I.*, des zweyten Theils einen ſolchen gekrümniten Belemniten mittheilet, ſondern auch ausdrücklich bezeuget, daß man nirgends die geringſte Spur von einem Drucke, auch nicht einmal mit bewaffnetem Auge, erkennen könne s). Man darf alſo das Daſeyn dieſer Belemnitenart, überhaupt betrachtet, nicht leugnen, ob es wohl ausgemacht bleibet, daß vielleicht die mehreſten mit Unrecht hieher gezogen werden, welche nämlich nur zufällig ſind gekrümmt worden.

BELEMNITAE ari piſtillum referentes nennet Luid diejenigen Belemniten, die eine ſpindelförmige Geſtalt haben; oder welche in der Mitte am dickſten ſind, und ſich auf der einen Seite, in eine verlängerte Spitze endigen, da die andere Seite im Durchſchnitt allmählig abnimmt.

BELEMNITAE binis ad apicem ſulcis, werden von Scheuchzern unter den gefurchten Belemniten diejenigen genennet, welche oben bey der Spitze zwo Furchen haben. S. Belemnitae canaliculati.

BELEMNITAE biſulci iſt eine andere Benennung der vorhergehenden Belemnitenart.

BELEMNITAE canaliculati, ſeu canaliculoſi heißen unter den Belemniten diejenigen, welche Furchen haben. Dieſe Furchen ſind bald tiefer, bald flächer, gehen die Länge herunter, und haben beynahe die Geſtalt einer Rinne oder eines offnen Kanals. Die Onomatologie t) giebt ihnen den deutſchen Namen röhrichte Belemniten, der ein wenig zu unbeſtimmt iſt, und leicht dazu Anlaß geben könnte, dieſe Belemnitenart

---

r) In dem Hannöveriſchen Magazin v. J. 1764.
s) Walchs Naturgeſch. der Verſteiner. Th. II. Abſchn. II. S. 253 u. f.
t) Onomatol. hiſtor. natural. T. II. S. 156.

tenart mit den hohlen Belemniten, Belemnitae nucleo simplici, zu verwechseln. Von diesen gefurchten Belemniten hat man drey Untergattungen.

1. Gefurchte Belemniten mit Einer Furche: Belemnitae monosulci.

2. Mit zwo Furchen, Belemnitae bisulci.

3. Mit drey Furchen, Belemnitae trisulci.

BELEMNITAE cavi werden diejenigen Belemniten genennet, in welchen die Alveole mangelt; und bey welchen bloß die Höhlung noch vorhanden ist, in welcher ehedem die Alveole gesessen hat. Die Onomatologie giebt davon am angezogenen Orte eine überaus dunkle Beschreibung: „Die in der Mitte ihres Bodens ein Loch und eine Oeffnung haben, die ganz bis gegen die Spitze mitten durchläuft, weil bey vielen diese Höhle mit einer Art eines Marks, entweder von einem Stein oder Erdstoff ausgefüllet ist." Die durch die herausgefallene Alveole entstandene Höhlung gehet nicht allemal bis an das Ende der Spitze fort; sondern nimmt genugmal nur die Hälfte von der Länge des Belemniten ein. In dem Falle, wenn nämlich diese Höhle mit einer fremden Materie ausgefüllet ist, hat man diese Belemniten Belemnitas nucleo simplici genennet.

BELEMNITAE cavitate cylindrica, curvata, flexurae tubuli marini aemula, sind Belemniten, deren Scheuchzer gedenket, welche eine cylindrische und wie ein Tubulit gebogene Höhlung haben sollen. Allein Herr Hofrath Walch u) merket an, daß hier eine Verwechselung der Körper vorgegangen seyn müsse, weil die Höhlung einer herausgefallenen Alveole kōnisch sey. Er muthmaßet, es sey vielleicht ein Fragment eines Lituiten gewesen.

BELEMNITAE circulis concentricis werden in der Onomatologie am angezogenen Orte diejenigen Belemniten genennet, wo die Kreise oder Zirkel alle so auf einander passen, daß die Mittelpunkte ganz zusammen treffen.

BELEMNITAE conici werden diejenigen Belemniten genennet, welche allmählig bis zu ihrer Spitze abnehmen.

BELEMNITAE curvati heißen beym Scheuchzer die Belemniten, welche eine gekrümmte Spitze haben. S. Belemnitae arcuati.

BELEMNITAE cylindrici sind diejenigen Belemniten, welche fast bis an den Ort, wo sich die Spitze bildet, das Maaß ihres Durchschnitts behalten, und daher einem geraden Stöckchen gleichen. Wenn Lange von ihnen sagt, daß sie an keinem Ende spitzig wären, so irret er sich, denn man hat sie mit einer scharfen oft verlängerten, aber auch mit einer stumpfen Spitze. Wenn er aber, und aus ihm die Onomatologie v) hinzusetzet, daß diese cylindrischen Belemniten auch Belemnitae electrini genennet würden, so fehlen sie beyde; denn man hat cylindrische Belemniten, die nicht halb durchsichtig

---

u) Naturg. sch. der Versteinerung. Th. II. Abschn II. S. 254.

v) Onomatolog. histor. natural. T. II. S. 157.

sichtig sind, und halb durchsichtige, die nicht cylindrisch sind.

BELEMNITAE cylindroici ist eben die vorige Gattung.

BELEMNITAE diaphani werden die halbdurchsichtigen Belemniten genennt. S. Belemnitae electrini.

BELEMNITAE duplicati werden die spindelförmigen Belemniten genennt. Das sind diejenigen, die in der Mitte am dicksten sind, und sich auf der einen Seite in eine verlängerte Spitze endigen, da sie auf der andern Seite im Durchschnitt nur allmählig abnehmen.

BELEMNITAE electrini heißen beym Luid die Belemniten, welche halbdurchsichtig sind. Sie werden sonst auch Belemnitae semidiaphani, semipellucidi und Belemnitae Prussici genennt. Wenn wir ihre Durchsichtigkeit ausnehmen, so haben sie von den undurchsichtigen Belemniten keinen Unterschied, sondern es ist bey beyden die Substanz, die Lage der Alveole, die Richtung der Fibern, und der Nervengang bis zur Spitze einerley. Bloß darinnen liegt der Unterschied, daß die Substanz des halbdurchsichtigen Belemniten durch eine mehrere mineralische Säure mehr und feiner aufgelößt worden, und daß alsdann in solche mehr von derjenigen krystallinischen Flüßigkeit, welche mit Gypserde gesättiget, der Grundstoff des Gypsspates ist, eindringen können. Je mehr solches geschehen konnte, desto durchsichtiger ist der Belemnit geworden w).

BELEMNITAE entrochi instar geniculati sind beym Scheuchzer Belemniten, welche die Quere hindurch Linien haben, wie beym Entrochit die einzelnen aufsitzenden Trochiten bilden. Ob aber dieser Körper wirklich existire? oder deutlicher zu reden: ob es nicht der innre Bau eines Belemniten mit seinen Zwischenkammern sey? oder ob nicht eine äußere erlittene Gewalt dem Körper zarte Risse, wie Genikulationen beygebracht habe? das kann ich nicht untersuchen und entscheiden. Wenigstens ist in unsern neuen so aufgeklärten Zeiten kein Beyspiel dieser Art bekannt.

BELEMNITAE fusiformes werden vom Scheuchzer und Klein, die spindelförmigen Belemniten genennet. S. Belemnitae ari pistillum referentes.

BELEMNITAE lamellati sind beym Scheuchzer Belemniten, die aus lauter Blättern zu bestehen scheinen. Man vermuthet aber nicht ohne Grund, daß hier entweder ein bloßes Alveolengehäuse, oder ein aus dünnen Gliedern bestehender Entrochit vom Scheuchzer mit einem Belemnit sey verwechselt worden.

BELEMNITAE lapis similis figurae conicae deutet in Scheuchzers nomenclatore entweder einen wirklich konischen Belemnit, oder einen Bildstein an, der kein Petrefakt, wohl aber einem Belemnit ähnlich ist.

BELEMNITAE monosulci heißen unter den gefurchten Belemniten diejenigen, welche nur Eine Furche

---

w) S. Walch. Naturgesch. I. c. S. 253.

Furche haben. S. Belemnitae canaliculati.

BELEMNITAE nucleo concamerato heißen die Belemniten, in welchen sich noch die Alveole mit ihrer Konkameration befindet.

BELEMNITAE nucleo simplici sind die Belemniten, in welchen die mangelnde Konkameration, mit Erde oder einer andern Steinart erfüllet ist. S. Belemnitae cavi.

BELEMNITAE polymiti drückt beym Scheuchzer einen Belemnit aus, der auf seiner Oberfläche mit vielen Figuren bezeichnet war. Hr. Hofr. Walch urtheilet von diesem Petrefakt also x): „Der Scheuchzerische Belemnites polymitus S. 29. n. IX. des Nomenclatoris, der in seinem Specimine lithographiae Helveticae S. 44. fig. 59. und in Kleins Tubulis marinis Tab. IX. Num. 7. und 8. vorkömmt, ist noch manchem Zweifel unterworfen. Ist es ein Belemnit, so sind die auf solchem befindlichen Figuren entweder von Vermikuliten, oder, welches noch wahrscheinlicher ist, von denjenigen koncentrischen Zügen und Zirkeln entstanden, die man auch auf andern Konchylien, sonderlich auf Terebratuliten findet, und die nach Einiger Meynung von gewissen kleinen Ostracitenarten, nach Andern, von andern Ursachen herkommen sollen." Das Wort polymitos kömmt her von πολὺς viel und μίτος licium, diejenigen Faden, daran die Weber das Garn zu knüpfen pflegen.

BELEMNITAE Prussici heißen die halbdurchsichtigen Belemniten, weil sie sonderlich im Preußischen häufig gefunden werden. S. Belemnitae electrini.

BELEMNITAE pyramidales werden in der Onomatologie y) diejenigen Belemniten genennet, welche einen breiten Boden haben, und nach und nach in eine Spitze ausgehen. Es sind wie aus dieser Beschreibung deutlich wird, die konischen Belemniten, und werden daselbst zwo Gattungen angeführet: Belemnitae pyramidales, basi concava seu foveata, wo die Alveole herausgefallen, und Belemnitae pyramidales basi integra, wo dieses nicht geschehen ist. Da die Alveole beym Belemniten einen nothwendigen und wesentlichen Theil ausmacht, der folglich nur durch einen Zufall herausfällt, so ist es nicht schicklich genug, daraus besondere Untergattungen zu machen: obgleich die Sache an sich wahr ist.

BELEMNITAE semidiaphani werden die vorherbeschriebenen Belemnitae electrini genennt, von semi halb, und διαφανὴς durchscheinend, durchsichtig.

BELEMNITAE semipellucidi heißen eben diese halbdurchsichtigen Belemniten.

BELEMNITAE sulcati werden die gefurchten Belemniten genennet. S. Belemnitae canaliculati.

BELEMNITAE trisulci heißen unter den gefurchten Belemniten diejenigen, welche drey Furchen haben. S. Belemnitae canaliculati.

BELEM-

---

x) Naturgesch. der Versstein. Th. II. Abschn. II. S. 254.

y) Onomatolog. histor. natural. T. II. S. 157.

BELEMNITAE tuberosi ist eine Belemnitenart, deren Scheuchzer gedenket, und welche eine kugelichte Gestalt soll gehabt haben. Allein Hr. Hofr. Walch erinnert am angezogenen Orte, daß es kein Belemnit, sondern eine Alveole sey, die in eine Matrix eingeschlossen wäre, die zufälliger Weise eine kugelichte Figur hat, welche daher durch einen zufälligen Druck und Stoß auch hätte eckicht werden können.

BELEMNITAE ventricosi, spindelförmige Belemniten. S. Belemnitae duplicati.

**Belemniten, Pfeilsteine, Schoßsteine, Alpsteine, Luchssteine, Strahlsteine, Donnersteine, Rappensteine, Teufelskegel, Alpschöße, Storsteine, pfeilförmige Meerröhrensteine.** Lat. Belemnitae, Lapides lyncis, Lyncurii, Lapides lyncurii, Idaei dactili, Idaei lyncurii, Ceraunia, Ceraunitae, lapides ceraunii, Oxyrinchi, Corybantes, Petrificata animalia Holothuriorum Wall. Helmintholithi alcyonii Lyncurii Linn. franz. Belemnite, Pierre de Lynx, Pierre de Tonnere, Dactile, Dactyle, Dactylite, Fulminaire, Pierre fulminaire, Pierre de foudre, Ceraunite, holl. Steene-Vinger, Dondersteen, Belemnit werden diejenigen vielkammerichten Tubuliten genennet, welche auf dem Bruch eine strahlichte Rinde und inwendig einen Kern haben, und in eine Spitze ausgehen. Darum heißen sie eben Belemniten von βέλεμνον ein Pfeil, weil sie äußerlich die Gestalt eines abgestumpften Pfeils haben. Aus eben dieser Ursache haben sie Andere Pfeilsteine, Schoßsteine genennet. Der Belemnit ist ein versteinter Körper, von dem wir in den Schriftstellern zwar viele, aber unter diesen auch viele dunkle, verwirrte und falsche Nachrichten antreffen. Doch wollen wir dieselben so mittheilen, daß wir unsern Lesern die wahre Gestalt des Belemniten vor Augen legen können.

Volkmann z) giebt uns von den Belemniten folgende Beschreibung. „Die Farbe an ihnen ist unterschieden. Denn einige sind gelb und durchsichtig, wie ein Agtstein, die man insgemein Lynkurios oder Luchssteine nennet; einige schwarz, die Coracini, Germ. Rabensteine heißen; andere grau oder eisenfarbicht, zuweilen mit Eisen- oder goldfärbichten Flecken besetzt. — Wenn sie gerieben werden, riechen sie wie gebranntes Kühhorn. Die meisten haben einen Riß oder Pfalze, die durch und durch gehet, als wenn sie durchbohret wären, weswegen sie sich gar gern in die Länge spalten lassen, wie man sie dann auch bisweilen gespalten findet. Einige sind voll von einer gelben Erde, Feuerstein oder Blenglanz, oder von andern nach ihrer Höhle zugespitzten, und andern aus vielen auf einander sitzenden Gliedern, oder Lamellis concavis bestehenden Steinlein, so alveoli heißen." Was von dem Alveolen zu bemerken ist, wiederhole ich jetzt nicht, sondern weise meine Leser auf den Namen Alveolen zurück.

Die

---

z) Silesia subterran. S. 155.

Die Onomatologie a) beschreibet sie auf folgende Art: "Die Steine selbst sind keglicht, länglichtrund, spitzig und auslaufend, wie ein Pfeil, oder walzenähnlich, meistens braun von Farbe. Sie haben bey dem Boden entweder bis zu einer gewissen Weite und Entfernung davon eine keglichte Höhle, oder es ist diese mit einer andern Stein- oder Erdenart ausgefüllt. b) Durchaus sind die Steine allezeit streifig, denn es laufen allezeit von deren Mark, oder Mittelpunkt aus deutliche Streifen, und Linien gegen den Umkreis hinaus; zuweilen nimmt man auch auf dem Boden koncentrische Zirkel wahr, einen außer dem andern. — Nach der Bildung kommen fast alle Belemniten einander gleich; denn sie bestehen aus bloßen Fasern, oder selenitischen Blättlein, die, wenn der Stein ganz ist, von dem Mittelpunkt auslaufen; wenn er aber hohl ist, von der Höhle horizontal gegen den Umkreis gehen, so daß der Bau nach dem Urstoff viel mit dem Bononiensischen Stein übereinzukommen scheinet, ohnerachtet er nach der Feuerprobe ganz anders ausfällt; denn das Feuer verzehrt die Belemniten ganz, daß man fast keine Spur davon findet." Worm sagt, wenn man die Belemniten verbrennet, so geben sie einen starken Geruch wie verbrannte Thierknochen, oder Hörner von sich. Ueberhaupt muß man die Belemniten nach ihrer äußern und innern Beschaffenheit kennen, wenn man sie recht kennen will. Von außen haben sie die Beschaffenheit eines Pfeils, dessen Spitze abgestumpft ist, öfters aber auf ihrer Oberfläche eine oder mehrere sichtbare Furchen, welche von ihrer Basi an, bis zu ihrer Spitze ausgehen. Dieser äußere Körper hat innwendig noch einen andern in sich, nämlich ein vielkammerichtes Gehäuse, welches eben die Alveole, so wie deren einzelne schüsselförmige Steinchen Schüsselsteinchen, oder auch bisweilen Alveolen, genennet werden. Dieses vielkammerichte Gehäuse, wird zwar auch öfters einzeln gefunden, allein es gehöret, als ein wesentlicher Theil, zum Belemniten, welches daher erhellet, weil durch diese Alveole ein kleiner Nervengang gehet, der sich nicht mit der Alveole endiget, sondern bis zur Endspitze des Belemniten durchgehet. Dieser Nervengang hat beym Belemnit eben den Nutzen, den er bey den andern vielkammerichten Schnecken zeiget, und er ist ein Beweis, daß wir an dem Belemnit ein wahres Schalthier haben, wenn wir sonst auch keinen Beweis dieser Wahrheit wüßten. Hierinnen kommen alle Belemniten unter sich überein, allein sie sind demohngeachtet in andern Stücken gar sehr von einander unterschieden. "Ohnerachtet die Belemniten in der Hauptsache alle übereinkommen,

---

a) Onomatolog. histor. natural. T. II. S. 151. 153.

b) Hier ist ein dritter Fall vergessen, wo nämlich das vielkammerichte Gehäuse noch in dem Belemniten ist.

men, sagt der Herr Hofrath Walch c), so gehen sie doch in verschiedenen andern Stücken merklich von einander ab. In Ansehung ihrer Gestalt haben einige eine konische, oder wie sie Lange nennt, pyramidalische, andere eine cylindrische, und noch andere eine spindelförmige Figur. Die konischen so wohl, als die cylindrischen, sind entweder völlig rund und zugespitzt, oder nicht, und in diesem Falle haben einige entweder eine Furche der Länge nach, oder ihre Spitze ist, wiewohl höchst selten, gekrümmt. Die Oberfläche ist ordentlicher Weise glatt, doch finden sich bey einigen Spuren von einer zart punktirten Kruste, und diese soll, nach einiger Meynung, die natürliche Schale der Belemniten seyn, die aber fast bey allen verlohren gegangen wäre; Andere aber halten diese vorgebliche Fragmente für nichts weiter, als für einen Seetoph; und noch Andere glauben, daß solcher Belemniten Oberfläche Wurmstichig sey." Herr Kartheuser d) glaubt, daß die Belemniten bloß durch einen Zufall konisch oder cylindrisch werden könnten; im ersten Falle, wenn sie an der untern Basi, im andern, wenn sie an der Endspitze abgebrochen würden. Allein man hat wohl auch solche, die ihrem Wesen nach cylindrisch sind, indem sie bey einem solchen Bau noch ihre Endspitze haben. S. Belemnitae cylindrici. Diese Verschiedenheit, nach welcher sich die Belemniten im Steinreiche darstellen, hat den Schriftstellern Gelegenheit zu mancherley Namen gegeben. Man nennet die röhrichten Belemnitas canaliculosos, die hohlen cavos, die cylindrische Kreise haben, Belemnitas circulis concentricis, die keglicht sind conicos, die cylindrischen, cylindricos, die durchsichtigen diaphanos oder electrinos, die bauchichten duplicatos, und die gefurchten, sulcatos. Rosinus hält dafür, daß es keinen Grund habe, Belemniten, die auf verschiedene Art gequetscht oder zerbrochen sind, zu verschiedenen Arten zu machen. "Denn sagt er e), daß die konischen und durchgängig ausgefüllten Belemniten nichts anders, als die Spitzen der großen röhrichten von ihrer Art sind, beweisen solche Stücke derselben, die selbst in dem Augenblicke, da sie zerbrochen worden sind, durch Zufluß eines versteinernden Saftes, in die Oeffnung des Bruches, welche noch zu sehen, aufs geschwindeste und auf eine besondere und wunderbare Art sind ergänzt worden. Ich besitze sehr viele solche Belemniten, die vor Zeiten zerbrochen, aber durch diesen versteinernden Saft wieder ganz geworden sind. So fehlt es mir auch nicht an verstümmelten röhrichten Belemniten, die ohne Zweifel in den un-
gestü-

---

c) Naturgeschichte der Versteiner. Tb. II. Abschn. II. S. 239. f.
d) Rudimenta Oryctographiae Viadrino Francofurtanae, S. 37. Nullus ex his belemnitis integer est, sed omnes vel basi vel mucrone plus minus truncati ac spoliati sunt, vnde in priori casu figuram conicam, in posteriori vero cylindricam habent.
e) In s. Abhandl. von den Belemniten im Hamb. Magaz. VIII. Band S. 104. f.

gestümen Meereswellen unter andern harten Sachen lange sind hin und her geworfen worden, und dadurch allerley Beschädigungen erlitten haben. Ich rechne dahin die stumpfen Belemniten von walzenförmiger Gestalt, die man keulen- oder spindelförmig nennt, auch die ausgekehlten und plättern, oder die von einer Seite mehr abgeschabt, wie auch die Mitten durch gleichsam gespalten sind, die überall ringsherum, wie abpolirt, und viele andere die auf andere Art verunstaltet sind. Daß diese alle durch Aneinanderstoßen so abgerieben, und gemißhandelt worden sind, wird jeder einsehen, der sie genauer betrachten, und viele, die verschiedene Grade und Arten eines solchen Aneinanderreibens weisen, mit einander vergleichen will. Besonders an den Spitzen der Belemniten, die vormals an einer Seite stärker sind bestoßen worden, als an der abgebrochenen Grundfläche, weisen sich Fibern, die viel kürzer sind, als die andern, die nach der gegen überstehenden Seite gehen, und bey denen sich deutlich zeigt, daß sie durch Abschleifen so sind abgekürzet worden, welches von einer Beschädigung, die vormals durch ein heftiges Reiben verursacht worden, Beweises genug ist." Soll ich hierüber mein Urtheil fällen, so gestehe ich die Einwendungen des Herrn Rosinus gern zu; aber so viel werden mir billige Leser ebenfalls einräumen, daß ich, bey der Betrachtung der Petrefakten, auf sie also sehen müsse, wie sie sich im Reiche der Steine darstellen, sie mögen nun ihre bestimmte Gestalt zufällig oder wesentlich haben. Wir unterscheiden z. E. die Ammoniten nach der Beschaffenheit und Lage ihrer Scheidewände und Zwischenkammern. Wir würden das nicht thun können, wenn sie uns das Steinreich nicht ihrer Schale beraubt und also verletzt geliefert hätte. Gleichwohl wird man sich hier allemal die nöthigen Gränzen zu setzen wissen, und wir tadeln es selbst mit Rosinus an den Alten, daß sie den geringsten Umstand bey einem Steine in Betrachtung zogen, und darum den Stein mit einem besondern Namen belegten. Wir würden diese und viel andere Schwierigkeiten glücklich überwinden können, wenn wir nur zuversichtlich wüßten: ob sich das Original der Belemniten gefunden hätte? und wenn dieses nicht ist, ob man noch zur Zeit einen vollständigen versteinten Belemnit aufweisen könne? Von der ersten Frage werde ich in der Folge handeln, ich wende mich also zur zwoten. Im Steinreiche findet man die Belemniten, wie alle Versteinerungen, oft verändert, gedruckt, abgeschärft und zerbrochen. Ich glaube daher, diese Frage sey schwer zu beantworten, denn sie setzt voraus, daß wir wissen müssen, was zu einem ganz vollständigen Belemnit gehöret. Daß dies aber nicht sogar leicht zu entscheiden sey, ist daher klar, weil uns, wie es wahrscheinlich ist, noch immer das Original dieses versteinten Körpers fehlt. Doch wollen wir uns einige mögliche Fälle gedenken. Ohne Zweifel muß sich am Belemnit vorn ein leerer Theil befinden, wie beym

beym Ammonit, beym Orthoceras u. b. g. wo ehedem das lebendige Thier gesessen hat. Dieser leere Theil ist vermuthlich bey den mehresten Belemniten verlohren gegangen, und er konnte gar leicht verlohren gehen, da seine Schale viel zu dünne ist, als daß sie alle die Gefahren aushalten sollte, denen die Versteinerungen damals unterworfen waren, da sie in das Steinreich übergiengen. Man nehme aber einen Belemnit an, wo die Kannte um die Peripherie herum scharf wäre, wo man nichts von dem strahlichten Gewebe finden könnte, wo folglich unten eine konische Höhle wäre, wo erst auf diese Höhle die Alveole folgte, wo endlich oben die Spitze mit einem Knöpfchen versehen wäre; einen solchen Belemnit würde man unter die vollständigen zählen dürfen. Nur daß ihn auf diese Art noch niemand will gesehen haben f). Da auch einige Naturforscher behaupten wollen, daß alle versteinte Belemniten ihre Schale verlohren hätten, so glaubt Hr. Bertrand g) gar daraus folgern zu dürfen, daß der Belemnit gar nicht zu den Schalthieren gehöre. Eine Vermuthung, die man nur durch das innre vielkammerichte Gehäuse, und durch die Nervenröhre widerlegen kann. Die mehresten Naturforscher behaupten auch, daß man noch auf gar vielen Belemniten Ueberbleibsel einer natürlichen Schale erblicken könne.

Schon Rosinus fand auf einigen Belemniten auf ihrer äussern Fläche ringsherum ein gedüpfeltes Häutchen, und hielt dieses für ihre Schale h), und Hr. Hofrath Walch i) hat eine Menge Zeugen auftreten lassen, die eben dieses beweisen. Wir selbst besitzen ein Stück mit seiner vollständigen Schale, die sich nicht nur so mit bloßen Augen erkennen läßt, sondern es wurde auch noch deutlicher, da wir es spalteten. Diese Schale ist von außen braun, ohngefehr so dick als ein breitgedruckter Strohhalm, und eben so spatartig, als der übrige ganze Körper.

Wir müssen aber diesen Körper seiner Beschaffenheit nach, wie er sich im Steinreiche zeigt, noch ein wenig näher betrachten. Alle Belemniten sind spatartig, wenige ausgenommen, die metallisirt sind. Diese werden wir beym Artikel metallisirte Körper anzeigen. Der Farbe nach sind sie schwarz, weiß, aschgrau, bräunlich und gelblich. In Pensylvanien sollen sie ganz wie Horn und durchsichtig seyn, und Herr Prof. Kartheuser fand zu Frankfurth einen rothen, den er in seiner angeführten Frankfurthischen Oryktographie näher beschreibt. Sie werden an verschiedenen Orten, in verschiedenen Müttern und Erden, bald größer, bald kleiner gefunden, am größten aber wohl in der Gegend von Thalheim und Dußlingen, wo sie, wie Kaysler k) sagt,

---

f) Weitläuftiger handelt von dieser Frage Hr. Hofr. Walch in der Naturgeschichte l. c. S. 255.

g) Diction. des fossils. T. I. S. 67.

h) De Belemnitis et hisce plerumque insidentibus alveolis. S. 1. und im Hamb. Magaz. VIII. B. S. 93.
i) l. c. S. 249.
k) Neueste Reisen. S. 101. f.

sagt, zuweilen die Stärke eines Armes haben sollen. Ja wie Worm erzählet, sollen sie bisweilen so dicke als das Schienbein von einem Menschen gefunden werden. Man trift sie in allen Erd- Sand- Mergel- und Steinlagern, und fast allezeit in Gesellschaft von Muscheln oder andern Meerprodukten an. Die Belemniten werden in den allermehresten Fällen außer ihrer Matrix gefunden, oft aber liegen sie auch in einer Mutter. Sehr oft ist diese Muttter ein Marmor, und diesen nennen die Holländer Belemniten-Marmer. Es kömmt ein Beyspiel davon in dem Museo Koeningiano n. 102. vor. Wie ihre Größe so gar verschieden ist, eben so ist auch das Maaß ihrer Dicke oder Stärke sehr mancherley. Von der Länge eines Zolls gehen sie bis auf 8. 12. auch wohl mehr Zoll, und von der Stärke einer der kleinsten Rabenspulen bis auf vier Zoll und drüber. Man kann aber nicht von ihrer Länge auf ihre Stärke und umgekehrt schlüßen, denn sie sind bisweilen nach Proportion länger als dicke, oder dicker als lang. Ein Beyspiel, das der Hr. Hofrath Heydenreich in Weimar besitzt, ist über anderthalb Schuhe lang, und doch kaum 1¼ Zoll dicke. Die Endspitze der Belemniten ist bey manchen stumpf, bey andern verlängert, und nimmt allmählig ab, und bey noch andern ist die Spitze beynahe ganz gerundet. Das Fortrollen im Wasser, das Anreiben an andere Körper, und noch mehrere Umstände haben wohl Gelegenheit zu mancher zufälligen Bildung gegeben.

Daß die Belemniten animalischen Ursprungs sind, ist eine längst ausgemachte Sache, daher Schütte 1) sehr irret, daß er sie mit den ganz alten Schriftstellern zu Steinspielen macht Aber über den wahren Ursprung derselben haben die Lithologen bisher die verschiedensten Meynungen gehabt, da das wahre Original derselben bisher noch nicht entdeckt gewesen ist. Sie heißen daher Luchssteine, weil einige glaubten, sie wären ein versteinter Urin vom Luchse. Sie heißen Donnersteine, weil sie nach der Muthmaßung anderer in der Luft erzeuget, und vom Donner herunter geworfen würden; so wie andere sie für Zähne von gewissen Thieren hielten, und eben so offenbar irreten. Es würde für mich so weitläuftig seyn, wenn ich alle die Meynungen erzählen wollte, die man über die Belemniten gehabt hat, da man sie bald zu Naturspielen, bald zu Tropfsteinen, bald zu noch was anders machen wollte. Wer diese Meynungen lesen will, der findet sie in der Walchischen Naturgeschichte der Versteinerungen Th. II. Abschn. II. Kap. XV. S. 242 ff. beysammen. Ich will nur einiges berühren.

Diejenigen, die den Belemnit zu einem versteinten Urin vom Luchse machen, haben ohne Zweifel die Alten unrichtig verstanden. Sie redeten zwar von einem versteinten Urin der Luchse, und nennten dieses einen Luchsstein, aber es war unser Belemnit

---

1) Oryctographia Jenens. S. 97. der zwoten Ausgabe.

nit nicht. Beym Wort Lynkurer werde ich davon weitläuftiger reden; jetzo führe ich einen einzigen Beweis an. Theophrast m) sagt von seinem Lynkurer, daß er unter die Steine gehöre, aus denen man Pitschiere schneide, und daß er sich sehr schwer poliren lasse. Ein gedoppelter Umstand, den man von den Belemniten in keiner Rücksicht sagen kann.

Scheuchzer n) hat die Belemnien zwar wie Woodward, sein Vorgänger, unter den Steinspielen; allein er muthmaßet doch, sie möchten unter die Ueberbleibsel der Sündfluth gehören, d. i. animalischen Ursprungs seyn. Brückmann hielt sie für versteinte Dactylos marinos o).

Luidius p) glaubte, daß sie Hörner des Fisches Narhwall, oder eines andern Fisches wären. Doch schien es ihm noch wahrscheinlicher, ihr Original unter den Tubulis, Penecillis, Entalibus, oder Dentalibus zu suchen. Seine Gründe, die freylich nicht viel beweisen, waren folgende: Die Belemniten und einige Seeröhren haben einerley Bildung und Größe. In den Steinbrüchen bey Oxford, werden Belemniten gefunden, worinne solche Meerröhrchen stecken. In den Steinbrüchen zu Stansford sind verschiedene große Belemniten zu finden, deren Oberfläche von innen mit einer schalichten Rinde überzogen ist, die so vest daran sitzt, als die Baumrinde an den Bäumen. An den terbighiensischen Ufern findet man einige *Penicillos arenarios fusiformes*, die gewissen kleinen Belemniten nach der Größe und Bildung nicht unähnlich sind. Diese Gründe beweisen doch wenigstens so viel, daß Luid schon auf die rechte Spur kam, die Belemniten da zu suchen, wohin sie gehören, nämlich unter den Tubuliten.

Lange q) gab sich, aus Liebe zu seiner Meynung, viel Mühe den Luid zu widerlegen. Er glaubte, daß es damit hinlänglich sey, wenn er vorgab, daß die Meerröhren gekrümmt, weder so groß, noch so häufig, als die Belemniten zu finden, auch mehr zugespitzt wären, als die Belemniten. Gleichwohl gestund er zu, daß die Meynung des Luids einige Wahrscheinlichkeit habe; um so viel weniger ist es einzusehen, wie Lange seine sogar unwahrscheinliche Meynung jener vorziehen konnte. Er glaubt, daß sie nichts anders, als ein zapfichter Tropfstein wären. Er führte drey Gründe an. Der Stoff der Belemniten ist mit dem Stoff der zapfichten Tropfsteine einerley. Man findet in den Tropfsteinen einen ähnlichen

---

m) Von den Steinen S. 160. 161. der deutschen Ausgabe: καὶ γὰρ ἐν τούτῳ γλύφεται τὰ σφραγίδια. — γίνεται δὲ καὶ κατεργασία τις αὐτῷ πλείων.

n) Naturhistorie des Schweizerl. Th. III. S. 158.
o) S. Leßers Lithotheologie. S. 775. f.
p) Onomatolog. histor. natural. T. II. S. 154.
q) Historia lapid. figurat. Helvet.

ℓ

chen Bau der Fasern, die aus einem Mittelpunkt gegen den Umkreis laufen, wie bey den Belemniten; ob es gleich beym Tropfstein nicht so deutlich ist. Es können auf diese Art alle Gattungen von Belemniten erzeuget werden. Das Seichte dieser Gründe wird dann am deutlichsten hervorleuchten, wenn wir in der Folge den Rosinus über den animalischen Ursprung der Belemniten werden reden hören.

Wallerius r) sucht ihr Original unter den Holothurien, und mit ihm machen Hr. Bertrand s) und die Onomatologie t) gemeinschaftliche Sache. Auch Herr Coppeler u) hält sie für versteinte Holothurien, und Hr. Prof. Vogel v) glaubet, daß diese Meynung unter allen, die er angeführet habe, die wahrscheinlichste sey; man könne sie aber nicht annehmen, wegen der ausnehmenden Größe vieler Belemniten. Allein dieser Grund reicht noch nicht zu. Der ganze äußere und innere Bau widerspricht diesem, und auch selbst dieses, daß ihre Struktur mit den Schalthieren überein komme, die eine Nervenröhre haben, welches allen den Beschreibungen widerspricht, die wir von den Holothurien aufweisen können. Daß sich die Onomatologie am angezogenen Orte dadurch aus der Verwirrung helfen will, der Belemnit werde auf eine ganz ungewöhnliche Weise von dem allergeringsten Seegewürm, das man den Holothurier nennet, erzeuget; das wird die Sache nicht entscheiden. In unsern Tagen sind wir nicht mehr gewohnt, zu ungewöhnlichen Weisen oder Wundern zu fliehen, wo man die Sache auf eine gewöhnliche Weise und ohne Wunder erklären kann. Dies geschiehe; aber, wenn man aus den Belemniten ein eigenes Geschlecht der vielkammerichten Tubuliten macht, und sie mit den Orthoceratiten in eine Klasse setzt.

Der sonst so scharfsehende Stobäus w) hält sie gar für Seepflanzen. Nachdem er dieses aus der äußern und innern Gestalt derselben zu erweisen gesucht hat, auch anmerket, daß die Alveole vielleicht die Wurzel dieser Pflanze wäre, so fährt er fort: „Praeterea ipsa hujus plantae substantia non dissimilis est quarundam plantarum submarinarum corneae; sed imprimis simillima cuidam Lithophyto, quod ad littus Lomense ante aliquot annos inueni, cujus color belemniten imitatur et ad pelluciditatem succini paulo obscurioris accedit. Hisce addam, fossilia haec molliora quondam in proprio solo aut salo extitisse, cum admodum crebro non tantum detriti et mutilati, sed et compressi inueniantur." Eine Meynung die keiner Widerlegung bedarf. Wo

---

r) Mineralreich. S. 463.
s) Diction. des Fossils. Tom. I, S. 67.
t) Onomatologia histor. natural. T. II. S. 151.

u) In der Scheuchzerischen Sciagraphia lithologica. S. 11.
v) Praktisch. Mineralsyst. S. 216.
w) Opuscula. S. 316.

Wo findet man in einer Pflanze eine Nervenröhre und ein vielkammerichtes Gehäuse?

Der sonst so geschickte Litholog Hr. Albrecht Ritter x) hält sie für Stacheln von Seeigeln. Eine Meynung darauf sehr Wenige fallen konnten, obgleich der gelehrte Klein y) längst bewiesen hat, daß man einige Körper für Stacheln von Seeigeln halte, welche doch Belemniten sind; und der aufmerksame Kundmann z) mit ziemlich wichtigen Gründen darthut, daß es keine Stacheln von Seeigeln seyn können. Ritters Worte sind folgende: „In alio Strato (nämlich bey Neustadt am Rübenberge) latent Belemnitae, alias lapides lyncis, Germanis Donnerstrahl, Teufelsfinger, graciliores, plerumque fracti; duo ex his exemplaria possidemus adhuc integra, id quod rarissime euenit, quare in ejus extremitate parua cavitas conspicitur, qua inhaeserunt corpori, videlicet echino marino cujus aculei quondam fuerunt. Allein Kundmann wendet dawider ein: Sie könnten keine Seeigelstacheln seyn, weil sie im Feuer in ein gelbes durchsichtiges Glas zerflößen, da doch sonst alle Schalen in einen Kalk zerfielen, welcher sonst dem Glase seine Durchsichtigkeit benimmt; weil ihre konische Höhle in der Mitte des Belemniten sich nicht mit den Stacheln der Seeigel zusammen reimen lasse, und weil ihre Größe bis zur Stärke und Länge eines Armes, sich so wenig für den Seeigelstachel schicke, als ihre Menge, die in einem Bache bey dem Dorfe Talken so groß wäre, daß man damit ganze Wagen füllen könne.

Andreas Libavius a) hielt sie gar für einen bloßen Bernstein. Allein ihm waren ohne Zweifel nur die durchsichtigen Belemniten bekannt, sonst würde ihn der Anblick eines einzigen undurchsichtigen Belemniten auf andere Gedanken gebracht haben.

Noch ganz neuerlich hat der Hr. Prof. Titius zu Wittenberg, eine ganz neue Vermuthung vorgetragen, denn er hält sie für die Nägel von den äußersten Aesten der knorplichten Meersterne.

Hr. von Justi b) will hierinne gar nichts entscheiden. Er setzt sie unter die Versteinerungen, deren Ursprung unbekannt, oder von welchen es ungewiß ist, was sie eigentlich gewesen sind? doch gestehet er ein, daß ihr Verhalten im Feuer darthue, sie wären animalischen Ursprungs. Bey ihm stehen die Belemniten, die Hysterolithen, die Judensteine, die Asterien, die Bufoniten, und die Erbsen- oder Roggensteine in einer Klasse. Meine Leser mögen selbst urtheilen, ob man von allen diesen Versteinerungen sagen könne, daß ihr Ursprung unbekannt sey?

Aus dem, was ich jetzo von der Geschichte der Belemniten angemerket habe, ist klar, daß sich

---

x) Specimen. I. Oryctograph. Calenberg. S. 12. 13. 14.

y) Naturalis dispositio Echinodermatum. S. 53.

z) Rariora naturae et artis. S. 99.

a) Singulariorum P. III. Lib. VIII. Cap. 18. S. 2001.

b) Grundriß des Mineralreichs. S. 178. f.

die Gelehrten in Ansehung des Ursprungs der Belemniten in zwo Klassen theilen. Einige werfen sie in das Mineralreich, andere setzen sie in das animalische Reich. Es entstehet daher auf Seiten derer, welche die Belemniten zu Schnecken machen, und sie daher in das animalische Reich setzen, eine gedoppelte nöthige Beschäftigung. Daß sie nämlich einmal darthun, der Belemnit gehöre nicht zu dem Mineralreiche, oder entstehe nicht so, wie ein mineralischer Körper; daß sie zum andern beweisen, sie müßten zu den Thieren, allerdings gezählet werden. Der gelehrte Rosinus c) hat beydes auf sich genommen, und nach unsrer Einsicht wohl ausgeführet. Da sich seine Abhandlung sehr selten gemacht hat, auch selbst das so beliebte Hamburgische Magazin, wo sich eine Uebersetzung derselben befindet, nicht in den Händen aller meiner Leser befindet; so wird es mir erlaubt seyn, seine Gründe kürzlich zu wiederholen. Er beweiset:

I. daß man die Belemniten den Mineralien nicht beyzählen dürfe;

1. Weil die Belemniten allezeit eine beständige, nämlich eine zugespitzte, Gestalt haben.

2. Weil einige, die noch ganz wohl erhalten sind, auf ihrer äussern Fläche, mit einem gedüpfelten Häutchen überzogen sind, daraus folget, daß diejenigen, die diese Haut nicht haben, derselben durch eine äußere Gewalt beraubt sind.

3. Weil sie einen ganz besondern Bau haben, nämlich sie sind alle aus Fibern zusammengesetzt, die wie Halbmesser eines Zirkels nach dem gemeinschaftlichen Mittelpunkte zugehen. Die Krystallen und Kiese haben zwar bisweilen auch eine bestimmte Gestalt, aber man siehet an ihnen gar deutlich, daß dies bey ihnen etwas bloß Zufälliges ist. Denn die gebildeten Mineralien sind auf verschiedene Art unter einander gewachsen, und zusammen gesetzt, und werden vermengt gefunden. Auch selbst diejenigen, die mit andern aus einerley Materie bestehen, haben doch ganz verschiedene Bildungen. Ein Beyspiel geben die krystallinischen Flüsse, oder die Drusen.

4. Wären die Belemniten Mineralien, so würden sie wegen ihrer bestimmten Gestalt und Bauart, auch eine besondere Art von Stein oder Thon zur Ursache ihrer Bildung, oder zu ihrer Mutter erfordern. Allein man findet die Belemniten in mancherley Steinen, kreidichten oder ockerartigen Erden und Thonerden, in pyritis tam siliceis, quam metallicis generibus, wie sich Rosinus ausdrückt, eingemischt.

5. Wollte man den Belemniten einen mineralischen Ursprung beylegen, so hätte das vermittelst eines Salzes, welches sie in Krystallen hätte anschießen lassen, geschehen müssen. Aber dadurch hätte ein vollkommen dichter Körper entstehen müssen, welches bey den Belemniten gar nicht ist. Sie haben vielmehr in ihrer Mitte eine tiefe Hölung.

II. Daß man die Belemniten den versteinten Thieren zuzählen müsse.

1. Weil

---

c) De Belemnitis et hisce plerumque insidentibus alveolis.

1. Weil man sie nie ohne versteinte Meerthiere, und oft mit ihnen in ein steinichtes Wesen zusammen gebacken, findet.

2. Weil sie auf verschiedene Art zerquetscht und zerbrochen sind, und damit beweisen, daß sie die erstaunliche Gewalt des Meeres eben so, wie die meisten Muschelsteine, ausgestanden haben.

3. Weil sie oft mit Pholaden, mit kleinen angewachsenen Austern und Wurmröhrchen beladen sind, und dadurch beweisen, daß sie aus dem Meere kommen.

4. Weil die Substanz der Belemniten mit den Schalen der unversteinten und versteinten Muscheln sehr viel ähnliches hat. Denn

 a. Es giebt Belemniten, die gleichsam aus verschiedenen Schalen, die über einander gelegt waren, bestehen, welches nicht nur ihr schalichtes Wesen, sondern auch der Zuwachs deutlich zu erkennen giebt. Ja ihr Bau und ihre Farbe kommt mit dem Bau und der Farbe anderer Meerthiere genau überein.

 b. Im Feuer werden die Belemniten eben so wohl als die Austern und die versteinten Muscheln in einen lebendigen und brennenden Kalk verwandelt.

5. Weil die Belemniten, eben so, wie die versteinten Muscheln, in einer verschiedenen Wachsthumsgröße gefunden werden.

6. Weil man sie eben so, wie die Muscheln, bald groß und klein vermengt, bald die kleinen von den großen geschieden antrift.

7. Zeigen auch die sogenannten Schüsselsteine den mineralischen Ursprung der Belemniten, denn

 a. Da die Alveolen nach dem Raume der röhrenförmigen Höhlung der Belemniten abgemessen sind; so muß folgen, daß sie in den Belemniten, oder vielmehr mit den Belemniten erzeugt worden sind.

 b. Die schalichte Substanz dieser Schüsselsteinchen beweiset ihren animalischen Ursprung, und damit zugleich den animalischen Ursprung der Belemniten.

Es ist wahr, diese Gründe sind nicht alle gleich stark, allein zusammen genommen machen sie doch einen sehr starken Beweis, daß der Belemnit ein Thier sey. Kürzer könnte man dieses beweisen, wenn man die chymischen Versuche zu Hülfe nimmt, die mit dem Belemnit sind gemacht worden. Nur muß man die ächten Versuche von den falschen gehörig unterscheiden. Wenn Kundmann aus den Belemniten ein durchsichtiges Glas geschmolzen hat, so hat er ohne Zweifel einen ganz andern Körper vor sich gehabt, und ihn fälschlich für einen Belemnit gehalten. Seine Folge ist daher auch unrichtig, wenn er die Belemniten von dem Thierreich absondern will d). Hr. Wallerius e) beruft sich ebenfalls auf das chymische Feuer, wenn er den Belemniten eine ganz andere Art der Erzeugung beyleget, als man von den andern Versteinerungen annehmen kann, nur

---

d) Rariora naturae et artis. S. 99.   e) Mineralreich. S. 462. f.

nur damit er behaupten kann, die Belemniten würden aus der Feuchtigkeit der Holuthurien erzeuget, wenn diese mit anderer Erdart vermischt würde, und koagulirte. Allein da er die Feuerproben selbst verschweiget, so können wir davon kein Urtheil fällen. Die sicherste Probe hat uns Balthasar Erhardt f) hinterlassen, dessen ganzen Proceß, wie er verfuhr, den animalischen Ursprung der Belemniten zu erforschen und zu erweisen, im Lesser g) wiederholet ist. Er fand nämlich bey der Destillation ein sal volatile vrinosum, der Belemnit kalcinirte auch, wie alle andere Konchylienschalen, im Feuer; wenn der gewöhnliche Zusatz dazu gethan wurde, floß er, wie alle Thierknochen in ein milchichtes Glas, und brausete mit den Säuren.

Rosinus glaubt aus seinen Gründen die Folge ziehen zu dürfen, daß er die Belemniten unter die hartschalichten Thiere rechnen, und sie mit dem Namen der Tubuliten belegen dürfe. Hierinne folgen ihm die neuern Schriftsteller beynahe alle, und machen daher unter den Tubuliten selbst einen Unterschied, die sie in hohle und vielkammerichte eintheilen, und zu den letzten eben die Belemniten zählen.

Lange nach dem Rosinus hat Hr. Backer den ehemaligen animalischen Ursprung der Belemniten ebenfalls erwiesen, indem er in den philosophischen Transactionen h) zween außerordentliche Belemniten beschrieben hat. Das Außerordentliche dabey war dieses, daß auf dem einen zween von den kleinen Würmern saßen, welche man nie allein, sondern jederzeit auf Austern und andern Körpern aufsitzend antrift. Daraus schlüßet Hr. Backer, daß sich diese Würmer in der See auf diesen Belemniten gesetzt, daß beyde nachher versteint worden, und daß folglich der Belemnit ein Thier sey. An den andern Belemniten hatte sich eine Auster vest angesetzt, und man sahe an ihr deutlich, daß sie sich in ihrer Bildung nach der Gestalt des Belemniten, an dem Orte, wo sie sich an ihn angesetzt, gerichtet habe, und daß folglich der Belemnit ursprünglich in der See wohnen müsse. So überzeugend auch diese Gründe sind, so wird man doch sehen, daß Rosinus dergleichen schon auch beobachtet habe, wie sein vorher angeführter dritter Grund darthut. Folglich waren dieses zwar zween merkwürdige, aber nicht, wie sie Hr. Backer nennet, außerordentliche Stücke; denn sie haben ihres Gleichen längst vorher gehabt. Ja Scheuchzer, der noch vor Rosino lebte, hat dieses auch schon bemerket, und daraus auf den animalischen Ursprung der Belemniten geschlossen. Er führet i) einen Belemniten an, dem er folgenden Namen giebt: Belemnita cinereus ex Randio,

---

f) De Belemnitis Sucinicis. S. 49. f.
g) Lithotheologie. S. 776. f.
h) Im 490. Stück Art. 7. Ein Beyspiel, wo sich an einem Belemnit eine Auster fand, kömmt auch in Baiers monumentis Tab. IX. n. 7. coll. S. 16. vor.

i) Naturhistorie des Schweizerl. Th. III. S. 161.

Randio, cui conchylium quoddam et tubuli vermiculares exigui adnati; und sagt dann: „dergleichen wahrhafte Ueberbleibsel der Sündfluth sind mir eine Anzeige, daß der Luchsstein auch in den Wassern der Sündfluth mit andern Sachen gesunken, oder darinn wenigstens formirt worden, also in beyden Wegen unter die sogenannten reliquias diluvii gehöre." Es erhellet aus allen diesen Gründen ganz unleugbar, daß die Belemniten animalischen Ursprungs sind. Desto mehr aber ist es zu bewundern, daß der sonst gelehrte Emanuel Mendez da Costa k) noch die Belemniten Lapides sui generis nennen, und sie daher mit den Alten zu Stein- und Naturspielen habe machen können. Der Belemnit ist also ein Seethier, und weil man noch an vielen wirkliche Ueberbleibsel von Schalen findet, so muß er ein Schalthier seyn.

Allein, wo ist ihr Original? Ist es entdeckt, oder nicht? Dürfen wir dem Vorgeben trauen, welches der Hr. D. Jermin l) vor einigen Jahren bekannt gemacht hat, so ist das Original der Belemniten wirklich entdeckt. Er fand nämlich auf dem Meer de Sargasse ein Thier, welches er für das Original des Belemniten hält Die Jenaischen gelehrten Zeitungen m) haben uns einen Auszug der Ferminischen Abhandlung geliefert, davon wir folgendes entlehnen: „Die äußere Gestalt ist vollkommen wie die Gestalt eines Belemniten, nur mit dem Unterschied, daß das Original oben nach der Spitze zu zwo häutichte muskulöse Floßfedern hat, die sich leicht ablösen lassen, welches wohl der Grund seyn mag, warum man an den Belemniten gar keine Spur von diesen Floßfedern findet. In seinem natürlichen Zustande hat dies Thier eine zarte Haut, die purpurfarben ist, ausgenommen am Bauche, woselbst die Haut wie Buchsbaumholz aussehen soll. Da wo die breite und dicke Seite des Belemniten ist, daselbst ist der Kopf des Thiers, und kann es denselben einziehen und herausstrecken, wie die Schildkröten. Man bemerkt am Kopfe sehr deutlich die Augen, den Mund und die Zunge. Unter der zarten Haut liegt ein fleischichtes Wesen, welches aber so zäh, fibrös und muskulös ist, daß es einem eingeweichten Sohlenleder ziemlich gleich kömmt. Der Kopf liegt völlig frey, an dem Ende des Halses aber ist das Thier an der lederartigen Haut bevestiget. Auf beyden Seiten des Kopfs ist ein fleischiger Theil befindlich, den man für die Ohren des Thiers halten mögte. Vom Hals an gehet von der jetzt gedachten lederartigen Haut, die zumal in der Mitte sehr dicke ist, und nach beyden Enden zu allmälig dünner wird, der Körper des Thiers, der eine längliche Gestalt hat, bis über die Hälfte dieser lederartigen Wohnung fort, worauf noch einige starke Adern bemerkt werden,

---

k) Philosophische Transaktionen. Num. 481.

l) Bibliotheque des Sciences et des beaux arts. T. XXVI. P. I. a la Haye 1766. Art. IV. S. 83.

m) v. J. 1767. XLI. St. S. 339.

ben, die bis an die äußerste Spitze gehen." Es ist wahr, die äußere Gestalt dieses Thiers kömmt, wenn wir die muskulösen Floßfedern ausnehmen, mit der äußern Gestalt des Belemniten sehr genau überein, allein man hat nur bey der Zergliederung des Thiers inwendig nicht die geringste Spur von dem vielkammerichten Gehäuse und der Nervenröhre entdeckt. Es war daher zu vermuthen, daß Herr Fermin nicht ohne Gegner bleiben würde. Diesen hat er an einem Verfasser gefunden, der, wie wir aus der Nachricht eines Freundes wissen, der durch seine Schriften bey den Naturforschern so sehr beliebte Hr. Prof. Pallas in Rußland ist. Dieser hat dem Stralsundischen Magazin n) eine Abhandlung über die vermeinte Entdeckung des Thiers, woraus der Belemnit entstanden ist, einverleibet, und darinne die Meynung des Hrn. D. Fermin öffentlich bestritten. Er unterstützt seine Meynung mit zween Gründen, die wir mit den eignen Worten des Hrn. Verfassers vortragen wollen. Der erste Grund ist S. 193. folgender: „Gewiß nichts hat ihn zu dieser Muthmaßung bringen können, als was den Krystallnüssen den Namen der Karmelsmelonen zuwege gebracht hat, nämlich eine äußere Aehnlichkeit der Gestalt seines Thiers mit dem Belemniten. Denn sonst zeigt selbiges weder einen harten, aus übereinander liegenden Schalen bestehenden Körper, noch einen besonders darein gepaßten fächerichen Alveol, noch irgend eine andere Uebereinstimmung mit dem Belemniten." Seinen andern Grund trägt Hr. Pallas S. 193. f. also vor: „Indessen wird ein jeder aufmerksamer Naturforscher, der Bemühung des Hrn. Fermin ohngeachtet, wohl noch immer den Belemniten einem bisher noch unbekannten Seethiere zuschreiben, und muthmaßen, daß man das Original davon nicht unter den weichen und fleischigen Geschöpfen, sondern unter den Schalthieren, suchen müsse: wozu nicht nur die an den gegrabenen Belemniten oft fast unveränderte, steinartige, lamellirte Substanz, sondern auch die Wurmstiche, womit man sie, gleich allen Konchylien, zuweilen durchlöchert findet, und die Wurmröhren. Escharen, Korallenansätze und Austerschalen, welche an einigen vest sitzen, genugsame Gründe hergeben." Am Ende behauptet der Hr. D. Pallas, daß das Ferminische Thier eine verstümmelte spanische Seekatze (Loligo) oder eine armlose Art vom Blackfisch (Sepia) sey. Diese Meynung hält Hr. Hofrath Walch in seiner Naturgeschichte der Versteinerungen für nicht ganz ungereimt. Weil dies aber nicht zu unserm Zweck gehöret, so werden wir davon nichts gedenken, auch unser Urtheil über die ganze Streitigkeit, aus wohl überlegten Gründen, diesmal ganz zurück halten; da es zumal die Schuldigkeit des Hrn. Fermin ist, seine Meynung selbst zu vertheidigen.

Schon

---

n) 1. Band. III. St. S. 192. f.

Schon vor Hrn. Fermin haben Andere das Original der Belemniten entdecken wollen. Daß es Wallerius und Bertrand unter den Holothurien suchen, habe ich schon vorher kürzlich bemerket. In den Reisebeschreibungen des Targioni Tozzetti o) wird berichtet, daß er in dem Kabinet des Kanonikus Rapponi einen Seekörper gefunden habe, der die vollkommene Gestalt des Belemniten gehabt, auch innwendig mit vielen Kammern versehen, dabey aber von sehr dünner und durchsichtiger Schale gewesen sey. Allein dieses Original möchte doch wohl nicht bestehen können. Man höre, was der Hr. Hofr. Walch p) darwider erinnert: „Wider das Tozzettische Original haben schon Bertrand und de la Tourette verschiedene gegründete Zweifel gemacht, und sonderlich dies erinnert, daß nach der ganzen Beschreibung des Tozzetti und Allions, der Belemnit ein bloßer Nukleus oder Steinkern des vorgeblichen Originals seyn müsse, das aber streite wider die Erfahrung, weil ein bloßer Nukleus keinen innern organischen Bau haben könne, und diesen hätten doch alle Belemniten, die noch mit einen Alveolen versehen wären. Die Hauptsache meiner Mehnung nach ist diese. Die Tozzettische und Allionische Beschreibung ist so beschaffen, daß sie weit ehe auf einen kleinen natürlichen Orthoceratiten, als auf einen Belemniten, paßt. Der angebliche Körper soll röhricht und innwendig mit Kammern versehen seyn, und das ist eben der Charakter eines Orthoceratiten, bey welchem sich die Kammern an die innere Seite der röhrichten Schale anschlüßen. Das Original des Belemniten muß ganz anders aussehen. Dies muß zwar auch aus einer röhrichten Schale bestehen, in derselben aber ist ein besonderes konisches Gehäuse verborgen, und dieses Gehäuse hat Zwischenkammern, folglich schlißen bey ihm die schalichten Scheidewände, so die Kammern bilden, an der innern Seite des in den Belemniten steckenden konischen Gehäuses, nicht aber, wie bey den Orthoceratiten, an die innre Seite der röhrichten Schale, die eigentlich die Gestalt des ganzen Orthoceratiten bildet, an."

Dies sey genug von den Belemniten überhaupt, von ihrer Gestalt, ihrer abwechselnden Verschiedenheit im Steinreiche, ihrem animalischen Ursprung, und ihrem Original. Wir kommen nun auf die verschiedenen Klaßifikationen, die wir bey den Schriftstellern hin und wieder antreffen.

Herr Woltersdorf q) theilet sie in vier Klassen, ob wir gleich seine Eintheilung in keiner Rücksicht logisch nennen können.

1. Ganze Belemniten, Belemnitae totales, welche er folgendergestalt beschreibt: Sie sind kegelförmig, nehmen geschwinde ab, haben enge Kammern, eine zarte Nervenröhre, und sind mit einer dicken kegelförmigen Rinde umgeben.

2. Das

---

o) Florenz 1751. T. 1. S. 281.
q) Mineralsystem. S. 44.
p) Naturgesch. Th. II. Abschn. II. S. 249. f.

2. Das vielkammerichte Gehäuse des Pfeilsteins, Belemnitae polythalamium, Alveoli Luidii. Er verstehet darunter das vielkammerichte Gehäuse, ohne Rinde, dessen Nervenröhre dicht am Rande liegt. Allein das innre Gehäuse ist ja nicht der Belemnit selbst.

3. Die äußere Rinde des Pfeilsteins. Belemnitae cortex, Belemnites cavus. Man soll sie nach seiner Meynung daran erkennen, daß sie unten eine kegelförmige Röhre haben.

4. Zerbrochne Stücke des Pfeilsteins, Belemnitae fragmenta, Lapis Lyncis, darunter verstehet er diejenigen Stücke, die ohne Höhle, zuweilen auch ohne Spitze sind, auf dem Bruche aber Strahlen haben, die aus dem Centro entspringen.

In der Onomatologie r), wo man den Artikel von den Belemniten ziemlich im Tone des vorigen Jahrhunderts abgehandelt hat, werden folgende Belemnitenarten bekannt gemacht:

1. Röhrichte Belemniten, Belemniti canaliculosi.
2. Hohle Belemniten, Belemniti cavi.
3. Belemniten mit koncentrischen Kreisen, Belemniti circulis concentrinis.
4. Keglichte Belemniten, Belemniti conici.
5. Cylindrische Belemniten, Belemniti cylindrici.
6. Durchsichtige Belemniten, Belemniti diaphani.
7. Bauchichte oder doppelte Belemniten, Belemniti duplicati s. ventricosi.
8. Pyramidalische Belemniten, Belemniti pyramidales.
9. Gefurchete Belemniten, Belemniti sulcati.

Wallerius s), macht acht Klassen:
1. Kegelförmige Belemniten, Belemniti conici.
2. Cylindrische Belemniten, Belemniti cylindrici.
3. Belemniten mit Aushöhlungen auf der Fläche, Belemniti canaliculosi.
4. Gefurchete Belemniten, Belemniti sulcati.
5. Hohle Belemniten, Belemniti cavi.
6. Bauchichte Belemniten, Belemniti ventricosi s. duplicati.
7. Belemniten mit koncentrischen Zirkeln, Belemniti circulis concentrinis.
8. Durchsichtige Belemniten, Belemniti diaphani.

Diese und die vorige Klassifikation haben den Fehler, daß sie nicht streng genug sind. Ein Belemnit kann z. E. kegelförmig und hohl zugleich seyn, da er unter zwo Klassen auf einmal gehören müßte.

Herr Baumgärtner t), will die Belemniten nur in vier Klassen in cubicas, cylindricas, claviformes und pistilliformes eingetheilet wissen.

Beym

---
r) Onomatolog. histor. na.ural. T. II. S. 156. f.
s) Mineralreich. S. 462.
t) In seiner Uebersetzung des Theophrast S. 198. Ueberhaupt redet Hr. Baumgärtner von dem Belemnit sehr dunkel, wenn er sagt: „Der Belemnit ist eine Versteinerung, und hat sich ohnlängst gefunden, daß er eine Art des Tubuli marini und dem Venus

Beym Hrn. Davila u) darf man nie eine strenge Klaßifikation der Versteinerungen erwarten; er erzählet nur die Gattungen die er besaß. Allein da sein gesammleter Vorrath überaus prächtig ist, so verdienet er in den Anzeigen der Klaßifikationen allemal eine Stelle. Er hatte folgende Belemniten.

1. Belemnites coniques.
2. Belemnites cylindriques.
3. Belemnites en fuseau.

Der Ritter Linne, bey dem man die Belemniten in der neuesten Ausgabe seines Systems v) unter dem Namen Helmintholithus. Alcyonii Lyncurii suchen muß, hat weiter gar keine Eintheilung hinzu gethan. Er bemerket nur folgende Verschiedenheiten, die aber keinem Kenner genug thun werden.

1. Helmintholithus nautili conici.
2. Petrificata vermium Holothuriorum.
3. Tubulites polythalamius coniformis, cavitate coniformi baseos.
4. Tubulus marinus.
5. Lapis Lyncis.
6. Belemnita Prussicus.
7. Belemnites.
8. Belemnites Sueuicus.

Vom Herrn Hofrath Walch haben wir zwo Eintheilungen der Belemniten bekommen. Die eine in seinem System w) stellet ihre Gattungen also vor:

I. Vollständige, wo noch die strahlichte Rinde im Bruche, und der Alveolus in der Höhlung sitzt.
  1. Konische. 2. pyramidenförmige. 3. cylindrische. Jede dieser Arten sind
    a. glatt.    c. spindelförmig.
    b. gefurchet.    d. gedruckt.
II. Unvollständige.
  1. Die bloße äussere Rinde, ohne den Kern oder Alveol.
  2. Der bloße Alveol.

Die

---

Venusschacht sehr nahe verwandt sey; wegen seiner Form heißt er auch der Sprengbrecher." Eigentlich reden diejenigen nicht falsch, welche die Belemniten unter die Tubulos rechnen, nur daß man sie den Dentalo nicht hätte an die Seite setzen sollen. Man nennet diese Schnecken Tubulos, welche die äußere Form eines Sehrohrs haben, oder deren Gebäude konisch ist. Alles das kann man vom Belemnit sagen, und die mehresten Schriftsteller, welche den Belemnit unter die schalichten Körper setzen, haben ihm zugleich seinen Platz unter den Tubulis marinis angewiesen. Ich verstehe also die Worte nicht, daß sich dieses erst ohnlängst gefunden habe. Allein die vielkammerichten Kanäle, darunter ausser den Belemniten noch die Orthoceratiten gehören, haben mit den einfachen Kanälen, oder den eigentlichen Meerröhren nichts als die äußere Form gemein. Eben daraus wird deutlich, daß Hr. Baumgärtner nicht bestimmt genug redet, wenn er vorgiebt, daß der Belemnit dem Venusschacht sehr nahe sey. In keiner Rücksicht kann man das sagen, wenn man nur den Venusschacht aus dem Rumph Tab. XLI, n. 7. oder Martini 1. Band Tab. I, fig. 7. oder aus den Jenaischen gel. Zeitungen 1769. in der Kupfertafel zu S. 465. kennet, wo man weder in der äußern noch innern Gestalt die mindeste Aehnlichkeit beyder Körper findet.

u) Catalogue systematique. T. III. S. 62. ff.

v) System. naturae. T. III. S. 170.

w) Systemat. Steinreich S. 92. der ältern Ausgabe.

Die andere ist in der Naturgeschichte x) befindlich. Der Hr. Verf. unterscheidet zwar die undurchsichtigen von den halbdurchsichtigen, er sagt aber doch von den letztern, daß sie weder an der Gestalt, noch Größe von den undurchsichtigen abgiengen, sondern daß sie bloß ihre Halbdurchsichtigkeit von jenen unterscheide. Er bringt die Belemniten in folgende Klassen.

I. Cylindrische, welche fast bis an den Ort, wo sich die Spitze bildet, das Maas ihres Durchschnitts behalten, und daher einem geraden Stöckchen gleichen.
 1. Cylindrische Belemniten mit einer scharfen Spitze.
 2. Cylindrische Belemniten mit einer verlängerten scharfen Spitze.
 3. Cylindrische Belemniten mit einer stumpfen gerundeten Spitze.

II. Konische, die allmählich bis zu ihrer Spitze abnehmen.
 1. Konische Belemniten mit einer scharfen Spitze.
 2. Konische Belemniten mit einer stumpfen Spitze.
 3. Pyramidalische Belemniten. y)

III. Spindelförmige, die in der Mitte am dicksten sind, und sich auf der einen Seite in eine verlängerte Spitze endigen, da dieselben auf der andern Seite im Durchschnitt allmählig abnimmt.

 1. Spindelförmige Belemniten, die in der Mitte am dicksten sind.
 2. Spindelförmige Belemniten, die gegen das eine Ende zu am dicksten sind, eine gerundete Spitze, und daher fast eine keulenförmige Gestalt haben.

IV. Gefurchte, die auf ihrer Oberfläche eine oder mehrere, bald tiefere bald flächere Furchen der Länge herunter haben, die beynahe einer Rinne oder offnem Kanal ähnlich sind.
 1. Gefurchte Belemniten mit einer Furche, die sich von der Grundfläche bis zur Endspitze erstrecket.
 2. Gefurchte Belemniten mit zwo Furchen oben bey der Spitze.
 3. Gefurchte Belemniten mit drey Furchen oben bey der Spitze.

V. Gekrümmte, welche nämlich eine gekrümmte Spitze haben.

Daß die Belemniten auch einen medicinischen Gebrauch haben, könnte aus dem Zeugniß verschiedner Schriftsteller erwiesen werden. Herr Baumgärtner sagt am angezogenen Orte, daß sie ziemlich glutinös wären; daher die gemeinen Leute die Wunden damit heileten, und sie gegen die Kolik geschabt einnähmen. Die Verfasser der Onomatologie z) sagen, daß die Pferdeärzte mit dem zart geriebenen Pulver der Belemniten den Pferden die Narben in den Augen wegzuätzen pflegten; und

*Kayß-*

---

x) Naturgesch. der Versteinerungen. Th. II. Abschn. II. S. 251. f.
y) Diese pyramidalische Belemniten, würden ein eigen Geschlecht ausmachen, wofern ihr Daseyn erwiesen werden könnte. Nur Lange hat derselben Meldung gethan. In den neuern Zeiten hat man noch kein Beyspiel entdeckt, welches den Namen eines pyramidalischen Belemniten mit Recht behaupten könnte.
z) Onomatol. histor. natur. T. I. S. 153.

Kayßler a) sagt: „Das gemeine Volk, welches sie Alpschoſſe, oder Alpſteine nennt, giebt das davon geſchabte Pulver bey verſchiedenen Krankheiten ein, braucht es auch duſſerlich, indem es ſolches als ein Mittel wider die Blindheit den Pferden in die Augen bläßt." Es iſt auch bekannt, daß ſie darum Alpſteine heißen, weil ſie ein gutes Mittel wider den Alpſeyn ſollen.

Ich komme auf die Oerter, wo ſich Belemniten finden, und bemerke nach alphabetiſcher Ordnung folgende:
Altdorf. Andelfingen. Angerburg. Baaden. Bahlingen. Banz in Franken. Baſel. Bern. Bibra. Blaubeuern. Braunſchweig. Chriſtianerlangen. Duslingen. Echterdingen. Ellwangen. Elſaß. Engelland. Franken. Frankfurt an der Oder. Frankreich. Garnſtadt. Geppingen. Siech. Gingen. Goßlar. Hamburg. Hannover. Harz. Hallau. Heidenheim. Heiwingen. Hemmethal. Hildesheim. Holland. Kalenberg. Kaſtelen. Lichſtall. Lorch. Lucern. Lübeck. Lüttgern. Lutheriſchhallſtadt. Maſtricht. Mönchenſtein. Moskau. Muttenz. Neuburg. Neuſtadt. Niederwenningen. Niendorp. Nörlingen. Oberſtachs. Obermengau. Paläſtina. Pfulingen. Piemont. Plauiſcher Grund. Pöppingen. Potsdamm. Prattelen. Preußen. Querfurth. Randen. Roſenfeld. Rotenburg an der Tauber. Salzthal. Schafhauſen. Scheslitzer Grund. Schintznach. Schleſien. Schottland. Schraplau. Schwaben. Schweden. Schweitz. Sieblingen. Spanien. Stuttgard. Talkey. Thalheim. Tübingen. Verona. Wettbergen. Würtenberg.

Wir ſagen nur noch einiges von dem Werth und der Seltenheit der Belemniten. Die ganz großen gehen allemal den mittlern und den kleinen vor. Da, wo man itzoch merkliche Ueberbleibſel einer natürlichen Schale findet, iſt allemal ein großer Vorzug für denen, wo die Schale gänzlich mangelt. Diejenigen, in welchen die Alveole noch iſt, ſind denen vorzuziehen, wo ſie mangelt. Inſonderheit aber würde derjenige die größte Seltenheit beſitzen, der noch einen vollſtändig ganzen aufweiſen, und das bey apodiktiſch beweiſen kömte, daß er vollſtändig ſey. Die cylindriſchen trift man nicht ſo häufig an, als die koniſchen, und die ſpindelförmigen ſind ſeltener, als alle beyde. Kann es gewiß erwieſen werden, daß es wirklich pyramidaliſche Belemniten giebt, ſo ſind dieſe eine große und wahre Seltenheit. Die gefurchten mit drey Furchen ſind ſeltner als die, welche zwo Furchen oder nur Eine, haben. Wenn wir aber einen vollſtändig ganzen Belemnit ausnehmen, ſo ſind die mit gekrümmter Spitze die allerſeltenſten.

In meinem Entwurf einer Lithologtſchen Bibliothek ſind §. 117. Schriftſteller genug angeführet worden, bey welchen man mehrere Nachrichten von den Belemniten einziehen kann.

Zeich-

---

a) In den neueſten Reiſen. S. 101.

Sonst hat er vom Bergkrystall folgende sechs Untergattungen:
1. Cryſtallus oblongis diſtantibus.
2. Cryſtallus lateribus 2. oppoſitis latioribus.
3. Cryſtallus vtrinque pyramidalis.
4. Cryſtallus ſubacaulibus vtrinque pyramidatis.
5. Cryſtallus acaulibus vtrinque pyramidatis.
6. Cryſtallus acaulibus aggregatis.

Herr Wallerius h) zählet die Untergattungen des Bergkryſtalls auf folgende Art:
1. Bergkryſtall mit Einer Spitze, Cryſtallus montana apice vno. Cryſtallus Aniſogona.
2. Doppelter Kryſtall, Cryſtallus montana vtrimque acuminata. Cryſtallus ἀμφήκεις. Scheuchz. Iris vulgaris Luid.
3. Pyramidalenkryſtall. Cryſtallus montana pyramidibus conſtans, absque priſmate. Chryſtallus, cujus plana intermedia omnino deſiderantur.
4. Ausgehöhlte Kryſtalle. Cryſtallus montana cavitate hexangulari.

Hr. Kronſtedt i) macht folgende Eintheilung:
I. Dunkler, Cryſtallus opacus f. ſemidiaphanus.
   a. Weiß, oder milchfarbig.
   b. Roth, karneolfarbig.
   c. Schwarz.
II. Durchſichtiger, Diaphanus.
1. Schwärzlichbraun. Rauchtopas.
2. Gelb. Böhmiſche Topaſen.
3. Violet. Amethyſt.
4. Ungefärbt. Böhmiſ. Stein.

Unter allen Bergkryſtallen, ſind diejenigen die merkwürdigſten, welche vorher in der Klaſſifikation des Hrn. Wallerius ausgehöhlte Kryſtalle genennet wurden. Es iſt eine in dem Kryſtalle befindliche leere Höhlung, welche aber allezeit ſechsſeitig iſt. Hr. Wallerius macht darüber am angezogenem Orte folgende Anmerkung: „Man wüßte nicht, wie dieſe ſechseckichte Aushöhlung entſtanden ſeyn möchte; es ſey denn, daß die Spitze eines Kryſtalles in dieſem Loche geſeſſen habe, um welche andere Kryſtalle rund herum angeſchoſſen ſind, nächſt dem dann jene Spitze, durch allerley Zufälle herausgefallen iſt. Man findet einige ſolcher Art in den Gruben bey Dannemora.‟

In allen Gegenden, wo ſonderlich große Gebirge ſind, iſt auch der Bergkryſtall anzutreffen, beynahe aber darf man behaupten, daß er nirgends häufiger, als auf den Alpengebirgen in der Schweitz gefunden werde. Scheuchzer hat ſich viele Mühe gegeben, ſie zu ſammlen, und in ſeinen Alpenreiſen S. 243. f. nach ihren Verſchiedenheiten zu beſchreiben. Allein Wallerius wirft ihm vor, 1) daß er dabey Spatkryſtalle für Bergkryſtalle gehalten habe. 2) Daß bey andern eine geringe Umwechſelung der Ecken anzutreffen ſey, welches zufälliger Weiſe auf hundert Arten geſchehen könne. 3) Daß andere bey ihm bloß durch eingeſchloſſene fremdartige Dinge verſchieden wären. Sollte man, ſagt er zum Schluſſe, nach dieſem

---

h) Mineralogie. S. 144.     i) l. c. S. 56.

sem alle Kryſtalle beſonders zählen; ſo dürfte man ſo viele Abänderungen, als Stücke bekommen. S. Kryſtall.

Bergflachs, Bergwolle, ächter Asbeſt, Lat. Lana montana, Linum montanum, Linum indum, Linum creticum, Linum inextinguibile, Linum incombuſtibile, Linum asbeſtinum, Linum vivum, Boſtrichites, Polia, Saropolia, Corſoides, Caryſtius lapis, Lignum amithon, Lapis cyprius, Salamandra lapidea, Amiantus fibris mollioribus parallelis, facile ſeparabilibus. Wall. Amiantus fibris filiformibus flexibilibus. Linn. fr. Lin incombuſtibleola Filaſſe de l'Amiante ou de l'Asbeſte, holl. Wol van den Asbeſt, Steen-vlas, Asbeſt, deſſelfs Plakſel of Wol, wird der Amiant genennt, wenn er aus langen mit einander parallel laufenden und biegſamen Fäden beſtehet. Da dieſes der eigentliche und ächte Amiant iſt, ſo können hier ein groſſer Theil derjenigen Anmerkungen wiederholet werden, die ich oben beym Artikel Amiant beygebracht habe. Ich werde mich daher hier auch ganz kurz faſſen, und nur einige Anmerkungen voranſchicken, nachher aber von der Art, die unverbrennliche Leinewand aus dieſem Bergflachſe zu bereiten, aus Schriftſtellern reden.

Von Farbe iſt dieſer Stein lichtgrau oder grünlich, und gleichet gemeiniglich einem grauen Haar. Dieſer Bergflachs hat die Natur eines jeden Flachſes, nur daß er nicht verbrennet. Man kann daraus Leinewand, Lichtdochte, Halstücher, und andere Dinge machen, welche im Feuer nicht verbrennen, ſondern vielmehr immer weißer werden. Dieſe Aehnlichkeit mit dem Flachſe macht, daß man ihm den Namen eines Bergflachſes gegeben hat, ſo wie andere es für bequemer gefunden, ihn mit der Wolle zu vergleichen, und ihn Bergwolle zu nennen. Der Name eines ächten Asbeſts ſollte in ächten Amiant verwandelt werden, weil der A, beſt allemal zu ſpröde iſt, als daß er verarbeitet werden könnte. S. Asbeſt.

Hierokles ſagt, daß die indianiſchen Prieſter weiße Kleider von ſolchem Bergflachſe getragen hätten, und andere berichten, daß man ehedem auch die Todten darein gewickelt habe. Man kann ferner daraus Pappier machen, und ſo gar darauf ſchreiben; legt man es dann ins Feuer, ſo verlöſchen die Buchſtaben und man kann von neuem darauf ſchreiben.

Hr. Prof. Vogel k) meynet, daß man den reifen Asbeſt, welchen Wallerius Asbeſtum fibris parallelis tenacioribus ſeparabilibus nennet, als eine Varietät vom Bergflachſe anzuſehen habe, weil er ſich eben ſpinnen, verarbeiten und zu Pappier bereiten laſſe; nur daß ſeine Faſern nicht ſo weich und haaricht, ſondern etwas zäher wären, als die Faſern des Bergflachſes. Iſt dieſes, ſo darf man ihn nicht ferner unter die Asbeſte rechnen, oder man läuft Gefahr, die Asbeſte und

---

k) Praktiſches Mineralſyſtem. S. 170.

und Amiante zu verwechseln, welches von vielen geschehen ist. S. Federweiß. Als einen besondern Umstand merke ich an, daß von dem Traktat des Herrn Brückmann de Asbesto, drey Exemplare auf Asbestpappier sind gedruckt worden, wie der Herr Prof. Vogel am angezogenen Orte in der 46. Anmerkung berichtet hat.

Einige sind gar auf den Einfall gerathen, daß der Bergflachs gar keine Steinart sey, sondern daß er in das Pflanzenreich gehöre. Hier sind ihre Gründe, so wie sie die Onomatologie erzählt: 1) „Man sehe mitten durch den vermeintlichen Stein eine Art von Holzfasern laufen, an beyden Enden scheine er, wie mit einem Messer abgeschnitten zu seyn, er lasse sich mit Oel aufweichen, habe zwischen seinen Fäden einige lose Erde, die man mit Wasser wegspühlen könne; man finde auch wirklich solche Pflanzen, die Stoff zu spinnen und weben geben, ja wahrhaftig Holz unter der Erde, das seine vorige Pflanzennatur ganz gleichsam aufgegeben habe; man könne auch aus Baumwurzeln einen unverbrennlichen Flachs bekommen, wie aus dem indianischen Baum Sodda genannt; es gebe Wurzeln die brennen, und doch nicht verbrennen, als von der Androsace Dioscoridis, oder dem Vmbilico marino Monspeliensium; der Stein sey so leicht, daß er durch sein Gewicht alle Ansprache auf das Steinreich verliere, und den Gewächsen viel näher beykomme." Es würde nicht schwer seyn, auf alle diese Gründe einzeln zu antworten, wenn nicht das Verhalten im Feuer die Meynung, daß der Bergflachs eine Pflanze sey, zernichtete.

Herr Kronstedt m) nimmt zwo Gattungen von Bergflachse an, reinen und weichen, der bald hellgrün, bald weiß seyn soll, und etwas eisenschüßigen und brüchigen.

Wenn es wahr ist, was die Alten sagen, daß sich die Priester in Indien ehedem in solche Leinewand gekleidet, die aus dem Bergflachse bereitet wird, und daß man in solche Leinewand die Todten ehedem geleget habe, so muß diese Leinewand sonst viel gemeiner gewesen seyn, als sie jetzo ist. Seyfried meldet zwar n), daß man in Cypern Halstücher und Schnupftücher verfertige, und sowohl in Frankreich, als in Italien soll man noch wirklich Arbeiten von dem Bergflachse erblicken, die aber mehrentheils in Strumpfbändern und andern Kleinigkeiten bestehen, und die man mehr zur Seltenheit, als zum Gebrauch aufbewahret; allein man giebt doch auch vor, daß die Art den Bergflachs zu spinnen, und zu weben, ein Geheimniß sey. Wenn die Schriftsteller die Wahrheit geschrieben haben, so ist dem nicht also. Lesser o) hat verschiedene Arten, diesen unverbrennlichen Flachs zu spinnen und zu weben, gesammlet,

---

l) Onomatolog. histor. natural. T. I. S. 347.

m) Versuch einer neuen Mineralogie. S. 108. f.

n) Medulla mirabilium. Lib. II. Cap. V. §. 33.

o) Lithotheologie. S. 389. f.

let, davon wir nur die Vorschrift des Ciampini p) kürzlich auszeichnen wollen. „Man solle den Bergflachs eine Zeitlang in warm Wasser werfen, damit der Stein darinne weiche, nachher müsse man ihn reiben und aus einander ziehen, damit diejenige subtile Erde herausfalle, welche die Fasern bisher zusammen verbunden hat. Dieses müsse man mit andern reinem Wasser so lange wiederholen, bis kein Kalk mehr herausfalle, und das Wasser ganz klar und helle bleibe. Ist dieses geschehen, so ziehet man die Fasern noch mehr aus einander, spühlet sie mit reinem Wasser ab, und läſſet sie trocken werden. Nun nahm Hr. Ciampini zween Kämme, wie die Wollenkämmer gebrauchen, mit ganz engen Spitzen, kämmte damit seine Fasern, bis sie ihm klar genug schienen, und er sie ringsherum um seine Kämme legen konnte. Darauf bevestigte er die Kämme an dem Tische, nahm eine ganz kleine dünne Spindel, und verband allemal einen Faden Amiant, mit einem Faden von gemeinem Flachse, damit er sich besser spinne. Die Finger benetzte er unter dieser Arbeit fleißig mit Del, damit dadurch theils der Bergflachs gelinder würde, theils aber auch die Finger nicht aufgerieben werden konnten. Eben so muß man verfahren, wenn man aus diesem gesponnenen unverbrennlichen Garn, die unverbrennliche Leinewand zu machen gedenket. Will man die Fäden vom natürlichen Flachse nicht unter dem Bergflachse dulden, so darf man die daraus verfertigte Leinewand nur ins Feuer werfen, und damit den natürlichen Flachs herausbrennen. Der D. Joseph Baldaſſari q) hat beynahe eben diese Methode. „Man legt den Stein eine Zeitlang in laulichtes Wasser oder ein anderes bequemes Auflösungsmittel, worauf er sich handthieren läßt, daß man die Fäden absondern kann, und eine gewisse Erde, welche das Wasser gelb färbet, zu Boden fällt. Die Fäden werden gewaschen, getrocknet und wie leinene Fäden verarbeitet; man bestreicht sie mit Leinöle, daß sie biegsam werden, und die Finger beym Arbeiten nicht so beschädigen." Eben diese Art, die wir vorher aus dem Ciampini ausgezeichnet haben, ist in Siberien die gewöhnliche, wie Brückmann r) berichtet, nur mit dem Unterschiede, daß sie vorher den Bergflachs in kleine Stücken zerschlagen, und zwar nicht der Länge nach, wie die Fasern laufen, sondern die Quere hindurch. Solche Stücke werden alsdann mit dem Hammer so lange zerstoßen, und mit den Händen gerieben, bis sie zu einer Wolle werden, die nachher auf oben beschriebene Art gehechelt, gesponnen und zu Leinewand verarbeitet werden können.

Daß

p) De incombustibili lino ſ. lapide Amianto ejusdemque filandi modo. Romae 1691.

q) Oſſervazioni sopra il Sale della Creta con un Saggio di produzioni naturali dello Stato Sanese. In Siena 1750. Einen Auszug davon liefert das Hamb. Magaz. X. Band 3. St. S 217. ff.

r) Magnalia Dei in locis subterraneis. T. II. S. 955. f.

Daß man bey der Verarbeitung des unverbrennlichen Pappiers anders verfahren müsse, ist außer Zweifel. Lesser s) giebt dazu folgende Anleitung. „Nimm Löschpapier, einen Bogen oder mehr, in Quart gebrochen, in eine flache Schale gelegt, destillirten Eßig darüber gegossen, daß das Pappier zu Grunde liege, also etliche Tage beitzen lassen, dann heraus genommen, auf einem glatten Brett an der Sonnen getrocknet, oder besser an einem Faden, wie die Buchbinder thun. Nimm ferner Amiantum 4 Loth, in destillirten Weineßig gelegt; unter einander gerühret, zween Tage lang also stehen lassen, dann den Eßig abgegossen, wenn es trocken, thue solches in destillirtes Eisenkrautwasser, ein halb Maaß mit Eyerklar vermenget, etwa von zwey Eyern nur so viel, daß es klebricht wird, wohl unter einander gerühret, das Pappier wieder in seine Schale gelegt, diese Massam darüber gegossen, acht Tage also stehen lassen, bis alles fast eingezogen ist, an der Luft so dann, oder Sonnen trocknen lassen, endlich mit einer Bürste abgekehrt, und planiret oder glatt gemacht, so ist es fertig und verbrennet nicht im Feuer." Herr Lesser will bemerkt haben, daß, obgleich dieses Pappier im Feuer nicht verbrenne, es gleichwol lockerer werde, wenn man es einigemal ins Feuer geleget habe; und suchet den Grund davon darinne, daß das Feuer den Leim des Pappiers auflöse, dadurch die Fasern des Bergflachses nicht mehr so vest zusammen hängen könnten. Wäre die Kunst solches Pappier zu machen, allgemeiner, wohlfeiler und weniger mühsam einzurichten, so könnte man nachher dazu auch eine unverbrennliche Dinte erfinden, so würden die Vortheile für die Bibliotheken unbeschreiblich groß seyn.

In Indien, Arabien, Cypern und Siberien wird der beste Bergflachs gefunden.

**Bergfleisch,** lat. Caro montana, Amiantus ponderosus, Asbestus membranaceus, Amiantus fibris durioribus in lamellas crassiores compactis Wall. Amiantus corticosus flexilis natans Linn. Asbestus solidiusculus fissilis Linn. franz. Chair fossile, ist ebenfalls eine Art vom Amiant, und von dem folgenden Bergleder gar wenig unterschieden. Nur darinne besteht der Unterschied, daß die Faden bey dem Bergfleisch gröber sind, als bey dem Bergleder. Das mag der Grund seyn, warum Hr. Baumer t) das Bergfleisch so gar unter das Bergleder zählt. S. Bergleder. Herr von Justi u) hingegen, zählet das Bergfleisch, den Berggork und das Bergleder gar unter die Bimsteine, und hält sie allerdings für schmelzbar. Wäre dieses, so würde wenigstens so viel gewiß seyn, daß es unter den Amianten ferner keine Stelle behaupten könne, weil diese nie schmelzbar sind.

Eben darum, weil die Fäden des Bergfleisches hart sind, geschiehet

---

s) Lithotheologie. S. 385.
t) Naturgeschichte des Mineralreichs. Th. I. S. 215.
u) Grundriß des Mineralreichs. S. 229.

schiehet es, daß es im Wasser untersinkt. Wenn demnach der Ritter von Linne von demselben behauptet, daß es schwimme, so muß folgen, entweder, daß nicht ein jedes Bergfleisch untersinkt, oder daß der Ritter eine andere Amiantart fälschlich für Bergfleisch gehalten habe. Im Feuer wird das Bergfleisch so hart, daß man damit Feuer schlagen kann. Ist dieses gegründet, so irret der Herr von Justi, wenn er es unter die schmelzbaren Steine setzet, und zu den Bimsteinen rechnet.

Wallerius v) nimmt zwo Gattungen vom Bergfleisch an:

1. Ebenes Bergfleisch, Caro montana lamellis parallelis, welches aus dicken und geraden Scheiben bestehet.

2. Gewundenes Bergfleisch, Caro montana lamellis contortis, welches aus dicken und gebeugten oder gewundenen Scheiben bestehet.

Herr Kronstedt w), der das Bergfleisch und das Bergleder, eben so wie Herr Baumer, für gleichlautende Worte hält, und mit dem Ritter von Linne zu den Asbesten zählet, hat davon zwo Gattungen.

1. Rein und weißes Bergfleisch.

2. Eisenhaltiges und gelblichbraunes Bergfleisch.

Ich kann mir keine Ursache erdenken, welche Aehnlichkeit man unter dieser Steinart und dem Fleische gefunden zu haben geglaubet hat, um damit den Namen eines Bergfleisches zu rechtfertigen.

Bergfluß wird der Flußspat genennt. S. Flußspat.

Berggork, lat. Suber montanum, Amiantus fibris flexibilibus inordinate se interlecantibus, leuissimus Wall. Amiantus corticosus, flexilis, suberosus Linn. Asbestus solidiusculus, flexilis Linn. fr. Liege fossile, ist eine amiantähnliche Steinart, die von einigen zum Amiant gerechnet, von andern vom Amiant getrennet wird. Darinne kömmt er mit dem Amiant überein, daß er aus kleinen und biegsamen Fasern bestehet, auch welch und leicht ist, und daher eben den innern Bau, wie der Amiant hat. Die kleinen biegsamen Fäden des Berggorks durchschneiden einander ganz ordentlich, und sind so locker zusammen gewachsen, daß der Stein die Gestalt eines Gorks hat, und das hat eben den Grund zu seiner Benennung gelegt. Hr. Henkel x) bemerket, daß er im Feuer zu einem schwarzen Glase schmelze. Da aber der Amiant im Feuer aushalten muß, so ist deutlich, daß der Berggork nicht zu den Amianten gehören könne.

Wallerius y) hat den Berggork unter den Amianten, und gestehet doch zu, daß er im Feuer schmelze. Er entschuldiget sich folgender Gestalt: „Obgleich der Berggork im Feuer schmelzet, hat man ihn doch hieher unter die feuervesten Steine rechnen müssen; so wohl in Ansehung seiner innern

---

v) Mineralreich. S. 190. f.
w) Versuch einer neuen Mineralogie. S. 108. f.
x) Kleine mineralogische Schriften. S. 397.
y) Mineralreich. S 191.

innern Struktur, als Weiche und Leichtigkeit, mit welchen Eigenschaften diese Steinarten besonders begabet sind." Wenn man freylich auf die äußere Aehnlichkeit siehet, so könnte der Berggork unter den Amianten seinen Platz finden, allein man würde dann genöthiget werden, den Bimstein auch hieher zu rechnen, welcher außer den Fasern noch dieses mit dem Amiant gemein hat, daß er das Feuer aushält. Denn, da hier die Rede von feuervesten Steinen ist, so reicht eine bloße äußerliche Aehnlichkeit nicht hin. Hr. Vogel z) hat den Berggork unter den Asbesten; Hr. Baumer a) aber will ihn weder unter die Amiante, noch unter die Asbeste zählen, sondern er hat ihn unter die vermischten Steine gesetzt. Sein Grund dazu ist folgender; „der Berggork wird von einigen zu dem Bergleder gerechnet; weil er aber ein Gemeng von Thon, Flußspat, Kies, klarem Sande ꝛc. ist; so kann er füglich unter die vermischten Steine gebracht werden." Daß der Berggork bisweilen silberhaltig sey, hat Herr Baumer zugleich bemerket.

Herr Kronstedt b) hat den Berggork unter den Asbesten, und giebt von ihm zwo Untergattungen an:

1. Reinen und weißen.
2. Eisenhaltigen und gelblichbraunen.

Man könnte den Silberhaltigen als eine dritte Gattung ansehen.

Berghaut, lat. Corium montanum, wird eine Art von Bergleder genennt. S. Bergleder.

Bergkohlen werden die Steinkohlen genennet, weil sie aus den Bergen gegraben werden. S. Steinkohlen.

Bergleder, lat. Aluta montana, Amiantus fibris mollioribus intertextis in lamellas compactus laevis Wall. Asbestus membranaceus flexilis Linn. Amiantus corticosus flexilis membranaceus natans Linn. wird der Amiant genennet, wenn er aus Fibern zusammen gesetzt ist, die sich der Länge und der Quere nach durchschneiden lassen, und wo die Fäden viel dünner sind, als beym Bergfleische. Die Fibern oder Fäden hängen hier vest zusammen, und sind von andern Fäden durchschossen, also, daß durch dieses Gewebe der Stein schilfricht und blätterricht scheinet. Dieses Bergleder ist ganz leicht, und von grauer und lichter Farbe.

Wallerius c) bemerket, daß man im Bergleder eingewickelte, und damit umwickelte Spatkrystallen finde, und schlüßet daraus ganz richtig, daß das Bergleder wachse und unter den Steinwuchs gehöre. Er nimmt aber davon zwo Gattungen an:

1. Gröberes Bergleder, Aluta montana crassior, welches einem Leder gleicht, etwas dicke ist, und gebogene Fäden zu haben scheinet.

2. Feineres Bergleder, Aluta montana tenuior, welches aus ganz

---

z) Praktisches Mineralsyst. S. 172.
a) Naturgesch. des Mineralreichs. Th. I. S. 266.
b) Versuch einer neuen Mineralogie. S. 108.
c) Mineralreich. S. 189. f.

ganz dünnen Blättchen bestehet. Eben darum gleicht es auch einer Haut, oder einem Pappier, und heißt aus dem Grunde Berghaut, lat. Corium montanum, und Bergpappier, lat. Papyrum montanum.

Herr Baumer d) rechnet zum Bergleder nicht nur das Bergpappier, sondern auch das Bergfleisch. Er sagt: „das Bergleder hat eine weißliche oder gelbe Farbe, und biegsame unter einander laufende Fasern, die eine blätterige Gestalt hervorbringen. Wenn diese Blätter hart und dünne sind; so heißt es Bergpappier. Bestehet es aber aus dickern Blättern, von harten und gröbern Fäserchen; so erhält es den Namen des Bergfleisches; dergleichen zu Sahlberg und Dannemor in Schweden gefunden wird.

**Bergpappier,** lat. Papyrum montanum heißt das Bergleder, wenn es fein ist, und aus ganz dünnen Blättchens bestehet. S Bergleder.

**Bergschnecken** werden bey verschiedenen Schriftstellern die Ammoniten genennt, aber mit größtem Unrecht. Denn man hat außer diesen noch viele andere Schnecken, die man auf und an den Bergen findet. S. Ammoniten.

**Bergwolle.** S. Bergflachs.

**Beryll** heißet im französischen der gleich folgende Beryll.

**Beryll,** Aquamarin, lat. Beryllus, Aqua marina, Thalassius marinus, Augites Plinii, Gemma pellucida duritie decima, colore Thalassino, igne liquabilis Wall. Borax lapidosus caeruleo virens Linn. Nitrum quarzosum viridi caeruleum Linn. Franz. le Beryll ou Aigue marin. Holl. Berill off Aqua marin, heißet unter den ächten Quarzen oder unter den eigentlichen Edelsteinen derjenige, der eine seegrüne, oder grünblaue Farbe hat. Wenn er dabey in das Gelbe spielt, so heißt er Goldberyll. Seine grüne Farbe gleicht dem Seladongrün, oder auch dem Meerwasser, und das ist die Ursache, warum er im Lateinischen den Namen Aqua marina, im Griechischen Thalassius, von θάλασσα das Meer, und im Französischen, Aigue marin genennet wird. Er ist ein vieleckichter Edelstein, in Ansehung seiner Härte, aber der letzte unter allen Edelsteinen, und folglich der weichste, daher er auch im Feuer schmelzet. Seine Farbe entstehet, wenn sich saure und alkalische Salze mit Kupfertheilchen vermischen. Denn das alkalische Salz macht die Farbe seegrün, da ohne dasselbe die Kupfertheilchen die Farbe hellgrün machen würden e). Diese Erklärung vom Ursprunge des Beryll ist weit natürlicher, als die Meynung der Alten, die von ihm vorgaben, daß er in den Adern des Schlangensteins wachse, wie denn der alte Dichter Dionysius davon sagt:

Nascitur is venas intra fulgentis Ophitae.

Unsre Erklärung wird den Lesern ohne Zweifel mehr Genugthuung gewähren, als die Erklärung

---

d) Naturgesch. des Mineralreichs. Th. I. S. 215.

e) Walch systemat. Steinreich. Th. II. S. 58.

rung des Mirus f), der den Beryll also beschreibt: „Der Beryll ist nichts anders, als eine gewisse Gattung des orientalischen Krystallsteins, dienet für triefende Augen," und hat sonst großen Nutzen." Daß man den Beryll öfters in ziemlich großen Stücken, und ohne gewisse Figur antreffe, das hat uns der Herr Rath Baumer g) gesagt.

Der Beryll gehöret unter diejenigen Steine, von welchen uns die Schriftsteller viele ungewisse, dunkle und widersprechende Nachrichten überschrieben haben. Einige reden von vielen Untergattungen, davon aber einige zu den Hyacinthen, andere zu den Topasen gehören. Haben doch sogar verschiedene Schriftsteller den Beryll selbst zu den Hyacinthen gezählet. Wenn Herr Skopoli h) den Beryll einen rothen Achat nennet, so nimmt er nicht allein das Wort Achat für einen Geschlechtsnamen an, sondern er verstehet auch ganz offenbar darunter einen ganz andern Stein, als derjenige ist, den wir Beryll nennen. Wenn Herr Kronstedt i) den Beryll einen bläulich grünen Topas nennet, so will er den Beryll für keinen eigenen Edelstein annehmen, sondern er siehet ihn für eine Gattung des Topas an. Aber in keiner Rücksicht kann man das entschuldigen. Nicht, wenn man die Farbe der Edelsteine dabey zum Grunde leget. Denn da ist der Topas gelb, der Beryll aber grün. Nicht, wenn man die Härte der Edelsteine zum Grunde legt. Denn da gehört der Topas in die vierte, der Beryll aber in die zehnte Klasse, und zwischen beyden stehen noch der Smaragd, der Chrysolith, der Amethyst, der Granat und der Hyacinth, welche alle weicher, als der Topas, und härter als der Beryll sind. Eben so wenig wird sich Hr. Kronstedt rechtfertigen können, wenn er unter dem Beryll und Aquamarin einen Unterschied macht, und unter dem ersten den grünen, unter dem andern aber den seladonfarbigen Edelstein verstehet. Hieher gehöret auch die Anmerkung des Herrn Wallerius k). „Zum Beryll findet man viele Abänderungen gerechnet, welche doch mehrentheils entweder zu den Hyacinthen gehören, als Beryllus cereus ac oleagineus; von welchen der eine dem Wachse, der andere dem Oele gleich ist, beyde aber zur vierten Abänderung von den Hyacinthen gehören, oder sie gehören zu den Topasen, wie die Chrysoberylle, oder zu einigen andern." Eben dieser schwedische Naturforscher gedenket, am angezogenen Orte eines Berylls unter dem Namen Beryllus Scheuchzeri, dem er auch den Beynamen Sardus, Carneolus ruber gegeben hat, und unter die Karneole wirklich zählet. Der Ritter von Linné setzt den Beryll an einem gewissen Orte seines

---

f) Physica sacra. S. 540.
g) Naturgesch. des Mineralreichs. Th. I. S. 237.
h) Einleitung in die Kenntniß der Fossilien. S. 22.
i) Versuch einer neuen Mineralogie. S. 52.
k) Mineralreich. S. 162. coll. 112.

seines Systems unter die Kieselsteine, und beschreibt ihn als einen rothen Stein. Es ist wahr-
scheinlich, daß er eben |diesen
Scheuchzerischen Beryll verstehe. Wallerius giebt an einem
gewissen Orte auch dem Chrysolith den Namen Beryll, und
daraus erhellet, daß der Gebrauch des Namens Beryll bey
den ältern und neuern Schriftstellern gar sehr verschieden sey.
Doch das sind die Beyspiele noch
nicht alle. Hill l) merket an,
daß die Juwelirer in Engelland
den Beryll unter die Karneole
zählten, ja daß sie den Karneol
schlechthin Beryll nennten. Er
tadelt sie aber in diesem Verfahren, wenn er sagt: „Sie wissen
nicht, daß es noch andere Gattungen giebt. Man sollte ihn
aber niemals so nennen, ohne
ihm zugleich seinen eigentlichen
Namen Karneol mit zu geben.
Der Beryll der Alten war von
einer ganz andern Art, er war
durchsichtig, grün und etwas
blau getränkt, und ist unwider-
sprechlich der Stein, den wir
nunmehro Aqua marina nennen."
Eben so redeten die Alten von einem Steine, den sie Beryllus
Aëroides nenneten. Die neuern
Schriftsteller wissen nicht gewiß,
was sie aus diesem Steine machen sollen, doch scheinet es mir
wahrscheinlich, daß Hill am angezogenen Orte S. 130. recht
habe, wenn er darunter den
Sapphir der Alten verstehet:
weil die Alten aus gleicher Ursache ihren blauen Jaspis Ἴασπις

ἀέριος genennet haben. Das
scheinet Plinius zu bestätigen,
wenn er dem Beryll und dem
Smaragd gleiche Natur beylegt,
und von ihnen nur einen Unterschied in der Farbe behauptet.
Die Alten nennten auch nur den
Sapphir den himmelblauen Beryll." Am allerwunderlichsten
hat sich der Kardinal Nikolaus
von Kusa m) über den Beryll
erkläret, vielleicht daß er sich
selbst nicht verstund: Berillus lapis est lucidus albus et transpa-
rens, cui datur forma concava
pariter et convexa, et per ipsum
videns attingit prius invisibile in-
tellectualibus oculis. Robert
Dingley n) bestätiget es ebenfalls, in welcher Verwirrung
man in Ansehung dieses Steines
liege: „Vom Beryll giebt es
drey Arten; der rothe fällt in die
Orangenfarbe, ist durchsichtig
und lebhaft, der gelbe ist Ocker-
farben, und der weiße, den
man ordentlich den Kalcedon
nennet, ist milchfarben. Diese
beyden letzten sind nicht so lebhaft, wie der Erste." Allein
keiner von diesen dreyen ist der
eigentliche Beryll. Das gestehet
auch Hr. Dingley selbst, indem
er bald darauf nicht nur gestehet, daß die Neuern das Wort
Beryll anders nähmen, als es
die Alten genommen haben; sondern auch hinzusetzet, der Chrysolith ist lichte grasgrün, man
hält ihn für den Beryll der Alten."
Hr. Baumgärtner o) merket
an, daß Plinius sieben Arten
von Beryll angegeben habe.

1. Den

---

l) In s. Anmerkungen über den
Theophrast. S. 125. f. der deutschen Ausgabe.
m) In s. Traktat: de Berillo.
n) In s. Anmerkungen über die
Edelsteine. Im Hamb. Magaz. III. B.
6. St. S. 641. 43.
o) In seinem übersetzten Theophrast. S. 134. Conf. Plinius Histor. natural. Lib. XXXVII. Cap. 5.

1. Den eigentlichen Beryll, der eine seegrüne Farbe hat.

2. Den Chrysoberyll, der bleichgelb ist, und einen feinen Goldglanz hat.

3. Den Chrysopras, der noch bleicher als der Chrysoberyll ist.

4. Die Hyacinthizontes.

5. Die Aëroides. 6. Den Cereus. 7. Den Oleaginus.

Diesen Beryllum Oleaginum nennet Theophrast p) Ὄμφαξ, Omphax, von dem er aber weiter keine Nachricht giebt, als daß er unter die Steine gehöre, aus denen man Pitschire mache. Hill aber sagt: „Es scheinet aus dem wenigen, was man uns davon gesagt hat, daß er nicht unter die Berylls sollte gezählet, sondern vielmehr mit einem besondern Namen beleget werden, wie dies unser Verfasser gethan." Ueberhaupt ist nichts schwerer, als die Alten zu verstehen, wenn sie von Edelsteinen reden, da sie dieselben gar zu dunkel beschrieben haben. Die Schriftsteller der mittlern Zeit, blieben entweder blos bey dem stehen, was sie bey ihren Vorgängern fanden, oder wenn sie dieselben erklären wollten, verstunden sie dieselben nicht, und vermehrten dadurch nur die Dunkelheit.

Daß man auch durch die Kunst, oder besser zu reden, durch Betrug den Beryll nachmachen könne, wenn man nämlich gebranntes Kupfer und pulverisirten Krystall nähme, hat uns der fleißige Lesser q) gesagt.

Man hat auch einen unächten Beryll, den sogenannten seegrünen Berylfluß, lateinisch Aqua marina spuria, Pseudo-Smaragdus beryllinus, Pseudoberyllus, der aber nichts anders, als ein unächter Quarz, oder ein grüngefärbter Flußspat ist, der zwar an der Farbe, aber nicht an der Güte dem Berylle gleichkömmt. S. Flüsse.

Berylle werden gefunden in Indien, in dem Flusse Euphrat, an dem Berge Taurus, in Cambaja, Martaban, Pegu und Ceylon, in Böhmen, Sachsen und in der Schweitz, doch ist der Sächsische nicht härter, als ein Krystall.

Mit den Beryllen wird eben kein sonderlicher Handel getrieben, und daher ist auch ihr Werth nicht eben sehr groß. Wenn aber ein Beryll eine vorzügliche Größe hat, so ist dessen Werth so groß als seine Seltenheit. Hieher gehöret der Aquamarin, der einer mittelmäßigen Faust groß ist, der sich in dem grünen Gewölbe zu Dresden befindet, wie Lesser r) aus dem Kayßler angemerket hat.

Die Schriftsteller vom Beryll habe ich in meinem Entwurf einer lithologischen Bibliothek § 37. gesammlet.

**Beryllfluß**, unächter Beryll, lat. Aqua marina spuria, Pseudosmaragdus beryllinus, Pseudoberyllus, heißt ein unächter Quarz, oder ein gefärbter Flußspat, der die Farbe des Beryllus hat. Er wird in Sachsen, Böhmen und in der Schweitz gefunden,

---

p) Von den Steinen. S. 175. der vorigen Ausgabe.

q) Lithotheologie S. 1187.

r) Ebend. S. 416.

funden, doch ist der Böhmische unter ihnen der vorzüglichste.

**Betuli.** Betuli lapides hießen bey den alten Schriftstellern die Donnerkeile, Donneräxte und dergleichen Steine. Plinius s) hat dies gesagt: Sotacus et alia duo genera fecit Cerauniae nigras rubentesque ac similes eas esse securibus: per illas, quae nigrae sunt et rotundae, vrbes expugnari et classes, easque Betulos vocari; qui vero longae sunt, ceraunias. Mehrere Schriftsteller, die dieses Wort gebrauchen, führet Stobäus t) an, der selbst eine weitläuftige Abhandlung von den Steinen, die man Betulos nennte, verfasset hat. Die Griechen schrieben das Wort bald Βαιτύλια bald Βαιτύλας. Einige leiten das Wort her von dem in dem dorischen Dialekt gewöhnlichen Worte Βαίτη, pellis villosa, andere von dem hebräischen Wort בית־אל Bethel, von dem Orte, wo Jakob schlief, und zu seinem Kopfküssen einen Stein erwählte. Weitläuftig handelt Stobäus davon am angezogenen Orte.

**Bezoar** mineralischer, lat. Bezoar minerale, Pietra d'Aventura, ist ein Stein, den einige unter die Edelsteine rechnen. Die Onomatologie u) giebt davon folgende Nachricht: „Es zählen denselben einige Schriftsteller unter die Edelsteine, man hält ihn aber nicht so wohl für einen natürlichen, als vielmehr durch Kunst gemachten Stein. Es solle ehemals zu Venedig ohngefähr ein geschickter Chemist auf seine Zubereitung gefallen seyn. Er siehet beynahe wie ein Glas aus, von Farbe gelbröthlicht, voll von Goldflecken, welche sehr stark in die Augen spielen, manchmal haben sie auch schwarze Adern, und sind oben hochroth, zwischen welchen noch was schneeweißes ist; sie schmecken nach etwas metallisches, man verkauft sie nicht gar theuer, doch faßt man sie in Gold ein, manchmal hat man sie rund, kugelicht, ganz glatt und geschliffen, zuweilen auch viereckicht, fast einen Zoll lang, und einen halben breit, länglicht, daß man sie bequem fassen kann."

**Bia trompet** heißen bey den Holländern die Bukcina. S. Bukciniten.

**Bibliolithen**, lat. Bibliolithi, heißen die versteinten Blätter. S. Blätter.

**Bidentula** echinitarum, fr. Bidentule, ist ein zweyzähnichtes Beinchen des Echiniten. Es ist gelblicht und gekerbt, und verbindet gleichsam die Zähne des Seeigels und hängt sie an einander. Man will es auch im Reiche der Versteinerung gefunden haben, doch ist hier die Lehre von den Seeigelknochen noch einer gar großen Verwirrung unterworfen. s. Echinitenknochen.

**Bidentule** heißet im Französischen das vorherangeführte zweyzähnichte Beinchen des Echiniten. s. Echinitenknochen.

**Bienenzellichter Echinit.** s. Echinites favogineus.

Bild-

---

s) Histor. natural. Lib. XXXVII. Cap. 9.
t) Opuscula. S. 143.
u) Onomatolog. histor. natural. T. II. S. 181.

**Bildachat**, lat. Achates figuratus, ist der Achat, wenn er gewisse Bilder vorstellet. Nach der Beschaffenheit der Bilder, die man bey ihm durchs Schleifen findet, hat er verschiedene Namen bekommen Er heißt Achates Zoomorphus, wenn er allerley lebendige Geschöpfe oder ihre Theile vorstellet. Achates anthropomorphus, wenn es Bilder von Menschen sind. Achates phytomorphus, wenn er Pflanzen, Kräuter, Stauden und Buschwerk vorstellet. Achates technomorphus, wenn er Werke der Kunst zeiget. Dendrachates, wenn er allerley Bilder von Bäumen, Sträuchern, Zweigen ꝛc. zeiget. Wallerius v), der dem Bildachat den Namen des Figurirten giebt, setzt noch hinzu, der Achat mit Mahlerey einiger Kunst gleichend, Achates technomorphos, der welsenförmige Achat, Achates colore fluctuante, der korallinische Achat, Achates corallina, Corallioachates.

Ich habe oben beym Achat gesagt, daß der Bildachat gewissermassen von dem Achat unterschieden sey, man mache aber daraus keinen wesentlichen Unterschied, sondern ich will dadurch nur so viel sagen, daß er einer besondern Anzeige werth sey.

Wir werden bald einige besondere Beyspiele vom Bildachat anführen, welche zwar merkwürdig genug sind, aber man mache nur daraus keine Wunderwerke. Die verschiedene Mischung der Farben bringet zufälliger Weise solche Bilder hervor, welche, um erkannt zu werden, das Schleifen, und die Politur des Achats voraussetzen. Das hat der Achat mit allen geschliffenen Steinen gemein, wenn ihre Farbenmischung stark ist. Es werden Steinspiele, oder Bildsteine. Gleichwol haben es die Schriftsteller der Mühe werth geachtet, einige besondere Beyspiele anzuführen, und daher ist es meine Schuldigkeit, wenigstens einige derselben zu wiederholen. Ich unterzeichne gleichwol das Urtheil der Onomatologie w), daß wir uns nämlich keinesweges bereden können, dergleichen Achate wären nicht mehr eine Frucht so wohl der Kunst, als der Natur, oder die Bewunderung müsse gar oft der Einbildung, oder diese jener zu Hülfe kommen." Diese Anmerkung ist um so gegründeter, weil man wirklich die Kunst erfunden hat, auf die Achate unvermerkt Figuren aufzutragen, so wie man auch die Kunst weiß, den Betrug zu entdecken. x) Die gedachten Verfasser der Onomatologie gedenken am angezogenen Orte eines Achats, der sich in der Kunstkammer zu Upsal befindet, wo auf der einen Seite der Durchgang der Kinder Israel durchs rothe Meer, auf der andern aber das Leiden Christi vorgestellet wird. Der möchte wohl ein Werk der Kunst seyn, wie zweene andere, die ich gleich anführen will. Der eine ist eine prächtige Schale in Wien, welche zwo Ellen im Umfange hat,

auf

---

v) Mineralreich. S. 119. f.
w) Onomatolog. histor. natural. T. I. S. 61.
x) S. Wallerii Mineral. S. 121.

auf dem die Buchstaben B. XRI-
STOR. S. XXX. ganz deutlich
zu sehen sind. y) Der andere ist
der so berühmte zweybrückische
Achat, auf welchem drey schwedische Kronen auf einer Wolke
stehen, von denen man Rundmann, Wallerium und die Onomatologie an angezogenen Oertern nachlesen kann. Plinius gedenket im sieben und dreyßigsten
Buche seiner natürlichen Geschichte eines Achats, den der
König Pyrrhus in einem Ringe
an seinem Finger getragen, darinnen die neun Musen mit ihren
Instrumenten überaus deutlich
zu sehen waren. Er gehöret aber
ohne Zweifel mit unter die Werke
des Betrugs, wie schon Athanasius Kircher gemuthmasset
hat. Lesser z) gedenket eines
Bildachats, den er auch Fig. II.
hat in Kupfer stechen lassen, auf
welchem sich unter andern Christus am Kreuze befindet. Er
wendet zwar alle Mühe an, zu
erweisen, daß er kein Werk eines
künstlichen Betrugs wäre, allein
ist er dieses nicht, so ist es gewiß ein Werk einer allzulebhaften
Einbildung, die öfters allein
mehr siehet, als hundert Augen
ohne Einbildung und Vorurtheil
sehen können.

Wir sind auch im Stande, einige wahre Beyspiele anzuführen. Rundmann hat folgende
aufgezeichnet: a)

1. Weiße Achatsteine mit Bäumen und Sträuchen. S. Tab. XI.
fig. 1 - 5. Er beruft sich auf
Rumphs Amboinische Raritätenkammer Tab. LV, S. 287.
wo eben dergleichen geliefert
werden.

2. Einen weißen Achat, darauf sich ein gelber römischer Kopf
mit einem Lorbeerkranz vorstellet.
S. Tab. XI, fig. 6.

3. Einen Löffel von durchsich-
tigem Achat, darinnen von rother Farbe eine Spinne abgebildet ist. S. Tab. XI, fig. 67.
Dieser Löffel ist in einer Auktion
für 12 Floren. erstanden worden.
Heut zu Tage, wo man die-
se Spielereyen nicht sonderlich
schätzt, würde so viel Geld auf
ein solches Stück wohl nicht ver-
wendet werden.

Der verstorbene Albrecht Ritter b) führet ebenfalls Dendrachate oder Achate mit Dendriten an, und sagt von ihnen, daß
sie bey Surate, einer Stadt des
großen Moguls, gefunden würden. Hinc adferuntur, sagt er,
Dendrachatae elegantissimi, ho-
rum exempla duo nitida ipsi possidemus. Er glaubt zugleich,
daß dieser Dendrachat der Διν-
δριτις λιθος Dendritis gemma des
Plinius in seiner natürlichen
Historie Lib. XXXVI. Cap. XI.
sey. Auf der gleichfolgenden
Seite führet dieser fleißige Naturforscher den Achatem Sura-
tensem

---

y) Es gedenken dieses Achats
die Miscellanea naturae curioforum
Dec. I. Ann. I. Observ. CXII. S.
263. Rundmann rar. natur. et art.
S. 120. 204. Wallerius im Mine-
ralreiche S. 119. Die Onomato-
logie T. I. S. 62. f. Lesser in der
Lithotheologie S. 480, der neusten
Ausgabe, und verschiedene andere
Schriftsteller.

z) Lithotheologie §. 193. S. 467.
conf. Langens Appendix ad historiam
lapidum figuratorum Helvet. S. 5.

a) Rar. natur. et artis. S. 205. f.

b) Comment. de Zoolitho Dendroitis. S. 15. 16.

tenſem noch einmal an. S. Dendrachat.

Einen überaus merkwürdigen Bildachat, hat Thomas Mangeart zu Brüſſel 1752. in folgender Schrift beſchrieben: Memoire ſur les varinations d'une Agathe du Cabinet de S. A. R. le Duc Charles de Lorraine. c) Der Achat iſt graulicht, und mit kleinen rothen Punkten und einigen durchſichtigen Flecken verſehen. Auf beyden Seiten aber ſtellet er einen vollkommenen Schwan vor. Wenn man ihn in Feuchtigkeiten bringt, oder drey Stunden in naſſes Pappier ſchlägt, ſo verſchwindet der Schwan, die Punkte und die Flecken, und der Achat wird durchgängig aſchgrau. Wenn er hingegen aus der Feuchtigkeit genommen wird, ſo kommen in weniger denn zwo Stunden, Schwan, Punkte und Flecken wieder zum Vorſchein. Mir ſcheinet es, daß man dieſes Phänomenon alſo erklären könne. Der weiße Schwan ſcheinet eine bloß zufällige Miſchung der weißen Farbe in der Aſchgrauen zu ſeyn. Wenn nun der Stein feuchte wird, ſo bekömmt die andere Farbe einen mehrern Glanz, wird erhabener und durchdringender, da hingegen die weiße Farbe mehr verdunkelt und zur Farbe der Aſche verändert wird. Dies kann man an einem jeden weißen, und ſonderlich geſchliffenen Steine ſehen. Wird nun auf dieſe Art, auch der weiße Fleck in eine dunklere Farbe verändert, ſo wird zugleich das Bild des Schwans verdunkelt, welches wieder ſichtbar wird, wenn der Stein abtrocknet.

Wenn wir den Bildachat, als Achat betrachten, ſo hat er eben den Werth, den der Achat hat. In ſofern kann ich meine Leſer auf das vorhergehende zurück weiſen. Betrachtet man ihn aber als Bildachat, ſo hat er dann mit den Bildſteinen, die wir nun gleich beſchreiben werden, einerley Schickſal. Es ſind Steine, die in unſern Tagen gar viel von ihrem Werthe verlohren haben, ſie müßten dann von einer außerordentlichen Schönheit ſeyn.

Bildſteine, gemahlte Steine, Steinſpiele, figurirte Steine, lat. Lithoglyphi, Lithomorphi, Lapides emmorphi, Luſus naturae, Lapides figurati, fr. Lithoglyphes, werden bey den Schriftſtellern in einer dreyfachen Bedeutung genommen. Im allgemeinen Verſtande, werden dadurch alle figurirte Steine verſtanden, d. i. alle diejenigen, welche eine Figur haben, die man bey den gemeinen Steinen, dergleichen z. E. die Kalkſteine, die Sandſteine, und dergleichen ſind, nicht findet. In dieſem Verſtande gehören auch die Verſteinerungen unter die Bildſteine, aber dann gehören ihnen die Namen, gemahlte Steine, Steinſpiele, und die lateiniſchen Lithoglyphi, Lithomorphi nicht. Der gewöhnlichſte Name iſt alsdann, daß ſie figurirte Steine genennet werden. Dieſe figurirten Steine theilen ſich nachher in zwo Klaſſen, in die Steinſpiele, lat. Luſus naturae, und in

---

c) S. das Hamb. Magaz. XIII. B. 4. St. S. 445. f.

in die Versteinerungen, lat. Petrefacta.

Im engern Verstande werden die Steinspiele Bildsteine genennet, sie mögen nun von Natur ein gewisses Bild angenommen haben, oder durch die Politur zu Bildsteinen gemacht seyn. S. Steinspiele. In dieser Bedeutung nimmt Hr. Prof. Vogel d) das Wort, wenn er von den Bildsteinen folgenden Begriff giebt: „Diejenigen Steine, die eine besondere Gestalt haben, heißen Bildsteine." Er bringt sie in zwo Klassen, davon die erste diejenigen vorstellet, welche natürlichen Dingen ähnlich sehen, und die andere diejenigen, welche gekünstelten Sachen gleichen. Das sind eben die Steine, die man sonst Steinspiele nennet, bey welchem Worte wir mehreres davon sagen werden. Im allerengesten Verstande gehören hieher die Steine, welche eigentliche Bilder vorstellen: z. E. die Dendriten, die Landschafts-Ruinen- und andere mit Gemählden versehene Steine.

In den älteren Zeiten machte man mit dergleichen Steinen vielen Lerm, daher sie auch so oft in Kupfer vorgestellet, und für große Seltenheiten gehalten wurden. Man fand bald Christum am Kreuße, bald Mariam, bald Jakobum, bald den Pabst, und ich weiß nicht was noch mehr. Allein die Vorstellungskraft mußte dabey ohne Zweifel der beste Ausleger seyn, und das mehreste thun. In unsern Tagen hält man nichts mehr von solchen Spielereyen. Nur die Dendriten, die Florentiner Marmore, die Landschaftssteine, davon im Berlinischen Magazin 1. Band 4. St. S. 473. einige schöne Stücke abgebildet und beschrieben sind, und noch wenige andere, haben sich noch in den Kabineten erhalten können. Gleichwol halte ich es für meine Pflicht, wenigstens die vorzüglichsten hievon besonders anzuführen. Auf dasjenige, was Lesser e) gesammlet hat, will ich mich nicht beziehen, weil ich dieses Buch in den Händen meiner mehresten Leser vermuthe. Ich will mich auf eine kleinere Schrift berufen. Solche Schriften haben nicht allemal das Glück, so allgemein bekannt zu werden, als sie es verdienen. Ich meyne des verstorbenen Albrecht Ritters Commentationem de Zoolitho Dendroidis S. 18. 19. der sich die Mühe genommen, eine ziemlich weitläufige Liste aus den Schriftstellern zu sammlen, so wie er auch selbst fig. 2. 3. der ersten Kupfertafel einige eigentliche Bildsteine hat abstechen lassen. Hier ist seine Sammlung:

Christus cruci affixus, nubibus circumdatus, cum translucentibus solis radiis et luna obscurata, ad crucem duae imagines genibus nixae videntur, harum altera quasi cucullo circumdata in achate. Lesseri Lithotheol. p. 401. (467. der neuern Ausgabe.) et fig. num. 2.

Christus medio corpore fascia circumvolutus cum sole minus splendente et crucis inscriptione in

---

d) Praktisches Mineralsystem. S. 251.
e) Lithotheologie. S. 287. f. S. 460. ff.

in marmore, adſervatur in regio technophylacio Danico; Jacobaei Muſ. Reg. Haſnienſ. fol. 46.

Chriſtus in lapide ſciſſili nigro Ilmenavienſi; Mylius Saxon. ſubterran. P. I. p. 50.

Chriſtus in lapide fiſſili Islebienſi; Rolerus im Fiſchbuche Cap. 8.

Chriſtus cruce dependens, coronam ſpineam in capite gerens in marmore, quod ſepoſitum et reconditum habetur in monaſterio Carthuſiano prope Vrbem Paviam Italiae; Franciſci O. W. Indian. auch Chineſiſ. Luſt Staatsgarten. p. 163.

Chriſtus ſiniſtra manu calicem tenens in rene lapidis fiſſilis Ilmenavienſis; Mylius. l. c. p. 46.

Chriſti baptisma in flumine Jordane a Johanne Baptiſta factum in lapide ſciſſili Islebienſi; Colerus loc. cit.

Maria Sancta geſtans in manibus Jeſulum parvulum in Jaspide; Mylius l. c. P. I. p. 29.

Maria St. vitta induta absque oculis, pomum manu tenens in ſuccino pruſſico; Hartmann Hiſtor. Succ. Pruſſ. p. 89.

Maria St. Deipara triplici ornata corona ex ferrifodinis Vrſis in lapide conſpicua in pago Hergis vel Herrgottſwald effoſſa 1659. Miſcellanea Berol. p. 141. Franciſci l c. p. 188.

Maria St. ſedens cum infantulo Jeſu in brachiis in rene lapideo; Büttner rud. dil. teſt. pag. 122. tab. 19.

Maria St. in rene lapidis ſciſſilis Ilmenavienſis; Mylius l. c. pag. 46.

St. Jacobus rupi a natura impreſſus in vicinitate vrbis Hispanicae in regno Gallicia Sant Jago di Compoſtella; Schotti Magia Natur.

Genius vna cum ſuae fidei credita anima ſub ſpecie pueri rubicundi; Franciſci l c. p. 179.

Moſis divinae legis promulgatoris graviſſimi, Itemque arcae Noachicae mirabilis ſimulacra in lapide fiſſili Ilmenavienſi; Mylius l. c. P. I. p. 50.

B. Lutheri et Papae Leonis X. amicorum amiciſſimorum ſcilicet imagines in lapide ſciſſili nigro Islebienſi; Miſcellanea Berolin. p. 102. D. Brückmann Magn. Dei P. II. p. 680. Mylius l. c. P. I. p. 4 ſ.

Virgo monialis et perſona habitu episcopali in capite infula ſive mitra epiſcopali ornata, et in vlnis infantulum geſtans; Dn. Gleichmann in Schedula latina 1735. publicata de Papatu a natura deteſtato, item Thüringiſche Nachrichten von gelehrten Sachen 1735. num. 26. pag. 280.

Johannes Fridericus Admorſus, Friedrich mit den gebiſſenen Backen, ſignum matris infelicis, ſinceri intimique ſane amoris materni; Colerus l c.

Apollo cum cythara, ſtipantibus novem Muſis certo macularum ductu ita depictis, vt ſimul inſtrumentum cujusvis Muſae emergeret in Achate, quam ſingularem curioſitatem rex Epiri Pyrrhus poſſedit; Plinius Hiſt. Nat. libro 37. Guevarra Epiſt. 17. p. 2. Franciſci Schaubühne P. I. pag. 144.

Homuncio jacens nubibus circumdatus in ſuccino Pruſſico eleganter expreſſus; D. Brückmann Magn. Dei P. II. p. 931. Tab. 33. fig. 5.

Hominis

Hominis adorantis species in genua subsidentis expansis palmis, nube coeli ex adverso facie pendula; Hartmann l. c. p. 38.

Caput viri capillamento ornatum in lapide fissili Bottendorfiensi; D. Bruckmann loc. jam cit. Part. II. pag. 650. Tab. 23. fig. 3.

Infantulus in lapide bene repraesentatus, et in montibus Tyrolicis repertus. Mylius Saxon. subterran. Part. I. p. 14.

Rusticus indutus veste rubra breviore, sedens ad januam casae suae convolutis pedibus, seque inclinans s. h. ad pedes purgandos. Lesser Lithotheol. p. 404. (471. der neuen Ausgabe).

Viri senioris defecti pilis, barba prolixa et facie et naso longiore, itemque imberbis juvenis capillati, facie latiore et rubicundo, naso autem simo, effigies pectoretenae juxta se positae, quam optime signatae in marmore Hartzgerodano; Lesser loc. cit. et pag. cit.

Simii simulacrum in lapide Schnebergae Saxon. inventum; Aldrovandus in Musaeo p. 457.

Bos contracte jacens eleganter expressus in marmore Maslensi; Hermann Monument. Gratitud. fig. 5.

Lepus erectis auribus, corpore elatiore, sedens et quiescens in latibulo suo, nitide et distincte a natura formatus in dendroide Pappenheimensi, quod singulare Abbas Schmidius quondam auditoribus suis in Collegio curioso monstravit.

Caput porci vel suis hispidi in succini exteriore parte expressum, quod pretio 2000 florenorum in Belgio venisse dicitur; Hartmann Hist. Succ. Pruss. pag. 86.

Araneus in marmore florentino; Bruckmann Epist. Itin. 25. p. 4. Francisci O. W. Indianische auch Chin. Lust- und Staatsgarten. p. 1188.

Araneus in dendrite; Lochneri Rariora Musaei Besleriani.

Scarabaeus, formica in lapide; Plinius in Hist. Nat. Lib. 37.

Apes in lapide scissili Bottendorfiensi; Mylius Sax. subterran. P. I. p. 13.

Pavo lapidi a natura inscriptus. Plinius loc. cit.

Gallus in marmore; Kircher Mund. subter. T. II. p. 39.

Gallina in rene lapidis fissilis Ilmenaviensis; Mylius loc. cit. P. I. p. 47. it. P. II. pag. 73. fig. num. 1.

Aves in fissili lapide Bottendorfiensi; Mylius loc. cit. P. I. p. 13.

Aves et flores varii generis in marmore Eichstadiensi; Seyfried Medulla mirabilium naturae pag. 437.

Aviculae figura silex sive pyromachus vulgaris Croppensis insignitus; Stobaeus in Hist. Natur. de Dendritis pag. 34. n. 20. Tab. 11. fig. 5.

Caput ululae in marmore Dietzensi; Bruckm. Magn. Dei P. II. p. 107. Tab. 27. fig. 2.

Caput gallopavi cum parte colli in pyrita; Lesser in Lithotheol. p. 406. fig. num. 1 et 2. p. 473. der neuen Ausg.

Caput piscis in succino prussico; Hartmann Hist. succ. pr. pag. 86.

Insectorum variorum simulacra in lapide scissili nigro Andrarumensi, a Stobaeo hinc in Hist. Nat.

Nat. de Dendritis dicitur lapis insectiferus.

Domus integrae, vrbes et regiones in marmoribus chinensibus; Francisci O. W. Ind. auch Chines. Lust= und Staatsgarten p. 1149. item in marmoribus florentinis; Francisci l. c. p. 163. num. 3. fig. 8. Bruckmann epist. itiner. XXV. Tab. 1.

Mors cum falce in succino prussico; Hartmann l. c. p. 88.

Caput mortis vulgo Tobtenkopf in marmore Maslensi; Hermann Monument. Gratitud. fig. 6.

Caput mortis in rene lapidis fissilis Ilmenaviensis; Mylius Saxon. subterran. Part. I. p. 50. n. 3.

Es sind übrigens Gedanken, die es werth sind, aufbehalten zu werden, die Büttner f) über dergleichen Dinge hat: "Wenn ein Wunderprediger sagt, hie oder da ist Christus am Kreuz, die liebe Maria mit dem lieben Christkindlein, Johannes der Täufer, der heilige Jakob, der große Christophel, ein Mönch, Luther, der Pabst, Apollo mit den Musen im Gesteine, so glaub es nicht, es ist nur ein Spielwerk der Phantasie, oder auch oft eines künstlichen Betrügers Werk." Ritter hängt am angezogenen Orte S. 21. an diese Worte Büttners die Kautel: Secundum haec disce cautius mercari.

Ob gleich hie und da Zeichnungen von Bildsteinen angeführet worden sind, so wird es doch manchem Lesern vielleicht nicht ganz unangenehm seyn, wenn ich sie noch auf folgende Schriftsteller verweise. Knorr Samml. der Merkwürdigkeit. der Natur, Th. I. Tab. VI. Tab. VII. Tab. VIII. Tab. VIII. a. Rundmann rar. nat. et art. Tab. X, fig. 15 - 18. Tab. XI. Ritter Comment. I. de Alabastr. fig. 1. Ritter de Zoolitho Dendroidis Tab. I, fig. 2. 3. Büttner rud. diluv. test. Tab. XIX. Tab. XX. Hermann Maslogr. Tab. XIII. Berl. Mag. 1. B. 4. St. fig. 1. 2.

Bimstein, lat. Pumex, Porus igneus lapidis lithantracis, Wall. Concretum ignis ope Linn. franz. Pierre-Ponce. Holl. Buimsteenen, wird unter den faserichten Steinen, oder unter den Lapidibus filamentosis derjenige genennt, der sich nicht splittern läßt. Herr Woltersdorf g) setzt von dem Bimstein folgende Charaktere veste: er hat keine bestimmte Gestalt; ein faserichtes Gewebe, ist voller Löcher, und schwimmet auf dem Wasser. Er theilet ihn ein in feinen Bimstein, der aus gleichlaufenden Fasern bestehet, und in groben Bimstein, der aus durch einander laufenden Fasern bestehet. Dem äußern und innern Bau, ja selbst dem Verhalten im Feuer nach, hat der Bimstein mit dem Amiant und Asbest vieles gemein, und beyde scheinen genau mit einander verbunden zu seyn. Das hat auch einigen, wie wir bald hören werden, Gelegenheit gegeben, zu muthmaßen, daß der Bimstein aus dem Asbest entstanden wäre. Das einige scheinet diese Steine von einander zu unterscheiden, daß der Bimstein voller Löcher ist, welches man bey den Amianten und Asbesten

---

f) Rud. diluv. test. S. 124.   g) Mineralsystem. S. 15.

Asbesten so leicht nicht findet. Hr. Woltersdorf macht am angezogenen Orte S. 48. n. 14. noch diese Anmerkung: „Vom Bimsteine haben wir bisher noch keine Natur gemäße Nachricht. Daß er im Feuer nicht erzeuget sey, ist allein aus dem Gewebe abzunehmen. Die Seefahrer versichern, daß er nach dem Sturm auf dem Meer herum schwimme. Man möchte ihn also für ein Meergewächs halten. Allein er hat nicht die geringste Verwandtschaft mit den steinernen Meergewächsen."

Der Ritter von Linné h) hält gleichwol dafür, daß der Bimstein aus Feuer entstanden sey. Er nennet ihn daher Concretum ignis ope, und macht dabey folgende Anmerkung: Vbicunque pumices copiosiores, ibi quondam vivi Vulcani extitere, licet dudum emortui et oblivioni traditi; vt in Insula Adscensionis. Theophan. Chronic. refert de Hiera insula anno 725. orta, quod sub ejus ortu Pumices per totam Asiam minorem, Lesbium et Abydum atque maritimas Macedoniae regiones disjecti sunt, ex Baumio. Wallerius i) glaubt auch, daß der Bimstein aus dem Feuer entstehe, und nennt ihn daher Porum igneum, lapidis Lithantracis. Er giebt ihm aber diesen Namen darum, weil er vermuthet, der Bimstein sey durch ein unterirrdisches Feuer aus einer Steinkohlenart erzeuget. Eine Muthmaßung, die doch wohl so leicht nicht erwie-

sen werden kann, weil man noch nicht erfahren hat, daß irgend eine Steinkohlenart etwas unverbrennliches zurück lasse. Daß er aber aus dem Feuer entstanden sey, bestätiget auch der Herr Rath Baumer k), wenn er sagt: „Der Bimstein ist, nach der Vermuthung des Herrn Hofrath Stahls, und Hrn. Prof. Potts, aus dem Asbest durch das Feuer zusammen gebacken worden. Es wird solches aus der Aehnlichkeit des Gewebes, und aus beyder Uebereinstimmung, wenn solche, bey der Vermischung mit andern mineralischen z. E. salzigen, erdigen, glasartigen und metallischen Körpern, und deren Bearbeitung im Feuer, mit einander verglichen werden. An einem andern Orte l) merket er noch an, daß schon Agrikola m) beobachtet habe, man finde den Bimstein da, wo ehedem unterirrdische Brände gewesen, oder noch vorhanden sind. Daß sie ferner in Island bey den feuerspeyenden Bergen angetroffen würden; auf den azorischen Inseln, wo öftere Erdbeben sind, und auf verschiedenen Inseln des ägäischen Meeres."

Wenn der Hr. von Leibnitz n) beweisen will, daß in unserer Erdkugel Feuer vorhanden sey, so beruft er sich auf die Erdbeben, auf die Feuerspeyenden Berge, und auf den Bimstein. Er sagt sonderlich von dem letztern: Pumices esse ex locis, qui arserunt, Agricola merito Judicat, nec in Sicilia tantum et Campania,

---

h) Systema Naturae. T. III. S. 181. der neusten Ausgabe.
i) Mineralreich. S. 417.
k) Naturgesch. des Mineralreichs. Th. I. S. 260.
l) Ebendaselbst Th. II. S. 162.
m) De natura fossilium. Lib. V.
n) Protogaea. §. 19. S. 32.

nia, sed etiam in Germania constat reperiri. Ipse Agricola apud Mosellae confluentes et Grani aquas talia agnoscit. Herrn Woltersdorfs Meynung muß also wohl nachstehen. Denn das faserichte Gewebe allein macht es nicht aus, zumal wenn es wahr ist, daß der Bimstein aus Asbesttheilchen bestehet, welche freylich dem Feuer widerstehen. Vielmehr scheinet man durch diese Hypothese leichter einzusehen zu können, warum der Bimstein so leicht und löcherich ist. Denn das Feuer hat alle fremde Theilchen verzehret, und nur die feuerbeständigen Theilchen haben sich erhalten können. Die einzige Schwierigkeit bleibet übrig, daß der Bimstein im Feuer zu Glase schmelzt; man sollte daher glauben, daß er unmöglich aus dem Feuer habe entstehen können. Es läßt sich aber beydes leicht vereinigen. Daß der Bimstein endlich im Feuer schmelzet, und zwar so sehr, daß er dann am Stahl Feuer schlägt, das hat schon Henkel beobachtet, und Pott bestätiget. Daß ihn aber Kramer unter die vitrescirenden Steine bringt, geschiehet mit Unrecht, weil der Dachschiefer am Ende auch fließet. Man kann von dem künstlichen chymischen Feuer nicht allemal einen Schluß auf die unterirdischen Feuer machen, welche bey aller ihrer Macht, durch gewisse Ursachen, welche hinzu kommen, eingeschränkt werden können, da man das chymische Feuer einrichten kann, wie man will. Und überhaupt darf man so nicht das heftigste chymische Feuer zum Grunde legen, wenn man die Steine nach dem Feuer prüft.

Daß der Bimstein nach heftigen Stürmen oben auf der See schwimmet, das hat schon dem Theophrast, und noch ältern Schriftstellern, Anleitung gegeben zu glauben, der Bimstein werde aus dem Schaum des Meeres erzeuget, und eben das mag auch wohl den König bewogen haben, ihn für eine Art des Tophsteins zu halten. Aber diese Schlußfolge leugnet Herr Prof. Pott o) aus folgenden Gründen: „daß man ihn aber auch auf dem Meer schwimmend findet, ohne daß eben die Berge merklich brennen, solches entstehet wohl von der innern heftigen Bewegung des Meeres, welches von denen tiefern Wellen, oder auch starken Stürmen befiger erregt wird; da denn solche ausgebrannte Steine von ihrem vorigen Zusammenhang abgerissen werden, und sobann aus dem Grunde in die Höhe kommen und oben schwimmen; daher werden sie vornämlich angetroffen, wenn heftige Stürme vorher gewütet haben. Und wenn man auch zuweilen Bimstein findet, wo keine feuerspeyende Berge in der Nähe sind, wie solches Agrikola schon angemerket hat, daß man dergleichen bey Koblenz, auch nicht weit von dem Embser Bade, ingleichen wo der Rhein und die Mosel zusammen fließen, wie auch bey Aacken gefunden habe, so sind eben die warmen Bäder eine

---

o) Erste Fortsetzung der Lithogeognosie. S. 48. f.

eine Anzeige eines daselbstigen unterirrdischen Feuers, und Leibnitz schließet daher in seiner Protogaea ganz zuverläßig, daß an dergleichen Oertern vormals ein unterirrdisch Feuer gewesen seyn müsse."

Ich habe des Theophrasts vorher gedacht, und seiner Meynung, daß der Bimstein aus dem Meerschaum entstehe. Ich halte es für meine Schuldigkeit, seine Gedanken ausführlicher auszuzeichnen, da er zumal zweyerley Entstehungsarten des Bimsteins angiebt. Ich bediene mich der Uebersetzung des Hrn. Baumgärtners p). Theophrast sagt: „Einige glauben, der Bimstein überhaupt erhalte durch das Feuer seine dermalige Beschaffenheit, nur den ausgenommen, welcher aus dem Meerschaum entstehet. Den Grund hiezu reichen ihnen ihre Sinne. — Den Bimstein findet man vornämlich an dergleichen feuerspeyenden Bergen, und vielleicht sind einige auf diese, andere auf eine andere Art entstanden. Die Natur bringt ja öfters einerley, auf verschiedene Art hervor. — Auch auf der Insel Melos sind sie sehr leicht und sandicht; einige entstehen in andern Steinen, wie wir bereits angemerket haben. Sie unterscheiden sich aber unter sich, so wohl in Ansehung der Farbe, als auch der Härte und der Schwere. In Ansehung der Farbe ist der schwarze Bimstein, so in Sicilien aus dem Schlund des Berges fließt, zu merken, er ist dichte und schwer, und gehöret unter die Mühlsteine q). Ein Bimstein von der Art ist schwer und dichte, und besser, als alle andere, zu gebrauchen. Der so aus dem Brandflusse erhalten wird, ist angreifender, und dem leichten und weißen weit vorzuziehen; der aber, so aus dem Meere gezogen wird, ist unter allen derjenige, so am meisten angreifet." Der Doktor Hill r) meynet, daß diejenigen sehr irren, welche den Bimstein in die Reihe natürlicher Foßilien setzen, als wenn ihn die Natur so, wie wir ihn sehen, gebildet hätte. Er hält ihn für eine Kalkart, oder den Ueberrest einer andern foßilischen Substanz, welche durch ein heftiges, entweder unterirrdisches oder unsichtbares Feuer, so auch kurz darauf verloschen, oder durch den Brand der feuerspeyenden Berge, bey welchen man sie öfters in großer Menge findet, zu Asche verbrannt worden ist. Er hält dabey für wahrscheinlich, daß sie die Gewalt des Feuers so weit habe werfen können, daß man den Ort ihrer Herkunft gar aus dem Gesichte verlohren habe; oder daß sie wohl gar ins Meer gefallen wären,

---

p) Theophrast von den Steinen. S. 107. ff.

q) Diese Mühlsteine der Alten gehören unter diejenigen Steine, welche die Neuern nicht mehr kennen. Gleichwol hat Hill S. 116. f. in der Uebersetzung des Theophrast, die wir dem Herrn Baumgärtner zu danken haben, lesungswürdige Anmerkungen hierüber gesammlet. Aus der Beschreibung des Theophrast ist klar, daß man sie so wenig unter die Bimsteine setzen darf, so wenig man sie mit Hrn. Hill zu einer Art von Feuersteinen machen kann.

r) Im angeführten Buche, S. 107.

ren, wo sie durch die Gewalt der Fluthen, an weit entlegene Ufer wären geführet worden. Dies, daß sie auf der Oberfläche der See oft häufig gefunden werden, hat eben manche verleitet, von ihnen vorzugeben, daß sie aus dem Meerschaum entstünden. Eine Meynung, die nach dem, was Hill vorher sagte, nicht eben folget. Daß sie aber aus dem Feuer wirklich entstanden sind, will Hill mit dem Theophrast aus dem Zeugniß der Sinne beweisen. „Denn sagt er, es giebt beynahe nicht eine Substanz unter den Fossilien, welche mehr stark und veste genug wäre, der Heftigkeit des an diesen Orten befindlichen Feuers Widerstand zu thun, ohne daß sie dadurch ihrer Gestalt nach verändert, oder wohl gar zu Kohlen und zu einer ihrer Natur gemäßen Asche gebrannt werden." Ohnerachtet ich glaube, die Meynung, daß der Bimstein vom Feuer entstanden sey, habe die größte Wahrscheinlichkeit vor sich, so muß ich doch bekennen, daß der Grund des Herrn Hills noch nicht genug beweiset. Wir haben allerdings mehr Steine, die im Feuer ihre Natur nicht verändern, wie die Amiante und Asbeste. Und woher will man beweisen, daß das Feuer beym Bimstein die übrigen Theile verzehret, und nur dasjenige übrig gelassen habe, was wir eben den Bimstein nennen? Berufte sich doch Herr Woltersdorf auch auf das Zeugniß der Sinne, wenn er darthun wollte, daß der Bimstein nicht aus dem Feuer habe entstehen können?

Hr. Prof. Vogel s) will es nicht zugeben, daß der Bimstein aus dem Feuer entstanden sey. Er hält ihn für einen bloßen Seestein, welcher bey heftigen Stürmen aus der See durch unterirdische Gänge sowol in den Schlund der feuerspeyenden Berge gebracht, und sodann gleich wiederum ausgespien, als auch auf die Oberfläche ausgeworfen werde. Seine Gründe sind einer weitern Untersuchung würdig, wir wollen sie daher mit den eignen Worten des Hrn. Verfassers vortragen: „Sollte es ein ausgebrannter Stein seyn, so würde er gewiß die höchste Veränderung hier haben ausstehen, und uns so zu Gesicht gebracht werden müssen, wie er uns erscheint, wenn wir ihn eine Zeitlang im heftigen Feuer gehalten haben. Solte er eine ausgebrannte Steinkohle seyn, so müste vorher erwiesen werden, daß sich die Steinkohlen in starkem Feuer so arten, und in einen solchen, wo nicht gleichen, wenigstens ähnlichen Körper übergehen, und der hernach auch sich müste schmelzen lassen, wenigstens zusammen sintern. Solte er eine ausgebrannte Asbestart seyn, welches viel mehrere Wahrscheinlichkeit hat, wenn man die Leichtigkeit, das faserichte Wesen, und die übereinstimmenden Erscheinungen gewisser Asbestarten im Feuer in Erwägung ziehet; so müste demohngeachtet, wie mir beucht, der Bimstein nicht wie ein Bimstein, sondern wie

---

s) Praktisch. Mineralsyst. S. 187. f.

wie seine veste feuerschlagende Schlacke uns zu Gesichte kommen; indem nicht zu zweifeln steht, daß nicht die Hitze der feuerspeyenden Berge diejenige, die wir in chymischen Oefen machen, sehr weit übertrifft; und daß auch andere darinnen enthaltene Körper, in wirkliche Schlacken verwandelt, ausgestoßen werden. Aus dem faserichten Wesen läßt sich nicht zuverläßig auf einen Asbest schlüßen, weil es mehrere faserichte Steinarten giebt. Dem äußerlichen Ansehen nach sollte man den Grund allerdings für etwas sandiges halten, obgleich sonst der Stein die Erscheinungen nicht macht, die ein Sandstein macht. Aber wieder auf die Fasern zu kommen, so weiß man aus der thierischen Oekonomie, daß die Natur solche aus einem Schleime zu bilden fähig ist; sollten sie also wohl nicht bey dem Bimsteine auf eine gleiche Weise, oder durch ein gleiches Wesen, welches ohnehin an andern Seekörpern sich deutlich genug offenbaret, haben entstehen können? Nichts aber ist endlich unwahrscheinlicher, als daß der Bimstein eine tophsteinichte Art sey; um so vielmehr aber ist dieser Gedanke unwahrscheinlich, weil derjenige, der ihn hervorgebracht, selbst nicht gewust hat, was ein Tophstein eigentlich vor ein Stein sey?„

Die Gelehrten haben also über den Ursprung des Bimsteins gar verschiedene Meynungen gehabt, indem sie ihn bald von feuerspeyenden Bergen, bald vom Asbest, bald vom Meerschaum, bald vom Sande, bald vom Tophstein hergeleitet, bald aber geglaubet haben, daß er ein eigener Meersteln sey. Eben so uneinig sind sie in Ansehung des Ortes, wohin man die Bimsteine setzen soll. Der Ritter von Linne t) und Waller u) haben sie unter den Concretis, und letzterer sonderlich unter den Poris igneis; Woltersdorf v), Hr. von Justi w) und Hr. Vogel x) unter den Lapidibus vitrescentibus; Kronstedt y) unter den natürlichen Schlacken; Hr. Hofrath Walch z) unter den Lapidibus filamentosis. Endlich hat ihn Hr. Skopoli a) unter den unreinern Erden zu den Flußarten, und mit dem Lasurstein, dem Basalt, dem Schiefer, dem Bolus und den Erzmüttern in eine Klasse gebracht.

Einige Naturforscher haben uns verschiedene Veränderungen des Bimsteins vorgeleget. Der Ritter Linne b) hat drey Gattungen, die er also nennt:

1. Pumex Vulcani, Pumex schisti niger.

2. Pumex ferri, Pumex ferri exalbidus.

3. Pumex cupri, Pumex cupri ruber.

Hr.

---

t) Systema natur. T. III. S. 181.
u) Mineralreich. S. 417.
v) Mineralsystem. S. 15.
w) Grundriß des Mineralreichs. S. 229.
x) Praktisches Mineralsyst. S. 186.
y) Versuch einer neuen Mineralogie. S. 262.
z) Systemat. Steinreich. Th. I. S. 42. der ersten Ausgabe.
a) Einleitung in die Kenntniß der Foßilien. S. 24. f.
b) System. natur. T. III. S. 181.

Hr Wallerius hat am angezogenen Orte vier Gattungen.
1. Weißen Bimstein, Pumex albus.
2. Gelblichen Bimstein, Pumex flavescens.
3. Bräunlichen Bimstein, Pumex fuscus.
4. Schwärzlichen Bimstein, Pumex niger.

Hr. Woltersdorf hat, wie ich bereits im Anfange dieses Artikels angemerket habe, den Bimstein in zwo Klassen gebracht;
1. Feinen Bimstein, der aus gleichlaufenden Fasern bestehet.
2. Groben Bimstein, der aus durcheinanderlaufenden Fasern besteht.

Herr Kronstedt hat auch nur zwo Klassen, nämlich den weißen, von dem er muthmaßet, daß er vielleicht ausgebleicht wäre, und den schwarzen, der unmittelbar aus den feuerspeyenden Bergen herkömmt.

In der Mechanik hat der Bimstein seine großen Vortheile, und selbst beym Steinschleifen kann man ihn nicht entbehren. In der Medicin wird er sonderlich unter die Zahnpulver gemengt.

Endlich merke ich noch an, daß der Hr. von Justi c) dafür hält, daß der Berggork, das Bergleder, das Bergfleisch und der Schwammstein nach allen Sorten, die er davon gesehen habe, mehr zu den Bimsteinarten, als zu dem Aebest, gehörten, und daß alle diese Sorten unter die schmelzbaren Steine müsten gesetzt werden.

Die Oerter wo Bimsteine gefunden werden, sind:
Aaken. Ascensions Inseln. Aetna. Asien. Azorische Inseln. Ballestadt. Emden. Hekla. Island. Koblenz. Lesbus. Macedonien. Melos. Mont Cenere. Sicilien. Tercera. Ternate. Vesuv.

In meinem Entwurf einer lithologischen Bibliothek habe ich §. 77. die Schriftsteller gesammlet, die von dem Bimstein handeln.

Bischofsstäbe, lat. Litui, fr. Tuyaux cloisonnés recourbés et pointus, heißen die Lituiten, weil sie eine Aehnlichkeit haben mit den Stäben der heydnischen Opferpriester, und mit den Stäben, deren sich die Bischöffe in der römischen Kirche noch bedienen. Lituum vocavi, sagt Breyn d) a similitudine figurae externae cum Lituo augurum antiquorum apud romanos insigne augurali, prout in variis nummis antiquis spectatur; a quo etiam romanae ecclesiae episcopi sua insignia, hodierno die adhuc vsitata, mutuasse videntur. S. Lituiten.

Bitumen marmoris foetidi, wird von dem Ritter Linne der Sau- oder Stinkstein genannt. S. Saustein.

Blaasjes heißen im Holländischen die Bulliten. S. Bulliten.

Blätter, Bibliolithen, lat. Bibliolithi, Phytobiblia, Lithobiblia, Petrificata vegetabilia foliorum, plantarum vel arborum Wall. Phytolithus folii Linn. franz. Feuilles pétrifiées, Feuilles de

---

c) Grundriß des Mineralreichs. S. 229.
d) De polythalamiis. S. 25.

de plantes empreintes ou pétrifiées, Lithophylles, holl. versteende Blaaderen. Es sind dieses Versteinerungen aus dem Reiche der Vegetabilien, welche ihre Originale bald unter den Blättern der Bäume, bald der Kräuter, bald des Schilfes, bald des Grases zu suchen haben. Der gewöhnlichste Name in der Lithologie ist der, daß man sie Bibliolithen nennet, ein Name der aus dem Griechischen von λίθος ein Stein, und βιβλίω ein Blatt herkömmt. Man hat die inkrustirten Blätter, die sich sonderlich in den Tophsteinen häufig finden, von den Blätterabdrücken, wo sich nur die Gestalt eines Blattes in einem Abdrucke zeigt, und beyde von den eigentlich versteinten Blättern, die in Vergleichung mit den vorhergehenden überaus selten sind, wohl zu unterscheiden. Liebknecht e) sagt von den versteinten Blättern: In eodem lapidum genere adhuc alia conspiciuntur, ex vegetabilium regno desumta, ceu quidem diuersa arborum folia, quae etiam diuersos referunt colores, vel ob naturam ipsam, quam habuerunt, vel ob lapidis, in quem fortuita projectione inciderunt, constitutionem. Gemeiniglich liegen die Blätter in Tophsteinen, und da oft in grossen Massen und Klumpen, mehrentheils aber nur eine Art von Blättern zusammen. So werden sie bey Meissen, Mühlhausen, Langensalza, Weimar und im Pyrmonter Brunnen gefunden. Die Langensalzer sind meistentheils sehr unkenntlich, deutlicher sind die bey Weimar, obgleich der Tophus selbst von beyden weiß ist. Die pyrmonter Blätter sind ohne Zweifel unter allen tophartigen die schönsten. Der Tophus ist hier bräunlich und ocherartig, die Blätter aber, die darauf liegen, sind gemeiniglich weiß, und so zart überzogen, daß man den ganzen Bau des Blattes aufs deutlichste sehen kann. Außerdem findet man auch die versteinten Blätter in den Kalksteinen, und Herr Liebknecht bezeuget an dem angeführten Orte, daß sie bisweilen in den härtesten Steinen, die am Stahl Feuer schlagen, gefunden würden. Ja, Herr Rath Baumer f) meldet, daß sie im Bernischen und Appenzellischen auf Schiefern vorkämen.

Daß sich ein Blatt wirklich versteinen könne, bedarf keines Beweises, da wir die Erfahrung auf unsrer Seite haben. Je fleischiger und säftiger aber ein Blatt in seinem natürlichen Zustande ist, desto schwerer gehet es in die Versteinerung über, indem es unter solchen Umständen eher verfaulet und verweset, als daß es in die Versteinerung übergehen sollte. Man findet daher viel mehrere Beyspiele von trocknern und minder fleischichten Blättern, als von jenen.

Sonst können wir von den versteinten Blättern noch manches anmerken. Zuförderst gehöret hieher, was der Hr. Hofr. Walch g) sagt: „Es werden solche in versteinte Baum-Schilf-

---

e) Hassia subterranea. S. 148.
f) Naturgeschichte des Mineralreichs. Th. I. S. 353.
g) Systema. Steinreich. S. 130. f.

und Kräuterblätter getheilet, doch hat man hier, wie bey den Kräutern, die inkrustirten Blätter, und Blätterabdrücke von wirklich versteinten wohl zu unterscheiden. Diese sind weit seltener als jene, zumal die weichen und fleischichten, weil diese eher faulen, als versteinert werden können. Dahingegen die rauhen, trockenen und zähen Blätter, der einzudringenden Feuchtigkeit länger widerstehen, und dahero länger ohne Vermoderung bleiben. — Das Blatt selbst behält im Reiche der Versteinerung seinen gewöhnlichen Namen vom Baum oder der Pflanze, z. E. ein versteint Lindenblatt, Eichblatt, Nußblatt u. s. w." Das andere betrift die Lage der Blätter, von welcher Liebknecht h) folgende Gedanken äußert: Dantur etiam heic locorum alii lapides spaticei fere coloris, vel potius talis, quem argilla ad ignem tosta exhibet, qui magnam foliorum, ex fagis forte delapsorum congeriem referunt, invicem firmiter impositorum, gleich als geblättert, vt etiam separari frustatim possint, vel secundum suam, quam habent, naturalem longitudinem sese excipientium. Omnia suos habent ductus impressos. Doch das ist es noch nicht alles, was wir von der Lage der Blätter zu bemerken haben. Oft liegen sie gerade, und es ist zu vermuthen, wenn sie zumal auf eine solche Art einzeln gefunden werden, daß sie ein ruhiges Lager müssen gehabt haben. Oft aber sind sie auch auf eine wunderbare Art gequetscht, gebogen, gedrückt und zusammen gerollt, und diese haben ohne Zweifel eine äußere Gewalt durch Fluthen und dergleichen erlitten. Viele Blätter sind unter die einheimischen Versteinerungen zu zählen, von welchen auch die Bäume in unsrer Weltgegend zu finden sind, als Eichen- Linden- Welden- Erlenblätter und dergleichen. Andere aber sind fremde Versteinerungen, von denen man oft die Bäume in den entlegensten Weltgegenden suchen muß, die eben diese Blätter tragen. Diese sind folglich durch Fluthen zu uns geführet worden, ob wir gleich darum noch nicht annehmen können, daß es das unversteinte Blatt gewesen sey. Wie viel haben wir nicht in allen Gegenden Fluthsteine, und wer weiß wie viele Meilen weit diese hergeführet worden sind.

Meine Leser können es von mir verlangen, daß ich ihnen wenigstens die vorzüglichsten Blätter mittheile, die man gefunden hat. Ich thue es, ohne jedoch zuvor weitläuftig zu untersuchen, ob die Schriftsteller, bloße Inkrustationen, oder bloße Abdrücke, oder wahre Versteinerungen vor sich gehabt haben. Ich erwähle die alphabetische Ordnung.

Ahornblätter führet *Davila* an, Catalogue systematique et raisonné T. III. S. 250. 251.

Aspenblätter, Scheuchzer Mus. Diluv. n. 60. Herbar. diluv. S. 13. Lange Histor. lapid. figurat. Helvet. S. 40.

Birkenbaumblätter, Lesser Lithotheologie S. 706.

Birn-

---

h) Hassia subterranea. S. 151.

**Bl** **Bl**

**Birnbaumblätter,** Scheuchzer Museum diluv. n. 36. Lange Histor. lapid. figurat. S. 40. Mylius Saxon. subterr. P. I. S. 69. Davila, Catalogue systematique T. III. S. 250. f.

**Buchsbaumblätter,** Scheuchzer Mus. diluv. n. 34. Naturhist. des Schweizerl. Th. III. S. 231. Lange Histor. lapid. figur. S. 54. Baier Oryctogr. Nor. S. 25.

**Eichenblätter,** Lange Histor. lapid. figur. S. 54. Lesser Lithotheol. S. 532. Skopoli Einleit. in den Gebrauch der Foßilien, S. 7. Davila Catalogue systematique T. III. S. 250. 251. Baier Oryctogr. Nor. S. 25.

**Erlenblätter,** Scheuchzer Mus. diluv. n. 215. Lange Histor. lapid. figurat. S. 54. Kayßler neueste Reisen, S. 706. Davila Catalogue systematique, S. 250. 252.

**Elzbeerblätter,** Scheuchzer Mus. Diluv. n. 11. Herbar. diluv. S. 13.

**Eschenbaumblätter,** Davila Catalog. system. S. 251.

**Espenbaumblätter,** Davila l. c. S. 250.

**Farrenkrautblätter,** Volkmann Siles. subterran. S. 112.

**Feigenblätter,** Volkmann l. c. S. 106.

**Goldwurzelblätter,** Kundmann Promtuar. rer. petrificat. S. 230. Lesser Lithotheol S. 725.

**Gras,** Davila Catalogue systemat. S. 251. Scheuchzer Herb. diluv.

**Hagenbuchenblätter,** Scheuchzer Mus. diluv. n. 59. Herbar. diluv. p. 15.

**Hagendornblätter,** Scheuchzer Mus. diluv. n. 64. Herb. diluv. S. 14.

**Klebekrautblätter.** S. Sternkrautblätter.

**Lindenblätter,** Scheuchzer Mus. diluv. n. 68. Herb. diluv. S. 14. Lange Histor. lapid. figur. S. 40. Davila Catalog. system. T. III. S. 251. f.

**Lorbeerblätter,** Davila l. c. S. 251. 252.

**Maulbeerblätter,** Davila l. c. S. 250.

**Mispelbaumblätter,** Scheuchzer Mus. Diluv. n. 64. Herbar. diluv. S. 14.

**Myrrthenblätter,** Davila Catalogue system. S. 251.

**Nußbaumblätter,** Scheuchzer Mus. diluv. n. 43. Herbar. diluv. S. 14.

**Pappelbaumblätter,** Lange Histor. lapid. figur. S. 40. Davila Catalog. system. S. 250. 251. 252.

**Pfirschbaumblätter,** Davila l. c. S. 251.

**Rosenblätter,** Davila l. c. S. 248. ff.

**Schilfblätter,** Liebknecht Hass. subterran. S. 148. Scheuchzer Mus. diluv. n. 42. Herbar. diluv. S. 69.

**Sternkrautblätter,** Scheuchzer Herb. diluv. S. 42.

**Ulmenbaumblätter,** Davila Catal. system. T. III. S. 251. 252.

**Weidenblätter,** Scheuchzer Mus. diluv. n. 27. 32. Naturh. des Schweizerl. Th. III. S. 229. f. Herb. diluv. Tab. IV. fig. 8. Lange Hist. lapid. figur. S. 54. 69. Davila l. c. S. 250. ff.

**Weinbeerblätter,** Scheuchzer Herbar. diluv. S. 15. Davila Catal. system. T. III. S. 250. f.

**Weißtannenblätter,** Scheuchzer Mus. diluv. n. 27. 32. Naturh.

turh. des Schweizerl. Th. III. S. 229. f.

Zwetschgenbaumblatt. Scheuchzer Mus. diluv. n. 9. Herb. diluv. S. 15.

Verschiedene unbekannte Blätter liefert Scheuchzer in der Naturgesch. des Schweizerl. Th. III. S. 237. f. 243. und in seinem Herbar. diluv. hin und wieder. Ich sehe in der Wiederholung derselben keinen erheblichen Nutzen.

Was den Werth und die Seltenheit der versteinten Blätter anlangt, so sind die inkrustirten und sonderlich die tophartigen gemein genug, sie werden gleichwohl in den Kabinetten aufgestellet, sonderlich wenn sie deutlich sind. Die Blätterabdrücke haben mit allen Spurensteinen ein gleiches Schicksal, man legt sie als einen Anhang zu den wahren Versteinerungen. Wenn sie aber solche Blätter vorstellen, welche im Steinreiche sonst selten vorkommen, so werden sie dennohnerachtet sehr hoch gehalten. Die wirklich versteinten Blätter aber sind allemal in gröſserm Ansehen, sonderlich wenn es Blätter sind, die in ihrem natürlichen Zustande viel Fleisch und Saft haben. Die auf Schiefern vorkommen, sind seltener als diejenigen, welche auf Kalksteinen liegen, am allerseltensten aber sind diejenigen, die auf ganz harten Steinen gefunden werden.

Von den Oertern, wo man Blätter gefunden hat, oder noch findet, sind mir folgende bekannt:

Aichstädt. Altdorf. Appenzelle. Bern. Bolca. Bologna. Ehringsdorf. Gieſsen. Heſsen. Kommobau. Langensalza. Meiſsen. Mühlhauſen. Münzenberg. Deningen. Pyrmont. Rom. Schleſien. Schweiz. Tonna. Verona. Weimar. Wetterau.

Die vorzüglichsten Schriftsteller von den versteinten Blättern habe ich in meinem Entwurf einer lithologischen Bibliothek S. 173. gesammlet.

Zeichnungen von Blättern haben geliefert: Knorr Samml. von den Merkwürdigk. der Nat. Th. I. Tab. IX. Tab. IX. a. Tab. IX. b. Tab. IX. c. Tab. XXXVIII. Scheuchzer Herbar. diluv. Tab. II. fig. 4. 8. Tab. III. fig. 6. 8. Tab. IV. fig. 8. 9. 10. Tab. X. fig. 4. Tab. XI. fig. 3. Tab. XIII. fig. 6. 7. 8. Walch ſyſtem. Steinr. Tab. XXI. n. 3. Büttner ruder. diluv. teſt. Tab. XXII. fig. 6. 7. Baumer Naturgeſch. des Mineralr. Th. II. fig.

Blätterabdrücke, lat. Phytotypolithi foliorum plantarum et arborum Wall. franz. Empreintes de feuilles, heiſsen diejenigen Steine, auf welchen man Spuren findet, daſs ehedem ein, oder mehrere Blätter daselbst gelegen haben. S. Blätter. Sie gehören unter die Spurensteine. S. Spurensteine.

Blätterichte Jungiten. S. Jungiten.

Blattern, holl. Puisten, werden die Seeeicheln, oder Balaniten genennet, weil sie nach Rumpho i) Ausſage die Gestalt eines Geschwüres haben, welches

---

i) Amboiniſche Raritätenkammer. S. 102.

ches aufgebrochen ist. S. Balaniten.

BLASSIUS ist eben das, was
Balassius ist. S. Balaß.

Blindschleichen gehören zu
den Ophiolithen, oder unter
das Schlangengeschlecht. S.
Schlangengeschlecht. Man weiset hie und da Steine auf, welche eine ähnliche Gestallt mit einer Blindschleiche haben, aber
die mehresten sind doch wohl nur
ein Werk der Einbildung. Man
findet oft auf Platten solche
Steinwüchse, die man vielleicht
mit Unrecht für versteinte Körper hält, und ihnen bald den
Namen der Schlangen, bald
der Blindschleichen giebt. Alle
zum Vipergeschlechte gehörige
Körper haben eine große Menge
fluider Theilchen, welche ihre
Versteinerung sehr schwer machen, indem sie eher verfaulen
als zu Steine werden. Soll
mit ihnen ja eine Veränderung
vorgehen, die einen gewissen Anspruch auf das Steinreich macht,
so wird ein Spat daraus, der
sich aber, wie leicht zu erachten
ist, in einen unförmlichen Klumpen verwandelt. Gleichwol will
ich nicht alle Körper in Zweifel
ziehen, die man unter dem Namen der wahren Versteinerungen verkauft. Ich habe ohnlängst eine Platte aus Blankenburg an der Schwarza in den
Händen gehabt, auf welcher sich
ein gekrümmter dunkelbrauner
Körper befand, der ausgestreckt
betrachtet, die Länge und die
Stärke einer Blindschleiche hatte.
Der Körper war voller Figuren,
die einer zusammen geschrumpf-
ten Haut vollkommen gleich waren. Bey einem solchen Stücke
hätte ich beynahe Lust, es unter
die wahren Versteinerungen zu
setzen, ob ich gleich gestehe, daß
man das Original derselben eben
so leicht unter den häutichten Fischen, welche keine Schuppen
haben, als unter den Blindschleib-
chen, suchen könne. Die deutlichsten Stücke sind demnach
noch manchem Zweifel unterworfen, was soll man zu denen
sagen, die minder deutlich sind?

BLOEDKORALLEN heißen im
Holländischen die glatten Korallen, oder die Isis Linnaei, weil
sie roth ist. S. glatte Korallen.

Blumen, lat. Antholithus
Linn. Phytolithus floris Linn. sind
in dem Reiche der Versteinerung
eine große Seltenheit, es ist auch
ihre Versteinerung in der That
schwer. Denn ihr zartes, fleischichtes und saftiges Wesen ist
viel eher vermögend zu verfaulen,
als zu versteinen. Und wer
weis nicht, wie leicht sich eine
Blume entblättert, wenn sie nur
der geringsten Veränderung oder
Gewalt unterworfen wird? Die
Schriftsteller aber haben einige
Beyspiele gesammlet, die wir
anzeigen wollen.

Mylius k) sahe in einem Museo eine versteinte Sonnenwende,
und auf einem Manebachischen
Schiefer fand er eine Rose. Ferner zeigt er auch das Blümlein
vergiß mein nicht, auf einem
Feuerstein abgedruckt.

Volkmann l) meldet nicht nur,
daß auf dem Berge Sinai in
Ara-

---

k) Saxon. subterran. P. I. S. 6. §. 74.
l) Silesia subterran. S. 113.

Arabien schöne Blumen auf Steinen zu finden wären; sondern auch, daß er in Schlesien folgende versteinte Blumen gefunden habe : . das Bubonium luteum m), den Aster angustifolius, die Jacea nigra n) und einen flosculum stellatum o).

Lesser p) besaß einen grauen Stein, in welchem die Blüthe von der Hundläufte (Cichoreum) eingedruckt zu sehen war.

Der Ritter Linne q) gedenket unter der Rubrik Phytolithus floris folgender Beyspiele : Spica frumenti, metallaris Wohlfarth Haff. Tab. V. fig. 5. Minera cupri et argenti, Gesner de petrificatis 22. Minera cupri figurata spicam referens, Wallerius Miner. 287. Allein ich zweifle, ob Gesner und Wallerius diese Stücke für wahre Versteinerungen gehalten haben. Wenigstens hat Waller r) die figurirten Kupfer unter den Metallen, und von dem, vom Ritter angezogenem Beyspiele sagt er, daß dies Stück einer in den Schiefer eingedruckten Kornähre gleiche. Ob beyde vielleicht die Kornähre des Hrn. Mylius s), von der ich noch an einem andern Orte etwas gedenken werde, meynen? kann ich nicht sagen. Wäre es, so ist dies Stück als Versteinerung betrachtet, noch vielem Zweifel unterworfen.

Die Blumen des Astri montani hat Hr. Lehmann beobachtet, und seine Beobachtungen in den Memoires de l'academie de Berlin abdrucken lassen. Man kann diese Abhandlung auch im zweyten Bande der Mineralogischen Belustigungen lesen.

Alle Blumen werden gemeiniglich sehr tief unter der Erden gefunden, weil sie, wie der Hr. Hofr. Walch t) sagt, gleich bey dem ersten Sturm der tobenden Fluthen von den Bergen abgerissen, und von dem nachschiessenden Schlamm und Erdreich sogleich verschüttet worden." Die mehresten Blumen liegen auf Schiefern, und sind mehr Abdrücke als wahre Versteinerungen zu nennen.

Mit diesen versteinten Blumen darf man die Bildsteine nicht vermengen, die auf ihrer Oberfläche auch zuweilen Blumengestalten zeigen. Lesser u) sagt von ihnen: „Auch Blumen findet man auf Steinen entworfen. Hieher gehören die Rhoditac, oder Rosensteine, welche mit andern dieses Namens nicht zu confundiren. Bey der Stadt Calaiare in Arabia Felice am Gestade des Meers (Sinus Persici) findet man eine Gattung weißer Steine, auf deren jeder einem von der Natur eine besondere Figur, sonderlich aber Bäume, darunter am meisten Rosen, sehr nett und vollkommen eingegraben zu sehen ist." Die Blumen auf den Steinen vom Berge Sinai,

---

m) Volkmann Tab. XIII, fig. 9. Scheuchzer Herb. diluv. S. 68.
n) Volkmann Tab. XV, fig. 6. Scheuchzer l. c. S. 68.
o) Volkmann Tab. XV, fig. 7. Scheuchzer l. c. S. 64.
p) Lithotheologie. S. 720.
q) Systema naturae. T. III. S. 172.
r) Mineralreich. S. 368.
s) Saxon. subterran. P. I, S. 48.
t) Systemat. Steinreich. Th. I. S. 132.
u) Lithotheolog. S. 295. S. 276.

Sinai, derer Volkmann und Lesser vorher gedachten, gehören gleichfalls hieher als Steinspiele, denen man entweder unter den Bildsteinen überhaupt, oder noch füglicher unter den Dendriten, insonderheit ihren Platz anzuweisen hat.

**Blutstein.** Der eigentliche Blutstein, Haematites, fr. Hematite, Pierre hematite, Sanguine, als ein Eisenerz, gehöret nicht für unser Vorhaben. Aber das müssen wir hier bemerken, daß Hr. Bertrand sagt, daß auch den Belemniten der Name der Blutsteine von einigen gegeben worden sey. S. Belemnit.

Bocca crenata ist ein Name, den die Italiäner den Parcellanschnecken oder Venusmuscheln beylegen. S. Venusmuscheln.

**Bocksaugonyx**, lat. Oculus capri, fr. Oeil de Bouc, ist eine besondere Art vom Onyx. S. Onyx.

**Bohnensteine, Erbsensteine**, lat. Phaseolithae, Pisa lapidea, Pisolithi, heißen diejenigen Steinspiele, welche wie Bohnen und Erbsen gestaltet sind. Sie sind mit den versteinten Bohnen und Erbsen, die man auch haben will, nicht zu verwechseln, ob ich gleich aufrichtig gestehe, daß alle diejenigen Stücke, die Mylius v) und sonderlich Volkmann w) anführen, in einem großen Verdachte sind. Diese Bohnen- und Erbsensteine, von denen ich hier rede, sind nichts anders als ein Tropfstein, der sich bald in zärtere, bald in dichtere Lamellen angesetzet, und dadurch zufälliger Weise die äußere Gestalt einer Bohne, oder einer Erbse hervorgebracht hat. Man kann den Betrug am allerersten entdecken, wenn man solche Stücke entweder behutsam abschlägt, oder schleifet. Dann kommen die einzelnen Lamellen gar leicht zum Vorschein. Hr. Vogel x) behauptet, daß das Herabträufeln des tropfsteinartigen Wassers solche Gestalten in der Erde selbst, auf welche es fällt, bewürken könne. Eben das ist die Meynung des Hrn. Wallerius y), daß nämlich das Wasser Tropfenweise in eine lose weiche Erde falle, wo zuförderst die runden Tropfen koaguliret und verhärtet sind, nachher auch die Erde, darinne sie lagen." Die Erbsensteine rechnen andere zum Roggensteine. Wir werden bey diesem Worte von ihnen mehreres sagen. Von eigentlichen Bohnen und Erbsen werden wir dann reden, wenn wir von den Früchten handeln. S. Früchte.

**Bohrmuschel**, holl. Boor, Boor-Schulpen; versteende of Terebratulae, heißen die unversteinten Terebratuln. Sie haben ihren Namen von ihrem durchbohrten Schnabel bekommen. Einige verstehen darunter die Anomiten überhaupt, und diese machen das Wort

---

v) Saxoniae subterran. Part. I. S. 37.
w) Siles. subterran. S. 129. 131. coll. Tab. XXII, fig. 5. Tab. XXIII,
fig. 6. 7. 8. 9. 10. Tab. XXXIV, fig. 13.
x) Praktisches Mineralsyst. S. 256.
y) Mineralreich. S. 420.

Wort Terebratul, oder Bohrmuschel zu einem Geschlechtsnamen, welcher bey andern ein Gattungsname ist. S. Terebratuliten.

**Bohrmuschelsteine** heißen diese Terebratuliten, wenn sie versteint sind. S. Terebratuliten.

Bois devenus charbons sous terre heißet im Französischen das unterirrdische zu Kohlen verbrannte Holz, es mag versteint seyn oder nicht. S. Holz.

Bois et Troncs d'arbre petrifiés, heißen im Französischen die versteinten Wurzeln, sonderlich diejenigen, denen man den Namen der Stelechiten gegeben hat. S. Stelechiten.

Bois fossile, heißt im Französischen das gegrabene Holz, es mag nun versteint, oder unversteint seyn. S. Holz.

BOLETITAE heißen die versteinten Bülze. Aldrovand gedenket derselben. S. Jungiten.

**Bonifaciuspfennige**, lat. Nummuli St. Bonifacii. Fr. Monoye de St. Boniface; heißen die Trochiten. S. Trochiten. Stobäus z) glaubt, man könne von dieser Benennung keinen hinlänglichen Grund angeben; Nulla, sagt er, sufficiens adduci potest ratio, cur Entrochorum singularium seu Trochitarum species quaedam titulo Nummuli S. Bonifacii superbiat. Allein andere behaupten das Gegentheil. Sie vermuthen, diese Benennung komme von einem Berge in dem Frankenhäusischen her, der bey Günserode liegt, und noch jetzt der Bonifaciusberg heißt. Ohne Zweifel von dem berühmten Thüringischen Apostel Bonifacius, der daselbst eine Kapelle gehabt haben soll. Auf diesem Berge sind die Trochiten ehedem gar häufig gefunden worden, und haben daher auch diesen Namen bekommen. Dies ist die Muthmassung des Hrn. Lessers a), der zugleich in einer andern Schrift b) behauptet, daß der Name Bonifaciuspfennige nur bey den Sachsen üblich sey. Wäre dieses, so hätte die obige Muthmassung dadurch ein grosses Gewicht.

**Bononienstscher Stein**, lat. Lapis bononiensis, Phosphorus bononiensis, Lapis illuminabilis, Spongia solis aut lunae, Lapis lucifer, Caselasolanus lapis, Litheosphorus, Phosphorus nativus. Fr. Pierre de Bologne, holl. Bonische Steenen, ist unter den fadenartigen Steinen, Lapidibus filamentosis, derjenige, der strahlicht gewachsen ist. Es ist ein kleiner weißgrauer Stein, von ungleicher Fläche, schwefelichten Theilen, nicht allzuvester Materie, und schwerer, als er seiner Größe nach seyn sollte; an vielen Orten glänzt er, wie ein Kalkstein. Dieser Stein, den seine Phosphorescenz so sehr bekannt gemacht hat, ist es für andern werth, mit einiger Ausführlichkeit behandelt zu werden. Zuförderst will ich die Beschreibung

---

z) Opuscula. S. 7. 8.
a) Kleine zur Naturgeschichte und Physikotheologie gehörige Schriften. S. 40. der ältern Ausgabe.
b) Lithotheologie. S. 783. der neuern Ausgabe.

dung mittheilen, die der Herr Prof. Vogel c) von ihm giebt. „Er ist nicht ganz undurchsichtig, und bestehet bald aus faserichten, bald ungestreiften Blättchen, die eine weißlichte oder graue Schale über sich haben: er ist mehrentheils elliptisch, und ohngefähr so groß wie ein Hünerey, doch aber auch größer und kleiner: er ist weicher, als fast alle andere Arten von Spath: er brauset mit keiner Säure, ob wohl verschiedene Schriftsteller solches bejahen: beym Kalciniren springt er in Stücken, und wird brüchicher: im heftigen Feuer zerfällt er in eine Art eines Gypses: nach dem Brennen giebt er einen stinkenden schwefelichten Geruch von sich, und das darauf gegossene Wasser brauset mit Säuren, präcipitirt das Bley, das Silber, den Vitriol und den Sublimat, welcher zugleich schwarz davon wird: in Vermischung mit einem Flußspate kömmt er in Fluß, mit Marmor aber oder Kreide fließt er nicht, sondern bleibt brüchich und locker zurück; woraus erhellet, daß der Stein dem Gypsspate am nächsten kommt. — Einige Arten sind weniger, andere, welche durch und durch dunkler und schwärzer sind, und einen breiten Mittelpunkt haben, über dieses auch einen heftigen Gestank von sich geben, ganz und gar nicht zum Phosphoresciren tüchtig. Die besten aber sind die länglichrunden, gedruckten, linsenförmigen, reinen, ungestreiften, die eine weißlichte Schale haben, in der Mitte eine Vertiefung zeigen, und durchsichtig und schwer sind "

Der berühmte Wallerius d) wirft ihn unter die Gypse, denn er giebt von ihm folgende Beschreibung: Gypsum irregulare lamellosum calcinatum in tenebris lucens. Auch Hr. Kronstedt e) hat ihn unter den Gypsen, und nennet ihn Spatum Bononiense. Daß ihn auch Hr. D. Menzel, der sich in der Gegend, wo er gesammlet wird, lange aufgehalten hat, für einen gypsartigen Stein halte, und versichert, daß daselbst ganze Gypsgebirge befindlich wären, hat uns der Herr Rath Baumer f) gesaget.

Herr Woltersdorf g) zählet ihn unter die Flußspate; eine Meynung, die, wie wir bald hören werden, ganz falsch ist. Er behauptet zugleich, daß ihm seine Phosphorescenz nicht eigentlich zukäme, sondern daß ein jeder gemeiner Flußspat, auch der Würfelspat, eben diese Eigenschaft, nur in verschiedenen Graden, hätten.

Auch Herr Henkel wirft ihn unter die Flußspate, weil sie gleiche Schwere unter einander hätten. Herr Prof. Pott h) aber antwortet theils, daß dies schwer zu erweisen sey, theils, daß es die Sache noch nicht ausmache. Er beweiset aber, daß dieser

---

c) Praktisches Mineralsystem. S. 161. f.
d) Mineralreich. S. 75.
e) Versuch einer neuen Mineralogie. S. 25.
f) Naturgesch. des Mineralreichs Th. 1. S. 104.
g) Mineralsystem. S. 47. N. 12.
h) Erste Fortsetzung der Lithogeognosie. S. 36. f.

ser Stein kein Flußspat seyn könne,

1. Daher, weil er nicht fließet, wenn er mit Kreide oder Marmor vermischet wird, sondern locker zurück bleibt.

2. Daher, weil er, wenn er mit gleich schweren wirklichen Flußspat vermischt wird, in einen Fluß gehet; nun aber wird gleich mit gleich, nämlich ächter Spat mit ächten Spat vermischt, auf keine Weise zusammen schmelzen.

Hr. Prof. Vogel setzt ihn am angezogenen Orte mit den Gypsspaten und den Flußspaten in eine Klasse der blätterichten Steine; Hr. Hofr. Walch i) aber, unter die faserichten und fadenartigen Steine. König nennt ihn eine Speciem subalternam des Talks; Lemery behauptet, er werde durch die Kalcination in ungelöschten Kalk verwandelt, und Valentini rechnete ihn gar unter die Kiesel k).

Herr Professor Pott giebt am angezogenen Orte denen seinen Beyfall, die ihn unter die Gypse zählen. Er beweiset, daß er nicht unter die Kalksteine gehöre, weil er mit den Säuren nicht brause; nicht unter die Kieselsteine, weil er am Stahl kein Feuer schlage, und weil er weicher sey, als die mehresten Spatarten; nicht unter die Flußspate, weil er, wie schon erinnert worden, mit Kreide und Marmor vermischt nicht fließet, da doch derselbe mit Flußspat vermischt in einen Fluß übergehet. Daß er aber unter die Gypse gehöre, oder wenigstens den Gypsen sehr nahe verwandt sey, beweise er durch folgende Erfahrungen: „Bey mäßigem Kalcinirfeuer wird er brüchiger, und zerspringt zum Theil in Stückchen: er läßt sich ziemlich leicht von einander brechen, aber er behält doch an dem zerbrochenen Orte seinen Glanz besser als der Gypsstein; bey sehr heftigem Feuer zerfällt er, und stellet zwar nie einen vollkommenen weißen Gyps dar, aber er kömmt doch demselben ziemlich nahe. Der Bononiensische Stein mit gleich schwer Kreide und Flußspat vermenget, floß zusammen, und das Productum war graufärbig. Endlich, wenn gleich viel Bononiensischer Stein mit kalcinirtem Borax vermischt wurde, so schäumete es erst im Feuer sehr hoch in die Höhe, setzte sich aber endlich im Tiegel, und wurde ein glänzendes gelbes Glas, auf welchem eine weiße Rinde stund. Lauter Beweise, daß der Bononiensische Stein ein Gypsstein sey! Sonst hält derselbe sehr vielen Schwefel bey sich, und von diesem Principio, sagt Hr. Pott, muß man seine Eigenschaft, „daß er nach vorhergegangener Kalcination die Haare wegfrißt, wie auch seinen widrigen Geruch und Geschmack, ferner die Praecipitation des Mercurii sublimati, des Bleyes, des Silbers, des Vitriols, wie auch seine phosphorescirenden Eigenschaften, herleiten."

Herr Wallerius, der sich am angezogenen Orte in Ansehung der

---

i) Systemat. Steinreich. Th. I. S. 42.

k) S. Hrn. Pott am angezogenen Orte. S. 37.

der chymischen Versuche auf die Comment. Academiae Bononiensis S. 186. beruft, meldet davon folgendes: „Die Lauge, welche man von und nach diesem kalcinirten Steine macht, präcipitirt des Merkurius sublimatus Solution schwarz, präcipitirt auch gleichergestalt die Bley- Silber- und Vitriolsolutionen; gähret mit allen sauren Geistern auf; hat dergleichen Geruch und Geschmack, als wenn man Operment, ungelöschten Kalk und Wasser vermischet. Hieraus schlüßet man, daß in diesem Steine, außer dem alkalischen und schwefelhaften Wesen, auch etwas arsenikalisches zu finden seyn müsse.". Das letztere will Hr. Pott am angeführten Orte nicht eingestehen. Sie schlüßen daraus, sagt er, allzufrühzeitig, und unreif, daß in diesem Steine was arsenikalisches enthalten sey, weil es nicht zu beweisen stehet: hingegen findet sich der Geschmack und Geruch von faulen Eyern bey einem jeden gut gebrannten Gyps, wenn er mit Wasser angemacht wird.

Herr Marggraf 1) hat durch seine chymischen Proben unwiderspechlich bewiesen, daß der Bononiensische Stein aus einem Vitriolsauer und aus einer kalischen Erde bestünde. Er fand bey seinen Versuchen noch zwo Merkwürdigkeiten:

1. Daß der Bononiensische Stein beym stärksten verschlossenen Feuer, das vier Stunden angehalten hatte, weder seine Farbe noch seine Schwere verlohren hatte.

2. Daß er nach verschlossen geschehener Kalcination nicht leuchtet, da er es doch thut, wenn er mit Kohlen öffentlich kalciniret wird.

Dieser so berühmte Stein wird in verschiedenen Gegenden Italiens, sonderlich bey Bologna und am Berge Paderno, zwo kleine Stunden von Bologna gefunden, und hat eben daher den Namen des Bononiensischen Steines erhalten. Nach des Hrn. Prof. Vogels obiger Anzeige, gab es zwo Gattungen vom Bononiensischen Steine, einige sind nämlich weniger andere mehr dunkel. Die Onomatologie m) hingegen will gar einen vierfachen Unterschied an diesen Steinen bemerkt haben. „Seinem Grundstoff nach giebt es vier Hauptgattungen dieser Steine. Einige dieser Steine sind breit geblättert, haben aber eine blasse, bald rauhe bald glatte Schale; einige haben Streifen, die, wie in dem Spiesglas, Strahlen vorstellen, und weiß sind. Andere haben entweder eine glatte oder rauhe Schale, und werfen aschfarbigte Strahlen, da die Striemen entweder gerade oder schief gegen den Mittelpunkt gehen. Einige schwärzlichte, in denen der Mittelpunkt sehr weit und breit ist, sind sehr schmal und lassen sich zerreiben."

Ob wir gleich eingestehen, daß diese Beschreibung einen vierfachen Unterschied des Bononien-

---

1) In den Memoires de l'acad. royale, année 1750. S. 144. f. und im Hamb. Magaz. XII. Band 5. St. S. 535. ff.

m) Onomatolog. histor. natural. T. II. S. 268.

fischen Steines barthut, so läugnen wir doch darum einen vierfachen Grundstoff, den sich die Verfasser einbilden, weil alle diese Veränderungen bey einerley Grundstoff gedacht werden können.

Der Bononiensische Stein hat das Sonderbare an sich, daß, wenn er auf eine besondere Art kalciniret wird, er dann so viel Schein und Licht einsauget, daß er in der Nacht wohl funfzehen Minuten, wie eine glüende Kohle, leuchtet. Man hat sonst die Art ihn zu kalciniren für ein großes Geheimniß gehalten, allein jetzo ist sie es nicht mehr, doch haben die Gelehrten hiezu nicht einerley Vorschriften geliefert. Es ist meine Pflicht, verschiedene anzuführen.

Kayßler n) giebt uns davon überhaupt ganz angenehme Nachrichten, die wir hier in ihrem Zusammenhange mittheilen wollen. „Vermittelst einer sonderbaren Kalcination bekömmt er die Eigenschaft, daß er am hellen Tages Lichte in wenig Minuten so vielen Schein und Licht gleichsam in sich sauget, daß er hernach im Finstern acht bis funfzehn Minuten lang, als eine glüende Kohle, wiewohl ohne empfindliche Wärme, leuchtet. Dieses kann man, so oft es gefällig ist, wiederholen, und ist es genug, wenn der Stein nur an die helle Luft geleget wird, ohne in die Strahlen der Sonne zu kommen, weil diese ihn gar zu sehr kalcinirt, und er hernach leichtlich zerfällt. Wenn der Stein sehr gut, so ist der Schein eines brennenden Lichtes hinlänglich, sein verborgenes Licht in Bewegung zu bringen; der Mondschein giebt ihm keine Kraft. Er behält auch sein Licht, wenn er in Wasser geleget wird. Er behält diese Eigenschaft drey bis vier Jahre, nach deren Verlaufe man ihn aufs neue kalciniren kann, wiewohl er niemals den hellen Schein vollkommen wieder erhält, welchen er nach seiner ersten Zubereitung gehabt hat.

In dem vierten Artikel des Monats Jenner im 1666. Jahre von den Actis philosophicis der englischen Societät wird gemeldet, daß nur ein einziger Geistlicher die Kunst gewußt habe, diese Steine zuzubereiten, und sey das Geheimniß mit ihm abgestorben. Allein dieser vermeynte Verlust ist durch Homberg, einen berühmten deutschen Naturkündiger, glücklich ersetzet worden, nachdem dieser Gelehrte von seiner italiänischen Reise, eine Menge solcher Steine zurück gebracht, und über zwey hundert derselben auf so mancherley Weise kalciniret, daß er endlich die rechte getroffen, mit welcher es sich folgender Gestalt verhält: Man schabt den Stein rings herum, bis er allenthalben dem glänzenden Talke ähnlich siehet, darauf netzet man ihn in Brantewein, verhüllet ihn gleichsam in einem Teig oder einer Crusta aus Pulver von andern, und zwar den besten Steinen dieser Art, kalciniret ihn sodann über dem bloßen Feuer oder in einem kleinen Ofen, und nimmt

---

n) Neueste Reisen. S. 982. f.

nimmt endlich das Pulver, welches sich an den Stein gehänget hatte, wieder herab. Beyde gegeben, wenn sie aus der freyen hellen Luft in das Finstere gebracht werden, einen Schein von sich. Das Pulver zieht nicht weniger dergleichen Glanz an sich, wenn es in einem wohlverwahrten und verstopften Glase an die Luft gesetzet wird, machet auch die Bilder und Buchstaben, die vorher damit bestreuet worden, glänzend. Bey seiner Verfertigung ist zu beobachten, daß man es in einem metallenen Mörser stoße, und nicht im Glase, Marmor oder andern Steine, weil solches der Kraft des Phosphori Nachtheil bringt. Vor andern sind die Mörser aus Eisen bey dieser Gelegenheit schädlich, wie solches der Parisische Medikus, Nikolaus Lemery, in seinem Cours de Chymie anmerket, woselbst er die jetzt angeführte und ihm vom Homberg mitgetheilte Manier der Kalcination mit mehrerm beschreibt, auch einen dazu sehr dienlichen Ofen angiebt. Man hat mich allhier versichert, daß, wenn der Stein über den Kohlen kalcinirt wird (wobey man ihn oftmals umwenden muß) nichts gefährlicheres sey, als wenn man mit dem Kopf über dem aufsteigenden Dampf komme. Man verkauft in Bologna das Pfund von unkalcinirten Lapide Bononiensi für einen Paolo o) und für ein zubereitetes Stück, das die Größe einer getrockneten und platt gedrückten Feige hat, zahlet man zween bis drittehalben Paoli."

Auch Kircher p) giebt von der Art diesen Stein zu kalciniren Nachricht. In der Onomatologie q) wird diese Kunst folgender Gestalt beschrieben: „Wenn er ganz rein und gut ist, so wird er bloß in dem Ofen wohl durchglüht, wenn er aber unrein, so zerstößt man ihn zart, bringt ihn mit Eyerklar, Leinöl, oder auch nur gemeinem Wasser, in einen Teig, und wenn dieser nach dem ersten Durchglühen noch nicht leuchtet, wiederholt man dieses Durchglühen so lang und oft, bis es die erwünschte Wirkung gethan hat, welches man daraus schlüßet, wenn sich an dem Durchgeglüheten hier und da einige Tropfen, wie ein Thau, zeigen. Wenn es nun damit so weit gekommen ist, legt man denselben in besondere dazu fertige Kästlein; will man seinen Schein zeigen, so muß er mit seinem Kästlein eine viertel Stunde lang in die Sonne, oder, wenn diese nicht scheinet, nur der Taghelle, oder Nachts der Helle eines starken Feuers, oder angezündeter Fackel, bloß gestellet werden."

Fast eben auf diese Art schreibt Petier r) dessen Zubereitung vor. Hr. Prof. Vogel s) giebt davon diese Nachricht: „Es wird der Stein auf zweyerley Art kalcinirt:

---

o) Paolo ist eine päbstliche Silbermünze, welche zu Florenz 8 Crazie, oder 8 gute Groschen gilt. Sonsten aber gilt ein Paolo in Italien nur 4 gute Groschen oder 15 Kr. S. den Entwurf eines Münzwesens, Frankf. 1748. S. 48.

p) Ars magna lucis et umbrae.

q) Onomatolog. histor. natural. T. II. S. 269.

r) Pharmac. Spagyr. Lib. II. C. 17.

s) Praktisches Mineralsyst. S. 163.

nirt: nach der ersten zerstößt man ihn zu zartem Pulver, und glühet ihn sodann in einem Schmelztiegel mit sehr starkem Feuer. Nach der zwoten wird der gepülverte rohe Stein mit Wasser oder mit Eyweiß zu kleinen Küchlein von der Größe eines Thalers formirt. Diese läßt man austrocknen, legt sie schichtweise in einen Windofen, so daß zwischen jeder Lage eine Schicht Kohlen liegt, und kalcinirt sie mit starkem Feuer vier bis fünf Stunden lang. Wenn hierauf der Ofen erkaltet ist, nimmt man sie heraus. Sollte die erste Kalcination nicht hinreichend seyn, welches man daraus erkennen kann, wenn die Steine nur wenig Licht in sich ziehen, so schreitet man auf schon gemeldete Art zur zweyten, und, wenn es nöthig ist, auch zur dritten."

Die Ursache dieser Erscheinung des Bononiensischen Steines suchen die mehresten in dem Schwefel, den dieser Stein mit sich führet, und der sich auch durch den Geruch, wenn er nicht längst kalciniret ist, deutlich genug verräth; wie auch dadurch, daß von seiner Ausdünstung das Silber anläuft. Kayßler hat darüber am angezogenen Orte folgende Gedanken: „Jetzt gedachter Schwefel kann zu keinem sichtbaren Lichte gebracht werden, wo man ihn nicht vorher von seinen particulis heterogeneis befreyet, welches durchs Feuer geschiehet. Das Tageslicht, so nichts anders ist, als die subtilsten Strahlen des aus der Sonne kommenden Feuers, entzündet demnach den Schwefel auf der Fläche des kalcinirten und an die helle Luft gesetzten Steins nicht anders, als wenn das Feuer eine Kohle glühend macht, und bemerket aus dieser Ursache Lemery, daß man bey der Kalcination die Mittelstraße wohl zu beobachten habe. Thut man der Sache zu wenig, so erhöhet sich der Schwefel nicht genug gegen die äußerste Fläche des Steins, gleichwie im Gegentheil und bey allzustarker Kalcination solcher Schwefel sich zerstreuet und ausdünstet." Da aber doch, wie wir bald hören werden, außer dem Bononiensischen Steine noch mehrere eine leuchtende Kraft haben, von denen man nicht allemal sagen kann, daß sie schwefelichte Theile haben; so scheinen mit diejenigen der Wahrheit noch näher zu kommen, welche den Grund der Phosphorescenz dieses und anderer Steine in einem Aether suchen, der als ein höchst zartes elastisches flüßiges Wesen alle Körper durchdringet. Herr Hofr. Walch r) sagt: „Es ist dieses, nämlich daß manche Steine im Dunkeln leuchten, nichts anders, als eine Wirkung des in eine starke Bewegung gesetzten Aethers, als wodurch der Schein und das Licht hervorgebracht wird. Alles dasjenige, was den Aether eines Körpers in eine starke Bewegung setzen und ihn erschüttern kann, wohin das Reiben, die von außen einem Körper durch Feuer und Kohlen mitgetheilte Wärme, die auf den Körper fallende Lichtstrahlen, und dergleichen, gehören, alles dieses ist auch vermögend, einen Körper zu einem scheinenden

---

r) Systemat. Steinreich. Th. II. S. 150. f.

senden und leuchtenden Körper zu machen."

Man hat übrigens noch andere Steine, welche ohne Kalcination und durch eine geringe Beyhülfe in der Nacht stark zu leuchten pflegen. Mylius u) gedenket verschiedener Flüße und aus vielen Farben spielender Steine, welche in der Gegend um Suhla gefunden werden, die bey der Nacht, durch Beyhülfe darunter liegenden Feuers einen besonderen strahlenden Glanz von sich geben. Er setzet hinzu: „Mit welchen Lapis Bononiensis Fortunii Liceti zu quadriren scheinet, vid. Laet de Gemmis „et lapid. p. 206. f." Ja man hat noch andere Steine, welche durch eine Kalcination dahin gebracht werden, daß sie des Nachts sehr helle leuchten. Der berühmte Berlinische Chymikus, Hr. Marggraf v), hat zwo Abhandlungen drucken lassen, von den Steinen, welche mit Kohlen stratificirt und kalcinirt, so weit gebracht werden, daß solche, nachdem sie einige Zeit der Luft ausgesetzt gewesen, im Dunkeln leuchten; und vor ihm hat schon Hr. Pott von solchen Steinen sehr deutlich und ausführlich gehandelt. w) Ueberhaupt können alle ganz und halbdurchsichtige Steine durch geschickte Bearbeitung dahin gebracht werden, daß sie des Nachts leuchten, nur die Steine ausgenommen, die im Feuer unveränderlich sind, welche Lapides apyri heißen, ferner die Achate, die Jaspisse, die Feldsteine und die Flintensteine. S. leuchtende Steine. x)

Die Schriftsteller von dem Bononienfischen Steine habe ich in meiner Lithologischen Bibliothek §. 78. gesammlet.

BONONISCHE Steenen heißen im Holländischen die vorher beschriebenen Steine.

BONTE MANTELS heißen im Holländischen die Pektiniten und Jakobsmäntel. S. Pektiniten, und Jakobsmäntel.

BOOMSTEEN. heißen im Holländischen die Dendriten. S. Dendriten.

— — Florentynse, heißen in dieser Sprache die florentinischen Dendriten. S. Dendriten.

— — Pappenheimer, heißen im Holländischen die Pappenheimer Dendriten. S. Dendriten.

— — rood gefigureerde, heißen in dieser Sprache die Dendriten, wo die Bäumchen roth gefärbet sind. S. Dendriten.

— — swart gefigureerde, heißen im Holländischen die Dendriten, wo die Bäumchen schwarz gefärbet sind. S. Dendriten.

BOOMSTEENTJES heißen im Holländischen die kleinen Dendriten. S. Dendriten.

BOOM

---

u) Saxon. subterran. Relat. VIII. S. 61. 62.

v) Chymische Schriften, die 9te und 10te Abhandl.

w) Erste Fortsetzung der Lithogeognosie. S. 39.

x) Hat man doch so gar leuchtende Menschen. Die Berlinischen Sammlungen 2. Band. S. 485. f. und der Altonaer gelehrte Merkur, v. Jahr 1768. S. 169. führen zum Beyspiel den Hrn. Kastillhon an, der einmal in der Nacht seinen Leib, besonders auf der Brust und unter den Armen, mit einem hellen Licht umgeben sahe; der auch ausserdem, so oft er sich berührte, elektrische Funken von sich gab.

**Boom Achaten,** Orientaalſe heiſſen in dieſer Sprache ebenfalls
die Dendriten, doch kömmt dieſer Name eigentlich nur dem Den-
brachat zu. S. Dendrachat.

**Bonnet de Neptune** heißen im
Franzöſiſchen einige Fungiten.
S. Fungiten.

**Boor-Schulpen** heißen hollän-
diſch die Terebratuln. S. Terebratuliten.

**Borax,** lat. Borax, gehöret eigentlich unter die Salze, und
daher gehöret ihm in dieſem
Wörterbuche, wo wir bloß von
Steinen reden, keine Stelle. Allein wir ſind genöthiget worden,
dieſes und noch einige andere
Salze hier anzuführen, weil ſie
der Ritter von Linne in Salia
nuda, bloße Salze, und Salia la-
pidoſa, Steine, die aus Salzen
beſtehen, eintheilet. Unter dieſen
Salibus lapidoſis, hat er die Edelſteine, und bloß, um auch die
Gedanken dieſes ſo berühmten
Schriftſtellers auszeichnen zu
können, haben wir dieſen und
ähnliche Artikel einrücken müſſen.
Unter dem Namen Borax, hat
er y) folgende Steine:

I. Borax lapidoſus prismaticus
pellucidus, pyramidibus truncatis.
α. Flava, der **Topas.** β. Virens, der **Chryſolith.**
γ. Caeruleo virens, der **Beryll.**
δ. Viridis, der **Schma-
ragd.**

II. Borax lapidoſus columnaris
politus, pyramidibus triquetris.
Der **Baſalt.**

III. Borax diaphanus ſubopacus
purpureus maxime electricus. Der
**Tourmalin** oder **Aſchenzieher.**

IV. Borax teſſellatus ſolidus politus ſcintillans, der **Granat.**

**Borca Plinii,** Jaspis aerilusa
Dioſcoridis, **Kupferjaspis,** iſt ein
himmelblauer durchſichtiger Edelſtein, der von den Schriftſtellern
für eine beſondere Art vom Türkis gehalten wird. z) S. Türkis.

**Bostrichites** wird der Bergflachs genennet. Ohne Zweifel
kömmt das Wort her von βόςρυ-
χος ein krauſes Haar, und dieſes von βότρυς die Weintraube,
und ἴχω ich habe, weil der Bergflachs eine Aehnlichkeit mit einem krauſen Haare, ein aufge-
kraußtes Haar aber ſo zuſam-
menhängende Locken hat, wie
eine Weintraube einzelne zuſam-
menhangende Beeren. S. Bergflachs.

**Botryoides, Botrytes** wird
der Traubenſtein genennet, von
βότρυς eine Traube. S. Trau-
benſteine.

**Boucardes** heißen im Franzöſiſchen die Bukkardien. S. Bukkardien.

**Boucliers** heißen im Franzöſiſchen die Patellen. S. Patelliten.

**Boufonite** heißen im Franzöſiſchen die Krötenſteine. S.
Krötenſteine.

**Boutons** heißen im Franzöſiſchen die Seeigel. S. Echiniten.

**Boutons de pierre** heißen im
Franzöſiſchen die Porpiten. S.
Porpiten.

**Branche de Cryſtall** heißen
franzöſiſch die Kryſtallzapfen.
S. Kryſtall.

— — brutes d'Amethyſt,
heißen franzöſiſch die rohen Ame-
thyſtzapfen. S. Amethyſt.

BRAN-

---

y) Syſtem. naturae. T. III. S. 94. f.
z) Onomatolog. hiſtor. natural. T. II. S. 278.

BRANCHIALE ferruginoſum, Echinus minutus, Fungi branchiati, Coni branchiales, Alcyonium branchiale, ſind eine Art der blätterichten Fungiten. S. blätterichte Fungiten.

**Brattenburgiſcher Pfennig,** lat. Brattenburgenſes nummuli, Oſtraciti minimi calvariae figuram anteriorem quodammodo referentes Wall. Helmintholithus anomiae craniolaris Linn. franz. Monoye de Brattenbourg, Ecu de Brattenbourg, iſt eine kleine ungeſtreifte Muſchel, von der Gröſſe eines Dreyers, welche mit drey Löchern verſehen iſt. Dieſe drey Löcher geben dem Brattenburgiſchen Pfennige die Geſtalt eines Todtenkopfs, wenn man die zwo obern Oeffnungen für die Augen, die untern aber für die Naſe annimmt. Daher hat eben Wallerius die Gelegenheit zu ſeinem Begriffe, den wir angeführet haben, genommen, und der Ritter von Linne hat bey dem ſeinigen ebenfalls darauf gezielet. Stobäus a), der den Brattenburgiſchen Pfennig weitläuftig und akkurat beſchrieben hat, ſtellet ihn ebenfalls unter dem Bilde eines Todtenkopfs vor, und nennet ihn Oſtraciten minimum paraſiticum, calvariam hominis vtcunque referentem, qui vulgo nummulus Brattenburgenſis dicitur. Die Onomatologie b) behält dieſe Beſchreibung ebenfalls bey: „Eine Gattung von Oſtraciten, oder beſondere Verſteinerung von Auſterſchalen, die ganz klein iſt, wie kleine Dreyer, oder um etwas gröſſer, ſie ſind gleichſam mit drey Löchern durchbohrt, dadurch ſie einem Todtenkopf mit zwo Oeffnungen für die Augen, und unter denſelben mit einer für die Naſe ähnlich werden."

Der Urſprung des Namens eines Brattenburgiſchen Pfenniges gründet ſich auf eine lächerliche Fabel, die wir aus dem Stobäus c) wiederholen wollen. Das Schloß Brattenburg ſey einſtens von groſſen Waſſerfluthen verheeret worden, weil auf demſelben ſich Räuber aufgehalten hätten, durch welche die abſcheulichſten Diebſtähle wären verübet worden. Dadurch aber wäre zugleich eine groſſe Summe Geld verſchwemmet worden, welches die Räuber zuſammen gebracht, und auf dieſem Schloſſe verwahret hätten. Dieſes Geld hätten die Fluthen an das Ufer geworfen, wo es die Diener und Trabanten des Erzbiſchoff Andred geſammlet, aber zur Verſchwendung angewendet hätten. Das hätte den Erzbiſchoff bewogen, es durch ſein Gebet bey Gott dahin zu bringen, daß dieſe Münzen in Steine verwandelt würden, damit dadurch ſeinen Dienern zugleich die Gelegenheit zu ſündlichen Ausſchweifungen benommen würde.

So wenig dieſe Fabel wahrſcheinliches enthält, ſo groſſe Mühe haben die Naturforſcher in der Unterſuchung dieſer Verſteinerung gehabt. Ehe ich die verſchiedenen Meynungen davon erzähle, muß ich zuförderſt anmerken,

---

a) Opuscula. S. 1. ff.
b) Onomatolog. hiſtor. natural. T. II. S. 197.
c) Opuscula. S. 6. not. f.

merken, daß man diese Brattenburgische Pfennige ohne Zweifel unter die versteinten Konchylien setzen müsse. Stobäus d) beweiset dieses aus wichtigen Gründen, davon wir nur die vornehmsten auszeichnen wollen, weil die Sache keinem Zweifel unterworfen ist. Sie liegen nicht nur unter andern unläugbaren Konchylien, sondern bestehen auch aus mehrern Lamellen, wie alle Konchylien. Die eine Hälfte, welche konkav ist, bestehet aus unzähligen kleinen Löchern; eine Erscheinung, die man an andern Muscheln und Schnecken oft gewahr wird; die andere Hälfte aber ist beynahe platt, und bestehet aus vielen koncentrinischen Zirkeln oder Runzeln. Sie muß folglich eine zwoschalige Muschel seyn. Im starken Feuer werden sie in einen wirklichen Kalk verwandelt, und mit den sauren Geistern brausen sie, und werden aufgelößt. Aber unter welcher Gattung der Konchylien soll man das Original dieses so seltenen Steines suchen? Bromell e) glaubte, man müsse sie für Deckel von den Ammonshörnern halten, denn so schrieb er an Stobäum: mihi salva tua vir eruditissime, opinione, cochlearum quarundam opercula esse videntur, vti Blattae Byzantinae, vmbilici marini, et aliae. Dieser Meynung kömmt diejenige am nähesten, die der Hr. Prof. Titius f) in Wittenberg angenommen hat, daß sie eine Art von Schneckentäfelchen oder Linsensteinen wären. Allein, daß sie keine Deckel seyn können, erhellet aus zween Gründen:

1. Weil sie nach Stobäi Bemerkung aus einer gedoppelten Hälfte, nämlich einer konkaven und einer platten, bestehen.

2. Weil sie sonst keine Löcher haben dürften, da es ausgemacht ist, daß sich die Schnecke darum mit einem Deckel versiehet, damit sie vom Wasser, von der Luft, und von den Nachstellungen der Würmer frey sey. Man hat daher noch keinen Deckel gefunden, der nur mit Einem, geschweige mit drey Löchern, versehen wäre.

Der Doktor Grotthausen hält sie in einem Briefe an den Stobäus für Schilde gewisser Insekten, Stobäus aber hat ihm darauf sehr gut geantwortet g).

Herr Hofrath Walch h) und Herr Rath Baumer i) haben sie unter den Chamiten; Stobäus k) hinge=

---

d) l. c. S. 12. f.
e) Stobäus l. c. S. 14. vergl. mit S. 8.
f) Gemeinnützige Abhandlungen zur Beförderung der Erkenntniß und des Gebrauchs natürlicher Dinge, im ersten Theile.
g) Stobäus l. c. S. 25. und 33.
h) System. Steinr. Th. 1. S. 110.
i) Naturgesch. des Mineralreichs. Th. 1. S. 374.

k) Er bedienet sich S. 20. folgender Gründe: Primo ostrea per latam planamque articulationem nervi ope connectuntur, sed ginglymo proprie sic dicto, quali Chamae, Tellini, Musculi, Conchae et reliqua hujus census animalia ornantur, carent, adeoque parum huic nostrae opinioni obest, quod ginglymus in testa hac adeo minuta desideretur, cum laevis ejusmodi articulatio in eadem vix possit esse satis euidens et conspicua. Secun=

hingegen, Wallerius l) und Hr. Hofr. Walch m) haben sie unter den Ostraciten, welches auch vielleicht ihre eigenthümliche Stelle ist, die man ihnen anweisen muß. Ich gestehe es gleichwol dem Stobäus ein, daß sie eine ganz besondere Gattung der Austern ausmachen.

Daß sie sehr seltene Versteinerungen sind, habe ich bereits angemerket; sie sind aber in Schweden, sonderlich auf der Insul Jva, in dem Distrikt Villand, zu finden.

Die Schriftsteller, welche von dieser Versteinerung Nachricht ertheilen, habe ich in meinem Entwurf einer lithologischen Bibliothek §. 147. gesammlet.

Zeichnungen von demselben haben geliefert: Stobäus in s. Opusculis Tab. I. fig. 1. 2. 3. 4. und Walch im systematischen Steinreiche Tab. XVI. n. 2. a.

**Brillant**, lat. Adamas octoedrus turbinatus, fr. Petits cristaux brillantes, holl. Crystalltjes en brillant gesleepe, ist eine Art geschliffener Demante. S. Demant.

**Brissoides**, Brissus, wird eine Gattung von Seeigel genennt, welche zu den Seeeyern gezählet werden. Es sind nämlich diejenigen, welche eine eyförmige Gestalt haben, nicht sonderlich erhaben sind, und auf ihrem Rücken eine fünfblätterichte oder fünfstrahlichte Figur haben. Ihre Abführungsöffnung ist unten am Rande der Grundfläche. Beym Klein n) haben sie den Geschlechtsnamen Scutum ovatum, und er giebt von ihnen diese Beschreibung: „Testa prona ovatam figuram refert; in gratiam Moscardi pentaphyllum assimulamus foliis Olivae; petalis in extremitate licet fissis. Os in medio. Anus sub peripheria. Basis parum concava. Eben dieser Schriftsteller liefert uns Tab. XX. Zeichnungen davon.

**Brissus** ist die vorherbeschriebene Seeigelart.

**Brechites** ist eine korallinische Versteinerung, aus dem Geschlechte der gegliederten Korallen. (Corallia articulata). Herr Guettard o), bey dem sie die zwote Klasse seines neuen Systems der Korallen ausmachen, hat sie genau beschrieben. Sie sind bald konisch, bald cylindrisch, haben aber allemal am Ende ein Hütchen. In Frankreich wird diese Versteinerung gefunden, die in Deutschland noch ziemlich unbekannt ist, doch hat man sie auch im Mecklenburgischen entdeckt.

**Brokatell**, Brokadell, lat. Brocatellus, Marmor thebaicum, Porphyr rubens, lapillulis flavis, Wall. fr. Brocatel, holl. Brocatel, ist

---

Secundo testas habent ostrea satis crassas mediocri cauitate donata, alteram fere planam, alteram modice tantum ventricosam, vtramque e lamellis, quae rugas efficiunt circinnatas et quasi squamatas, compositam. Tertio ad figuram orbicularem proprius vtplurimum accedunt, et ad vmbonem, qui in hac nostra testula satis est conspicuus, vix parum elongantur.

1) Mineralreich. S. 478.

m) Naturgeschichte der Versteiner. Th. II. Abschn. I. S. 136.

n) Naturalis dispositio Echinodermatum. S. 29.

o) Memoires sur differentes parties des sciences et arts. T. II. in der 3. und 12. Abhandl.

Von diesen Brontiis beschreiben uns die Schriftsteller drey Gattungen:

1. Brontia prima Lachmundi. Echinites siliceus vertice fastigiato. List. Echinites pileatus Luid. Echinometrites Lang. Der große weiße Hutechinit. Onomat. Lange 2) beschreibt ihn also: Echinometrites vertice fastigiato, albus, major, striis tenuibus, a centro baseos planae, et perforatae ad acumen vsque productis, annulis minimis interstitia striatim occupantibus. Diese Beschreibung ist das im Kürzern, was vorher weitläuftiger ausgeführet worden ist. Nur seine Größe und weisse Farbe, und der gypsartige Grundstoff, scheinet ihn von andern zu unterscheiden.

2. Brontia altera Lachmundi, Der Hutechinit. Onomat. ist fast wie ein Hut beschaffen, und hat davon seinen Namen. Luidius beschreibet ihn auf diese Art.

3. Brontia favogineus, der Waabenechinit, der in der Hauptsache mit dem vorigen auch übereinkömmt, nur daß seine äussere Bildung den Bienenzellen, die von andern Waaben genennet werden, ähnlich ist. Er hat fünf erhöhete Streifen, welche Strahlen-weise von der Spitze laufen, und wo zwischen jeder Linie, zwo Reyhen von viereckichten Löchern sind. Zwischen diesen strahlichten Streifen sind noch fünf Reyhen gedoppelter viereckichter Löcher, und das zusammen genommen macht eben die Bildung von Bienenzellen. So beschreibet Worm diese Echinitenart, wir werden sie aber bey dem Namen Echinites favogineus vollständiger und richtiger beschreiben.

Ich merke noch an, daß die eigentlichen Donnersteine auch Brontiae genennet werden. S. Donnersteine.

Wer von den Echiniten, welche die Alten Brontias nenneten, Zeichnungen zu sehen wünschet, den verweisen wir auf des Hrn. Knorr Sammlungen von den Merkwürdigkeiten der Natur, Th. II. Tab. E. I. a. fig. 3. und auf des Hrn. Stobäus Opuscula, S. 119. Das übrige werden wir beym Wort Echiniten ausführen.

**Bruchstein** nennen einige Schriftsteller den Beinbruch, vermuthlich darum, weil er in der Heilung der Beinbrüche gute Dienste thun soll. S. Beinbruch.

BUCCARDITE heißen im Französischen die bald folgenden Bukkarditen.

BUCCARDITAE heißen im Lateinischen die gleich folgenden Bukkarditen.

**Bukkarditen**, Ochsenherzen, Herzmuschelsteine, latein. Buccarditae, Cardiolithi, Lithocarditae, Conchiti valvis rotundis cordiformibus Wall. franz. Bouccardites, Boucardes, Buccardites, Cardiolithe, Coeurs de Boeuf, holl. Ossen-Hert, Zoots-Kappen, en Bastert Zoots Kappen, werden die zwoschaligen runden, und gleichschaligen Muscheln genennt, welche an der Seite, wo das Schloß ist, zween Schnäbel haben, zwischen welchen sich eine Vertiefung

---

2) Histor. lapid. figurat. Helvet.

fung zeiget. Sie haben dadurch die Gestalt eines Ochsenherzens, und das ist auch der Grund ihrer Benennung. Denn das Wort kömmt her von Bus der Ochse, und καρδία das Herz. Kaysler a) merket an, daß sie von den Bauern um Verona Tortelli genennet würden, er verschweiget aber die Ursache, warum sie ihnen diesen Namen geben. Die Onomatologie b) sagt von dieser Versteinerung: „Er hat eine glatte Oberfläche, auf beyden Seiten gleich, daher man schlüßt, es sey eine Versteinerung mit einer innern Höhle, davon beyde Muschelnschalen gewölbt sind. Sie hat aber an dem obern Ende an jeder Schale zurückgebogene Fortsätze, und besteht aus einem Stoff, der sich bequem verkalchen läßt." Der Herr Rath Baumer c) giebt den Bukkarditen nicht nur den Namen der herzförmigen Chamiten, sondern er zählet sie auch ausdrücklich unter die Chamiten, denn er giebt von ihnen diesen Begriff: Sie sind runde Chamiten, die an der Seite des Schlosses zween gegen einander stehende Schnäbel haben, zwischen welchen sich eine kleine Vertiefung befindet. Schon Scheuzer d) glaubte, daß man die Bukkarditen unter die Chamiten zählen müsse. So beschreibet er den einen seiner Bukkarditen: „Chama laevis vtrinque valde convexa, vna e maximis, coloris plumbei. Ex comitatu Neocastrensi. Bucardites ex albido flavescens laevis.

Lister Cochlit. Angl. Tit. 40. Dies ist auch ein Herzförmiger, beyderseits sehr erhobener Muschelstein, oder Bucardites, dessen Schnabel gerad hineinwärts, und nicht seitwärts gekrümmet: und mögen wohl unter diesen Titul gestellet werden aus Lang. Hist. p. 139." So viel ist gewiß, daß die Bukkarditen dieses mit den Chamiten gemein haben, daß sie zwoschalige gleichseitige Muscheln sind, und eben die Lage des Schlosses haben, die den Chamiten zukömmt. Nur die beyden Schnäbel sind anders als bey den Chamiten beschaffen. In dieser Rücksicht könnte man das Chamitengeschlecht zu einem Hauptgeschlecht machen, und darunter die Arken, und Bastartarken, die Herzmuscheln und Bukkarditen als Geschlechtsgattungen setzen. Andere hingegen sehen die Herzmuscheln für das Geschlecht an, und bey ihnen stehen die Bukkarditen als eine Geschlechtsgattung derselben. Diese haben auch ihre Gründe für sich, und behaupten vielleicht mit Recht, daß die Chamiten das eigene haben, daß ihre beyden Schnäbel zusammen stoßen. Wenigstens verbinden alle Schriftsteller mit diesen Kennzeichen den Begriff der Chamiten. Wenn wir aber dieses zum Grunde legen, so unterscheiden sich die Bukkarditen von den Chamiten wesentlich.

Einige gesellen die Bukkarditen den Venusmuscheln bey, allein

---

a) Neueste Reisen. S. 1034.
b) Onomatolog. histor. natural. T. II. S. 309.
c) Naturgesch. des Mineralreichs, Th. I. S. 325.
d) Naturhistorie des Schweizerl. Th. III. S. 195.

allein ohne Grund, weil die nunmehro auch im Steinreiche entdeckte Venusmuschel, sich von dem Bukkardit gar merklich unterscheidet.

Einige, sonderlich unter den ältern Schriftstellern, halten die Bukkarditen und Hysterolithen für einerley, daß sie aber hierinne Unrecht thun, soll bey dem Wort Hysterolith gezeiget werden. Mit mehrerm Recht aber gehören vielleicht einige Trigonellen hieher. S. Trigonellen.

Die Betrachtung des wahren Originals der Bukkarditen, wird uns hier wesentliche Dienste thun. Ein ächtes Exemplar davon liefert uns Rumph in seiner Amboinischen Raritätenkammer, Tab. XLVIII. fig. 10. Wir haben es aber dem Herrn Simon Schynvoet zu danken. Deswegen finden wir auch nur die kurze Nachricht dabey, daß sie die doppelte Narrenkappe, und von den Holländern dubbelde Zotskap-Schulp genennet werde. Der berühmte Klein e) beschreibet sie ein wenig ausführlicher: Testa cordiformis, per suturam notabilem juncta, mucronata, verticibus aduncis et velut intortis apicem ex media sutura incipientibus. Der Ritter Linné f) beschreibet sie noch ausführlicher: Cardium humanum, testa subrotunda laevi, natibus recurvis rima hiante. it. Testa crassa, laevis, subrotunda, ex albido-lutescens. Nates evidentius, quam in reliquis, cornu arietis instar oblique curvatae. Rima hians nymphis nudis. Anus impressus postice gibbus. Dentes cardinis vtrinque duo compressi." Wenn wir das Rumphische Bild gegen die Beschreibung halten, die wir oben von der Versteinerung dieses Körpers gegeben haben, so finden wir wenig dabey zu erinnern. Das Wesentlichste kömmt auf folgende Stücke an:

1. Daß die beyden Schnäbel in der Gegend des Schlosses, wie das Horn eines Widders eingerollt sind. Dies ist bey den Versteinerungen nicht allemal deutlich, sonderlich wenn man bloße Steinkerne vor sich hat.

2. Daß sich in der Mitte der Schale, eine Ritze oder Sutur befindet, die auf beyden Seiten der Schale sichtbar ist, und deren Ende einem erhöheten Wulste gleicht. Diese Sutur ist auch an den meisten Versteinerungen, selbst da, wo man bloße Steinkerne vor sich hat, sichtbar. Wo sie mangelt, so ist das Exemplar entweder eine eigentliche Herzmuschel, und kein Bukkardit, oder der erhöhete Steinkern dieser Sutur ist im Fortrollen abgeschliffen worden.

3. Daß sich die Muschel dem Schloß gegen über, oder da wo sie sich öfnet, in einer merklichen und scharfen Spitze endiget. Diese fehlet zwar oft auch an den Versteinerungen, sonderlich an den Steinkernen, aber sie kann auch durch verschiedene Zufälle abgestoßen seyn.

Auch diese Kennzeichen machen eine ziemliche Abweichung von dem Chamiten aus, und es scheinet mir daher weit natürlicher, daß man den Bukkardit von

---

e) Methodus ostracolog. 140. S. §. 364. n. 1.

f) System. natur. ed. X. Hal. 1760. S. 682. §. 82.

von den Chamiten trennt, und lieber die Herzmuscheln zum Geschlechte macht, als wenn man sie mit den Chamiten vereiniget.

Der erste, der der Bukkarditen gedenket, war Ferrandus Imperati in seiner natürlichen Historie; nach ihm aber haben mehrere davon gehandelt. Doch haben sie sich mehr beschäftiget, einzelne Exemplare, die sie vor sich hatten, zu beschreiben, als von dem Geschlechte selbst deutliche Nachricht zu geben.

Im Reiche der Versteinerung werden die Bukkarditen mehrentheils in bloßen Steinkernen gefunden, doch kommen sie auch bisweilen mit ihrer Schale vor. Wenigstens findet man an ihnen oft genug Ueberbleibsel einer natürlichen Schale, und das ist Beweis genug, daß sie wirklich unter die versteinten Konchylien gehören, wenn man auch ihre Originale noch nicht kennete. In ihrer Geschlechtsgröße sind sie gar sehr unterschieden. Gemeiniglich findet man sie von der Größe eines kleinen Hühnerey, sie werden aber bisweilen auch mehr als zweymal größer gefunden.

Lange g) macht uns gar verschiedene Gattungen der Bukkarditen bekannt, man irret aber, wenn man darunter lauter eigentliche Versteinerungen dieses Geschlechtes erwartet. Man nimmt das Wort oft so weitläuftig, daß darunter zugleich die Steinkerne von den bauchichten Muscheln verstanden werden; viele verwechseln auch die eigentlichen Herzmuscheln mit den Bukkarditen, die doch beyde wirklich unterschieden sind, wie ich unten bey dem Worte Herzmuscheln aus Schriftstellern zeigen werde. Darnach muß man die Langischen Begriffe verstehen, er nennet sie also: Buccardites laevis, ex vna parte cum spina eminente convexus, ex altera parte concavus. Dieser hat das eigne, daß er auf einer Seite konvex, auf der andern konkav seyn soll. Vielleicht hat er diese Gestalt durch einen bloßen äussern Druck bekommen. Ist dieses nicht, so gehört er gar nicht unter die Bukkarditen.

Buccardites laevis ex vna parte cum spina eminente convexus, ex altera vero concavus, maximus, niger. Dieser Körper ist in der Hauptsache dem vorigen gleich, nur daß er sehr groß und schwarz ist. Zwey bloß zufällige Merkmale, die eigentlich keinen wesentlichen Unterschied ausmachen.

Buccardites laevis ex vtraque parte convexus, et spina eminente donatus. Dieser gehöret unter die eigentlichen Bukkarditen, wie die zwey folgenden.

Buccardites laevis ex vtraque parte convexus, et spina eminente donatus major subflavescens. Nur diese Größe und gelblichte Farbe unterscheidet diesen von den vorhergehenden, welches aber etwas blos Zufälliges ist.

Buccardites laevis ex vtraque parte convexus, et spina eminente donatus minimus subflavescens. Dieser Bukkardit hat eben den Bau, und eben die Farbe, wie der vorige, nur daß er viel kleiner ist.

Buccardi-

---

g) S. die Onomatologie. T. II. S. 309. ff.

Buccardites laevis ex vtraque parte convexus sine spina. Diese Bukkarditen unterscheiden sich von den vorigen dadurch, daß sie keine Schärfe haben. Ist diese nicht durch das Fortrollen abgerieben, oder durch einen andern Zufall abgestoßen worden, so gehöret dieses und das folgende Beyspiel gar nicht hieher, sondern unter die eigentlichen Herzmuscheln.

Buccardites laevis ex vtraque parte convexus sine spina, major, subcinereus. Dieser Bukkardit ist nur größer, und anders gefärbt als der vorhergehende.

Die Bukkarditen gehören überhaupt unter die seltenen Versteinerungen. Sie werden zwar an verschiedenen Orten, allenthalben aber nicht gar zu häufig gefunden. Da sie aber oft beschädiget sind, so ziehet man ein komplettes Exemplar einem beschädigten allemal vor. Diejenigen, welche noch Ueberbleibsel ihrer Schale haben, oder wo noch gar die ganze Schale konserviret ist, haben einen weit größern Werth, als die bloßen Steinkerne. Die größern Stücke werden auch den kleinern vorgezogen. Unter die nicht gar zu gemeinen Bukkarditen gehöret auch derjenige, dessen Rundmann h) gedenket, und Aetito-Buccarditem nennet, weil er innwendig einen beweglichen Stein hat, und daher zugleich einen Adlerstein mit seinem beweglichen Callimo vorstellet. Herr Rundmann meynet, daß dieser klappernde Kallimus das ausgetrocknete Muschelthier seyn könne. Es kann aber auch in der innern Höhlung durch Wasser ein Spat oder Krystall entstanden seyn, der sich mit dem andern Steinen nicht vereiniget hat, und der deswegen klappert.

Von den Oertern, wo sich Bukkarditen befinden, habe ich aus den Schriftstellern folgende gesammlet:
Augst. Baden. Basel, Kanton. Belpberg. Bleicherpda. Bologna. Bortstein. Geißenau. Gißlyfluh. Hohenstein. Luggeren. Massel. Minden. Neustadt. Rohrbach. Rom. Schlesien. Schneckenberg. Schweitz. Siebenbürgen. Verona.

In meinem Entwurf einer Lithologischen Bibliothek, habe ich §. 144. die Schriftsteller gesammlet, welche von den Bukkarditen gehandelt haben.

Zeichnungen liefern:

1. Von den natürlichen Bukkarditen: Rumph Amboinische Raritätenkammer Tab. XLII, E. Tab. XLIV, H. Tab. XLVIII. n. 10. Bonanni Muſeum Kircherian. Claſſ. II. teſtaceor. bivalv. n. 92. Lister Histor. animal. Tab. VIII. fig. 40.

2. Von den versteinten Bukkarditen. Knorr Samml. von den Merkwürdigk. der Nat. Th. II. Tab. B. I. fig. 6. Tab. B. VI. fig. 5. 6. Baier Oryctogr. Nor. Tab. IV, fig. 20. 21. Walch systemat. Steinr. Tab. XV, n. 1. Baumer Naturgesch. des Mineralreichs Th. I. fig. 25. Scheuchzer Naturhistorie des Schweizerl. Th. III. fig. 80. 88. 97. Lange histor. lapid. figurat. Helvet. Tab. XL. XLI. Bourguet traité des petrificat. Tab. XXI. fig.

---

h) Rar. naturae et artis. S. 105. 128.

fig. 121. Scylla de' corporib. lapidefc. Tab. XVI. lit. A.

Buccin heißen französisch die bald folgenden Bukciniten.

Buccina, Buccinitae sind zween lateinische Namen der Bukciniten.

Buccinitae heißen französisch eben dieselben.

**Bukciniten, Posaunenschnecken, Hornschnecken, Rinkhörner, Rinkhörner, Trompetenschnecken,** lat. Buccinites, Buccinitae, Cochlitae turbinati, Cochlitae turbinati plurium turbinum specie buccinorum Wall. Franz. Buccin, Buccinites, Trompes, Trompette. Holl. Kinkhuorn, versteende Trompetten, sind Schnecken, welche in eine konische Höhe gewunden sind, bey welchen die erste Windung bey der Oeffnung so groß ist, daß sie mit den übrigen Windungen in keine Vergleichung gesetzt werden kann. Sie gehen unten, den übrigen Windungen gegen über in eine Spitze aus, und diese Spitze ist stumpf und kurz. Wallerius i) beschreibt sie also: „Sind viel gewundene Schnecken mit vielen Spiralen, von denen die erste ansehnlich weiter als die andere ist, daher diese Bukciniten in der Mitte dick und bauchig sind, haben alle eine große und länglichte Oeffnung, welche so wohl als die Spitze hervorragend und verlängert ist, daher sie an beyden Enden mehr und weniger spitzig sind." Herr Hofr. Walch k) beschreibt sie kurz, doch deutlich genug also: „In Reiche der Versteinerung führen den Namen eines Bukciniten alle diejenigen Schnecken, deren erstes Gewind groß, dick und lang ist, und deren obere Gewinde so hervortreten, daß sie allmälig abnehmen, bis sie sich in eine Spitze endigen." Man könnte die Bukciniten gleichwohl mit vielen andern Versteinerungen verwechseln, die mit ihnen einige Aehnlichkeit haben. Die Crochiliten, Turbiniten und Strombiten, sind eben sowol von einer konischen Höhe, als die Bukciniten, allein bey ihnen ist das erste Gewind in Betrachtung der folgenden in einer verhältnißmäßigen Abnahme, welches bey den Bukciniten ungleich größer, als die folgenden, ist, denn es nimmt gemeiniglich mehr, als die Hälfte der Länge der Schnecke ein. Bey den Cylindriten, Flügelschnecken, bey der Harfenschnecke, den Bulliten, Muriciten, Purpuriten und Sturmhauben ist das erste Gewind auch ungleich größer, als die folgenden; allein man unterscheidet sie

1) von den Cylindriten und Flügelschnecken dadurch, daß sich die Bukciniten den übrigen Windungen gegenüber in eine Spitze endigen.

2) Von den Harfenschnecken, den Bulliten, den Muriciten und Purpuriten dadurch, daß die Bukciniten stumpf sind.

3) Von den Sturmhauben aber dadurch, daß die Bukciniten glatt, oder gestreift sind.

Wenn

---

i) Mineralreich. S. 473.
k) Naturgeschichte der Versteinerungen. Th. II. Abschn. I. S. 109.

Wenn eine Flügelschnecke im Reiche der Versteinerungen ihres Flügels beraubet worden ist, so ist die Aehnlichkeit unter ihr, und einem Bukciniten so groß, daß man sie nicht leicht unterscheidet, es wäre denn, daß man noch einige Spuren von dem Flügel entdeckte.

Der Ursprung des Wortes Buccinum, und des daher entstandenen deutschen Wortes, Bukciniten, ist lediglich aus den Alterthümern zu erläutern. Hr. Hofr. Walch giebt uns davon folgende zuverläßige Nachricht in seiner angeführten Naturgeschichte: „Buccina war bey den Alten ein krummes Horn, auf welchem man blasen konnte, und dessen sich ganz zu alten Zeiten die Hirten bedienten, ein Horn, quo bubus canebatur, daher es auch seinen Namen erhalten. Dieses Horn war anfangs ein natürliches von Stieren genommen, nachher machte man eben dergleichen von Erz, und ließ ihnen den nämlichen Namen. Plinius setzt für Buccina, Buccinum, und bedienet sich dieses Worts, um damit eine Schnecke zu bezeichnen, welche die Gestalt eines solchen Horns haben soll. Da nun aber unter den gewundenen Schnecken keine ist, welche die Gestalt eines solchen krummen Horns hat, so scheinen die Alten blos auf die allmählige Abnahme der Weite und Dicke eines Büffelhorns bis zu seiner Spitze bey dieser Benennung gesehen, und unter diesem Namen hochgewundene allmählig abnehmende Schnecken, folglich auch die Turbiniten und Strombiten mit begriffen zu haben. Ovid bestätiget unsere Vermuthung sattsam. Von Plinius Zeiten an ist dieser Schneckenname in die Konchyliologie, und von ihr in die Versteinerungskunde gekommen, nur hat man ihm nachher eine weit engere Bedeutung gegeben, die Turbiniten, Strombiten und andere Gattungen, die ehedem alle diese Benennung bekamen, davon ausgeschlossen, und hauptsächlich ihn denjenigen Schnecken beygelegt, die der Buccinae des Tritons, so wie sie die Alten mahlten, ähnlich waren, daher auch noch der Name Tritonshorn in der Konchyliologie üblich ist, und eine Schneckengattung bezeichnet, so die wahre Gestalt eines eigentlich sogenannten Bukciniten hat.

Die Bukciniten selbst, machen ein sehr weitläuftiges Geschlechte aus, wir mögen sie im Original, oder in der Versteinerung betrachten. Es giebt derselben sehr viele Arten, welche man entweder aus vollständigen Konchyliensammlungen, oder aus Schriften muß kennen lernen. Lister 1) hat sich hierinne, um die Liebhaber der Konchylien und der Versteinerungen sehr verdient gemacht, ob er gleich verschiedene Schnecken unter die Bukciniten setzt, welche keine sind. Das kam aber daher, weil er das Wort Buccinites, oder vielmehr Buccinum so weitläuftig nahm, daß er darunter alle die Schnecken begriff, die von einer langen Figur sind. Es ist daher kein Wunder,

---

1) Historia Conchyliorum.

Wunder, daß auch die Strombiten hieher gezogen werden mußten. Eben daher kam es, daß die Lithologen, die Listern bey ihren Arbeiten zum Grunde legten, das Wort weitläuftiger nahmen, als es hätte geschehen sollen, und gab dadurch gewiß zu großen Verwirrungen Anlaß. Fast alle alte Schriftsteller bis auf Lessern, liegen in diesem Fehler, wenn wir nur Langen, Büttnern und Mylius ausnehmen, die hierinne schon ordentlicher dachten. So viel ist gewiß, daß man in den ältesten Zeiten das Wort Buccinum so weitläuftig nahm, daß darunter auch die Turbiniten und die Strombiten gehörten. Dazu gab Plinius Gelegenheit, der, wie schon erinnert worden ist, das Wort Buccinum mit den Blasehörnern der Römer verglich, sich aber nicht so deutlich erklärte, daß man ihn hinlänglich hätte verstehen können. Selbst die neuern Konchyliologen sind darinne noch nicht übereinstimmend genug, man wird aber der Verwirrung entgehen, wenn man meinen obigen Begriff, und die Unterscheidungskennzeichen zum Grunde legt, davon man sie von ähnlichen Gattungen unterscheiden kann.

So groß inzwischen die Verschiedenheit, und so weitläuftig das Geschlecht der Bukciniten ist, so hat sie doch der Hr. Hofrath Walch m) nur in zwey Hauptklassen gebracht, und dadurch hat er den Liebhabern der Versteinerungen eine wahre Erleichterung verschaft. Zur ersten Klasse rechnet er die eigentlich sogenannten Bukciniten: „Dieser ihr erstes Gewinde, sagt er, ist groß, dickbauchigt nimmt allmählig zu und allmählig wieder ab, so daß es in seiner Mitte am dicksten ist, sich in eine bald lange, bald kurze, bald stumpfgedruckte Spitze endiget, und eine länglich runde Oeffnung hat. Im Verhältniß gegen die übrigen Gewinde ist es groß, weit größer als bey den Turbiniten, kleiner als bey den Kaßibiten. Die übrigen allmählig abnehmende Gewinde gehen weit hervor, bis sie sich in eine Spitze endigen. Zu dieser Bukcinitengattung gehören alle diejenigen, welche die Holländer Kinkhörner, Tritonshörner, Pabstkronen, Bischofsmützen, Spindeln und dergleichen zu nennen pflegen." In die andere Klasse bringt Hr. Walch diejenigen Bukciniten, deren erstes Gewind zwar auch lang, aber nicht bauchigt, sondern konisch ist, und keine ovale, sondern eine lange schmale Oeffnung hat. Dieser Klasse hat er einen neuen Namen gegeben, denn er nennet sie Konotrochiten. Er sagt von ihnen am angezogenen Orte: „Die Konotrochiten haben beynahe die Gestalt einer auf die Spitze gestellten Volute oder Duttenschnecke, auf deren breiten Boden die übrigen Gewinde gleichsam oben auf sitzen. Diese nehmen, wie eine Kräuselschnecke oder Trochus, allmählig ab, und sind bald glatt, bald mit Knoten, Spitzen und Zacken bewaffnet. Die Hauptgestalt eines solchen Konotrochiten

---

m) Naturgeschichte der Versteinerungen. Th. II. Abschn. 1. S. 110.

ten siehet man an derjenigen Schnecke, welche die Holländer das Fransche Hoorn, das Kameelhorn, zu nennen pflegen, und das beym Rumph vorkommt, Tab. XLIX. lit. M."

Herr Bertrand n) will zwar behaupten, daß man fast alle Arten der natürlichen Bukciniten auch im Steinreiche gefunden habe; allein es möchte der Beweis davon schwer genug zu führen seyn. Es gehören zwar die Bukciniten unter die gemeinsten Versteinerungen, allein die Anzahl der natürlichen Trompetenschnecken ist auch groß genug.

Die Originale der Bukciniten sind bekannt genug, aber man würde sehr irren, wenn man sie alle in der See suchen wollte. Seitdem man angefangen hat, die Erd- und Flußkonchylien gehörig zu untersuchen, so hat man auch unter diesen wahre Trompetenschnecken angetroffen o). In den Originalen ist es nicht gar zu schwer, die See- Erd- und Fluß-Trompetenschnecken leicht und gehörig zu unterscheiden, aber in den Versteinerungen ist es mehrern Schwierigkeiten unterworfen. So sehr ich wünschte von den Originalen selbst Nachricht zu ertheilen, so weitläuftig würde es für mich seyn, da ich eine große Anzahl einzelner Geschlechtsgattungen beschreiben müßte; doch will ich diejenige Erzählung mittheilen, die wir in der Onomatologie p) davon lesen: „Sie sind eine Art von Seeschnecken, an denen die Oeffnung und Spitze zugleich verlängert sind, und der erste Gang merklich bauchicht ist. Aristoteles zählte sie unter die Straubhörner, oder lange gewundene Meerschnecken; sie sind nach der Größe sehr unterschieden, und hat man nach Bellonii Zeugniß Exempel von so großen, die gegen anderthalb würtenbergische Maas halten. Die kleinern sind meistens nicht größer, als ein Ey. Sie haben auf dem Rücken fünf, manchmal auch mehrere Streifen, laufen gemeiniglich in eine Rundung, die mit stumpfen und kurzen Löchlein besetzt ist, und mit mehrern als bey den Purpurschnecken; wo sie aber in die sogenannte Claviculam ausgeht, begleitet sie nur eine Streife. Von innen ist die Rundung des Mundes, oder der Oeffnung eingeschnitten, und nimmt man auf der Seite einen Gang wahr, durch welchen das Thier, so in der Schnecke wohnet, die Zunge herausstreckt; der ovale Deckel, welcher sich ganz vest anschließt, dient ihm zu einem Schutz, wider alle Gefahren und Zufälle, die ihm von außen zustoßen könnten. — Nach den Farben hat man diese Meerschnecken sehr verschieden, manchmal bunt, bey den großen ist oft der Grund schwärzlicht, weiß und dunkelroth gefleckt, unter den kleinern giebt es bald aschgraue, bald weisse schwärzlichte, dicht mit Knöpslein besetzt. In Ansehung der Hauptbildung, nach welcher sie sich von einander unterscheiden, giebt

---

n) Dictionaire des Fossils. T. 1.
o) Man sehe des Herrn D. Martini schöne Abhandlung von den Erd- und Flußschnecken, in dem Berlinischen Magazin. III. B. S. 117. ff. IV. Band. S. 211. ff.
p) Onomatolog. histor. natural. T. II. S. 312. f.

giebt es pflaumenähnliche, spitzige und röhrichte, krummschnablichte, gefurchte und geröhrlete (ein Ausdruck den wir nicht verstehen), ganze mit aufrechter, und schiefer Mündung, und diese Unterschiede bemerkt man besonders unter den kleinen; die grossen sind alle geröhrlet, und meistens zugleich geschnabelt, bald mit einfacher, bald in Lippen abgetheilten Mündung, welche letztere auch manchmal einen Saum hat; es giebt aber auch unter denselben solche, die zugleich geröhrlet und gefurcht sind." Merkwürdig ist es, daß es unter den Originalen der Bukciniten Linksschnecken giebt, nämlich solche, die nicht wie gewöhnlich von der linken nach der rechten Hand, sondern von der rechten nach der linken Hand zu gewunden sind. Sie werden linksgedrehete Schnecken, Linksschnecken, die Einzige, die Unvergleichliche, lat. Cochleae sinistrorsum tortiles, Cochleae perversae, und im Französischen les Uniques, la Nompareille genennet. Einige Beyspiele von Erdtrompetenschnecken hat der Herr D. Martini q) gesammlet; Herr Pastor Chemnitz r) aber hat eine ausführliche Beschreibung aller linksgedreheten Konchylien versprochen, welcher alle Liebhaber der Konchyliologie mit vieler Sehnsucht entgegen sehen. Ich muste diesen Umstand berühren, weil sich auch linksgedrehete Bukciniten im Steinreiche finden, wie denn Hr. Davila s) wirklich solche Beyspiele besessen hat.

Was nun den Zustand dieser Bukciniten im Steinreiche anlanget, so finden sich dieselben in Absicht auf ihre Schale in einer zweyfachen Abwechselung; sie haben entweder noch ihre Schale, oder sie sind derselben beraubet worden. Man findet sie beynahe noch häufiger mit ihrer Schale, als ohne dieselbe. Das kömmt daher, weil sie in der Natur, was sonderlich die Seetrompeten betrift, eine sehr starke Schale haben, denn von den Erd- und Flußtrompeten wissen wir in vielen Beyspielen das Gegentheil. Mit ihrer natürlichen Schale kommen sie entweder noch ganz unversehrt, oder kalcinirt, oder versteint vor, die versteinten sind aber beynahe die seltensten, denn die mehresten Stücke sind wirklich nur kalcinirt. Doch in meiner Gegend giebt es nicht nur solche, die in einen halbdurchsichtigen Spat verwandelt sind, sondern auch solche, welche in der That nur kalcinirt zu seyn scheinen, allein bey einer genauern Untersuchung zeigt sich, daß die kalcinirte Schale zugleich spatartig ist t). Ihre gewöhnliche Matrix ist ein Kalkstein, meine Gegend aber liefert sie auch in einem klaren vesten Sandsteine. Es ist auch ein merkwürdiger Umstand, den Rundmann u) von gewissen ganz kleinen Bukciniten erzählet, die sich

P 4

---

q) Im Berl. Magaz. III. Band. S. 119. f. und Tab. V. fig. 49. XLIX, 50.
r) In der Vorrede zum deutschen Rumph.

s) Catalogue systematique. T. III. S. 99.
t) Meine lithographische Beschreibung von Thangelstedt. S. 100.
u) Rar. natur. et art. S. 62.

sich zu Maynz bey Grabung eines Brunnens gefunden haben, und die einen Glanz, wie Perlen, haben sollen. Er sagt: „Da man deswegen noch tiefer gegraben, ist man immer auf härtern weissen Stein gelangt, welcher ebenermaßen von solchen Buccinulis angefüllet gewesen, und zwar in solcher Menge, daß in einem Stücke von 5 Zoll lang, 3 breit, und etwann einen Zoll dick, viel 1000 derselben darinnen stecken. Nach diesen traf man dergleichen, wiewohl nicht in solcher Menge an, hergegen die schönsten Schalen von Mytulis, wie sie bey der lebenden Muschel aussehen, und den schönsten Silberglanz weisen; welche Schalen theils ganz, theils zerdruckt sind. Da nun der Stein immer härter worden, hat man nicht ohne große Mühe diese Arbeit verfolget, und die größten Stücke Stein von graulichter Farbe herausgebrochen, so ganz angefüllet gewesen von dergleichen oben beschriebenen Buccinulis." Wir besitzen selbst einige Proben von diesen Maynzer Versteinerungen, aber wenn Rundmann eben dieselben meynet, so sind es nicht sowohl Trompeten, sondern vielmehr Schraubenschnecken, welche zum Geschlecht der Strombiten gezählet werden müssen. Unter den versteinten Trompeten, sind sonderlich die Kieshaltigen sehr merkwürdig, die man in Engelland findet. Herr Hofrath Walch v) giebt von ihnen folgende Nachricht: „Metallisirte, und zwar kieshaltige, oft von ziemlicher Größe, sind in Engelland entdeckt worden, bey welchen dieses besonders bemerkenswürdig ist, daß der Kies sich an die innere Seite der Schale angesetzt, die Schale aber völlig verkalchet, so daß man sie an den meisten, wie Kreide abwischen kann. Es ist daher diese Gattung für nichts anders, als für einen markasitischen Steinkern zu halten. Viele derselben sind nicht überall ausgefüllt, sondern noch an etlichen Orten hohl." In Ansehung ihrer Geschlechtsgröße steigen sie von einer Länge von zwo Spannen herunter bis zur Größe eines Hirsenkorns; doch werden die ganz großen im Steinreiche sehr selten gefunden, die von einer ganz kleinen und mittlern Größe sind die gewöhnlichsten. Wenn sie auf einer Matrix liegen, so sind sie durch das Fortrollen im Wasser oft abgeschliffen, und stellen den innern Bau der Bufciniten vor. Man hat sie Buccina scalaria genennet, sie machen aber keine besondere Gattung der Bufciniten aus. Oft haben sie sich in Steinen unter die Turbiniten gemischt, man findet sie aber auch einzeln.

Man hat sie theils glatt, theils gestreift, und nennet die erstern Buccina laevia, die andern Buccina striata. Lange w) theilet sie auch in Buccina majora und minora ein. Er siehet dabey nicht auf ihre Geschlechtsgröße, sondern durch die Buccina majora verstehet er diejenigen, welche sich in eine sehr lange und scharf auslaufende Spitze endigen,

---

v) Naturgeschichte der Versteinerung. Th. II. Abschn. I. S. 111.

w) Histor. lapid. figur. conf. Onomatol. histor. nat. T. II. S. 313. f.

ben, wo das nicht ist, die nennet er Buccina minora.

Die genaueste und vollständigste Eintheilung der Buccinitin, in so fern sie für das Steinreich gehören, hat der Hr. Hofrath Walch x) geliefert. Man muß sich aber dabey zugleich an den Unterschied erinnern, den er unter den eigentlichen Buccinitin, und unter den Konotrochiten macht.

I. Die eigentlichen Buccinitin betrachtet er
1. in Ansehung ihrer Windungen, die von fünf bis zehen und drüber steigen.
  a. Mit runden Windungen.
  b. Mit einwärts gebogenen Windungen.
  c. Mit flachen Windungen.
  d. Mit tief abgesetzten Windungen.
2. In Ansehung ihrer Länge, die der Größe des ersten Gewindes nicht allemal gleich ist.
  a. Das erste Gewind ist länger, als alle die folgenden.
  b. Das erste Gewind ist kürzer, als alle die folgenden.
3. In Ansehung der Größe und Peripherie des ersten Gewindes.
  a. Mehr dickbauchicht. b. Weniger dickbauchicht. c. Mit einer langen Spitze. d. Mit einer kurzen Spitze. e. Mit einer einwärts gedruckten Spitze.
4. In Ansehung der äußern Schalenfläche.
  a. Glatte.
  b. Gestreifte.
    aa. Die Länge hinunter gestreift.
      A. Dichte Streifen.
      B. Weite Streifen.
      C. Dicke Streifen.
      D. Zarte Streifen.
      E. Gerade Streifen.
      F. Wellenförmige Streifen.
    bb. Die Quere hindurch gestreift. Diese zeigen sich ebenfalls in den sechs Abwechselungen, wie die vorigen.
  c. Granulirte.
    aa. Völlig granulirt.
    bb. Reyhenweise granulirt.
5. In Ansehung der Mundöffnung.
  a. Sehr groß und weit.
  b. Sehr enge und klein.
6. In Ansehung der Geschlechtsgröße steigen sie von einer Größe von zwo Spannen herunter bis auf die Größe eines Kümmelkorns.

II. Die Konotrochiten betrachtet er:
1. In Ansehung ihrer obern Windungen, die bey einigen kürzer als bey andern sind.
2. In Ansehung der ersten Windung, wo einige gegen die Spitze zu etwas schief gewunden sind, und eine leicht gedruckte Spitze haben.
3. In Ansehung der äußern Schalenfläche.
  a. Glatte.    b. Gestreifte.
  c. Knotichte mit stumpfen Spitzen.
4. In Ansehung der Geschlechtsgröße, da sie von einer sehr ansehnlichen Größe bis zur kaum sichtbaren Größe herunter steigen.

x) S. 110. der angeführten Naturgeschichte.

Herr Davila y), der in allen Geschlechtern der Versteinerungen einen schönen Schatz gesammlet hatte, besaß auch eine ansehnliche Svite von Buſciniten. Er erzählet sie nach ihren Geschlechtern und Gattungen folgendergestalt:
Buccinites du genre
 des Buccins à bouche entiere.
 des Buccins à bouche échancrée.
 des Buccins à petite queue.
 des Buccins à longue queue.
—  — de l'espéce
— du Fuseau.
— de l'Ivoire ou Mitre jaune.
— du Minaret.
— de la Mitre
— des Oreilles de Midas.
— de la Quenouille.
— de la Tour de Babel.
— de l'Unique.

Herr Davila ist nicht der einzige Schriftsteller, der in der Versteinerungskunde die Versteinerungen mit den Namen beleget, die sie in der Konchyliologie führen. Herr Legationsrath Meuschen hat bey seinen so unterrichtenden Verzeichnissen eben diese Methode. Eine Beschäftigung, die uns immer daran erinnern sollte, wie sogar genau verbunden die Konchyliologie mit der Lithologie ist, und wie wenig wir in dieser ausrichten werden, wenn wir jene vernachläßigen. Sie hat zwar in manchen Fällen große Schwierigkeiten mit sich verknüpft, allein sie lassen sich vielleicht mit der Zeit heben, wenn zumal mehrere Männer in die Fußtapfen eines Meuschen und Davila treten werden. In den neuern holländischen Verzeichnissen haben wir folgende Bufcinitenarten gefunden: Die Mohrenbinde, versteende Mooren, in dem Museo chaisiano S. 94. Das genabelte Orangebukcinum, geele Kuypers-Booren, ebendas. S. 95. Versteinte Pabstkronen, versteende Pauze-Kroonen, ebendas. S. 94. Die versteinte lange Spindel, oder Tabackspfeiffe, versteende Tabakspypen, ebendas. S. 94. und den babylonischen Thurm, Babyloonse Toorens, ebend. S. 94.

Ohnerachtet die Bufciniten, unter die allgemeinsten Versteinerungen gehören, die fast allenthalben gefunden werden, wo nur Versteinerungen sind, so giebt es unter ihnen doch solche, die einen großen Werth und Seltenheit haben. Die größern schätzt man weit höher, als die kleinern; die noch ihre Schale haben, weit höher, als die Steinkerne; die wirklich versteinten höher als die kalcinirten; die quergestreiften höher als die glatten, und die granulirten höher als beyde. Sonderlich sind die metallisirten, die uns Engelland schenkt, von einem großen Werthe, und eine versteinte Wendeltreppenschnecke ist eine wahre Seltenheit. Die sich bey Turin finden, sind vorzüglich schön, und nach ihnen kommen die Ungarischen.

Bufciniten werden an folgenden Oertern gefunden: Alpengebürge. Avendas. Basel. Belpberg. Bern. Bologna. Chaumont. Dielsdorf. Engelland. S. Gallen. Goßlar. Haußberg. Hildesheim. Jena. Kastelen. Layerberg. Maltha. Massel. Mastricht. Mek-

---

y) Catalogue systematique. T. III. S. 96. f.

Meklenburg. Moskau. Neufchatel. Neustadt. Piemont. Prag. Querfurth. Ronka. Saßuoli. Schafhausen. Schlesien. Schneckenberg. Schweiz. Siebenbürgen. Siena. Sternberg. Strätlingen ob Thun. Thangelstedt. Turin. Ungarn. Verona. Vinzent. Wetterau. Zürch.

Die Schriftsteller, welche von den Buciniten gehandelt haben, sind in meinem Entwurfe einer lithologischen Bibliothek §. 131. gesammlet worden.

Zeichnungen liefern:

1. von natürlichen Trompetenschnecken; D'Argenville Conchyliolog. Tab. XII. XIII. Rumph Amboinische Raritätenk. Tab. XXVII. C. Tab. XXVIII. A. B. C. D. I. N. Tab. XXIX. M. O. P. T. R.

2. Von den versteinten Buciniten; Knorr Samml. von den Merkwürdigk. der Nat. Th. II. Tab. C. I. fig. 2. Tab. C. I. *. fig. 1. 2. Tab. C. II. fig. 5. 7-12. 14-18. Tab. C. II. *. fig. 1-5. Tab. C. IV. fig. 2. 3. 7. 8. Walch systemat. Steinr. Tab. XI, n. 1. 2. Baumer Naturgesch. des Mineralreich. Th. I. fig. 12. Scheuchzer Naturhist. des Schweizerl. Th. III. fig. 64. 67. 68. 69. 70. 72. Büttner rudera diluvii test. Tab. X. fig. 9. Bourguet Traité des petrificat. Tab. XXXIV. fig. 223. 224.

Buccins ailés heißen im Französischen die Alatiten. S. Flügelschnecken.

Buchbaum, das versteinte Holz derselben wird im Lateinischen Phegites und im Französischen Phegite genennt. S. Holz.

Buffonitæ heißen im Französischen die Krötensteine. S. Bufoniten und sonderlich Krötensteine.

Buffonitæs heißen im Holländischen die Bufoniten. S. Bufoniten.

Bufonitæ werden die Krötensteine genennt. Das Wort kömmt her von Bufo eine Kröte, weil man von diesen Fischzähnen ehedem glaubte, daß sie in den Köpfen alter Kröten erzeuget würden. S. Krötensteine. Den Echiniten hat man ehedem einen gleichen Ursprung beygeleget, und sie aus dem Grunde ebenfalls Krötensteine genennt. S. Echiniten. Die Onomatologie z) nennet diese Versteinerung Bufonitas Luidii, beschreibet sie aber also, daß man siehet, daß die Verfasser keine hinlängliche Erkenntniß dieser Versteinerung gehabt haben." So werden von dem Luidio die Glossopetræ lamiarum, Linguae et oculi serpentum Melitenses, Schlangen- oder Natteraugen, Schwalbensteine genannt." Man kann auch das Wort Glossopeters nachschlagen.

Bufonitæ dorso plano rugoso sind unter den Krötensteinen diejenigen Fischzähne, welche einen gefurchteten Rücken haben. Hr. Hofrath Walch a) sagt von ihnen: „Einige haben um die Peripherie eine rundliche Gestalt, andere stellen ein gleichseitiges Viereck mit abgestumpften Ecken vor. Sie gehen allmählig abnehmend

---

z) Onomatolog. histor. natural. T. II. S. 340.

a) Naturgeschichte der Versteinerungen. Th. II. Abschn. II. S. 216.

mend in die Höhe, und haben oben einen flachen vierechichten und länglich=runden Rücken. Derjenige Theil des Zahns, der sich allmählig bis zum Rücken erhebt, ist gekerbt, so, wie die Haut einer großen Gartenschnecke. Der Rücken ist gefurchtet. Bey denjenigen, die unten um die Peripherie herum eine rundliche Figur haben, sind die erhabenen Streifen, durch welche die Furchen dazwischen gebildet werden, rund, bey denen hingegen, die einem abgestumpften Viereck gleich kommen, sind die Streifen oben scharf, und die Furchen haben auch einen scharfen Winkel. Jene betragen gemeiniglich einen halben, oder auch zwey drittheil Zoll im Durchschnitt, diese hingegen sind größer, ein Zoll, oder auch wohl anderthalb Zoll. Beyde haben eine hellbräunliche Farbe, wie ein Onyx, und eine glänzende Politur." Diese Fischzahnart gehöret beym Hrn. Hofr. Walch in die sechste Klasse seiner Fischzähne, welche diesen Charakter bey ihm haben, daß sie einen erhabenen, entweder gefurchten oder gerunzelten Rücken haben, und welche er nicht sowohl für Backen= als Gaumenzähne verschiedener Seefische hält.

Bufonitae gibbosi, der höckerichte Krötenstein, wird in der Onomatologie am angeführten Orte also beschrieben: „Es giebt dessen dreyerley Gattungen. Eine größere, eine mittlere und eine kleinere. Die größere Gattung siehet schwarzroth, und hat das Ansehen wie die Schale von einer Eichel. Die mittlere Gattung hat die Gestalt von einem Rädchen, und ist auf beyden Seiten vertieft. Die kleinere hingegen ist an einem Ende breiter als an dem andern, Schiff= oder Bootförmig, und an dem erhöheten Theil mit vielen Runzeln versehen.

Bufonitae orbiculati haemisphaerici majores, sind unter den runden oder ovalen Fischzähnen, oder den eigentlichen Krötensteinen, welche Lister Dentes scutellatos et orbiculatos nennet, diejenigen, welche rund=hemisphärisch und dabey groß sind. Sie sind bald glatt, bald gerunzelt, bald gestreift.

Bufonitae orbiculati hemisphaerici minores, sind eben diejenigen Fischzähne, wenn sie kleiner sind. Ob man aus ihnen mit Recht ein besonder Geschlecht mache, und sie von den vorigen trenne? wollen wir jetzt nicht untersuchen. Sonst heißen diese auch Cheloniten und Schildkrötensteine. S. Cheloniten.

Bufonitae orbiculati planiusculi, stellen beym Gesner unter den eigentlichen Krötensteinen diejenigen vor, welche rund und flach, dabey aber groß sind. Gemeiniglich sind sie schwarz, und steigen bis zu einer Größe von anderthalb bis zween Zoll im Durchschnitt. Beym Hrn. Hofrath Walch stehen diese drey Arten in der vierten Klasse seiner versteinten Fischzähne, denen er den Charakter gegeben hat, daß sie rund und oval sind. S. Glossopeters.

Bufonitae scaphoides, sind beym Wallerius eine Gattung von Fischzähnen, die er zu den Krötensteinen rechnet, und die in der deutschen Ausgabe seiner Mine=

Mineralogie bootförmige Froschsteine genennet werden.

Bufonitae umbonati heißen beym Wallerius die erhöheten Krötensteine, die er den runden, und den bootförmigen entgegen gesetzt hat.

Bufonite heißen französisch die gleichfolgenden Bufoniten.

Bufoniten, Krötensteine, lat. Bufonitae, Bufoniti, Bufonii lapides, franz. Boufonite, Buffonite, Bufonite, Crapaudines, Yeux de Serpent, holl. Buffonites, sind runde oder ovale Fischzähne, denen man von dem lateinischen Worte Bufo eine Kröte, den Namen gegeben hat, weil man ehedem glaubte, sie würden in den Köpfen alter großer Kröten erzeugt. S. Krötensteine.

Buimsteenen heißet im Holländischen der Bimstein. S. Bimstein.

Bullae heißen im Lateinischen die gleichfolgenden Bulliten.

Bulles ist der französische Name derselben.

Bulliten, lat. Bullae, franz. Bulles, holl. Blaasjes, werden diejenigen Schnecken genennt, welche, außer einer sehr großen, nur noch wenige Windungen haben, und sich eben nicht in eine merkliche Spitze endigen. Ihr erstes Gewind ist zwar sehr groß und bauchicht, aber mehr länglicht, als kugelrund, und das unterscheidet sie schon von den Globositen, noch mehr aber dieses, daß ihre Mundöffnung sich in einer verlängerten Spitze endiget. Ihre Aehnlichkeit von einer Waserblase ist sehr weit hergeholet, es sey denn, daß man dabey bloß auf das bauchichte gesehen habe, dadurch der Körper wie aufgeblasen scheinet. Beynahe haben sie mehr Aehnlichkeit mit jenen güldenen Zierathen, welche die Römer trugen, wenn sie entweder Triumph hielten, oder hoffnungsvolle Jünglinge zierten, oder auch nachher überhaupt zu einer Zierde an ihrem Halse trugen. Virgil b) redet zweymal davon. Das erste mal sagt er:
— phaleras Rhamnetis, et aurea bullis Cingula.
— notis fulserunt cingula bullis Pallantis pueri.

Nach den äußern Kennzeichen kommen die Bulliten auch mit den Buccinten überein, daß nämlich ihr erstes Gewind ungleich größer, als die übrigen ist; sie unterscheiden sich aber von ihnen dadurch deutlich genug, daß sie in keine lange Spitze ausgehen, und daher ihre äußersten Windungen mehr gedruckt sind, als die Gewinde der Buccinten.

Herr Hofrath Walch c) beschreibet sie also: „Ihr erstes Gewind ist oben bey den andern Windungen rund, wie bey den Globositen, geht aber unten in eine verlängerte Spitze allmälig aus, so daß die Schnecke beynahe die Gestalt einer Feige bekömmt. Die obern Windungen treten, wie bey den Globositen, sehr wenig oder fast gar nicht hervor. Viele Schriftsteller sehen sie als eine Geschlechtsgattung der oben beschriebenen Globositen an. Im Reiche der Verstei-

---

b) Æn. Lib. IX. Lib. XII.
c) Naturgeschichte der Versteinerungen. Th. I. Abschn. I. S. 113. f.

Versteinerung sind diese Bulliten zwar auch selten, aber nicht so selten, wie die Kaßiditen und Harfenschnecken. Die meisten finden sich zu Chaumont." Wir können es durch verschiedene Beyspiele beweisen, daß man oft die Bulliten unter das Geschlecht der Globositen gesetzt hat. Herr von Argenville d), wenn er eine eigentliche Bullam abstechen ließ, beschrieb sie also: Cette *Tonne s'appelle le Radis*. Eben das that Scheuchzer e) und die Onomatologie f) überzeugt uns, daß noch mehrere Schriftsteller in eben diesem Fehler lagen. Wir haben oben schon gezeiget, daß sich die Bulliten und die Globositen merklich und wesentlich von einander unterscheiden, und daß man sie mit Grunde von einander trennet. Das that Scheuchzer in seiner Naturhistorie des Schweizerlandes, wo er Fig. 62. 63. zwey vortrefliche Petrefakten dieser Art abstechen ließ, denen er ihren rechten Namen gab. Die eine nennete er Bullam transversim et in longum striatam, die andere aber Bullam aliam veluti reticulatam. Rumph und diejenigen Konchyliologen, die ihm gefolgt sind, brauchten das Wort Bullae auch in einer Bedeutung, die auf unser Petrefakt nicht passet. Rumph g) nennet die sogenannten Blasenschnecken, unter denen die Ribigeyer so bekannt sind, Bullas h), und sucht sich ohne Zweifel mit der eigentlichen Bedeutung dieses Worts zu entschuldigen; unsre eigentlichen Bullen aber belegt er mit ganz andern Namen, die eine Tab. XXVII. Lit. F. nennet er Rapa, die Rübe, holländisch Knol, und beschreibt sie S. 54. N. VI. also: Diese Schnecke hat einen runden Leib, und ist an den obern Gewinden platt. Hintenaus aber gehet ein umgebogener kurzer Schwanz, dergleichen die Schweine haben." Die andere, Tab. XXVII. lit. k. nennet er Ficus, die Feige, holländisch een Vyg, und beschreibt sie S. 55. n. IX. also: „Diese Schnecke hat ebenfalls eine besondere Struktur, denn der Körper ist rund, der Kopf platt, und hinten läuft sie schmal zusammen wie eine Birn. Der Mund ist länglich."

Man hat im Steinreiche bisher nur zwo Gattungen entdeckt, davon die eine glatt, die andere aber gegittert ist. Die erstere Art nennet man Bullas laeves, die andere Bullas cancellatas; es sind sehr seltene Versteinerungen, von denen man in den Schriftstellern nur sparsame Nach-

---

d) Conchyliol. Tab. XVII. k.
e) Museum diluvianum n. 152. S. 36.
f) Onomatol. histor. natural. T. II, S. 347. f.
g) Amboinische Raritätenkammer. S. 54. n. VII.
h) Von diesen Blasenschnecken lese man des Herrn D. Martini neues systematisches Konchylienkabinet im ersten Bande Kap VII. S. 266. f. und vergleiche damit die Kupfertafel Tab. XXI, XXII, Fig. 188-219. Ob man diese Blasenschnecken auch im Reiche der Versteinerungen habe? kann ich nicht sagen. So viel aber ist gewiß, daß Scheuchzer im Museo diluviano n. 153. S. 36. und in der Meteorol. et Oryctogr. Helvet. S. 277. und Fig. 63. und Richter im Musaeo f. 234. der versteinten Meernüße gedenken. Allein sie meynen ebenfalls unsre Bulliten.

Nachrichten antrift. Scheuchzer fand seine Bulliten bey St. Gallen; sonst aber werden sie auch bey Chaumont gefunden.

Zeichnungen liefern:

1. von dem Original der Bulliten. Rumph Amboinische Raritätenk. Tab. XXVII. Fig. K. Klein Method. Ostracol. Tab. IV. Fig. 80. Tab. V. Fig. 93.

2. Von versteinten Bulliten. Walch systemat. Steinr. Tab. XI. n. 3. Scheuchzer Naturh. des Schweizerl. fig. 62. 63.

**Bunzensteine** werden die Hysterolithen genennt. S. Hysterolithen.

**Buschsteine** heißen die Dendriten, weil sie oft allerley Buschwerk vorstellen. S. Dendriten.

BUTTSTONES heißen in Engelland die Echiniten, sonderlich diejenigen, welche wie Knöpfe gestaltet sind. S. Echiniten.

BUTTONFISH heißt daselbst der unversteinte Seeigel.

BYSSUS wird die Pinna marina oder das Original der Pinniten genennt. Eigentlich heißt das Wort βύσσος eine seidene Leinewand; man hat aber dieser Seemuschel diesen Namen gegeben, wegen den haarichten Auswachs, den sie nicht weit unter ihrer Spitze haben, und von welchem die Verfasser der Onomatologie i) behaupten, daß sie durch diese Fäden den Schlamm und andere ihnen taugliche Nahrung an sich ziehen. Rumph k) sagt davon: „Die eine lange Seite ist zugeschlossen, die andere aber stehet offen, und thut sich ohngefähr einen Fingerbreit weit auf. Man nimmt daselbst an dem Thier einen Bart von schwarzgrünen Fasern, die ohngefähr ein Glied eines Fingers lang sind, und am Thier selbst nur schmal ansitzen, sich aber vorne mehr ausbreiten, wahr. Diese Fasern nennet man Byssum, und mit denselben bevestiget sich das Thier an den kleinen Steinchen und am Sande." Dadurch wird es zugleich vermögend, die Nahrung vester zu halten, welches es gesucht hat. S. Pinniten.

# C.

**Cacadumuschel** wird die Käfermuschel genennet. S. Käfermuschel.

**Cacholong**, lat. Cacholonius, Achates opalina tenax fractura inaequalis Wall. franz. Agate Cacholon, holl. Cacholon Agaat, Cochlong, ist eine Achatart, welche wir beym Wallerius l) beschrieben finden. Was die Onomatologie m) und Bertrand n) von diesem Steine haben, ist wörtlich aus dem Wallerius genommen. Es ist ein Achat,

---

i) Onomatolog. histor. natural. T. II. S. 199.
k) Amboinische Raritätenk. S. 148.
l) Mineralreich. S. 110. f.

m) Onomatolog. histor. natural. T. I. S. 67.
n) Dictionaire des fossiles. T. I. S. 9.

Achat, der bisweilen weiß, bisweilen opalfarbig, dabey aber halbdurchsichtig ist. Im Bruche ist er ungleich und eckicht, und hat viele Aehnlichkeit mit dem Quarz. Dadurch aber unterscheidet er sich von dem Quarz deutlich genug, daß er sich nicht nur poliren läßt, sondern sogar eine vorzüglich schöne Politur annimmt. Er lässet sich auch drehen, daher die Kalmucken, bey welchen dieser Stein zu Hause ist, allerley Geschirr, und ihre Götzenbilder, daraus verfertigen. Im Feuer wird er nach Herrn Wallerii Berichte ganz undurchsichtig und uneben, wie ein gebrannter Knochen, und gehet sogar oft in ein Glas über. Er wird in der Kalmuckey gefunden an einem Bache, welchen sie Cach heißen. In ihrer Sprache heißt Cholong ein Stein; Cacholong also ein Stein, der an dem Bache Cach gefunden wird. Diesen Namen führet er nicht darum, weil er der einzige Stein jenes Baches, sondern weil er unter allen Steinen, die sich daselbst finden, der vorzüglichste ist. Daß ihn Herr Wallerius unter dem Geschlecht der Kiesel hat, darüber darf man sich nicht wundern, weil er unter dem Geschlecht der Kiesel alle diejenigen Steine mit begreift, welche andere unter die Hornsteine setzen, und weil er die Achate überhaupt zu einen Geschlechtsnamen macht, die bey andern nur eine Gattung der edlen Hornsteine sind. Man vergleiche hiebey die drey Artikel, Achat, Hornstein und Kiesel, um sich aus der Verwirrung heraus zu helfen, die durch dergleichen Meynungen entstehen.

CACHOLONG Agaat heißt holländisch der vorher beschriebene Cacholong.

CADITAE, Tönngen, heißen unter den Trochiten diejenigen, welche bauchicht sind, oder wo die Mitte einen größern Durchmesser hat, als die Ober- und Unterfläche. Weil sie dadurch eine Aehnlichkeit mit einem Fasse haben, welches in dem Mittelpunkte bauchicht ist, so hat man ihnen darum von dem griechischen Worte κάδος oder κάδδος ein Weinfaß, diesen Namen gegeben. Sie sind gleichwol unter sich auf mancherley Art unterschieden. Man hat solche, die eben nicht gar so lang sind, aber sie sind desto bauchichter, und das sind vermuthlich diejenigen, welche Luid Volvolas doliatas nennete. Man hat aber auch solche die länger sind, aber nicht so bauchicht. Diese Tönnchen kommen nicht so häufig vor, als die Trochiten, welche entweder ganz schmal sind, oder wenn sie ja eine größere Länge haben, doch nicht so bauchicht sind. Zeichnungen von ihnen liefern: Rosinus de Lithozois Tab. III. D. Num. 3. Tab. VIII. E. Num. 3. Luid Lithophylacium Britan. Tab. XXXVI. Num. 3. fig. 3. 4. 5. 7. und Walch system. Steinr. Tab. III. Num. 1.

CAERULEUS lapis heißt der Heliotrop, wegen seiner blaulichten Farbe. S. Heliotrop.

CAILLOU heißt im Französischen der Kiesel. S. Kiesel.

CAILLOU d'Egypte heißt in eben der Sprache der egyptische Kiesel. S. Kiesel.

CALCAIRE heißt im Französischen der Kalkstein. S. Kalkstein.

CALCA-

Calcarius lapis ist der lateinische Name dieses Steins. S. Kalkstein.

Calcedoine heißt im Französischen der Calcedon. S. Calcedon.

**Calcedonachat**, lat. Achates Calcedonica, fr. Agate calcedoine orientale, holl. orientaulse Calcedon-Agaat, heißt der Achat, wenn er mit Calcedon vermischt ist. Er entstehet, wie alle gestreifte Achate aus einem kongelirten Wasser, welches mit Erdtheilchen von verschiedener Farbe vermischt ist. Diejenigen, welche den Achat zu einem Geschlechtsnamen machen, können freylich keinen Calcedonachat zugeben; wenn man aber den Achat zu einem Gattungsnamen macht, und die edlen Hornsteine für das Geschlecht annimmt, alsdann ist ein Calcedonachat kein Widerspruch. S. Achat.

**Calcedonier**, **Calcedon**, **Ratzedonier**, **Chalcedon**, lat. Calcedonius, Chalcedonius, Carchedonius, Candida onyx, Achates vix pellucida, nebulosa, colore griseo mixta, Wall. Silex vagus subdiaphanus cornei coloris concentrice varius Linn. fr. Calcedoine, holl. Calcedon, heißen unter den edlen Hornsteinen diejenigen, welche Milch-blaulicht, oder weißgrau, graublau, auch wohl blaugelblich und dabey mit Streifen versehen sind. Herr von Justi o) giebt von diesem Edelstein folgende Nachricht: „Der Chalcedon oder der Chalcedonier wird so verschieden beschrieben, daß man nicht weiß, was eigentlich vor ein Stein gemeinet ist. Es scheinet, daß einige den Opal und den Chalcedon mit einander vermenget haben. Die Steinkenner verstehen aber heutiges Tages unter dem Chalcedon keinen andern Stein, als der eine weiße Milchfarbe hat, und kaum halbdurchsichtig ist. Die weißliche Farbe ziehet sich zuweilen auf das bläuliche. Allein von graubraunen und graugrünlichen Chalcedon, die Herr Wallerius anführet, ist mir nichts bekannt. Man kann überhaupt den Chalcedon nicht grau nennen. Die weißliche Milchfarbe ist sein wesentlicher Charakter. Man müste dann den gemeinen Feuerstein verstehen, der zwar mit dem Chalcedon zu einerley Geschlechte, aber nicht unter die Halbedelgesteine gehöret." Hr. Skopoli p) nennet ihn den milchfarbigen Achat, und nimmt letzteres Wort für einen Geschlechtsnamen an. S. Achat. Die Onomatologie q) aber beschreibet ihn also: „Ist ein halbdurchsichtiger, neblichter Edelstein, welcher entweder gar keine, oder doch nur einige wenige Farben hat, und so hart ist, daß er fast nicht geschnitten werden kann. Es werden Pittschaftstöcke auch Brustbilder daraus gestochen. Man trift verschiedene Gattungen desselben an. Der schönste und beste ist, welcher von etwas weniger Farbe und schön anzusehen

---

o) Grundriß des Mineralr. S. 208.
p) Einleitung in die Kenntniß der Fossilien. S. 84.
q) Onomatolog. histor. natur. T. II. S. 407.

hen ist, als z. E. in welchem das purpurroth, hellroth und himmelfarbichte mit dem weißen gemischt angetroffen wird, und durch Brechung der Sonnenstrahlen einen schönen Regenbogen vorstellet."

Herr von Justi meynete vorher, daß verschiedene Schriftsteller den Opal und den Chalcedon mit einander verwechselt hätten. Es ist wahr, sie haben beyde in manchen Fällen eine große Aehnlichkeit. Allein es ist nicht schwer, beyde von einander zu unterscheiden; da der Opal, als ein ächter Quarz, allermal ganz durchsichtig seyn muß, der Calcedon hingegen, als ein edler Hornstein, nie ganz durchsichtig seyn kann. Es ist vielmehr, wenn man durch einen Calcedon siehet, nicht anders, als wenn man durch einen dicken Nebel sehen müßte, und das ist eben der Grund, warum Waller ihn Achatem nebulosam nennet.

Der Calcedon entstehet, wie der Hornstein, aus einem kongelirten trüben Wasser, unter welchem sich Thonerde befindet. Die Farben aber, welche die Thonerden haben, und daraus die Farbenmischung solcher Steine entstehet, sind den beygemischten metallischen Theilchen zuzuschreiben r).

Was die äußere Beschaffenheit des Calcedons anlanget, so zählen die Mineralogen gemeiniglich zwo Arten desselben. Die eine Art hat keine bestimmte Figur, sondern bestehet aus unförmlichen Stücken; die andere wird in runden Stücken gefunden, die mit einer Rinde von gröbern Hornstein überzogen sind, und daher Calcedonkiesel genennet werden. In dem Berlinischen Magazin s) thut ein ungenannter Verfasser eine dritte Gattung hinzu, die Chalcedonius botryoides, traubenförmiger Chalcedon, genennt werden könnte, weil diese Chalcedonart oberwärts aus runden, halbkugelförmigen Buckeln oder Erhöbungen zusammengesetzt ist, die bald größer, bald kleiner sind, und in ihrer Zusammenfügung die Gestalt einer Traube vorstellen." Vielleicht meynet auch die Onomatologie am angezogenen Orte eben diesen traubenförmigen Calcedon, wenn sie von einem körnichten Calcedonier redet, welcher, wie es dort heißt, von Tropfen eines steinzeugenden Saftes so schön und zierlich zusammen gesetzt ist, daß es scheinet, als wäre er von lauter Perlen in Größe der Fischaugen zusammen gefaßt."

Daß der Calcedon zu den Hornsteinen gehöre, ist oben schon bemerket worden. Aber den Calcedon als eine Gattung des Achats ansehen, wie Skopoli t), Wallerius u) und einige andere thun, ist wohl unrecht. Calcedon und Achat sind Geschlechtsgattungen eines Geschlechtes, nämlich der Hornsteine. aber der Achat ist nicht das Geschlecht des Calcedons. Ich habe es schon beym Wort Achat angemerket, wie wenig es sich schicke, wenn man ihn zum

---

r) Walch systemat. Steinreich. Th. II. S. 60.
s) III. Band. 1 St. S. 30. f.
t) Einleitung in die Kenntniß der Fossilien. S. 21.
u) Mineralreich. S. 112.

zum Geschlecht anderer Edelsteine machen wolle. Herr Skopoli und Herr Wallerius aber irren darum, weil sie die Worte Hornstein und Kiesel unrichtig gebrauchen, wie bey gedachten zwey Worten umständlicher erwiesen werden soll.

Herr Baumer v) hatte angenommen, daß der Calcedon darum nicht unter die Achate gehören könne, weil er härter und durchsichtiger wäre, und seine Theile halbkugelicht springen. Er wollte ihn lieber unter die quarzartigen, oder halbdurchsichtigen und harten krystallinischen Steine rechnen, oder am füglichsten unter die Krystallachate bringen. Allein auf eine edle Art hat er seine Meynung geändert, und behauptet nicht nur, daß die weißen feinen quarzartigen Steine, die ihm unter der Benennung des Calcedons überschickt worden wären, dafür unrichtig ausgegeben würden; sondern er sagt auch, daß der Calcedon ein feiner, zuweilen ganz, zuweilen halbdurchsichtiger Hornstein sey w).

Daß gedachter Herr Skopoli rothen Calcedon annimmt, dadurch begehet er wohl einen Widerspruch, und wird sich den Beyfall der Kenner schwerlich versprechen können Eben so ist der runde und kuglichte Calcedon keine besondere Art desselben. Denn da er ordentlicher Weise nur Nieren- und Nesterweise bricht, so ist eine runde Gestalt desselben nur etwas Zufälliges. Inzwischen kann man diese Eintheilung gelten lassen, wenn man sie von der äußern Gestalt hernimmt.

Da der Calcedon mit mehrern Farben gemischt ist, so gehöret er unter diejenigen Edelsteine, die zufälliger Weise allerley Bilder hervorbringen. Kundmann x) hatte davon besonders schöne Beyspiele. Ein weißer, durchsichtiger Calcedon, hatte ein ordentliches Quadrat von milchfarbigen Linien. Ein hornfarbiger Calcedon, darauf sich wechselsweise roth und gelb durchsichtige Streifen zeigten, stellte ein Zelt vor, da in der Mitte die Stange mit einem blauen Knopfe gezieret ist. Andere Calcedone, mit weiß und grauen Linien, bildeten Vestungen im Grundrisse ab.

Einige werfen auch die Onyxe unter die Calcedonier, aber ohne hinlänglichen Grund, ob man gleich Onyxe hat, die mit Calcedon vermischt sind, und die um dieser Vermischung willen Chalcedonyxe genennet werden. Aus diesem Grunde merket Herr Woltersdorf an y), daß die Alten die Calcedonier Onyxe genennet, wenn sie schwarze Streifen gehabt hätten. Wären sie aber mit abwechselnden schwarzen und rothen Streifen bezeichnet gewesen, so wären sie von ihnen Sardonyche genennt worden.

Einige rechnen auch den Speckstein unter die Calcedonier, und nennen ihn Calcedonium candidum non perspicuum, allein ich kann nicht glauben, daß man ihn im Ernst dafur anneh-

---

v) Naturgesch. des Mineralreichs. Th. I. S. 252.
w) Daselbst, Th. II. S. 155.
x) Rar. nat. & art. S. 207. f. T. XI. fig. 28. 29. 49—56.
y) Mineralsystem. S. 47. n. 11.

annehmen werde, sondern daß man ihm nur diesen Namen um einiger Aehnlichkeit willen gegeben habe.

Von den nordischen Calcedoniern, welche besonders auf den Insuln Färöe gefunden werden, macht Worm z) diese artige Anmerkung: „Massa est unciarum duarum longitudine, totidem latitudine, qua latior est. Parte, qua cauli adhaesit, saxo constat albo duro, cui nigredinis quidpiam permistum, ex quo efflorescit crusta quaedam calcedonica, crassitie calami scriptorii. Haec vero ex se papillareas quasdam stirias protrudit ejusdem substantiae, externa superficie asperas instar sachari candidi, granuli minutis micantes. Parte anteriore tres sunt papillae, quarum media reliquis longior, vna reliquis minor, versus latiorem partem vna duplicata. Omnes hae papillae, vt et corporis ipsius tota superficies superior quasi conglaciata est, splendentibus granulis crystallinis aspera. Elegans certe est, a nemine, quod sciam, descripta." Der Hr. D. Pondoppidan a), wenn er diese Stelle angeführt hat, setzet hinzu: „Mit dergleichen schimmernden und eckichten kleinen Körnchen, die, wie man sagt, an dem Isländischen Chalcedonier hängen, findet man hier zu Lande viele weiße Muschelschalen ganz angefüllet; ohne Zweifel kommt dieses noch von der Sündfluth her, da diese flüßige Materie, sich in die Schalen begeben hat, wo sie hernach hart geworden."

Eine feine Anmerkung, die wir nicht übergehen dürfen, macht Wallerius b). „Die Neuern beschreiben ihn (den Chalcedon) sehr unterschieden. Einige machen ihn an Farbe feuerroth, welches doch nur eine Abänderung von Carneol zu seyn scheinet. Andere machen ihn zu einer Veränderung von Carbunkel und Rubin. Noch andere legen ihm Schichten und Lagen wie einem Onyxe, zu u. s. w. Hier wird er vom Carneol dadurch unterschieden: 1. Daß der Chalcedon überall neblicht, unklar und kaum halbdurchscheinend ist. 2. Daß er von grauer Farbe, und mit andern schwachen Farben vermischt; da hingegen der Carneol fast ganz durchsichtig, von lichten Farben und klar ist." Uebrigens macht der angeführte schwedische Mineralog folgende Gattungen von Chalcedon bekannt:

1. Grau-grünlichen Chalcedonier, Chalcedonius griseo-viridis.

2. Grau-braunen Chalcedonier, Chalcedonius griseo-spadiceus.

3. Grau-blauen Chalcedonier, Chalcedonius griseo-caerulescens.

4. Weiß-grauen Chalcedon, Chalcedonius griseo-lactescens.

5. Streifiger und fleckiger Chalcedon, Chalcedonius lineis et maculis donatus.

Herr

---

z) Museum Wormianum. S. 98.
a) Natürl. Geschichte von Norwegen. Th. I. S. 308. f.
b) Mineralreich. S. 114.

Herr Skopoli nimmt am ausgezogenen Orte seiner Einleitung in die Kenntniß und Gebrauch der Foßilien folgende Gattungen von Chalcedon an:
1. Runden aus Böhmen.
2. Zwischen andern Lagen, auch aus Böhmen.
3. Bey Jaspis, (Chalcedonkugel) von Chemnitz.
4. Versteintes Holz in Chalcedon, aus Böhmen und Ungarn.
5. Versteintes Holz in rothem Chalcedon, aus Ungarn.
6. Ein rother, in der Mitte milchfarbener, aus Böhmen.
7. Der Schwalbenstein, welcher bey ihm roth ist. Aber dieser gehöret gar nicht unter die Steine, sondern er ist ein Fischzahn.

Herr Kronstedt c) giebt von dem Chalcedon drey Gattungen an:
1. Weißen und undurchsichtigen. Cacholong.
2. Randichten von weißen und halbdurchsichtigen Schichten.
3. Bläulich=grauen.

Von den Oertern wo sich Chalcedon befindet, merke ich folgende:
Böhmen. Chemnitz. Färoc. Grablitz. Haarz. Kalmuckey (Butcharische). Nil. Norwegen. Regenstein. Rochlitz. Sachsen. Siberien. Toskana. Ungarn. Volterra. Zeylon.

Der Chalcedon gehöret unter diejenigen Edelsteine, in welche bisweilen Körper verwandelt werden. Wir haben vorhin gehöret, daß Herr Skopoli von versteinten Holze redete, welches in Chalcedon verwandelt ist. Hr. Baumer hatte zwey durchsichtige Bohrschnecken, davon die eine in einem mit milchfarbenen Chalcedon durchsetzten Sandsteine steckte. Er entdeckte auch in den Erfurtischen Griesschichten halbdurchsichtigen Chalcedon, unter welchen er auch ein Stück, das einen Belemniten enthielt, entdeckte d). Die Regensteinischen Turbiniten, die in einen feinen Chalcedon verwandelt sind, kennet man ja genugsam. Gleichwol sind es nur leichte Stücke, und das bringt die Natur des Calcedons, wenn wir auf seinen Ursprung sehen, mit sich. Der Calcedon entspringt eben so, wie der Hornstein überhaupt, nämlich durch eine Kongelation. Sollen nun in solchen Steinen Petrefakten entstehen, so darf der Körper, welcher versteinen soll, nicht schwerer seyn, als das Wasser, aus welchem die kongelirende Masse entstehet. Es würde sonst derselbe untersinken, und daher unter die Masse zu liegen kommen, aus welcher der Hornstein, oder der Calcedon entstehet. e). Allein, wie konnte denn eine in Calcedon verwandelte Schnecke in einem Sandsteine liegen, da ja der Sandstein zu den Sedimentsteinen gehöret? und wie konnte Sandstein mit Calcedon durchsetzt seyn, wie vorher Herr Baumer sagte? Allein das ist wohl möglich, wenn man nur zum Grunde legt, daß das Petrefakt schon Calcedon war, ehe es in einen Sandstein zu liegen kam. Denn wenn ein konge=

---

c) Versuch einer neuen Mineralogie. S. 62.
d) Naturgeschichte des Mineralr. Th. II. S. 156.
e) G. Walchs Steinreich. Th. II. S. 50.

kongelirter Stein, wenn ihn z. E. das Waſſer fortführet, auf ein weiches Sedimentlager zu liegen kömmt, und mit demſelben nach und nach verhärtet, ſo kann es nicht anders ſeyn, als daß in einem Sedimentſteine ein kongelirter iſt. Und wenn in einem Sedimentſteine gewiſſe Hölungen übrig bleiben, in welche ſich eine kongelirende Maſſe ſetzt, die nach und nach auch verhärtet, ſo entſtehen in einem Steine, der durch ein Sediment entſtund, entweder Neſter oder Adern von kongelirten Steinen. Folglich laſſen ſich beyde Fälle, die Herr Baumer anführte, gar wohl erklären.

Die Schriftſteller vom Calcedon habe ich in meiner lithologiſchen Bibliothek §. 44. angeführt.

**Calcedoniſcher Jaspis**, lat. Jaspis chalcedonica, Jaspis chalcitica Plin. Jasponix chalcedonio mixtus Wall. iſt nach Hrn. Wallerius f) ein grüner oder rother Jaspis, der Flecken von Chalcedon in ſich hat, die mehrentheils dem Schnee oder Speichel gleichen. Ich vermuthe, daß dies der Chalcedonachat ſey, den ich vorher beſchrieben habe. Denn auch der Achat wird oft genug grün oder roth gefunden. Wenigſtens müſte hier eine dreyfache Vermiſchung von Jaspis, Onyx und Calcedon angenommen werden. Ich vermuthe aber das erſte um ſo gewiſſer, weil Hr. Wallerius den Achat zu einem Geſchlechtsnamen macht, den Calcedon aber einen halbdurchſichtigen Achat nennet, und

nach dieſer angenommenen Hypotheſe nicht einmal einen Cabcedonachat zugiebt, weil bey ihm der Calcedon ſchon Achat iſt.

CALCEDONIUS candidus non perspicuus heißt bey einigen der Speckſtein. S. Speckſtein.

**Calcedonyx** heißt der Onyx, wenn er mit Calcedon vermiſcht iſt.

**Calcination** iſt im Steinreiche diejenige Veränderung eines animaliſchen Körpers, wenn ſich bey demſelben gewiſſe flüchtige Theilchen ſelbſt verzehret haben, oder durch eine Ausdünſtung fortgegangen ſind. Dieſe Calcination muß allemal vorhergehen, ehe eine Verſteinerung geſchehen kann. Denn durch dieſelbe entſtehen in dem Körper gewiſſe Zwiſchenräume, in welche ſich eben eine andere flüßige und erdichte Materie ſetzet, die nach und nach zu einem Stein verhärtet. Iſt dieſes geſchehen, ſo heißt der Körper nachher ein verſteinter Körper; iſt es nicht geſchehen, ſo heißt es ſchlechthin ein kalcinirter Körper. S. Verſteinerungen.

**Calcinirte Körper** heißen diejenigen Körper, bey denen eine bloße Calcination vor ſich gegangen iſt, und die daher noch nicht zu einer wahren Verſteinerung übergangen ſind. Wenn ſie aus dem Eingeweide der Erde ausgegraben werden, ſo legt man ſie in den Kabinetten zu den Verſteinerungen, und nennt ſie Foßilien. S. Körper.

Cal-

---

f) Mineralreich. S. 133.

Calculi animalium cobrae werden die Schlangenzungen, eine Art von Fischzähnen, genennt. S. Schlangenzungen.

Calculi uteri werden in dem Museo des Kalceolarius die Porcellanen genennet, sonderlich diejenigen, welche weiß und klein sind. Man hat sich unter ihnen und den eigentlichen Calculis animalium, oder unter denen Steinen, die in Thieren gefunden werden, in Ansehung der Härte und Beschaffenheit eine Aehnlichkeit vorgestellet, die aber ziemlich weit hergeholet ist. S. Porcellaniten.

Calculus wird vom Luidius der Steinkern genennet. S. Steinkerne. Eigentlich aber belegt man mit diesem Namen die zusammen gewachsenen Steine in den Thieren. Sonst gehören diese Steine in den Thieren nicht in das Mineralreich, weil sie nicht so erzeuget werden, wie ein Stein erzeuget werden muß. Das ist der Grund, warum wir sie in unserm Wörterbuche übergehen; wer aber eine vorläufige Nachricht von ihnen verlangt, dem wird die Onomatologia historiae naturalis T. II. S. 409—425. genug thun.

Calix corallinus. S. Korallbecher.

Calix hippurinus. S. Korallbecher.

Callais wurde von den Alten der Türkis genannt. Der D. Hill g) sagt, daß dieser Callais oder wahre Türkis der Alten blau gewesen wäre. S. Türkis.

Callimus, Callinus, Calainus, wird von den Alten der Stein genennt, der sich bisweilen in den Adlersteinen befindet, und welcher, wenn er nicht angewachsen ist, in denselben klappert. Dieser Stein aber ist gar sehr verschieden. Manchmal ist er schwarz, manchmal gelb, manchmal roth. Einige sind weiß, wie ein Kiesel, oft durchsichtig, wie ein Krystall, und diese sind wie ein weißer Zucker anzusehen. Daß einige den Callimus für einen versteinten Kern, so wie den Adlerstein für die Frucht, gehalten haben, das ist schon zuvor bey der Beschreibung des Adlersteins erinnert worden. Eben daselbst wird man die Nachricht finden, wie sich Hill die Bildung des Adlersteins und seines Callimus vorgestellet hat. Das Wort Κάλαις daraus das Wort Calainus entstanden ist, kömmt bey den Schriftstellern vor, welches sie ohne Zweifel von dem Wort Καλ hergeleitet, und auf die Schönheit seines Baues oder seine Farbe gesehen haben. Es kann seyn, daß die beyden Namen Callimus und Callinus durch die Unwissenheit oder Unachtsamkeit der Schriftsteller, oder ihrer Abschreiber entstanden sind.

Calopodia werden vom Luid unter den konischen Fischzähnen diejenigen genennt, welche auf der einen Seite eine Erhöhung haben. S. Conichthyodontes. Weil sie dadurch eine Aehnlichkeit mit einem Schuhleisten bekommen, so hat jener große englische

---

g) Anmerkungen zum Hill. S. 207. der deutschen Ausgabe.

lische Naturforscher ohne Zweifel daher den Grund der Benennung genommen. Denn κᾶλον heißt im Griechischen Holz, τῦς aber der Fuß. Herr Hofrath Walch, bey dem diese Fischzahnart in der dritten Klasse seiner Klaßifikation stehet, die den Charakter hat, daß sie konisch ist, muthmaßet, daß diese Zähne vielleicht von dem Bahannischen Fische wären, der den Namen Unicornis führt. S. Glossopeters.

CAMELAEA wird vom Plinius der ungestreifte Chamit genennet. S. Chamae laeves.

CAMES heißen im Französischen die Chamiten. S. Chamiten.

CAMES lisses heißen in dieser Sprache die glatten Chamiten. S. Chamae laeves.

CAMES striées heißen in eben dieser Sprache die gestreiften Chamiten. S. Chamae striatae.

CAMITES heißen im Französischen ebenfalls die Chamiten. S. Chamiten.

CAMPOIDES, Raupenstein heißt ein Stein, auf welchem versteinte Raupen liegen sollen. Das Wort kömmt von κάμπη eine Raupe her. „In der Ukermark, sagt die Onomatologie h), giebt es wirklich solche Steine, auf welchen man sogar vermittelst des Vergrößerungsglases ganz deutliche Raupen zu sehen bekömmt." Brückmann will aus diesen Steinen versteinte vielfüßige Meerinsekten, oder zerbrochene Stücke von Korallen, oder raupenförmige Figuren von Meerpflanzen machen. Er leugnet, wie jene Verfasser sagen, daß sich eine Raupe in Stein verwandeln könne, weil sie wegen ihrer flüßigen Theile ehe verfaule, als zu Stein werde. So viel ist gewiß, daß, wenn man auf die Erzeugung des Spates siehet, aus einem Körper, der lauter wässerichte oder flüßige Theile hat, wie der Körper einer Raupe ist, nichts als ein bloßer Spat werden kann, der aber alsdann schwerlich seine Bildung so deutlich behalten wird, daß man wüßte, es wären Raupen gewesen. Kundmann i) will eine versteinte Raupe in einem Adlersteine besessen haben. Die Ukermärkischen Raupensteine sind mir niemalen zu Gesichte gekommen, daher ich von ihnen kein bestimmtes Urtheil fällen kann. Wenigstens macht dies die Sache verdächtig, daß es nicht etwan einzelne Beyspiele sind, denn alsdann ließe sich die Sache zu einem außerordentlichen Falle machen, sondern sie sollen daselbst mehrmalen angetroffen werden. So viel aber ist gewiß, daß es auch zufällige Figuren seyn können, die denen, welche gern seltene Versteinerungen besitzen, durch Hülfe der Einbildungskraft allerley Figuren vorlegen.

CANALITES heißen Französisch die Dentaliten. S. Dentaliten.

Canaliten, lat. Canaliti, fr. Canalites, heißen die Dentaliten, weil sie, wenigstens einige derselben, einem hohlen Kanal gleichen. Einige z. E. Herr Prof. Vos

---

h) Onomatol. histor. natur. T. II. S. 428.
i) Rar. natur. & art. S. 128. und Tab. VII. Fig. 9.

Vogel k) halten die Wörter Canaliten und Tubuliten für
gleichlautend, und gebrauchen
daher das Wort in einem weitläuftigen Verstande, wobey sie
die eigentliche Bedeutung des
Wortes rechtfertiget. S. Dentaliten.

CANALITI heißen im Lateinischen die Dentaliten. S. Dentaliten.

CANCRE pétrifié heißen im
Französischen die versteinte Krebse. S. Krebse.

CANCRI petrefacti, versteinte
Krebse. S. Krebse.

CANCRITAE wurden vom Al-
drovand l) die Orthoceratiten
genennet, weil er sie für
versteinte Krebsschwänze hielt.
Gesner nennte sie aus eben diesem Irrthum Caudas cancri L
altaci fluviatilis. S. Orthoceratiten.

CANCRITE heißen im Französ-
sischen die versteinten Krebse. S.
Krebse.

CANDIDA onyx wird der Calcedon von denenjenigen genennt,
welche ihn für eine besondere Art
vom Onyx halten. Da er es
aber nicht ist, so ist diese Benennung falsch. S. Calcedon.

CANTHARIAS ist der Name eines glänzenden Käfers, den
man auch versteint haben will.
S. Enthomolithen.

CAPNIAS, Jasponyx onyche
tectus Wall. heißt der Jaspis,
der mit Onyx dermaßen vermischt ist, daß es scheinet, als
wäre er mit einem Rauche überzogen. S. Jasponyx. Die
Onomatologie m) giebt ihm den
Namen trüber Jasponyx, und
beschreibt ihn also: „Dies ist ein
Stein, den Wallerius unter die
Jaspisartigen Steine setzet. Er
ist eine Gattung von dem Jasponyx, ist bleichroth von Farbe,
dabey aber zugleich, wie mit einer Wolke überzogen, die dem
Rauche, oder einem dicken Nebel gleichet. Er bestehet auf der
einen Seite aus einer Jaspisart,
auf der andern aber aus einem
Onyx oder Achatart."

CAPSTONES heißen in Engelland
die Echini pileati, welche spitzig
und erhaben sind. S. Echiniten.

CAPUT Medusae. S. Medu-
senhaupt.

CARAPATINAE. S. Crapau-
dinae.

CARBO heißt der Rubin, weil
er in seiner schönen rothen Farbe
einer glühenden Kohle ähnlich
ist. S. Rubin.

CARBONES bituminosi heißen
die Steinkohlen, weil bey ihnen
unter andern auch ein Erd- und
Bergharz zum Grunde liegt.
S. Steinkohlen.

CARBONES fossiles werden die
Holzkohlen genennt, welche von
einem Bergfett durchdrungen,
und demnach nur verhärtet sind.
Einige belegen auch die Steinkohlen mit diesem Namen. S.
Steinkohlen.

CARBONES petrae, CARBONES
picei heißen die Steinkohlen.
Den ersten Namen führen sie
wegen ihrer Härte, vermöge
welcher sie wahre Steine sind;
den

---

k) Praktisches Mineralsystem. S. 214.
l) Muf. metallicum. S. 732.
m) Onomatol. histor. natur. T. II. S. 591.

den andern aber, weil bey ihnen ein Erdpech zum Grunde liegt. S. Steinkohlen.

Carbonkel heißt im Holländischen der Karfunkel. S. Karfunkel.

Carbunculus amethysticont. heißen beym Plinius die Granaten. S. Granaten.

Carbunculus ruber, Karfunkel, heißt bey den Alten der hochrothe Rubin. S. Karfunkelstein.

Carcharias, lat. Carcharias, Canis carcharias, ist der Seehund, von dem eben die eigentlichen Glossopeters, die bisweilen auch fälschlich Schlangenzungen genennet werden, herkommen. So viel ist gewiß, daß die Zähne dieses Seehundes, davon uns Leibniz n) einen ganzen Rachen hat abstechen lassen, mit unsern eigentlichen Glossopeters sehr genau übereinkommen; man darf sich auch über die große Menge derselben, die man versteint findet, gar nicht wundern, da ein einziger Karcharias 400, ja bisweilen 600 solcher Zähne hat, die Reihenweise hinter einander stehen; allein die Größe mancher versteinten Fischzähne will nur nicht darauf passen. Kundmann besaß zwey Stücke, welche unten 4 Zoll breit waren, und dabey eine Länge über vier Zoll hatten, und 18 Loth wogen o). Er macht dabey den gegründeten Einwurf, daß, wenn man eine so große Menge von Zähnen in einem einzigen Rachen, von dieser Größe annehmen wolle, so müßte der Rachen eines solchen Fisches über hundert Ellen weit gewesen seyn, durch welchen er ganze Compagnien Reuter, ja Heuwagen zusammt den Pferden, verschlucken können." Es ist wahr, daß Rondeletius und Gillius bezeugen, daß der erste einem Karcharias von 1000, und letzterer von 4000 Pfunden gesehen, wie Kundmann am angezogenen Orte berichtet; und die Onomatologie p), die den Karcharias unter dem Namen Canis marinus beschreibt, sagt, daß die größten unter die größten Wallfische gezählet würden, oder deutlicher zu reden, daß sie oft so groß, als die größten Wallfische, wären. Allein Herr Kundmann bekam Zähne von einem Karcharias von 16 Centnern, die doch kaum ½ Zoll lang und eben so breit sind, die er auch Tab. V. fig. I. abstechen ließ. Was sollen wir hiezu antworten? Zuförderst zeigen die Feuerproben, daß die Zähne eine wahrhaftige knochenartige Substanz haben, sie sind also wahre Versteinerungen, wenn wir auch ihr Original nicht kennten. Nachher hat der Fisch Lamias eben solche Zähne, und wer weis, ob wir diese Fische in ihrer vorzüglichsten Größe jemalen gesehen haben. Da ein Zahn beym Herrn Kundmann beynahe einen Zoll hatte, wo der Fisch 1500 Pfund wog, so muß der Zahn eines Karcharias von 4000 Pfund wenigstens drey Zoll in der Länge und Breite haben. Und war es denn der größte Zahn

---

n) Protogæ. Tab. VII.
o) Rar. natur. & art. S. 87. coll. Tab. V. n. 2, 3.
p) Onomatol. histor. natur. Tab. II. S. 562.

Zahn aus dem Rachen des Karchariaß von 16 Centnern, den man ihm überschickt hatte? Wir werden auch im andern Theile bey dem Artikel Schlangenzungen aus Schriftstellern beweisen, daß viele der Gloſſopeters ein künſtlicher Betrug ſind, und vielleicht gehören hieher diejenigen, die eine übernatürliche Größe haben. Aus dieſem allen erhellet deutlich, daß der Karcharias, aller Einwendungen des Herrn Rundmanns ohnerachtet, das wahre Original unſerer Fiſchzähne bleibet. Von dieſen Zähnen ſelbſt kann man die Worte Gloſſopeters, und Schlangenzungen nachſchlagen.

CARCHARIODONTES werden unter den eigentlich ſogenannten Gloſſopetris zweyerley Arten von Fiſchzähnen genennt. Einmal diejenigen, welche gleichſeitig ſind, gerade ausgehen, und eine glatte Kante haben. Hernach diejenigen, welche jenen in allen gleich kommen, nur daß ſie einen gezähnelten Rand, oder eine ſägeförmige Kante haben. Das ſind eben dieſe Zähne, die von dem vorhergedachten Karcharias, und vom Fiſch Lamias herkommen, und die eben deswegen Carchariodontes, vom Scheuchzer aber q) καρχαροδόντες lapides genennet werden. Sie ſind bisweilen von einer unbeſchreiblichen Größe, aber außerdem, was ich vorher beym Wort Carcharias angemerket habe, ſetze ich noch hinzu, daß, nach des Herrn Sloane Berichte, Seehunde von 70 Ellen vorhanden ſind. Beym Herrn Hofrath Walch ſtehen ſie in der zwoten Klaſſe ſeiner Fiſchzähne, nämlich unter den dreyeckichten. S. Gloſſopeters.

CARCHEDONIUS iſt ein Name, damit Plinius den Granat beleget hat. S. Granaten.

CARCINOPODIUM heißen die verſteinten Krebsſcheeren; von καρκίνος der Krebs, und πὸς der Fuß. Dem Wortverſtande nach müßten alſo auch die kleinern Krebsfüße darunter verſtanden werden. S. Krebsſcheeren.

CARDIOLITHE heißen im Franzöſiſchen die Bukkarditen und Herzmuſcheln. S. Bukkarditen und Herzmuſcheln.

CARDIOLITHI werden von einigen die Bukkarditen genennt, weil ſie die Geſtalt eines Herzens haben. Von den Wörtern καρδία das Herz, und λίθος der Stein. Eigentlich gehöret dieſer Name den Herzmuſcheln überhaupt, unter welche die Bukkarditen als eine Geſchlechtsgattung gehören. S. Herzmuſcheln und Bukkarditen.

CARDITES heißen im Franzöſiſchen die Herzmuſcheln und die Bukkarditen. Man ſchlage hiebey dieſe beyden Worte nach.

Carfunkel, Carfunkelſteine, lat. Carbunculi rubri, Rubini vivido colore rubri, Rubini orientales, franz. Escarboucle, holl. Carbonkel, wurden bey den Alten die hochrothen Rubinen genennet. Bey andern war dieſer Name allgemeiner, und da machten die Rubinen nur das erſte

---

q) Querelæ & vindiciæ piſcium, S. 19.

erste Geschlecht der Karfunkel aus. Andreas Chiokko r) zählet fünf Arten der Karfunkel. Andere zählen die Granaten auch unter die Karfunkelsteine, daher Plinius die Granaten Carbunculos amethystizontas, und Schwengfeld s) Rubinos nigricantes, nennen. Einige rechnen auch die Garber hieher, sagen aber, daß sie nur etlichermaßen hieher gehörten. Boodt t) glaubt, der Elementstein sey der Karfunkel der Alten, so wie Andere dafür halten, daß ben Allmandinen der Name der Karfunkelsteine im eigentlichsten Verstande gehöre. Die Verfasser der Onomatologie u) geben von dem Karfunkel folgende Nachricht: "Wenn ein blutrother orientalischer Rubin 20 Karat in dem Gewicht übersteigt, nennet man ihn einen Karfunkel, es ist dieses der feinste Rubin, den man jemals aufweisen kann, ein wahrer Edelstein aus Ostindien, von einer rothen Kutzenellfarbe, oder Ponceau, manchmal sieht er auch blutfärbicht aus, oder wie rothe reife Kirschen." An einem andern Orte v) geben sie davon folgende Nachricht: „Dies ist ein Stein, der nach einiger Meynung des Nachts leuchtet, und röthliche Strahlen von sich werfen soll. Da ihn aber mit diesen Eigenschaften niemand gesehen; so ist man auf die Gedanken gekommen, die Granaten, Rubinen, oder aber überhaupt alle röthlich strahlende Edelsteine mit diesem Namen zu belegen. Vorzüglich aber wird der Rubin also genannt, wenn er einmal ein gewisses Gewicht hat." Die Nachricht, daß der Rubin dann Karfunkel heiße, wenn er zwanzig Karat und drüber wiegt, giebt auch Thomas Nikol beym Lesser w). Allein die ganz alten Schriftsteller schweigen bey diesem Umstand gänzlich, und Theophrast, dessen Nachricht von den Karfunkeln wir bald mittheilen werden, sagt uns davon ebenfalls kein Wort; dieser Umstand ist daher so zuverläßig noch nicht, als man sich vielleicht einbildet.

Wenn Herr Baumer x) den scharlach- oder hochrothen Rubin, wegen der Lebhaftigkeit seiner Farbe, Karfunkel nennet, so beruft er sich auf des Ferrantes Imperati natürliche Historie Lib. XX. Cap. XIX. S. 679. Allein, wir werden bey dem Allen noch nicht aus der Schwierigkeit heraus kommen. Die Alten, obgleich ihre Beschreibungen für ihre Zeiten deutlich genug waren, redeten für unsere Tage viel zu dunkel. Die Neuern verstunden ihre Vorgänger nicht allemal, und gaben ihre Nachrichten gleichwol für die schönsten Wahrheiten aus. So viel erhellet aus den Nachrichten der Alten, daß sie mehr als Einen Stein mit dem Namen des Karfunkels beehrten, und schon daraus

---

r) Descriptio Musei Calceolarii.
s) Catalogus fossilium Silesiae. S. 380.
t) de gemmis et lapidibus, Lib. II. Cap. IX.
u) Onomatol. histor. nat. T. I. S. 324.
v) ibid. T. II. S. 637.
w) Lithotheologie. S. 402.
x) Naturgesch. des Mineralreichs, Th. II. S. 144.

daraus ist klar, daß man den Sinn der Alten noch nicht verstehet, wenn man die Allmandinen allein, oder die hochrothen Rubinen allein, für den Karfunkelstein ausgiebt. Ich berufe mich deshalb nur auf den Theophrast, bediene mich aber der deutschen Uebersetzung des Hrn. Baumgärtner y). Theophrast sagt: „Es giebt noch ein anderes Steingeschlecht, welches den bisherigen gerade zuwider, und gänzlich unverbrennlich ist. Es heißen selbige Karfunkel, aus welchen man Pitschire schneidet. Dieser Stein ist von rother Farbe, und wenn man ihn gegen die Sonne hält, gleichet er einer glühenden Kohle. Ich gestehe es, er ist der kostbarste; denn ein ganz kleiner kostet vierzig Goldstücke. Man bringet ihn von Karthago und Marseille. Auch der, so bey Milet gefunden wird, verbrennet nicht. Er ist eckicht, und erscheinet öfters als ein regelmäßiges Sechseck. Auch diesen nennen sie Karfunkel; es ist aber wunderlich; der Diamant besitzet ja die nämliche Eigenschaft. Eben so sind auch die Karfunkel beschaffen, die man von Orchomenos aus Arkabien bringet. (Theophrast hatte vorher von schlechten Edelsteinen aus Griechenland geredet, und mit diesen setzt er nun die Karfunkel aus Arkadien in eine Vergleichung). Dieser fällt mehr in das schwarze als der von Chio; man macht daher Spiegel aus ihm; die von Trazenes haben weiße und purpurfarbene Adern. Der Korinthische ist ebenfalls streifigt, und hat die nämliche Farbe, nur etwas bleicher ist er. Ueberhaupt findet man von dieser Gattung sehr viele. Die ausnehmend guten Karfunkel sind selten, und sind nur an wenig Orten zu finden, als bey Karthago, bey Maßilia, in Egypten, bey den Wasserfällen des Nils, bey Syene nahe an der Insel Elephantis, und in der Landschaft, welche Psebos genennet wird." Herr Hill, der auf die Aufklärung dieses Schriftstellers so vielen Fleiß, und wie mich dünkt, nicht vergeblich angewendet hat, behauptet z), daß das Wort Karfunkel ein allgemeiner Name bey den Alten gewesen sey, dadurch sie überhaupt alle kostbare rothe, und durchsichtige Steine, die man in der Folge und durch die Namen, Rubin, Granat, Hyacinth unterschied, verstanden habe. So behauptet er von der Art des Karfunkels, den Theophrast den Karfunkel von Karthago nennete, zuversichtlich, daß er der Granat sey. Seine Worte scheinen mir sehr nachdrücklich, ich muß sie ganz hersetzen a): Die Benennung Carbunculus und ἄνθραξ kommt von der Eigenschaft dieses Steins her, daß er, wenn man ihn gegen die Sonne hielt, einer glühenden Kohle gleich sah. Dieses Wort wurde in der Folge übel verstanden, und gab Gelegenheit zu der Meinung, er habe die Eigenschaft einer glühenden Kohle, welche im Finstern leuchtet. Ja, da

---

y) Theophrast von den Steinen, S. 90. f. 192. ff.

z) l. c. S. 92.
a) l. c. S. 98. f.

da man noch keinen edlen Stein von dieser Eigenschaft gefunden hat, und aller Wahrscheinlichkeit nach, niemals dergleichen finden wird, so glaubte man, der wahre Karfunkel der Alten sey verlohren gegangen, und man war lange Zeit in dem Wahn, daß dieser Stein in sehr entfernten Zeiten vorhanden gewesen wäre. Indessen liegt aus den Worten, welcher sich unser Verfasser bedienet, klar zu Tage, daß er seinen Namen von dem Glanze erhalten habe, welchen er in der Sonne von sich wirft. Der Garamantinische oder Karthaginensische war bey den Alten diejenige Art dieses Steines, welche diese Eigenschaft vor allen andern vorzüglich hatte. Der Verfasser sagt selbst, daß man seinen beschriebenen Stein von Karthago brächte, und ist mithin gar nicht zu zweifeln, daß die Steinart, von welcher er redet, nicht der Garamantinische Karfunkel der Alten gewesen seyn sollte; und dies ist unser heutiger wahrer Granat. Die Erfahrung lehrt, daß dieser Stein in der Sonne mehr einer glühenden Kohle gleich sehe, als der Rubin, oder jedweder anderer rothe edle Stein; es ist überdies von ihm bekannt, daß er dem Feuer stark widerstehe, und dies ist ja der andere Hauptcharakter, dessen unser Autor Meldung thut." Von dem Arkadischen Karfunkel behauptet Herr Hill, daß er ebenfalls unter die Granatarten gehöre, und noch von einem andern giebt er vor, daß es die Almandinen wären.

Es ist folglich nicht zu glauben, daß die Karfunkel der Alten unter die für unsre Tage verlohrnen Edelsteine gehören; wir geben ihnen nur andere Namen, und lehren in der Hauptsache eben dieses, was sie lehrten.

Mehrere Nachrichten von den Karfunkeln wird man in den Schriftstellern finden, die ich in meiner lithologischen Bibliothek S. 32. angeführet habe.

CARICOIDES werden die korallinischen Feigen, von Carica, oder dem griechischen καρικοι, die Feigen, genennet. S. Feigen.

CARINA nautili werden diejenigen Nautiliten genennt, die keine Zwischenkammern haben. Rumph b) bediente sich dieses Namens, den er ohne Zweifel von der Aehnlichkeit dieser dünnschaligen Nautilorum, mit dem Boden der Schiffe, den die Lateiner Carina nennten, hergenommen hat. Ob sie auch im Steinreiche vorkommen? kann ich nicht entscheiden. Beym Worte Nautiliten werde ich mehr von ihnen, und von dieser Frage sagen.

CARISTIUS lapis. S. *Lapis caristius.*

**Carneol**, Sarder, lat. Carneolus, Sardion, Sarda, Sardus, Achates fere pellucida, colore rubescente Wall. Silex vagus diaphanus vnicolor ruber Linn. franz. Cornaline, Pierre cornaline, Sarde, heißen die edlen Hornsteine, welche roth, oder fleischfarben, oder rothgelblich sind. Sie haben den Namen Karneol von dem Wort Caro, das Fleisch, weil ihre

---

b) Amboinische Raritätenk. S. 13. der deutschen Ausgabe.

ihre Farbe der Farbe des röthlichen Fleisches ähnlich ist. Sie werden auch Sarder genennet, weil sie zuerst aus Sardinien sollen gekommen seyn. Herr von Justi c) giebt vom Karneol folgende Nachricht: „Der Karneol ist ein rother halbdurchsichtiger Halbedelgestein von einer großen Härte. Auf dem Anbruche siehet er glasachtig, als ein Porcellan auf dem Bruche. Wenn er ganz roth ist, so behält er den Namen Karneol. Ist er röthlich gelb, oder fleischfarben, so heißt er Sarder; und wenn er braun oder graugelb ist, so wird er von einigen Lynkur genennet. Er hat zuweilen Linien, die wie abgezeichnete Vestungswerke aussehen d). Die sogenannten türkischen Karneole haben inwendig öfters weiße Flecken. Der sogenannte Korallenstein bey Freyberg, den Hr. Henkel beschreibt, ist größtentheils nichts anders, als ein unreifer oder schlechter Karneol." Wie der Kalcedon entstehet, von dem ich vorher geredt habe, eben so entstehet auch unser Karneol, nämlich aus einem kongelirten, und mit Thonerde vermischten trüben Wasser. Der Unterschied der Farbe kommt von metallischen Theilchen her. Bey einerley Entstehungsart geräth man gleichwol nicht in die Gefahr, beyde Steine unter sich zu verwechseln, wenn man nur dasjenige hier wiederholen will, was ich vorher beym Calcedon anführte, ihn von dem Sarder zu unterscheiden.

Die schönsten Karneole hat man aus Ostindien, man findet sie aber auch in Siberien, und wie wir bald anmerken werden, auch noch an andern Orten. Wallerius e), der den Karneol unter die Achate zählet, und Alle, die hier mit ihm gemeinschaftliche Sache machen, thun unrecht, da ich schon oft erinnert, und beym Wort Achat bewiesen habe, daß man den Achat nicht schicklich genung zu einem Geschlechtsnamen mache. Der Geschlechtsname ist der Hornstein, unter dem der Achat und der Karneol als Geschlechtsgattungen stehen.

Herr Baumgärtner f) macht über den Karneol folgende wichtige Anmerkung: „Die Karneole brechen nicht konvex, sondern eckicht. Er muß von den Glasflüßen sehr wohl unterschieden werden, indem man ihn ungemein schön nachzumachen weiß, womit ein großer Betrug vorzugehen pflegt. Der gemachte Karneol verliert aber seine Farbe, wenn er älter wird."

Von der Matrix des Karneols merket Herr Kundmann g) an, daß sie bald ein weißbrüchicher harter Spat, bald ein Hornstein sey. Ich vermuthe, daß

---

c) Grundriß des Mineralreichs. S. 107.

d) Einige feine Beyspiele von figurirten Karneolen, sonderlich von solchen, auf welchen sich Vestungswerke zeigen, hat Herr Kundmann rar. naturae et artis S. 198. und 206. beschrieben, und Tab. XI. fig. 7. 8. 10. abgebildet.

e) Mineralreich. S. 111. Herr Baumer hat im ersten Theile seiner Naturgeschichte des Mineralreichs S. 251. den Karneol auch unter den Achaten, den er im andern Theile S. 114. richtiger unter die Hornsteine setzet.

f) In seinem Theophrast S. 133.

g) Rar. natur. et art. S. 198.

daß das erste nur von solchen gelte, die außer Orient gefunden werden.

Der Farbe nach nehmen verschiedene Schriftsteller nur zwo Gattungen vom Karneol an: den weißlichten Karneol, Carneolum albescentem, weil seine Farbe weißlicht ist. Diese Gattung nennet der Ritter von Linné: Carneolum subdiaphanum exalbidum; und den weißen, rothpunktirten Karneol, weil er weiß ist, und wie mit Blutstropfen besprengt aussiehet. Allein andere Schriftsteller gedenken mehrerer Arten.

Herr Wallerius gedenket am angezogenen Orte seines Mineralreichs mehrerer Gattungen. Er zählet sie also:

1. Weißlichen Karneol, Carneolus albescens. Carneolus.
2. Röthlichen Karneol. Sarder. Carneolus rubescens. Sardus.
3. Ganz rothen Karneol. Carneolus ruber. Beryllus Scheuchz. Woodw. Sardus.
4. Weißen, rothpunktirten Karneol, St. Stephansstein. Carneolus albescens punctulis rubris, Gemma St. Stephani Kundm. Stigmites.
5. Fleckichten, oder gestreiften Sarder. Carneolus rubescens maculis vel lineis donatus.

Herr Kronstedt h) hat nur zwo Gattungen vom Karneol.
1. Rothen, der im Morgenlande, sonderlich in der Türkey, gefunden wird.
2. Gelblich braunen, der dem Bernsteine gleichet.

Die ausführlichste Nachricht von den verschiedenen Arten des Karneols giebt uns ohnstreitig Herr Hill i): „Unsere Steinschneider, sagt er, machen einen großen Unterschied unter den Orientalischen und Occidentalischen, die in der Härte sehr von einander abgehen. Die Alten haben den Karneol, so wie alle andere Edelgesteine, in den männlichen und weiblichen eingetheilet, je nachdem seine Farbe mehr oder weniger dunkel war, wie wir in der Folge ersehen werden; und zuweilen findet man an einem einzigen Stein hin und wieder sowol eine bleiche als auch dunkle Farbe. Unsere Juweliers zählen vier Arten: den rothen, welches der gemeinste ist, den weißen, den gelben, und den Beryll. Der Erste wird in den männlichen und weiblichen eingetheilet, und man nimmt ihn am liebsten zu Pitschieren. Wir erhalten ihn aus Ostindien, so wie aus Böhmen, Schlesien, Sardinien und verschiedenen Orten. Auch in unserm Engelland soll er sich finden; ich habe aber noch keinen gesehen, der vollkommen rein gewesen wäre. Der weiße ist ein sehr schöner Stein, von einem sehr feinen Korn, hat eine überaus gleiche Oberfläche, und kommt an Härte den meisten rothen bey. Er ist nicht gänzlich weiß, sondern vielmehr perlenfarbig, das heißt, weiß mit etwas blau untermischt. Der gelbe ist ein überaus schöner Stein, hat zuweilen eine rechte Feuer-

---

h) Versuch einer neuen Mineralogie. S 62. f.
i) In seinen Anmerkungen zum Theophrast. S. 124. f. der b. Ausg.

Feuerfarbe, und ist weit durchsichtiger als beyde vorhergehende. Man findet ihn nur in Ostindien und in Böhmen. Die letzte Gattung ist der Karneolberyll, und eigentlich zu reden, der orientalische Männliche; seine Farbe ist dunkler als aller anderer ihre, er ist auch weit härter und durchsichtiger."

Ich wünschte, daß meine Leser hier noch dasjenige hinzu lesen möchten, was ich unten beym Sarder anmerken werde.

Man hat angemerket, daß die asiatischen Karneole durchsichtiger sind, als die europäischen. Einige machen einen Unterschied unter durchsichtigen und undurchsichtigen Karneolen, aber mit Unrecht; denn ganz undurchsichtig ist nie ein Karneol, sondern, wo sie nicht ganz durchsichtig sind, so sind sie doch wenigstens halbdurchsichtig.

Karneole werden an folgenden Orten gefunden:
Amerika. Arabien. Babylon. Böhmen. Ceylon. Egypten. Engelland. Florenz. Glatz. Griechenland. Indien. Italien. Ostindien. Persien. Pohlen. Sardinien. Schlesien. Schweiz. Serarezza. Stazzena. Ungarn.

Die Schriftsteller, die von dem Karneol handeln, wird man im ersten Band meiner lithologischen Bibliothek S. 42. finden.

CARO fossilis heißt das Bergfleisch. S. Bergfleisch.

CARPINITES heißt das versteinte Holz vom Ahornbaum. S. Holz.

**Carpolithen**, lat. Carpolithi, Petrificata vegetabilia fructuum, plantarum vel arborum Wall. Phytolithus fructus Linn. franz. les Carpolithes, Fruits petrifiés, heißen die versteinten Früchte. S. Früchte. Der Name ist von den griechischen Wörtern καρπος die Frucht, und λιθος der Stein, hergenommen, und bedeutet demnach, der Wortbedeutung nach, eine Frucht, welche zu Stein geworden ist. Andere nennen auch diejenigen Steinspiele Karpolithen, welche nur eine Aehnlichkeit mit versteinten Früchten haben. Ich führe einen einzigen Beweis an. Rundmann k) redet von Frucht- und Mandelsteinen, die er ausdrücklich Carpolithos nennet, welche inwärts einen weißen Kalk, so zu keinen Fluß zu zwingen, in sich haben. Er setzt aber hinzu: „Dergleichen in dem vegetabilischen Reiche nicht statt hat," und zeigt dadurch deutlich, daß er diejenigen Steine, die er Carpolithos nennet, selbst für keine Versteinerungen halte. Daß in den Schriften unserer Vorgänger manches für eine versteinte Frucht gehalten, und mit dem Namen Karpolith beleget wurde, die es nicht war, und diesen Namen nicht verdiente: das darf ich wohl nicht erst weitläuftig beweisen. Büttner l), ob er auch gleich eingestehet, daß vieles für Früchte angesehen werde, das doch im Grunde nichts als ein Stalaktit ist, dabey die Jmagination sehr geschäftig seyn muß: ob er gleich die Melonen vom Berge Karmel, die doch bloße

---

k) Rar. nat. et art. S. 146.   l) Rudera diluvii testes. S. 198. f.

bloße Achatkugeln, oder Steinkugeln sind, und seine Kastanie, die doch ein wahrer Fischzahn ist, zu wahren versteinten Früchten macht, sucht dies alles sogar zu beweisen. Volkmann m), der dieses alles getreulich wiederholet, durch eine zahlreiche Suite, besonders von Schlesischen versteinten Früchten, ergänzet, und gleichwol darunter eine große Menge von bloßen Steinspielen wirft, hat diesen Beweis ebenfalls zu führen gesucht. In Frankreich ist man noch in unsern erleuchteten Tagen geneigt, gewisse Alcyonienarten, die wegen der Aehnlichkeit, die sie mit einer Birn haben, Alcyonienbirn genennet werden, für wirklich versteinte Birnen zu halten. Gleichwol leugnen wir es gar nicht, daß es wahre Karpolithen, oder wirklich versteinte Früchte gebe; davon wir unten, beym Worte Früchte, reden werden.

CARPOLITHUS heißen französisch die versteinten Früchte. S. Früchte.

CARPOLITHUS heißen lateinisch die versteinten Früchte. S. Früchte.

CARPOLITHUS Castanei heißen die versteinten Kastanien. Es sind aber keine Früchte, sondern Fischbackenzähne. S. Kastanien.

CARPOLITHUS conorum arborum, heißen die versteinten Zapfen. S. Früchte.

CARPOLITHUS quercinus heißen die versteinten Eicheln. S. Früchte.

CARPOLITHUS siliquarum heißen die versteinten Hülsen. S. Früchte.

CARTISSAE. S. Herzmuscheln.

CARYOPHYLLES heißen im Französischen die bald folgenden Caryophylliten.

CARYOPHYLLI ist der lateinische Name derselben.

CARYOPHYLLI lapidei ist ein anderer lateinischer Name eben dieses Körpers.

CARYOPHYLLITAE zeiget eben dieses Petrefakt an.

**Caryophylliten**, Nelkensteine, lat. Caryophylli, Caryophylli lapidei, Caryophyllitae, Caryophylloidae, Modioli stellati lapidei, Luid. Helmintholithus Iridis turbinatus limbo pentagono quinque dentato. Linn. französ. Caryophylles, Caryophyllites, Caryophylloides, sind eine Art von den Gelenksteinen des Entrochiten, oder eines mit diesem verwandten Körpers, welche einer Würznelke ähnlich sind, und auf ihrer Oberfläche das Bild des Gelenksteins haben. Eben von dieser Aehnlichkeit mit einer Würznelke haben sie ihren Namen von dem griechischen Worte καρυόφυλλον. Sie kommen in ihrer Bildung den Asterien nahe, unterscheiden sich aber von denselben dadurch, daß sie Stiele haben, welche den Namen der Karyophyllitenstiele führen. Der Ritter Linne n) hat sie sehr ordentlich also beschrieben: Hic statura Caryophylli officinarum, albus, subturbinatus, basi truncatus, margine superne dilatato, intra quem limbus

---

m) Silesia subterranea. S. 146. ff. Tab. XXII. XXIII. XXIV.

n) Systema naturae. T. III. S. 169. der neußen Ausgabe.

limbus ex stella quinquefida, radiis medio longitudinali sulco exaratis; e margine exsurgunt quinque dentes, qui connectuntur apice limbi; inter singulos dentes pori duo sub limbi laciniis." Nach Hrn. Vogels o) Bemerkung haben die Karyophylliten eine , fünf auch sechs Spitzen, und einen Stiel, der unten bisweilen mit einem Sternchen bezeichnet ist. Bisweilen sind Nelkensteine und Asterien an einander gewachsen, aber wie mich dünkt, allemal nur durch einen bloßen Zufall. Denn wenn es gewiß ist, daß der Karyophyllit zum Enkrinitengeschlechte gehöret, so kann keine Asterie mit ihm nothwendig verbunden seyn, welche zum Geschlecht der Pentakriniten gehöret.

Die ausführlichste Beschreibung der Karyophylliten haben wir vom Hrn. Hofrath Walch p) erhalten. Sie ist folgende: „Es sind kleine spatichte Körper, welche eine glocken- oder auch trichterförmige Gestalt haben, so daß deren äußerste Peripherie dabey fünfeckicht ist. Sie haben eine glatte, etwas vertiefte Oberfläche, und auf derselben liegt ein erhabener glatter Stern, der gemeiniglich fünfstrahlicht, selten vier- oder sechsstrahlicht ist, und dessen Spitzen über die untere Peripherie der Glocke etwas hervorgehen. An dem andern Ende, welches bald mehr bald weniger verlängert ist, haben sie eine kolbichte Spitze, auf deren Fläche, wie auf den Trochiten und Asterien, sich gewisse Erhöhungen und Vertiefungen zeigen, auch in der Mitte ein kleines rundes Loch, so wie bey den Asterien. Bisweilen sitzen unten noch einige Glieder daran, und zwar meist eines von derjenigen Art, die wir oben flaschenförmige Trochiten genennet haben."

Einige rechnen die Karyophylliten unter die Judennadeln, wie wir davon am Herrn Lehmann q) ein deutliches Exempel haben. Herr Bertrand r) zählet sie zu den gegliederten Korallen, und Scheuchzer warf sie gar unter die Lapides ombrios. Zu den Zeiten des Hrn. Mylius stunden sie unter der Klasse von Steinen, die man darum Lapides incertae originis hieß, weil man nicht wuste, wohin man sie zählen sollte. Doch kamen auch schon einige der ältern Schriftsteller auf die rechte Spur. Luid und Rosinus, dieser in seinem Lithophylacio, jener in seiner schönen Abhandlung de Lithozois, glaubten, sie wären Theile von gewissen Seesternen. Man muß sich hier nur daran erinnern, daß man sonst den Enkrinit unter das Geschlecht der Seesterne zählte. Man hielt sie folglich für Theile gewisser Enkrinitenarten, dafür sie auch die mehresten halten. Man wird sich davon überzeugen, wenn man folgendes bemerket. Wenn man die Karyophylliten mit ihrem Stiele findet, so siehet man, daß derselbe aus einzelnen Gliedern bestehet. Wo aber der Stiel fehlet, da siehet man ganz deutlich, daß sie unten an der kolbichten

---

o) Praktisches Mineralsyst. S. 236.
p) Naturgesch. der Versteinerung. Th. II. Absch. II. S. 115.
q) Mineralogie. S. 103.
r) Dictionnaire des fossils. T. I. S. 118.

dichten Spitze einen Stiel gehabt haben. Der Körper selbst mit seiner Sternfigur ist augenscheinlich ein bloßer Gelenkstein, der den ungezweifelten Gelenksteinen der Enkriniten, wo nicht völlig gleich kömmt, doch sehr ähnlich ist. Die Spitzen dieses Sterns, welche hervorragen, sind wie bey den Enkriniten die Strahlwurzeln, auf welchem ehedem die Strahlen, welche zusammen genommen den Kopf, den blumenförmigen Aufsatz, oder, wie man es heut zu Tage lieber nennen will, die Krone, gesessen hat. Es fehlet also nur der obere Theil dieses Körpers, der gewiß zu den Enkriniten gehöret.

Man findet aber Karyophylliten mit 4. 5 und sechs Sternspitzen, und das ist ein Beweis, daß es wenigstens dreyerley solche Körper geben müsse, nämlich solche, wo die Blume aus 8, aus 10, und aus 12 Strahlen bestehet. Allein noch zur Zeit hat man keinen ganzen entdecket. Ein einziger würde hinlänglich seyn, den ganzen Streit zu entscheiden, und ohne Zweifel würde der Sieg denen zu Theil werden, welche diesen Körper zu den Enkriniten rechnen.

Man findet die Karyophylliten oft mit ihren Stielen, doch kommen auch ihre Stiele bisweilen einzeln vor. An den meisten dieser Stiele siehet man die einzelnen Glieder, auch nur mit den bloßen Augen. Ein solches Stück liefert das Walchische Steinreich Tab. II. n. 2. c. Bey manchen aber brauchet man ein bewafnetes Auge dazu. Von der Art ist nicht nur der Karyophyllitenstiel im Walchischen System Tab. II. n. 2. d. sondern sie finden sich auch auf eben diese Art bisweilen in meiner Gegend. Diese aber haben im Steinreiche offenbar eine Veränderung erlitten.

Lange s) beschreibet uns drey Arten der Karyophylliten; die erste nennet er: Modiolus stellatus hexagonus, die andere Modiolus stellatus pentagonus, und die dritte Modiolus stellatus tetragonus. Scheuchzer t) thut noch eine vierte Gattung hinzu, die er also beschreibet: Modioli rarissima species stellata quinis radiis a centro ad peripheriam donata, et versus basin foveolis quibusdam rotundis excavata. Diese Gattung hat er in seiner Naturhistorie des Schweizerlandes Th. III. fig. 167. abzeichnen lassen, die zwar in ihrer Hauptbildung den Karyophylliten gleich kömmt, allein die obere Sternfigur weicht gar merklich von der gewöhnlichen Art ab, so wie auch die Löcher im Stiel, der auch stärker als gewöhnlich ist, dieses Stück höchst merkwürdig machen.

Die Karyophylliten werden nur an sehr wenig Orten gefunden. Scheuchzer berichtet uns, daß sie auf dem Ldgerberg in der Schweiz selten, häufig aber auf den Randen gefunden würden; und Kayßler berichtet u), daß sie

---

s) Histor. lapid. figurat. Helvet. S. 66.
t) Museum diluvian. n. 1020. Naturhist. des Schweizerl. Th. III. S. 330.
u) Neueste Reisen. S. 995.

sie auch bey Saffuoli gesammlet würden.

Zeichnungen von den Karyophylliten haben geliefert: Walch systemat. Steinreich Tab. II. n. 2. c. d. Scheuchzer Naturhistorie des Schweizerl. Th III. fig. 164—167. Rosinus de Lithozois Tab. III. Bourguet Traité des petrificat. Tab. XIII. fig. 73—78. und Lange Histor. lapid. figurat. Helvet. Tab. XIX. fig. 1. 2.

Dieser Körper, den wir bisher beschrieben haben, ist von den Schriftstellern mit dem Namen der Karyophylliten belegt worden, ob sie gleich den Körper selbst bald zu diesen, bald zu einem andern Geschlechte gerechnet haben. Aber Herr Guettard hat das Wort Caryophyllites in einer ganz andern Bedeutung genommen v). Er beleget mit diesem Namen einige Korallarten, nämlich die sogenannten Madreporas simplices turbinatas Linn. und die Pantoffelsteine des Hrn. Baron von Hüpsch; die wir an ihrem Orte beschreiben, und von denen wir zeigen werden, daß sie unter die Anomiten, oder unter die zweyschaligen ungleichschaligen Muscheln gehören. Ohnerachtet es sich Herr Guettard zum Verdienste anrechnet, daß er die alte unrichtige Terminologie in der Versteinerungskunde aufheben, und statt ihrer eine neue bessere einführen will; so ist doch wirklich sein Verdienst mehr Einbildung, als Wahrheit. Hier haben wir ein Beyspiel von der großen Verwirrung, in die er die Freunde der Lithologie stürzet. Ein bekannter Name, wenn er auch die Sache nicht sogar genau bezeichnete, ist allemal besser, als ein neuer zweydeutiger Name, und die Sache gleichwol nicht hinlänglich ausdrückt. Gesetzt, man könnte sich unter den Madreporis simplicibus turbinatis und einer Würznelke eine Aehnlichkeit vorstellen, wo will man sie bey den Pantoffelsteinen finden, wenn man sie auch nur in Kupfer siehet? Ich bitte hier meine Leser, des Freyherrn von Hüpsch neue in der Naturgeschichte des Niederdeutschlands gemachte Entdeckungen, einiger seltenen und wenig bekannten Schalthiere, Frankfurt und Leipzig 1768. aufzuschlagen, und damit die beyden ersten Kupfertafeln zu vergleichen, um mir beyzufallen.

CARYOPHYLLITES heißen im Französischen die jetzt beschriebenen Karyophylliten. Was Hr. Guettard mit diesem Worte für einen Begriff verbinde, das ist kurz vorher bemerket worden.

CARYOPHYLLOIDES ist ein Name der vorher beschriebenen Karyophylliten, welcher in der lateinischen und französischen Sprache zugleich gebräuchlich ist.

CARYSTIUS lapis heißt der Bergflachs, weil er bey der Stadt Karistia ist gegraben worden. S. Bergflachs.

CASCIASOLANUS lapis wird der Bononiensische Stein genennt, weil der Erfinder desselben Kas-

---

v) Memoires sur differentes parties des sciences et arts T. II. in der zwölften Abhandlung.

ciaſolanus geheißen hat, wie Leſſer w) berichtet. S. Bononienſiſcher Stein.

Cassides werden im Lateiniſchen und Franzöſiſchen die Sturmhauben genennet. S. Sturmhauben.

Cassides ſind beym Klein ein Geſchlecht von Seeigel, davon er x) folgende Urſache anführet: Nos hujus claſſis Sectioni II. Caſſides inſcribimus, quod plerumque Caſſidem Alexandri Magni in Gemma Livii Odeſchalchi ap. Montfaucon all. l. p. 41. Tab. XIX. n. 1. aemulantur." Sie ſind ihrer äußern Geſtalt nach länglich rund, und haben bey der Grundfläche eine kurze ſtumpfe Spitze. Hr. Hoſr. Walch y) beſchreibt ſie alſo: „Sie ſind konvex erhaben, oft klein warzicht, meiſt aber mit Gängen und Linien verſehen, die bald punktirt, bald mit Warzen beſetzt ſind. Zwiſchen den Gängen ſind ſie meiſt zart getäfelt. Sie kommen mit den eyförmigen erhabenen faſt in allen überein, nur daß dieſe nichts von einer ſtumpfen Spitze haben. Iſt dieſe, zumal bey etwas abgeſchärften Steinkernen, nicht ſichtbar, ſo geſchiehet es oft, daß ſie mit den eyförmigen erhabenen verwechſelt werden. Die Mundöffnung haben ſie nicht in der Mitte, ſondern auf der Seite der Grundfläche; die Abführungsöfnung iſt auch baſelbſt, aber jener gegen über, da, wo die Grundfläche ſtumpfſpitzig iſt." Sonſt heißen ſie auch Echinoſoryten, Galeae, Galeolae, Echinitae cuſpidati, und Echiniti galeati. Zeichnungen von dieſer Echinitenart liefern: Klein l. c. Tab. XV. XVI. XVII. a. b. Rundmann rar. nat. et art. Tab. V. fig. 9. ob er ſie gleich S. 95. unvollkommen genug beſchreibt.

Cassides lapidei iſt ebenfalls ein Name der Sturmhauben, der ſonderlich die Verſteinerungen deſſelben angehet.

Cassides laeves & aſperae nonnullae werden von einigen die Muriciten genennet, die ſich doch von ihnen deutlich genug unterſcheiden, und daher keinen gemeinſchaftlichen Namen führen ſollten. S. Muriciten.

Cassidicae cochleae heißen ebenfals die Sturmhauben. S. Sturmhauben.

Caſſiditen, lat. Caſſides, Caſſides lapidei, Caſſidiformes cochleae, Caſſidicae cochleae, franz. Casques, Caſſides, Caſſidites, holl. Kaskerten, Kesket-Zoort, verſteende Stormhoeden werden die Sturmhaubenſchnecken genennt. S. Sturmhauben.

Cassidites heißen im Franzöſiſchen dieſe Sturmhauben.

Castanea petrificata heißen die Kaſtanien, von denen wir nun gleich reden werden.

Caſtanien, lat. Caſtanea petrificata, Caſtanites, Carpolithus caſtanei, ſind Steine oder Verſteinerungen, die man ehedem fälſchlich für wirklich verſteinte Kaſtanien gehalten hat. Die Verſteinerung einer Kaſtanie iſt keine unmögliche Sache, zumal da man weit ſaftigere Früchte, derglei-

---

w) Lithotheologie. S. 161.
x) Natural. diſpoſit. Echinodermat. S. 26. ſ. §. 59.
y) Naturgeſchichte der Verſteinerungen. Th. II. Abſchn. I. S. 161.

dergleichen die Ananasfrucht des Herrn Davila ist, in der Versteinerung hat. Aber ob diejenigen Stücke, welche die Schriftsteller unter dem Namen der Kastanien oder Muskatennüsse anführen, dergleichen sind? Das ist eine ganz andere Frage. Verschiedener Gattungen derselben gedenket Rundmann z); allein, es ist sehr zu vermuthen, daß viele derselben bloße Tropfsteine vorstellen. Diejenigen, welche wahre Versteinerungen heißen, sind doch keine wahre Kastanien. Büttner, der eine solche vermeintliche Frucht in Querfurth entdeckte, machte sie bekannt a), und bekam eine Menge Anhänger, die alle von versteinten Kastanien schwatzten. Man fand nach der Zeit mehrere von solchen Versteinerungen, und da man sie genauer untersuchte, so fand man, daß es Osteolithen waren, welche unter die Fischbackenjähne, und zwar unter diejenigen gehören, die man Bufoniten zu nennen pfleget. Schon Brückmann sahe das ein, und in unsern Tagen ist es eine allgemein angenommene Wahrheit. Desto mehr ist es zu bewundern, daß die ganz neuen Verfasser der Onomatologie b) solch alt verworfenes Zeug nachschwatzen, da man das Knochenartige in diesen Versteinerungen mit den Augen sehen kann, wenn man auch keine Gelegenheit hätte, eine chymische Probe davon zu sehen. Ihre Worte sind diese: „Dies ist eine Verhärtung von einem Stein, welcher die Gestalt einer Kastanie angenommen hat, oder auch etwan wirklich eine solche versteinerte Frucht ist.“ Daß sie aber wirklich von solchen Kastanien reden, die wir hier meynen, das erhellet daher zur Gnüge, weil sie gleich darauf den Brückmann anführen, der sie für Backenzähne eines Fisches halte.

CASTANITES heißen nicht nur die vorher bemerkten Fischbackenzähne, die man fälschlich für Kastanien hielt; sondern auch das versteinte Holz vom Kastanienbaume, wird mit diesem Namen belegt. S. Holz.

CASTITATIS gemma wird der Smaragd genennet, weil man von ihm ehedem glaubte, daß er in Stücken springe, wenn er von einer unkeuschen Person berühret würde c). S. Smaragd.

CATENULAIRE heißet im Französischen der Kettenstein, eine Art versteinter Korallen. S. Kettenstein.

CATOCYSTI heißen beym Klein diejenigen Seeigel, welche ihre Abführungsöfnung unten auf der Grundfläche haben. Das Wort kömmt aus dem Griechischen her von κάτω infra, und κύστις anus. S. Echiniten.

CAUDAEFORMIS lapis, Caudae animalis fossilis fragmentum, versteinte Thierschwänze, sind Versteinerungen, die sich sonderlich in der Schweiz befinden, und welche die Gestalt eines Schwanzes haben. Scheuchzer gedenket ihrer in seinen Alpenreisen, und

---

z) Rar. nat. et art. S. 145. coll. Tab. IX. fig. 2. 3.

a) Rud. diluv. testes. S. 101. coll. tab. XIIX. fig 1.

b) Onomatolog. histor. nat. T. II. S. 673.

c) S. Lessers Lithotheol. S. 1184. Onomatolog. histor. nat. l. c.

und meldet von ihnen, daß sie sich allemal nur in Fragmenten finden, und höchstens zween Zoll lang und einen Zoll breit sind. Sie haben tiefe bogenweise laufende, und in die Quer gehende Streifen, die auf zwoen entgegen gesetzten Seiten in einen Rand zusammen laufen. Ein jeder dieser Streifen ist wiederum mit vielen sehr zarten, neben einander laufenden Linien bezeichnet, deren einige mitten auf dem Rücken der Streifen einen Winkel machen, andere aber in einem Bogen gerade in die Quere laufen. Nach der ganzen Länge herunter gehet auf beyden Seiten eine Vertiefung, die einem Spalt gleich ist, und den Körper gleichsam in zween Theile theilet. Durch ihre Mitte hindurch gehet eine Oefnung, die aber allezeit mit einer steinichten Materie ausgefüllet ist. Sie gehen in eine stumpfe Spitze aus, sind ein wenig platt gedruckt, auf der einen Seite gewölbt, auf der andern ausgehöhlt d). Das ist die Beschreibung, die uns Scheuchzer von diesen Steinen macht. Aber was ist von dieser Versteinerung zu halten? Sind es wirkliche Thierschwänze? oder wofür hat man sie sonst zu halten? Es scheinet, als wenn diese Versteinerung mit einem Thierschwanze nichts gemein hat, als den gliederförmigen Bau, und die allmälige Abname der Glieder. Schwerlich sind sie also das, wofür sie Scheuchzer ausgiebt; ich muthmaße vielmehr, daß es Fragmente von Orthoceratiten sind. Das giebt besonders das Loch zu erkennen, welches in der Mitte hindurch geht, und welches ohne Zweifel der Sipho ist. Die einzelnen Glieder sind die Konkamerationen, welche durch die bogenweise laufende Streifen angedeutet werden.

Cenchrites heißet der Roggenstein, wenn die Eyer von der Größe des Hirsens sind. Das Wort kömmt her von κύγχος der Hirsen. S. Roggenstein.

Cerachat, lat. Cerachates; fr. Cerachate, wird der Achat genennt, der eine gelbe Farbe hat, die dem Wachse gleichet. Wir finden diesen Namen schon bey den Alten, so wie die mehresten Namen, die man von den Achaten lernen muß, von ihnen herkommen. Sie sahen dabey bald auf die Farbe, bald auf die Bestandtheile, bald auf einige zufällige Beschaffenheiten. Das war eben der Grund, daß sie diese Art Kerachat nannten, weil er gelb, oder wachsfarbig war. S. Achat.

CERACHATE heißet im Französischen dieser wachsfarbige Achat.

CERACHATES ist der lateinische Name desselben.

CERATITAE heißen die bald folgenden Ceratiten.

CERATITE ist der französische Name derselben.

Ceratiten, Koralinische Widderhörner, Hörnersteine, lat. Ceratitae, Fragmenta Hippuritorum, quae Cornua referunt Waller. franz. Ceratite, holl. Hippuriten gelykende zeer naau kromme

---

d) Siehe die Onomatologie, T. II. S. 708.

kromme Osse-hoorns e), sind einzelne Theile der Hippuriten, welche viele Aehnlichkeit mit einem Horne überhaupt, und mit dem Horne eines Widders insonderheit, haben. Lesser f) beschreibt sie also: „Sie sind von einem breitern Fuße, und steigen wie ein mathematischer Kegel in eine Spitze in die Höhe, entweder in gerader Linie, und glatt, oder etwas krumm gebogen, wie ein Bockshörnchen. Sie haben ihre Absätze, welche sie als runde Zirkel, gleichsam als Jahrwachse, umschlüßen, und sind der Länge nach gestreifet. Sie kommen dem Asiatischen Seekorall, welches den Namen Polonglant, oder Seemutternelken, führet, sehr gleich." Es sind eigentlich die untern Theile der einzelnen Hippuriten, da der obere Theil ein Korallbecher genennet wird. S. Hippuriten.

Wallerius g) hat von ihnen zwo Untergattungen, die er folgendergestalt benennet und beschreibet:

1. **Gerade Korallinische Widderhörner**, Fragmenta Hippuritorum, quae cornua recta minora referunt; Ceratitae recti, Fungitae, sind von einer geraden kegelförmigen Gestalt, den kleinern geraden Widderhörnern gleich; sie sind auswärts entweder glatt oder streifig, und an dem breitern Ende zuweilen ausgehölt, und streifig oder sternartig, zuweilen dichte.

2. **Krumme Korallinische Widderhörner**, Fragmenta Hippuritorum corallinorum, quae cornua incurvata referunt, Ceratitae incurvati, sind von einer gebeugten Kegelgestallt, gleichen größern oder kleinern krummen Widderhörnern, sind auswärts meist streificht; bestehen aus einem oder mehrern dicht zusammen gefügten Absätzen, welche den Jahrstreifen an den Hörnern gleichen; sind mehrentheils an dem breitern Ende ausgehölt und strahlicht.

Wenn noch Herr Wallerius anmerket, daß beyde Arten der Ceratiten oft in einander stecken, und daraus schlüßet, daß es solchergestallt zerstückte korallinische Hippuriten sind; so setzt dieses voraus, daß die ganzen Hippuriten aus lauter einzelnen Hippuriten bestehen müssen. Ist dieses, wo kommen denn die Korallenbecher, die Korallinischen Säulchen, und die Korallinischen Hundskürbiswurzeln hin, die doch auch als Theile der Hippuriten anzusehen sind? Herr Hofrath Walch hat sich darüber besser erklärt, wie wir unten beym Wort Hippuriten sehen werden.

Der vorzüglichste Sammelplatz dieser Ceratiten ist Gothland, wo sie ziemlich häufig, und wie man daraus leicht vermuthen kann, in mancher Verschiedenheit angetroffen werden. Lesser meldet davon am angezogenem Orte folgendes: „Ich besitze unterschiedene aus Gothland. Das eine ist kurz, glatt und unten ziemlich breit, in dem unters-

---

e) Ich muthmaße, daß diese Hippuriten, welche einem krummen Ochsenhorn nahe kommen, davon wir den obigen Namen in dem Museo Chaisiano S. 101. gefunden haben, nichts anders als unsere Ceratiten sind.
f) Lithotheologie. S. 733.
g) Mineralreich. S. 443.

untersten Grunde, worauf es stehet, hat es tiefe Reifen, welche vom Umfang nach dem Mittelpunkt: auslaufen. Ein anderes besitze ich, so dem vorigen ziemlich gleich kömmt, außer, daß es die Länge hinauf zarte Streifen hat, welche auf dem Boden tief sind, und nach einem erhöheten Mittelpunkte laufen. Beyde haben keine Absätze, so dem Jahrwachs gleichen; hergegen habe ich ein längeres gekrümmtes Horn, welches fünf Absätze hat, zwischen welchen sich zarte Linien die Länge hinauf ziehen.

Zu Dollendorf in der Eifel werden ebenfalls Ceratiten gefunden, doch mehrmalen die krummen, als die geraden. Wir haben von der Güte des Hrn. Baron von Hüpsch zu Köln am Rhein eine Anzahl solcher Versteinerungen, die hinlänglich ist, einen vorläufigen Begriff von ihnen zu geben. Sie kommen mit der Beschreibung des Herrn Wallers sehr genau überein, außer daß wir noch dieses hinzu zu thun für nöthig befinden. Meistentheils sind sie ganz hohl, obgleich ihre Höhlung allemal mit einer fremden Materie ausgefüllet ist, in welcher sich oft kleinere Ceratiten in einer unordentlichen Lage befinden. Bisweilen haben sie unten eine Sternfigur, da scheinet es mir aber, als wenn dergleichen Stücke das erste Glied eines ganzen Hippuriten ausgemacht hätten. Sie haben mehrentheils Streifen, welche bey einigen ganz subtil, bey andern stärker sind. Einige haben ein bloßes steinartiges, andere aber ein spatartiges Wesen angenommen, welches bey manchen die Farbe einer calcinirten Konchylie hat. Bey allen aber siehet man es ganz deutlich, daß sie keine blossen Steinkerne sind, sondern noch ihre natürliche Schale haben.

Manche Schriftsteller haben sie Columellos genennt, aber diese Benennung ist falsch, da diese Columelli zwar auch als Theile der Hippuriten anzusehen, aber etwas ganz anders als die Ceratiten sind. S. Säulen (Korallinische).

Zeichnungen von diesem Ceratiten liefern: Brückmann Thesaurus subterran. ducat. Brunsvic. Tab. IV. Büttner Coralliographia Tab. II. coll. S. 23. 24. *Hermann* Maslographia P. II. Tab. XI. fig. 50. 52. 54. 55. 56.

C*eratites* ist ebenfalls ein lateinischer und französischer Name der vorher beschriebenen Ceratiten.

C*eratoides* ist eine Benennung, welche Agrikola den Ammonshörnern giebt. Der Name kömmt von dem griechischen Worte κέρας ein Horn her, und daher scheinet es, als wenn Agrikola dabey auf die Aehnlichkeit gesehen habe, die diese Schnecke mit einem Horn hat. Doch diese Benennung ist viel zu unbestimmt, und ließ sich auf alle Steine und Versteinerungen ausdehnen, die eine Aehnlichkeit mit einem Horn hätten. Andere Schriftsteller machen dies Wort zum Grunde von Benennungen, damit sie andere Schnecken belegen. Denn so nennet Scheuchzer die Lituiten, die er ohne Zweifel

Zweifel nicht kannte, Ceratoides articulatos.

**Ceratolithen,** lat. Ceratolithi, Cornua animalium petrificata, fr. Ceratolithes, holl. versteende Hoorns, werden die versteinten Hörner und Geweyhe genennet. Das Wort kömmt her von χέρας ein Horn, und λίθος ein Stein. Man rechnet auch dazu das Vnicornu fossile, welches wir an seinem Orte beschreiben werden. S. Einhorn.

Die Hörner sind im Steinreiche eben keine sogar große Seltenheiten, sie müssen aber theils ihrer Beschaffenheit nach, wie sie nämlich vor dem Uebergange in das Steinreich beschaffen waren; theils ihrer Beschaffenheit nach, wie sie sich uns im Steinreiche darstellen, betrachtet werden. In ihrem natürlichen Zustande sind sie entweder gerade, oder gekrümmt, entweder gewunden, oder mit Zacken und Enden versehen. Wenn man daher die Hörner kennt, wie sie in der Natur sind, so wird man sich auch im Steinreiche leicht helfen können, und so leicht keinen Fehltritt begehen, wenn man auch nur einzelne Fragmente finden sollte. Im Steinreiche finden sich die Hörner auf eine vierfache Art: „Einige, sagt der Herr Hofrath Walch h), haben fast gar keine Veränderung erlitten, andere auch, sind aber mit einer vesten tophartigen Rinde überzogen. Noch andere sind kalciniret, und haben den Namen Vnicornu fossile, wovon unten mit mehrern gehandelt werden soll. Endlich giebt es auch welche, die in eine wahre Versteinerung übergegangen. Diese, wenn sie sich zumal wohl erhalten haben, sind die schönsten, aber auch die seltensten." Man trift häufige Beyspiele davon in den Schriften an, welche am angezogenem Orte der Walchischen Naturgeschichte angeführet sind; die man in Herrn Schulzens Nachricht von großen Knochen und Hörnern i) vollständig aufgezeichnet findet. Man wird es mir daher zu Gute halten, wenn ich nur ein Paar Beyspiele davon berühre. Das zu Quedlinburg ausgegrabene Thier, welches auf der Mitte seiner Stirn ein dickes langes Horn zeiget, hat Otto Gericke k) zuerst beschrieben, und der große Leibniz l) hat dessen Angedenken erneuert. In dem Topfsteine zu Kindelbrück, werden nach Büttners m) Zeugnisse öfters Köpfe von Rindern sammt den Hörnern, oder Ziegenköpfe mit ihren zurückgebogenen Hörnern angetroffen. Eben dieser Büttner giebt von einem Thiere Nachricht, welches man bey Gatterstädt ausgegraben hatte, wovon Herr Büttner einen Theil des Hirnschädels, an welchem noch ein Stücke vom Horn war, empfieng. Herr Prof. Vogel n) bemerket überhaupt, daß man verschiedene versteinte Hörner und Klauen in der Baumannes und Scharzfelser Höhle, in den Querfurtischen Marmorbrüchen, und in einer

---

h) Naturgeschichte der Versteiner. Th II Abschn. II Kap. X. S. 175.
i) Im Dresdner Magazin, II. Band, S. 219.
k) Libro de vacuo.
l) Protogaea. S. 64. coll. Tab. XII.
m) Rud. diluv. testes. S. 219.
n) Praktisches Mineralsystem. S. 206.

einer Helvetischen Steingrube bey Regenweilen, und dem Dorfe Roth, finde. Das zu Lanfashire ausgegrabene Haupt eines Hirsches mit seinem Geweyhe beschreibet Lesser o) sehr genau; welcher zugleich von einem sogenannten Ende eines solchen Geweyhes, das ein gewisser Bergbedienter in Eisleben besaß, und von einem Fragment eines Endes, das er selber besaß, Nachricht giebt. Herr Hofrath Heydenreich zu Weimar besitzt ein kalcinirtes Ende eines Hirschgeweyhes, welches im Tophsteinbruche bey Weimar ist gefunden worden. Es ist in vier einzelnen Stücken ausgegraben worden. Die zerbrochenen Stücke passen nicht genau zusammen, es sind also einige Stücke von den Zwischentheilen verlohren gegangen. Gleichwol betragen diese vier Stücke zusammen gelegt eine Länge von 12½ Zoll, daher das ganze Geweyh von einer Größe vom ersten Range gewesen seyn muß.

Ceratophyta heißen die bald folgenden Ceratophyten.

Ceratophyta reticulata, Ceratophyta retiformia. S. Netzförmige Ceratophyten.

**Ceratophyten,** Korallholz, versteinte Gorgonien und Antipathes, versteinte Seefächer, lat. Ceratophyta, Keratophyta, Lithoxyla, Coralliti Keratophyti fruticosi retiformes, Corallia origine cornea, tenuiora ramosa Wall. fr. Ceratophytes, Keratophytes, holl. Zee-Wayer versteend, Zee-Leer versteend, sind unter den weichern pflanzenähnlichen Seegeschöpfen diejenigen hornartigen Gewächse, welche wie Bäume und Sträuche zu wachsen pflegen. Das Wort kömmt her von κέρας, ein Horn, und φυτόν eine Pflanze, weil diese Meerpflanzen entweder hornartig aussehen, oder sich wie ein Horn biegen lassen.

Herr Wallerius p) nennt die Ceratophyten, Korallholz, und giebt davon folgenden Begriff: „Sind ganze und schmale, doch hohe und ästige Korallarten; in seinem Anfange von solcher Beschaffenheit als Horn, mitten zwischen Stein und Holz." Weitläuftiger beschreibet sie der Herr Hofrath Walch q), der sie unter die weichen pflanzenartigen Seegeschöpfe rechnet: „Es sind hornartige Seegewächse, wie Bäume und Sträucher, mit Stamm, Aesten und Zweigen, von mannichfaltiger Stellung und Lage. Das Hornartige bestehet aus übereinander liegenden zarten Lamellen, die von einem faserichten Gewebe sind, daher auch diese Ceratophyten auf der Oberfläche ihrer Aeste zarte Streifen haben. Ihr Grundboden bestehet aus einem breiten Stück von gleicher Substanz, und ist dasselbe auf den Stein, worauf der Ceratophyt gewachsen, wie vest angeleimet. Diese Ceratophyten sind mit einer zelichten porösen, kalkichten Kruste überzogen, in welchen gewisse blumenförmige Polypenarten ihren Sitz und Wohnung haben. In ihrem natürlichen Zustande

---

o) Lithotheologie. S. 596. 598.
p) Mineralreich. S. 448.
q) Naturgeschichte der Versteiner. Th. II. Abschn. II. S. 34.

ſtande ſind ſie mit ein Hauptgeſchlecht der Zoophyten, und man glaubt, daß auch ſogar die hornartige Subſtanz unter der Kruſte kein vegetativiſches, ſondern animaliſches Wachsthum habe, und ſich zu der Kruſte, wie die Knochen des menſchlichen Körpers zu Haut und Fleiſch, verhalte. Eben daher wird dieſe Kruſte bey den Ceratophyten für etwas Weſentliches gehalten, ſonderlich von Herrn Pallas, allein Herr Müller macht in ſeinen Anmerkungen zu den Knorriſchen Deliciis naturae ſelectis dagegen verſchiedene Erinnerungen, und behauptet zuverſichtlich, es gäbe Meeresgegenden, wo die Ceratophyten gar keine Kruſte hätten." In der Onomatologie r) befindet ſich eine weitläuftige Abhandlung von den Ceratophyten, daraus wir folgende Beſchreibung derſelben entlehnen: „Betrachtet man dieſe Geſchöpfe mit einem nur in etwas aufmerkſamen Auge, ohne noch das geſchärfte eines Zoologen zu gebrauchen, ſo bemerkt man, daß ſie ihrer Geſtallt nach eine große Gleichheit mit den ſtaudichten Pflanzen beſitzen, daß ihre Grundlagen wirkliche Wurzeln vorſtellen, durch welche ſie ſich an dichte Meerkörper beveſtigen, daß ſie einen Stamm haben, von welchem Zweige in verſchiedener Richtung entſtehen; bey einigen ſteht man, daß dieſe ſehr deutlich, und in viele andere kleine und abgeſonderte Zweige abgetheilet ſind, da man ſie hingegen bey andern ſo in einander geflochten antrift, daß ſie mehr ein netzförmiges Gewebe ausmachen; dieſe verſchiedene Geſtallt iſt es, daß man den Ceratophyten in den natürlichen Sammlungen bald die Namen der Meerfedern, bald der Windweher, bald anderer Dinge, beylegt, welche mit ihrer Bildung übereinkommen." Eben daſelbſt werden auch die verſchiedenen Gattungen der Ceratophyten angeführet und deutlich beſchrieben, welche wir aber übergehen, weil es nur natürliche Körper betrift.

Herr Bertrand s), und Herr Wallerius am angeführten Orte ſeiner Mineralogie bringen die Ceratophyten unter drey Geſchlechter, die ſie alſo beſchreiben:

1. Knotichtes Korallholz, Keratophyton retiforme.
2. Zweigichtes Korallholz, Keratophyton fruticoſum.
3. Koralliniſches Heydekraut, Keratophyton ramoſiſſimum forma ericae.

Herr Hofrath Walch aber macht nur zwo Gattungen. Die erſte nennet er netzförmige Ceratophyten, darunter er das knotichte Korallholz verſtehet. Das ſind die Seefächer der Holländer, welchen Namen ſie darum führen, weil ſie wie ein aufgemachter Fächer dünn, flach und unten ſchmal, oben aber breit ſind. S. Netzförmige Ceratophyten. Dieſe netzförmige Ceratophyten nennen Wallerius knotichtes Korallholz, Gesner Coralliites Keratophyti retiformis t). Herr Bertrand am angezogenem Orte: le Keratophyte réticulé,

---

r) Onomatol. hiſtor. natur. T. III. S. 343. f.
s) Dict. des foſſils. Tom. I. S. 276.
t) de petrificatis. S. 28.

réticule, ou en réſeau, und die Holländer Zee-Waayer, Seeſächer Zee-Leer. Sie kommen im Steinreiche überaus ſelten vor, zumal wenn ſie ganz ſind. Die vorher angeführten Schriftſteller reden von ganzen Petrefakten dieſer Art, zu welchen wir noch zwey Stück aus holländiſchen Verſteinerungsnachrichten hinzuthun können. Das eine iſt das ſogenannte Lithophyton flabellum veneris, welches unter dem Namen Zee-Waayer verſteend in dem Muſeo van Dishoekiano S. 3x. vorkömmt. Das andere führet den Namen Zee-Leer, und wird in dem Muſeo van der Miedeniano S. 34. angeführt. Beynahe noch öfter findet man bloße Fragmente von denſelben, nämlich einzelne Stücke von dem netzartigen Ceratophyten auf Schiefern: einzelne Stücke von dem Ceratophytenſtamme, und ganze und einzelne Stücke von ihrer Wurzelfläche.

Die andere Gattung der Ceratophyten nennet Hr. Hofrath *Walch* zweigichte Ceratophyten, die freye Aeſte und Zweige haben, oder die durch kein ſa dichtes Netzgewebe zu einer Fläche mit einander verbunden ſind. Dieſe bringt er in zwo Untergattungen. In ſolche, die wenige dünne, aber dabey lange und ruthenförmige Zweige und Nebenzweige haben  Das iſt das zweigichte Korallholz des Herrn *Wallerius*, welches *Gesner* l. c. Corallites Keratophyti fruticoſi, und Herr *Bertrand* ebenfalls am angezogenen Orte le Keratophyte rameux ou en forme de Branches d' arbre, nennen. Ferner in ſolche, die ſich wie Büſche und Sträuche in ſehr viele Aeſte, Zweige und Nebenzweige theilen. Das iſt das *koralliniſche Heydekraut* des Herrn *Wallerius*, welches Herr *Bertrand* le Keratophyte entortillé de bruyère ou de buiſſon genennet hat. Daß ſich die erſte Art, nämlich das zweigichte Korallholz auch im Reich der Steine finde, das bezeugt Hr. *Bertrand* ausdrücklich, der es aus der Grafſchaft Neufchatel erhalten hat. Allein in Anſehung des koralliniſchen Heydekrauts tragen wir noch billig Bedenken, ob es vorhanden ſey? Hr. *Bertrand* beruft ſich auf Herrn *Kundmann*; allein dieſer Schriftſteller hält ſein ſchönes Beyſpiel ſelbſt nur für inkruſtirt, dabey ihm ohne Zweifel unbekannt war, daß es eine natürliche Kruſte wäre, und daß folglich der ganze Körper gar nicht in das Steinreich gehöre u).

Wir werden unten bey den Korallen, zu welchen die Ceratophyten, wenn man das Wort Korallen in ſeiner weitläuftigen Bedeutung nimmt, gehören, anmerken, daß man ihnen heut zu Tage ein animaliſches Leben beylegt. Eben das behauptet man von den Ceratophyten. Man glaubte anfänglich, ſie wären natürliche Seepflanzen, die ein bloßer Seetophus überzogen hätte. Allein man will nachher gefunden haben, daß in dieſem vermeinten Seetophus wirkliche Polypen wohnen. Man hielt alſo die tophartige Kruſte für ein

*Werk*

---

u) Rar. natur. et artis. S. 160. f. coll. Tab. X. Fig. 1.

Werk der Polypen, die innre Pflanze aber für eine wahre Pflanze. Endlich gieng man noch weiter, und legte der ganzen Pflanze ein animalisches Leben bey. Die Verfasser der Onomatologie haben dies am angeführten Orte ausführlich zu erweisen gesucht.

Die Ceratophyten gehören unter die seltensten Versteinerungen, bey welchen sogar bloße Fragmente im großen Werthe sind. Sie werden auch nur an sehr wenig Oertern gefunden. Bey den pohlnischen Salzgruben zu Wielicska und Bochnien, in der Grafschaft Neuschatel, und in dem Pösneckischen kommen sie zuweilen vor, höchst selten aber in ganzen Stücken. Sie werden auch in Italien und bey Plauen gefunden.

In meiner lithologischen Bibliothek kommen S. 187. verschiedene Schriftsteller vor, die von den Ceratophyten gehandelt haben.

Zeichnungen liefern:

1. Von dem Original der Ceratophyten: Marsigli Histoire physique de la Mer. Tab. XIX. fig. 83. 84. Tab. XX. fig. 89. 94. Tab. XXI. fig. 97. Ellis Naturgeschichte der Korallarten, Tab. XXVI. Olearius Gottorfische Kunstkammer Tab. XXXV. n. 1. Rundmann rar. nat. et artis. Tab. XX. fig. 1.

2) Von versteinten Ceratophyten: Knorr Samml. der Merkwürdigk. der Natur, Th. II. Tab. F. VII. a. *. fig. 3. Tab. F. VII. b. *. Walch systematisches Steinreich, Tab. XXIII. n. 2.

Rundmann rar. nat. et artis Tab. XII. fig. 3.

CERATOPHYTES heißen französisch die vorher beschriebenen Ceratophyten.

CERAUNIA, Ceraunitae, Donnersteine, franz. Ceraunites, holl. Donder-Steene, werden die Donneräxte und Donnerkeile, von einigen die Echiniten, und noch von andern die Belemniten genennet. Das Wort kömmt her von dem griechischen Worte κεραυνὸς der Blitz, weil man ehedem glaubte, daß alle diese Steine mit dem Blitz auf die Erde geschleudert würden. S. Donnerkeile, und Donneräxte. Was die Echiniten anlangt, so sagt Boëtius von Boodt v), daß sonderlich diejenigen Seeigel, welche glatt sind und keine Erhöhungen haben, Ceraunia genennet würden. Er unterscheidet mit vielen Alten diese Art von Seeigel von einer andern, die sie Brontias nenneten, und die wir unter diesen Namen schon vorher beschrieben haben. Was die Belemniten anlanget, so versichert Stobäus w), daß man nur den größten Belemniten den Namen Ceraunites gegeben hätte, da die Schwarzen den Namen Coracias führten, und beruft sich dabey ebenfalls auf den Boodt.

CERAUNITAE. S. Ceraunia.

CERAUNITES ist der französische Name der Donnerkeile, der Echiniten und der Belemniten. S. Ceraunia.

CEREBRITES fossiles heißen im Französischen die Mäandriten. S. Mäandriten.

Ceylo-

---

v) Histor. Gemmar. et lapid. Cap. 264.
w) Opuscul. S. 195. Si admodum grandis fuerit, Ceraunitis adpellatur.

**Ceylonischer Kayſtein,** holl. Ceyloonſe Keiſteen of Keyen, iſt ein Kryſtall, oder vielleicht mit mehrerem Grunde ein durchſichtiger Kieſel, der auf der Inſul Ceylon gefunden wird, und der in den Augen der Kenner in ſehr großem Werthe ſtehet. Brückmann x) meldet aus Chriſtoph Schweizers oſtindiſchen Reiſen, daß man zu Ceylon die Kryſtalle an allen Orten finde, daß man daher in Gefahr komme, ſeine Füße zu beſchädigen, und daß ſie bald in großen, bald in kleinern Stücken gefunden würden. Nirgends aber giebt er uns davon eine hinlängliche Beſchreibung. Mir iſt es glaublich, daß dieſer Kayſtein für andern Kryſtallen klar, rein und hart iſt, und das wird ihm auch wohl ſeinen Werth in den Augen der Kenner geben. Den Namen Ceyloniſch hat er von der Inſul Ceylon. Der Name Kayſtein kömmt in den holländiſchen Sammlungen oft vor; und bedeutet einen Kieſel oder Kieſelſtein. Es kann ſeyn, daß die Holländer die Erfinder dieſes Namens ſind. Kei of Key, Keiſteen, Keyen kömmt vor in dem Muſeo Chaiſiano S. 103; Keytjes, franz. Petits Cailloux, kleine Kieſel, in dem Muſeo Leerſiano S. 190; Ceyloonſe Keiſteen of Keytjes, Ceyloniſche Kieſel, in dem Muſeo van der Miediano S. 44; Aegyptiſe Key-Jaspis, fr. Pierre d'Egypte, egyptiſcher Kieſel, in dem Muſeo Leerſiano, S. 183; Bruyne Aegyptiſe gearboriſeerde Jaspis-Key, fr. Jaspe de Caillou Egyptien arboriſé, brauner egyptiſcher Baumſtein, in dem Muſeo Chaiſiano, S. 104.

**Chair foſſile,** heißt franzöſiſch das Bergfleiſch. S. Bergfleiſch.

**Chalcedon.** S. Calcedon.

**Chalcedonachat.** S. Calcedonachat.

**Chama montana, Vater Noah Muſchel, Arche Noah Muſchel,** holl. de Groode Naagel-Schulpen, Vader Noachs Schulpen, iſt die größte Gienmuſchel, denn ſie iſt oft ſo groß, daß, wie Rumph erzählet, oft ſechs Mann an einer einzigen zu tragen haben. Sie werden Vater Noah Muſcheln genennet, weil unter den Einwohnern der Gegend, wo man ſie findet, eine gemeine und alte Sage iſt, daß ſie Ueberbleibſel von Nabbi Noch, welches ohne Zweifel den Noah anzeigen, und ſo viel bedeuten ſoll, daß ſie noch Merkmale der allgemeinen Sündfluth wären. Chama montana heißet ſie ohne Zweifel darum, weil ſie auf den amboiniſchen und moluckiſchen Inſuln an den großen Klippen und Bergen gefunden werden.

Die ausführlichſte Nachricht von dieſer Muſchel, die wohl unter allen bisher entdeckten Muſcheln die größte iſt, haben wir dem indianiſchen Plinius, Hrn. Rumph, zu danken. Er handelt in ſeiner amboiniſchen Raritätenkammer y) ſowol von der

---

x) Magnalia Dei in locis ſubterrán. T. II. S. 1047.

y) S. III. handelt er von der unverſteinten, und S. 120. f. von der verſteinten Chama montana.

der natürlichen, als auch von der versteinten Chama montana. Von der natürlichen sagt er: Die Pelagia, oder See-Gienmuschel, wird drey bis fünf Schuhe lang, und ist auf die nämliche Art durch Ribben abgetheilt, wie die vorige. An dieser sind die Schuppen wohl zwey Messer dicke, die aber mehrentheils stumpf, und äußerlich abgebrochen sind. Außenwendig sind sie dergestalt mit Seeschlamm bewachsen, daß man sie kaum rein machen kann; die untere Schale aber ist allezeit renklicher und mehr eben. Die Dicke der Schale trägt gemeiniglich eine quer Hand aus, ja man findet solche, die über einen halben Schuh dicke sind, woraus man denn leicht abnehmen kann, wie schwer wohl diese Muschel seyn muß. Wenn man die Schale zerschlägt, so siehet man, daß sie aus verschiedenen Rinden zusammen gesetzet ist, welche ohne Zweifel von Zeit zu Zeit übereinander wachsen, wie man außenwendig aus den verschiedenen Absätzen schlüßen kann, so daß wohl jedesmal die jüngste Lage unter der alten hervorwächset, und sich nach vorne zu ausbreitet, dahero es denn auch kömmt, daß die jüngste Lage auch allezeit die vörderste ist, und einen solchen scharfen Rand hat, daß man sich darinne, als wie mit einem Messer, schneiden kann. Ehe wir zur Beschreibung der Versteinerung kommen, merke ich an, daß diese Muschel nach dem Rumph nicht unter die glatten, sondern unter die gefalteten und schuppenartigen Chamiten (Chamae plicatae et squamatae, holl. Geplooyde en blaaderige Jaapers) gesetzt werden müsse; es wäre denn, daß es wirklich zweyerley Gattungen dieser Versteinerung giebt, da die Vaternoahmuschel im Walchischen System S. 109. ausdrücklich unter den ungestreiften Chamiten steht. Von dem Petrefakt selbst giebt uns Rumph folgende Nachricht: „Was ihre Gestalt betrifft, so nimmt man an derselben wahr, daß sie ehedem in nichts von denen unterschieden gewesen sind, welche täglich aus der See geholet werden. Nunmehro sind sie freylich durch die Länge der Zeit dergestalt bewachsen, daß man sie für ganze Stücke von Felsen oder Klippen ansehen sollte; wenn man sie aber genau betrachtet, so kann man an den Ribben, oder wellenförmigen Erhöhungen leicht sehen, daß es Muscheln sind. Einige sind noch beynahe völlig ganz, ausgenommen, daß die Ränder abgestoßen, oder ganze Stücke davon heraus gebrochen sind. Etliche sind mitten durchgebrochen, daß man die Stücke nicht wieder zusammen finden kann. Einige liegen blos auf der Erde, oder sind nur wenig mit Erde und dergleichen bedeckt, denn man findet sie nicht tief unter der Erden. Andere sind an den Klippen vest angewachsen, oder stecken so gar zum Theil in den Felsen drinnen. Ihre Lage ist unterschieden, nämlich tief, flach, senkrecht, oder auch durch einander, als ob sie hingesäet wären. Außenwendig sind sie alle rauh, bemooset, und an der blos liegenden Seite mit einer scharfen kieselartigen Substanz bewach-

bewachsen, ja man findet ganze Stücke von scharfen Kieselsteinen, die man Stecknadelsteine oder Klöppelwerk (Speldewerk) nennet, so vest daran gewachsen, daß man sie kaum herunter schlagen kann. Inwendig sind sie so schön weiß, massiv und dichte, als irgend ein Marmor seyn kann; doch kann man daran die verschiedenen Ansätze, dergleichen alle Seemuscheln haben, erkennen, und wenn man gleich halbdurchsichtige Stücke findet, so werden dieselben doch nicht so viel Feuer im Dunklen geben, als die gemeinen Kieselsteine, wiewohl sie doch noch einige Funken geben, wenn man sie wider einander schlägt, und auch wie die Kiesel riechen, welches anzeiget, daß sie die Natur dieses Steines merklich angenommen haben. Wenn man auf diese Muscheln schläget, so klingen sie wie Porcellan. Man findet sie so groß, daß vier bis sechs Männer genug daran zu tragen haben. Andere sind kleiner, und nicht über einen Schuh lang; übrigens aber giebt es viele Stücke, die so groß sind, wie ein Kopf." Sonst sagt Rumph, daß man sie auf allen Inseln die zu Amboina gehören, und auch auf den Moluckischen Inseln finde, die meisten und größten aber habe er auf dem Hitonischen Gebirge angetroffen, niemalen aber beyde Schalen zusammen, sondern allemal nur einzelne Hälften. Man hat aber auch in Hessen einige Beyspiele gefunden. Denn, wir lesen in des Wohlfarths Historia naturali Hassiae inferioris, und in dem Versuch einer genauen und umständlichen Beschreibung der hochfürstlichen hessischen Stadt Kassel, Kassel 1767. daß daselbst zwey gar beträchtliche Stücke dieser Art aufbehalten werden, welche in der Gegend des Dorfs Altenbaune gefunden worden, und wovon die eine 124. die andere aber 158 Pfund wieget. Der große geribbte Chamit, groote geribde Gaaper, welcher in dem Museo Chaisiano S. 99. vorkömmt, gehöret ohne Zweifel auch hieher.

Wir haben wenige Schriftsteller, die, außer dem Rumph, von dieser so merkwürdigen Muschel ausführlich geredet hätten; diejenigen aber, die vorhanden sind, habe ich im ersten Theil meines Entwurfs einer lithologischen Bibliothek S. 147. angeführet. Eben so selten sind die Abbildungen, doch hat Hr. Simon Schynvoet im Rumph Tab. XLII, Lit. A. B. zwey Stücke abstechen lassen, bey denen man sich nichts, als ihre ungeheure Größe, hinzudenken muß.

Chamak werden die unversteinten Chamiten genennet. S. Chamiten.

Chamae asperae, Chamætrachea Plin. Die rauhe Gienmuschel, die Runzmuschel, die Ziegelmuschel, holl. Naagel-Doubletten, werden alle diejenigen Muscheln genennet, welche eine unebene Oberfläche haben. Scheuchzer z) verstehet darunter alle Chamiten, welche eine rauhe, schuppichte oder stachlichte Schale haben. In diesem Betrachte

---

z) Naturhist. des Schweizerl. Th. II. S. 291.

Betrachte wäre freylich das Geschlecht der rauhen Muscheln sehr weitläuftig, wie es auch wirklich ist. Die Onomatologie a) beschreibet nur eine einzige Gattung davor, nämlich die runzlichte Muschel des Rondelet, Chama rugata Rondeletii, deren äußere Fläche von etwa vierzig in die Querelaufenden, halbcirkelrunden und gerunzelten Einschnitten eingegraben ist. Die Verfasser bemerken zugleich, daß diese Chama aspera die erste Gattung von Gienmuscheln wäre, derer Adanson gedenket. Beym Rumph b) macht die Chama aspera ebenfals die erste Klasse der Chamiten aus, doch ist sie bey ihm, wie billig, der Name eines ganzen Geschlechts. Er rechnet dahin

1. Die schuppichte Gienmuschel, Chama squammata, die wir bald auch beschreiben werden.

2. Die rauhe und stumpfe Gienmuschel, Chama aspera et obtusa.

3. Die gestreifte Gienmuschel, Chama striata, von welcher wir bey diesem lateinischen Namen auch reden werden.

4. Die Scherbchen, Testae, ganz kleine Muscheln, die auf ihrem Rücken mit lauter Körnern besetzt sind.

5. Die wilden Scherbchen, Testa pectinata, welche Furchen und Ribben wie die Kammmuscheln haben.

6. Die Herzchen, Cartissae, die wir unter dem Namen Herzmuscheln beschreiben werden, und dahin auch von verschiedenen, die bereits beschriebenen Bukkarditen gehören.

7. Das Quadrantchen, Quadrans, welche ein länglichtes Herzchen vorstellen.

Beym Scheuchzer machen die Chama asperae ebenfalls die erste Hauptklasse aus, darunter er aber nur zwo herzförmige Muscheln anführet, davon die eine ein wahrer Bukkardit ist, die andere aber könnte ihren Platz unter den eigentlichen Chamiten noch sicherer behaupten. Er beschreibt sie folgendergestallt: Chama cordiformis striis transversis et longis quasi reticulata rostro minus recurvo, parte altera planiore quam in alteris cartissis. Sie ist vom Lägerberge, und wird von ihm fig. 81. abgebildet. In dem Museo Chaisiano kommen S. 98 Ziegelmuscheln von Rheims vor.

Chamae laeves, glatte Chamiten, franz. Cames lisses, holl. gladde Gaapers, heißen alle diejenigen Chamiten, welche eine glatte Oberfläche ihrer Schalen haben. Alle Chamiten haben den eigenthümlichen Character, daß sie rund und gleichschalig sind, wenigstens sind diejenigen, welche nicht ganz rund sind, doch mehr rund als lang; man kann daher auch nicht leicht in die Versuchung fallen, die glatten Chamiten mit andern glatten Muscheln zu verwechseln. Am allerersten wäre es möglich, sie mit einer Gattung der Tellmuscheln zu verwechseln, nämlich mit benen die ebenfalls rund sind.

S 2

---

a) Onomatolog. histor. nat. T. II. S. 443.
b) Amboinische Raritätenkammer. S. 109. f.

sind. Allein Rumph c) versichert uns, daß man sie am allersichersten von ihnen dadurch unterscheiden könne, daß die Tellmuscheln alle dünnschalicht und länglich wären. Die Gienmuscheln lägen ferner blos auf den Grund, oder doch nicht tief in dem Morast; die Tellmuscheln hingegen müsten aus dem Sand, und unter den Steinen hervorgebracht werden. Sonst kann man auch dieses hinzu setzen, daß die Chamiten allemal bauchichter als die Telliniten sind. Die Chamiten haben mehrentheils eine dicke Schale, die allemal dicker als bey den Telliniten ist, nur findet man sie nicht allemal mit ihrer Schale, oder viele Lamellen der Schale haben sich abgelöset, daher man diesem Kennzeichen in der Versteinerungskunde eben so wenig trauen darf, als jenem, daß die Gienmuscheln nicht so tief im Schlamme stecken als die Tellmuscheln. Dieses Kennzeichen wird Niemanden einen wesentlichen Vortheil bringen als denen, die in der See die Konchylien aufsuchen.

Das Geschlecht der glatten Chamiten ist eins der allerweitläuftigsten. Herr Hofrath Walch d) lehret uns davon folgendes: „Einige sind auf der einen Seite eben so, wie die gestreiften, eingebogen und gedruckt, die oft nichts anders als Steinkerne von den gestreiften Chamis sind, andere hingegen nicht. Einige sind flach, andere bauchicht, einige sind glatt, andere gerunzelt, welche letztere, ehe sie in das Reich der Versteinerung übergegangen, zu den gestreiften gehört zu haben scheinen." Man zählet folglich ohne Zweifel manche Stücke zu den glatten Chamiten, die nicht dahin gehören, nämlich unter den gestreiften alle diejenigen, die ihrer Schale beraubt worden sind; gleichwol ist man gleichsam genöthiget dieses zu thun, weil man beym Mangel der Schale nichts Entscheidendes sagen kann. In Ansehung ihrer Größe sind sie gar sehr unterschieden. Wenn wir auch die Chamam montanam, und den Brattenburgischen Pfennig nicht unter die glatten Chamiten rechnen wollen, so steigen sie doch von der Größe von 5 Zoll im Durchschnitt ihrer Breite herunter, bis zur Größe einer Linse. Wir zweifeln aber gleichwol, daß dies eben eine Wachsthumsgröße sey, und glauben vielmehr, daß es gewissen Geschlechtern der glatten Chamiten eigen sey, vor andern eine vorzügliche Größe zu erlangen. Bey dieser Größe ist gleichwol der Durchschnitt der Länge zur Breite nicht gleich. Wir haben solche, wo derselbe sich beynahe gleich ist, und von diesen kann man mit Grunde sagen, daß sie rund sind; allein in vielen Fällen weichen sie hier unter sich ab; sie sind aber öfterer länger als breit, als daß sie breiter als lang wären. Die Einbeugung auf der einen Seite ist bey manchen sehr groß, da sie bey andern kaum merklich ist. Die äußere Beschaf-

---

c) Ebendas. S 125 f.
d) Systemat. Steinreich, S. 109. der ältern Ausgabe.

Beschaffenheit der Schalenfläche ist eben so sehr verschieden. Mehrentheils ist die Schale ganz glatt, außer daß man auf den meisten kirkelförmige Querstreifen findet, von denen ich doch nicht behaupten möchte, daß es just von dem jährigen Ansatze der Schale herrühre. Denn man findet sie oft in einer zu großen, oder zu geringen Entfernung, als daß man dies behaupten könnte. Ja manche glatte Chamiten, die kaum einen Zoll im Durchschnitte ausmachen, haben eben so viel solcher Bogens, als andere, die wohl 3 und mehrere Zoll groß sind. Manche haben ungemein zarte Streifen, sonderlich findet man dieses bey den natürlichen glatten Gienmuscheln; selten haben sich diese im Steinreiche erhalten. Wir besitzen gleichwol eine etwas beschädigte Duplette von Gundershofen bey Strasburg, wo diese zarte Streifen noch so sichtbar als im Original sind. An ihrer Farbe sind sie gemeiniglich braun, doch sind die bey Gundershofen kohlschwarz, und haben dabey einen ungemeinen Glanz. Einige sind auf der Oberfläche ihrer Schale gerunzelt; hier hat man sich aber vorzusehen, daß man nicht wahrhafte Falten für Runzeln ansehe, und überhaupt solche Stücke hieher rechne, die unter die vorherbeschriebenen Chamas asperas gehören.

Von den natürlichen glatten Gienmuscheln, oder von den Originalen unserer Versteinerungen giebt uns Rumph e) ganz feine Nachrichten, so wie er uns die verschiedenen glatten Gienmuscheln ziemlich deutlich beschreibt. Er sagt von der eigentlichen glatten Gienmuschel: „Diese ist etwas rund, oder aus dem Runden dreyeckicht, und hat hinten am Wirbel eine stumpfe Ecke, der vördere Theil der Schale aber läuft rund. Sie ist von dicker Schale ganz glatt und eben. Etliche sind auswendig blaßgelb oder falb; andere von stahlgrüner Farbe, und bräunlicht, doch alle sind an der einen Seite schwarz. — Eine jede dieser Muscheln hat eine Krabbe, die so groß wie ein Nagel eines Fingers, und mit einem viereckichten Schilde versehen ist, zu einem Wächter. Diese Krabbe ist aus dem Geschlechte derer, welche wir im ersten Buche Cursores oder Hippi, das ist Läufer oder Pferdchen, genennet haben. Sie wohnen, wie es scheint, so lange innerhalb der Schale bey dem Thiere der Muschel, bis sie so groß geworden sind, daß sie auch außerhalb derselben leben können. Diejenige Muscheln dieser Art, welche man in hiesigen findet, sind nicht über zwee bis drey Zoll breit, aber in Japan und China sind sie über eine Hand breit, und die Japaneser vergulden sie inwendig, bemahlen sie mit Bäumchen oder andere Figuren, und gebrauchen sie zu Dosen, oder irgend ein Spiel, vielleicht um zu losen, welche Figur jemand bekömmt, so wie man sonst mit den Spielcharten zu thun pflegt, denn äußerlich sind sie einander alle so ähnlich, daß man sie nicht unterschei-

---

e) Amboinische Raritätenk. S. 126.

terscheiden, noch wissen kann, was darinnen gemahlet ist."

Diese glatten Chamiten gehören unter die allergemeinsten Versteinerungen; es wird sich daher nicht leicht ein Ort finden, der Versteinerungen reichet, wo nicht auch zugleich glatte Chamiten lägen. Man findet sie daher auch in viel zu vielen Abwechselungen, als daß man glauben sollte, die Originale von allen bereits entdecket zu haben. Doch finden sich auch in der See Stücke die hieher gehören, von denen man keine Versteinerung aufweisen kann. Die mehresten glatten Chamiten werden nur in einzelnen Hälften gefunden. Eine Duplette dieser Art, wenn sie zumal noch ihre Schale hat, ist den Kennern und Liebhabern sehr werth.

Was wir sonst bey den Versteinerungen zu beobachten gewohnt sind, nämlich die Nachricht von den Oertern, wo sie sich finden, die Zeichnungen, welche Kenner und Liebhaber davon besorgt haben, und mehrere solche Umstände, werden wir für diese und alle folgende Chamitenarten versparen, bis wir beym Worte Chamiten das Geschlecht selbst abhandeln werden.

CHAMAE pectinatae, kammartige Chamiten, Pektiniten ohne Ohren, sind unter den gestreiften Chamiten diejenigen, deren Streifen also geriefelt sind, daß es das Ansehen hat, als wenn lauter Kammzinken neben einander lägen. Das ist auch die Ursache, warum sie den deutschen Namen Kammartig, und den lateinischen Chamae pectinatae führen. Diese Kammzinken gehen aus dem Mittelpunkt, wo das Schloß ist, über die ganze Muschel her, je näher sie daher der Mundöffnung kommen, desto weiter werden sie; je näher sie hingegen dem Schlosse kommen, desto enger sind sie. Ganz oben am Schlosse fehlen sie mehrentheils, allein das siehet man auch an den natürlichen kammartigen Chamiten gar oft, da ohne Zweifel die Erhöhungen, die hier am schwächsten erscheinen, abgerieben sind. Daher gehen schon viele auf diese Art in das Steinreich über, und man würde zu übereilt schlüßen, wenn man behauptete, daß sie im Steinreiche eine Beschädigung erlitten hätten.

Man kann die kammartigen Chamiten gar leicht mit den Pektiniten verwechseln. Das haben die Alten gethan, die das Geschlecht der Pektiniten in zwo Gattungen theilten, und zur ersten die Pektiniten mit Ohren, oder die eigentlichen Pektiniten, in die andere aber die Pektiniten ohne Ohren, oder die kammartigen Chamiten, rechneten. Man hat daher auf genaue Unterscheidungskennzeichen zu sehen. Beyde unterscheiden sich zuförderst durch die Ohren, wo die Pektiniten Ohren haben, die kammartigen Chamiten aber nicht. Gleichwol kann es gar leicht geschehen, daß ein Pektinit im Steinreich durch eine äußere Gewalt seiner Ohren beraubet wird. Hier könnte man ihn für einen kammartigen Chamiten halten, allein wenn man bedenket, daß die kammartigen Chamiten auf der einen Seite meistentheils breit

breit gedruckt, und ordentlicher Weise bauchichter als die Pektiniten sind, so wird man sie nicht leicht verwechseln.

Rumph gedenket des Originals unserer Chamiten f), und giebt ihr den Namen Chama pectinata, oder die kammartige Giemmuschel, einen Namen, den man in den Schriften jener Zeiten selten findet. Seine Beschreibung aber, die er davon giebt, ist sehr kurz: „Die kammartige Giemmuschel, sagt er, ist flach, dickschalicht, in wenigen und weit aus einander stehenden kammartigen Ribben, vermittelst etlicher Furchen, die vom Schloß bis zum Rande auslaufen." Klein g) beschreibt sie also: Diconcha vmbilicata striata aequilatera. Chama pectinata plana crassa striis planis incurvis, aliquoties circulariter sulcatis. Intus est luteola, ad marginem rubra, striis detritis sit ex albo leucophaea, laevissima.

Im Steinreiche kommen diese kammartige Chamiten in verschiedenen Abwechselungen vor. Ganz flach findet man sie niemals, doch sind einige dickbauchichter als andere. Die Kammzinken, oder die Erhöhungen der Schale, sind manchmal stärker, manchmal schwächer. Im ersten Falle befindet sich auf der Oberfläche einer jeden einzelnen Ribbe bald eine erhöhete, bald eine vertiefte Linie, die man an den Originalen fast allemal an den Versteinerungen höchst selten gewahr wird. Bald stehen die einzelnen Kammzinken weiter aus einander, bald näher zusammen, daß demnach diese Muscheln im Ganzen betrachtet, bald mehrere, bald weniger Zinken, oft bey einerley Größe haben. An den allermehresten kammartigen Chamiten findet man an der einen Seite nahe am Schlosse eine starke Einbeugung; diese befindet sich bey ihnen bald auf der rechten, bald auf der linken Seite, nachdem man nämlich die obere oder die untere Schale vor sich hat. In Ansehung ihrer Größe steigen sie von der Größe von 4 bis 6 Zoll herunter bis zur Größe einer großen Linse, diese ganz kleiner aber werden, wiewol ohne hinlänglichen Grund, unter die Pektunkuliten geworfen. Bald liegen sie in einer Matrix, die mehrentheils Kalkstein ist, bald werden sie aber auch außer der Matrix gefunden. In ihrer Mutter liegen sie gemeiniglich in ihrer ordentlichen Lage, und auf dem gehörigen Schwerpunkte; oft aber liegen sie auch durch einander her, ohne alle Ordnung. Herr Wallerius fand sie in einer solchen verworrenen Lage bey Uddewallia, und er schloß daraus, daß die Muscheln mit Gewalt an den Ort geworfen wären, wo man sie finde, daher sey alles unter einander gemischt, die Lage auf allerley Weise verwirrt, und da wo sie offen sind, wären sie mit Erde angefüllt h). Diese Erde liegt oft zwischen den Kammzinken in den Furchen,

---

f) Amboinische Raritätenk. S. 128.
g) Method. Ostracolog. §. 276. Spec. 1.
h) Colles ad Uddewalliam conchacei. Upsal. 1764.

und da kann es leicht geschehen, wenn zumal die Farbe der Erde der Farbe der Schale ähnlich ist, daß man einen kammartigen Chamiten für einen gestreiften hält, allein bey einer genauen Betrachtung wird man dem Irrthum leicht ausweichen. Am allergewöhnlichsten findet man diese, wie alle Chamiten, nur in einzelnen Hälften, vollständige Duppletten sind jedesmal eine wahre Seltenheit. Ich habe vorher gesagt, daß die kammartigen Chamiten, wenn sie in der Matrix liegen, gemeiniglich auf ihrem Schwerpunkte liegen. Allein man hat auch solche, welche nach ihrer äußern Seite im Steine liegen, die innre aber offen darstellen. Dieser Fall hat gleichwol manche Abwechselungen. Oft ist die innre Seite mit Erde und Stein, bald mehr bald weniger ausgefüllt, ja zuweilen liegen sie in ihrer Mutter so tief, daß sich nur noch die äußern Kannten der Muschel zeigen. Ist die offne Schale weniger ausgefüllt, so haben sich in dieselbe bisweilen zerknickte und zusammen gewachsene Muschelschalen gelegt, manchmal sitzen auch wohl mehrere kammartige Chamiten in einander. Wenn aber diese Schale noch ganz leer ist, wie sie in meiner Gegend bisweilen gefunden werden, so ist es wohl möglich, daß man bisweilen, und ich möchte fast sagen in den mehresten Fällen, nur Spursteine vor sich hat; allein man hat auch solche Fälle, wo es die wirkliche Muschel mit ihrer natürlichen Schale ist. Hier habe ich einige Beyspiele gefunden, die ganz platt waren, da doch alle kammartige Chamiten bauchicht sind. Dieses kann von nichts als einem äußern Drucke herrühren, der der Muschel wiederfuhr, da sie schon kalciniret, und nicht hart versteint war, denn in diesem einzigen Falle kann ich mir die Möglichkeit gedenken, daß eine gewölbte Schale platt werden kann, ohne zu springen i).

Die kammartigen Chamiten sind die allergemeinsten Versteinerungen, sie liegen fast an allen Orten, wo nur Versteinerungen sind, und wo sie liegen, allemal in großer Menge. Es scheinet daher wahrscheinlich zu seyn, daß sich das Geschlecht dieser Chamiten in der See stark vermehret, allein es kann auch seyn, daß viele solcher Versteinerungen bloße Abdrücke sind. Herr Hofrath Walch hat davon folgende Gedanken: k) „Unter solchen (Ursachen, warum manche Versteinerungen so gar häufig gefunden werden) dürfte auch wohl diese mit seyn, daß sich manche Muschelarten von ihrer Steinmasse, worinnen sie sich eingedruckt, wenn diese verhärtet, leichter absondern als andere. Dieses geschiehet sonderlich bey den Chamiten. Die abgedruckte Muschelform ist nun fähig, wenn sich in solche eine neue weiche Erde druckt, eben dieselbe Muschelgestalt zu wiederholten malen, nicht anders als wie einen Abdruck eines Pettschafts,

---

i) S. meine lithographische Beschreibung von Thangelstedt. S. 55. f.
k) Systematisches Steinreich. S. 56.

schafts, hervor zu bringen. Hieraus läßt sich der Grund herleiten, theils warum man in zerschlagenen Steinen oft Muschelgestalten antrift, ohne die geringste Spur einer versteinten Muschelschale im Stein selbst zu finden; theils warum oftmals erhabene gestreifte Muscheln auf ihrer Oberfläche Zeichen eines empfangenen Drucks an sich haben, ohne daß man dabey die geringste Spur einer zerknickten Schale wahrnimmt; denn diese scheinen gleichfals nur neue Abdrücke von einem alten Spurenstein zu seyn, da denn die noch weichen Abdrücke, wenn sie sich vom Spurenstein, ehe sie noch gänzlich erhärtet, getrennt, gar leicht im Fortwälzen durch einen Stoß einen dergleichen Eindruck, und damit eine etwas veränderte Gestalt, haben bekommen können."

. CHAMAE plicatae, gefaltete Chamiten, holl. Naagel-Schulpen, Naagel-Doubletten, geplooyde Gaapers, heißen unter den gestreiften Chamiten diejenigen, deren Schale gleichsam in Falten gebogen ist, je näher aber diese Falten dem Rande kommen, desto dicker werden sie. Bisweilen sind die Falten schuppenartig, und da heißen sie Chamae plicatae et squamatae simul. Wir werden dieser letzten Gattung bey dem folgenden Artikel gedenken, daher wir jetzo nur folgendes bemerken: Die gefalteten Chamiten haben eine große Aehnlichkeit mit den vorher beschriebenen kammartigen Chamiten, nämlich daß sich die Falten oben beym Schlosse anfangen, und da wo das Schloß ist, wie aus einem Mittelpunkte auslaufen, die sich nachher über die ganze Muschel ausbreiten. Eben so war es mit den einzelnen Kammzinken der kammartigen Chamiten. Allein da die Kammzinken nie so dicke sind als die Falten, die Falten auch nie so regelmäßig, als die Kammzinken, da ferner diese Falten, die oben gegen dem Schlosse ganz dünne sind, sich bey der Annäherung an den Rand merklich ausbreiten; so reicht dies schon hin, beyde Gattungen von einander zu unterscheiden.

Diese gefalteten Chamiten kommen im Steinreiche nicht eben gar so häufig vor, ob es gleich möglich ist, daß unter den Steinkernen, die man unter die glatten Chamiten wirft, manche gewesen seyn können, deren Schale in Falten gelegt war. Die sich aber im Steinreiche finden, wechseln gleichwol auf eine verschiedene Art unter sich ab. Manchmal sind sie, wie alle Chamiten, völlig rund, das ist, der Durchmesser ihrer größten Breite, ist dem Durchmesser ihrer Länge gleich. Manchmal aber sind sie länger als breit. Sie werden bisweilen in einer ganz beträchtlichen Größe gefunden, zuweilen aber haben sie nur eine mittlere Größe erlangt. Einige sind eben so, wie manche glatte und kammartige Chamiten, auf der einen Seite eingebogen; bey andern findet man das nicht. Wenn sie in der Matrix liegen, so zeigen sie sich bisweilen nach ihrer innern Seite. Hier kann man sich leicht vorstellen, daß die äußere Falten

wegen

wegen ihrer Größe inwendig sehr tiefe Einschnitte verursache, welche denen Runzeln nicht ungleich sind.

Chamae squamatae, Chamae plicatae et squamatae simul, schuppichte Gienmuscheln, holl. Naagel schulpen, Blaaderige Gaapers, heißen die gefalteten Chamiten, wenn die Falten schuppenartig sind. Rumph 1) beschreibet diese schuppichte Gienmuschel sehr weitläufig, und theilet sie in Chamas decumanas, oder Pelagias, große oder Seegienmuscheln, und Chamas littorales, Strandgienmuscheln, ein. Die erste ist die Chama montana, die Vater-Noahmuschel, von der wir vorher gehandelt haben. Von der andern aber sagt er am angezogenem Orte: „Dieselbe ist eine Hand lang, und nicht zu sehr muschelförmig, indem sie länglicht rund ist, und in das Männchen und Weibchen unterschieden wird. Das Weibchen wird am meisten gefunden, und ihre Schale ist in vier oder fünf hohen runden Rücken eingetheilet, zwischen welchen tiefe Furchen gehen, die mit einem scharfen Rande wohl in einander schlüßen. Nur haben die Schalen an der einen Seite, wo der Rand gekerbet ist, eine kleine Oefnung. Folglich ist die Gestalt der Schale, sowol in- als außenwendig wellenförmig. Auf dem Rücken stehen große krumme Schuppen, welche den Nägeln der Menschen ähnlich sehen, und von vorne rund und scharf erscheinen, jedoch sind die meisten, insonderheit die alten, gemeiniglich abgebrochen, oder verletzet. Je vollkommener also diese Nägel sind, für eine desto größere Rarität werden sie gehalten. Diese kleine Arten sind außenwendig schmutzig, weiß ohne Glanz, inwendig aber gelblicht weiß wie Elfenbein. An den alten aber ist die Schale außenwendig sehr mit Moos, Kalch oder anderm Seeschlamm bewachsen, ja sogar wohl mit andern Muscheln, Mießmuscheln, Korallenbäumchen und dergleichen, so daß man sie eher für ein Stück von einer Klippe, als für einer Muschel, ansehen sollte. — Die ganze Schale ist einigermaßen dreyeckicht, und die vorderste Seite, wo sich das Thier öfnet, ist die längste; die zwote Seite, die, wenn das Thier recht vor uns lieget, uns zur linken steht, ist mehrentheils verschlossen, und diese nennen wir den Rücken. Die dritte Seite aber zur Rechten, wo die oben gemeldete eingekerbte Oefnung ist, wird des Thieres Bauch genennet. Diese Oefnung ist bey dem Weibchen so enge, daß man kaum ein Messer hinein bringen kann. Erwähnte zwo schmale Seiten machen einen stumpfen Winkel, da wo die zwo Schalen durch einen Wirbel (Ginglimum) zusammen schlüßen. In diesem Wirbel passen die austretenden Ecken der einen Schale in die Grübchen der andern, und diese beyde Schalen sind über das noch mit einem dicken Häutchen, welches außenwendig dagegen liegt, verbunden."

Diese

---

1) Amboin. Raritätenk. S. 109. f.

Diese äußere Gestallt hat ihr bey den Konchyliologen den Namen der Hohlziegel zuwege gebracht, darüber Bonanni m) folgende seine Gedanken äußert: „In striis enim voluti tectorum imbrices corio lapideo aliquantulum eleuato effingit, adeo mirifice dispositos, vt difficilius eos sermone exprimas, oculis vero vsurpes jucundius."

Was die Versteinerung dieser schuppenartigen Chamiten anlangt, so ist dieselbe eine sehr große Seltenheit, dergestallt, daß wir uns hier mehr mit dem, was die Konchyliologen gesagt haben, behelfen müssen, als daß wir zu den Schriften der Lithologen fliehen dürften. Ich merke daher nur an, daß die Rumphische Beschreibung sehr genau ist, daß man aber im Steinreiche die Muschelart gefaltet und schuppenartig zugleich findet. Der obere Theil, nämlich der nahe an dem Schlosse ist, hat Falten, die bis über die Hälfte der Muschel reichen, der untere Theil aber ist schuppenartig. In dem Walchischen System ist Tab. XVI. n. 3. ein überaus deutliches Beyspiel abgestochen.

CHAMAE striatae, Pectiniti inauriti, gestreifte Chamiten, fr Cames stri<ees>, heißen die Chamiten, die nicht glatt sind. Die Schriftsteller brauchen dieses Wort in einem gedoppelten, in einem weitläuftigen und in einem engen Verstande. Im weitläuftigen werden die kammartigen, und die gefalteten Chamiten zugleich mit darunter begriffen; im engern Verstande aber, werden die kammartigen und die gefalteten Chamiten davon getrennet, und da heißen gestreifte Chamiten diejenigen, welche weder Kammzinken, noch Falten haben, sondern nur Einschnitte die nicht tief sind.

Bey vielen Schriftstellern, von welchen nicht einmal der berühmte Wallerius ausgenommen ist, muß man die gestreiften Chamiten unter den Pektiniten suchen. Sie theilen aus dem Grunde die Pektiniten ein, in solche die Ohren haben, Pectiniti auriti, und das sind die eigentlichen Pektiniten; und in solche die keine Ohren haben, Pectiniti non auriti, und das sind bey ihnen die kammartigen, und die gestreiften Chamiten. Allein, indem die Chamiten von den Pektiniten wirklich als verschiedene Geschlechter unterschieden sind; indem man auch im Steinreiche wirkliche Pektiniten findet, die ihre Ohren verlohren haben: so ist diese Eintheilung allerdings unrichtig. Die Pektiniten sind von den gestreiften Chamiten eben so, wie von den kammartigen Chamiten, unterschieden, man kann also hier wiederholen, was wir vorher sagten, da wir von den kammartigen Chamiten handelten. Herr Hofrath Walch n) sagt: „Sie unterscheiden sich von den oben erwähnten Pektiniten nicht nur darinne, daß jene am Schloß Ohren haben, diese keine haben; sondern

---

m) Recreatio mentis et oculi. S. 445. N. 82.
n) Systemat. Steinreich. S. 108.

sondern auch darinne, daß bey den Chamiten die Kannte auf der einen Seite gemeiniglich breit gedruckt ist, welches sich bey den Pektiniten nicht leicht findet, nicht zu gedenken, daß die Chamiten ordentlicher Weise bauchigter sind, als die Pektiniten oder Jakobsmuscheln."

Indem wir hier von den eigentlichen gestreiften Chamiten reden, so können wir den wahren Begriff derselben folgendergestallt vestsetzen: alle Chamiten, welche keine Kammzinken, keine Falten, keine Schuppen, sondern nur ganz zarte Streifen haben, heißen im eigentlichen Verstande gestreifte Chamiten. Nach der Beschaffenheit der Lage der Streifen haben wir eigentlich zweyerley gestreifte Chamiten. Bey einigen gehen die Streifen die Quere hindurch, und diese heißen Chamae transversim striatae, bey andern aber gehen sie die Länge hinunter, und das sind eben diejenigen gestreiften Chamiten, von denen wir reden.

Die gestreiften Chamiten finden sich eben nicht so gar häufig, wenigstens nicht so häufig als die kammartigen Chamiten. In Gegenden, wo sich die Chamiten häufig finden, trift man gewiß zwanzig kammartige Chamiten, gegen einen einzigen gestreiften an. Doch ist auch so viel gewiß, daß unter den Steinkernen der glatten Chamiten solche sind, die man unter die gestreiften legen würde, wenn sie noch ihre Schale hätten. Man siehet es bey vielen an der Einbeugung oben am Schlosse, wo sich die Schale mehrentheils erhalten hat, und wo man oft die deutlichsten Spuren findet, daß sie vor der Zerstöhrung ihrer Schale gestreift waren.

Sie sind auf mancherley Art von einander unterschieden. Ihrer Geschlechtsgröße nach sind sie bald größer bald kleiner, oft sehr klein, und diese wirft man, wie ich schon bey einer andern Gelegenheit erinnert habe, unter die Pektunkuliten. Man thut daran unrecht, da die Größe sehr selten ein wesentlicher Charakter einer Konchylie ist. Die Beschaffenheit des Baues ihrer Schale stellt sie gleichfals in verschiedenen Abwechselungen vor. Bey vielen befindet sich, wie bey den glatten und kammartigen Chamiten, auf der einen Seite oben beym Schlosse eine Einbeugung, welche bald merklicher, bald unmerklicher, bald auf der rechten, bald auf der linken Seite ist, nachdem man nämlich die obere oder die untere Hälfte vor sich hat; bey andern fehlet diese Einbeugung. Eigentlich sind diese Chamiten allemal rund, doch giebt es auch solche, welche in Vergleichung gegen andere länger sind, und so gar oft einigen Pektinitenarten nahe kommen, von welchen man sie nur durch die obigen Kennzeichen zu unterscheiden hat. Die Streifen dieser Chamiten sind zwar nie so erhaben, so groß und so sichtbar, als bey den kammartigen Chamiten, gleichwol sind die Streifen bey manchen größer als bey andern. In manchen Exemplaren sind sie so subtil, daß man beynahe ein bewaffnetes Auge braucht, um sie deutlich unterscheiden zu können. Diese werden Chamae subti-

subtilissime striatae genennet. Oft legt sich zwischen die Streifen ein zarter Staub, welcher nach und nach verhärtet. Ist dieser Staub mit der Schale von einer Farbe, so werden dadurch die Streifen, wenn sie zumal subtil sind, sehr unkenntlich, und man kann sogar bisweilen in die Versuchung fallen, sie unter die glatten Chamiten zu legen. Ist aber die Farbe dieses Staubes von der Farbe der Schale unterschieden, wie sie denn mehrentheils weiß ist, so macht sie die Streifen der Muschel desto sichtbarer, und verstellt das Petrefakt gar nicht. Die Matrix derselben ist meistentheils ein grober Kalkstein, die Farbe der Schale aber bald weiß, bald helle oder dunkelbraun, bald röthlich, bald schwarz. Scheuchzer o), der sie nur unter dem Namen der Pektunkuliten hat, ob sie gleich in der Schweiz von einer mittlern Größe liegen, bezeuget auch, daß sie bisweilen in Sandstein vorkommen. In meiner Gegend, wo sich doch die mehresten Petrefakten, und sonderlich aus dem Geschlecht der Muscheln die Mytuliten, die Telliniten, und die Trigonellen häufig genug in Sandstein finden, habe ich nie eine Spur einer gestreiften Gienmuschel entdeckt, da doch die glatten Chamiten hier bisweilen vorkommen.

CHAMAETRACHEA sind beym Plinius alle unebene Muscheln. S. Chamae asperae.

CHAMAE transversim striatae, heißen die gestreiften Chamiten, wo die Streifen die Quere hindurch gehen. Sie werden von den Schriftstellern gemeiniglich als eine Untergattung der gestreiften Chamiten angesehen, sie sind es aber eigentlich nicht; theils darum, weil sie eine ganz andere Lage der Streifen haben, als die eigentlichen gestreiften Chamiten; theils darum, weil sie allemal gar klein gefunden werden. Es scheinet daher, daß sie nie zu einer merklichen Geschlechtsgröße wachsen, und aus dem Grunde ein Geschlecht für sich selbst ausmachen. Sie sind sehr seltene Versteinerungen, davon im Walchischem System Tab. XV. n. 3. a. zwey deutliche Beyspiele vorkommen. Man hat gleichwol einige Behutsamkeit nöthig, um nicht solche Versteinerungen hieher zu rechnen, die nicht hieher gehören. Bey Heistert in der Eifel liegen quergestreifte Terebratuln, die sehr bauchicht sind. Wenn diese so in der Matrix liegen, daß ihr Schnabel verborgen ist, so würde man sie gewiß für solche Chamiten halten, die sie nicht sind. Bey Langensalze und Hochdorf liegen Mytulen, welche Querstreifen haben, und die oft eine solche verführerische Lage haben, daß man sie für solche kleine Chamiten halten würde, wo man nicht an andern Beyspielen, die deutlicher in ihrer Matrix liegen, das Gegentheil sehen könnte. Wenn man aber diese Chamiten außer der Matrix findet, oder wenn sie auf der Matrix deutlich liegen, so erkennet man sie leicht, da sie alle Kennzeichen wahrer Chamiten an sich haben.

CHAMI-

---

o) Naturgesch. des Schweizerl. Th. III. S. 297.

CHAMITARUM vestigia, heißen die Spurensteine der Chamiten, oder diejenigen Steine, auf welchen man deutlich Spuren findet, daß ehedem Chamiten hieselbst gelegen haben. Sie gehören folglich unter die Spurensteine. S. Spurensteine.

**Chamiten,** Chamen, versteinte Gienmuscheln, Gavermuscheln, Pfeffermuscheln, lat. Chamae, Chamiti, Conchiti, aequalibus valvis, politis, alatis, Chamarum Wall. fr. Chamites, Camites, Carnes, holl. Gaapers, versteende Gaapers, und wenn sie klein sind, versteende Gapertjes, werden die zweyschaligen, gleichschaligen runden Muscheln genennt, welche sich an der Kannte in ihrer Rundung rings herum zusammen schlüßen. Ihr Name in allen angeführten Sprachen kömmt von dem griechischen Worte χαμὶ das Gähnen her, weil die Muschel in der See immer von einander klaffet, und so einem Menschen gleich ist, der das Maul aufsperret oder gähnet.

Wallerius p), der aber nur die glatten Chamiten zu dem Geschlecht der Chamiten rechnet, die gestreiften aber unter den Pektiniten hat, giebt von ihnen diese Beschreibung: „Es sind zweyschalige meist runde Muscheln; meistentheils mit ebenen und gleichsam polirten Schalen, selten etwas tüpflich und knotig; es sind auch beyde Schalen von gleicher Form und Größe, mit einer konveren und mehr erhöheren Figur, als an den Oesterschalen (Ostraciten), es haben auch allezeit diese Muscheln eine gaffende Oefnung." Scheuchzer q) giebt von ihnen diese Beschreibung: „Chamae werden genennt alle zweyschalige Muscheln oder Schulpen, so rund, oder ablang rund sind, auf dem Meergrund bloß liegen, und allezeit mit ihren Schalen von einander gienen oder gähnen; daher sie auch von den Holländern Gaapers genennet werden." Eben diese Beschreibung giebt Rumph r) die wir nicht wiederholen dürfen. Plinius gedenket schon der Chamen, und theilet sie in zwey Geschlechter ein. Das eine nennt er Chamaetrachea, und das sind diejenigen die eine rauhe Schale haben, als die Chamae pectinatae, striatae, plicatae und squamatae, und welche sonst auch Chamae asperae genennet werden. Das andere Geschlecht nennet er Camelaea, und das sind die glatten Gienmuscheln. Wir werden davon bald noch etwas sagen.

Man findet die Chamiten im Reiche der Versteinerung auf gar unterschiedene Art. „In Ansehung der Seitenperipherie, sagt der Herr Hofr. Walch s), theilt man die Chamiten in gleichseitige und ungleichseitige. Die gleichseitigen sind auf der einen Seite wie auf der andern gestaltet, bey den ungleichseitigen hingegen ist entweder der eine Theil, wo die eine Seitenkannte sich schlüßet, etwas gedruckt, da denn dieser gedruckte Theil bald vertieft, bald etwas konvex ist, oder

---

p) Mineralreich. S. 478.
q) Naturhistorie des Schweizerl. Th. III. S. 291.
r) Amboinische Raritätenk. S. 109.
s) Naturgesch. der Versteiner. Th. II. Abschn. I. S. 69.

oder es ist, als wenn auf beyden Seiten von der runden Peripherie etwas abgeschnitten wäre, zu welcher letztern Gattung vornämlich die sogenannten Venusmuscheln und deren Steinkerne, die Trigonellen, gehören. In Ansehung der Dicke, welche die Chamiten im Verhältniß zu ihrer Größe haben, theilt man sie in gemeine und in dickbauchichte, welche letztere, sie mögen nun gleichseitig oder ungleichseitig seyn, die Gestalt eines Herzens haben, und Herzmuscheln, oder wenn sie kugelrund und mit hervorstehenden starken Schnäbeln versehen nd, Bukkarditen genennet werden. Zu diesen Herzmuscheln und Bukkarditen gehören auch die sogenannten Bastartarken. „Man muß, damit man diese Worte verstehe, bemerken, daß man das Wort Chamit in einem weitläuftigen und engen Verstande nimmt. Im weitläuftigen Verstande gehören die Herzmuscheln, die Bukkarditen, die Arken und Bastartarken unter die Chamiten, insofern sie nämlich runde gleichschalige Muscheln sind. Im engern Verstande aber werden die Herzmuscheln, die Bukkarditen, die Arken und die Bastartarken davon getrennet, und alle runde gleichschalige Muscheln, die zu keiner der obigen vier Gattungen gehören, heißen Chamiten. Von diesen eigentlichen Chamiten reden wir jetzo vornämlich, da alle übrige Muscheln ihre eigenen Titel haben. Diese sind noch in Ansehung ihrer Schalenflächen auf zweyerley Weise unterschieden. Einige sind gestreift, andere ungestreift. Die gestreiften, (Chamae striatae) sind entweder gefaltete (Chamae plicatae) oder kammartige (Chamae pectinatae), oder mit Schuppen versehene (Chamae squamatae), oder mit Einschnitten gestreifte, (Chamae striatae speciatim spectatae) oder die Quer hindurch gestreifte (Chamae transversim striatae). Diese gestreiften Chamiten unterscheiden sich von den Pektiniten, mit welchen sie eine gar große Aehnlichkeit haben, in drey Stücken:

1. Die Pektiniten haben am Schlosse Ohren, die Chamiten aber nicht.

2. Bey den Chamiten ist die Kannte auf der einen Seite gemeiniglich breit gedruckt, bey den Pektiniten findet man das nicht.

3. Die Chamiten sind ordentlich bauchichter, als die Pektiniten.

Unter den Pektiniten finden sich im Steinreiche bisweilen solche, die ihrer Ohren beraubet sind; diese könnte man ebenfalls mit den Chamiten leicht verwechseln. Man wird aber diesem Irrthume entgehen, wenn man außer den drey vorhergehenden Unterscheidungscharaktern noch diesen hinzu thut, daß die Jakobsmuscheln allemal zweyerley Hälften haben, davon die eine ganz platt, die andere aber dickbauchicht ist; dieses aber findet man bey den Chamiten nicht, bey welchen allemal beyde Hälften bauchicht sind.

Man könnte ferner einige Chamitenarten mit den Telliniten verwechseln, allein man wird sie bald unterscheiden, wenn man folgenden Unterricht des Herrn Hofrath

Hofrath Walch), am angeführten Orte seiner Naturgeschichte anwendet: „Diese (Telliniten) sind zwar auch gleichschalig, aber nie so konvex wie die Chamiten, sondern meist fast platt, und dabey dünnschalig, die Telliniten haben nie auf der einen Seite eben die Peripherie, wie auf der andern, und was das vornehmste, so sind die Telliniten weder völlig rund, noch weniger oval, sondern mehr breit als lang, doch so, daß sie allezeit zwischen einem runden Chamiten und einer gemeinen Flußmuschel, in Ansehung des Verhältnisses ihrer Länge zu ihrer Breite, das Mittel hatten."

Endlich kann man die Chamiten auch mit einigen Ostraciten verwechseln, man wird sie aber leicht unterscheiden, wenn man folgende Kennzeichen beobachtet:

1. Die Austern haben allemal schilfrichte und unebene Schalen, aber die Schale der Chamiten ist allemal glatt; nur selten, daß sich am Ende derselben einige schilfrichte Ansätze zeigen, von denen verschiedene Naturforscher glauben, daß sie von den jährigen Ansätzen der Muschel entstünden.

2) Die Chamiten sind auf beyden Seiten gewölbt, da bey den Austern allemal eine Schale platt ist.

Die glatten Chamiten (Chamae laeves) sind bald eingebogen und gedruckt, bald flach, bald bauchicht, bald glatt, bald gerunzelt. Die größte Gienmuschel ist die vorher beschriebene Vater Noahmuschel, (Chama montana) unter die kleinsten aber werden von verschiedenen Naturforschern die Brattenburgischen Pfennige gerechnet, von denen ich aber angemerket habe, daß sie mit mehrerm Rechte zu den Ostraciten gehören. Folgende Tabelle kann eine Anleitung geben, die vorher beschriebenen Chamitenarten zu kennen, und zu unterscheiden.

Die Chamiten, lat. Chamae, fr. Cames, holl. Gaapers.

| Haben entweder Streifen | oder nicht. Glatte Chamiten: lat Chamae laeves, französ. Cames lisses, holländ. de gladde Gaaper. |
|---|---|
| Diese Streifen gehen entweder die Länge herunter. Gestreifte Chamiten, lat. Chamae striatae generatim spectatae, franz. Cames striés | oder die Quere hindurch. Quergestreifte Chamiten, lat. Chamae transversim striatae. |

Diese Streifen sind entweder wie Falten. Gefaltete Chamiten, lat. Chamae plicatae, holl. Naagel Schulpen of Doubletten, geplooyde Gaapers, geribde Gaapers.

Oder wie Kammzinken. Kammartige Chamiten, lat. Chamae pectinatae.

Oder zugleich wie Schuppen. Schuppenartige Chamiten, lat. Chamae squamatae, holländ. Naagel-Schulpen, Blaaderige Gaapers.

Oder nur dünne Einschnitte. Eigentlich gestreifte Chamiten, lat. Chamae striatae speciatim sic dictae, fr. Cames striés.

Ich habe schon bey einer andern Gelegenheit angemerket, daß man in den holländischen Stei-

Steigerungsverzeichnissen, den versteinten Konchylien eben den Namen lasse, den sie unversteint haben. Mir sind folgende zu Gesicht gekommen. Chamiten, versteende Gaapers in dem Museo Chaisiano S. 97. kleine versteinte Chamiten, versteende Gaapertjes in dem Museo Leersiano S. 213. Das versteinte Strickdouplett, versteende Strik-Doublet, in dem Museo Chaisiano S. 97. Der große geribte Chamit, de groote geripte Gaaper, ohne Zweifel ein Abkömmling von der Chama montana in eben diesem Museo S. 99. Der versteinte Venusstrumpf, oder Venusbecher, de versteende Venus-Kous, ebendas. S. 97. Herr Davila hat eben diese nachahmungswürdige Methode. Wir finden bey ihm folgende: Camites du genre des Cames a bases rondes regulieres S. 149. f. des Cames a bases rondes irregulieres, S. 152. des Cames a bases ovales régulieres, S. 152. 154. des Cames a bases ovales irrégulieres, S. 153. Camites de l'espéce de la Bille d'ivoire, S. 189. de la Corbeille, S. 152. du Rayon de miel, S 153.

Was den Zustand der Chamiten im Steinreiche anlanget, so wollen wir aus der Walchischen Naturgeschichte S. 70 noch folgendes auszeichnen: „Im Steinreich finden sich die Chamiten selten vollkommen wohl, und unbeschädiget erhalten. Gemeiniglich sind ihre beyden Hälften nicht mehr beysammen, und von sehr vielen ist die natürliche Schale verlohren gegangen, so daß nur der Steinkern übrig blieben. Der Grund davon liegt vornämlich theils in dem flachen Bau der hohlen Schale, wovon der erhärtete Steinkern sich gern los giebt, theils weil diese Muscheln sich nicht zu schlüßen pflegen, wie wir oben gehört. Bey den gefalteten gehen im Steinreich, die in die Höhe stehenden Schuppen ebenfalls meist verlohren. Haben auch die Chamiten noch ihre natürliche Schale, so scheint sie bey vielen dünne zu seyn, die doch bey eben derselben Gattung in ihrem natürlichen Zustande oft sehr dick ist. Dies kommt daher, daß dergleichen Muschelschalen aus lauter zarten über einander liegenden Blättchen oder Lamellis zusammen gesetzt sind, von welchen sich die meisten nach und nach losbegeben und verlohren gehen. Man findet sie gemeiniglich in Kalksteinen, auch in Sandsteinen, wunderselten in Schiefern. In Thonlagern sind sie oft nur calcinirt. Sie liegen gemeiniglich sehr vest im Gestein, weil die äußersten Kannten derselben in den Stein hinein gehen, daher sie sehr schwer ohne Beschädigung abzulösen sind, wenn zumal das Gestein vest und hart ist. In Sandsteinlagern nehmen sie zuweilen etwas glänzendes auf den Bruch an, welches von dem vom Wasser eingeführten höchst zarten Sandstaub, der quarzig ist, herkommt. Sie haben im Stein oft Turbiniten, Strombiten und Dentaliten zu Gefährten, und liegen gemeiniglich horizontal. Sie sind fast überall anzutreffen, wo man Petrefakten findet. Die von der ersten Größe sind seltener, als die von der zwoten und dritten."

Daß die Chamiten, wo sie liegen, oft in unbeschreiblicher Anzahl gefunden werden, das hat folgende Ursachen:

1. Thiere einer Art halten sich an einem Orte meist zusammen auf, sie sind daher auch auf einen Haufen versteint worden, sie mögen nun durch die Sündfluth, oder auf eine Art dahin gekommen seyn, wo sie jetzo gefunden werden.

2. Kayßlers t) Muthmaßung, daß sich die Muscheln, da sie nach und nach trocken geworden, noch immer können vermehret haben, hat ihren guten Grund.

3. Viele Chamiten sind bloße Abdrücke, wo die Schale herunter gefallen ist, und dadurch vermögend war, mehre Abdrücke der Art zu veranstalten.

Die Alten schrieben das Wort nicht allein Chama, sondern auch Chema. Das erhellet aus folgenden Versen des Apulejus:

Apriclum piscem scito primum
esse Tarenti
Surrentis Chemas. — —

Rumph u) merkt an, daß die Einwohner von Ternate und Manato, diese Muschel Kemas nennten, und muthmaßet, daß daraus der Griechen ihre Chemae (Χῆμαι) und der Lateiner ihre Chamae entstanden wären. Diese Nachricht würde gegründet seyn, wenn man nur erweisen könnte, daß die Ternater die Gienmuscheln ehr gekannt hätten, als die Griechen und die Römer.

Plinius v) hat den Gienmuscheln ein eigenes Kapitel gewidmet, und giebt davon folgende Gattungen an: 1. Chamaetrachea, 2. Chamaeleos, 3. Chamae pelorides, 4. Chamae glycimerides und 5. Colycea. Rumph macht am angezogenen Orte seiner Raritätenkammer darüber folgende Anmerkung: „Ueber diese Arten machen die Ausleger folgende Anmerkung: Daß Chamaetrachea die härteste Schale habe, Chamaeleos die weißeste und zarteste, Pelorides, (die Athendus Conchae peloriades nennet), haben einen süßen Geschmack, und sind größer als unsere Pelorides, auch soll diese Benennung von Pelorios, das ist: groß, hergekommen seyn, wiewol solches vielleicht mit mehrerm Grunde von Peloro, einem gewissen Vorgebirge in Sicilien herzuleiten wäre. Aus dem Worte Colycia, oder Corophya, machen andere mit mehrerm Recht Corycia. Inzwischen thut Athendus noch ein sechstes Geschlecht hinzu, welches er Chamaenigram, Concham molusnam und Melaenitem nennet. Auch dem Aristoteles waren die Chamiten nicht unbekannt, er sagt von ihnen, sie würden im Sande erzeugt, und blieben dann noch eine Zeitlang im Sande liegen w).

Was den Werth der Chamiten anlangt, so ist schon vorher erinnert worden, daß sich diese Versteinerung allenthalben findet,

---

t) Neueste Reisen. S. 99.
u) Amboin. Raritätenk. S. 115.
v) Histor. natural. Lib. XXXII. Cap. XI.

w) Histor. animal. Lib. V. Cap. XV. sagt er: Αἱ δὲ κόγχαι καὶ χῆμαι, καὶ σωλῆνες, καὶ κτένες ἐν τοῖς ἀμμώδεσι λαμβάνουσι τὴν σύστασιν.

bet, wo nur Versteinerungen liegen. Gleichwol haben sie unter sich einen verschiedenen Werth. Diejenigen, die noch ihre unverletzte Schale haben, werden in den Kabinetten gern beygelegt; haben sie aber noch ihre beyden Hälften, so hebt man sie sorgfältig auf, wenn auch ihre Schale verletzt seyn sollte; noch größer aber ist ihr Werth in den Augen der Kenner, wenn es Dupletten sind, und gleichwol noch ihre ganze Schale haben. Diejenigen, welche zu einer beträchtlichen Größe gelangt sind, werden den mittlern und kleinern billig vorgezogen. Die gefalteten Chamiten, und die schuppenartigen sind noch immer eine große Seltenheit, da sie in dem Steinreiche ungemein selten gefunden werden. Die Chamiten mit Querstreifen, Chamae transversim striatae sind ebenfalls selten, und von großen Werthe. Ich rede hier nur von den eigentlichen Chamiten; was von dem Werthe der Herzmuscheln, der Bukkarditen, der Arken und Bastartarken zu halten sey? das wird dort gezeiget werden, wo ich von diesen Körpern selbst reden werde.

Unter den Oertern, wo sich Chamiten finden, zeichne ich nur folgende aus:

Achelberg. Algier. Amerika. Arisdorf. Basel. Bebenhausen. Berka. Böhmen. Bologna. Boll. Canstadt. Coburg. Curakkao. Dahlen. Dollendorf. Dornburg. Duslingen. Eifel. Engelland. Erfurth. Eysenach. Fechheim. Franken. Frankfurth an der Od. St. Gallen. Gönna. Gunsbershofen. Hessen. Jena. Kochberg. Lägerberg. Langensalza. Lengefeld. Mannsfeld. Merisburg. Modena. Mößingen. Nähren. Neuburg. Neustadt. Osterdingen. Pfullingen. Piemont. Plauen. Prag. Quedlinburg. Querfurth. Reims. Rettewitz. Reutlingen. Rom. Ronka. Sachsen. Sassuoll. Schlesien. Schwaben. Schwarzburg. Schweiz. Seeland. Stevensklint. Strasburg. Teigel. Thangelstedt. Thüringen. Tiefthal. Turin. Vargula. Verona. Voigtland. Weimar. Westphalen. Wittern. Zürch.

Die Schriftsteller, welche von den Chamiten handeln, habe ich in meinem Entwurf einer lithologischen Bibliothek im ersten Theile S. 156. f. mitgetheilet.

Zeichnungen haben geliefert

I. Von den Chamiten überhaupt:

1. Von natürlichen Gienmuscheln: Rumph, Amboin. Raritätenk. Tab. XLII. XLIII. Klein Method. ostracolog. Tab. X. XI.

2. Von versteinten Chamiten: Knorr Samml. von den Merkwürd. der Nat. Th. II. Tab. B. I. c. fig. 4. 6. Tab. B. I. e. fig. 1. 2. Tab. B. II. b. fig. 1. 2. Tab. B. II. d. Tab. B. III. a. fig. 2. Tab. B. V. fig. 1. 2. Tab. D. III. b. fig. 5. 6. Tab. K. II. fig. 6. Walch System. Steinr. Tab. XV. XVI. Baumer Naturgesch. des Mineralr. Th. I. fig. 24. Th. II. fig. 12. Wohlfarth Hass. subterran. Tab. IV. fig. 16.

II. Von der Chama montana. Rumph Amboin. Raritätenkammer, Tab. XLII. A. B. Argenville

genville Conchyliol. Tab. XXIX. fig. 20.

III. Von den glatten Chamiten.
1. Natürliche: Rumph l. c. Tab. XLII. G. H.
2. Versteinte: Walch system. Steinr. Tab. XVI. n. 1. 2. Leſſer Lithotheologie n. 14. Scheuchzer Naturh. des Schweizerl. Th. III. fig. 82—85. Büttner rud. diluv. test. Tab. XXVII. fig. 1. Tab. XXXVIII fig. 1. Leibniz Protogaea. Tab. III. fig. 16.

IV. Von den kammartigen Chamiten.
1. Natürliche: Rumph l. c. Tab. XLII. E. Tab. XLIII. L.
2. Versteinte: Knorr Sammlung von den Merkwürdigkeiten der Natur, Th. II. Tab. B. I. fig. 3. 4. Tab. B. I.*. fig. 1. 2. 3. Walch system. Steinr. Tab XV, n. 2. 3. Scheuchzer Naturhist. des Schweizerl. Th. III. fig. 98. 101. Leibniz Protogaea Tab. III. fig. 1. 2.

V. Von gefalteten und schuppenartigen Chamiten.
1. Natürliche: Rumph l. c. Tab. XLII. A. B.
2. Versteinte: Knorr l. c. Th. II. Tab. B. I. fig. 5. Tab. B. I. b. fig. 4. Tab. B. II. c. Tab. D. III. fig. 7. Baier Monument. rer. petrificat. Tab. XV. fig. 3. Walch system. Steinr. T. XVI. n. 3.

VI. Von den gestreiften Chamiten.
1. Natürliche: Rumph l. c. Tab. XLII. Tab. XLIII. J. K. N.
2. Versteinte: Knorr l. c. Th. II. Tab. B. II. b.**. fig. 3. Ritter Comment. II. de Alabastr. fig. 4.

VII. Von den Chamiten mit Querstreifen. Knorr l. c. Tab. B. II. b. fig. 3. Tab. B. II. c. Walch Steinr. Tab. XV. n. 3. a.

Chamiten, gefaltete. S. Chamae plicata.

Chamiten, geribte, dieſe kömmt in dem Muſeo Chaiſiano S. 99. unter dem Namen, de groote geribde Gaaper, ein groſſer geribter Chamit vor, und ſcheinet ein Abkömmling von dem Geſchlecht der geſulteten Chamiten überhaupt, und von der Chama montana inſonderheit zu ſeyn. S. Chama montana und Chamae plicatae.

Chamiten, geſtreift. S. Chamae striatae.

Chamiten, glatte. S. Chamae laeves.

Chamiten, kammartige. S. Chamae pectinatae.

Chamiten, quergeſtreifte. S. Chamae transverſim striatae.

Chamiten, ſchuppenartige. S. Chamae squammatae.

CHAMITES heißen im Franzöſiſchen die Chamiten. S. Chamiten.

CHAMOTYPOLITHI, Chamarum vestigia heißen die Abdrücke oder die Spurenſteine der Chamiten. Dies drückt auch das Wort in ſeiner Zuſammenſetzung vollkommen aus, welches von χαμη die Gienmuſchel, τυπος das Bild, und λιθος der Stein, herzuleiten iſt, und folglich einen Stein bedeutet, auf welchem ſich das Bild der Chamiten abgedruckt hat. Man findet ſie außerordentlich häufig, ſonderlich die Abdrücke von den geſtreiften Chamiten; allein wenn man bedenket, daß das Geſchlecht der Chamiten überhaupt ein ſehr
weit

weitläuftiges Geschlecht sey, und daß eine Schale mehrere Abdrücke zugleich machen kann, wie ich schon vorher bemerket, so wird die Verwunderung darüber aufhören.

**Champignons** de Mer pétrifiés holl. Zee-Fungus, heißen die Fungiten. S. Fungiten.

**Champignons Marins,** und **Champignons petrifies** sind eben dieselben Fungiten.

**Charbon de pierre, Charbon de terre** und **Charbon fossile,** heißen im Französischen die gegrabenen oder versteinten Kohlen. S. Holz.

**Chataigne** de Mer, heißen Französisch die Seeigel. Sind sie versteint, so setzt der Franzos das Wort fossile oder petrifié hinzu. S. Echiniten.

**Chelidoines,** heißen französisch die Schwalbensteine. S. Schwalbensteine.

**Chelidonier,** lat. Chelidonii, fr. Chelidoines, Fausses Chelidoines, Hierondelles, Pierres d'Hierondelles, Pierres de Sassenage, heißen vom griechischen Wort χιλιδών eine Schwalbe, Die Schwalbensteine, eine Art von Fischzähnen. S. Schwalbensteine.

**Cheloniten,** lat. Chelonitae, ist ein Name, damit die Schriftsteller verschiedene Körper des Steinreichs ausdrücken. Einige verstehen darunter eine Echinitenart. Keyßler x) sagt, daß sie unter die Echinos cordatos gehörten, den Namen Cardo marino führten, die sich durch ihre große Stacheln, die auf erhabenen Rundungen oder Tuberculis stehen, und auch dadurch von den andern Echiniten unterscheiden, daß sie unten und oben in der Mitte eine Oeffnung haben. Sie sollen in dem Schesliger Grunde und bey Lutherisch-Hallstadt vortreflich gefunden werden. Andere belegen mit diesem Namen die Echiniten überhaupt; ich bin aber nicht im Stande, den Grund dieser Benennung anzuführen. Noch andere Schriftsteller belegen mit diesen Namen Steine von Schildkröten, und sonderlich diejenigen, die in dem Bauche der größern Schildkröten angetroffen werden; y) ich muthmaße aber, daß man darunter wirklich nichts anders als Echiniten verstanden hat, von denen man aus Unwissenheit glaubte, daß sie im Bauche der Schildkröten erzeuget worden wären. Man sagt, ihre Schale komme der Schale der Perlenmutter gleich, und diese sollen Purpurfarben seyn, wenn sie im Bauche, aber von andern Farben, wenn sie im Kopf oder in der Leber der Schildkröten gefunden werden. Die gewöhnlichste Bedeutung ist, daß man eine Art von Fischzähnen darunter verstehet, von welchen wir gleich etwas sagen werden. Das Wort χιλώνη, von dem unser Name abstammet, heißt eine Schildkröte, daher paßte wohl dieser Name auf die angenommene mittlere Bedeutung, aber desto schwerer auf die ersten und die letzte,

T 3

---

x) Neueste Reisen. S. 1364.
y) Onomatol. histor. natural. T. II. S. 415.

letzte, man müßte sie denn daher ableiten wollen, weil einige dieser Zähne, zumal die gelben und braungefleckten, die Schale einer Schildkröte im Kleinern vorstellen sollen. Diese Fischzähne, von denen wir jetzo reden, werden sonst auch Bufonitae orbiculati haemispherici minores genennet, darum, weil sie rund, klein und hemisphärisch sind. Herr Hofrath Walch z) beschreibet sie folgendergestalt: „Sie sind gemeiniglich etwa so groß, und von der Gestalt, wie eine halbe Erbse, bisweilen auch wohl etwas größer oder kleiner, werden auch, wegen ihrer hemisphärischen Figur, die doch nicht bey allen völlig regelmäßig ist, mit Krebssteinen verglichen. Sie sind gemeiniglich von schöner glänzender Farbe, und haben viel um ihre Peripherie einen andersfarbigen Ring, welches macht, daß sie aussehen, als wenn sie oben einen dunklen, oder hellen runden Flecken hätten, und das sind die eigentlich sogenannten Schlangenaugen.„ S. Schlangenaugen, und Oculi serpentum.

**Chemnitzer Sternstein.** S. Sternstein, Chemnitzer.

CHERNITES, Chernites war ein weisser Marmor oder Alabaster, der bey den Griechen sehr bekannt war, wovon wir aber, außer dem Namen, nichts mehr kennen. Hill a) sagt, er gehöre unter die Marmor, und erzählet uns von demselben, daß sich die alten Griechen desselben zu ihren Grabmählern häufig bedienet hätten, daß er aber die neuern Schriftsteller zu oftmaligen Irthümern verführet habe. Es würde aber ohne Nutzen seyn, hierüber eine Untersuchung anzustellen, weil uns diese Marmorart gänzlich unbekannt ist. Theophrast b) gedenket dieses Steines auch, allein er giebt nur sehr dunkle Nachricht davon: „Um Theben herum, sagt er, findet man den Alabaster in großen Stücken, so wie auch den Chernites, (ὁ χερνίτης) welcher gegrabenem Elfenbeine gleich siehet, in welchem Darius begraben liegen soll.„ Die Onomatologie c) nennet ihn den weißen Todtensargstein, entscheidet aber gar nicht, ob er zu den Marmorn oder Alabastern gehöret habe.

**Chinesische Würfel,** lat. Tesserae Chinenses, Lapis Quadrus Sinensis, Lapis Quadra Sinensis, sind kubikförmige Steine, welche sonderlich in China gefunden werden. Von den Baadner Würfeln haben wir vorher erinnert, daß sie ohne Zweifel ehedem durch die Kunst bereitet worden, und daß ihnen daher im Steinreiche keine Stelle gehöre. Allein von diesen Würfeln aus China müssen wir anders urtheilen. Bruckmann d) giebt uns von ihnen folgende Nachricht: „Piedra Quadrata, oder Lapis quadra Sinensis, ist ein kleiner Stein in Gestalt eines Cubi

---

z) Naturgeschichte der Versteiner. Th. II. Abschn. II. S. 214.

a) In seinen Anmerkungen zum Theophrast, S. 47.

b) Von den Steinen. S. 50. der deutschen Ausgabe.

c) Onomatol. hist. nat. T. II. S. 826.

d) Magnalia Dei in locis subterran. T. II. S. 15.

Cubi oder achteckigten Würfels, ward vor wenig Jahren als ein besonders Specificum lithontripticum et in partu difficili foetuque mortuo expellendo admirandum medicamentum gepriesen und bekannt gemacht, auch vorgegeben, es komme solcher Stein aus China. Es ist derselbige aber nichts, als ein eisenfärbiger Eisenkies von seiner Figur benannt, wird nicht nur in China, sondern auch häufig in Engelland und andern Ländern angetroffen. Die Chineser nennen diesen Cubum in ihrer Sprache Candar, und die weissen Tartern Calu, die Indianer aber Siderolithum magneticum, magnetischer Eisenstein, weil dessen Limatura vom Magnet, als ander Eisen, gezogen wird; im Mund gehalten, schmeckt er vitriolisch, und hat vermuthlich alle seine Kräfte vom einem Vitriolo Martis.,, Herr Michael Friedrich Lochner e) hat diese chinesischen Würfel ausführlich beschrieben, von welchem wir aus dem Rundmann f) folgenden Auszug mittheilen: ,,Sie werden, nach dem Bericht der Jesuiten, in China gefunden, ob sie aber aus dem Berge Gueryn in Chekiang kommen, sey ihm nicht bekannt. Die Farbe dieser Steine ist dunkelgelb, wie Eisenmulm, er ist auch bisweilen mit Striis antimonialibus überzogen. Der Stein ist so hart, daß er auch die Feile kaum annimmt, und im heftigsten Feuer ist er nicht zum Fluß zu zwingen. Im Gewicht ist er, der Schwere nach, von Metall unterschieden, auch selten über eine Drachme schwer; doch hat Hr. D. Gelnhuysen einen besessen, der sechs Drachmen wog; nach der Jesuiter Relation aber, sollen sie oft noch schwerer fallen. Er ist eisenhaltig, weil der Magnet den abgeschabten Staub davon an sich ziehet.,, Von seinen medicinischen Wunderkräften will ich nichts gedenken, denn es sind ohne Zweifel lauter Fabeln. Wer ist wohl einfältig genug, zu glauben, daß wenn man diesen Stein an das dicke Bein einer gebährenden Frau binde, er sogleich die Frucht aus Mutterleibe ziehe? Ja daß seine Kraft so unglaublich stark sey, daß wenn man ihn nicht augenblicklich hinweg thue, er sodann den Uterum, die Därme und alle Eingeweide aus dem Leibe herausziehen würde. Von eben der Art sind alle Erzählungen von diesen Würfeln. Rundmann hat einen Tab. XII. fig. 2. abstechen lassen. Das Anmerkungswürdigste davon ist die kubische Gestalt dieser Würfel, von denen man nicht beweisen kann, daß sie durch die Kunst also bearbeitet wären, sondern sie sind von der Natur also gebauet. Rundmann hat am angezeigten Orte davon folgende Gedanken: ,,Nach der Meynung verschiedener Physicorum sollen die figurirten Steine, insonderheit so eine 3. 4. 6 und 8 eckigte Figur vorstellen, die Gestalt von dem Salze annehmen, welches darinnen prävalire. Nur ist von

T 4   vielen

---

e) Ephemerid. Nat. Curiofor. Cent. VIII. Obf. 72. S. 385. f.
f) Rar. nat. et art. S. 177. f.

vielen die Figur des Salzes, theils mit bloßen Augen, theils durch Mikroskopia untersucht worden, und befunden, daß die Kryſtallen vom Vitriol breyeckigt, vom Salpeter sechseckigt, vom Alaun achteckigt, und von andern Salzen noch anders aussehen, die von gemeinen Salz aber, sowohl welches aus dem Meere und Brunnen bereitet, als vornämlich das Sal gemmae, so zu Wilizky bey Krakau gebrochen werde, aus lauter Cubis bestehe, wie dergleichen in Matrice ein vortrefliches Stück auf der Elisabethanischen Bibliothek zu Breßlau, man sich zeigen lassen kann. Inzwischen zweifelt doch Herr Kundmann am Ende selbſt, ob die kubische Gestalt der chinesischen Würfel von einem gemeinen Salze, welches darinnen prädominire, herrühre. Wenigstens ist so viel gewiß, daß uns in der Lehre von der Kryſtalliſation, und den damit verwandten Figuren der Steine, noch gar viele Schwierigkeiten übrig sind, die es verhindern, etwas Zuverläßiges von dieser Sache zu sagen.

CHITIM nennet Archelaus den Chryſolith S. Chryſolith.

Cborolithen, von χωρος die Landschaft, und λιθος ein Stein, heißen die Dendriten, welche Landschaften vorstellen. S. Dendriten. Sie heißen sonst auch Landschaftsſteine, und kommen davon in den Florentiner Marmorn schöne Beyspiele vor.

CHRYSALITHES. S. Chryſolithes.

CHRYSAMMONITAE, Chryſamni, werden die geharnischten Ammoniten genennt. S. Ammoniten. Das Wort kommt her von χρυσος das Gold, weil der an die Ammoniten oder andere Petrefakten angeflogene Schwefelkies, ihnen das Ansehen giebt, als wenn ſie mit Gold überzogen wären. Kundmann hat hievon ein prächtiges Exemplar beschrieben g). Es besaß diese Ammoniten der ehemalige Dänische Medikus D. Chriſtian Fabricius. Er hatte einen Schuh und 4 Zoll im Durchschnitt, und war in seinem ganzen Umfange fast vier Schuh groß, und war überall mit Markaſit dergestalt überzogen, daß es schien, als wenn er ganz mit Blättern und Laubwerk belegt wäre. Die Verfasser der Onomatologie h) halten dafür, der obige Name komme allen metalliſirten Konchylien zu, und gehöre nicht allein für die metalliſirten Ammoniten. Das gilt aber wohl von dem Namen Chryſamni, aber nicht von dem Namen Chryſammonitae, denn dieser bedeutet, seiner Wortfügung nach, einen metalliſirten Ammoniten.

CHRYSAMNI. S. Chryſammonitae.

CHRYSANT, heißt im Holländischen die Harfenschnecke. S. Harfenschnecke.

CHRYSELECTRUM, heißt beym Plinius der Hyacinth, oder nach anderer Meynung, der Topas, der die Farbe eines Bernſteins hat.

---

g) Rar. naturae et artis. S. 71.
h) Onomatolog. hiſtor. natur. T. II. S. 833.

hat. Die Onomatologie i) hat davon folgendes: „Chryselectrum Plin. Hyacinthus colore et nitore succini, Wall. Der Bernstein=gleiche Hyacinth. Er ist zwar ein wirklicher Hyacinth, doch aber dem goldgelben Bernstein so gleich, daß er von solchem durch nichts anders, als die Härtigkeit, unterschieden werden kann. Sonsten giebt man diesen Namen den klarem goldgelben Bernstein, weil dieser das rechte und eigentliche Chryselectrum zu seyn scheinet.

CHRYSITES heißt der Probierstein, wegen seiner sonderbaren Wirkung auf das Gold, indem man auf demselben das Gold nach seiner Güte probiren kann. Das Wort kömmt von χευσὸς das Gold her; der Name aber selbst, ist zu unbestimmt, weil der Probierstein eben die Wirkung auf das Silber hat, die ihm, in Absicht auf das Gold, zukömmt. S. Lapis lydius.

**Chrysoberyll**, lat. Chrysoberyllus, Choaspiles Agric. fr. Chrysoberylle, ist ein Edelgestein, welcher bleich gelbgrün ist. Die grüne Farbe macht ihn zum Beryll, und die goldgelbe Farbe hat ihm den einen Theil seines Namens zuwege gebracht. Wallerius k) meynet, man könne ihn unter die Chrysopraser rechnen; Herr Baumer l) hingegen sagt, daß er in seiner meergrünen Farbe etwas Gelbes eingemischt habe, und daß er daher von einigen zu dem Chrysolith gerechnet werde.

CHRYSOBERYLLE heißt im Französischen der vorher beschriebene Chrysoberyll.

CHRYSOBERYLLUS ist der lateinische Name dieses Edelsteins.

CHRYSOCOLLA, als ein Salz betrachtet, damit einige den Borax benennet haben, und welches unter andern zum Löthen gebraucht wird, gehöret eigentlich nicht für uns; allein die Alten gedachten noch einer andern Art der Chrysokolla, die ohne Zweifel den sichersten Anspruch auf das Steinreich macht. Theophrast m) sagt davon nur so viel: „Das eigentliche Chrysokolla findet man in großer Menge in den Goldgruben, noch häufiger aber in Kupferbergwerken, und um diese herumliegende Gegenden." Herr Hill hält zuversichtlich dafür, daß diese Chrysokolla der Alten, eine schöne grün gefärbte Spatart sey. Wir wollen seine Anmerkung über die vorige Stelle des Theophrasts ganz hersetzen, ohne übrigens für seine Erzählung Bürge zu werden: „Die Chrysokolla unsers Verfassers und der Alten, war eine schön grünfarbige Spathart, die man unter dem Kupfer, oder auch unter andern Metallen, wo sich Kupfer mit einmischte, brach. Gewöhnlicher Weise war es sandig, und erhielt seine Farbe, wie die grünen Krystalle und Smaragde von Kupfern. Befand es sich mit einer sandartigen Materie zusammen geknetet, so konnte man es allezeit durch Waschen,

---

i) Onomatolog. histor. natural. T. II. S. 833.
k) Mineralreich. S. 158.
l) Naturgesch. des Mineralr. Th. I. S. 237.
m) Von den Steinen. S. 153. f.

Waschen, oder auch auf andre Art wieder trennen. An verschiedenen Orten war es auch von verschiedener Farbe. Je gefärbter es aber war, je mehr sahe es dem Smaragd gleich, und je mehr wurde es geschätzet. Dioskorides und Plinius beschreiben es sehr grasgrün: Coloris herbae segetis laete virentis et porracei coloris. Dies passet sehr genau auf das, was die Griechen πράσιος nennten. Dioskorides sagt an einem andern Ort, das beste Chrysokolla wäre das, welches καλλιστον πρασιλον, satiate porraceum sey. Es war also ein großer Unterschied zwischen der alten und neuen Chrysokolla, und könnte wohl jener für eine Smaragdart angesehen werden, wie man sie denn heute zu Tage dafür halten würde, wenn sie reiner und in größern Stücken gefunden würde.„

CHRYSOITERON heißt im Französischen der Chrysopraser. S. Chrysopraser.

**Chrysolith**, Goldstein, lat. Chrysolithus, Chitim, Chrysolampis, Topazius nonnullorum, Gemma pellucidissima, duritie sexta colore viridi subflavo in igne fugaci. Wall. Borax lapidosus virens. Linn. fr. Chrysolithe, holl Crysolith, wird derjenige ächte Quarz genennet, der eine grüngelbe Farbe hat. Er entstehet, wenn in einem Steine Bley, und zwar also vermischt ist, daß etwas weniges mit einen sauren Salze geschwängertes Kupfer, dazu kommt. Denn daraus entstehet eben die grüngelbe Farbe n). Einige rechnen ihn zu dem Hyacinth, und andere belegen den Topas mit dem Namen Chrysolith, oder welches wohl einerley ist, werfen ihn unter die Topase. Die Nachrichten, die der Herr Prof. Vogel, o) von diesem Edelsteine giebt, sind folgende: „Der Chrysolith ist ein durchsichtiger Stein, welcher die geringste Härte unter allen Edelsteinen, und eine gold- oder gelbgrüne Farbe hat Er wird gemeiniglich in unförmlichen und ziemlich großen Stücken in den Morgenländern, Böhmen, Sachsen, Schlesien und mehrern andern Orten gefunden. In einem mäßigen Feuer verliert er seine Farbe. Er wird zu Brillanten und Dicksteinen geschliffen; das Schleifen aber geschiehet auf einer Bleyscheibe mit Smirgel, weil der Stein sehr weich ist. Er fällt, wie der Beryll, in den Kommercien wenig vor, und hat also keinen bestimmten Werth. Der sogenannte Praser (Prasius, Smaragdites), und der Chrysopras, oder Goldpras, werden von vielen, weil sie auch gelb sind, und ins Grünlichte spielen, für Abänderungen des Chrysoliths gehalten.„ Wir verknüpfen hiermit die Gedanken des Herrn von Justi p) um so viel mehr, weil er glaubt, daß der Chrysopras, der Beryll und der Aquamarin nur Abänderungen

---

n) S. Walchs Steinreich, Th. II. S. 57.
o) Praktisches Mineralsystem, S. 147.
p) Grundriß des Mineralreichs, S. 205.

berungen des Chrysoliths wären. "Der Chrysolith, sagt er, ist ein durchsichtiger Stein von einer vortreflichen Goldfarbe, dessen Unterschied von dem Topase darauf ankommen soll, daß er härter ist, und des Morgens mehr glänzend seyn soll. Wenn dieser Stein in das Grünlichte fällt, so heißt er Chrysopras. Fällt diese grüne Farbe in das Meergrün; so wird er Beryll genennet, da er denn von geringer Härte zu seyn pfleget. Wenn aber der meergrüne Stein nicht vollkommen durchsichtig ist; so wird er Aquamarin genennet."

Ich habe vorhin angemerket, daß einige den Topas Chrysolith nennen, und daß es andere umkehren, und dem Chrysolith den Namen eines Topases geben. Das Letzte thut Herr Kronstedt q), welcher den Chrysolith einen gelblichgrünen Topas nennet. Doch setzet er hinzu, zum Beweise, daß er seiner Meynung noch nicht ganz gewiß ist: "Vielleicht gehöret er auch zu einem andern Geschlechte, welches man bestimmen könnte, wenn man ihn noch in seiner Mutter, und von einer solchen Größe erhielte, daß man mit demselbigen Versuche anstellen könnte."

Die ächten Edelsteine lassen sich sonst nicht feilen, aber vom Chrysolith hat man angemerkt, daß er sich feilen lasse, ja Herr Rath Baumer sagt so gar, er sey weicher, als der Krystall r). Diesen und andere Edelsteine hat der Ritter von Linne unter den Salzen, und sonderlich unter dem Borax. S. Borax.

Herr Wallerius s) bemerket, daß der Chrysolith im Feuer seine Farbe verliere, obgleich der Stein darinnen aushalte, und daß er so weich sey, daß er mit der Feile gerieben werden könne, und daß er, in Ansehung seiner Härte, dem Smaragd am nächsten, oder wohl gar gleich komme. Er macht von ihm drey Gattungen bekannt:

1. Den hellgrünen Chrysolith, Chrysolithus colore aqueo viridescente, Prasoides Agric.

2. Den Chrysopras, Chrysolithus colore viridi flavescente, Chrysopteron. S. Chrysopras.

3. Der Praser. S. Praser.

Herr Rath Baumer rechnet am angezogenen Orte zum Chrysolith:

1. Den gelblichgrünen Praser, Prasius, Prasoides Agric.

2. Den grasgrünen Smaragd, Smaragdites.

3. Den gelblichen, zuweilen auch roth, weiß und schwarzgefleckten Chrysopras.

Vorher sagte Herr Kronstedt, daß man den Chrysolith nicht in so großen Stücken finde, daß man damit Proben anstellen könne; aber diesen widersprechen die Verfasser der Onomatologie t), und behaupten, daß er bisweilen so groß gefunden werde, daß man Bildsäulen aus ihm verfertigen könne, wie denn in

---

q) Versuch einer neuen Mineralogie. S. 51. S. 46.
r) Naturgesch. des Mineralreichs, Th. I. S. 234.
s) Mineralreich. S. 157.
t) Onomatolog. histor. natur. T. II. S. 835.

in der alten Geschichte eine solche Bildsäule bekannt wäre. Das war die Statue, welche der Arsinoe, der Gemahlinn Ptolomäi Philadelphi in einem Götzentempel aufgerichtet war, und die vier Ellen in ihrer Länge betrug, wie Plinius u) berichtet. Leſſer v) merket aus dem Majolus an, daß der Ceylonische König, deſſen Namen er aber verschweigt, einen Chrysolith von ungemeiner Größe beseſſen habe, denn er wäre so dicke, wie ein Arm und einer Hand breit lang gewesen, habe auch heller, als eine Feuerflamme, geglänzet. Er sey daher für unschätzbar gehalten worden. Das sind freylich außerordentliche Fälle, denn ordentlicher Weise beträgt die vorzüglichſte Größe des Chryſolithens, die Größe eines Mandelkerns. Von den Heilkräften dieſes Edelsteins, daß er z. E. klug machen, Teufel austreiben und andere Wunder hervorbringen soll, gedenke ich mit Vorſatz nichts, denn solche Geschichte gehören für das aberglaubische Alterthum.

In den Morgenländern, Spanien, Egypten, Aethiopien, Böhmen, Sachsen und Schleſien werden Chrysolithen gefunden, die aber alle, wofern sie nicht vorzüglich groß sind, keinen sonderbaren Werth haben.

Sonſt merket Leſſer w) noch an, daß man auch durch die Kunſt ſchöne Chryſolithen machen könne, wenn man 4 Loth Mennige, 1 Loth präparirten Kryſtall und 16 Theile gelben reinen Schliff in einem Tiegel zusammen schmelze.

CHRYSOLITH, heißt im Holländischen der Chrysolith. S. Chrysolith.

CHRYSOLITHE, heißt derselbe im Französischen.

CHRYSOLITHES, nennt Mercatus die Ammonshörner, welche auf ihrer Oberfläche einen goldgelben Glanz haben, von χρυσὸς Gold und λίθος der Stein. Sie gehören unter die metalliſirten Ammonshörner, oder diejenigen Ammoniten, die mit einem Schwefelkies überzogen ſind. S. Ammoniten.

CHRYSOLITHUS, heißt der vorher beschriebene Chrysolith.

CHRYSOLITHUS colore aqueo viridescente, heißt beym Wallerius der Chrysolith, welcher bleich und wäßericht, und nur ein wenig grün iſt. S. Chryſolith.

CHRYSOLITHUS colore viridi flavescente, heißt bey eben dieſem Schriftsteller der Chrysopras. S. Chrysopras.

CHRYSOLITHUS colore viridi porrino, heißt bey ihm der Praſer. S. Praſer.

CHRYSOPHIS, iſt ein Edelstein, dessen Plinius gedenket, und der ohne Zweifel unſer Topas iſt. S. Topas.

CHRYSOPRASE, heißt im Franzöſiſchen der gleichfolgende Chryſopraſer.

**Chryſopraſer**, lat. Chrysoprasius, Chrysopteron, Chrysolithus colore viridi flavescente Wall.

---

u) Lithologie. S. 416. 417.
v) Hiſtor. natural. Lib. XXXVII. Cap. VIII.
w) l. c. S. 1358.

Wall. fr. Chrysoprase, Chrysoi Teron, heißen die ächten Quarze, welche eine goldgelbe grünliche Farbe haben. Hr. Rath Baumer x) sagt von ihm, daß er gelblich oder weiß, roth und schwarz gefleckt, und selten recht durchsichtig wäre, er verliehre im Feuer seine Farbe, und sey nichts anders als eine Abänderung vom Chrysolith. Wallerius y) nennet ihn einen grüngelben Topas, der dem dürren Farrenkraut fast gleich, dennoch aber klar an Farbe sey. Er scheinet daher denen beyzustimmen, welche die Chrysolithen, und die zu ihnen gehörenden Chrysopraser unter die Topasen werfen; aber darinnen widerspricht er sich dann, wenn er den Chrysopras für weicher hält, als den Topas. Denn wenn wir die Edelsteine, nach ihrer Härte bestimmen wollen, wie Hr. Wallerius thut, und wie es viele neuere Naturforscher verlangen, so müssen Steine, die man zu einem Geschlechte rechnen will, auch einerley Härte haben. Wir werden beym Wort Edelsteine von dieser Sache mehr zu sagen, Gelegenheit nehmen.

Herr Kronstedt z) zählet unsern Chrysopras auch unter die Topase, und nennet ihn nicht nur einen gelblich grünen und schattigten Topas, sondern muthmaßet auch, daß er die Mutter des Chrysolithen wäre.

Der Farbe nach, hat unser Chrysopras einige Aehnlichkeit mit dem Smaragd, Smaragdpraser, und Praser, es muß uns also würklich etwas daran gelegen seyn, sie gehörig unterscheiden zu können Herr Hill, a) der die Edelsteine so gut kannte, mag hieben unser Anführer seyn. „Woodward, sagt er, betrügt sich, wenn er glaubet, daß unsre Juvelier diesen Stein, (nämlich den Praser) Smaragdo Prasus nennen. Es ist wahr, dieser erst genannte wird, so wie der Chryso-Prasus, für eine Art desselben gehalten; diese Steine aber sind weit schöner als der Prasus, der Chryso-Prasus ist weit härter und hat mehr Feuer, als dieser, seine Farbe ist eine vollkommene Zusammenmischung aus grün und gelb. Der Smaragdo-Prasus aber ist grasgrün, mit etwas gelb getränkt. Der Unterschied, zwischen dem Smaragd, dem Prasius, dem Chrysoprasus, und Smaragdo-Prasus ist in der That sehr schwer, aber auch sehr richtig. Die Alten unterschieden sie sehr wohl, und einige unserer heutigen Steinschneider verstehen sich treflich darauf: da auch die natürliche Geschichte der Edelsteine ohnehin schon sehr mit Verwirrung und Ungewißheit angefüllet ist; so müssen wir selbsten nicht noch mehr beytragen, sie zu vermehren, indem wir die alten Unterschiede und Eintheilungen vernachläßigen.„

Die Chrysopraser entstehen folgendergestalt: Wenn in einem Steine Bley enthalten ist, und ein

---

x) l. c. S. 234.
y) Mineralreich. S. 157.
z) Versuch einer neuen Mineralogie, S. 51.
a) Anmerkungen über den Theophrast, S. 209. f.

ein gewisser Grad des Feuers dazu kömmt, so entsteht daraus eine grüngelbe Farbe. Kommen hiezu etliche, wiewohl wenige Eisentheilchen, so wird der grüngelbe Stein feuergelb, oder rothgelb, und da heißt er ein Praser. Wenn nun zu dieser Farbenmischung Gold kömmt, oder nur ein so geringer Grad von Eisentheilchen, daß der Stein in das Goldgelbe spielet, so wird es ein Chrysopraser b).

Chrysoprasus, ist der jetzt beschriebene Chrysopraser.

Chrysopteron, heißt der vorherbeschriebene Chrysopras.

Chrysotapsus, war bey den Alten ein Stein, dem sie eine große natürliche Phosphorescenz beylegten, von dem wir aber nicht mehr wissen, welchen Stein sie insonderheit verstunden. S. leuchtende Steine. Lesser c) sagt von ihm, daß er im Hellen, dunkel, und im Dunkeln, helle gewesen sey, bemerket auch, daß ihn Licetus, und Dionysius für einen Demant gehalten hätten.

Cidaris, Cidares, sind ein Geschlecht der Seeigel, das Klein also nennte, welche oben und unten flach, auf der Seiten konvex, bald mehr, bald weniger gedruct sind, große runde Oeffnungen, und wenn sie noch ihre natürlichen Schaalen haben, mit Warzen besetzt sind. Eben darum gab ihnen Hr. Klein den Namen Cidaris, weil sie mit ihren Warzen einem türkischen Bunde gleichen, der mit Diamanten besetzt ist. Die Onomatologie d) ziehet diesen Namen blos auf ein Geschlecht versteinter Seeigel, denn sie sagt: „Sind versteinerte Meerigelsteine, auf deren Fläche Erhöhungen, wie Edelsteine zu sehen, welche bald gemahlt, bald eingekerbt sind, und eine runde, oder schildförmige Gestalt haben, auf deren Wirbel allezeit eine Oeffnung ist." Beym Hr. Hofrath Walch e) gehören sie unter die runden gedruckten Seeigel. Nach der Beschaffenheit und Größe ihrer Warzen, hat sie Klein in Miliares, variolatas und mammillares eingetheilt. Wir haben bey dem Wort Anocysti angemerket, daß man die Namen Anocysti und Cidares, nicht für vollkommen gleichgeltend annehmen dürfe, weil Anocystus das Geschlecht, und Cidaris eine Geschlechtsgattung ist. Folglich kann ich wohl von einem jeden Cidaris sagen, er sey Anocystus, aber nicht umgekehrt. Die Zeichnungen vom ganzen Geschlechte, welches Hr. Klein Cidaris nennet, sind in seiner naturali dispositione Echinodermatum Tab. I — XI, zu finden.

Cidaris assulata. S. Echiniti assulati.

Cidaris Corollaris, heißet beym Klein unter den Seeigeln, welche er Cidares nennet, derjenige, welcher sehr breit gedruckt ist, doch also, daß er auf beiden Seiten konvex bleibet. Klein führet davon diesen Benennungsgrund an:

---

b) Walch System. Steinreich. Th. II. S. 58.
c) Lithotheolog. S. 359.
d) Onomatolog. histor. natural. T. II. S. 859.
e) Naturgesch. der Versteiner. Th. II. Abschn. I. S. 158.

an: quod Sertum sive Corollam imitatur. Lister nennet sie Echinitas orbiculatos. Ein Beyspiel davon, kömmt in des Hr. Klein natur. dispos. Echinod. Tab. VIII. C. vor.

CIDARIS Mauri, heißen unter dem Geschlecht der Seeigel, die man mit einem türkischen Bunde vergleichen kann, und die daher Klein Cidares nennet, diejenigen, welche sehr große Warzen haben. Herr Hofrath Walch, merket am angeführten Orte seiner Naturgeschichte an, daß man sie auf der Insel Maltha finde, und daselbst Mammillas S. Pauli nenne. Lesser f) giebt ihr den Namen Echinometra digitata secunda Rumphii. Beym Klein kommen Tab. VII. D. E. Zeichnungen davon vor.

CIDARIS persica, ist eine zu den Trochis gehörige Schnecke, welche, um ihrer Aehnlichkeit willen, mit einem persischen Bunde, diesen Namen führet. Wir würden ihrer nicht gedenken, wenn man sie nicht auch im Steinreiche entdeckt hatte. Sie kömmt unter dem Namen versteende Tulbandjes in dem Museo Chaisiano S. 94. vor.

Cirkelsteine, werden die Heliciten genennet, weil ihr Körper eine runde Gestalt hat, ob es gleich auch solche giebt, die mehr oval, als rund sind. Wenn sie aber gespalten, oder abgeschliffen sind, so ist es, als wenn bey ihnen eine Cirkellinie an der andern wäre. Dieser gedoppelte Gesichtspunkt, in dem man sich die Heliciten vorstellen kann, hat den Grund zu diesem Namen gegeben. S. Heliciten.

CISSITES, ist ein Stein, dessen Plinius g) gedenket. Er sagt von ihm, daß es ein weißer Stein sey, den man bey Kapton finde, in dessen Innern etwas liege, welches man aus einem Geräusch erkennen könne. Nach dieser Beschreibung des Plinius haben wir wohl nicht Unrecht gethan, daß wir ihn vorher unter die Adlersteine mit Lessern gezählet haben.

Citrin, lat. Citrium, Citrium gemmariorum, Crystallus citrina, Pseudotopalius, Pseudotopazius citrinus Wall. ist ein gelb gefärbter Flußspat, oder Quarz, bey dem sich keine andere Farbe eingemischt hat. Wir setzen diesen Umstand hinzu, weil man unter den Topasflüssen, auch einen solchen hat, der von einer gelbgrünen Farbe ist. Diesen unterscheidet Wallerius h) ausdrücklich von dem Citrin, und bemerket, daß dieser unter die unächten Chrysolithe gehöre, da der Citrin unter die unächten Topase gesetzt werden muß. Die Onomatologie i) merket an, daß er von einigen auch der Böhmische Topas genennet werde, und das ist zugleich ein Beweiß, daß der Citrin in Böhmen gefunden werde. Er hat mit allen falschen Topasen das Schicksal gemein, daß bey ihm die gelbe Farbe bisweilen nur auswärts wie eine Rinde zu sehen ist; bisweilen

---

f) Lithotheolog. S. 671.
g) Histor. natural. Lib. XXXVII, Cap. 1.

h) Mineralreich. S. 147.
i) Onomatol. histor. nat. T. II. S. 831.

weilen aber ist der Stein durch und durch gelb gefärbt.

CITRIUM, S. Citrin.

CITRIUM gemmariorum, S. Citrin.

CLAVICULÆ, fr. Clavicules heissen unter den Judennadeln diejenigen, welche wie Keulen gestalt sind. Diese heißen Claviculæ dactyliformes, wenn sie glatt sind: glandariæ, wenn sie eichelförmig sind, und cucumerinæ, wenn sie wie Gurken geformet sind. S. Judennadeln.

CLAVICULES, ist der französische Name dieser Judennadeln.

CLETHRITES, Lithoxylon alni Wall. wird das versteinte Holz von Erlen genennt. S Holz.

COCCOMELOITAE, werden unter den Steinspielen diejenigen genennet, welche die Gestalt einer Pflaume haben. Das Wort kömmt her von κοκκυμηλον eine reife Pflaume, man nennet daher diese Steine, um ihrer Aehnlichkeit willen, im Deutschen Pflaumensteine.

COCHLEA, S. Cochleae, Cochlitae, Cochliten und Cochliti.

COCHLEA indica, heißt beym Cardanus der unversteinte Nautilus, weil er sonderlich in Indien angetroffen wird. Vom Petrefakt, S. Nautiliten.

COCHLEA, s. Concha margaritifera, heißt bey manchen Schriftstellern eben dieser unversteinte Nautilus, weil die innere Schale einen schönen Perlemutter=Glanz hat. Oder wie sich Bonanni k) ausdrückt: non ex foccunditate, qua margaritas producat, sed ex colore, quo margaritis assimulatur. S. Nautiliten.

COCHLEA umbilicalis, S. Umbiliciten.

COCHLEAE alatae, heißen die Flügelschnecken. S. Flügelschnecken.

COCHLEAE bivalves apice attenuata, basi semi circulari heißen die Pinniten. S. Pinniten.

COCHLEAE lunares. S. Cochliti turbinati, pauciorum turbinum specie, Cochlearum.

COCHLEAE ore depresso lapideae vel fossiles, heißen die Trochiliten, von der Gestalt ihrer Mundöffnung. S. Trochiliten.

COCHLEAE semilunares, heißen die Neriten Diese Benennung ist von der äußern Beschaffenheit ihrer Mundöffnung hergenommen, welche halbmondförmig ist l). S. Neriten.

COCHLEAE valvatae Rumphii, heißen eben diese Neriten. Valvae heißt ein Thor mit Flügeln; und das gab eben dem Rumph m) den Benennungsgrund an die Hand. Sie haben nämlich einen halbmondförmigen Deckel. Diese Deckel ziehen sich, wenn die Schnecken gekocht werden, nicht hinein, sondern weichen seitwärts aus, wie ein Thorflügel oder Klappe. S. Neriten.

COCHLEARUM operculum lapideum, heißt der Deckel, der sich auf manchen Schnecken befindet,

---

k) Museum Kircherianum. S. 435.

l) S. Martini Abhandl. von den Flußkonchylien. Im Berl. Magazin IV. Band. 3 St. S. 269. §. 116.

m) Amboinische Raritätenk. S. 30.

findet, wenn er versteint ist. S. Operkulit.

**Cochlearum** seminium. S. Seminium cochlearum.

**Cochlearum** typolithi, heißen beym Wallerius die Abdrücke oder die Spurensteine von den Schnecken, weil sie nur ein Bild, τύπος einer Schnecke, die ehemals auf einer Matrix gelegen hat, darstellen. Dieser Fall hat demnach nur bey einer Matrix statt. Außer der Matrix kann wohl ein Steinkern, nie aber ein Spurenstein, statt haben. Man findet diese Abdrücke von Schnecken, so wohl in Thon und Erde, als in Steinen. Nach der Beschaffenheit der Schnecke, dessen Abdruck es ist, giebt Hr. Wallerius dem Spurenstein eines Cochliten seinen besondern Namen. Die Abdrücke von Bucciniten heißen dann: Cochleotypolithi buccinorum; von Strombiten: Cochleotypolithi Stromborum; von Turbiniten: Cochleotypolithi Turbinum; von Ammoniten, Cochleotypolithi ammonitarum u. s. w.

**Cochlitae.** S. Cochliten und Cochliti.

**Cochlitae** cylindroidei. S. Cylindriten.

**Cochlitae** globosi. S. Globositen.

**Cochlitae** plurium turbinum, heißen beym Wallerius alle diejenigen Schnecken, welche mehrere Gewinden haben. Er ist hier gewohnet, die Gattung hinzu zu setzen, welche er beschreiben will, und dadurch wird sein Begriff deutlich, der außerdem sehr weitschweifig seyn würde. Als z. E. die Bucciniten nennet er: Cochlitae plurium turbinum specie buccinorum; die Turbiniten: Cochlitae plurium turbinum specie turbinitarum; die Strombiten: Cochlitae plurium turbinum specie Stromborum u. s. w.

**Cochlitae** trochiformes, S. Trochitenartige Cochliten.

**Cochlitae** turbinati, heißen die Bucciniten, doch ist dieser Name nicht bestimmt genug, da die Turbiniten und Strombiten ebenfalls diesen Charakter haben, daß sie Cochlitae turbinati sind. S. Bucciniten.

**Cochlitae** vix turbinati planarum, heißen die Seeohren, weil ihre Gewinde kaum sichtbar sind. S. Planiten.

**Cochlitarum** nuclei, heißen die Steinkerne von den Schnecken. S. Steinkerne. Herr Wallerius benennet sie nach ihren Geschlechtsgattungen, z. B. die Steinkerne der Neriten heißen bey ihm, Cochlitarum nuclei Neritarum, oder Neritarum nuclei; von Bucciniten, Cochlitarum nuclei Buccinorum, oder Buccinorum nuclei; von Strombiten, Cochlitarum nuclei Stromborum, oder Stromborum nuclei. u. s. w.

**Cochlite**, Cochlites, heißen im Französischen die versteinten Schnecken. S. Cochliten.

**Cochlite** lunaire, heißen in dieser Sprache alle Schnecken, die eine mondförmige Oeffnung haben. Es gehören dahin nicht allein die eigentlichen Mondschnecken, die Rumph Tab. XIX. abgebildet hat; sondern auch unter den Erdschnecken alle diejenigen, die eine mondförmige Mundöffnung haben. Man findet

findet sie im Berl. Magazin II. Band Tab. I. II. III. abgestochen.

COCHLITE semilunaire, heißen im Französischen die Neriten, weil ihre Mundöffnung nur halbmondförmig ist. S. Nerititen.

COCHLITES. S. Cochlite.

COCHLITES du genre des Nerites, heißen in der französischen Sprache die Neriten. S. Nerititen.

COCHLITES du genere des Sabots, heißen französisch die Trochiliten. S. Trochiliten.

COCLITES orbicularus, ist ein Name, der den Umbiliciten gegeben wird, weil diejenigen Schnecken, die man im Steinreiche unter die Umbiliciten rechnet, eine tellerförmige Gestalt haben, oder nach Art der Ammoniten um ihren Mittelpunct herum gewunden sind. S. Umbiliciten.

COCHLITES polythalamius, heißt das Geschlecht der vielkammerigten Schnecken. Von πολὺς viel und θάλαμος eine Zelle, weil nämlich ihre röhrigte Schale inwendig aus vielen Kammern oder Zellen bestehet. Man rechnet gemeiniglich hier die Ammoniten, die Lituiten, die Nautiliten und die Heliciten, und da gebraucht man das Wort Cochlit in einer engern Bedeutung von den gewundenen Schnecken. Nimmt man aber das Wort Cochlit so weitläuftig, daß man alle Schnecken darunter begreift, so gehören auch die Belemniten, die Orthoceratiten, und die vielkammerigten Dentaliten hieher. Breyn nennet alle diese Schnecken Polythalamia, bey welchem Worte wir mehr davon sagen werden.

COCHLITES umbilicalis, und COCHLITES umbilicatus, heißen die Umbiliciten. S. Umbiliciten.

Cochliten, latein. Cochlitae, Cochliti, fr. Cochlites, holl. versteende Hoorentjes, versteende Slakjes, heißen im allgemeinen Verstande alle Schnecken, wenn sie versteint sind. Das lateinsche Wort Cochlea und das griechische κοχλίας haben eine solche Wortbedeutung, daß man beyde eigentlich nur von gewundenen Schnecken verstehen kann. Die Lateiner gebrauchen das Wort theils von den Schrauben an einer Presse, theils von einer Wendeltreppe, theils von einem Wasserrabe. Die Griechen leiten das Wort κοχλίας von κχλίω gyro, roto her, und nach diesen Bedeutungen könnte man darunter keine andere Schnecken verstehen, als diejenigen, die um eine Spindel herum, oder die in einer Schraubenlinie gewunden sind. Man müßte folglich alle ungewundene, und alle plattgewundene Schnecken von dem Geschlecht der Cochliten ausschließen. Dies mag auch wohl der Grund seyn, warum die Schriftsteller das Wort Cochlit, auf eine gar verschiedene Art brauchen. Ich habe gesagt, daß die Schriftsteller im allgemeinen Verstande darunter alle Schnecken verstehen, wenn sie versteint sind. Diese werden eingetheilt:

1. In ungewundene, dahin die Dentaliten, Entaliten, Belemniten

lemniten und ihre Alveolen, und die Orthoceratiten gehören.

2. In gewundene, das sind die eigentlichen Cochliten. Diese sind

a. Entweder um den Mittelpunkt gewunden, dahin gehören

aa. Die vielkammerigen, Polythalamii, Cochlitae polythalamii, als die Ammoniten, die Lituiten, die Nautiliten und die Heliciten.

bb. Die einfachen, Cochlitae umbilicati, die man überhaupt Umbiliciten nennet.

b. Oder in die Höhe gewunden, als die Nerititen, die Globositen, die trochitenartigen Cochliten, die Trochiten, oder wie sie andere zum Unterschied von den Rädersteinen lieber nennen, Trochiliten, die Turbiniten, die Strombiten, die Buciniten, die Cassibiten, die Harfenschnecken, die Bulliten, die Muriciten, die Purpuriten, die Volutiten, die Cylindriten, die Porcellaniten und die Alatiten.

Von den vielkammerigten Schnecken werden wir bey dem Wort Polythalamia mehreres sagen; von den Cochliten selbst aber werden wir bey dem Artikel Schnecken, dasjenige mittheilen, was für andern nöthig zu erinnern seyn wird.

Insonderheit wird das Wort noch in einem engern und in einem ganz engen Verstande gebraucht. Im engern Verstande heissen die gewundenen Schnecken Cochliten n), und die das Wort also gebrauchen, die behalten die eigentliche Bedeutung des Worts Cochlea bey. Im ganz engen Verstande werden alle diejenigen Schnecken Cochliten genennt, die man, wie man sagt, unter kein bestimmtes Geschlechte bringen kann. Hier weichen gleichwol die Schriftsteller auf mehr als eine Art von einander ab. Am allergewöhnlichsten braucht man das Wort von den Erd- und Gartenschnecken, aber mir fällt es überaus schwer, zu begreifen, aus welchem Grunde? Denn einmal haben wir unter den Fluß- und Seeschnecken solche, die mit unsern Erdschnecken einen ziemlich ähnlichen Bau haben; es möchte daher in dem Steinreiche in unzählbaren Fällen, und sonderlich da, wo die Schale verlohren gegangen ist, oder wo der Körper sonst eine Veränderung erlitten hat, schwer genug seyn, zu entscheiden, welches eine eigentliche Erdschnecke sey, oder nicht? Hernach sind die Erdschnecken viel zu sehr unter sich verschieden, als daß man sie schicklich genug in ein Fach setzen könnte. Man würde folglich viel besser thun, wenn man sie in die Fächer setzte, dahin sie gehören. Z. E. unsre grosse Gartenschnecken und die sogenannten Mondschnecken, unter die trochitenartigen Cochliten, die runden, oder sogenannten Tonnenschnecken, unter die Globositen, die plattgewundenen unter die Umbiliciten u. s. w.

Noch anders braucht Herr Wallerius o) das Wort Cochlit,

---

n) S. Walch systemat. Steinreich. S. 90.
o) Mineralreich, S. 471. f.

lit, denn er verstehet darunter die sogenannten Seedeckelschnecken, oder die Mondschnecken des Rumphs. Er giebt ihnen die Namen: Cochliti turbinati pauciorum turbinum specie Cochlearum; Cochliti; Cochleae lunares lapideae, und beschreibt sie folgendergestalt: „Sind gewundene Schnecken mit wenigen Spirallinien, von welchen die unterste ganz wenig hervorgehet, daher diese Schnecken, in Ansehung ihrer Weite, ziemlich kurz sind. Sie haben alle eine ganz runde Oeffnung, welche mit einem Deckel, den man Seenabel nennet, bedeckt ist." Unter diesem Geschlecht hat er folgende Gattungen:

1. größere Cochliten, Cochliti majores.

2. kleinere genabelte Cochliten, Cochliti umbilicati.

3. Echinophoriten, Cochliti Echinophori.

4. versteinerte Seenabel, Schneckendeckel, Cochlearum operculum lapideum, Operculites Langii.

Ob die vorige Beschreibung des Herrn Wallerius auf alle einzelne Gattungen passet, die er anführet? will ich andern zu entscheiden überlassen. Ich merke nur an, daß der Herr Professor Vogel p) hierinnen dem Herrn Wallerius folgt. Von der Sache selbst muß ich noch etwas sagen. Ich zweifle ob man Recht thut, die Mondschnecken des Rumphs zu einem eigenen Geschlechte zu machen? denn auf der einen Seite haben sonderlich die Gröſ-
sern einen Bau, der unseren trochitenartigen Cochliten gar nahe kömmt, warum will man sie denn nicht unter dieselben zählen? Hernach findet man die Deckel dieser Schnecken selten genug; eine versteinte Schnecke mit ihrem Deckel aber, ist noch gar nicht gefunden worden, es daher wohl möglich, daß man eine Versteinerung hieher rechnen könnte, die doch gar nicht hieher gehört. Kurz, man stürzt sich dadurch in gar zu große Gefahr, in Verwirrungen zu verfallen, die man doch meiden sollte und könnte. Nicht zu gedenken, daß man die Deckel als einzelne Theile der Schnecke nicht genau genug mit dem Namen der Schnecken belegt.

Herr Baumer q) verbindet beyde Bedeutungen mit einander. Er sagt: „Zu den Cochliten rechnet man 1. die versteinerten Schnecken, Cochleas terrestres vulgares lapideas, die nur mit wenigen Spirallinien, und einer runden mit einem Deckel verschlossenen Oeffnung versehen sind. 2. die versteinerten Seeschnecken z. E. die Cochleas lunares und globosas Rumphii, s. dessen Amboinische Raritätenkammer Tab. XIX. und XXVII. Allein da er diese beyden Schneckenarten nur zum Beyspiel anführet, so scheint es bald, als wenn er das Wort, wie es auch eigentlich seyn sollte, in einer allgemeinern Bedeutung nähme, doch nicht so weitläuftig als es seyn sollte, weil er doch die Erdschnecken von seiner zweyten Klasse

---

p) Praktisch. Mineralsystem. S. 817.
q) Naturgesch. des Mineralreichs. Th. I. S. 308.

Klaſſe ausdrücklich unterſcheidet.

In den holländiſchen Verſteigerungs-Verzeichniſſen, welche wir der Güte des Herrn Legationsrath Meuſchen zu danken haben, kommen ſonderlich folgende Namen vor. Wenn die Schnecken von einem unbeſtimmten Geſchlecht ſind, ſo werden ſie verſteende Hoorentjes in dem Muſeo Chaiſiano S. 93. genennet. Sind ſie vom Geſchlecht der Erdſchnecken, ſo heiſſen ſie daſelbſt, wenn ſie groß ſind, Slack-hoorens, die kleinern aber in dem Muſeo Leerſiano S. 211. verſteende Slakjes; die Rumphiſchen Mondſchnecken aber heißen im Muſeo Chaiſiano S. 93. Maan-hoorn und von allen kommen in den angeführten Verzeichniſſen Beyſpiele vor.

Cochliti, heißen nicht nur die verſteinten Schnecken überhaupt, ſondern auch inſonderheit diejenigen Schnecken, welche entweder zu unſern Erdſchnecken gehören, welche eine Aehnlichkeit mit den Trochitenartigen Cochliten haben, oder zu den eigentlichen Seedeckelſchnecken gerechnet werden müſſen. S. Cochliten.

Cochliti convoluti, compreſſi, Ammonitarum, nennet Herr Wallerius die Ammoniten. Der Zuſatz Ammoniten, muß den Begriff beſtimmter machen, da außerdem auch die unächten Ammonshörner, die Elephantenrüſſel, und alle platt gedrückte Schnecken, wenn ſie verſteint ſind, Cochliti convoluti, compreſſi genennet werden können. S. Ammoniten.

Cochliti echinophori, Echinophoriten, Igelſchneckenſteine, heißen beym Wallerius und einigen andern Schriftſtellern, unter den Cochliten, oder unter den Seedeckelſchnecken, diejenigen, die auf ihrer Fläche knotigt, mit dichten zarten Rändern verſehen, dickbauchigt ſind und eine ſpitzige Oeffnung haben. Durch die Knoten und ihre Rundung haben ſie einige Aehnlichkeit mit einem Seeigel, ſind aber im Reiche der Verſteinerung höchſt ſelten. Ein Beyſpiel davon kömmt beym Lange Hiſtor. lapid. figurator. Helvet. P. II. Cap. III. Gen. II. S. 113. et Tab. XXXIII vor.

Cochliti ignoto originali, nennet Wallerius alle diejenigen Schnecken, deren Originale nicht bekannt ſind. Als ein Name betrachtet, möchte es noch ſo hingehen, aber es iſt höchſt ungeſchickt, aus dieſen ein eigenes Geſchlecht zu machen. In den vorigen Zeiten hatte man von vielen Verſteinerungen keine Originale aus der See, davon man jetzo dieſelben aufweiſen kann, und vielleicht werden ſich von den wenigen Geſchlechtern, wo uns noch die Originale mangeln, dieſelben noch finden. Herr Wallerius rechnet hieher bloß die Ammoniten, aber man hat in dem Muſchelſande zu Rimini, in dem Bologneſiſchen Muſchelſande, und ſonſt noch, ihre Originale, ob gleich im Kleinern nur entdecket. S. Ammoniten.

Cochliti majores, heißen beym Wallerius die eigentlich ſogenannten Mondſchnecken im Gegenſatz der kleinern, die er

Nabel=

Nabelschnecken nennet. S. Coch-liten.

Cochliti non turbinati canalium, heißen bey ihm die Dentaliten. S. Dentaliten.

Cochliti non turbinati patellarum, heißen bey ihm die Patelliten. S. Patelliten.

Cochliti non turbinati planarum, heißen bey diesem Schriftsteller die Seeohren, wenn sie versteint sind. S. Planiten.

Cochliti occulte turbinati nautilorum, heißen bey ihm die Nautiliten, weil ihre Windungsart versteckt ist. S. Nautiliten.

Cochliti turbinati, corpore tuberculis et aculeis horrido, Muricum, heißen bey ihm die Muriciten. S. Muriciten.

Cochliti turbinati, corpore tuberculis et spiris laciniato, Purpurarum, heißen bey ihm die Purpuriten. S. Purpuriten.

Cochliti turbinati, pauciorum turbinum specie Cochlearum, heißen bey ihm die eigentlichen Cochliten. S. Cochliti, und Cochliten.

Cochliti turbinati pauciorum turbinum specie Neritarum, heißen bey ihm die versteinten Neriten. S. Nerititen.

Cochliti turbinati plurium turbinum specie Buccinorum, heißen bey ihm die Bukciniten. S. Bukciniten.

Cochliti turbinati plurium turbinum specie Stromborum, heißen bey ihm die Strombiten. S. Strombiten.

Cochliti turbinati plurium turbinum specie Trochorum, heißen bey ihm die Trochiliten. S. Trochiliten.

Cochliti turbinati plurium turbinum specie Turbinorum, heißen bey ihm die Turbiniten. S. Turbiniten.

Cochliti turbinati, spiris circumvolutatis, Cylindrorum, werden bey ihm die Cylindriten genennt. S. Cylindriten.

Cochliti turbinati spiris circumvolutatis, Volutarum, heißen bey ihm die Volutiten. S. Volutiten.

Cochliti umbilicati, heißen die Umbiliciten. S. Umbiliciten.

Cochliti vix externe turbinati, forma oblonga Porcellanarum, heißen beym Wallerius die Porcellaniten. S. Porcellaniten.

Cochliti vix externe turbinati, forma rotunda Globosarum, heißen bey ihm die Globositen. S. Globositen.

Cochlong, heißt im Holländischen der Cachalong. S. Cachalong. Der Name auf diese Art geschrieben, kömmt in dem Museo Oudaaniano S. 136. und in dem Museo Chaisiano S. 103. vor.

Cocholong, heißt sonst auch der Cachalong. S. Cachalong.

Cörper, in so ferne sie im Steinreich zu betrachten sind, werden entweder noch erhalten aus der Erde gegraben, oder es ist mit ihnen eine Veränderung vorgefallen. Im ersten Falle sind es Foßilien im eigentlichen Verstande, von welchen wir beym Wort Foßilien handeln werden. Im andern Falle ist mit ihnen eine Veränderung vorgefallen. Hier sind sechs Fälle.

1. Wenn

1. Wenn die Körper ein gewisses mineralisches Wesen durchbrungen hat, so werden die mineralisirte Körper genennet. Von diesen setze ich jetzo nichts hinzu, weil ich die mineralisirten Körper unter diesen Namen weitläuftiger beschreiben werde.

2. Wenn die Theile des Körpers sich entweder verzehrt haben, oder durch eine Ausdünstung fortgegangen sind, die Körper aber in das Thierreich gehören, so heißen sie kalcinirte Körper. Da diese im Steinreiche gar zu gewöhnlich sind, so wird es mir vergönnt seyn, von ihnen mit einiger Ausführlichkeit zu handeln. Wir finden unter den kalcinirten Körpern keine häufiger, als die Muscheln, Schnecken und Knochen. Die Muscheln und Schnecken bestehen aus kalkartigen Theilen, welche vest mit einander verbunden sind. Liegen nun solche Körper entweder in der freyen Luft, oder in der Erde an einem trocknen und warmen Orte, so löset die Wärme die zartesten Theile auf, und treibet sie fort, die gröbern aber bleiben zurück. Daraus entstehen viele zarte Zwischenräumchen, und die bindende Kraft des Körpers, wird um einen großen Theil aufgehoben; folglich wird der Körper selbst sehr zerbrechlich, und zerfällt wohl gar, wenn er in die freye Luft kömmt, zumahl wenn er durch die Kalcination viele von seinen Theilen verlohren hat. Daraus erhellet einmal: daß man sich die Kalcination in einem größern und kleinern Grade vorstellen kann; zum andern daß eine sonst dicke Muschelschale dünne und zerbrechlich werden kann. Ja man kann drittens daraus erkennen, wie die Versteinerung eines kalcinirten Körpers möglich ist. Nämlich in diese leeren Zwischenräumchen, werden andere Theilchen eingeführet, die sich verhärten, und dadurch zugleich der ganze Körper hart wird. Eben diese Bewandniß hat es mit den Knochen, sie sind nicht allein ebenfalls von einer kalkartigen Natur, sondern auch ihre Theilchen sind vest mit einander verbunden.

Hieher gehöret die wichtige Anmerkung des Herrn Hofrath Walch r). Nachdem er von verschiedenen höchst seltenen Schneckenarten angemerket hatte, daß sie mehrentheils nur kalcinirt gefunden würden, und daß alle kalcinirte Körper noch lange nicht den Werth hätten, den die Liebhaber einem hart versteinten beylegen, so fährt er fort: „Es sind gewissermaßen Stücke, an welchen die Natur ihr Werk nicht ganz vollführen können, die gleichsam in einem Mittelstand zwischen den natürlichen und versteinten geblieben, denen die durch die Evaporation entgangene Theile vermittelst einer Imprägnation nicht wieder durch andere ersetzet worden. Dem ohngeachtet giebt es auch bey der Kalcination gewisse Grade, und es nähert sich immer eine Art der Versteinerung mehr als die andere. Es sinden

---

r) Naturgesch. der Versteiner. Th. II. Abschn. 1. S. 215.

ben sich Konchylien, die man dem ersten Ansehen nach, für blos falcinirte halten solte, die aber durch ihre Schwere sattsam verrathen, daß sie schon zu einem gewissen Grad der Versteinerung gekommen. Das Meiste kommt hier auf den Ort und die Lage an, ob diese so beschaffen, daß in die durch die Evaporation freibigt gewordene Schale fremde Erdtheile, so wohl überhaupt, als auch in sattsamer Menge, eingeführet worden. An manchen Orten gelangen daher die Konchylien zu keiner vollkommenen Versteinerung, weil die Imprägnationsmittel fehlen, wohin sonderlich, wie wir oben gehöret, das Wasser zu rechnen.„

3. Wenn die Theile des Körpers sich entweder verzehret haben, oder durch eine Ausdünstung fortgegangen sind, die Körper aber in das Pflanzenreich gehören, so heißen sie veroedete Körper.

4. Wenn der Körper in Stein verwandelt ist, oder ein steinartiges Wesen an sich genommen hat, so heißen es versteinte oder petrificirte Körper. S. Versteinerungen.

5. Wenn den Körper ein Schwefeldampf oder Bergfett, oder sonst ein bituminöses Wesen durchbrungen hat, so heißen es verhärtete Körper.

6. Wenn endlich die Körper mit einer steinernen Rinde überzogen sind, so heißen sie inkrustirte Körper. S. Inkrustirte Körper.

Cörper von Menschen. S. Menschenkörper.

Cörper von Thieren. S. Thiere.

COELSE de Cambray, heißen französisch die Schiffsboote, die keine Zwischenkammern haben.

COEURS, heißen französisch die Herzmuscheln. S. Herzmuscheln.

COEURS de Boeuf, heißen in dieser Sprache die Bukkarditen, weil sie eine Aehnlichkeit mit einem Ochsenherze haben. S. Bukkarditen.

COEURS de Venus, heißet französisch das Venusherz. S. Venusherz.

COLITA, Colites, Gliedstein, wird der männliche Gliedstein genennet. Es sind dieses Steine, welche einige Aehnlichkeit mit dem männlichen Gliede haben. Sie gehören theils unter die Bildsteine, und das sind die eigentlichen Colitae, oder Hodensteine, theils aber und vornämlich unter die Alcyonien, und da führen sie insonderheit den Namen Priapolithen. Aus bloßen Zeichnungen, kann man nicht allezeit sicher genug entscheiden, ob man einen Bildstein, oder ein Alcyonium vor sich habe? Aber wenn man den Körper selbst vor sich siehet, ist es leichter, da sich die Alcyonien, durch ihre schrumpfigte Oberfläche, und vornämlich durch ihr spatartiges Wesen gar zu leicht kenntlich machen. Wir finden verschiedene Zeichnungen davon in Langens Histor. lapid. figurat. Helvet. Tab. X. Helwing Lithogr. Angerburg. Tab. VII. Fig. 6. Baier Oryctograph. Nor. Tab. I. n. 38. Sonst ist auch bekannt, daß sich unter dem Geschlecht der Hysterolithen ebenfalls

falls eine Art befindet, die man sonst Diphyiten nennet, und die auch eine Aehnlichkeit mit dem männlichen Gliede haben. Wenigstens sagt es die Einbildung so. Meine Leser werden mich übrigens von der nähern Beschreibung dieser Körper gern frey sprechen.

Colites. S. Colita.

Columelli, heißen die korallinischen Säulen. S Säulen.

Columnae judaicae, heißen beym Imperatus die Entrochiten, weil er sie aus Irthum für eine Gattung der Judensteine ansahe. Sie haben gleichwol unter sich nichts gemein, als daß beyde gemeiniglich eine selenitartige Versteinerung erhalten haben. S. Entrochiten.

Columnettae, Columnuli, heißen bey einigen die Entrochiten und die Sternsäulensteine, weil sie die Gestalt kleiner Säulen haben. S. Entrochiten und Sternsäulensteine.

Columnulae striatae, heißen bey einigen die Alveolen, ob sie gleich, wegen ihrer zugespitzten Figur, nicht füglich genug mit Säulen verglichen werden können. S. Alveolen.

Columnuli. S. Columnettae.

Cometiten, lat. Cometitae, fr. Cometites, werden die Astroiten dann genennet, wann die Sterne, die sie haben, die Gestalt der Schwanzsterne oder Kometen bekommen. Eigentlich sind diese Kometiten nichts anders als Astroiten, und dürfen durchaus nicht für eine besondere Gattung angesehen werden, denn sie entstehen, wenn die Astroiten sich schief durchspalten, oder so geschliffen werden; denn nun bilden die zarten Tubuli die Schwänze. Es kann daher auch aus einem jeden Astroit ein Kometit werden. Zeichnungen von Kometiten liefern: D'Argenville Oryctolog. Tab. XXIII. Fig. 3. und Kundmann rar. nat. et art. Tab. X. n. 11. Doch ist das Beyspiel des Kundmanns überaus schlecht. Scheuchzer Specim. lithogr. Helvet Fig. 54.

Cometites, heißen im Französischen die vorher beschriebenen Kometiten.

Compassen, versteend, Kompas-Schulp, Maandoublette, heißt bey den Holländern die Versteinerung der sogenannten Kompaßmuscheln, welche die Lithologen, wenn sie groß sind, unter die versteinten glatten Mäntel rechnen, wenn sie aber kleiner sind, Disciten nennen. S. Mäntel und Disciten. Sie sind in dem Reiche der Versteinerung überaus selten, doch kommen sie bisweilen vor, wie wir denn in dem Museo Chaisiano S. 98. unter dem Namen, versteende Compassen, ein Beyspiel gefunden haben. Da die Versteinerung dieser auch im Original nicht so gar gemeinen Muschel, außer dem Verlust der reizenden Farbe, nichts eingebüßet hat, so wird man dieselbe bald kennen, wenn man ihr Original kennet. Dieses beschreibet uns Rumph s) folgendergestalt: „Sie scheinet eine platte Jakobitermuschel zu seyn, und bestehet in zwey dünnen runden und mehrentheils flachen Schaalen,

---

s) Amboinisch: Raritätenk. S. 135.

Schaalen, die glatt sind, und nicht, wie die andere Kammmuscheln, erhabene Rippen haben. Das seltsamste an dieser Muschel ist, daß die bäuchigte Seite ganz weiß ist, die flache und weniger bäuchigte Schale aber ist dunkel leberfarbig, und mit grünen Strichen durchzogen, die sich hinten bey dem Wirbel versammlen, und über die Schale, wie die Striche auf dem Kompas, ausbreiten, daher sie denn auch diesen Namen bekommen hat. Inwendig aber haben beyde Schalen einige Rippen, welche nicht ganz bis an Wirbel hinan gehen, sondern sich in der Mitte verlieren. Diese Rippen kann man auch auswendig sehen, wenn man die Schale gegen das Licht hält. Es scheinet also diese Muschel aus zweyen ganz verschiedenen Schalen zu bestehen, welche man nicht zusammen rechnen würde, wenn man sie nicht an einander fest sitzend finde, indem sie hinten am Wirbel, in den zwey ausgebogenen Ecken, eben wie die Pectines, mit einem Bändchen veste sitzen.,,

Zeichnungen liefern: Rumph Amboin. Raritätenk. Tab. XLV. A. B. Gualtier Index testar. Conchylior. Tab. LXXIII. B. Argenville Conchyliol. Tab. XXIV G.

Concha, griechisch κόγχος, ist der Name, damit man die Muscheln belegt. S. Muscheln.

Concha altera anomia striata τρίλοβος rarior, ist beym Kolumna eine gestreifte Terebratul, mit einem dreyfach gewölbten Rücken, die er nicht kannte. S. Terebratuliten.

Concha triloba. S. Conchitae trilobi.

Conchae anatiferae, heißen die Pholaden. S. Pholaditen. Der Ritter von Linne nennt sie Lepas anatifera. Es ist schwer zu entscheiden, warum sie diesen Namen führen. Ihre äußere Gestalt, wenn wir sie auch mit ihren Seitenklappen betrachten, hat doch keine Aehnlichkeit mit einer Ente. Vielleicht gab ein Aberglaube der Alten den Grund zu dieser Benennung. Kundmann t) erzehlet, daß er aus Norwegen und aus Schottland Conchas anatiferas auf Bäumen mit hervorragenden Federn besitze, daraus Enten kriechen sollen, die man zur Fastenzeit nach Frankreich eingesalzen zur Speise verschickt.

Conchae anomiae. S. Anomiten.

Conchae anomiae sulcatae, sollten eigentlich alle gefurchtete Anomiten heißen, man braucht es aber nur von den gefurchteten Terebratuliten. S. Terebratuliten.

Conchae auritae, werden die versteinten Seeohren oder die Planiten genennet, weil sie beynahe die Gestalt eines Ohres haben. S. Planiten.

Conchae cordiformes, heißen die Herzmuscheln, weil sie eine herzförmige Gestalt haben. S. Herzmuscheln.

Conchae cypreae, heißen die Porcellanen. S. Porcellanen.

Conchae Erythreae, heißen ebenfalls diese Porcellanen, weil sie

---

t) Rar. naturae et artis. S. 352.

sie beym rothen oder erythräischen Meere häufig gefunden werden. S. Porcellaniten. Dieser und der vorige Name sind mehr in der Konchyliologie als in der Lithologie üblich.

Conchae parasiticae, heißen diejenigen Muscheln, welche sich in der See auf andere Körper zu setzen pflegen, und daher nie allein gefunden werden. Das Wort kömmt her von παράσιτος ein Schmarutzer, weil sich dieselben auch lieber in andern Häusern aufhalten als in den ihrigen. Man weiß es von gewissen Austern, daß sie sich oft in großen Klumpen auf andere Körper zu setzen pflegen, und daß sie sich sogar in ihrem Wachsthum nach den Körper richten und beugen, auf dem sie vestsitzen. Von den Seeeicheln ist eben dieses bekannt, und unter den kleinern Muscheln giebt es deren nicht wenige. Luid nennet sie Haeratulas. Im Steinreiche kann man nicht allemal richtig davon urtheilen, da sich oft genug ein Körper auf den andern gesetzt hat, wo doch in der See jeder vor sich bestehet. Gleichwol sind Beyspiele vorhanden. Wir haben oben gehöret, daß Hr. Stobäus die Brattenburgischen Pfennige unter die Conchas parasiticas setzte: daß man die Balaniten oft auf Austern, oder andern Konchylien, mehrmalen versteint, als einzeln findet, und daß Hr. Hasler einen Belemniten besaß, auf den sich nicht nur eine Auster gesetzt, sondern sich sogar in ihrer Wachsthumsgröße nach dem Belemniten gerichtet hatte.

Conchae testudinariae, heißen die Pholaden. S. Pholaditen.

Conchae venereae, heißen die Venusmuscheln und Porcellanen. S. Venusmuscheln und Porcellaniten.

Concharum nuclei, heißen beym Wallerius die Steinkerne von den Muscheln. S. Steinkerne. Nach der Beschaffenheit der Muschelart giebt er ihnen dann die weitern Benennungen. Die Steinkerne von Ostraciten heißen: Concharum nuclei Ostrearum; von Chamiten, Concharum nuclei Chamarum; von Musculiten, Concharum nuclei musculorum; von Bukkarditen, Concharum nuclei Buccardiorum; von Pektiniten, Concharum nuclei Pectinum u. s. w.

Concharum nuclei anomiarum ventricosarum, heißen beym Wallerius die Diphyiten. S. Diphyiten.

Concharum nuclei Ostreopectinitarum ventricosarum, heißen bey ihm die Hysterolithen. S. Hysterolithen.

Conchitae anomii. S. Anomiten.

Conchitae curvirostri lunati, heißen die Gryphiten.

Conchitae trilobi, Conchitae trilobi rugosi, heißen die Käfermuscheln. So nennte man die Käfermuscheln, ehe man sie kannte, und da man sie noch unter das Geschlecht der Conchiten zählte. Da wir nun aber wenigstens so viel gewiß wissen, daß die Käfermuschel keine Muschel mehr ist, ob wir gleich nicht eigentlich wissen, was sie sey? so ist das gewiß, daß der Käfermuschel, die wir unter diesem Namen näher beschreiben werden, weder, der Name einer Käfer

Käfermuschel, noch eines Conchitae trilobi, gehöre. Wir fragen daher billig: Ob man nun den Namen, *Conchites trilobus*, in der Lithologie gar ausstreichen solle? oder ob man im Steinreiche, oder unter den unversteinten Körpern gar keinen finde, der alle Kennzeichen einer wahren Muschel, und einen dreyfach gewölbten Rücken hat? Denn so muß ein Körper beschaffen seyn, der diesen Namen behaupten will, der von τρεῖς drey und λωβὴ der türkische Waitzen, weil es bey dieser Muschelart scheinet, als wenn drey Körner neben einander lägen, herkömmt. Wären diese Fragen zu bejahen, so würde nun der Name, Conchites trilobus, etwas ganz anders anzeigen müssen, als er bisher angezeigt hat, nämlich einen Körper, der wahrhaftig eine Muschel ist; da er bisher einen Körper bezeichnete, den man fälschlich für eine Muschel hielt. Ich muß zwar bekennen, daß die Muscheln mit einem dreyfach gewölbten Rücken im Original und in der Versteinerung eine gleich große Seltenheit sind, allein ich bin doch im Stande, von beyden einige Beyspiele anzuführen.

Eine natürliche Concham trilobam, hat Klein u) beschrieben und abgebildet. Er giebt von ihr diese Beschreibung: „Concha τρίλοβος striata prima, rarior Columnae; Concha crassa, medio lobo eminente, senis striis, totidemque strigibus in singulis lobis, quibus margines denticulatae sunt, insecta; praeterquam parte interjecta inter lobos, quae recta linea marginem definit. Altera parte, qua valuae in caput prominent, medium habet locum depressiorem et oblongiorem reliquis a latere brevioribus et elatis, eodemque modo striatis: qua parte tota conceha ex pansis alis aviculam incurvam repraesentare videtur.„ Die Muschel selbst ist ein Anomit, und gehöret in das Geschlecht der Ostreopektiniten, oder der gestreiften Terebratuln. Eine versteinte Muschel mit einem dreyfach gewölbten Rücken, besitzt der Herr Inspektor Wilkens zu Kottbus, die er in seiner Nachricht von seltenen Versteinerungen v) deutlich beschrieben hat. Er nennet sie w) Conchitem trilobum laevem, und sagt, daß sie von derjenigen Art Bohrmuschelsteine sey, die man Anomias rotundas vnica lacuna versus verticem directa, donatas nennet, und giebt von ihr Tab. VI. fig. 25. 26. sehr deutliche Zeichnungen. Dieser Concha triloba kann ich noch drey andere an die Seite setzen, die sich in dem Kabinet des Herrn Hofrath Heydenreichs zu Weimar befinden, und welche auch alle drey, in der Gegend um Weimar entdeckt worden sind. Ich werde sie in meiner Abhandlung, von den Foßilien um Weimar, deut-

---

u) Method. Ostracolog. S. 127. §. 429. vergl. mit Tab. XI. n. 75.

v) Sie ist nicht nur in dem ersten Bande des Stralsundischen Magazins, sondern auch zu Berlin und Stralsund 1769. einzeln gedruckt worden.

w) S. 67. des besondern Abdrucks.

deutlich beschreiben. Bey der einen gehen die drey Lobi nicht durch die ganze Muschelschale hindurch, sondern nehmen nur den größten Theil derselben ein; bey den übrigen aber gehen sie ganz hindurch. Ob ich gleich nur einzelne Hälften vor mir habe, welche über dies noch in ihren Müttern liegen, so siehet man doch die Gegend des Schlosses ganz genau, und nicht gar zu undeutlich die Wahrheit, daß sie ebenfalls zu den Anomiten gehören. Vielleicht muß man alle Conchitas trilobos zu Untergattung des Terebratul geschlechts, oder noch wahrscheinlicher, beyde als zwey verschiedene Geschlechtsgattungen der Anomiten machen. Ich überlasse die Entscheidung dieser Muthmaßung größern Kennern, oder lieber der Zeit, die uns vielleicht durch neue wichtige Entdeckungen, die Sache aufklären wird.

Conchitae trilobi rugosi, heissen ebenfalls die Käfermuscheln. S. Käfermuscheln.

**Conchiten,** versteinte Muscheln lat. Conchiti, Conchitae, Conchylia bivalvia petrefacta s. fossilia, franz. Conchites, Coquilles a deux battans petrifiées ou fossiles, holl. versteende Schülpen, versteende Dublet - Schulpen, heißen die Muscheln, wenn sie versteint sind. Nach dem Walchischen System sind sie

1. Einschalig, dahin die Patelliten und Planiten gehören.
2. Zweyschalig, dahin die Disciten, Jakobsmänteln, Pektiniten, Pektunkuliten, Chamiten, Bukkarditen, Ostraciten, Terebratuliten, Hysterolithen, Trigonellen, Pinniten, Soleniten, Gryphiten, Muskuliten, Mytuliten und Telliniten gehören.
3. Vielschalig, dahin die Balaniten und Pholaden gehören. S. Muscheln.

Wir müssen über diese Eintheilung der Conchiten, einige allgemeine Anmerkungen machen. Wenn wir die Patelliten und Planiten unter die Conchiten rechnen, so haben wir verschiedene Naturforscher vom ersten Range auf unserer Seite. Allein bey genauerer Beobachtung wird sich zeigen, daß diejenigen, die sie zu den Schnecken zählen, sehr starke Gründe vor sich haben. Die Thiere, welche diese Schalengehäuse bewohnen, haben die größte Aehnlichkeit mit den Thieren der Schnecken, und gehen von den Thieren der Muscheln gänzlich ab. Es bleibt aber wohl sicher, daß wir dann ohne Fehltritte klassificiren, wenn wir dabey die Thiere zum Grunde legen x); ob es gleich ausgemacht ist, daß dieser Weg für die mehresten Liebhaber und Kenner, ganz unüberwindliche Schwierigkeiten mit sich verbunden hat. Die Mehresten müssen hier mit fremden Augen sehen. Allein, wenn wir dies auch ganz bey Seite legen, so finden wir an diesen beyden Körpern die deutlichsten Beweise, wo wir mit Augen sehen können, daß sie zu den Schnecken gehören.

---

x) S. Geofroy von den Konchylien um Paris, und der Zuschrift der deutschen Uebersetzung. Nürnberg 1767.

gehören. Von den Seeohren, welche der Litholog Planiten nennet, wissen Kenner, daß sie oben, wo bey der zweyschaligen Muschel das Schloß ist, einige niedergedrückte Windungen haben y). Die Patelliten sind zwar zum Theil ohne alle Windungen, allein man hat doch auch solche, wo sich inwendig am Wirbel bald ein Anfang bald eine größere Spur von Windungen zeigt z). Wir urtheilen demnach gar nicht falsch, wenn wir die Patellen für diejenigen Körper halten, von welchen die Natur auf die gewundenen Schalthiere fortgehet. Nach dieser Methode, können wir auch einen richtigen Begriff von den Conchiten und Cochliten machen. Conchiten sind diejenigen Schalengehäuse, welche aus zwey oder mehr Schalen bestehen, und nie eine Windung haben. Cochliten aber sind diejenigen Schalengehäuse, welche nur aus einer einfachen Schale bestehen, und gewunden sind.

Die Pholaden haben wir aus dem Geschlecht der zweyschaligen Muscheln heraus genommen, und unter die vielschaligen gesetzt. Die Gründe, die uns dazu bestimmen, werden wir bey dem Wort Pholaditen angeben. Hingegen haben wir der Echiniten unter den vielschaligen Schalengehäusen gar nicht gedacht, darüber wir uns rechtfertigen wollen, wenn wir von den Echiniten handeln werden. Was die Konchyliologen von den Theilen der Muscheln und ihrer Bewohner sagen, gehöret nicht für uns, wer sich aber hierinnen nach Unterricht sehnet, den werden Adanson a), d'Argenville b), Kramer c) und die Verfasser der Onomatologie d) völlig sättigen. Was wir aber noch von den Conchiten, oder den versteinten Muscheln, zu sagen hätten, das wollen wir bey dem Wort Muscheln, nachholen.

Conchites, heißen im Französischen die Conchiten, von denen wir kurz vorher gehandelt haben.

Conchiti, heißen die versteinten Muscheln. S. Conchiten und Muscheln. Das lateinische Wort concha und das griechische κόγχη bedeuten nicht nur eine napfförmige Schale, die wir eine Muschel nennen, sondern auch ein Gefäß, welches die Gestalt einer Muschelschale hatte. Kolumella redet daher von Conchis ferreis, quibus depletur oleum, von eisernen Schalen, damit man das Oehl abschöpft. Es ist mir aber unbe-

---

y) S. Martini Konchylienkabinet 1. Band. S. 164. und Tab. XIV. XV. XVI.

z) S. Martini l. c. Tab. XIII. Fig. 118. 120. 122. 123. 126. und die Jenaischen gel. Zeit. vom Jahr 1769. S. 466.

a) Histoire naturelle du Senegal. Coquillages, par Mr. Adanson. a Paris 1757.

b) La Zoomorphose. Seconde Partie, par Mr. d'Argenville. a Paris 1757.

c) Einleitung zum Regenfußschen prächtigen Konchylienwerk. Sie ist auch der deutschen Ausgabe vor des Rumphs Amboinischen Raritätenkammer. Wien 1766. beygedruckt.

d) Onomatolog. histor. natural. Tab. III. S. 199. s.

unbekannt, ob man die Mu=
scheln um der Aehnlichkeit mit
diesen Gefäßen willen, oder die
Gefäße um der Gleichheit mit
den Muscheln willen, Conchas
genennet habe?

Conchiti aequalibus valvis,
politis alatis, Chamarum, heißen
beym Wallerius die Chamiten.
Eigentlich paßet dieser Begriff
nur auf die glatten Chamiten,
auf welche er sich, nach dem
Sinn des gelehrten Herrn Wal=
lero, auch nur erstrecken soll.
Denn die gestreiften Chamiten,
stehen bey ihm unter den Pekti=
niten, die er Pektiniten ohne
Ohren, Pectiniti non auriti, nen=
net. Was davon zu halten sey?
das können meine Leser bey dem
Wort Chamiten nachlesen.

Conchiti anomii, heißen ei=
gentlich die Anomiten S. Ano=
miten. Die Schriftsteller brau=
chen aber auch das Wort oft
von den Terebratuliten, sie mö=
gen glatt oder gestreift seyn. Ja
einige Schriftsteller verstehen
darunter nur diejenigen Mu=
scheln, welche keine bekannten
Originale haben. S. Anomi=
ten.

Conchiti anomii rostro pro=
minulo et veluti pertuso donati,
heißen die glatten Terebratuli=
ten, deren Schnabel gleichsam
durchbohret ist. S. Terebra=
tuliten.

Conchiti anomii rostro promi=
nulo striati, heißen die Ostreo=
pektiniten, oder die gestreiften
Terebratuliten. S. Terebra=
tuliten.

Conchiti anomii, rostro sub=
tereti adunco, heißen die Gry=
phiten. Hier wird aber das
Wort anomius so genommen,
daß es auf alle ungleichschalige
Muscheln paßet. S. Gryphiten.

Conchiti curvirostri, heißen
ebenfalls die Gryphiten, we=
gen ihres gekrümmten Schna=
bels. S. Gryphiten.

Conchiti inaequalibus valvis
squamosis, fere rotundis ostrea=
rum, heißen beym Herrn Wal=
lerius die Ostraciten, eine Be=
schreibung, die auf ihre äußere
Gestalt vollkommen paßet. S.
Ostraciten.

Conchiti valvis fistulosis Sole=
norum, heißen bey ihm die So=
leniten. S. Soleniten.

Conchiti valvis oblongioribus
in acumen desinentibus Musculo=
rum, heißen bey ihm die Mus=
culiten und die Mytuliten, die
er unter einem Geschlechte hat,
und dadurch eben den Fehler be=
gehet, in welchem viele alte und
neue Schriftsteller liegen. S.
Musculiten, Mytuliten.

Conchiti valvis oblongioribus
in acumen desinentibus Pinua=
rum, heißen bey ihm die Pin=
niten. S. Pinniten.

Conchiti valvis oblongioribus
in acumen desinentibus Tellina=
rum, sind bey diesem Schrift=
steller die Telliniten. Der Be=
griff ist aber ein wenig zu enge,
denn man hat Telliniten, welche
den Chamiten sehr nahe kom=
men, daß sie mehr rund als
länglich sind, und diese gehen
zugleich in keine Spitze aus.
S. Telliniten.

Conchiti valvis rotundis cor=
diformibus, Buccardiorum, heis=
sen die Bukkarditen, die diesen
Namen führen, weil sie eine
große Aehnlichkeit mit einem
Herze haben. S. Bukkarditen.
Man hat aber auch Herzmu=
scheln,

ſcheln, die keine Bukkarditen ſind, daher iſt dieſer Begriff zu enge. S. Herzmuſcheln.

Conchiti valvis ſtriatis pectinum, heißen beym Herrn Wallerius die Pektiniten; er nimmt aber das Wort mit den mehreſten alten Schriftſtellern ſo weitläuftig, daß nicht allein die eigentlichen Pektiniten, ſondern auch die geſtreiften Chamiten hieher gerechnet werden. S. Pektiniten.

Conchotypolithi, Conchyliotypolithi Concharum, heißen beym Herrn Wallerius die Abdrücke, oder die Spurenſteine von Muſcheln. S. Spurenſteine. Nachdem nun die Muſchel ihren Namen hat, nachdem giebt ihm auch dieſer Schriftſteller dem Spurenſteine des Conchiten. Die Steinkerne von Oſtraciten heißen, Conchotypolithi Oſtrearum; von Chamiten, Conchotypolithi chamarum; von Muſculiten, Conchotypolithi muſculorum; von Bukkarditen, Conchotypolithi buccardiorum; von den Telliniten, Conchotypolithi tellinarum; von Pektiniten, Conchotypolithi pectinum u. ſ. w.

Conchylia, heißen die Konchylien, von denen wir bald reden wollen.

Conchylia complicata, heißet bey einigen Schriftſtellern der Muſchelmarmor, weil er aus vielen in einer verworrenen Lage befindlichen Muſcheln und Schnecken beſtehet. S. Muſchelmarmor.

Conchylia foſſilia, ſ. petrefacta, heißen die gegrabenen oder verſteinten Konchylien.

Conchylia impreſſa. S. Conchyliotypolithi.

Conchylia lapidea, heißen die verſteinten Konchylien.

Conchylia lapidea bivalvia ignoto adhuc originali, nennet Wallerius die Anomiten. S. Anomiten. Er nimmt alſo das Wort in ſeiner ganz eigentlichen Bedeutung, da das Wort ἀνόμιος ungewöhnlich, unregelmäßig bedeutet, ohne ſich demnach an eine gewiſſe Geſchlechtsart zu kehren. Gleichwol bringet er ſeine Anomien unter drey Klaſſen, und rechnet dahin

1. die Gryphiten.
2. die Terebratuliten, die er im engen Verſtande Anomiten, oder terebratulas laeves, nennet.
3. die Oſtreopektiniten, die er Terebratulas ſtriatas nennet. Da man aber die Originale von den Terebratuliten ſo wohl, als von den Oſtreopektiniten gefunden hat, wie wir bey der Beſchreibung der Terebratuliten anmerken werden, ſo kann man ſelbſt urtheilen, was von der ganzen Sache zu halten ſey? Ueberhaupt hat man in den neuern Zeiten viel Originale von Konchylien entdeckt, von welchen man ehedem nichts wuſte, und es kann leicht möglich ſeyn, daß endlich dieſer Titel gar wegfallen möchte. Es iſt auch die Benennung der Anomiten hier viel zu unbeſtimmt, und verlangt, daß man Muſcheln unter ein Geſchlecht der Anomiten rechnen muß, welche außerdem, daß ihre Originale unbekannt ſind, gar nichts unter ſich gemein haben.

Conchylia lapidea bivalvia, heißen die zweyſchaligen Muſcheln.

Con-

Conchylia lapidea vnivalvia, heißen die Schnecken. S. Schnecken.

Conchylia mineralisata, sind die in Erz verwandelten Konchylien, oder wo sich nur ein Anflug von Erze zeigt. Wallerius hat davon drey Gattungen:
1. Alaunhaltige Konchylien, Conchylia mineralisata aluminosa.
2. Kieshaltige Konchylien, Conchylia mineralisata pyritacea.
3. Eisenhaltige Konchylien, Conchylia mineralisata ferrea.

Bey dem Artikel, mineralisirte Körper, werden wir davon mehreres anmerken.

**Conchylien**, lat. Conchylia, Testacea, Animalia testacea; fr. Coquilles, Coquillages, Testacées fossiles, Testacées pétrifiées, Testacites; holl. Harde Schaal-Vischen, werden die Muscheln und Schnecken genennt. Der Herr Hofprediger und Professor Kramer e) giebt uns von den Konchylien folgenden Begriff: „Unter dem Namen Konchylien, verstehen die Naturkündiger, in weiterer Bedeutung, alle blutlosen und weichen Thiere, die keine sichtbaren Gelenke haben, und von einer entweder ganzen oder aus verschiedenen Theilen zusammen gesetzten Schale bedeckt werden, woran sie durch einen oder durch mehr Muskeln bevestiget sind. Man unterscheidet sie dadurch von andern Schalthieren, deren Rinde nicht steinartig ist. In der engern Bedeutung sind Konchylien blos die Gehäuse, oder vielmehr die Schalen dieser Thiere."

In so fern die Konchyliologie blos mit natürlichen Körpern zu thun hat, in so fern gehört sie nicht für uns, da wir hier nur von Versteinerungen reden. Allein, da man im Reiche der Versteinerungen nicht glücklich genug arbeiten kann, wo man nicht die natürlichen Körper kennet, und mit den versteinten vergleicht; da auch die neuern Kenner des Steinreichs, davon ich nur einen Meusch und einen Davila nennen will, viele Namen der Konchyliologie in die Lithologie übertragen; so werden wir hier nicht nur einige allgemeine Anmerkungen über die Konchyliologie mittheilen: sondern wir werden zugleich dadurch unser Unternehmen entschuldigen, daß wir bey den Versteinerungen zugleich von ihren Originalen reden.

Man theilet die Konchyllen in See = Fluß = und Erdkonchylien. Die ersten sind, die sich in der See, die andern, die sich in den Flüssen, oder in den süßen Wassern, und die dritten, die sich auf dem trocknen Lande aufhalten. Was diese Eintheilung anlanget, so hat sie ihren vesten Grund, wir mögen diese Schalengehäuse betrachten, in welcher Rücksicht wir wollen. Eine Konchylie, die sich in der See aufhält, würde in einem süßen Flusse, oder auf der Erde, ihr baldiges Ende finden. Die Konchylien der süßen Wasser sterben in der See augenblicklich, und die Erdkonchylien können weder das gesalzene Wasser der See,

---

e) In seiner Einleitung zum Regenfussischen Konchylienwerke, bey Rumph S. XIV. der deutschen Ausgabe.

X

See, noch auch das schmackhafte Wasser der Flüsse und der Teiche, vertragen. Eben so gehen auch die Bewohner aller dieser Konchylien merklich von einander ab. Doch hievon habe ich jetzo keinen Beruf zu reden. Gleichwol ist diese Eintheilung noch gar großen Schwierigkeiten und Unrichtigkeiten unterworfen. Man weiß noch kein zuverläßiges äußeres Kennzeichen, daran man die Erd-Fluß- und Seekonchylien unterscheiden könnte; man weiß daher auch nicht in allen Fällen, wohin man eine gefundene Konchylie sicher zu rechnen habe. Ja bey den Versteinerungen wird die Sache noch schwerer.

Wir haben von den Erd- und Flußkonchylien, noch eine ganz geringe Anzahl Sammlungen, und noch keine einzige, die man vollständig nennen könnte. Von Seekonchylien haben wir zwar durch die Bemühungen eines Argenville, eines Adanson, eines Rumph, eines Regenfuß, und anderer, schöne Sammlungen, die hieher gehören, aber noch kein vollständiges Werk. Der eigentliche Sammelplatz der Konchylien aus allen Welttheilen ist Dännemark und besonders Holland. Gleichwohl gestehen aufrichtige Kenner daselbst, daß auch die vollständigsten Kabinette mangelhaft, und daß die bereits in Kupferstichen vorhandene kaum die Hälfte, die illuminirten aber nur einen kleinen Theil der bereits entdeckten ausmachten. Die Mannigfaltigkeit dieser Thiere ist freylich allzu groß, und jährlich werden neue Arten und Nebenarten entdeckt, die man vorher nicht kannte. Man muß aber ein Konchyliolog seyn, wenn man ein Litholog werden will. Hätten freylich die ersten Liebhaber der Lithologie die Konchyliologie mit ihrer Bemühung verbunden, so würden viele Verwirrungen und Unrichtigkeiten seyn vermieden worden. Man lese hier das erste Kapitel in der Naturgeschichte der Versteinerung des Hrn. Hofrath Walch nach.

Wenn wir nun, wie es billig ist, die Konchyliologie mit der Versteinerungskunde verbinden, so können wir uns dieselbe in verschiedenen Klassen vorstellen. Der Bertrand f) hat folgende Gattungen angemerkt:

1. **Wirklich versteinte Konchylien**, Conchylia lapidea, petrefacta; fr. Coquilles pétrifiées.

2. **Abdrücke von Konchylien**, Conchyliorum typi, Conchyliotypolithi; fr. Empreintes de coquilles.

3) **Steinkerne von Konchylien**, Conchyliorum nuclei; fr. Noyaux de coquilles.

4) **Metallisirte und mineralisirte Konchylien**, Conchylia mineralisata; fr. Coquilles mineralisées ou metallisées.

5. **Gegrabene unveränderte Konchylien**, Conchylia fossilia; fr. Coquilles fossiles.

6. **Verzehrte oder Falcinirte Konchylien**, Conchylia destructa; fr. Coquilles fossiles destruites, ou calcinées.

7. **Gedrückte und gebogene Konchylien**, Conchylia distorta

et

---

f) Dictionaire des fossils, T. I. S. 139. f.

et compressa; fr. Coquilles comprimées et recourbées.

8. **Wurmſtichige** oder von den **Würmern** angefreſſene **Konchylien**, Conchylia eroſa; fr. Coquilles comme vermoulues, ou rongées.

Hr. Hofrath Walch g) nimmt ſechs Gattungen an:
1. Petrifcirte und metalliſirte. 2. Kalcinirte. 3. in ihrem natürlichen Zuſtand erhaltene. 4. inkruſtirte. 5. Spurenſteine. 6. Steinkerne.

Die nähere Eintheilung der Konchylien, gehet mich eigentlich hier nichts an; ſondern ich werde bey der Beſchreibung der Muſcheln und Schnecken dasjenige berühren, was für mein Vorhaben gehört. Nur die Haupteintheilung derſelben muß ich aus Schriftſtellern anführen. Man theilt ſie ein,

1. In einſchalige, lat. Conchylia vniualuia, fr. Coquilles d'une ſeule pierre, Coquilles vnimalues. Dahin gehören die Patellen, die Seeohren und alle andere Schnecken. Man müßte denn die eigentlichen Deckelſchnecken unter die zweyſchaligen zählen wollen. Wenigſtens hat man im Steinreiche noch keine mit dem Deckel entdeckt. Selbſt die Deckel ſind einzeln betrachtet, im Steinreiche ſchon ſelten genug.

2. In zweyſchalige, lat. Conchylia biualuia, fr. Coquilles de deux valves ou de deux battans, dahin gehören, wenn wir die Pholaden und die Seeigeln ausnehmen, alle Muſcheln. Herr D'Argenville und aus ihm Hr. Bertrand h), zählen dahin nur ſechs Gattungen: die Auſtern, die Chamiten, die Muskuliten, die herzförmigen Muſcheln, die Pektunkuliten und die Soleniten. Es fehlen aber verſchiedene, die wir bey dem Wort Muſcheln, anführen werden.

3. In vielſchalige, lat. Conchylia multinaluia, fr. Coquilles à plus de deux battans, dahin gehören eigentlich nur die Seeeicheln und die Pholaden. Herr Bertrand i) aber rechnet noch die Echiniten, die Vermikuliten, die Orthoceratiten und die Lituiten hieher. Was die Seeigel anlanget, ſo iſt Hr. Bertrand weder der erſte noch der einzige, der ſie zu den vielſchaligten Konchylien rechnet. Allein im Steinreiche möchte es doch wohl nicht ſchicklich genug ſeyn, da man noch keinen Seeigel mit ſeinen Stacheln gefunden hat; wenigſtens iſt das Beyſpiel, das Auguſt Scilla k) will beſeſſen haben, das einzige in ſeiner Art. In den Streit, ob man die Seeigel unter die Teſtacea oder Cruſtacea zählen müſſe? will ich mich nicht einlaſſen, ich werde mich aber bey dem Wort Echiniten darüber deutlicher erklären. Rechnet man aber, wie heut zu Tage die mehreſten thun, die Seeigel unter die Cruſtacea, ſo gehören ſie gar nicht hieher. Die Vermikuliten haben jederzeit nur eine Schale, ob ſie gleich bisweilen wunderbar in einander

---

g) Naturgeſchichte der Verſteiner. Th. II. Abſchn. I. S. 2.
h) Dictionn. des foſſils. T. I. S. 95.
i) Diction. des foſſils. T. II. S. 64.
k) Lange de origine lapidum figurator. Lib. I. Cap. X. S. 33.

einander gewunden sind 1). Scheint ein Stück aus mehrern Schalen zu bestehen, so sind es gewiß mehrere Würmer. Sollen die Orthoceratiten und Lituiten, um ihrer Zwischenkammern willen, hieher gehören; so haben die Ammoniten, die Nautiliten, die Heliciten und die Belemniten ein gleiches Recht, die doch Herr Bertrand selbst nicht hieher zählen will. Wir haben folglich nur zwey ungezweifelte Gattungen der vielschaligen Muscheln, die Balaniten und die Pholaden, obgleich viele die letztern auch nur unter die zweyschaligen Muscheln rechnen.

Die Eintheilung des Herrn Lessers m), leget die obige Eintheilung zum Grunde; sie ist aber merklich geändert, und beweiset die systematische Denkungsart ihres Verfassers. Er theilet die Konchylien ein:

1. In röhrichte, Testacea tubulosa, das sind die Schnecken,
 a. Die nur eine Höhlung haben Monothalamia.
  aa. eine hohle Röhre, Tubuli,
  bb. eine gewundene Röhre, Cochlidae.
 b. Die viele Höhlen haben, Polythalamia.
2. In napfichte, Testacea vasculosa, das sind die Muscheln.
 a. einfache, Simplices, monoconchae, univalves, b. zusammengesetzte, Compositae.
  aa. Zweyschalige, Bivalves, Diconchae. bb. vielschalige, Multivalves, Polyconchae.

Alle diese Eintheilungen, betrachten eigentlich die Konchyliologie in Rücksicht auf das Steinreich. Da ich bey den Artikeln Muscheln und Schnecken mehrere Gelegenheit habe, an die Klassifikationen der Gelehrten zu gedenken, so lasse ich es dabey diesmal bewenden.

Die Konchyliologie als solche betrachtet, ist freylich ein eigener Theil der Naturgeschichte; daher wir gewissermaßen die Eintheilungen der Lithologie nicht in allen Fällen hier gebrauchen können. Hätten wir alle natürliche Konchylien zugleich versteint, und von allen Versteinerungen die Originale aus der See; so würde in beyden Wissenschaften eine Eintheilung vollkommen statt finden können, die bey erzählten Umständen noch nicht möglich ist. Wir wollen also auch einige Klassifikationen der berühmtesten Konchyliologen anführen.

Rumph, dessen Beobachtungsgeist unverbesserlich war, nur daß er dabey nicht systematisch genug dachte n); bringt die sämmtlichen Konchylien in drey Klassen. In der ersten setzt er die einschalig gewundenen Schnecken, oder die eigentlich sogenannten Schnecken. In der andern diejenigen einschaligen, welche nur eine einzelne und ungewundene Schale haben, mit der andern Seite aber an den Klippen hängen. Er meynet hier die Patellen und die Seeohren. In die dritte setzt er die Muscheln und Austern. Diese Eintheilung ist nicht streng genug, denn es würde nach derselben folgen, daß

---

1) Martini Konchylienkabinet, Band I. S. 7.
m) Lithotheologie, S. 647. f.
n) Amboinische Raritätenkammer, S. 3. 169. f. der deutschen Ausgabe.

daß die Patellen und Meerohren weder Muſcheln noch Schnecken wären, da ſie doch als Schalthiere zu einem von beyden Geſchlechtern nothwendig gehören müßen.

Adanſon o) der zuerſt auf den glücklichen Einfall gerieth, die Bewohner der Konchylien zu beobachten, um an ihnen vielleicht beſtändige Charaktere, als an den ſo veränderlichen Schalengehäuſen zu entdecken; baute darauf eine eigne Klaßifikation, die auch der Hofprediger Kramer p) angenommen hat. Er macht vier Klaſſen der Konchylien. Die erſte begreift die einſchaligen die keine Deckel haben. Die zwote begreift die Schnecken, an deren einfachen Schale ein ſteinartiger, oder auch ein knorpelichter Deckel angetroffen wird, womit ſie die Oeffnung derſelben ganz, oder zum Theil ſchlüßen können. Sie heißen deswegen Deckelſchnecken. Die dritte Klaſſe begreift die zweyſchalichten Thiere, die entweder Muſcheln oder Auſtern ſind. Die vierte Klaſſe endlich die vielſchalichten. Dieſe vielſchalichten bringt Hr. d'Argenville in ſechs Familien. Zur erſten gehören die Meerigel oder Seeäpfel; zur zwoten die Seewürmer; zur dritten die Meereicheln; zur vierten die Steindatteln; zur fünften die Entenbrut; zur ſechſten die Steinſcheidemuſcheln.

Herr Klein q) hat nur die zwey Geſchlechter, Cochlis und Concha, die er alſo abtheilet:

I. Cochlis
1) Simplex.
  a. plana.    e. Cono-Cochlis.
  b. convexa    f. Cochlea.
  c. Tornicata.    g. Buccinum.
  d. Elliptica.    h. Turbo.
2) Compoſita.
  a. Roſtrata.    d. Alata.
  b. Voluta longa.    e. Murex.
  c. Voluta ovata.

II. Concha.
1) Monoconcha.
  a. Patella.    b. Anſata.
2) Diconcha.
  a. Aequalis.
  aa. Connivens.
    α. Figurata.    δ. Cyclas.
    β. Oſtreum.    ε. Aurita.
    γ. Muſculus.    ζ. Cordiformis.
  bb. Interrupta.
    a. Sulcata.    b. Umbilicata.
    c. Sinu profundo. Chama.
    d. Sinu prominulo. Tellina.
    e. Pyloris.
  b. Inaequalis.
    α. Terebratula.    δ. Burſula.
    β. Concha τειλεβες. ε. Globus.
    γ. Concha adunca. ζ. Stola.
    η. Concha anſata.
3) Polyconcha; Anatifera.
4) Niduli Teſtacei.
  a. Balanus.    b. Aſtrolepas.
  c. Capitulum.
5) Echinus marinus.
6) Tubulus marinus.

Herr Legationsrath Meuſchen in Haag, hat in zweyen holländiſchen Verſteigerungsverzeichniſſen! r) nachfolgende Eintheilung bekannt gemacht:

I. Ein-

---

o) Hiſtoire naturelle du Senegal. Coquillages.
p) In der angeführten Einleitung, S. XIV. Im Rumpf.
q) Methodus oſtracologica.
r) Catalogue ſyſtematique d'une superbe et nombreuſe Collection de Coquillages, de Coraux, Madrepores, Lithophytes, &c. par le feu Sieur Michel

I. **Einschalige Konchylien.** Diese sind
1. ungewunden, non spirales.
    a. Wurmröhren. b. Pfeifenröhren. c. Schüsselmuscheln.
2. gewunden, Spirales.
    a. Angariï, Postbörner. b. Alaten. c. Voluten. d. Porcellanen. e. Seeohren. f. Papierne Schiffskutteln. g. gemeine Schiffskuttern. h. Kräuselschnecken. i. Strombi. k. Trompetenschnecken. l. Purpurschnecken. m. Murices. n. Cylinders. o. Kugelschnecken. p. Sturmhauben.

II. **Zweyschalige.** Diese sind
1. entweder cardiniformes,
    a. Mytuln.
    b. Kammmuscheln oder Mäntel.
2. oder Semicardines,
    a. Austern.
    b. Archenoahmuscheln.
3. oder Cardines.
    a. Lazarusklappen. b. Pferdehufe. c. Herzmuscheln. d. Giemmuscheln. e. Tellmuscheln. f. Solenen. g. Macerophylla.

III. **Vielschalige.**
1. die ein Schloß haben.
2. die kein Schloß haben.
    a. Pholaden. b. Entenmuscheln. c. Seeicheln.

IV. **Weichschalige.** Seeigel.

Herr Dokter Martini, s) der sich um die Liebhaber der Konchyliologie das große Verdienst macht, daß er ihnen ein vollständiges System mit illuminirten Kupfern liefert, hat zwar sein System nicht deutlich entwickelt; wenn wir aber seinen ersten Band mit der Vorrede zum zweyten vergleichen, so wird er die sämtlichen Konchylien in folgender Ordnung abhandeln:

1. Meerröhren und Seewurmgehäuse. 2. Napfschnecken. 3. Meeröhren. 4. Milchnäpfe. 5. dünnschalige und eigentliche Schiffboote. 6. Ammonshörner und Bischofsstäbe. 7. Kugel und Blasenschnecken. 8. Porcellanschnecken. 9. Sturmhauben. 10. Midasohren. 11. Voluten. 12. Walzen. 13. Kahnschnecken. 14. Tonnenschnecken. 15. Flügelschnecken. 16. Trompetenschnecken. 17. Schraubenschnecken. 18. Purpurschnecken. 19. Stachelschnecken. 20. Mondschnecken. 21. halbe Mondschnecken. 22. Kräuselschnecken. 23. Zwoschalige Muscheln. 24. Vielschalige Muscheln. 25. Erdkonchyllien. 26. Flußkonchyllien.

**Conchyliologie** ist die Wissenschaft, die sich mit den natürlichen Muscheln und Schnecken beschäftiget. Wenn nun der Litholog diese Wissenschaften in die seinige übertragt, oder wenn er die versteinten Muscheln und Schnecken mit den natürlichen in eine Parallele setzet, so heißt dieß denn die Konchyliologie im Steinreiche.

CONCHYLIOTYPOLITHES, heißen im Französischen die Spurensteine oder Abdrücke versteinter Konchylien. S. Spurensteine.

CON-

---

chel Oudaan. Rotterd. 1766. Catalogue systematique d'une magnifique Cabinet de tres belles Coquillages et Crustaces &c. delaissés par feu Mr. Arnaud Leers. Rotterd. 1767.

s) Neues systematisches Konchylienkabinet, geordnet und beschrieben durch Friedrich Heinrich Wilhelm Martini. Nürnberg 1769.

Conchyliotypolithi, fr. Conchyliotypolithes, heißen die Abdrücke, oder die Spurensteine von Muscheln und Schnecken. Das Wort kömmt her von κογχύλη eine Konchylie, τύπος ein Bild, und λίθος der Stein, und bedeutet folglich, seiner Zusammensetzung nach, einen Stein, auf welchem sich das Bild einer Konchylie befindet. Sind nun diese Spurensteine Bilder von Schnecken, so heißen sie insonderheit Conchyliotypolithi cochlearum. S. Cochleotypolithi. Sind es Abdrücke von Muscheln, so heißen sie Conchyliotypolithi concharum. S. Conchotypolithi, und wenn es sonderlich vielschalige Muscheln sind, so heissen sie Conchyliotypolithi concharum multivalvium. Wenn der Name von den Konchylien im Steinreiche überhaupt gebraucht wird, so ist er ganz richtig, aber nicht wenn er von einem einzigen Konchyliengeschlecht, z. E. von den Muscheln allein, gebraucht wird; weil das Wort Konchylie Muscheln und Schnecken zugleich anzeigt.

Confetto di Divoli, Bellaria lapidea, fr. Dragées de Tivoli, heißt unter dem Steinkonfekte derjenige, der um Tivoli gefunden wird. S. Tropfstein. Dieser Steinkonfekt bestehet aus weißen und krausen Steinen, von mittelmäßiger Größe, welche wie überzuckerter Saamen, Mandeln und dergleichen Dinge aussehen. Die Verfasser der Onomatologie t) urtheilen davon ganz recht, wenn sie sagen: „Es ist oft blos eine Mischung von Wasser, Erde, Topho und zusammen geflossenen kleinen Steinen, und mehrmals muß die Einbildung das Konfekt schicklicher bilden, als es die Natur vor sich aufweiset."

Coni branchiati. S. Jungiten, blätterigte.

Conichthyodontes, sind eine Gattung versteinter Fischzähne, welche sich von allen andern dadurch unterscheiden, daß sie eine konische Gestalt haben. In der Walchischen Klaßifikation der Fischzähne, die wir bey dem Hauptnamen Glossopeters anführen werden, machen sie die dritte Klasse aus, deren Charakter ist, daß sie eine konische Gestalt haben. Ihr Name kömmt her von dem Wort Conus, ein Kegel, ιχθύς der Fisch und ὀδούς der Zahn. Sind diese Zähne gerade, glatt und nicht gar zu dicke, so heißen sie Conichthyodontes recti teretes; sind sie gerade, mit geraden die Länge hinauf gehenden Streifen, so heißen sie Conichthyodontes striati. Wenn sie gebogen und glatt sind, so heißen sie Conichthyodontes incurvati teretes; sind sie aber gebogen und gestreift, so heißen sie Conichthyodontes striati incurvati. Herr Hofrath Walch u) handelt von ihnen ausführlicher.

Conotrochiten, nennet Herr Hofrath Walch diejenigen Bucciniten, deren erstes Gewind zwar auch lang, wie bey andern Bucciniten, aber nicht bauchigt, sondern konisch ist, und welche keine

---

t) Onomatol. hister. natur. T. II. S. 162.

u) Naturgesch. der Versteiner. Th. II Abschn. II. S. 212. f.

keine ovale, sondern eine lange und schmale Oeffnung haben. S. Bukciniten.

Conques de Venus, heißen im Französischen die Venusmuscheln. S. Venusmuscheln.

Conques persiques, das Rudolphshorn, das Großmaul, lat. Buccinum persicum Linn. Cochlea Rudolphi Seb. holl. versteende Rudolphussen, Rudolphussen geknobelde of Wydmonder versteend, sind Schnecken, welche Lister, Gualtier und Linné unter die Trompeten, d'Argenville aber unter die Tonnen zählen. Rumph v), der sie Tab. XXVII. lit. E. abgebildet hat, beschreibt sie also: „Diese Schnecke ist fast nichts, als ein weit offenstehender Mund, und hat wenige Windungen, die sehr schnell zulaufen. Die Schale ist sehr dicke, steinhart an der Mündung, aber dünne und eingekerbt, übrigens runzelicht, und über den Rücken grau mit schwarzen und weißen Flecken. Diese Schnecke verschlüßt ihre Mündung mit einem dünnen schwarzbraunen Deckel. Eine Art ist größer als ein Enteney, und wird selten gefunden; die andern aber sind kleiner und mehr höckericht, und hat eine graue kalkartige Farbe." Ich würde dieser Schnecke nicht gedacht haben, wofern sie nicht auch im Steinreiche entdeckt worden wäre. Wir finden beyde Arten des Rumphs in den holländischen Versteigerungsverzeichnissen, die erste, das versteinte Rudolphshorn, in dem Museo Leersiano S. 213. die andere, die nämlich kleiner und höckericht ist, in dem Museo Chaisiano S. 96. Sie sind aber beyde eine große Seltenheit im Steinreiche, da selbst die Originale, sonderlich die erste Art, nicht gar zu gemein sind.

Conques sphériques, heißen im Französischen die Globositen, wegen ihrer sphärischen Gestalt. S. Globositen.

Contournés, heißen im Französischen die Turbiniten. S. Turbiniten.

Coquilie, heißet im Holländischen der Nautilus, wegen seiner Schönheit, nach welcher er allein den Namen einer Schnecke verdienen soll. S. Nautiliten.

Coquillages, heißen französisch die Konchylien. S. Konchylien.

Coquille de Porcellaine, heißet im Französischen der Nautilus. S. Nautiliten. Sie führen diesen Namen, theils um der Glätte willen, die diese Schalen mit den wahren Porcellanen gemein haben, theils weil die Künstler ehemals die kostbarsten Gefäße daraus zu verfertigen wusten, die sie Porcellan nennten. w)

Coquilles, heißen im Französischen die Konchylien. S. Konchylien.

Coquilles a deux batrans, heißen im Französischen die Muscheln, doch ist diese Benennung nicht bestimmt genug, da das Wort Coquilles, außer den Muscheln, auch die Schnecken anzeigt.

---

v) Rumph Amboinische Raritätenk. S. 54.

w) S. Martini Konchylienkabinet, S. 204.

Coquilles de St. Jacques, heißen im Französischen die Pektiniten und die Jakobsmäntel. S. Pektiniten und Mäntel.

Coquilles faites en tuyaux, heißen im Französischen die Dentaliten. S. Dentaliten.

Coquilles ou Conques de Venus, heißen im Französischen die Porcellanen. S. Porcellaniten.

Coquilles univalves, heißen im Französischen die Schnecken.

Cor anguinum. S. Corda anguina.

Coracini, Rabensteine, heißen die Belemniten, die eine schwarze Farbe haben. S. Belemniten.

**Corallachat**, lat. Corallachates, fr. Cornaline, holl. orientaalse Coralyn-Agaat, heißt der Achat, der den Korallen ähnlich ist, oder wohl gar korallartige Flecken und Streifen hat. S. Achat.

Corail, heißen französisch die Korallen. S. Koralluthen.

**Corallbecher**, lat. Calix Hippurinus, Fragmenta Hippuritorum corallinorum crateriformia Wall. heißen die einzelnen Theile der Hippuriten, wenn die Spitze eines Gelenkes weggefallen ist, und dann der Stein die Gestalt eines Bechers hat. Sie sind beynahe abgestumpften hohlen Kugeln gleich, und haben mehrentheils inwendig Strrifen. S. Hippuriten.

**Corallblumen**, sechseckichte, fr. Le fleur hexagone d'une coralloide, wird eine gewisse Versteinerung genennt, welche, außer dem Namen, mit den Korallen nichts gemein hat. Herr Hofr. Walch x) beschreibet diesen Körper also: „Der ganze Körper ist kaum so groß, als eine Haselnuß. Auf einem flachen Gelenksteine sitzen sechs Strahlen, die sich wie die Strahlen eines Enkriniten schlüßen, und daher auch wirklich eine Aehnlichkeit mit einem Enkriniten haben. Die Strahlen selbst scheinen, so viel sich aus dem unreinen und groben Kupferstich des Bourguetischen Werks muthmaßen läßt, nicht gegliedert zu seyn. Auf der andern Seite ist ein kleiner Stiel, der etwa den achten Theil eines Zolls beträgt." Den Namen der Korallblumen hat dieser Versteinerung Bourguet gegeben, der sie ohne Zweifel zu den Korallen zählte. Allein sie hat mit dem Bau des Enkriniten so viel Aehnliches, daß diejenigen ohne Zweifel richtiger verfahren, welche sie dem Geschlecht der Enkriniten beyfügen, wie Herr Davila y) gethan hat. Es ist übrigens eine höchst seltene Versteinerung, deren Abbildung Bourguet Memoires pour servir à l'hist. des petrificat. Tab. XIII. Fig. 70. 71. gegeben hat.

**Corallen**, S. **Corallith**. Sonst werden auch insonderheit die glatten Korallen, deren Original die Isis Linnaei ist, nur schlechthin Korallen genennet. S. Glatte Corallen.

**Corallen**, rothe falsche, lat. Pseudocorallium rubrum, ist eine Art natürlicher Medusenhäupter. S. Medusenhaupt.

---

x) Naturgesch. der Verstein. Th. II. Abschn. II. S. 116.

y) Catalogue systematique. T. III. S. 195.

**Corallenblätter, netzförmige Ceratophyten, Corallrinde,** lat. Corallites Keratophyti fruticosi retiformis, fr. Keratophytes, Cératophytes, le Keratophyte reticulé, heißen die Korallithen, welche aus einem netzförmigen Gewebe bestehen, welches sich über den Stein, wie ein Blatt zu legen pflegt. Eben das ist die Ursache, warum sie Korallenblätter heißen. S. Ceratophyten und Escharıten. Einige Schriftsteller legen auch einigen der sogenannten Eisvogelsteine, und sonderlich den korallinischen Morcheln den Namen, Corallitae reticulati instar insignitum bey, weil sie ihrer runzelichten Gestalt wegen, auch das Ansehen eines Netzes haben. Diese aber gehören sammt ihrer Benennung nicht hieher, denn es sind Fungiten. S. Fungiten.

**Corallenfisch,** lat. Piscis corallinus, heißt ein natürliches Medusenhaupt. S. Medusenhaupt.

**Corallengewächse,** S. Korallithen.

**Corallenjaspis,** lat. Jaspis corallina, fr. Corallines, holl. Corallynen, ist unter den Jaspisarten diejenige, welche auf ihrer Oberfläche lauter kleine neben einanderstehende Buckeln hat, die man mit kleinen Erbsen vergleichen könnte. Man findet diese Jaspisart bey Freyberg in einem besondern Flötze, welches Henkel z) sehr genau beschrieben hat. Da dieser Jaspis überaus selten ist, so ist dies wohl die Ursach, warum man in den Schriften der Mineralogen und Lithologen, so gar wenig Nachricht von ihm findet. Herr Prof. Vogel a) merket an, daß er auch Korallenstein genennt worden. In dem Musco Oudaaniano kommt S. 137. ein Beyspiel davon unter den Namen Corallynen vor. Ich unterstehe mich nicht, den Grund zu errathen, warum man diesem Jaspis den Namen Korallenjaspis gegeben hat? Vielleicht aber hat man diese weißen Buckeln für versteinte Korallen angesehen, oder geglaubt, daß dieser Jaspis eine Aehnlichkeit mit manchen versteinten oder natürlichen Korallen habe.

**Corallenröhren,** heißen eigentlich die korallinischen Tubuli, en, welche in dem Steinreiche den Namen der Tubiporiten führen. S. Tubiporiten. In der Konchyliologie braucht man dieses Wort auch von einem Seewurmgehäuse. Nämlich der Rindsdarm, oder das große Wachslicht, welches Herr D. Martini b) für die Wurzel des Ochsendarmes hält, wird vom Lesser c) das runzelichte Korallrohr, und vom Klein d) Solen corallorum corrugatus, omnium maximus, genennet. So wie eben dieser Lesser, den Stiefel, das stiefelförmige Korallenrohr, und den Ofen, das glatte ofenförmige Korallrohr genennt hat. Alle diese Körper sind eigentlich Wurmgehäuse, eben so wohl als die Korallen, nach

---

z) Rießhistorie, S. 323. f.
a) Praktisches Mineralsyst. S. 127.
b) Konchylienkabinet 1. Band, S. 45. f. coll. Tab. I. fig. 6. 11.

c) Testaceotheologie, S. 139. S. 40.
d) De Tubulis marinis Gen. VII. sp. 2. S. 5.

nach den Beobachtungen neuerer Naturforscher, Gehäuse der Polypen sind. In sofern ließen sich die obigen Benennungen entschuldigen. Allein, da der Ochsendarm, der Rindsdarm, der Stiefel und der Ofen, schalichte Gehäuse sind, so gehöret ihnen der Name der Korallen in keiner Rücksicht.

**Corallenzweige**, werden die Korallithen genennet, welche aus einzelnen kleinen Bäumchen, mit Knoten, Aesten und Zweigen bestehen. Die Korallenzweige sind entweder dicht, oder porös, oder löchrigt. Die dichten sind entweder glatt oder gestreift, und diese heißen nur schlechthin Korallen, oder glatte und gestreifte Korallen. S. glatte Korallen. Die Porösen, die man aber nicht mit den korallinischen Tubuliten, oder Tubiporiten verwechseln darf, sind entweder auf den Enden ihrer Aeste mit einwärts gebogenen Sternen besetzt; oder sie haben auf der Oberfläche, und den Enden ihrer Zweige rings herum zarte Löcher und Punkte. Im ersten Falle heißen sie Madreporiten, Madreporne, Sternkorallen; im andern Falle Milleporiten, Milleporae, Punktkorallen. S. Madreporiten, und Milleporiten.

**Corallhechel**, S. Jungiten, blätterigte.

**Corallholz**, S. Ceratophyten.

CORALLIA, Coralia, Coralla, heißen die Korallen, sie mögen natürlich oder versteint seyn. Wenn sie versteint sind, braucht man lieber das Wort Korallith, Koralliolith, lat. Corallithus, Coralliolithus, fr. Corallites, Lithophytes, Polypiers fossiles ou pétrifiées, holl. versteende Koraalen. Die Griechen bedienten sich des Worts κοράλιον, dessen Bedeutung wir bey dem Wort Korallithen, untersuchen werden. Die Römer aber schrieben bald Corallium, bald Coralium, bald Coralium. Zu den Zeiten, da Boodt lebte, brauchte man das Wort sehr enge, und verstund darunter blos die steinartigen glatten Seegewächse, sie mochten hart, oder weich seyn e). Den Gebrauch des Worts in unsern Tagen, werde ich bey dem Wort Korallith zeigen. Da ich hier blos die Bedeutung der lateinischen Namen anzeige, so wünschte ich, daß meine Leser zugleich die Worte Corallitae, Corallinae, Corallina und Coralloidae, nachschlagen möchten.

CORALLIA alba fistulosa, heissen die natürlichen Madreporiten welche ästig sind, und an den Enden und auf der Oberfläche einzelne erhabene Sterne haben. Wir würden dieser und einiger andern natürlichen Korallen hier nicht gedenken, wenn sie nicht auch im Reiche der Versteinerungen vorhanden wären. S. Madreporiten.

CORALLIA alba officinarum oculata, ist ein Name der vorhergehenden Madrepore.

CORALLIA articulata, Hippuris saxea, ist eine Koralle, welche ästig, gestreift und gegliedert ist, Zweige und Nebenzweige, und

---

e) Walch Naturgesch. der Verstein. Th. II. Abschn. II. S. 45.

und bald zarte, bald etwas vertiefte Querstreifen hat. Dadurch scheinet es, als ob sie aus lauter Gliedern zusammen gesetzt wäre. Das giebt ihr einige Aehnlichkeit mit einem Hippuriten, dahin sie aber nicht gehöret, sondern sie wird mit mehrerm Rechte unter die glatten Korallen gezählet f). Der Ritter von Linne und Herr Pallas nennen sie Isis Hippuris.

CORALLIA, columnis parallelis composita, massa solida plerumque fungiformi, superficie stellis radiatis, rotundis ornata, nennet Hr. Wallerius die Astroiten, eine Beschreibung, die den Körper gut charakterisiret. S. Astroiten.

CORALLIA, congerie tubuiorum, cannularum vel cellularum superficiebus solidis composita, nennet Wallerius die Korallinischen Tubuliten. S. Tubuliten und Tubiporiten.

CORALLIA crispa, werden von einigen die Madreporiten genennet, weil sie eine krause Gestalt haben. S. Madreporiten.

CORALLIA fasciata, heißen die korallinischen Säulchen, eine zu den Hippuriten gehörige Korallart. S. Säulen.

CORALLIA figura conica vel cylindrica, aut per articulationem super vel ad inuicem, plus minus aperdam, coniuncta aut separata, superficie plerumque striata, heißen beym Wallerius die Hippuriten. S. Hippuriten.

CORALLIA figura fungiformi, antris sinuosis apertis vel clausis, aquarum vndulationem simulantibus, ornata, heißen bey ihm die Wasserkorallen. S. Wasserkorallen.

CORALLIA figura fungorum terrestrium, heißen bey ihm die Korallschwämme. S. Fungiten.

CORALLIA fistulosa, werden beym Imperatus diejenigen zweigichten Madreporen genennet, welche runde Aeste haben, weil sie dadurch die Gestalt eines Rohrs oder Pfeife haben.

CORALLIA fistulosa intus cancellata, heißen die Tubuliten, wenn sie viereckicht sind.

CORALLIA fossilia, heißen im eigentlichen Verstande die Korallen, die noch in ihrem natürlichen Zustande erhalten, ausgegraben werden. Man nimmt aber auch das Wort weitläuftiger, und verstehet darunter auch die kalcinirten, die versteinten, und die mineralisirten Korallen.

CORALLIA geniculata, heißen die Hippuriten, weil sie dann, wenn sie noch ganz sind, aus einzelnen Gliedern zusammen gesetzt sind. S. Hippuriten.

CORALLIA instar crustae extensa tenuia, aut punctata aut perforata, heißet beym Wallerius die Korallrinde, oder die Eschariten. S. Eschariten und Ceratophyten.

CORALLIA in superficie et extremitatibus asteriscis cavitatem transeuntibus notata, ramosa, arboris vel suffruticis facie, heißen beym Wallerius die Madreporiten. S. Madreporiten.

CORALLIA in superficie vel extremitatibus, poris fistulis vel tubis cavitatem transeuntibus notata,

---

f) Walch am angezogenen Orte, S. 10.

tata, ramosa arboris vel suffruticis facie, heißen bey diesem Schriftsteller die Milleporiten. S. Milleporiten.

CORALLIA labyrinthiformia, werden die Wasserkorallen genennet, weil ihre auf der Oberfläche, und am Ende befindlichen krummen Höhlen und Furchen, einem Labyrinthe gleich sind. S. Wasserkorallen.

CORALLIA laterulata, heißen die Kettensteine. Wallerius nennet sie mit Ketten geschnürte Tubuliten. S. Kettensteine.

CORALLIA laterculata, heißen die vorigen Kettensteine. Vielleicht soll das vorhergehende Wort beym Wallerius auch laterculata heißen.

CORALLIA mineralisata, werden die Korallen genennet, wenn sie von Schwefelkies, Eisen, Kupfer und andern Mineralien durchdrungen sind. S. Mineralisirte Körper.

CORALLIA mineralisata pyritacea, werden unter den mineralisirten Korallen diejenigen genennet, welche kieshaltig sind. Ihrer thut der berühmte Henkel in seiner Kieshistorie Meldung.

CORALLIA nigra, heißen die Alcyonienwurzeln, oder unter den Alcyonien diejenigen, welche rauh, grieselicht, oft hin und wieder etwas bauchigt und knoticht sind. Der Name der Korallen kömmt den Alcyonien nur im weitläuftigen Verstande zu. S. Antipathes.

CORALLIA orbicularia, magnitudine et figura numismatis, superficie convexa striata, heißen beym Wallerius die Korallpfennige oder Porpiten. S. Porpiten.

CORALLIA origine cornea, tenuiora ramosa, nennet Wallerius das Korallholz. S. Korallholz.

CORALLIA rubra, heißen diejenigen Korallen, welche ohne Punkte und Sterne sind, eine glatte Oberfläche und wenig Aeste, ohne Quereinschnitte und Absätze haben. Sie heißen sonst überhaupt glatte Korallen, und führen den Namen der rothen Korallen, weil sie in ihrem natürlichen Zustande roth sind. Man findet sie auch versteint, aber höchst selten in großen Stücken und ganz. Das ist aber die Koralle, welche der Ritter von Linne Isis nobilis nennet. S. glatte Korallen.

CORALLIA sessilia fruticosa, heißen die glatten Korallen, wenn sie buschigt, aber ohne Punkte und Sterne sind. Gemeiniglich sind sie niedrig, bestehen aus vielen dichten Aestchen, haben aber keine Querschnitte.

CORALLIA stellata, werden eigentlich die Astroiten genennt; weil aber die Madreporen auch Sternchen haben, so werden sie auch von einigen mit diesem Namen belegt. Imperatus und Bauhin verstehen darunter nur eine einzige Madreporitenart, nämlich diejenige, welche Walch g) ästigte Madreporiten, an den Enden und auf der ganzen Oberfläche mit flachen kleinen Sternchen häufig besetzt, nennet.

CORALLIA superficie plana ramosa, arboris vel suffruticis facie, nennt

---

g) Walch l. c. S. 12.

nennt Wallerius die glatten Korallen. S. Glatte Korallen.

CORALLIA tubis subcylindricis laevibus ad basin vsque cavis, werden vom Ritter von Linne die Tubiporiten oder die korallinischen Tubuliten genennet. S. Tubuliten.

CORALLIA tubularia, heißen eben dieselben Tubuliten.

CORALLINAE, heißen die bald folgenden Korallinen.

CORALLINAE fructicosae rectae albae, nennet Waller unter den Korallinen, welchen er den Namen des Korallholzes gegeben hat, das zweigichte Korallholz. Herr Hofrath Walch h) beschreibet diesen Körper folgender gestalt: „Zweigichte Ceratophyten, die freye Aeste und Zweige haben, oder solche, die durch kein fabichtes Netzgewebe zu einer Fläche mit einander verbunden sind. Es giebt von ihnen verschiedene Nebengattungen. Einige haben wenige dünne, aber dabey lange ruthenförmige Zweige und Nebenzweige, gehen lang in die Höhe, breiten sich oben nicht weit aus, sind gemeiniglich zart, und an den Endspitzen oft nur wie zarte Faden. Sie haben gar nichts netzförmiges. Es giebt verschiedene Nebenarten derselben, deren Originale beym Olearius in der Gottorfischen Kunstkammer Tab. XXXV. Nro. 1. Beym Bonanni Mus. Kircheriano. p. 284 Nro. 2. beym Marsigli hist. physique de la mer. Tab. XX. N. 94. Beym Ellis in der Naturgeschichte der Korallen. Tab. XXVI. und beym Hrn. Pallas so wohl unter den pinnatis als simplicioribus gorgoniis, auch zum Theil unter seinen rameis vorkommen. Der ältern Schriftsteller Quercus marina gehöret auch mit zu dieser Klasse, auch die Gorgonia petechizans beym Grafen Marsigli, Tab. XX. fig. 89. Des Petrefakts erwähnet Wallerius p. 449. unter dem Namen zweigigtes Korallholz, Keratophyton fruticosum corallina fruticosa recta alba, Gesner de petrific. p. 28. unter dem Namen, Corallites Keratophyti fruticosi, und Bertrand diction. T. II. p. 276. unter dem Namen, le Keratophyte rameux ou en forme de branches d'arbre. Eben derselbe hat diese versteinte Ceratophytenart aus der Grafschaft Neufchatel erhalten, und bemerkt, daß sich das Gestein von dem Petrefakt durch Weinessig am besten absondern lasse. Argenville gedenkt in der Lithologie Tab. III. p. 82. dieses Petrefakts auch.„

CORALLINAE reticulatae, nennet Wallerius i) das knotige Korallholz, von dem er folgende Beschreibung macht. „Sieht wie eine feine hohle Nuß aus ; seinem Ursprunge nach, ist es von weißer oder schwarzer Farbe. Liegt zuweilen über dem Steine petrificirt, sieht aber doch noch öfters wie Horn von dunkler oder lichter Farbe aus.„ Es sind dieses die netzförmigen Ceratophyten, welche die Holländer Seefächer nennen, und die Herr Walch am angezogenen Orte seiner Na-turge-

---

h) Walch l. c. S. 34.        i) Mineralreich, S. 449.

turgeschichte also beschreibet: „Es gehen bey einem Ceratophyten aus einer auf einem Stein oder andern Körper vest ansitzenden flachen Wurzel, die einem Stück Leder gleich ist, starke Aeste in die Höhe, die je höher, desto dünner werden, zu beyden Seiten gehen dünnere Nebenäste heraus, und diese so wohl als jene haben eine Menge zarter hornartiger Fasern oder Faden, die so in einander gewachsen oder gleichsam geflochten sind, daß sie von einem Netze viel Aehnliches haben. Dieses Gewebe tritt nun meist auf zwey gegen einander überstehenden Seiten ganz flach heraus, und weil bey dieser Fläche der Ceratophyt unten schmal und oben breit ist, so erhält er dadurch desto mehr die Gestalt eines Fächers„

Corallinen, lat. Corallinae, fr. Corallines, holl. Koralynen, sind unter den Korallen diejenigen, welche, ihrer Beschaffenheit nach, einen hornartigen Bau, ihrer Bildung nach aber eine moosartige Gestalt haben. Sie bestehen aus überaus zarten Aestchen, die sich in eben so zarte Zweige zertheilen, die mit subtilen Gelenkchen versehen sind. Man braucht bey den allermehresten ein Vergrößerungsglas, wenn man ihren wundervollen Bau vollständig sehen will. „Die Korallinen in einem eigentlichen Verstand betrachtet, sagt die Onomatologie k), diejenige Seeprodukte nämlich, welchen der berühmte Ritter Linnäus den Namen Sertularien gegeben hat, wenn man mit ihnen eine genaue chymische Untersuchung anstellt, so findet man, daß sie eine sehr große Menge eines volatilischen Salzes bey sich führen, und daß sie, wenn man sie verbrennet, einen thierischen Geruch von sich geben, so, wie ohngefähr derjenige ist, den man bey Verbrennung der Hörner, als des Hirschhorns, bemerket.„ Herr Ellis l) und nach ihm Herr Professor Pallas m) haben sich um die Geschichte der Korallinen ohne Zweifel das größte Verdienst erworben. Gedachter Herr Ellis bringt die Korallinen in vier Klassen. In die erste setzt er diejenigen, welche mit Bläschen versehen sind. Sie haben eine hornartige Substanz, und röhrigte Aeste, und folglich im Ganzen betrachtet, die Gestalt einer Pflanze. Zu gewissen Zeiten bemerket man an ihnen kleine Körper, die sich Hr. Ellis als Bläschen gedachte, denen aber der Ritter von Linne den Namen eines Kelchs gab. In die andere Klasse setzt er die röhrigten Korallinen, Corallinae tubulariae, die aus einfachen Röhren zusammen gesetzt sind, ob sie sich gleich auch in verschiedene Zweige theilen, sie haben aber nie Bläschen. In die dritte

---

k) Onomatol. hist. natural. T. III. S. 197.

l) An Essay towards a Natural History of the Corallines. Lond. 1755. Essai sur l'histoire naturelle des Corallines par J. Ellis trad. de l'Angl. en Franc. La Haye 1758. Johann Ellis Versuch einer Naturgeschichte der Korallarten und anderer dergleichen Meerkörper, übersetzt von D. Joh. Georg Krünitz. Nürnb. 1767.

m) Elenchus Zoophytorum.

dritte Klasse bringt er die zeiligten Korallinen, Corallinae celliferae, die eine durchsichtige, schaligte und zerbrechliche Substanz haben, am allermeisten den Pflanzen gleichen, und durch das Vergrößerungsglas aus lauter kleinen, und sehr feinen Zellen zu bestehen scheinen. In die vierte Klasse bringt er die gelenkten Korallinen, Corallinae articulatae, welche einen ganz anderen Bau als die drey vorhergehenden Arten haben. Sie bestehen nämlich aus einer kreidichten, kalkichten und zerbrechlichen Materie, deren Fläche mit lauter Zellen bedeckt ist. Die Gelenke derselben sind, vermittelst einer rohen und biegsamen Membrane, mit einander verbunden, welche von einer großen Anzahl kleiner Röhren, die neben einander sitzen, gebildet wird.

Ich habe für meinen Zweck nicht nöthig, hievon mehr zu sagen. Ob aber diese Korallinen auch im Steinreiche vorhanden sind? darüber sind die Naturforscher nicht ganz einig. Ihres höchst zarten Baues, wegen sind sie freylich viel leichter zerstöhrt, als daß sie zur Versteinerung erhalten werden könnten. Inzwischen behauptet doch Herr Bertrand, n) daß sie im Steinreiche vorhanden wären. Herr Hofrath Walch o) fället darüber folgendes Urtheil. „Die Möglichkeit ihrer Existenz in diesem Reiche ist an sich um so weniger in Zweifel zu ziehen, da an viel weichern Körpern das Steinreich einen Anspruch machen kann. Doch dürften sich wohl so gar viel Korallinenarten, wegen ihres zarten Baues, eben nicht entdecken lassen. Finden sie sich ja, so ist es wohl nicht nicht anders möglich, als auf Schiefern, die zur unbeschädigten Aufbehaltung und Versteinerung solcher Körper am geschicktesten sind. Sonst hat noch kein Schriftsteller der versteinten Korallinen erwähnet, ich selbsten habe auch noch nicht dergleichen in Kräuterschiefern bemerket, ausgenommen in denen, die in dem Sevennischen Gebirge gebrochen, auf welchen ich zuweilen unbekannte und den Korallinen ziemlich ähnliche Gestalten wahrgenommen, die mich zu der Muthmaßung gebracht, ob es nicht vielleicht Korallinen seyn könnten?„

Diejenigen, welche die Ceratophyten unter die Korallinen setzen, wie z. E. Herr Wallerius gethan hat, brauchen das Wort Korallinen in einem weitläuftigen Verstande, und nennen das alles Korallinen, was einen hornartigen Bau hat. S. Ceratophyten.

Zeichnungen von Korallinen liefern: Ellis Naturgeschichte der Korallarten. Marsigli hist. de la Mer, Tab. XIX. fig. 83. 84. Tab. XX. fig. 89. 94. Tab. XXI. fig. 97.

**Corallinische Feigen.** S. Feigen, korallinische.

**Corallinische Morcheln.** S. Morcheln, korallinische.

Coralli-

---

n) Diction. des Fossils, T. I. S. 144.
o) Naturgesch. der Versteiner. Th. II. Abschn. II. S. 34.

**Corallinische Säulen.** S. Säulen, korallinische.

**Corallinische Tubuliten.** S. Tubuliten, korallinische.

**Corallinische Widderhörner.** S. Ceratiten.

**Corallinische Wurzeln.** S. Wurzeln, korallinische.

**Corallinisches Heydekraut.** lat. Keratophyton ramosissimum forma ericae, Erica marina; fr. le Keratophyte entortillé de bruyère ou de buisson, wird unter den zweigigten Ceratophytenarten diejenige genennet, welche ein ganzes entblättertes Buschwerk vorstellet. Der Körper theilet sich nämlich wie Büsche und Sträuche in sehr viele Aeste, Zweige und Nebenzweige. Darinnen nun hat Hr. Wallerius eine Aehnlichkeit mit dem Heydekraute zu finden geglaubt, und es daher korallinisches Heydekraut genennet. Er hat es unter die Versteinerungen gesetzt; wofern es aber nicht in Fragmenten vorhanden ist, so ist es gewiß nicht vorhanden. Zeichnungen findet man

1. Vom Original, beym Marsigli histoire physique de la Mer, Tab. XIX. N. 83. Tab. XXI. N. 97.

2. Von dem versteinten Körper ist mir keine Zeichnung bekannt. Herr Bertrand p) führet zwar des Rundmanns rariora naturae et artis, Tab. X. fig. 1. als eine Versteinerung an; allein Hr. Hofr. Walch q) erinnert mit völligem Grunde, daß es kein versteintes, sondern ein bloß natürliches mit seiner noch darauf befindlichen Kruste sey. So viel ist, zur Entschuldigung des Herrn Bertrands, zu sagen: Daß es Rundmann zwar für keine Versteinerung ausgab; allein er scheint es doch auch nicht für ein bloß natürliches Stück zu halten, weil er es unter die Incrustata zählet. So sagt er im angezogenen Buche, S. 161. „Die starken Aeste sind von harten schwarzen Holze, die äußersten aber gelblich, alle zusammen aber inkrustiret, in der Mitte nach denen Aesten auf beyden Seiten mit einem Auror — ein anderer aber mit einem Citronfarbenen Topho oder Steinanflug; beyde Seiten aber sind mit dergleichen von Violetfarbe, außer daß eines körnicht, das andere glatt mit dieser überzogen."

Ich merke noch an, daß es Rundmann mit dem Namen, Quercus marina, Coralloides Theophrasti, belegt.

**Corallinisches Orgelwerk,** lat. Organum marinum, Tubipora purpurea, Tubularia purpurea, Alcyonium fistulosum rubrum, Pseudocorallium rubrum Aldrov. Tubipora musica Linn. franz. Orgue de Mer, Tuyaux d'orgue. holl. Rood Pyp-Koraal, ist unter den Tubiporiten diejenige Korallart, wo die Hohlröhren dicht parallel über einander stehen, und vermittelst gewisser horizontalliegenden Lamellen, oder Bänder, in gewissen Absätzen mit einander

---

p) Diction. des fossils. Tom. I. S. 276.

q) Naturgesch. der Versteinerung. Th. II. Abschn. II. S. 36.

der verbunden werden. „Die Röhren, sagt Herr Hofrath Walch, r) sind hohl, einander der Stärke und Größe nach gleich, nur mit dem Unterschied, daß die obern Absätze weniger Röhren haben als die untern, und da bennoch diese eben so eng als die untern stehen, so wird daher die Peripherie eines solchen Stücks nach und nach schmäler und dünner.„ Eben diese regulaire Lage der Röhren, und der Umstand, daß dieselben über einander stehen, hat den Schriftstellern eine Aehnlichkeit mit den Orgelpfeifen eingepräget, und man hat die ganze Masse ein Orgelwerk genennet. Die angezeigten Namen lehren zur Gnüge, daß man ungewiß ist, welchen Platz man dieser so sonderbaren Versteinerung anweisen soll. Ganz unrecht wird es unter die Alcyonien gesetzt, weil ihm alle die Kennzeichen mangeln, die dem Alcyonium zukommen. Eben so wenig hat Hr. Gesner s) Recht, wenn er es unter den Milleporiten anführet, und ihm den Namen giebt: Millepora poris continuis diaphragmatibus divisis.

Im Reiche der Versteinerung findet man dieses Orgelwerk überaus selten, doch theilet es sich da in zwey Gattungen. Die erste Gattung ist diejenige, wo die Röhren in verschiedenen Absätzen über einander stehen; die zweyte Gattung aber hat keine Absätze, sondern an deren Statt sehr enge Zwischenkammern. t)

Was das Original dieser Versteinerung anlangt, so haben dasselbe d'Argenville und Davila unter die steinschaligten Kanäle gesetzt, denen auch der Hr. D. Martini, u) doch mit dem Unterschiede, folgt, daß er es eingestehet, daß es im Ganzen betrachtet, unter die Thierpflanzen nothwendig zu gehören scheine. Da es aber nicht unter die gar großen Seltenheiten gehöret, so haben desselben alle Schriftsteller, welche von Korallen handeln, mit angeführet. Aus diesen wollen wir von zwey Schriftstellern eine Beschreibung für unsre Leser entlehnen. Ferrantes Imperatus v.) sagt: „Tubularia purpurea est substantia marina, composita ex minutis tubulis, ordine inter se dispositis, colore nitido puniceo, concavis, intusque ac foris laevibus, transversis quibusdam crustis coniunctis, aequali distantibus intervallo. Mater censetur animalium quae in Ponto concreatur pari ratione, ac apes in favo. A quibusdam inter Halcyonia refertur.„

Herr D. Martini w) giebt von diesem korallinischen Orgelwerk diese Nachricht: „Die ganze Masse besteht aus einer Menge deutlich zu erkennender Röhren, die in großer Anzahl senkrecht neben und über einander stehen. Sie werden durch blätterige Querbänder, die zwischen ihren Gelenken durchgehen, zusammen gehalten. Die Röhren

---

r) Naturgeschichte, am angezogenen Orte, S. 17.
s) de Petrificatis, S. 90.
t) S. die Jenaische gel. Zeitung, v. J. 1768. St. 78. S. 660.

u) Conchylienkabinet, I Band. S. 9. f.
v) Histor. natural. S. 812. der latein. Ausgabe.
w) im angezogenen Buche, S. 64. f.

Röhren selbst sind oft nur so stark, als ein Faden, und höchstens nicht dicker, als feine Binsen. Die über einander stehenden Gelenke sind gerade, cylindrisch und 1. bis 3. auch wohl mehr Linien, oder nach Beschaffenheit der Größe ihres Durchmessers, wohl ½ Zoll lang. Die Nervenröhre (Sipho) geht in der Mitte durch alle Gelenke fort, und ist auf der Oeffnung jedes Gelenkes mit einer steinartigen Sternplatte gezieret. An der Zusammenfügung der Gelenke durch die Scheidewände (dissepimenta), können diese purpurfarbige Röhren leicht zerbrochen werden. Im indianischen und rothen Meere, sitzen diese Massen rother Orgelpfeifen an den hervorragenden Ecken der Felsen, oder auf Konchylien, und Rumph behauptet, daß man sie im Meer um Amboina gemeiniglich von der Größe eines Menschenkopfs finde. Oft werden sie durch die Gewalt der Wellen von den scharfen Ecken der Felsen abgerissen, und an die amerikanischen Inseln geworfen. Im mittelländischen Meer zieht man sie oft mit den Korallen zugleich aus dem Wasser.,,

Zu Trebnitz und Lichtenberg, bey Potsdam, und an einigen andern Orten der Churmark, bey Drossen, im Stollbergischen, und bey Massel in Schlesien, wird das korallinische Orgelwerk bisweilen versteint angetroffen.

Zeichnungen liefern:
1. Vom Original: Martini Konchylienkabinet, S. 21. Knorr Deliciae naturae selectae, Tab. A. Nro. 3.
2. Von dem Petrefakt: Büttner rud. diluv. testes. Tab. XXI. fig. 3. Berlinisches Magazin, I. Band. 3. St. fig. 1. 2. Beckmanns historische Beschreibung der Chur- und Mark Brandenburg, Th. I. Tab. XIX. verglichen mit S. 930.

CORALLINITES, nennet Herr Guettard x) die Sertularias Linnaei, die zu den Korallinen gehören, wenn sie versteint gefunden werden sollten. S. Korallinen.

Coralliolithen. S. Corallithen.

CORALLIOLITHI, heißen die versteinten Korallen. S. Korallithen.

CORALLIOLITHI tubiporae, werden von einigen die korallinischen Tubuliten oder die Tubiporiten genennt. S. Tubuliten.

CORALLITAE, heißen die versteinten Korallen. S. Korallithen.

CORALLITAE Keratophyti fruticosi, sind unter dem Ceratophyten diejenigen, welche wir vorher unter dem Namen Corallinae fruticosae rectae albae beschrieben haben. Gesner y) hat ihnen diesen Namen gegeben.

CORALLITAE Keratophyti fruticosi retiformis, sind die vorher beschriebenen Corallinae reticulatae.

CORALLITAE Keratophyti retiformis, sind eben diese Corallinae reticulatae.

CORALLITAE lithophyti tubulosi cavitatibus radiatis, heißen
die

---

x) Memoires sur differentes parties des Sciences, T. II.
y) Tract. de petrificatis. S. 28.

die ästigten Madreporiten. S. Madreporiten.

Corallitae lithophyti tubulosi cavitatibus simplicibus, heissen die Milleporiten. S. Milleporiten.

Corallitae ramosi asteriscis notati, heißen die Madreporiten, weil sie Aeste, und auf denselben Sternfiguren haben. S. Madreporiten.

Corallitae reticulati, heißen bey einigen Schriftstellern die netzförmigen Ceratophyten, bey andern die Corallinischen Morgeln. S. Morgeln.

Corallitae stellati, werden die ästigten Madreporiten, wegen der auf den Enden der Aeste befindlichen Sterne, genennt. Vielleicht könnten die Astroiten auf diesen Namen mehrern Anspruch machen.

Corallitae vndulati, heißen die Wasserkorallen. S. Wasserkorallen.

**Corallithen, Coralliolithen,** versteinte Corallen, Corallengewächse, Corallinen, Polypiten, lat. Corallithi, Corallolithi, Corallia fossilia seu petrificata, Corallopetrae, Corallitae, Coralloidae, Corallinae, Lithophyta, fr. Corail, Coralloide, Coraux, Lithophytes, Corallites, Polypiers fossiles, holl. versteende Koraalen, werden im eigentlichen Verstande die versteinten harten Meergewächse genennet, welche, in Ansehung ihrer äußerlichen Gestalt, den Bäumen, Aesten und Zweigen gleichkommen. Es gehören hieher die Korallenzweige, die Korallinischen Tubuliten, oder Korallenröhren, und die netzförmigen Ceratophyten oder Corallenblätter. Im weitläuftigen Verstande aber gehören alle Meergewächse hieher, sie mögen nun hart oder weich seyn. Man muß diesen Unterschied bemerken, wenn man die Schriftsteller verstehen will. Der vorigen Begriff, den wir aus dem Walchischen System entlehnet haben, passet auf die Korallen im engern oder eigentlichen Verstande. Wallerius z) nimmt das Wort schon weitläuftiger, wenn er sagt: "Sind entweder harte steinartige Pflanzen, oder Wurmgehäuse, oder Steinkoagulationen und Germinationen, die unterweilen etwas weicher sind, und unter dem Wasser, bey Klippen, Steinen oder andern Körpern gewurzelt stehen; unterweilen steinhart, sehr spröde, auf den Feldern los, und einzeln zerstreuet, oder in andere Steine und Felsarten eingewachsen; von kalkartiger Natur; sind entweder allezeit ästigt, oder sonst auf andere Art gebildet, mit gewissen bestimmten Figuren auswärts, oder von besonderer Zusammensetzung von innen. Kommen in diesen beyden Stücken mit den Vegetabilien am nächsten überein." Tournefort, und mit ihm Scheuchzer a), nennen die Korallen Herbas et suffrutices, quarum flores et fructus conspicui desiderantur, und nehmen das Wort auch in einem weitläuftigern Verstande. Ueberhaupt ließe sich über diesen Begriff verschiedenes erinnern. Die Verfasser der Onomatologie b) nennen

---

z) Mineralreich, S. 435.
a) Herbarium diluvianum. S.

b) Onomatolog. histor. natural. Tom. III. S. 295.

nennen sie Korallinen, und theilen sie in Korallinen im eigentlichen und im weitläuftigen Verstande ein, da andere die Sache just umwenden. Da man auch die Korallinen schon an und vor sich selbst in einem doppelten Verstande betrachtet, und im weitläuftigen Verstande auch die Ceratophyten, Korallinen genennet werden, so sollte man das Wort nicht noch zweydeutiger machen, als es schon ist. Die Alten schienen unter den Korallen nur diejenigen harten Seegewächse zu verstehen, die wie Bäume gewachsen und roth waren. Ich schließe dies aus einer Stelle des Theophrasts, c) worinn er von den Korallen also redet: „Diesen Steinen kann man den Korall beyfügen; denn er ist auch steinartig. Er ist roth von Farbe, und cylindrisch geformt, ohngefehr wie eine Wurzel; er wächst in dem Meer.„

Von der Etymologie giebt uns Hr. Hofrath Walch d) folgenden Unterricht: „Allen diesen jetzt erzählten steinartigen Seekörpern hat man den Namen der Korallen vorzüglich beygelegt, einen griechischen Namen, den schon die ältesten Schriftsteller gebraucht, ihn aber eben so verschiedentlich geschrieben, so wenig sie selbst von seinem wahren Ursprunge etwas Gewisses gewußt zu haben scheinen. Man findet in den griechischen Schriftstellern gemeiniglich κυράλιον, in den römischen aber bald Coralium, bald Corallium, bald Corallum. Der Name selbst aber soll bald von χὶς manus, weil der Korall, sobald er weich aus dem Wasser komme, noch in der Hand hart werden solle, bald von κὴς ἁλός cor maris, bald von dem Worte κόρη ἁλός, puella sive ornamentum maris, bald von dem Worte κυρίσθαι, tonderi, abscindi, weil er einem Baum mit stumpf beschnittenen Aesten ähnlich sey, herkommen.„ Da die Alten beynahe einstimmig dafür hielten, daß der Korall unter dem Wasser weich sey, daß er aber sogleich in der Hand zu einer Steinhärte verwandelt werde, so scheinet es, daß sie ihm darum den Namen gegeben haben, den er führt. Ovidius sagt davon im 15. Buche der Verwandelungen:

Sic et Coralium quo primum
   contigit auras,
Tempore durescit, mollis fuit
   herba sub vndis.

Ohnerachtet wir hier mit der Geschichte der natürlichen Korallen nichts zu thun haben, so wird es uns doch vergönnet seyn, von ihrem Ursprunge das Nöthigste anzuführen. Die ältern und neuern Naturforscher sind über den Ursprung der Korallen und über die Frage: In welch Fach sie gehören? noch immer nicht einig. Man kann ihre Meynungen in vier Klassen bringen.

In der ersten Klasse stehet die Meynung derer, welche die Korallen zu dem vegetabilischen Reiche rechnen, und sie für Pflanzen halten, welche in dem

Grunde

---

c) Von den Steinen. S. 212. der deutschen Ausgabe.

d) Naturgesch. des Versteinerungs Th. II. Abschn. II. S. 1. 2.

Grunde der See wachsen. Dieser Meynung fällt Volkmann e) nicht nur bey, sondern er berichtet auch, daß es die Meynung aller Physicorum seiner Zeit sey. Eben diese Meynung nimmt auch der Graf Marsigli f) an, und der Hr. Hofrath Walch g) macht sogar wider die gegenseitige Meynung wichtige Einwürfe. Der Herr von Baillou hält sie an dem bald anzuführenden Orte ebenfalls für nichts anders, als für Pflanzen des Meers. Hr. von Reaumur fällt dieser Meynung überhaupt betrachtet auch bey, doch sagt er insonderheit, daß es eine Art von denenjenigen Pflanzen wären, die auf andern Körpern wachsen. Herr von Justi h) sagt: Wir wissen heutiges Tages genugsam, daß sie (die Seepflanzen) nach eben den Gesetzen der Vegetation wachsen, als die Erdpflanzen, und daß sie mithin wirkliche Pflanzengewächse sind. Herr Prof. Walch, der sie in der ersten Ausgabe seines Systems für bloße Pflanzen hielt, ob er es gleich zugestund, daß sie eine Wohnung der Polypen seyn können, erklärte sich in der zweyten Ausgabe für diejenigen günstiger, die sie für Thierpflanzen halten. In seiner Naturgeschichte i) drückt er sich darüber also aus: „Was insbesondere die Natur und das Wesen der steinartigen Seegewächse anlanget, so haben sie darinnen etwas besonders, daß sie gewissermaßen an allen drey Reichen der Natur einen Anspruch zu haben scheinen, je nachdem sie aus einem andern Gesichtspunkte betrachtet werden. Ihrem Grundstoffe nach sind sie steinartig, ihrer Gestalt nach sind sie meist wie Pflanzen und vegetabilische Producte, und ihrer Bestimmung nach sind sie Wohnungen von gewissen Thieren, die man Polypen nennt, ja sogar ihr Wachsthum soll, nach der Vermuthung einiger neuern Naturforscher, eine Art eines animalischen Wachsthums seyn." Bald darauf aber sagt er, daß man hier die Mittelstraße zu halten habe, und daß daher diejenigen, welche die Korallen für bloße Vegetabilien hielten, der Sache zu wenig, diejenigen aber, welche alle unter den Korallen im weitläuftigen Verstande begriffenen Körper für Thiere ansehen, der Sache zu viel thäten.

Ich habe vorher des Grafen Marsigli gedacht, von dem man sagen muß, daß er weder Kosten noch Mühe scheuete, den vegetabilischen Ursprung der Korallen außer Zweifel zu setzen. Er berichtet daher, daß, wenn die Korallenfischer auf einem Platze alle Korallen ausgefischet hätten, sie nach einiger Zeit doch daselbst wieder fischen könnten. Der Doktor Hill k) hält sie auch für Vegetabilien, und noch unzählig viel andre Schriftsteller. Man hat freylich in den vorigen Zeiten sich über diese Meynung nicht ordentlich genug erkläret, und so viel mit eingemischt, das man nur auf Treu und Glauben annahm.

---

e) Silesia subterranea, Cap. IV. §. 39. 40 S. 114.
f) System. Steinreich, 11Th. S. 146. der ältern Ausgabe.
g) Histoire physique de la Mer.
h) Grundriß des Mineralreichs. §. 321. S. 174.
i) Th. II. Abschn. II. S. 3. 5.
k) In seinen Anmerkungen zum Theophrast. S. 213. ff.

annahm. Ich rechne hieher nicht nur die Meynung, daß die Korallen unter dem Waſſer eine grüne und wachſende Art haben, ſondern auch vorzüglich die Meynung, daß der Korall in dem Waſſer weich wäre, er würde aber hart, ſo bald er nur an die freye Luft gebracht würde l).

Die andre Klaſſe machen diejenigen Schriftſteller aus, welche die Korallen in das Thierreich ſetzen, und ſie nicht allein, für Gehäuſe kleiner Würmer halten, ſondern ſogar behaupten, daß ſich dieſe Gehäuſe gegen ihre Bewohner eben ſo verhielten, wie die Knochen eines Thieres zu deſſen Fleiſche. Dieſe Meynung haben Juſſieu, Peyſſonell, Donati, Ellis, Pallas, und viele neuere Naturforſcher, angenommen, und beynahe iſt es die Favoritmeynung unſrer Tage, die Hr. Ellis und Hr. Pallas in ein Lehrgebäude zu bringen verſucht haben. Der Hr. von Baillou kann ſich davon noch nicht überzeugen. Da er keine Spur von einem einzigen Inſekt hat finden können, ſo kann er ſich nicht überreden, daß es ganze Haufen von ihnen in den Korallen geben ſollte. Er habe alle mögliche Verſuche mit den Korallen in und außer dem Meere gemacht, und alle Sorgfalt gebraucht, um die angeblichen Aerme dieſer Inſekten zu entdecken; er habe aber nichts ſehen können. So will auch Hr. Klein in den Abhandlungen der Danziger naturforſchenden Geſellſchaft, dieſer Meynung nicht beypflichten. m). Gleichwohl beharren ihre Vertheidiger darauf, und Herr Ellis n) hält ſie nicht allein für ein Gebäude der Polypen, ſondern er meldet auch, daß er in und auf denſelben eine große Menge derſelben angetroffen habe. Allein er fand an Hrn. Hiob Baſter einen ſtarken Gegner, der ihn mit wichtigen Gründen angriff. Es ſey uns erlaubt, ſie und Hrn. Ellis Antworten kürzlich anzuführen o).

Hr. Baſter ſagt:

1. Die Korallinen wachſen nicht nur an den Felſen, ſondern auch an den Schiffen, Schleuſen u. d. gl. Die an den Felſen hätten allemal mehr Polypen, als die an den Schiffen. Das könnte nicht ſeyn, wenn die Korallen ein Werk der Polypen wären. Herr Ellis antwortet: die Korallen ſind an den Boden der Schiffe der Schüttelung oder ſtarken Bewegung unterworfen, dadurch aber können die Polypen getödtet werden.

2. Wenn die Korallen von den Polypen herkämen, ſo müßten auf allen Stellen der Korallen Polypen in gleicher Anzahl ſeyn. Man finde aber an dem Stamm

bisweil

---

l) So allgemein ſonſt dieſe Meynung war, ſo offenbar falſch haben ſie die neuern Naturforſcher befunden. Sie haben die Korallen vielfältig unter dem Waſſer unterſucht, aber allemal befunden, daß ſie daſelbſt eben ſo hart, als über dem Waſſer ſind. Kundmann führet in ſeinen rarioribus naturae et artis S. 155. f. einen Beweis davon an. Heut zu Tage glaubt es ſo jedermann, daß die Korallen unter dem Waſſer hart ſind.

m) S. das Hamburgiſche Magazin, IV. B. 4. St. S. 393.

n) Verſuch einer Naturgeſchichte der Korallen

o) S. die philoſophiſchen Transaktionen, Band 50. Art. 32. 33.

bisweilen eine Menge Polypen, an Aesten aber keine. Hr. Ellis leugnet dis, und giebt Hrn. Baster Schuld, daß er über sie hingesehen habe, denn er habe sie bloß auf der Oberfläche der Aeste gesucht, und nicht in sie hinein geschauet.

3. Wenn die Korallen von den Polypen herkämen, so müßte einerley Koralle auch einerley Polypen haben, man fände aber das Gegentheil. Herr Ellis leugnet dieses, und giebt Herrn Baster Schuld, daß er eine mit kleinen Korallinen umgebene Conserva für eine Koralline, und eine Rinde, womit eine röhrenförmige Koralline umgeben gewesen, für einen Theil ihres Urstoffs angesehen habe.

4. Wie man auf einer Koralline verschiedene Arten Polypen findet, so findet man wiederum auf verschiedenen Korallen einerley Polypen. Herr Ellis leugnet dieses, und wirft seinem Gegner vor, daß er denjenigen Theil der Polype, welchen man erblicket, wenn sie sich aus ihrem Gehäuse heraus strecket, für das ganze Thier angesehen habe.

5. Wenn die Korallinen Zellen der Polypen sind, so würden keine Polypen seyn, wo keine Koralle ist. Herr Ellis leugnet diesen Schluß, denn es kann zweyerley Polypen geben; solche, die die Korallinen bauen, und solche, die sich an andre Körper anhängen.

6. Die Bläschen, welche an den Seetannenkorallinen im Winter gefunden werden, gehören nicht zu den Polypen, sondern sind Eyer von den Seeinsekten. Herr Ellis versichert, durch sein Vergrößerungsglas das Gegentheil. Er hat in diesen Bläschen eine Oeffnung gesehen, vermittelst welcher der Eyerstock mit der Mutterpolype verbunden ist. Er hat gesehen, daß der Bauch der Polypen aus denselben herausgekommen; ja er hat gesehen, daß einige davon junge Polypen mit schon geformten Armen gewesen, welche sich ausgedehnet haben, da sie von der Blase abfielen.

7. Ein Ast einer rothen Koralline, welcher einige Wochen im Meerwasser aufbehalten worden ist, habe sehr stark gewachsen, ohnerachtet das Wasser beständig verändert worden wäre. Herr Ellis antwortet, daß dies keine Koralline gewesen wäre, sondern der Fucus teres rubens minus in longum protensus.

Sonst sagt Herr Ellis, daß man auch davon auf das thierische Wesen der Koralline schlüßen könne, daß sie, wenn sie verbrannt wird, eben den scharfen flüchtigen und alkalischen Geruch von sich gebe, der von verbrannten Horn, Haar oder Austern komme. Hingegen rieche ein verbrannter Fucus und Conserva wie die gewöhnlichen Erdgewächse.

Andere Naturforscher sagen, wenn auch die Korallen die Wohnung der Polypen wären, so gehörten sie doch eben so wenig in das Thierreich, so wenig man Bienenzellen zu dem animalischen Reiche rechnen kann, weil sie von Thieren bebauet und bewohnet werden. Herr Donati

nati p), deſſen wir ſchon oben erwähnet haben, antwortet hierauf: daß man nicht richtig genug rede, wenn man die Korallen, in Anſehung der Polypen, mit den Wachszellen der Bienen vergleiche; ſondern es ſey richtiger, wenn man ſage, ſie hätten eben dieſelbe Beziehung auf die Polypen, welche die Schneckenſchale auf die Schnecke, oder der Knochen eines Thieres auf das Thier ſelbſt habe. Des Herrn Donati Worte ſind dieſe: „Ich bin nun der Meynung, daß eine Koralle nichts anders iſt, als ein wirkliches Thier, welches eine ſehr große Anzahl Köpfe hat. Ich ſehe die Polypen der Koralle nur als Köpfe eines Thiers an. Dieſes Thier hat Gebeine, welche ſich in Aeſte ausbreiten als eine Staude. Dieſe Gebeine ſind mit einer Art Fleiſch bedeckt, welches das Fleiſch des Thiers iſt. Meine Beobachtungen haben mir verſchiedene Aehnlichkeiten zwiſchen denſelben und andern Thieren dieſer Art, welche denſelben nahe kommen, entdeckt. Da ſind zum Beyſpiele die Ceratophyten, welche von den Korallen nur in Anſehung des Gebeines, oder desjenigen Theils, welches den Bau des Thiers ausmacht, unterſchieden ſind. Dieſes iſt bey den Korallen ſchalenartig, bey den Ceratophyten aber hornigt.

Noch in unſern Tagen hat die Meynung von der animaliſchen Beſchaffenheit der Korallen an dem Hrn. Profeſſor zu Erlangen, Philip Ludewig Statius Müller einen Gegner gefunden. In einem Programma: Dubia coralliorum origini animali oppoſita, hat er dieſe Materie in zwey Fragen zerlegt: 1. Ob wirklich Polypen in den Korallen anzutreffen? Er will dieſe Frage nicht ſchlechthin bejahen. a. Weil uns die Microſcopia nur die äußere Geſtalt des Körpers ſehen ließen, davon man keinen Schluß auf die innere machen könne. b. Weil dieſe Körper viel zu ſubtil und klein wären, als daß ſich davon etwas poſitives behaupten laſſe. c. Weil der an ihnen bemerkte Motus eben noch kein Motus ſpontaneus ſey. d. Weil von der Aehnlichkeit der in den Korallen bemerkten Körper mit den eigentlichen Polypen die Folge noch nicht berichtiget, daß dieſe auch Polypen wären. 2. Ob die Polypen die Korallen und die Ceratophyten, vermittelſt ihres Saftes, hervorbringen? Er will dieſe Frage ebenfalls nicht bejahen. a. Weil es noch lange nicht ausgemacht iſt, daß alles kalkigte Weſen, dergleichen die Korallen haben, von Thieren abſtamme. b. Weil der thieriſche Geruch, den man bey verbrannten Korallen bemerket hat, kein untrüglich Kennzeichen iſt, und man kann von demſelben auf ein ehemals vorhandenes Leben des verbrannten Körpers keinen Schluß machen. c. Wenn man vorgiebt, daß die Natur keinen Sprung thue, ſo iſt dies zwar richtig, aber darum ſind die Korallen noch

---

p) Der körnigte Auszug ſeiner Geſchichte des Adriatiſchen Meeres, welchen die philoſophiſchen Transaktionen und das Londner Magazin liefern, iſt in dem Bremiſchen Magazin, 3. Band, 3. St. S. 533. wiederhohlet worden.

noch keine Zoophyten, weil uns die Stufenfolge der Natur noch nicht bekannt genug ist. Was nun die Lithophyten anlangt, so macht Hr. Prof. Müller dawider folgende Einwürfe: 1. Wenn sie von den Polypen gebauet würden, so müßte ihre Größe unbestimmt seyn: dem sey aber die Erfahrung zuwider, weil sie nicht leicht bis zu drey Fuß hoch steigen. 2. Man bemerkt an ihnen ein proportionirtes Verhältniß der Aeste und Zweige gegen den Stamm, in Ansehung der Höhe und Dicke, welches nicht seyn könnte, wenn sie ein Gebäude der Polypen wären. 3. Eben so wenig würde der Stamm allezeit in einer gewissen Entfernung von seinem untern Ende seine Aeste und Zweige bekommen, wenn dieses ein freywilliges Gebäude der Polypen wäre. 4. Nach der neuen Lehre der Korallenpolypen kann kein Grund angegeben werden, warum die Zweige und Aeste allmählig dünner werden, je weiter sie sich vom Stamm entfernen. 5. Bey einem Stück sind die Sterne und Pori von unterschiedener Gestalt und Größe, welches ebenfalls nicht seyn könnte, wenn die Polypen dieselben erbauten. 6. Die Polypen würden und müßten einerley Gestalt ihrer Wohnungen hervorbringen; man kann aber das Gegentheil beweisen, daß eine und eben dieselbe Sternfigur bald auf einem Baum, bald schwammähnlichen, bald auf einem anders gebildeten Körper anzutreffen ist. 7. Die Distanz der Sterne und der Pororum auf einem Körper ist so regelmäßig abgemessen, daß man dergleichen ohnmöglich von einem freyen Bau der Polypen vermuthen kann. 8. Wenn die Polypen die Korallen von ihrem Safte bauen, so ist schwer zu begreifen, woher sie eine so große Menge bekommen sollten. S. die Jen. gel. Zeitungen 1771. St. 4. S. 33. f.

Ob nun wohl die Meynung, daß die Korallen eines animalischen Ursprungs sind, viele Anhänger bekommen hat, so konnten sich doch dieselben nicht vereinigen, die eigentliche animalische Natur der Korallen zu bestimmen. Es ist für meinen Zweck zu weitläuftig, davon zu reden, weil ich es mehr mit den Versteinerungen, als mit den natürlichen Körpern zu thun habe. Ich verweise meine Leser auf Walchs Naturgeschichte der Versteinerungen, Th. II. Abschn. II. S. 4. f.

In der dritten Klasse stehen diejenigen, welche es eingestehen, daß die Polypen die Korallen vielleicht bauen, und bewohnen, aber darum doch leugnen, daß die Korallen Thiere wären. Das sind diejenigen Gelehrten, die die Korallen für Pflanzen halten. Der Hr. Prof. Müller in Erlangen q) hält dafür, daß sie kein bloßes Gewächse sind, wie die Alten glaubten, auch nicht ein bloßes Gebäude der Polypen, nach der Meynung der Neuern, sondern vielmehr in einer vereinigten Masse, so wohl ein vegetabile als animale sind.

In

---

q) In den einsamen Nachtgedanken, Th. II. Abschn. II. Amsterd. 1766. und in den Deliciis naturae selectis &c.

In die vierte Klasse gehören endlich diejenigen, welche die Korallen weder zum Pflanzen noch zum animalischen Reiche rechnen, sondern sie lieber in das Mineralreich verweisen. So unwahrscheinlich diese Meynung dem ersten Anschein nach seyn mögte; so hat sie doch unter den ältern und neuern Schriftstellern große Anhänger gefunden, von denen ich nur einige berühren will. Volkmann r), Bokko s), und Mylius t) behaupteten, daß der Wachsthum der Korallen nur durch stetes Ansetzen partis ad partem geschehe, wenn sich nämlich von dem milchförmigen Korallsalze eins an das andere setze, und indem sie sich hin und wieder vertheilten, aufschwöllen, zeitigten und figirten, wodurch die ganze Masse größer und härter würde, bis endlich die ganze Konsistenz des Koralls entstünde. Dahin gehören auch folgende Worte Hrn. Volkmanns: „Ihre Substanz bestehet aus einem weißen milchförmigen, und saamhaftigen Saft, der, wohin er fällt, alsobald stehen bleibet, und ein neues Korallengewächse hervorgiebet. Daher man auch auf Austern, Perlemuttern, und andern Muschelschalen, Holz, Eisenwerk, Thier- und Menschenknochen ꝛc. Korallenpflanzen gefunden. Es scheinet auch Scheuchzer diese Meynung gehegt zu haben. Denn da er in seiner Naturgeschichte u) von den Korallen redet, so sagt er, sie wären entweder schon vor der Sündfluth gewesen, oder sie wären, welches ihm glaublicher ist, in den Wässern der Sündfluth durch geschehene Præcipitation oder Niederstürzung der hiezu nöthigen Materie formirt, oder gezeuget worden. Vermuthlich nimmt er diese Hypothese darum an, damit er desto sicherer alle versteinte Korallengewächse zu Ueberbleibseln der Sündfluth machen könne: Gleichwohl sagt er S. 221. der angeführten Naturhistorie von denen in Engelland so häufigen Astroiten und andern Korallarten, es müsse an denen Orten, wo man sie in Engelland so häufig finde, ehedem gewachsen seyn, und das Meerwasser darauf gestanden haben.

Hieher gehöret auch die Meynung des Guisson v) und des Woodwards. w) Der erste leitete sie und ihren Bildungsgrund von den Salzen her, der andere aber von einer vegetabilischen Koagulation einer krystallinischen und kalkichten Erde. Woodward bekam sonderlich an Herrn Hill x) einen sehr vernünftigen Gegner. Er sagt uns nicht nur, daß Woodward die Meynung von dem mineralischen Wesen der Korallen um seines Lehrgebäudes über die Auflösung der Fossilien zur Zeit der Sündfluth, willen habe annehmen müssen; sondern er setzt ihm auch ein versteintes Korallgewächse entgegen, welches

---

r) Siles. subterran. S. 115.
s) Curieuse Anmerkungen.
t) Saxonia subterran. P. II. S. 60.
u) Naturhistorie des Schweizerlandes, Th. III. S. 219.

v) In einem Brief an den Bokko, in des letztern recherches et Observations naturelles, Amsterd. 1674.
w) Naturgeschichte des Erdbebens.
x) In dem Theophrast von den Steinen, S. 213. f. der deutsch. Ausg.

welches er fünf und zwanzig Schuh tief, ohnweit London in einer Erzgrube gefunden hatte. An demselben hiengen unzählich viele kleine Eicheln an seiner Oberfläche, die in die Substanz selbst nicht einbringen, und noch viel weniger unordentlich und durch einander daran angetroffen worden, wie sie es doch seyn müßten, wenn sie ein bloßes Ohngefehr dahin geordnet hätte.

Herr Lehmann hält sie für inkrustirte Seepflanzen, deren Erzeugung in der See vielleicht eben so geschehe, wie die Erzeugung der Osteokolla auf dem Lande. Der neueste Schriftsteller aber, der dieser Meynung ergeben ist, ist Herr Baumer y), von dem ich zwey Stellen anführen kann. In der ersten sagt er: „Sie entstehen von den Anhängern der Kalcherde an die Meergewächse, dergleichen man noch öfters darinnen antrifft. Zufälliger Weise können sie den Polypen und andern Wasserinsekten zur Wohnung dienen:" In der andern aber erklärt er sich noch deutlicher. „Die Entstehung der Koralliten in dem Meere, wird auf eben die Art, wie die Inkrustation unserer Wasserkräuter, mit Toph geschehen. Dieser hängt sich als ein weicher Brey um die Pflanzen, der endlich in Stein verwandelt wird, und die Figur der Pflanzen behält." Der so wundervolle und übereinstimmende Bau der Korallen einer Art, der allemahl eben derselbe ist; die ungemeine Feinheit der Sterne bey den Madreporen, die vielen oft höchst subtilen Löcherchen der Milleporen, die Ordnung der Winkel und der Größe aller einfachen Röhren bey den Tubiporen, sind allein hinlänglich, sie aus dem mineralischen Reiche in ein anderes zu versetzen, und die Meynung einer geschehenen Inkrustation zu widerlegen.

Außerdem hat Herr Ellis als etwas Sonderbares bemerkt, daß in dergleichen Gewächsen eine Saamenbrut von manchen Schaalthieren, z. E. von Trompetenschnecken, und Pektunkuln, verborgen liege.

Fast hätte ich es keiner Anzeige werth gehalten, daß die Alten die natürlichen Korallen in männliche und weibliche abgetheilet haben.

Ich habe mich zwar ein wenig bey den natürlichen Korallen aufgehalten, allein ich glaube mit völliger Zufriedenheit billiger Leser. Ich gehe nunmehro zur Versteinerung dieser so wundervollen Körper, welche nach dem Geständniß aller Kenner der Natur, die schwerste Lehre in der ganzen Lithologie ausmachen. Nicht nur die große Menge der hieher gehörigen Körper: nicht nur die große Schwürigkeit, eine vollständige Sammlung natürlicher Korallen zu erhalten, um mit ihnen die Versteinerungen vergleichen zu können: nicht nur die sogar weitläuftige Terminologie; sondern besonders die große Verschiedenheit der Meynungen über den eigentlichen Ort, wohin man diesen oder jenen Körper setzen soll, und der Fehler, daß man manchem Objekt einen Namen gegeben hat, der

---

y) Naturgesch. des Mineralreichs, Th. I. S. 344. Th. II. S. 206.

der Hm gar nicht gehöret. Alle diese Dinge machen die Lehre von den Korallithen besonders schwer. Gleichwohl giebt man sich in unsern Tagen Mühe, dieselbe in ein helleres Licht zu setzen, ob es gleich auf einmal nicht möglich ist, alle Dunkelheiten zu vertreiben.

Sehen wir auf die Korallen, wo sie sich versteint finden, so werde ich am Schlusse dieses Artikels eine große Anzahl von Ländern und Oertern anführen können, wo sie bisweilen sparsam, bisweilen aber auch in größter Menge gefunden werden. Man weis dies sonderlich von Gothland, Engelland, Frankreich, Mastricht, Schlesien, dem Bergischen Lande und der Eifel. Das ist Beweis genug, daß sie sich im Abgrunde der See in unglaublicher Menge befinden müssen.

r Sehen wir auf die Art und Weise, wie sich die Korallen versteint finden, so sagt Hr. Hofr. Walch z): „Die Versteinerung ist nicht bey allen gleich, und man hat die gegrabenen Korallen, corallia fossilia, von den kalcinirten, diese von den petrificirten, und diese wiederum von den mineralisirten sowohl, als von den sogenannten Spurensteinen, zu unterscheiden. Die gegrabenen sind fast völlig in ihrem natürlichen Zustande geblieben, und dies ist geschehen, wenn sie in trockenen und vor der Luft verwahrten Orten unter der Erde gelegen. Die kalcinirten sind freidigt, locker und porös, und so sind meist diejenigen geworden, die einen zwar trockenen aber keinen luftfreyen Wohnplatz im Steinreiche erhalten haben. Die petrificirten haben weder trocken noch luftfrey gelegen. Sind sie nach und nach kalciniret, so hat alsdenn die Beschaffenheit der flüßigen Theile, welche eingedrungen, einen Einfluß in ihre erfolgte Versteinerungsart gehabt. War es ein krystallinisches Fluidum, so den freidigten lockeren Ueberrest des korallinischen Körpers durchdrang, so wurde derselbe dadurch spatartig. War es ein flüßiges Wesen, so entweder Erd- oder zarte Sandtheilchen in die leeren Zwischenräume brachte, und den Körper damit kompakt machte, so wurde er dadurch entweder kalk- oder sandartig. Je zärter die Theile sind, so das Wasser eingeführt, desto mehrere Schönheit hat die natürliche Textur der Korallen behalten, da hingegen die, so mit gröbern Theilen ausgefüllet, sehr viel von ihrer ehemaligen Feinheit verloren. Es giebt auch mineralisirte Korallen, kieshaltige, deren Henkel in seiner Kieshistorie S. 155. gedenket, und eisenhaltige im Blankenburgischen am Haarz, in eben dem Gestein, in welchem man die sogenannten Schraubensteine findet. Die Spurensteine zeigen die ehedem in und auf Steinen vorhanden gewesene Korallen nur im Abdruck." Die Matrix der Korallen ist gar sehr verschieden. In Gothland liegen sie in einer lettigten Steinart, in welcher sich die spatartigen Korallen sehr gut ausnehmen. In Mastricht liegen sie in einem ganz

---

z) Naturgesch. der Versteinerung, Th. II. Abschn. II. S. 42.

ganz weißen und festen Kalksteine, und haben ein selenitartiges Wesen angenommen. In Deutschland liegen sie gemeiniglich in Kalkstein, viel seltener in Sandstein. In Feuerstein finden sie sich noch seltener, allemal aber nur in kleinen und leichten Stücken, welches die Entstehung des Hornsteins begreiflich macht. Hier macht Hr. Prof. Walch von der Retepore eine artige Anmerkung, bey welcher es oft scheinet, als wenn sie sich nach der Beschaffenheit des Feuersteins gerichtet hätte. a)

Die Korallen sind in ihrem natürlichen Zustande von einer kalkartigen Natur, wenigstens gilt dieses von den eigentlichen Korallen, sie haben daher auch in der Versteinerung eine kalk- oder selenitartige Natur behalten. Höchst selten findet man sie in eine andere Steinart verwandelt, am allerseltesten in edlen Steinarten. Hill b) gedenket gleichwohl einer Koralle in Achat, die er selber besaß. Wo sich Korallen finden, da liegen sie meistentheils haufenweise, allemal aber mehrere Arten untereinander, oft genug auf einer Matrix. Das möchte doch wohl ein Beweis seyn, daß man diese Oerter nicht für ehemalige Seen ansehen dürfe, sondern daß man muthmaßen müsse, sie wären durch Fluthen dahin geführet worden.

In den Schriften der Alten herrschet in der Lehre von den Korallen eine große Dunkelheit, da sie die verschiedenen Korallarten gar oft verwechselt haben. Selbst die neuern Schriftsteller sind nicht ganz einig unter sich. Wenn wir nicht jeder Korallart ihren eigenen Artikel gewidmet hätten, so würden wir hier viel davon sagen können, wir werden davon dem ohnerachtet unsern Lesern eine deutliche Anleitung geben können, da wir nun auf die verschiedenen Klaßifikationen der Schriftsteller kommen, die wir als einen sehr wichtigen Theil in der Geschichte der Korallen anzusehen haben. Man muß nur, um diese Klaßifikationen zu verstehen, merken, daß das Wort Korall bey den Schriftstellern bald in weitläuftigen, bald in engern, bald in engsten Verstande genommen werde. Im weitläuftigen Verstande gehören hieher alle Meergewächse, sie mögen hart oder weich seyn. Im engern Verstande gehören hieher bloß die harten Seegewächse, und im allerengsten Sinn werden die Fungiten und die Astroiten von den Korallen unterschieden.

Was die Klaßifikationen der Schriftsteller anlangt, so werden wir uns besonders an die neuern halten. c)

Herr

---

a) Naturgesch. der Versteinerung, Th. II. Abschn. II. S. 43.
b) In seinen Anmerkungen zum Theophrast. S. 21c.
c) Denn die Gedanken der ganz alten Lithologen, da sie unter Coralliis, Pseudocorallis und Lithophytis einen Unterschied machten, taugen im Grunde nichts. Corallia waren bey ihnen die glatten Korallen. Pseudocorallia die Milleporae tuberculosae und alcicornes, und die Lithophyta waren das, was wir nun Ceratophyten nennen. Ich wünschte überhaupt, daß meine Leser in dem 2ten Abschnitt der Walchischen Naturgeschichte S. 44 f. die ganze Geschichte der Korallen lesen möchten.

Herr Hofr. Walch d) theilet sie folgendergestalt ein:

I. In Korallenzweige. Diese sind
1) entweder dicht,
  a. theils glatt.
  b. theils gestreift.
2) oder porös
  a. mit Sternen, Madreporiten, Madreporae.
  b. mit Punkten, Milleporiten, Milleporae.
3) oder löchricht.

II. In Korallenröhren, koralinische Tubuliten.

III. In Korallenblätter, Ceratophyten.

Hier wird das Wort Korall im eigentlichsten Verstande genommen, daher die Astroiten, die Fungiten, und die Alcyonien davon ausgeschlossen sind.

In seiner Naturgeschichte e) hat er das Wort Korall in seiner weitläuftigsten Bedeutung genommen. Hier macht er zwey Geschlechter derselben.

I. Steinartige Seepflanzen.
1) glatte Koralliolithen.
2) mit Sternen besetzte Koralliolithen.
  a. Madreporiten.
  b. Milleporiten.
3) Tubiporiten. 4) Reteporiten. 5) Fungiten. 6) Astroiten.

II. Weiche pflanzenähnliche Seegeschöpfe.
1) Ceratophyten. 2) Alcyonien. 3) Seeschwämme, Spongiae marinae.

Herr Bertrand f) macht folgende Gattungen zu Korallen.

1) Korallenstein, Corallia Isis. 2) Madreporiten. 3) Astroiten. 4) Milleporiten. 5) Tubuliten. 6) Mäandriten, Wasserkorallen. 7) Hippuriten. 8) Fungiten. 9) Porpiten. 10) Reteporiten. 11) Ceratophyten.

Herr Wallerius g) hat ebenfalls eilf Gattungen.

1) Korallen. 2) Madreporiten. 3) Milleporiten. 4) Tubuliten. 5) Astroiten. 6) Wasserkorallen. 7) Hippuriten. 8) Korallpfennige, Porpiten. 9) Korallenschwämme, Fungiten. 10) Korallrinde, Reteporiten. 11) Korallholz.

Herr Woltersdorf h) hat nur drey Geschlechte.

1) Corallites, dichter Korallstein. 2) Porites, durchlöcherter Korallstein. 3) Fungites, Schwammstein. Dahin gehört bey ihm:
  a. Fungites lamellatus, blätterichter Schwammstein. b. Astroites lamellatus, gestirnter Schwammstein. c. Fungites rugosus, runzlichter Schwammstein.

In welche Verlegenheit würde ein Mann fallen, der nach dem Hrn. Woltersdorf eine vollständige Sammlung versteinter Korallen in Ordnung bringen sollte.

Nicht viel besser macht es Hr. Baumer i), bey welchem man nur folgende Gattungen findet.

1) Die ästichte glatte Korallart. 2) Die Madreporen. 3) Die Milleporen. 4) Die Tubiporen. 5) Die Reteporen. 6) Die Korallenschwämme.

Herr

---

d) System. Steinreich. S. 135 ff.
e) Th. II. Abschn. II. Kap. X. S. 9 ff.
f) Diction. des fossils. Tom. I. S. 249. ff.
g) Mineralreich. S. 436. f.
h) Mineralsystem. S. 44.
i) Naturgeschichte des Mineralreichs. S. 344.

Herr. Prof. Vogel k) ſetzt zu dieſen ſechs Klaſſen noch die Ceratophyten, als eine ſiebente.

Die Verfaſſer der Onomatologie l) handeln die Korallen, denen ſie den Namen der Korallinen geben, in folgender Ordnung ab:
1) Eigentliche Korallinen. 2) Ceratophyten. 3) Eſchariten. 4) Tubiporen. 5) Milleporen. 6) Madreporen. 7) Iſides. 8) Alcyonium.

Leſſer m) hat es gar gewagt, die Korallen ſyſtematiſch zu klaſſificiren. Seine Bemühung iſt zwar nicht ohne Fehler, allein ſie zeigt doch von der ſyſtematiſchen Denkungsart ihres Verfaſſers. Hier iſt ſeine Eintheilung:

Vegetabilia ſubmarina ſubſtantiae originaliter
I. Durae lapideae. Lithophyta ſubmarina foſſilia.
1) Corallitae in ſpecie ſ. Lithodendra ſubmarina.
  a. Articulata. d. Stellata.
  b. Catenulata. e. Tuberculoſa.
  c. Ramoſa. f. Verrucoſa.
2) Coralliis affinis
  a. Aſtroitae ſtellis non perviis.
    aa. Aſtroitae ſpeciat.
    bb. Cometitae.
    cc. Rhoditae.
    dd. Helenitae.
  b. Columelli.
    aa. Recti. bb. Incurvati.
  c. Columnelli.
3) Eſcharitae ſ. Frondiporae ſ. Lithobiblia ſubmarina.
  a. Stigmatizatae.
  b. Reticulatae.
4) Fungitae,
  a. Criſpati.
  b. Globoſiores, ſ. lycoperditae.
  c. Orbiculares.
  d. Pileolo lato.
  e. Plicis repandis, ſtriati.
  f. Pyxidati.
  g. Terreſtribus ſimiles.
5) Pori,
  a. Anguini. b. Cervini ramoſi.
  c. Fiſtuloſi. d. Matronales.
  e. Reticulati. f. Squamati.
6) Poris affines
  a. Aſtroitae ſtellis perviis. vid. n. 2. a.
  b. Favonitae. c. Lithoſtrotis.
  d. Madreporae. e. Milleporae.
7) Muſci.
  a. Muſci ſpec. b. Hippurides.

II. Tenacis ligneae corneaeue ſ. Corallinae petrefactae,
1) Exaſperatae ſ. Ericae facie.
2) Fiſtuloſae. 3) Fruticoſae, arbuſcul. 4) Geniculatae. 5) Muſcoſae. 6) Reſedae ſimiles. 7) Reticulatae.

III. Mollioris herbaceae, petrefactae.
1) Alcyonia ſ. fungis ſimiles,
  a. Favoginoſa. b. Ficoidea.
  c. Poroſa. d. Reticulata.
  e. Stupoſa. f. Tuberculoſa.
  g. Vermiculata.
2) Fuci,
  a. Folliculacei, folliculis
    aa. Ventoſis. bb. Feminiferis.
  b. Gramine ſ. algue.
  c. Sine folliculis et ſemine.
3) Muſci ſ. lichenes.
4) Spongiae.

Das neueſte Syſtem über die Korallen haben wir vom Herrn Guets

---

k) Prakt. Mineralſyſtem. S. 246.
l) Onomatol. hiſtor. natur. T. III. S. 296. ff.
m) In einer Tabelle zu S. 418. ſeiner Lithotheologie.

Guettard n). Wir werden uns dabey der getreuen Nachricht bedienen, die wir in der Jenaischen gelehrten Zeitung o) nicht ohne Vergnügen gelesen haben. Herr Guettard giebt den Korallithen den Namen der Polypiten, und versteht darunter alle Seeprodukte, welche man heut zu Tage für ein Gebäude der Polypen hält. Diesen Namen hat ihnen schon Davila p) gegeben, der sie Polypiers fossiles nennet. Von diesen Korallen macht nur Hr. Guettard in der dritten Abhandlung acht Geschlechter.

1. Diejenigen Alcyonien, die Seefeigen heißen.
2. Diejenigen Alcyonien, welche eine cylindrische Gestalt haben, Brechites.
3. Die Fungiten und Alcyonienbecher.
4. Die Karlophylliten, welches bey ihm die konischen einfachen Madreporiten, und die Fungi coniformes sind.
5. Die Mandriten.
6. Die Eschariten.
7. Die Korallithen, darunter er die Corallia ramosa setzt, sie mögen glatt, oder gestreift, oder gegliedert seyn.
8) Die Madreporiten, darunter er alle steinartige Körper versteht, sie mögen rund oder baumähnlich seyn, wenn sie nur auf ihrer Oberfläche Punkte oder Sterne haben, daher auch bey ihm die Astroiten mit in dieser Klasse stehen.

Diese acht Hauptklassen bringt Herr Guettard in 16 Geschlechter, die er folgender Gestalt zählet und nennet:

1. Caricoides, Alcyonienfeigen.
2. Brechites, gehöret unter die Corallia articulata, die bald konisch, bald cylindrisch sind, und an Ende ein Hüthchen haben.
3. Fungites, unter welchen er die Fungitas porosos infundibuliformes sine lamellis begreifet.
4. Porpites, darunter nicht allein die eigentlichen Porpiten, sondern alle Madreporae simplices orbiculares basi plana, die man auch sonst fungitas lamellosos nennte, begriffen sind.
5. Helicites, das sind die eigentlichen Heliciten, die er aber ganz unrecht unter die Korallen wirft, wie an seinem Orte soll gezeiget werden.
6. Porites, darunter Hr. Guettard blätterigte huthförmige Alcyonienschwämme mit einem Stiel versteht.
7. Pavonites, darunter er blätterichte Fungiten, Fungitas foliaceos, versteht, und zwar diejenigen, die eine Aehnlichkeit mit dem Lichene gallopavonis haben.
8. Meandrites, darunter die Fungitae vndulati verstanden werden.
9. Escharites, Reteporites, die er im gewöhnlichen Verstande nimmt.
10. Caryophyllites, darunter er die Madreporas simplices turbinatas Linnaei, einige Fragmente von Madreporis, doch wie es scheinet, aus Irrthum, und die Pantoffelsteine des Hrn. Baron von Hüpsch verstehet.

11. Ma-

---

n) Memoires sur differentes parties des sciences et arts P. II. wo er in zwölf verschiedenen Abhandlungen von den Korallen handelt.

o) vom Jahr 1770. St. LXXI. S. 586. ff.

p) Catalogue systematique, T. III. S. 6.

11. Madreporites, darunter Hr. Guettard nicht nur alle Milleporiten, sondern auch alle punktirte Körper verstehet, sie mögen rund oder ästigt, Alcyonien oder Korallen seyn.

12. Calamites, darunter alle röhrigte Korallen ohne Aeste, sie mögen hohl oder gestirnt, glatt oder gestreift seyn, verstanden werden.

13. Corallinites, darunter er die Sertularias Linnaei, wenn sie versteint gefunden werden, verstehet.

14. Coralloides, darunter er alles begreift, was von Korallen ästigt, glatt, ohne Punkte und Sterne ist, es mag nun eine eigentliche Koralle, oder ein Alcyonium seyn.

15. Heliolithes, darunter er alle Körper begreift, die auf ihrer Oberfläche runde Sterne haben, die Körper mögen, im Ganzen betrachtet, eine Gestalt haben, welche sie wollen.

16. Astroites, darunter er eben solche Körper verstehet, nur daß hier die Sterne eckicht seyn müssen.

Verschiedene meiner Leser werden vielleicht begierig seyn zu wissen: was man von dieser Klaßifikation des Hrn. Guettard zu halten habe? Ich ziehe mein Urtheil aus überlegten Gründen zurück, aber das Urtheil des gelehrten Herrn Recensenten der angeführten Jenaischen gelehrten Zeitungen will ich in einem kurzen Auszuge mittheilen. Er sagt:

1. Wenn Herr Guettard die Polyppen als lauter Tubulos ansieht, von deren theils runden, theils eckigten Gestalt sowohl, als in der Lage, die sie in der Zusammensetzung nehmen, der ganze Grund von den so mancherley Arten der Korallen und Alcyonien Gestalt abhange; so sey das sehr unschicklich, weil nach derselbigen die steinartigen Seeprodukte, und die viel weichern schwammigten und lederartigen Alcyonien, die von einer ganz andern Substanz als jene sind, insgesamt konfundirt und durch einander, ohne alle Ordnung, geworfen würden.

2. Es sey überhaupt noch zu früh, an eine vollkommene systematische Eintheilung solcher pflanzenähnlichen Seeprodukte zu gedenken, weil man erst mehr Entdeckungen, und mit ihnen mehr Bereicherungen aus der See erhalten müsse.

3. Das Verfahren des Verfassers, eine neue Terminologie zu unternehmen, wird dadurch mit Recht bestritten, weil daraus eine große Verwirrung entstehen muß. Ein einmal recipirter Name, wenn er auch falsch wäre, ist doch deutlich, wenn man nur den Körper kennt.

4. Es sey wohl an sich wahr, daß diejenige Klaßifikation die deutlichste wäre, die sich auf die Gestalt der Polyppen, und deren mehr oder weniger einfachen Bauart gründe. Nur hätten dabey Körper von ganz verschiedener Substanz, wie die steinartigen Seeprodukte, die Alcyonien, Korallinen u. s. w. sind, nicht mit einander vermischt und verwechselt, und andere nicht gänzlich übergangen werden sollen, dergleichen die Ceratophyten und Gorgonien-Arten sind, die sich auch bisweilen versteint finden.

5. Viele

5. Viele von den Zoophyten-
arten, die sich doch versteint finden, wären gänzlich ausgeschlossen; Körper, die zusammen gehören, von einander getrennt;
andere, die es nicht sind, zusammen vereiniget; die bisher
gewöhnlichen Geschlechts- und
Gattungsnamen mit einander
vermengt; neue ohne Noth gemacht, und derjenige, der die
natürlichen Körper mit vieler
Mühe kennen gelernt, müsse, um
Herrn Guettard zu verstehen, und
zu nützen, erst ein neues System
u. eine neue Terminologie lernen.

Von dem Werth und der Seltenheit der Korallen hätte ich eigentlich nicht nöthig, ein einziges
Wort hinzuzusetzen, da ich diese
Lehre bey einer jeden einzelnen
Korallart abhandeln werde. Allein bey einer allgemeinen Einleitung in die Korallen, wird
man doch auch eine allgemeine
Einleitung in ihren Werth von
mir mit Recht fordern können.
Ich habe vorher angemerket, daß
sich an manchen Orten die Korallen in sehr großer Menge finden.
Man kann daher den Koralliten,
überhaupt betrachtet, gar keine
Seltenheit beylegen. Aber den
Werth, den sie in den Augen der
Kenner und der Liebha-
ber haben, wird ihnen niemand streitig machen. Ihre
Bauart ist viel zu sonderbar, und
ihre Abwechselung viel zu mannigfaltig, ja ihr Einfluß in die
Lehre von den Zoophyten überhaupt, und der unversteinten
Korallen insonderheit, viel zu
groß, als daß man sie nicht unter die vorzüglichsten Produkte

des Steinreichs setzen sollte. Insonderheit aber sind manche einzelne Korallarten für andern selten. Ich rechne dahin zuförderst
die achatartigen, deren zu gedachte, die metallisirten, und
unter diesen sonderlich die kieshaltigen, und die sich in Sandstein finden. Sonst habe ich in
einer andern Abhandlung q) von
dem Werth der versteinten Korallen folgendes Urtheil gefällt:
„Die Mastrichter sind überaus
schön, und von größerm Werthe,
als die Gothländischen. Einige
seltene Korallensteine beschreibt
das Berlinische Magazin I. Band
3. Stück. Num. 1. S. 261. ff.
Außerdem sind die seltensten Koralliolithen, das Corallium rubrum, die Isis nobilis, wenn sie
vollständig, und in großen Stücken ist: das Corallium sessile
fruticosum, wenn man es ganz
und unbeschädigt besitzt: die Isis
Hippuris Linnaei, die Madrepora
ramosa mit einer glatten Oberfläche: runde Fungiten mit einer
stark erhabenen Oberfläche und
flachem Boden, wie sie Walch,
Naturgeschichte Kap. X, S. 26.
nennt: die ganz vollständigen
Hippuriten, und andere.„ Die
Ceratophyten sind im Steinreiche sehr selten, die Korallinen
aber haben das Gepräge der
größten Seltenheit.

Was die Oerter anbetrifft, wo
sich Korallen finden, so machen
dieselben allerdings ein sehr merk-
würdiges Stück der Korallen
aus. Denn sie zeigen sich hier
in solchen Lagen, die jeden, der
von ihnen Nachricht bekömmt,
erstaunen muß. Der Herr Ritter

---

q) Von dem Werth und der Seltenheit der vorzüglichsten Versteinrun-
gen, in den Berlin. Samml. II Band.
S. 134.

ter von Linne r) sahe in Gothland den Korallenstrand ganz mit Milleporen bedeckt. Und wer weis es nicht, daß daselbst ganze Felsen und Berge mit Korallen zusammengesetzt sind, und ganze Bänke in langen Strichen daselbst anzutreffen sind, die aus lauter versteinten Korallen bestehen. Herr Guettard s) hat ebenfalls als was Besonders angemerket, daß diejenigen Gegenden in Frankreich, die nahe an hohen Gebirgen liegen, nicht nur, in Ansehung der Korallithen ergiebiger sind, sondern daß auch die Versteinerung der Korallen in solchen Gegenden viel besser sey, als in andern Gegenden. Vielleicht ist das bloß etwas Zufälliges, dazu nicht sowohl die Gegend selbst, wo sie liegen, sondern vielmehr die Beschaffenheit des Erdreichs und der Matrix, darinne sie liegen, auch der Zustand, darinne sie zu liegen kamen, ehe sie versteinten, das meiste beygetragen haben. Von den Oertern insonderheit, wo sich versteinte Korallen von allen Gattungen befinden, sind mir aus Schriften folgende bekannt:

l'Aigle, Amerika, Angerburg, Atendsee. Bar, Basel, Beiningen, Benßberg, Berg, Bern, Berndorf, Birse, Blankenburg, Blantschwitz, Blaubeuern, Bognolo, Bougival, Burgund, Carlsinsuln, Champagne, Charlelaut, Chaumont. Dax, Dännemark, Dollendorf, Dornach. Eifel, Engelland, Elsas, Ettileen. Florenz, Franchekomte, Frankfurth a. d. Od. Frankreich. Gaskogne, Geißberg, St. Germain, Siengen. Gießen, Gothland, Grankulla. Halle, Hannover, Heistert, Herkelstein, Hobel, Hüttenroda. Italien. Kastelen, Kebinghausen, Koburg, Kurakao. Jägerberg, Languedok, Leipzig, Lutherischhallstadt. Mark, Massel, Meklenburg, Muttenz. Neapolis, Neufchatell, Normandie, Nußhof. Obermengau. Oeland. Ormelingen, Ostergarn. Paris, Paßl, Pfeffingen, Plauischer Grund, Pöseneck, Prag, Preussen. Querfurth. Randenberg, Rom, Ronka. Schafhausen, Schetzlitzer Grund, Schlesien, Schneckenberg, Schwaben, Schweden, Schweitz, Spanien. Toul, Touraine. Ulm. Verdun, Verona, Vuitteboeuf. Wessenberg. Zelle, Zürch.

Die Schriftsteller, welche von den Korallen gehandelt haben, sind von mir in dem Entwurf einer lithologischen Bibliothek I Th. §. 180-189. gesammlet worden.

Die Zeichnungen einer jeden Korallart werden bey ihrer Beschreibung geliefert, hier wollen wir nur folgende bemerken:

1. von natürlichen Korallen: Marsigli histoire physique de la Mer. Tab. I. ff. Ellio Naturgeschichte der Korallarten Tab. I. ff. Kundmann rar. natur. et art. Tab. VIII, IX.

2) Von versteinten Korallen: Knorr Sammlung von den Merkwürdigk. der Natur: Th. II. Tab. J. ** Scheuchzer Herbar. diluvian: Tab. XII. XIV. I. Walch systemat. Steinreich Tab. XXII. n. 3. Herrmann Maslographia Tab. XI. Guettard

---

r) Reisen durch Oeland und Gothland. S. 156. 207. 228.

s) In den angeführten Memoires. Tom. III.

tard, memoires sur differentes parties des scienc. Tab. I. — LXVIII.

**Corallinische Baumschwämme,** lat. Agarici minerales petrificati, Corallofungitae forma agarici, sind Fungiten, welche eine Aehnlichkeit mit Baumschwämmen haben. Oft sind sie wie ein Pferdehuf. S. AGARICI.

CORALLITES, heißet der französische Name der Korallen, wenn sie versteint sind. S. Korallith.

CORALLIUM. S. Corallia.

CORALLOFUNGITAE, Korallschwämme, werden die Fungiten genennet, denen aber der Name der Korallen nur im weitläuftigen Verstande zukömmt. S. Fungiten.

CORALLOFUNGITAE forma agarici heißen beym Hrn. Wallerius die Fungiten, die den Baumschwämmen gleichen.

CORALLOFUNGITAE forma boleti, heißen bey ihm die Fungiten, die von außen den Morgeln gleichen, inwendig aber hohl sind. Ihre Höhle ist gleichwohl im Steinreiche mit einer fremden Materie mehrentheils ausgefüllt.

CORALLOFUNGITAE forma ficuum superne excavatarum, sind die korallinischen Feigen. S. Feigen.

CORALLOFUNGITAE forma lycoperdi nennet Wallerius die Fungiten, welche die Gestalt eines Bofistes haben. Sie sind insgemein auf der Fläche scharf, wie Bimstein, von oben zu ausgehöhlt, welche Aushöhlung aber im Steinreiche mit einer fremden Materie ausgefüllt seyn kann. Zuweilen sind sie fast ganz rund.

CORALLOFUNGITAE forma Pezitae, sind diejenigen Fungiten, welche den ordentlichen Schalschwämmen gleichen, und dabey mehrentheils wellenförmig, und gefurchtet sind.

CORALLOFUNGITAE forma tuberosa, nennet Hr. Wallerius die Fungiten, welche wie Schwammknoten sind, und sagt von ihnen, daß sie mehr und weniger rund, und meistentheils porös wären.

CORALLOFUNGITAE plicati lamellati nennet eben dieser Schriftsteller eine Fungitenart, die er scheibige korallinische Schwammhüte nennet, und folgendergestalt beschreibet: sind von runder oder länglicher und konvexer Figur, scheibig, zuweilen mit ganzen, zuweilen mit zackigen, Blättern.

CORALLOFUNGITAE superficie foliacea, nennet dieser Schriftsteller die blätterichten Fungiten.

CORALLOFUNGITAE superficie lamellosa, nennet er die scheibigen.

**Corallschwämme,** von denen er sagt, daß sie zuweilen länglich, zuweilen mehr rund wären, und am meisten den Lerchenschwämmen, oder solchen, die an den Bäumen wachsen, gleich wären.

CORALLOFUNGITAE superficie porosa, nennet er die porösen Fungiten.

CORALLOFUNGITAE superficie striatae, werden von ihm die gestreiften Fungiten genennet.

CORALLOFUNGITAE superficie sulcata, sind bey diesem Schriftsteller

steller die gefürchten Fungiten. t)

CORALLOIDAE st. CORALLOIDES heißen die Korallen.

CORALLOIDAE rubrae, nennet Bauhin ein Alcyoniengewächs, welches Hr. Hofr. Walch u) zu den Alcyonienwurzeln rechnet.

CORALLOIDAE vndulati, nennet Hr. Wallerius die Korallheucheln; oder wie sie andere nennen, die wellenförmigen Fungiten.

CORALLOIDAE vndulati labyrinthiformes, ist ebenfalls ein Name dieser Fungiten, und sonderlich derjenigen Art, die Wallerius Wasserkorallen, andere aber Corallia Labyrinthiformia nennen, weil sie wegen ihrer Höhlen und Furchen einem Labyrinthe gleichen.

CORALLOIDE heißen im Französischen die Korallen. S. Korallith.

CORALLOIDES ist eben dieser französische Name. Hr. Guettard braucht in den mehr angeführten Memoires das Wort viel enger, denn er verstehet darunter nur diejenigen Seegewächse, welche ästicht, glatt, ohne Punkte und Sterne sind, es mögen übrigens eigentliche Korallen oder Alcyonien seyn.

Corallpfennige. S. Porpiten.

Corallrinde. S. Korallblätter.

Corallröhre werden die korallinischen Tubuliten genennet, oder die Tubiporiten. S. Tubiporiten. Daß auch einige

diesen Namen wiederum gebrauchen, von Röhren, die eigentlich keine Korallen sind, das habe ich bey dem Wort Korallenröhre angemerkt, und durch Beyspiele erwiesen.

Corallschwämme. S. Fungiten.

CORALLYNEN, heißt im Holländischen der Korallenjaspis. S. Corallenjaspis. Dieser holländische Name kömmt in dem Museo Oudaaniano, S. 137. für. Eben daselbst wird S. 139. auch des Coralyn-agaat gedacht.

CORAUX, heißen im Französischen die Korallen. S. Korallith.

CORAUX etoilés, werden im Französischen die Astroiten genennet. S. Astroiten. Die Holländer nennen sie verstecket Staarkoraalen, of Starre-Steen.

CORDA ANGUINA, und CORDA MARINA heißen die herzförmigen Echiniten. S. Echini cordato ovati. Sie haben den ersten Namen daher, weil sie die Gestalt eines Herzens haben, und von den Alten für versteinte Schlangeneyer angesehen wurden. Nachdem man ihren Ursprung besser erkannte, so ließ man ihnen den Namen, der ihre herzförmige Gestalt ausdrückt, setzte aber Marina hinzu, weil man ihre Originale unter den wahren Seeigeln, und also in der See, suchen muß.

CORIUM montanum, Berghaut, wird das feinere Bergleder genennt. S. Bergleder.

CORNALINE heißet im Französischen der Karneol. S. Karneol.

Cor-

---

t) Diesen und die vorhergehenden Namen beschreibt Herr Wallerius in seinem Mineralreiche S. 446.

u) Naturgesch. Th. II. Absch. II. S. 38.

**Cornalynen** ist der holländische Name des Karneols. Er kömmt sonderlich in dem Leersischen Katalogus unter verschiedenen Abwechselungen vor, als: geele Cornalynen, gelbe Karneole Mus. Leersiano. S. 177. roode en witte Cornalynen, rothe und weiße Kornalinen. ibid. Cornalyn-Steen, Kornalin ibid. S. 179. rood gearboriseerte Cornalyn, rother Kornalin mit Bäumchen, S. 185. Cornalyn-agaat met amethyst, fr. Agate cornalie melée d'amethyst. ibid. S. 188.

**Corne de Belier**, heißen im Französischen die Ammoniten. S. Ammoniten. Sie haben diesen Namen von dem Jupiter Bel, eben so wie vom Jupiter Ammon; daher sie auch im Deutschen Belschnecken, und im Holländischen Belsiakjes genennet werden. Die Ursache aber, warum sie von diesem Abgott ihren Namen führen? soll bey dem Worte Cornua Ammonis untersucht werden.

**Cornes d'Ammon**, werden im Französischen die Ammoniten genennet. S. Ammoniten.

**Cornes d'Ammon lisses** heißen die glatten Ammoniten.

**Cornes d'Ammon metallisées** heißen die metallisirten Ammonshörner, das sind diejenigen, welche entweder eisenhaltig sind, oder welche ein Schwefelkies überzogen, oder durchbrungen hat. S. Ammoniten.

**Cornes d'Ammon striées** heißen im Französischen die gestreiften Ammoniten.

**Cornes d'Ammon tuberculeuses**, heißen in dieser Sprache die tuberkulösen Ammoniten.

**Cornet Cambré**, heißen ebenfalls die Ammoniten.

**Cornets**, heißen im Französischen die Voluten. S. Volutiten.

**Cornets de Postillon**, heißen ebenfalls die Ammoniten. Dieser Name ist fast in allen Sprachen üblich. Sie heißen im Deutschen Posthörner, und im Holländischen Posthoorn; allein man hat den Ammoniten diesen Namen mit Unrecht gegeben. Er gehöret eigentlich einer platten, oder tellerförmig gewundenen Schnecke, die keine Zwischenkammern hat. Das sind diejenigen, die man unächte Ammonshörner nennet, und davon im Rumph Tab. XXVII, lit. L. O. P. R. und in Berl. Mag. IV. Band: Tab. VIII, Fig. 17—34. B. verschiedene Beyspiele vorkommen. Allein man belegt auch die Ammoniten damit, weil beyde in dem äußerlichen Ansehen einander gleich kommen, und nennet die Ammoniten ächte Posthörner, die tellerförmigen Schnecken aber unächte Posthörner. S. Cornua Ammonis Spuria, und Umbiliciten.

**Cornets de St. Hubert**, heißen ebenfalls im Französischen die Ammoniten. Es hat hiermit denselben eben die Bewandniß, die es mit der vorigen Benennung der Posthörner hatte. Die nemlichen platt gewundenen Schnecken heißen eigentlich St. Hubertshörner. Ja man hat, eigentlich zu reden, einer tellerförmigen Erdschnecke, die posthornförmig gewunden ist, diesen Namen gegeben. Das ist diejenige, die d'Argenville Pl. 28. Fig. 6. in Kupfer vorstellet, und

und S. 338. seiner Konchyliologie S. 338. also beschreibet: Cornet de St. Hubert ou Cornet de chasse de couleur grise avec un nombril et un bourrelet à sa bouche garnie d'un opercule. On voit sur sa robe quelques rayures de couleurs foibles. Il approche assez du Plan — orbis. Hr. D. Martini v) sagt von ihr: „Die Grundfarbe dieses Horns ist grau mit einigen Strahlen von matten Farben vermischt. Die Windungen bilden auf einer Seite eine kleine Vertiefung. Der Mund hat einen weissen Rand, und wird mit einem Deckel verschlossen." Man thut nicht wohl, wenn man verschiedenen Schnecken Einen Namen giebt.

CORNEUS, Lapis corneus, heißt nicht nur der eigentliche Hornstein, sondern auch der Hornfelsstein. S. Hornstein, Hornfelsstein.

CORNEUS crystallisatus, heißt beym Wallerius der Schörl, weil er von prismatischer Figur mit verschiedenen unordentlichen Seiten ist. Wenn wir denen folgen, welche den Schirl, oder Schörl unter die Zinnerze werfen, so gehet uns derselbe hier gar nichts an. Da ihn aber Hr. Wallerius und mit ihm verschiedene andere unter die Hornfelssteine zählen, so müssen wir wenigstens etwas von ihm gedenken. Wir begnügen uns mit der einzigen Anmerkung des Hrn. Prof. Vogel. w) Der Wolfram oder Schirl, Spuma lupi ist ein eckichter, krystallinischer, den Zinngraupen ähnlicher kubischer, strahlichter, prismatischer und ziemlich leichter Stein, von brauner, grauer, röthlicher und grüner Farbe. Es machen zwar einige Schriftsteller unter Wolfram und Schirl oder Schörl einen Unterschied, und nennen denjenigen Stein nur Wolfram, welcher den Zinngraupen ähnlich sieht, hingegen den prismatischen mit unordentlichen Seiten, Schörl, Corneus crystallisatus, und trennen beyde so sehr von einander, daß sie den Wolfram unter die Eisenerze, und den Schörl unter die Hornfelssteine zählen. Sie mögen aber wohl im Grunde nicht unterschieden seyn. Unterdessen ist man wegen ihrer Natur und Mischung auch nicht einstimmig. Die mehresten halten den Wolfram für ein Zinnerz, welches mit Eisen zu sehr übersetzt ist; andere geben an, daß er nur zuweilen einiges Zinn halte: Der Vertheidiger der Elletischen Sätze aber behauptet, daß solches falsch sey, und noch niemand etwas metallisches aus demselben habe darstellen können; vielmehr sey es wahrscheinlich, daß er nur aus Eisentheilchen mit häufigen Arsenik verbunden bestehe."

CORNEUS crystallisatus cinereus, heißt der graue Schörl.

CORNEUS crystallisatus fuscus, heißt der braune Schörl.

CORNEUS crystallisatus niger, heißt der schwarze Schörl, und weil dieser zugleich die Stelle eines

---

v) In seiner Abhandlung von den Erdschnecken, im Berl. Magaz II B. 6. St. S. 615. coll. Tab. IV. Fig. 40.

w) Praktisches Mineralsystem S. 178. f.

nes Probiersteins vertritt, so wird auch der Probierstein mit diesen Namen belegt.

Corneus crystallisatus prismaticus, lateribus inordinatis, heißt beym Wallerius der Schörl überhaupt.

Corneus crystallisatus ruber, heißt der rothe Schörl.

Corneus crystallisatus viridis, heißt der grüne Schörl.

Corneus durior, niger solidus, heißt der Hornfelsstein, als eine Geschlechtsgattung betrachtet. S. Hornfelsstein.

Corneus fissilis, heißt der Hornschiefer.

Corneus fissilis durior, heißt der Hornschiefer, wenn er sehr hart ist.

Corneus fissilis lamellis parallelis, heißt beym Wallerius der Hornschiefer.

Corneus fissilis mollior, heißt der Hornschiefer, wenn er weicher ist.

Corneus mollior, superficialis contortus, heißt der Salband.

Corneus solidus, heißt der Hornfelsstein, als eine Geschlechtsgattung betrachtet. S. Hornfelsstein.

Corneus solidus granulis compactus, heißt der Hornfelsstein, wenn seine Bestandtheile körnicht sind.

Corneus solidus nitens, heißt der schwarze Hornfelsstein, wenn er glänzend ist.

Corneus solidus non nitens, heißt er, wenn er ganz dichte, veste und nicht glänzend ist.

Cornicula carcinopodii. S. Krebsfüße.

Cornua Ammonis, Ammonshörner, fr. Cornes d'Ammon, holl. Ammons Hoorn, heißen gewisse gewundene vielkammerichte Schnecken, die wir unter dem Namen der Ammoniten weitläuftig beschrieben haben. Büttner und viele andere schreiben, es Cornu Hammonis, und man behauptet, daß diese Benennung von einem Götzenbilde, Hammon genannt, sey hergenommen worden. Volkmann x) fällt dieser Meynung auch bey, und setzt noch dieses hinzu: daß der Jupiter Ammon ein gehörnter Abgott gewesen sey, der auch in der Gestalt eines Widders in der Lybischen Wüsten sey verehret worden. Da nun die Cornua Ammonis so wie ein Widderhorn zusammen gewirbelt wären, so hätten sie darum diesen Namen. Diese Meynung unterstützt Kurtius, y). welcher sagt: „Id quod pro Deo colitur, non eandem effigiem habet, quam vulgo diis artifices accomodarunt; vmbilico maxime similis est habitus Smaragdo et gemmis coagmentatus." Dieser Ausspruch passet auf unsere Ammonshörner ziemlich genau, welche wegen des in der Mitte befindlichen Lochs, das noch viele an den natürlichen unächten Ammonshörnern das Nabelloch nennen, wohl mit einem Nabel verglichen werden können.

Herr Hofrath Walch z) erkläret den Grund dieser Benennung folgendergestalt: „Könige der alleraltesten Völker, bey denen

---

x) Silef. subterran. S. 170.
y) De rebus gestis Alexandri M. Lib. IV. Cap. VII.

z) Naturgesch. der Versteinerung. Th. II. Abschn. I. S. 38.

denen noch die Einfalt herrschte, pflegten, wenn sie vor ihren Heer herzogen, auf einer Stange ein Büffelhorn zuzuführen, und das war das Zeichen, woran der Soldat seinen König, und den Ort, wo er im Treffen stund, erkannte. Das Horn wurde daher nach und nach, so wie in folgenden Zeiten Krone und Zepter, zu einem Zeichen der königlichen Gewalt gemacht; man mahlte daher Könige mit einem Horn auf der Seite, und gab ihm die Gestalt eines unsern Ammoniten ähnlichen Widderhorns. Dies wiederfuhr auch einem alten König, der nachher als ein Gott, unter dem Namen Jupiter Ammon, verehret wurde. Und daher haben die Ammonshörner, oder die Ammoniten, ihren Namen erhalten." Der gelehrte Baier hat auf der zweyten Kupfertafel seiner Oryctographiae Noricae, unter den Buchstaben a. b. eine Münze abstechen lassen, wo der Jupiter Ammon, oder wie er dort heißt Ζιὸς Ἄμμων, mit seinem Widderhorn abgebildet ist, und Herr Reiske a) hat davon sehr gelehrt gehandelt. Allein es bleibet noch immer die Schwürigkeit zurück: Wenn das Büffelhorn ein Zeichen für alle Könige war, warum hat man eben den Jupiter Ammon erwählet, die Ammoniten nach ihm zu nennen? Hier sagen einige Gelehrten, man habe diese Versteinerung zuerst bey dem Götzentempel des Ammon, der in Lybien war, entdeckt, und ihnen darum dieser Name gegeben worden. Ich berufe mich auf den Stobäus b), der sich darüber also erkläret: „Cornua Ammonis a superstitiosa antiquitate sic dicta, quod invenirentur in arenosis Lybiae, circa inclytum Jovis Ammonis templum, vnde etiam haec, ob qualemcunque tortuosam cornu arietini figuram, vt sacratissimas gemmas et ipsius hujusce numinis symbola, gentiles venerabantur, quasi eum ipsum Jovem, tum Alexandrum Magnum et Lysimachum, aliosque Graecorum reges, qui hoc progenitore sese ortos gloriabantur, hujusmodi cornibus ornatos in statuis, gemmis, nummisque finxerunt antiqui." Vielleicht zielet auch Plinius c) darauf, und bestätigt diese Muthmaßung, wenn er von den Egyptiern meldet, daß sie das Ammonshorn unter die heiligsten Steine gerechnet hätten. d) „Cornu Ammonis inter sacratissimas Aethiopiae gemmas refertur, aureo colore, arietini cornu effigiem reddens." Was von dieser Versteinerung selbst zu

---

a) Exercit. Hist. Phys. de Cornu Ammonis. Cap. II.

b) Opuscula. S. 302. f.

c) Histor. Natural. Lib. XXXI. Cap. X.

d) Wenn Plinius die Ammoniten unter die Edelsteine zählet, so meynet er entweder eine Art derselben, welche selenitartig und durchsichtig sind, wie sie auf der Insul Malcha gefunden werden; oder ein fleckhaftiges Ammonshorn, welches dadurch eine Goldfarbe bekommen hatte. Die letztere Meynung nimmt Lesser Lithotheol. S. 757. an. Ueberhaupt nahmen die alten Schriftsteller das Wort Edelstein so weitläuftig, daß sie einen jeden Stein, der nicht so gar gemein war, so nennten. Vielleicht war das Ammonshorn zu Plinius Zeiten eine seltene Versteinerung.

bemerken ist, das haben wir vorher bey dem Wort Ammoniten angezeiget.

CORNUA Ammonis armata, geharnischte Ammonshörner, werden unter den metallisirten Ammoniten diejenigen genennet, um welche sich ein Schwefelkies angeleget hat. S. Ammoniten, und Harnisch.

CORNUA Ammonis concamerata, werden diejenigen gestreiften Ammoniten genennt, welche getheilte Streifen haben, die es machen, daß der Körper auch von außen in Kammern abgetheilet zu seyn scheinet. Dieser Name gehet daher nicht auf die innere Beschaffenheit der Ammoniten, denn da haben sie alle Kammern, sondern auf ihre äußere Gestalt. Daher aber erhellet zugleich, daß diese Benennung nicht deutlich genug ist.

CORNUA Ammonis divisa, getheilte Ammonshörner, werden von den Verfassern der Onomatologie e) folgendergestalt beschrieben: „Man versteht darunter diejenigen Ammonsmuscheln, bey welchen der erste Ring oder Spiralgang, oder auch mehrere, oder alle, von einander abgesondert sind."

CORNUA Ammonis integre divisa, sind diejenigen, bey welchen alle Windungen von einander abstehen, dergestalt, daß bis zur Endspitze keine die andere berühret. Das Cornu Ammonis Rumphii Tab. XX. Fig. 1. ist hievon ein Beyspiel.

CORNUA Ammonis laevia, heißen die Ammoniten, welche eine ganz glatte Oberfläche haben.

CORNUA Ammonis lapides laevia. S. Cornua Ammonis laevia.

CORNUA Ammonis lapidea lineis distincta, heißen die ganz runden Ammoniten, wo sich ein Gewind von dem andern so deutlich unterscheidet, als wenn es durch Linien abgezeichnet wäre.

CORNUA Ammonis lapidea striata, werden die Ammoniten genennt, die eine gestreifte Oberfläche haben.

CORNUA Ammonis lapidea tuberculosa, werden die Ammoniten genennet, welche eine knotigte Oberfläche haben.

CORNUA Ammonis non spinata, nennet Scheuchzer diejenigen Ammoniten, die kein erhaben Rückgrad haben. S. Cornua Ammonis spinata.

CORNUA Ammonis simpliciter divisa, werden diejenigen Ammoniten genennet, an welchen nur die äußerste Windung von den andern absteher. S. Cornua Ammonis divisa.

CORNUA Ammonis spinata, sind beym Scheuchzer diejenigen Ammoniten, die, wie er sich ausdrückt, ein erhaben Rückgrad haben. Nemlich der Rücken dieser Gattung bestehet aus erhabenen scharfen Absätzen, die durch den ganzen Rücken gehen, und zwar auf beyden Seiten, dergestalt, daß sie in der Mitte eine Furche oder eine Vertiefung bilden, worinne, nach der Meynung verschiedener Naturforscher, der Sipho liegt. Man kann Zeichnungen davon finden in Scheuchzers Naturhistorie des

---

e) Onomatol. histor. natur. T. I. S. 575.

des Schweizerlandes Fig. 44. 45. 51. 54. Baier Oryctograph. Norica, Tab. III. Fig. 4. in deſſen Monumentis ꝛc. petrificat. Tab. XII. Fig. 6. ſonderlich hat Rundmann, rar. nat. et art. Tab. IV. Fig. 6. ein überaus deutliches Beyſpiel. Scheuchzer theilet ſeine Cornua Ammonis ſpinata in glatte und geſtreifte ein.

Cornua ammonis ſpuria, werden unter den Erd- und Fluß-ſchnecken, auch unter den Seeſchnecken, diejenigen genennet, welche eben ſo in einander gewunden ſind, wie die ächten Ammonshörner. Sie zeigen auch wie die Ammonshörner ihre Windungen auf beyden Seiten, und ſind jenen Verſteinerungen in allen gleich, nur darinne unterſcheiden ſie ſich von ihnen, daß ſie keine Zwiſchen-kammern haben. Wir haben ſchon bey den beyden Namen Cornets de Poſtillon, und Cornets de St. Hubert ſo viel von dieſen natürlichen Schnecken angemerket, als für unſern Zweck hinlänglich ſeyn könnte. Da man ſie aber in der Gegend um Buſchweiler und ſonſt verſteint findet, ſo wird es mir erlaubt ſeyn, davon etwas anzumerken. Wenn nach dem Zeugniß der Onomatologie f) der Herr von Argenville nicht weis, zu welchem Geſchlecht der Seekonchylien er dieſe unächte Ammonshörnchens zählen ſoll; und wenn er daher geneigt iſt, ihnen eine eigene Klaſſe anzuweiſen, und ſie zu einem beſondern und eignen Geſchlecht zu machen; ſo hat er darinne wirkliche Nachfolger. Würden ſie wohl die Lithologen haben unter die Umbiliciten werfen können, wenn ſie ein ander Fach für ſie gewußt hätten? Denn wer eine eigentliche Nabelſchnecke kennt, dem wird es nicht einfallen, die unächten Ammonshörner unter den Nabelſchnecken zu ſuchen. Hr. Legationsrath Meuſchen hat ihnen daher ein eigenes Geſchlecht eingeräumet, bey dem ſie, in der oben beym Wort Konchylien angeführten Klaſſifikation, unter den gewundenen Konchylien das erſte Geſchlecht ausmachen. Er hat ihnen den Namen Poſtryders, Angarii, gegeben, und damit aller Verwirrung mit den ächten Ammonshörnern vorgebeugt. Wenn ich nach einem eignen Syſtem arbeiten dürfe, ſo würde ich ſie ohne Bedenken den ächten Ammonshörnern an die Seite ſetzen, und von den Umbiliciten gänzlich trennen. Meine Eintheilung würde daher folgende ſeyn.

Die gewundenen Schnecken ſind

entweder ſchlangenförmig gewunden, oder nicht.

ſie haben entweder Zwiſchenkammern. Eigentliche Ammonshörner. | oder haben keine Zwiſchenkammern, unächte Ammonshörner.

Ich befürchte darüber keine Vorwürfe. Hat man es doch in der Konchyliologie mit den Schiffsbooten eben alſo gemacht, und diejenigen die keine Kammern haben, denen an die Seite

---

f) Onomatolog. hiſtor. natural. Tom. III. S. 487.

Seite gesetzt, welche Kammern haben? Man hat hieben auf den ähnlichen Bau gesehen, den beyde äußerlich unter sich gemein haben. Warum sollte man denn in der Lithologie, in einem gleichen Falle nicht gleiches Recht haben? Ich werde, wenn ich von den Umbiliciten handle, noch eine Gelegenheit haben, meine Gedanken darüber zu bestätigen. Wer einige Zeichnungen von solchen Ammonshörnern verlangt, den verweisen wir auf das Walchische System. Tab. VII, n. 1.

CORNUA Ammonis striata werden diejenigen Ammonshörner genennet, die eine gestreifte Oberfläche haben.

CORNUA Ammonis vnita, sind im Gegensatz derer, die Cornua Ammonis diuisa genennet werden, diejenigen, wo alle Windungen vest aneinander schliessen. Diese sind entweder Cornua Ammonis vnita anomala, oder proportionata. Bey dem ersten ist das erste Gewind ungleich größer als die folgenden; bey dem andern aber, sind alle Gewinde in einer verhältnißmäßigen Abnahme. Man findet sowohl unter den eigentlichen als unter den unächten Ammonshörnern von beyden Beyspiele genug.

CORNUA animalium petrificata. S. Ceratolithen.

CORPORA humana vitriolificata. S. Menschenkörper, und mineralisirte Körper.

CORSOIDES wird der Bergflachs genennet. Ohne Zweifel von dem griechischen Wort κόρη das Haar, weil er einem Haare gleicht. S. Bergflachs. Beym Hr. Wallerius, wird ein grauer Jaspis also genennet, weil er, wie dieser Schriftsteller S. 128. sagt, dem grauen Haupthaare gleichet.

CORYBANTES werden die Belemniten genennet. S. Belemniten. Stobäus g) behauptet zwar, daß es sehr schwer sey, den Grund dieser Benennung zu finden, doch glaubt er, daß man vielleicht darauf gezielet habe, daß die Priester der Vestä, die aber Korybantes genennet wurden, wenn sie wie die Wütenden tanzten, zugleich mit Schilden umgeben gewesen wären, und überhaupt dabey ein großes Geräusch gemacht hätten. Seine Worte sind diese: „Fuere alias secundum Poetas Idaei Dactyli seu Corybantes magnae matris Sacerdotes siue ministri, insignes strepitu et motu furibundo saltatores clypeis armati, ferri quoque inuentores, Jouis autem nascentis tutores natique nutritores. Forte autem Vates, qui et prodesse volunt et delectare hoc apologo indigitasse: quod licet copiosissime in Ida monte inueniantur hi lapides, tamen etiam in aliis montibus et abditis terrae visceribus, verum etiam passim in agris fertilioribus occurant, adeo vt magnam Matrem ubique locorum, tanquam seduli ministri comitentur. Crebris vero subsultibus hos nostros, praecipue armatos, in igne strepere et dissilire, atque non immerito saltatores furibundos ideo dici, cujus vis experientia manifestum fieri potest."

---

g) Opuscula. S. las. 126.

Cos wird der Sandstein genennet. S. Sandstein.

Cos Lydiae heißt der Probierstein, ob er gleich nie sandartig ist. S. Probierstein.

Cos particulis arenaceis aequalibus aquam transmittostillans wird vom Ritter von Linne der Seigestein genennet. S. Seigestein.

Cos particulis arenosis majoribus, aquam transmittens, wird vom Hrn. Wallerius der Seigestein genennet. S. Seigestein.

Coticula, heißt beym Plinius der Probierstein. S. Probierstein.

Couleure de pierre, heißen im Französischen die Ammoniten. S. Ammoniten.

Crapandinae, Carapatinae, fr. Crapandines, Holl. Paddesteen, heißen bey einigen die Echiniten, bey andern die Buffoniten, oder Fischzähne. Da der Name von dem Wort Crapaldus eine Kröte herkömmt, so werden wir uns bey dem Wort Krötensteine darüber weitläuftiger erklären.

Crapandines, heißen im Französischen die Krötensteine.

Crisoletus, und

Crisolimus, heißt bey manchen Schriftstellern der Topas. S. Topas.

Crenaster. S. Astropecten.

Crepidités, Crepidolithus, Crepites ist eine Versteinerung aus dem Geschlecht der Anomiten, welche der Hr. Baron von Hüpsch zuerst entdeckt, und beschrieben hat. b) Sie hat fast eine Aehnlichkeit mit einem Pantoffel, daher er derselben von dem Worte Κρηπις, Crepida, ein Pantoffel, diesen Namen gegeben hat. S. Pantoffelsteine.

Cristall, Cristall. S. Crystall.

Cristall d'Islande. S. Crystallus Islandica.

Cristall de Roche, heißt im Französischen der Bergkrystall. S. Bergkrystall.

Cristaux, heißt im Französischen der Krystall. S. Krystall.

Crocodille, Crocodillskelette, lat. Xylostea sceleti Crocodili, Amphibiolithus totalis lacertae Linn. sind gewisse, zu den Amphibien gehörige Thiere, welche, um ihrer Gleichheit willen, die sie mit den Eydexen haben, unter das Eydexen-Geschlecht gezählet werden, die sie gleichwohl an der Größe unendlich übertreffen. Die natürlichen Krokodille gehen uns hier nichts an i), wir reden nur von den Entdeckungen, die man von ihnen im Steinreiche gemacht hat. Folgende sind bekannt geworden. Zu Suhl hat man einen überaus merkwürdigen Schiefer ausgebrochen, den der berühmte Apotheker Link in Leipzig besessen hat, und der auch nach seinem Tode noch in desselben Kabinet aufbewahret wird. Der seel. Link k) hat dies Stelet eines Krokodills selbst beschrieben und in Kupfer stechen lassen. Es liegt auf einem schwarzen Schiefer, der 2 Fuß 8 Zoll lang, und 1 Fuß 5 ¼ Zoll breit ist. Man siehet
auf

---

h) S. dessen neue in der Naturgeschichte des niedern Deutschlands gemachte Entdeckungen ꝛc. S. 40. f. S. 56. *.

i) Feine Nachrichten von den Krokodillen haben die Verfasser der Onomatologie T. III. S. 469. f. gesammlet.

k) Acta eruditor. ann. 1718. S. 188.

auf demselben das ganze Rückgrab nebst einigen Fragmenten
der Ribben. Ein Theil des
Kopfs ist abgebrochen. Unter
dem Kopfe siehet man, die zwey
Schulterblätter überaus deutlich,
von den Füßen aber nur drey,
welche alle fünf Klauen haben.
Auch Hr. Mylius l) hat dieses
Skelett nachstechen lassen und
beschrieben. Er weiß zwar den
Ort nicht, wo es gefunden worden; muthmaßet aber, aus der
Gleichheit der Steinart und der
Zeichnung, die es mit einem andern Stück, davon wir gleich reden wollen, hat, daß es zu Suhl
möchte gefunden seyn.

Ein anderes Krokodill, welches auch zu Suhl gebrochen
wurde, hat der ehemalige gelehrte
D. Spener in Berlin besessen.
Es ist kleiner als das vorhergehende, aber, weil daran noch der
ganze Kopf mit aufgesperrten
Rachen ist, weit vorzüglicher
als jenes. Hr D. Spener hat
es selbst beschrieben, m) und der
so fleißige und aufmerksame
Büttner n) hat einen Nachstich
davon besorgt. Kundmann o)
meldet davon, daß es vier Schuh
lang und 27 Pfund schwer gewesen, und von seinem Besitzer für
100 Dukaten geschätzt worden sey.

Ein drittes Skelet hat Hr. D.
Stuckeley in Engelland in einem
bläulichten verhärteten Letten
entdeckt und beschrieben. p) Der
Stein lag an einen Brunnen,
das Petrefakt aber war auf der
umgekehrten Seite zu sehen.
Es liegt nicht ganz auf demsel-

ben, doch siehet man darauf
ganz deutlich 16. Gelenke des
Rückgrades, und der Lenden mit
ihren Knorpeln, neun ganze oder
zum Theil abgedruckte Ribben
der linken Seite, das Os sacrum,
das Ileum in situ, zwey Schul-
terbeine, die ein wenig verrückt
sind, den Anfang von der Tibia
und Fibula des rechten Beins,
und die Fußsohle mit 4 oder 5
Zehen, und nahe dabey eine Zehe,
die noch vollkommen im Steine
steckt. Alle diese Knochen sind
vortreflich erhalten. Doch glaubt
Hr. Stuckeley, daß man es noch
nicht zuverläßig genug für ein
Skelett eines Krokodills halte.

In der Naturalienkammer zu
Dresden behält man ein Stück
auf, welches bey Boll im Würtenbergischen gefunden worden ist;
allein es ist nicht so deutlich, daß
man es zuverläßig hieher zählen
könne.

Diese Krokodillskelette werden von einigen unter die versteinten Amphibienknochen,
Amphibiorum xylostea, Petrificata animalia ossium amphibiorum, gezählet. Andere aber
nennen das auch vollständige
Krokodillskelette, wo sich auch
nur der größte Theil des Petrefakts findet. Sonst gedenket
Hr. d'Argenville q) einzelner
Knochen von Krokodillskeletten.

CROTYLUS heißt beym Mer-
katus der wellenförmige Fungit, weil er glaubte, daß Plinius mit eben diesem Worte eben
diesen Körper bezeichnet habe.
S. Fungit. Zu seiner Zeit suchte
man

---

l) Saxonia subterran. P. II. S. 86.
m) Miscellanea Berolinensis. T. I.
S. 99. und 103.
n) Rude. diluv. testes. Tab. XXVI.

o) Rarior. Natur. et art. S. 76.
p) Philosoph. Transakt. T. XXX.
n. 360. S. 963.
q) Oryctologie. S. 338.

man alle Versteinerungen im Plinius auf, da konnte es freylich nicht anders kommen, als daß mancher Körper einen plinianischen Namen führte, an den Plinius nie gedacht hatte.

**Cruciferi** lapides. S. Lapides cruciferi.

**Crustacea** animalia. Die Begriffe des Worts Crusta sowohl, als des Wortes Testa, gehören wohl unter die schweresten, die wir in der Naturgeschichte haben. Wir sind daher genöthiget, dieses Wort ohne Begriff hieher zu setzen. So viel wissen wir, daß man denen Muscheln und Schnecken eine Testam beyleget, und sie zu den Animalibus testaceis rechnet; denen Hummern aber (Astacis) und Krebsen, (Cancris) und mit ihnen verwandten Thieren, leget man eine Crustam bey, und rechnet sie zu den Animalibus crustaceis. Aber was eine Crusta, was eine Testa sey? das kann man leichter zeigen, als beschreiben. Hr. Klein r) hat daher Recht, wenn er sagt: „Justus hucusque desideramus et testae et crustae definitiones, nobisque indulgere nolumus, vt vel testaceum animal vel crustaceum ante definiamus, quam nobiscum convenerimus, quid testa sit, quid crusta?„ Der Deutsche drücket beyde Worte durch das Wort Schale aus, allein damit wird der Schwürigkeit nicht abgeholfen, sie wird vielmehr vermehret. Die Zusätze hartschalig, wenn man die animalia testacea meynet, und weichschalig, wenn man die animalia crustacea verstehet, drücken die Sache noch nicht hinlänglich genug aus, wie ich gleich zeigen will. Rondeletius, wenn er von den Seeigeln behauptete, sie gehörten unter die Crustacea, so bedienet er sich folgenden Grundes: „Echini integumentum non durum, neque siliceum esse, crustae tenuioris modo, und man kann daraus selbst urtheilen, was er sich von einer Crusta für einen Begriff machte. Allein Gesner setzte ihm den starken Grund entgegen, Conchulas multas testam tenuem prorsus et fragilem habere, quae tamen crustati generis non sunt. s) Dadurch wird also der Schwürigkeit nicht abgeholfen. Ich hatte daher eine wahre Freude, da mir und andern Liebhabern deutlicher Begriffe die Verfasser der Onomatologie t) das Versprechen thaten, sie wollten den Begriff dieser so schweren Sache mit wenigen erschöpfen. Ich will ihre eigene Worte mittheilen, das Urtheil aber dem Leser selbst überlassen, ob sie ihr Wort gehalten haben? Sie sagen: Man gebraucht dieses Wort in einem allgemeinen Verstande von den Muscheln, oder von denjenigen Fischen überhaupt, welche zu ihrer Bedeckung eine Schale haben. Man verstehet darunter alle diejenigen Thiere, deren Leib mit einer starken, knorpelichten Haut, wie mit einer Kruste, bedeckt ist; der eigentliche Begriff aber gehet hauptsächlich auf die Krebse, welche Linnäus unter die ungeflügelte Insekten gebracht hat.„

**Crystall**,

---

r) Naturalis dispositio Echinodermatum. S. 9.

s) S. Klein am angezogenen Orte.

t) Onomatol. histor. natur. T. III. S. 477.

**Crystall, Bergkrystall**, lat. Crystallus, Cristallus, Crystallus hexagona, Crystallus hexagona non colorata, franz. le Cristall, Cristaux, Fossiles cristallisés. holl. Cristall of Crystall, heißt im weitläuftigen Verstande eine jede Krystalldruse, im engern Verstande aber, wo zugleich das Prisma mit sichtbar ist. Und in diesem engern Verstande heißen Krystalle, die ungefärbten weissen Quarze, welche dem Demant ähnlich sind.

Nach Hrn. Wallerius u) haben die Krystalle folgende Eigenschaften:

1. Die Theilchen in diesen Steinen sind ganz unsichtlich.
2. Schlägt man sie entzwey, so zersplittern sie in ungewisse Stücke.
3. Der äusserlichen Bildung nach, besitzen diese Steine allezeit eine ordentliche und bestimmte Figur.
4. Sie sind ganz hart, und geben gegen den Stahl stark Feuer, nehmen auch beym Schleifen eine höhere Politur und Glanz an.
5. Sie sind alle durchsichtig und klar.
6. Im Feuer schmelzen sie alle zu Glase, manche bald, andere später, manche ohne, andere mit Zusatz.
7. Ihre Schwere ist verschieden, auch ihrer verschiedenen Härte.

Es erhellet daraus zur Gnüge, daß Hr. Wallerius dasjenige Krystalle nennet, was andere mit mehrerem Rechte Quarze nennen.

Hr. Prof. Vogel v) beschreibt den Krystall also: „Der Krystall hat entweder eine säulenförmige, oder eine prismatische sechseckichte Gestalt, und ist entweder ganz, oder halb durchsichtig. Er sitzt entweder mit einem Ende in der Mutter veste, oder ist überall loß und frey." Wenn die Krystalle in der Mutter vest sitzen, und wenn besonders mehr Krystallsäulen auf einer Mutter befindlich sind, so nennet man es denn Krystalldrusen, franz. Drusens ou Druses cristallisés, holl. Crystal-Drusen; wenn sie aber auf beyden Seiten loß und frey sind, und daher einzeln betrachtet werden müssen, so heißen sie Strahlen, oder Krystall-Zapfen, fr. Pointe de Cristal, Branche de Cristal, holl. Crystal-Tak. Unter den Krystallen ist der Ceylonische Kaystein in vorzüglicher Achtung, den wir unter diesem Namen beschrieben haben.

Eigentlich sind alle Krystalle weiß, denn sie sind nichts anders, als der Pseudoadamas, undichte unreife Demante. Daher reden die ältern und einige neuere Schriftsteller nicht richtig, wenn sie behaupten, daß die Krystalle durch metallische Dünste gefärbet würden, und daß diese Farbe sogar den ganzen Krystall durchdringen könne. So redet Volkmann, so Kropstedt, so viele andere, allein sie verwechseln die Krystalle mit den Quarzen. Auch Hr. Woltersdorf, w) liegt in diesem Fehler, denn er macht unter den ungefärbten, dem Bergkrystall, und

---

u) Minéralreich. S. 141.
v) Prakt. Mineralsystem. S. 5. 23
w) Mineralsystem. S. 13.

und unter den gefärbten Krystallen einen Unterschied. Daß Herr Bertrand und Herr Wallerius mit diesen Schriftstellern gemeinschaftliche Sache machen, wird sich bald entwickeln. Der Hr. Prof. Vogel behält zwar am angeführten Orte seines Mineralsystems den Unterschied unter den ungefärbten und gefärbten Krystallen bey, allein er bezeuget es doch zugleich, daß diese Eintheilung falsch sey. Er behauptet, daß dasjenige, was man gefärbte Krystallen nennet, nur gefärbte Flußspate wären, oder daß man wenigstens die gefärbten Krystalle lieber nach der Verschiedenheit ihrer Farbe, z. E. Rubinkrystalle, Amethystenkrystalle u. s. w. nennen solle. Daher wird der Alabandicus Aldrovandi von Sibbald mit Unrecht Crystallus nigri et rufescentis coloris, und von andern schwarzrothet Krystall genennet. S. Alabandicus. Eben so bin ich nicht einmal vermögend zu sagen, was der ongemeen zeldzaame Swarte Crystall, der ungemein seltene Krystall, in dem Musco van der Miediano S. 43. seyn soll, wenn er nicht etwa ein dunkler Rauchtopas ist.

So viel ist richtig, daß die Krystalle nicht alle einen Grad der Durchsichtigkeit haben, und daß sich unreine Theilchen in dieselben mischen, und sie trübe machen können. Es ist auch wahr, daß sie ein metallischer Dunst von außen anfärben, und in manchen Fällen ihre Durchsichtigkeit hemmen kann. Wir besitzen selbst eine eisenschüßige Krystalldruse, wo sich die braune Farbe des Eisenochers um die Krystallstrahlen angelegt hat, die von außen ganz dunkelbraun und undurchsichtig, von innen aber nur weißlichgelb und ganz durchsichtig sind. Allein auf der einen Seite sind das nur zufällige Dinge, darauf man keinen gegründeten Unterschied bauen darf; auf der andern Seite aber findet man die Krystallen gemeiniglich so rein und so durchsichtig, als die Demante. Daher ist das ihr Unterschied, daß sie viel weicher sind, als die Demante, daß sie daher den Feilstrich annehmen, in starkem Feuer flüßig werden, und wo sie den Metallen zugesetzt werden, dieselben eher in Fluß bringen.

Die Naturforscher wollen angemerkt haben, daß man in den Krystallen einen gedoppelten Stoff wahrnehme. Ein Theil davon sehe etwas dunkler als der andre, der innere aber sey, wie das hellste Wasser. Man bedienet sich daher von den hellen und reinen Krystallen die Redensart: sie haben ein klares und helles Wasser; von denen aber, die gelblicht, aber durchsichtig sind, sagt man: sie haben ein gelblichtes Wasser. Nach dieser Anmerkung kann man verstehen, was Scheuchzer in seinen Alpenreisen meyne, wenn er von einem Krystallwasser, Aqua crystallorum redet.

Bisweilen halten die Krystalle andere Dinge eingeschlossen. Volkmann x) erzählet, daß er einen Krystall besessen habe, in welchem ein Stück Rohr und Grashalm zu sehen sey; und in der Fürstl. Kunstkammer zu Monako sollen zwey Stücke Bergkrystall, jedes zwey Faust groß, befind-

---

x) Silesia subterranea, S. 19. 20.

befindlich seyn, da in der Mitte des einen Wasser, und in dem andern etwas Moos eingeschlossen ist. Scheuchzer y) führet Krystalle an, in welchen Strohhalmen, Würmer oder Moos zu sehen sind. In dem Museo Chaisiano werden S. 103. seltne Krystallen angegeben, wovon einige aus der Schweiz allerley Pflanzenstengelchen und Reischen; andere aber aus Spanien theils Stroh, theils unterschiedene Figuren, von Fischgen und Insekten enthalten. So meldet auch der gelehrte D. Pontoppidan z), daß sich in den norwegischen Krystallen, von denen er überhaupt Nachrichten giebt, die nachgelesen zu werden verdienen, öfters eine fremde Materie finde, die wie Silber glänzt. So bald man aber dies vermeynte Silber zwischen den Fingern reibe, so verschwinde der Glanz, und werde ein Sedimentum terrestre daraus. Auch Scheuchzer gedenket solcher Krystalle am angezogenen Orte seiner Naturhistorie, in welchen subtile Meßing- Seiden- oder Goldfäden befindlich sind. Herr Kronstedt a) zweifelt sehr, daß die in den Krystallen eingeschlossenen fremden Dinge aus dem vegetabilischen Reiche, als Gras, Halmen, Moos u. d. g. dasjenige wären, wovor man sie hält. Er bittet es genauer zu betrachten, ob nicht das Gras ein Asbest oder Strahlschörl sey, und ob nicht die Moose Drusenlöcher sind, die mit einer Erde von einem vegetabilischen Anse-

hen ausgefüllet worden. Er bezeuget zugleich, daß dies die gewöhnliche Beschaffenheit der Krystalle dieser Art gewesen sey, die er gesehen habe.

Der Hr. von Linne glaubt, daß die Krystalle aus Quarz und Spat gezeuget würden, und daher nimmt er auch eine zwiefache Gattung an; Crystallos quarzosas und spatosas. Er schreibt davon b): Crystalli quarzosae sunt pellucidae, fragmentis angulatis, acutis, inaequalibus, quae chalybe percussae dant scintillas. Hae uti ipsum Quarzum in saxis aliisque petris generantur. Crystalli spatosae sunt subdiaphanae, fragmentis rhombeis, quae rasuram admittunt, chalybeque percussae nullas produnt scintillas. Generantur in montibus calcareis seu marmoreis. Vielleicht versteht der Ritter hier die Quarz und Spatdrusen. In seinem System setzt er die Krystalle im weitläuftigen Verstande unter die Salze. Er thut es um der beständigen Gestalt willen, welche die Krystalle bey den Quarzen und dergleichen Steinen haben. Ob aber dieser Grund hinlänglich sey? mögen diejenigen entscheiden, welche die Frage beantworten können: ob man die Salze mit eben dem Rechte unter die Krystalle zählen könne, mit welchem der Ritter die Krystalle unter die Salze zählt? Das Stück Tartarus vitriolatus, damit Hr. Prof. Lange zu Halle einige Steinkenner betrog, die es

---

y) Naturhistorie des Schweizerlandes, Th. III, S. 169.
z) Natürliche Geschichte von Norwegen, Th. I. S. 303.

a) Versuch einer neuen Mineralogie. S. 57. f.
b) De Crystallorum generatione. S. 12.

es für Quarz hielten, weil es unter den Quarzen lag c), wird den Ritter nicht rechtfertigen können. Denn es folgt daraus weiter nichts, als dieses: daß die Kryſtalliſation der Salze eine muthmaßliche Meynung der Kryſtalliſation überhaupt zu Wege bringen könne. Auf dieſe Art hat der Hr. Prof. Walch d) ſein Syſtem von der Kryſtalliſation der Steine vorgetragen, der ſich doch noch hat nicht überreden können, die Kryſtalle ſelbſt den Salzen beyzuzählen. Der Hr. Ritter Linné hat ſich aber ſelbſt vertheidiget e), warum er die Kryſtalle den Salzen beygezählet habe. Cryſtallos, quod ſubjecerim ſalibus, ne quemquam offendat, mutet vocem Salis in Cryſtalli ſi magis placeat, in verbis erimus faciles. Anne idem vtrum dicas: Salia ſub Cryſtallorum geneſi determinaſſe figuram aut ſalium elementa conſtitutiva. Sic Selenites a Creta in aqua ſoluta inſtillato acido vitriolico, vid. Acc. Berol. V, 5. 6. inſperſione pulveris terreſtris ſubtiliſſimi in puncto cryſtalliſationis ſalium, lapillos prodire dudum vidit Boyle. Wenn es aber wahr iſt, was Hr. Kronſtedt f) vorgiebt, daß auch die Erden eine kryſtalliniſche Figur ohne Salze annehmen können, und daß man ſelbſt beym Schmelzen der Metalle Kryſtalliſationen gewahr werde; ſo hat der Hr. Ritter ſeine Meynung noch immer nicht bewieſen. Faſt eine ähnliche Meynung hat der Hr. Henkel g); er glaubt von den Bergkryſtallen, daß ſie aus dem ſich da lange Zeit verhaltenen und geſtandenen Waſſern gleichſam angeſchoſſene Salze wären. Die Gründe, welche Hr. Wallerius h) dieſer Meynung, und ſonderlich dem Hrn. Linné entgegen ſetzt; ſind hier für andern nachzuleſen, und zu erwagen.

Der Kryſtall iſt gewöhnlichermaßen eckigt. Dieſe eckigten Spitzen nun, welche aus dem Prisma hervorragen, oder auch wohl einzeln gefunden werden, werden Strahlen genennt. Da dieſe mehrentheils in den Klüften der Berge erzeugt und gefunden werden, hat man ihnen den allgemeinen Namen der Bergkryſtalle beygelegt. S. Bergkryſtall. Daher iſt es in der That merkwürdig, daß Hr. Mylius eines Kryſtalls gedenket, den er auch in Kupfer hat abſtechen laſſen, welcher ſich kubikförmig gebildet hat, als wenn er aus lauter Würfeln beſtünde. Allein, wenn wir das wiederholen wollten, was vorher von dem Androdamas geſagt worden iſt, ſo ſcheinet dies beſondere Stück des Hrn. Mylius ein Androdamas, oder ein durchſichtiger Spat zu ſeyn. Von eben ſolcher Seltenheit iſt ein ander Stück vom Harze, deſſen Mylius auch gedenket, wo die einzelnen Stralen in ſchmalen langen Reihen, jedoch durchſichtig, ganz

---

c) Hamburgiſches Magazin, Band IV. S. 387.
d) Syſtemat. Steinreich, Th. II. S. 71. ff.
e) Syſtem. natur. T. III. S. 16. der neueſten Ausgabe.

f) Verſuch einer neuen Mineralogie. S. 20. 143.
g) Kieshiſtorie. S. 158.
h) Saxon. ſubterran. P. II. S. 9. 10.

ganz verglast über einander gewachsen sind. Man hat mehrere seltene Krystalle. Selten genug ist das Stück, dessen Kundmann i) gedenket, und welches er aus Ungarn erhalten, welches aus kettenförmigen Krystall, über und über ganz gleich zusammen gewirret, und dabey vollkommen durchsichtig ist. Selten genug das Stück, welches Scheuchzer k) beschreibet, wo sich in einer großen Krystallstrahle Berge und Flächen mit Bäumchen, und dergestalt ein ganzer durchsichtiger Landschaftsstein vorstellet. In dem Büchnerischen Kabinet zu Halle, davon wir einen autentischen Katalogum besitzen, befinden sich kleine sechseckige sehr helle Krystallen aus dem Schaumburgischen, welche auf andern schmälern Krystallstielen sitzen. So hat man Krystalle, die sie durch die Größe von andern unterscheiden. Kundmann bezeuget am angeführten Orte, daß er einzelne Strahlen, die drittehalb Pfund schwer wären, besitze. Scheuchzer l) redet von ganzen Klumpen von 13 Pfunden, Hottinger m) aber, will in dem Walliser Lande Stücke angetroffen haben, wo eins 60 Centner und drüber gewogen.

Zuweilen ist der Krystall auch eine Metallmutter, auf welchem sich Markasit, Haarsilber und andere Metalle zeigen, doch gilt dieses mehr von den Krystalldrusen, als von den einzelnen Krystallstrahlen.

Die mehresten Alten und ein Theil neuerer Naturforscher glaubten, daß der Krystall aus dem Eisen entstehe, daher hielt auch Plinius dafür, daß er nirgends als in sehr kalten Gegenden zu finden wäre. Vielleicht gab dieses zu dem Irrthume Anlaß, daß das griechische Wort κρυσαλλος sowohl das Eis, als auch den Krystall, bedeutet, aber nicht darum, weil der Krystall aus dem Eise entstehet, sondern weil er den gefrornen Zapfen einigermaßen ähnlich ist. Daß er nicht aus dem Eise entstehe, hat Kundmann n) auf folgende Art zu erweisen gesucht: „Es ist nicht zu leugnen, daß in Island und andern kalten Nordländern sehr vieler Krystall angetroffen werde; es mangelt selbiger auch nicht anderwärts, sondern in denen Sächsischen Gebürgen, in Hungarn, Böhmen, Frankreich, Italien, Spanien, in der Schweiz, ja selbst in unsern Schlesien, ist in vielen Orten selbiger zu finden, insonderheit sind zu Priborn, im Briegischen Fürstenthum gelegen, ganze Felsen dichte damit besetzet: da die äussere warme Luft, noch die Tiefen zulassen, daß es da friere. Ja selbst in warmen westindischen Ländern, wo gar kein Eis zu sehen, findet man diesen in Ueberfluß. Wie denn auch in folgenden der Krystall von dem Eis gänzlich unterschieden. Denn da dieses von der Luft expandiret, oben auf dem Waßer schwimmet, so sinket der Krystall

unter;

---

i) Rarior. natur. et art. S. 186.

k) Herbar. diluvian. Tab. IX. fig. 2. et pag. 43.

l) Naturhistorie des Schweizerlandes, Th. III. S. 171.

m) Abhandl. vom Krystall. S. Baumers Naturgeschichte des Mineralreichs. Th. I. S. 242.

n) Rarior. nat. et art. S. 185 f.

unter; da das Eis von der Wärme bald zerflieſſet, ſo gehört ſtark Feuer, den Kryſtall zu ſchmelzen, welcher hierdurch ſelbſt zu einem Glaſe wird: und wenn man mit Stahl daran ſchlägt, ſo ſpringen Funken davon, welches mit dem Eis gar nicht zu bewirken. Nun iſt zwar bekannt, daß der Schnee bey großer Kälte in ſechseckichten Figuren herabfalle, auch der Kryſtall oftmals ſo viel Ecken, aber auch manchmal wenigere und mehrere zeige. Da aber dieſer von Eis und nicht von Schnee entſtehen ſoll, ſo ſehen die gefrornen Eiszapfen auch im geringſten den Kryſtallzacken nicht gleich. „Wir ſetzen dieſen einen alten Schriftſteller entgegen, einen Mann, der ſonſt den Alten nicht gerne widerſprach. Ich meyne den Brodt o) Nunquam aqua in cryſtallum mutari poteſt, ſine tamen aqua non generatur, Solvi enim terrae tenuiſſima portio ab aqua debet, autilli aliunde miſſa commiſceri, quae recedente aqua tum primum in Cryſtallum concreſcit. Si cryſtallus ex aqua congelata conſtaret, igne ſolveretur, ac aqueae partes igne conſumerentur, quod non fit experienti." Sicher genug iſt es, daß der Kryſtall nicht aus dem Eiſe entſtehet, aber eben ſo gewiß, daß er aus Waſſer entſtehen müſſe, welches mit reinen Erdtheilgen geſchwängert war. Denn wo dieſes nicht wäre, ſo würde der Kryſtall nicht durchſichtig ſeyn. Die Kryſtalliſation ſelbſt aber iſt uns ein Geheimniß, die der He. Hofr. Walch p) gleichwol in ein deutliches Lehrgebäude zu bringen verſucht hat. Es würde mir zu weitläuftig ſeyn, das ganze Syſtem, dadurch dieſer große Naturforſcher die Kryſtalliſation der Steine wahrſcheinlich macht, zu wiederholen. Ich will lieber meine Leſer auf das angeführte Buch verweiſen, und noch einige andere Anmerkungen mittheilen.

Wallerius q) redet unter andern von Kryſtallen, in welchen eine leere ſechsſeitige Höhle iſt, die in den Gruben bey Dannemora gefunden wird. Er fällt darüber folgendes Urtheil. „Man wüßte nicht, wie dieſe ſechseckigte Aushöhlung entſtanden ſeyn möchte; es ſey denn, daß die Spitze eines Kryſtalles in dieſem Loche geſeſſen habe, um welche andere Kryſtalle rund herum angeſchoſſen ſind, nächſtdem denn jene Spitze herausgefallen iſt."

Joſeph Monti r) leugnet, daß die Kryſtalle eine andere als ſechseckigte Figur haben können. Sollte ein anderer Fall vorkommen, ſo nimmt er an, entweder, daß er dann einen andern Kryſtall in ſich eingeſchloſſen habe, oder daß er mit einem andern Kryſtall zuſammen gewachſen ſey, oder daß er durch Gedränge oder andere Zufälle, ſey gezwungen worden, ſeine Figur zu ändern. Er will ſogar angemerkt haben, daß in dem Falle, wenn der Kryſtall nicht ſechseckigt

---

o) Hiſtor. gemmar. et lapid. Lib. II. Cap 73.
 p) Syſtemat. Steinreich. Th. II. S. 71. ff.

q) Mineralreich. S. 145.
r) Acta Bononienſia. S. 815.

eckigt ist, doch seine Wurzel eine sechseckige Gestalt habe.

Von den chymischen Versuchen mit dem reinen und klaren Krystall giebt uns Herr Wallerius s) diese Nachricht:

1) Wenn ein ganz reiner und klarer Krystall geglüet, und nachher einigemal in der Essentia Bezettae abgelöscht wird, so wird er dunkel.

2. Löscht man ihn in der Kokcinelltinctur, so wird er roth, wie ein Rubinfluß.

3. In der Tinktur von rothen Sandel abgelöscht, giebt er dunkele und schwarzrothe Krystalle.

4. In der Safranstinktur werden sie klar oder dunkelgelb, nachdem die Tinktur stark ist, wie Topasflüsse.

5. In der Solution von Lackmus werden sie blau, wie Sapphirflüsse.

6. In Succo spinae cervinae, violetblau, wie Amethystenflüsse.

7. In der Solution von Lackmus, mit Safranstinktur vermischt, grün wie Smaragdflüsse.

Verschiedene Naturforscher haben sich die Mühe gegeben, die Krystalle in eine Klaßifikation zu bringen, und ihre verschiedene Gattungen bekannt zu machen. Wir wollen folgende bemerken. Hill t) macht uns folgende Arten bekannt:

1. Den gefleckten Krystall, er hat die Gestalt einer sechswinklichten Säule.

2. Den Kieselkrystall, der keine bestimmte und beständige Größe und Gestalt hat, sondern denen gemeinen Kieseln gleich ist. „Außer diesen, fährt er fort, giebt es noch andere regelmäßige und sechswinklichte, die man ebenfalls aus dem Innersten der Erdlagen erhält, und die bald an den beyden Enden spitzig sind, bald die äußere Oberfläche kleiner Kiesel oder runder Kügelchen bedecken, bald sich aus der innern Oberfläche ausgehölter Kiesel von verschiedener Größe erheben. Diese letztern nennet man konkave und sträubige Krystallkugeln, und die ersten doppelt spitzige Krystalle. Crystallus in acumen vtrinque desinens.„

Herr Baumer u) nimmt nur zwey Gattungen an, den kubischen und den sechsseitigen, der gemeiniglich prismatisch ist.

Herr Bertrand v) verfällt bey seiner Eintheilung in den Fehler, den mit ihm viele begehen, daß er die Krystalle in ungefärbte und gefärbte eintheilet. Zu den ungefärbten zählet er

1. den Bergkrystall.

2. den gedoppelten Krystall.

3. den Pyramidalkrystall.

Unter die gefärbten rechnet er die sogenannten Flüsse, und den schwarzen Krystall.

Herr Wallerius w) begehet eben diesen Fehler, denn beyde verwechseln den Krystall mit dem Quarz und den Flüssen. Den Bergkrystall aber, oder den eigentlichen Krystall, theilet Hr. Wallerius also ein:

1. Bergkrystalle mit einer Spitze, Crystallus vna apice.

2. Dop-

---

s) l. c. S. 148.

t) In seinen Anmerkungen über den Theophrast. S. 176. 177.

u) Naturgeschichte des Mineralreichs, Th. II. S. 148

v) Dict. des fossils. T. I. S. 179.

w) Mineralogie S. 144.

2. **Doppelter Kryſtall**, Cryſtallus montana vtrimque acuminata.

3. **Pyramidalkryſtall**, Cryſtallus pyramidibus conſtans absque prismate.

4. **Ausgehöhlte Kryſtalle**, Cryſtallus cavitate hexangulari. Wir haben vorher von ihnen geredet.

Herr Skopoli x) hat folgende drey Gattungen.
1. Prismatiſche. 2. rundliche und ovale. 3. Bergkryſtall.

Herr Leſſer y) hat vier Kryſtallgattungen.
1. Der ganz helle Kryſtall, wie ein Eis, Cryſtallus montana. 2. Der ſechseckigte, welcher Iris genennet wird. 3. Der gelbliche. 4. Der halbrunde, welcher unten platt und oben gewölbt iſt, und daher die Stelle eines Brennglaſes vertreten kann. Dieſes ſoll der beſte, härter als alle andre ſeyn, und daher Pseudo-Adamas genennet werden.

Der Hr. Ritter von Linne hat ſeinem Naturſyſtem S. 213. ff. weitläuftige Tabellen angehängt, darinnen er die verſchiedenen Abweichungen der Kryſtalle zeigt. Sie ſind zu weitläuftig, als daß wir dieſelben hier mittheilen könnten, zumal da ſie, ohne den Kupfertafeln, darauf er ſich beziehet, nicht verſtändlich genug ſind. Die Kryſtalle ſelbſt, hat er in ſeinem Syſtem hie und da verſteckt, welches freylich nach ſeiner Hypotheſe, daß die Kryſtalle unter die Salze gehörten, nicht anders möglich war.

Ich muß nur noch etwas von den Kryſtallen, in Abſicht auf die Verſteinerungen, ſagen. Wir haben einige Beyſpiele, wo ſich Kryſtall an die Oberfläche der Verſteinerungen ſetzet, und noch mehrere, wo die innere Höhlung, ſonderlich bey den Muſcheln, mit zarten Kryſtallen angefüllet iſt; aber kein einziges Beyſpiel, wo ſich eine Muſchel oder Schnecke in einen Kryſtall verwandelt hätte. z) Den Grund davon finden wir darinne: Der Kryſtall entſtehet aus einem eingeſchloſſenen reinen Waſſer, welches durch die Koagulation nach und nach zu einem veſten Steine wird. Soll es Kryſtall bleiben, ſo dürfen ſich keine fremde Erdtheilchen beymiſchen. Denn ſo bald das geſchiehet, ſo wird, nach Beſchaffenheit der beygemiſchten Theilchen, entweder ein edler oder unedler Hornſtein, oder ein Spat daraus. So bald wir uns daher eine Muſchel oder Schnecke in Kryſtall verwandelt vorſtellen, ſo bald müſſen wir zugleich annehmen, daß ſich in die kryſtalliniſchen Theilchen kalkartige miſchen. Dadurch aber verliert der Kryſtall ſeine Durchſichtig-

---

x) Einleitung zur Kenntniß und Gebrauch der Foßilien. S. 17. f.

y) Lithotheologie. S. 356.

z) Der kryſtalliniſche Steinkern eines Seeigels, den ſchon die ältern Schriftſteller unter dem Namen eines Waaben= oder bienenzellichen Echiniten kannten, und den wir bey dem Namen Brontia kürzlich beſchrieben haben, unten aber ausführlicher beſchreiben werden, darf uns hier nicht entgegen geſetzt werden. Er iſt nicht ein Seeigel, der in Kryſtall verwandelt iſt, ſondern ein kryſtalliniſcher Steinkern, der ſich in der Höhlung der Seeigelſchale gebildet hat, ſo wie in einer Muſchel Kryſtalle gebildet werden.

sichtigkeit, und höret auf Krystall zu seyn. a)

Daß die Alten den Krystall dazu gebrauchten, Pitschire daraus zu verfertigen, ist aus dem Theophrast b) bekannt; und wer weiß nicht, daß man daraus zugleich auch andere Gefäße bereitet habe. Juvenal sagt in seiner sechsten Satyre:

Grandia tolluntur cryſtallina maximaque rurſus Myrrhina &c.

Und Martial sagt in seinem 14ten Buche:

Frangere dum metuis frangis cryſtallina, peccant Securae nimium ſollicitaeque manus.

Bey den Alten hatte daher der Krystall seinen bestimmten Werth. In den mittlern Zeiten, wo noch der Aberglaube herrschte, und wo sonderlich die Hexerey noch ihre Vertheidiger und Rächer fand, bediente man sich auch der Krystalle, allerley unreine Absichten dadurch auszuführen. In unsern Tagen hebt man sie vorzüglich für die Kabinette auf, und dazu wählet man sonderlich solche, welche groß und rein sind. Von einigen besondern Krystallen, die ein schönes Gepräge der Seltenheit haben, habe ich schon vorher geredet.

Man findet zwar allenthalben Krystalle, doch wollen wir folgende Länder und Oerter für andern bemerken:

Amerika, Ancy, Arendsee. Barbi, Bern, Böhmen, Brieg, Bulach. Chemnitz, Cypern. Elsaß, Engelland, Erzgebürge. Grönland. Harz. Island, Italien, Jullona. Kallapa, Katalonien, Korsika. Lappland, Lipes. Monlieri, Mutzschen. Neapolis, Norwegen. Ostindien. Pohlen, Potosi, Prinborn, Pyrenäische Gebirge. St. Roch. Savoyen, Schlesien, Schweitz, Spanien. Toskana. Ungarn. St. Vincent. Westindien. Wetterau.

Die Schriften von den Krystallen habe ich in meinem Entwurf einer lithologischen Bibliothek §. 8. gesammlet.

Zeichnungen von Krystallen liefern Kundmann rar. nat. et artis Tab. XII. fig. 4. ff. Ritter in der Kupfertafel zu seiner Abhandlung von den Mergelnüssen. Linne in der Kupfertafel zum 3. Theil seines Natursystems. Wallerius in der Tafel zu seinem Mineralreich. Scheuchzer Naturhistorie des Schweizerl. Th. III. Tab. I. Scheuchzer Herbar. diluv. Tab. IX. Fig. 2. Brückmann Magnalia Dei in locis subterran. Tom. I. Tab. III. fig. 3. 7. Tab. V. fig. 4. 5. Tom. II. Tab. I. fig. 1. 4. 5. 6. 8. 10. 12. Tab. II. III. Tab. XXVI. fig. 1. 2. 3. Tab XXXII. fig. 4. 5. 6.

CRYSTAL, of Criſtal, wird in der holländischen Sprache der Krystall genennet. Man giebt dem Krystall, nach der Beschaffenheit seiner Gestalt oder seines Geschlechts, verschiedene Namen, darunter wir aus den schönen Verzeichnissen des Herrn Legationsrath Meusch folgende auszeichnen wollen: Yslandſe verdubbelende Criſtal, Jolän- discher

---

a) S. Walchs Naturgeschichte der Versteinerung. Th. II. Abschn. I. S. 10. und meine Abhandlung von dem Werth und der Seltenheit der Versteinerungen in den Berlin. Sammt. Th. II. S. 130. f.

b) Theophraſt von den Steinen. S. 175.

discher Doppelkrystall, in dem Museo Oudaaniano S. 120. und Leerſiano S. 199. Cryſtal-Tak, Kryſtallzapfen, in dem Muſeo Oudiano S. 140. Leerſiano 199. Cryſtall zu yvere Bergkryſtall, in dem Muſ. Oudaan. S. 140. Ongemeen zeldzaame Swarte Cryſtal, ein ungemein ſeltſamer ſchwarzer Kryſtall, in dem Muſ. van der Miediano. S. 43. Cryſtalletjes en brillant gesleepe, Brillanten, in dem Muſ. Leerſ. S. 199.

**Cryſtallachat**, lat. Cryſtallachates iſt, wie ſich Hr. Baumer c) ausdrückt, eine Miſchung von Kryſtall und Achat, die gemeiniglich eine Eisfarbe hat. Das iſt der Grund, warum ihn Brückmann Eisachat nennet. Ob es vielleicht der Kryſtalljaspis iſt, deſſen ich unter dieſem Namen gedacht habe? kann ich nicht ſagen.

**Cryſtalldruſen**, lat. Druſae cryſtallinae, fr. Druſens, Druſes, holl. Cryſtal-Druſen, heißen die Kryſtalle denn, wenn die ſäulenartigen Kryſtallen auf einem Hauffen meiſt in einer unordentlichen Lage angetroffen werden.

CRYSTALLTJES en brillant gesleepe, heißen im Holländiſchen die Brillanten; der Franzoſe nennet ſie Petits criſtaux brillantes. Sonderlich kommen ihnen dieſe Namen zu, wenn ſie ganz klein ſind. S. Brillant.

CRYSTALLI polygonae, heißen beym Wallerius die Edelgeſteine, weil ſie viele Ecken haben. Mit dieſem Namen werden ſie dem eigentlichen Kryſtall entgegen geſetzt, der gewöhnlich nur ſechs Ecken hat.

CRYSTALLI pyritaoei werden die Markaſite gennennet. Im Deutſchen heißen ſie Kieskryſtallen. S. Markaſit.

CRYSTALLI species nigrior nennet Wagner, und mit ihm Waller, einen Kryſtall, der eine braune Farbe hat. Iſt dieſes ein würklicher Kryſtall, ſo kann es eine bloß angeflogene Eiſenfarbe ſeyn, und in ſofern wäre es was zufälliges; iſt dieſes aber nicht, ſo iſt es ein gefärbter Quarz.

**Cryſtallſpitzen**, Cryſtallſtacheln heißen diejenigen Kryſtalle, welche auf ihrer Oberfläche ſo ſpitzig ſind, daß es ſcheint, als wenn wirkliche Spitzen und Stachein auf denſelben befindlich wären. Der Lateiner nennet ſie Aculeos cryſtallorum.

CRYSTALLUS, heißt in der lateiniſchen Sprache, der vorher beſchriebene Kryſtall.

CRYSTALLUS alba punctulis nigris adſperſa, heißt der Kryſtall mit ſchwarzen Punkten.

CRYSTALLUS amethyſtina heißt beym Wallerius der Amethyſtfluß.

CRYSTALLUS ἀμφιξὴς heißt beym Scheuchzer der Kryſtall, der an beyden Enden zugeſpitzt iſt, oder die eigentlichen Kryſtallſtrahlen.

CRYSTALLUS anomala diaphana, heißt bey ihm der durchſichtige Kryſtall von ungewiſſen Ecken.

CRYSTALLUS citrina. S. Citrin.

CRYSTALLUS colore infumato wird von Wallerius und Gesnern ein brauner Kryſtall genennet. Ich merke hiebey in Rückſicht

---

c) Naturgeſch. des Mineralreichs. Th. I. S. 252.

Rückſicht verſchiedener der folgenden Namen an, daß man nicht ſtreng genug redet, wenn man von gefärbten Kryſtallen redet, weil dieſe eigentlich weiß ſind. S. Kryſtall.

Crystallus diaphana, heißt beym Scheuchzer der Kryſtall, wenn er ganz durchſichtig iſt. Er wird dem Kryſtall entgegen geſetzt, der inwendig wie ein Nebel ſiehet. S. Crystallus maculosa.

Crystallus diaphana columna media tumidiore, heißt bey ihm der durchſichtige Kryſtall, der in der Mitte bauchigt iſt.

Crystallus fusca, heißt der Kryſtall, wenn er braun gefärbt iſt.

Crystallus hexagona diaphana, heißt beym Scheuchzer der Kryſtall, wenn er ganz durchſichtig und ſechseckigt iſt.

Crystallus hexagona flavescens, heißt beym Wallerius der Loparfluß.

Crystallus hexagona nigra, heißt der Kryſtall, wenn er ganz ſchwarz iſt; vielleicht iſt es ein bloßer Rauchtopas.

Crystallus hexagona obscura, Crystallus obscura, dunkler Kryſtall, iſt beym Wallerius eine eigne Gattung von Kryſtallen, darunter er drey Untergattungen begreift:

1) Schwarzer Kryſtall, Crystallus nigra, Fluor ſubniger Worm. Iris coloris Anthracini Luid. Morion Plin. Pramnion Plin. der ganz ſchwarz und dunkel iſt.

2) Schwarzrother Kryſtall, Crystallus nigri et rufescentis coloris Sibb. Lapis Alabandicus Aldrovand. der von dunkelrother Farbe iſt, und gekochten Blute gleichet.

3) Brauner Kryſtall, Crystallus fusca, Crystallus coloris infumato Gesn. Crystalli species nigrior Wagn. der von brauner Farbe iſt.

Crystallus hexagona rubescens, wird vom Wallerio der Rubinfluß genennet.

Crystallus hexagona ſapphirina, heißt bey eben demſelben der Sapphirfluß.

Crystallus hexagona ſemidiaphana, heißt beym Scheuchzer der ſechseckigte halbdurchſichtige Kryſtall.

Crystallus hexagona virescens, heißt beym Waller der Schmaragdfluß.

Crystallus in cujus planis oriuntur inaequalitates ſcalarum gradibus ſimiles, heißt beym S euchzer der Kryſtall, wenn er ſtrahlicht, und in ſeiner Fläche in verſchiedene Abſätze eingetheilet iſt. Vielleicht iſt dies nur eine zufällige Bildung des Kryſtalls.

Crystallus infeſtata maculoſa nube. S. Crystallus maculoſa nube infeſtata.

Crystallus Islandica, Spatum pellucidum objecta duplicans, Rhombites, Selenites rhomboidalis, Talcum de la Hire, deutſch, Isländiſcher Kryſtall, Doppelſtein, fr. Criſtal d'Islande, holl. Yslandſe verdubbelende Criſtal, Selenitiſche Spath, iſt eine Art durchſichtiger Spate, welcher ſchiefericht gewachſen iſt. Er iſt ein klarer, durchſichtiger, ſpitzwürflichter Spat, welcher das Beſondere an ſich hat, daß er alles, was man durch ihn ſiehet, verdoppelt. Das iſt auch der

der Grund, warum er den Namen eines Doppelsteins führet, so wie er darum Isländischer Krystall heißt, weil er vorzüglich in Island gefunden wird. Wenn er im Feuer gegluet wird, so zerspringt er in scharfwürflichte Stücken, und leuchtet alsdenn im Finstern, giebt auch einen starken Schwefelgeruch von sich.

Erasmus Bartholinus, welcher Experimenta Cryſtalli Islandici geschrieben hat, beschreibet ihn folgendergestalt. „Er sey ein Stein, der ganz durchsichtig ist, wie ein Krystall, der aus ebenen rhomboidalischen Vierecken bestehe. Er lasse sich leicht in Mörser spalten, beym starken Feuer werde er zum Kalk verzehret, und erhitze sich nachher mit Wasser; er löse sich ferner vom Aquafort mit einigem Geräusche auf, das Aquafort aber werde davon gelb, wenn man aber Spiritum vitrioli zugieße, so lasse er sich daraus wieder niederschlagen." d). Daraus erhellet zugleich, daß viele dem Isländischen Krystall den Ort nicht anweisen, der ihm gehöret. Anderson irret, wenn er ihn unter den rhomboidalischen Selenit rechnet. De la Hire irret eben so sehr, wenn er ihn unter die Talke zählet. Linnäus aber und Wallerius kommen der Wahrheit näher, wenn sie ihn unter die durchsichtigen Kalkspate rechnen. Ob nun gleich Henkel diesen damit widerspricht, weil er ihn im Windofen ohne Zusatz zu einen klaren Fluß gebracht habe; so merket doch Hr. Prof. Pott am angezogenem Orte an, daß er eine falsche Art von Steinen für Isländischen Krystall angesehen habe. Er bestätiget zugleich alle richtige chymische Versuche, wenn er sagt: „er ist durchsichtig wie ein Krystall; Er läßt sich leicht spalten, fast wie ein Marienglas; er effervescirt mit Acidis, und löset sich darinne auf; bey mäßigen Feuer calcinirt er sich nur in der Oberfläche, so daß er in der Mitte noch durchsichtig bleibt, doch ein wenig milchfarbig wird: bey sehr heftigen Feuer hingegen ist er mir durchaus nicht im Fluß gekommen, sondern die ganze Masse mit Beybehaltung seiner äußerlichen Figur, zu einem Kalk ausgebrannt: wenn man die Calcination in einem ganz beschlossenen Tiegel vornimmt, so wird die Farbe etwas bräunlicher, und alsdenn effervescirt er viel schwächer mit Acidis; doch löset er sich langsam, sowohl in Spiritu nitri als in Spiritu salis auf: (hingegen die Kreide in eben dem Feuer traktiret, effervesciret eben so stark wie vorher:) wenn ich ihn aber in offenen Tiegel auf stärkste ausglue, so wird er nicht bräunlich sondern weiß, und effervescirt mit denen Acidis ebenfalls sehr wenig. Eben dies Subjectum mit gleich schwerem Flußspat vermischt, und geschmolzen, giebt ein sehr schönes gelbliches Glas, wie aller alkalische Spat mit Flußspat vermischt ein gleichmäßiges Concretum allemal zum Vorschein bringt." Unter dem Kalkspat findet man den Isländischen Krystall auch beym Herrn

---

d) S. Pott erste Fortsetzung der Lithogeognosie. S. 66.

Herrn Kronstedt e); und Herr Baumer f) hat ihn auch dahin gebracht, weil er mit den Säuren, wie er sagt, aufbrauset.

Viele rechnen diesen Isländischen Krystall zu dem Androdamas des Plinius, andere aber wollen ihn davon getrennet wissen. Daher macht Hr. Wallerius g) ein eigen Geschlecht aus ihm, und merket an, daß einige Stücke, welche Scheuchzer zum Androdamas rechnet, mit mehrerm Rechte zum Isländischen Krystall gehören. Wenn wir beym Androdamas des Plinius, Plinium selbst zum Grunde legen, so gehöret der Doppelstein nicht unter denselben. Denn Plinius sagt ausdrücklich: Der Androdamas sey allezeit den Doppelsteinen gleich; folglich trennet er beyde Arten selbst von einander. Der Doppelstein ist auch schieferight gewachsen, welches man vom Androdamas nicht sagen kann.

Ich habe schon angemerket, daß er darum der Isländische Krystall genennet wird, weil er in Island sehr häufig gefunden wird. Aber er ist darum dort nicht allein zu Hause. In der Schweiz, am Harze bey Klausthal, im Hannöverischen, und in verschiedenen andern Erzgruben, wird er ebenfalls, bald häufiger, bald sparsamer gefunden.

CRYSTALLUS maculosa nube infestata, heißt beym Plinius, h) der Krystall, der inwendig trübe, und daher, wie ein Nebel, oder Wolke ist. Es müssen sich bey ihm einige unreinere Theilchen eingemischt haben, die gleichwohl nicht so grob sind, denn sonst würden sie seine Durchsichtigkeit gänzlich aufgehoben, und ihn aus einem Krystall in einen Spat verwandelt haben. Anselmus Boetius von Boodt i) nennet ihn Crystallum in qua nebulae, Gesner Crystallum veluti intus nivem habentem, und das Museum des Calceolarius: k) Crystallum maculosam nube infectam, quae non translucet.

CRYSTALLUS marmorea, sive grandinis instar semi-opaca, heißt beym Luid der Krystall, wenn die trüben Wolken den ganzen Stein einnehmen. Er gehöret als eine Abänderung zu der vorhergehenden Art.

CRYSTALLUS nigri et flavescentis coloris, heißt beym Wallerius dem Krystall, der eine dunkelrothe Farbe gleich dem gekochten Blute hat.

CRYSTALLUS vtrinque acuta, hexagona, crassa, hedris columnaribus admodum angustis praedita, heißt beym Scheuchzer ein sechseckiger dicker, und an beyden Enden zugespitzter Krystall, dessen Oberflächen sehr schmal sind.

CRYSTALLUS viridis, heißt beym Wallerius der Smaragdfluß. Ich übergehe aus wohl überlegten Gründen mehrere Namen und Beschreibungen, damit die Schriftsteller die verschiednen Krystalle zu belegen pflegten. Sie

---

e) Versuch einer neuen Mineralogie. S. 18. §. 10.
f) Naturgeschichte des Mineralreichs, Th. I S. 195.
g) Mineralreich. S. 81.

h) Histor. Natural. Lib. XXXVII. Cap. 2.
i) Histor. gemmar. et lapid. Lib. II. S. 221.
k) Muf. Calceolarii. S. 200.

Sie waren gewohnt, die geringsten Abweichungen der Körper als verschiedene Gattungen anzusehen. Wollte man das in der Lithologie bey allen Körpern thun, so würde die Anzahl der Namen unendlich groß seyn.

**Crystallwasser**, lat. Aqua Crystallorum. S. Crystall.

CRYSTALLZUYVERE, heißt im Holländischen der Bergkrystall. S. Bergkrystall, und Krystall.

CTENITAE S. Cteniten.

**Cteniten**, lat. Ctenitae, heissen bey den ältern Schriftstellern bisweilen die Pektiniten, von κτεὶς, κτενὸς ein Kamm. Beym Rumph l), Lesser m), und andern, wird durch das Wort Ctenites ein kleiner Stein verstanden, der sich bisweilen in den Muscheln befindet. Rumph beschreibt ihn also: „Der Ctenites ist ein weisses rundes Steinchen, in der Größe einer Erbse, oder auch kleiner, welches zuweilen wie die Perlen glänzet, oder obenauf einen weißen Flecken wie eine Sonne hat. Dergleichen findet man, wie wohl selten in diesen und den vorbeschriebenen Kammuscheln, und werden vor eine Rarität gehalten. Die Indianer führen sie bey sich, um in Aufsuchen und Einsammlen der Schnecken und Muscheln glücklich zu seyn. Es giebt auch noch andre Ctenites, welche dunkelgraue Steinchen sind, und wie ein Pectunculus aussehen." Diese letzten beschreibt Lachmund also: Ctenites striatus est, omninoque pectinis effigiem repraesentat. Color ipsi plerumque cinereus. S. Pektiniten.

CUCULITI, heißen die Volutiten. S. Volutiten.

CUCUMERINAE claviculae sind eigentliche Judennadeln, und haben den Namen, weil sie wie Gurken geformt sind. Andere aber wollen sie zu Früchten des vegetabilischen Reichs, als zu Oliven und dergleichen machen. Das geschahe damals, da man diese Körper noch nicht kannte; heut zu Tage hat man sie mit den Originalen verglichen, und weis nun zuversichtlich, daß es nichts anders als Judennadeln sind. Sonst hießen sie auch Radioli cucumerini. S. Judennadeln.

CUILLIER, heißen im Französischen die Pholaden. S. Pholaditen.

CUIR FOSSILE, heißet im Französischen das Bergleder. S. Bergleder.

CUPRUM caeruleum calcarium, heißt beym Ritter von Linné der armenische Stein. S. Armenischer Stein.

CUPRUM caeruleum scintillans, heißt bey ihm der Lasurstein. S. Lasurstein.

CUPRUM viride gypseum, heißt bey ihm der Malachit. S. Malachit. Es erhellet daraus, daß er diese drey Steinarten unter die Kupfererze rechne.

CUSPIDATI. S Glossopetrae.

CYANEE, heißt im Französischen der Lasurstein. In der lateinischen Sprache hat er einen ähnlichen Namen, denn er wird Lapis CYANAEUS genennet. S. Lasurstein.

CYA-

---

l) Amboinische Raritätenkammer. S. 133.    m) Lithotheologie. S. 328.

Cyanus heißt ebenfalls dieser Lasurstein. Das Wort κυανος heißt im Griechischen ursprünglich die blaue Farbe, und nach dieser Anmerkung kann man einsehen, warum der Lasurstein diesen Namen führet. S. Lasurstein.

Cylinders heißen in der holländischen Sprache die Cylindriten. S. Cylindriten.

Cylindritae pentagoni heißen die Sternsäulensteine. Da sie fünfeckigt sind, und dabey eine cylindrische Gestalt haben, so ist dies der Grund dieser Benennung. Doch ist dieser Name in unsern Tagen nicht gar zu üblich, wo man lieber den schicklichern Namen Asteriae columnares brauchet. S. Sternsäulensteine.

Cylindriten, lat. Lapides cylindrici articulati, werden bey einigen Schriftstellern die Entrochiten genennet, weil hier die auf einander sitzenden einzelnen Glieder einen cylindrischen Bau vorstellen. Dieser Name ist in aller Rücksicht unbequem, hauptsächlich darum, weil er leicht eine Gelegenheit geben kann, diesen Körper und die gleich folgenden Cylindriten, welche unter die Schnecken gehören, zu verwechseln. S. Entrochiten.

Cylindriten, Rhombiten, versteinte Rollen, Dattelschnecken, Walzenschnecken, versteinte Cylinders; lat. Cylindriti, Rhombiti, Cochliti cylindroidei, Cochliti turbinati spiris circumvolutatis, Cylindrorum Wall. franz. Rouleaux, Cylindrites, Rhombites, Volutites du genre des Olives; holl. versteende Cylinders, Rollen, Dadels, sind Schnecken, welche fast die Gestalt einer Volute haben, von denen sie sich nur dadurch unterscheiden, daß sie eine cylindrische Figur haben, da jener Gestalt konisch ist. Oder, wie sich Lange ausdrückt, welche oben und unten, wie ein Cylinder, fast gleich dick sind. Wallerius n) giebt von ihnen folgende Nachricht: „Sind gewundene Schnecken mit wenigen Spiralen, die eine außer der andern gewalzet, bestehen aus zwey Extremitäten, von welchen die eine gewirbelt, und mit Spiralen umgeben; die andere ungewirbelt und eben fast cylindrisch, oft etwas niedriger als die erste, mit einer länglichen Oeffnung ist. Diese verlängerte Extremitäten vereinigen sich nicht in und mit scharfen Kanten, wie die Volutiten, sondern beugen sich in die Runde, cylindrisch eine nach der andern." Rumph o) giebt uns von ihnen folgenden Charakter an: „Sie werden also, nemlich Cylindri, oder Rollen, wegen ihrer länglichten Gestalt, genennet, weil sie so aussehen, wie ein zusammen gerolltes Pappier oder Tuch. Sie haben alle eine dicke, glatte und glänzende Schale, und voran eine kleine Spitze. Ihre cylinderförmige Struktur ist bey allen so übereinstimmend, daß man sie durch das Gefühl nicht von einander unterscheiden kann, und ihr Unterschied bestehet mehrentheils in ihrer Zeichnung und Farbe." Lesser p) beschreibet sie noch

---

n) Mineralreich. S. 475.
o) Amboin. Raritätenk. S. 98.
p) Lithotheologie. S. 656.

noch am deutlichsten: „Das erste Gewind der Cylinderschnecken macht fast die ganze Schnecke aus, und die übrigen sind gleichsam nur ein Anhang davon, welche alle zusammen nur den zehnten, auch wohl zwanzigsten Theil ausmachen. Der Mund ist lang und schmal, oben aber etwas weiter als unten, und endet sich bey den meisten in eine Krümme."

Da die Cylindriten den Voluten gar zu nahe kommen, so wollen wir folgende Kennzeichen lehren, die beyde unterscheiden:

1. Die Volute hat allemal eine konische Gestalt, d. i. wenn ich mir dieselbe von ihren platten Windungen an, bis zur Mundöffnung vorstelle, so gehet sie allmählig spitzig zu, und ist folglich oben bey den mehrern Gewinden viel dicker als unten. Der Cylindrit aber ist oben und unten fast gleich stark.

2. Die Volutiten endigen sich in scharfen Kanten; die Cylindriten aber beugen sich cylindrisch in eine Rundung.

3. Die Voluten haben, außer der ersten großen Windung, allemahl mehrere Windungen, als die Cylindriten; allein bey den Cylindriten ragt ein Gewind vor den andern merklich hervor, und bildet eine scharfe Spitze, die Voluten aber winden sich ganz unmerklich, und bilden daher eine unmerkliche und stumpfe Spitze.

Von der Versteinerung dieser Schnecken kann ich nicht viel sagen. Im Original sind sie eben keine gar zu große Seltenheit, aber im Steinreiche sind sie höchst selten. Lange q) will sie gleichwol zu St. Gallen in der Schweiz in verschiedenen Abwechselungen gefunden haben. Hier sind seine Beschreibungen, so wie sie Scheuchzer r) wiederhohlet hat:

1. Cochlites cylindroideus seu pyramidalis laevis major subcinereus spirarum quatuor, turbine parum producto.

2. Cochlites cylindroideus seu pyramidalis laevis mediocris subcinereus, quatuor spirarum, turbine productiore.

3. Cochlites cylindr. seu pyramidalis laevis mediocris subcinereus, trium spirarum, turbine productiore et acutissimo.

4. Cochlites cylindr. seu pyramidalis laevis minimus subcinereus, quinque spirarum, turbine productiore.

5. Cochl. cylindr. seu pyramid. maximus subcinereus, sex spirarum, turbine quasi plano. Wenn wir aber mit dieser Beschreibung die 66. Figur des Scheuchzers vergleichen, so ist dies kein Cylindrit, sondern ein Globosit.

6. Cochl. cylindr. seu pyramid. striatus striis transversis tenuibus major subcinereus, quatuor spirarum, turbine parum producto.

7. Cochl. cylindr. seu pyramid. striatus striis transversis tenuibus mediocris subcinereus, trium spirarum, turbine parum producto.

8. Cochl. cylindr. seu pyramid. striatus striis transversis tenuibus, mediocris subcinereus, trium spirarum, tuberculis subrotundis in extremitate primae spirae donatus, turbine parum producto.

9. Cochl.

---

q) Histor. lapid. figurat. Helvet. S. 112. f.

r) Naturhist. des Schweizerlandes. Th. III. S. 277. 279. f.

9. Cochl. cylindr. seu pyramid. striatus striis transversis tenuibus major subcinereus quatuor spirarum, sulcis perpendicularibus per primum orbem excurrentibus, turbine parum producto. Diese setzt Scheuchzer mit seiner 63. Figur in eine Parallel, und wenn er, wie wir glauben, richtig denkt, so gehöret sie nicht unter die Cylindriten, sondern unter die Bulliten. Vielleicht muß man von mehrern Cylindern des Langen also denken. Wenigstens traute sich Scheuchzer nicht, eine einzige davon unter die eigentlichen Cylindriten zu setzen.

Dis ist daher klar, weil Scheuchzer S. 287. f. einige der Langischen Cylindriten unter die Voluten, andere aber unter die eigentlichen Cylindriten setzt. So viel bezeuget übrigens Herr Bertrand s), daß sie in der Schweiz bisweilen gefunden würden, und giebt das Gebirge Arendas daselbst für ihren Sammelplatz aus.

Auch zu Verona werden sie bisweilen gefunden. Denn in dem Museo Chaisiano kommen S. 95. ongemeen zeldzaame Daadels van Verona vor:

Die Schriftsteller, welche von den Cylindriten gehandelt haben, sind in dem ersten Theile meines Entwurfs einer lithologischen Bibliothek, §. 137. gesammlet worden.

Zeichnungen liefern:

1. Von natürlichen Cylinders. Rumph Amboinische Raritätenkammer, Tab. XXXIX. fig. 1. 2. 3. 4. 9. Klein Method. Ostracolog. Tab. V. fig. 91.

2. Von versteinten. Walch system. Steinreich. Tab. XII. 2. a. Baumer Naturgeschichte des Mineralreichs, Th. I. fig. 14. Lange Hist lapid. figurat. Helvet. Tab. XXXIII, fig. 1.—4.

CYLINDRITES heißen im Französischen die vorigen Cylindriten.

CYLINDRITI ist der lateinische Name derselben.

CYMATITAE, Kymatitae. S. Sungiten, und Wasserforallen.

CYMBIUM nennet Gualtier die Schiffsboote, welche keine Zwischenkammern haben. S. Nautiliten. Auch die sogenannten Kahnschnecken führen diesen Namen.

Cyprischer Demant, war ein sehr harter Stein, den man in Cyprien fand, dessen sich die ältern Steinschneider bedienten, die Edelsteine damit zu poliren, und zu durchbohren. Plinius sagt ausdrücklich von ihm, daß man sich desselben bedienet habe, andere Edelsteine zu durchbohren, nämlich solche, welche man, nach dem damaligen Gebrauche der Zeiten, anhängen wollte, um Halsgehänge und andern Schmuck daraus zu verfertigen. Die Alten nennten ihn Adamas, es ist aber nicht glaublich, daß sie ihn für einen ächten Demant hielten, noch viel weniger, daß er ein eigentlicher Demant war, sondern sie sahen bey dieser Benennung bloß auf seine Härte. Ueberhaupt wurden manche Körper Adamas genennet, die keine Demante waren. t)

CYPRIUS

---

s) Essai sur les usages des Montagnes. S. 300.

t) Hill über den Theophrast. S. 136. f. der deutschen Ausgabe.

Cyprius Lapis wird der Bergflachs genennet, weil er in Cypern sehr schön gefunden wird. S. Bergflachs.

Cystolithus, wird der Beinbruch genennet. S. Beinbruch. Nach Leſſern ſollen auch die Judenſteine dieſen Namen führen, weil, wie er muthmaßet, entweder einige die Geſtalt einer aufgeblaſenen Blaſe haben, oder weil ſie den Blaſenſtein vertreiben ſollen. Von κυτις veſica und λιθος der Stein. Dieſe Ableitung wäre weit genug hergeholt, aber was für eine Beziehung ſoll ſie ſonderlich auf den Beinbruch haben?

## D.

**Daadels**, heißen im Holländiſchen die Cylindriten. Der Deutſche nennet ſie aus dieſem Grunde Datteln. Sie führen dieſen Namen, weil ſie den Dattelkernen ähnlich ſind. S. Cylindriten.

Dactyle, und
Dactile, heißen fr. die Belemniten. S. Dactyliten.
Dactyli. S. Dactyliten.
Dactylite. S. ebenfalls Dactyliten.

**Dactyliten**, Fingerſteine, lat. Dactyli, fr. Dactile, Dactyle, Dactylite, heißen überhaupt alle diejenigen Steine, welche eine Aehnlichkeit mit einem Finger haben, als: die Belemniten, die Dentaliten, die Orthoceratiten und die Judennadeln. Man findet auch dieſe Worte bey den Schriftſtellern wirklich alſo gebraucht. u) Hr. Davila v) braucht das Wort in einem ganz eigenen Verſtande, denn er verſtehet darunter eine Art cylindriſcher Muſcheln, die er unter die Muſculiten wirft und Moules cylindriques petrifiées nennet. Er beruft ſich dabey auf Liſtern Tab. XXI. Fig. 76.

Dail, heißen im Franzöſiſchen die Pholaden. S. Pholaditen.

Daphnites, heißt das verſteinte Holz vom Lorbeerbaum. S. Holz.

Dards d'Heriſſons, heißen im Franzöſiſchen die Judennadeln. S. Judennadeln.

**Davidsharfe**, der Chriſant, lat. Cithara, Harpa, fr. la Harpe, holl. Chryſant, verſteende Davids-Harpen. S. Harfenſchnecke.

Davids-Harpen, iſt der holländiſche Name dieſer Harfenſchnecke.

**Deckel**, Operculit, lat. Umbilicus marinus, Operculites, fr. Nombril marin, Operculites, Oculaire, Pierre oculaire, Opercule, holl. Maans-Oogen, verſteende Venus-Nabelen, ſind derjenige Theil mancher Schnecken, damit ſie ihre Mundöffnung verſchließen können. Diejenigen Schnecken, die einen ſolchen Deckel haben, heißen daher Deckelſchnecken. S. Operculit.

Deckel-

---

u) S. Bertrand Dictionn. des foſſils. T. I. S. 188. f.

v) Catalogue ſyſtemat. T. III. S. 166.

Deckelschnecken. S. Coch-
liten.

**Demante, Diamante,** lat. Adamas, Diamas, Anachites, Gemma pellucidissima, duritie summa, colore aqueo, igne persistens Wall. Alumen lapidosum pellucidissimum solidissimum hyalinum Linn. fr. le Diamant, holl. Diamant, Diamantjes, werden diejenigen ächten Quarze genennet, welche gar keine Farbe haben, sondern bloß weiß sind. Die Demante haben gleichwohl nicht alle einerley weiße Farbe, denn es fallen einige ein wenig ins gelbe, andere ins bläuliche oder stahlfarbene, und noch andere ins grünliche. Doch die ganz weißen sind allemal die besten. Daher scheinet der Begriff des Herrn Vogels w) noch besser zu seyn. Der Diamant ist der härteste, durchsichtigste und schwerste Edelstein; nur daß man ihn nach diesem Begriffe nicht eher erkennen kann, bis man das Glück hat, ihn mit allen andern Edelsteinen zu vergleichen. Hill x) beschreibt ihn folgendergestalt: „Der Diamant ist der härteste und glanzreicheste unter allen Steinen. Er ist zu allen Zeiten für unendlich viel kostbarer als die andern gehalten worden, wenn er rein ist, und dies ist er gewöhnlicher Weise. Seine Farbe ist der Farbe eines vollkommen hellen Wassers gleich. Zuweilen färben ihn in etwas diejenigen Metalltheilchen, welche zur Zeit seiner ersten Zusammenfügung, (concretio) in seine Masse gekommen sind, wie sich ein Gleiches bey den andern Edelsteinen zuträgt, und hierdurch wird er gelblicht, röthlicht, bläulicht, und zuweilen grünlicht, letzteres aber sehr selten." Der Demant unterscheidet sich demnach, mehr als auf eine Art, von allen andern Steinen. Nicht nur durch seinen überaus großen Werth, in welchem er alle andre Steine übertrift; sondern auch in seiner außerordentlichen Härte, vermittelst welcher er weder den Strich der schönsten englischen Feile annimmt, noch von irgend einem sauren Geiste angegriffen wird. Eben wegen seiner großen Härte hat er den Namen Adamas bekommen, vom *a* privativo und δαμάζω ich bändige, weil er in seiner Härte unüberwindlich ist.

Wenn die Alten von diesem Steine reden, so legen sie ihm Eigenschaften bey, die er jetzt nicht mehr hat. Plinius sagt, er sey so hart, daß man ihn mit keinen Hammer zerschmeißen könne, in unsern Tagen kann man die härtesten zerschlagen. Man behauptet ferner von den Demanten, daß sie sich nicht zu Glase schmelzen lassen, aber auch dieses ist nach den neuern Versuchen, nicht gegründet. Will man nun die Alten keiner Unwahrheit beschuldigen, so muß man mit Rumph annehmen, daß der Unterschied daher rühre, daß man jetzo die Demante fleißiger grabe als sonst, daher sie nicht zu ihrer gehörigen Reife und Härte gelangen könnten. Vielleicht hatten auch die Alten die Hülfsmittel nicht, die wir jetzo

---

w) **Praktisches Mineralsystem.**     x) **In den Anmerkungen zum Theophrast.** S. 104.

jetzo haben. Hieher gehört die Fabel, von der wir fast nicht geglaubt hätten, daß sie Plinius y) für wahr annehmen, und auf die Nachkommen fortpflanzen würde, daß nemlich den Demant kein Feuer schmelzen und kein Hammer zerschlagen könne; aber das Blut von einem Bocke, welchen man einige Monate mit Peterfilie gefüttert, und mit Wein getränket hätte, dies Blut schmelze ihn den Augenblick.

Ueberhaupt waren die Alten mit dem Wort Diamas oder Adamas sehr freygebig, und gaben diesen Namen Dingen, die in keiner Rücksicht auf die ächten Diamanten einen Anspruch machen konnten. Sie gebrauchten z. E. das Wort von verschiedenen Gefäßen und Trinkgeschirren, die doch nur aus Krystall verfertiget worden. Ja Hill z) merket so gar an, daß die alten Griechen sogar das Eisen, in Rücksicht auf seine Härte, mit dem Namen Adamas beleget hätten.

Die Mohren und Araber nennen den ächten und eigentlichen Demant Almaz, und die Indianer Iraa. Die Indianischen Demante sind die besten, sonderlich diejenigen, welche in der Landschaft Decan und Ballagatte wachsen. Andere halten diejenigen für die besten, welche in Ostindien gegraben werden. Hier sind die vornehmsten Demantgruben in den Staaten des großen Moguls, in den Königreichen Golkonda und Visapur. Diejenigen, die man in Europa findet, darunter die Bristoler,

die Böhmischen und die Ungarischen die vornehmsten sind, müssen jenen freylich weit nachstehen. Gleichwohl werden sie hier bisweilen von einer solchen Schönheit gefunden, daß sie den orientalischen ziemlich nahe kommen. Man hat daher auf Mittel gedacht, dadurch man die wahren Demante von den falschen unterscheiden kann. Mir sind folgende bekannt:

1. Ein wahrer Demant ist weder weiß noch schwarz, noch gelblich, sondern er ist rein und klar, und durchsichtig, wie ein reines helles Wasser.

2. Die guten Demante haben das Besondere an sich, daß sie, wenn sie an einem Glase gerieben werden, bis sie warm sind, alsdann wie ein polirtes Silber glänzen.

3. Der ächte Demant ziehet den schwarzen Mastix an sich, und hat, in Ansehung dessen, eine magnetische Kraft.

4. Der Staub von den ächten Demanten, ist allemal grün, da er von andern ganz weiß ist.

5. Wenn man einen ächten Demant einige mal glüet, und dann im kalten Wasser abkühlet, so bekömmt er niemalen Risse, da die falschen Demante in diesem Falle Risse bekommen.

Wenn Volkmann a) Recht hat, so wird der Demant alle drey Jahr in eben dem Kies erzeuget, wo er jemals ausgegraben wurde. Nur müßte dann derselbe nicht in gar zu verschiedenen Müttern liegen, wie er wirklich gefunden wird.

Thomas

---

y) Histor. Natural. Lib. XXXVIII. Cap. 4.

z) Am angeführten Orte. S. 236.

a) Silesia subterran. Cap. I. S. 12.

Thomas Bartholinus b) merket an, daß der Engelländer Robert Boyle an etlichen Demanten beobachtet habe, daß dieselben im Finstern leuchten, wenn sie stark an einem Tuche gerieben werden. Das geschiehet auch nach dem Zeugnisse Hrn. Wallerius, wenn er stark an einem Glase gerieben wird. Er gehöret auf diese Art unter die phosphorescirenden Steine. S. Leuchtende Steine.

Plinius an angezogenen Orte, und aus ihm Boodt c), zählen sechs Arten vom Demant:

1. Den indianischen, welcher als ein Kryſtall sechseckigt, spitzig, und hellleuchtend ist.
2. Den arabischen, welcher dem vorigen ziemlich gleichet, und von ungemeiner Härte ist.
3. Den cenchrianischen, der von Größe eines Hirſenkornes gefunden wird.
4. Den macedonischen, der in Golde angetroffen wird.
5. Den cyprianischen, der etwas gelblicht ist.
6. Den Siderites, welcher aber mehr ein falscher Demant zu nennen ist, weil er den andern an Härte und Güte nicht gleich kömmt. Dieser Siderites unterscheidet sich von andern Diamanten dadurch, daß er stahlfarbicht ist.

Herr Kronstedt d) rechnet die Rubinen unter die Demante, und nimmt also zwey Gattungen derselben an:

1. Den ungefärbten Demant.
2. Den rothen Demant, d. i. den Rubin. Er sagt: er habe den Rubin darum unter die Demante geworfen, weil er eben sowohl als der Demant in achteckigter Figur kryſtalliſire, und weil beyde, in Ansehung der Schwere und Härte, sehr wenig unterschieden wären. Allein wenn man auf der einen Seite bedenkt, daß wir noch lange nicht genugsame Erfahrungen, in Ansehung der natürlichen Gestalten der Demante, haben; und auf der andern Seite überlegt, daß die Lehre von der Härte der Edelsteine, noch gar zu vielen Unrichtigkeiten unterworfen ist; so wird man sich doch wohl nicht so gleich entschließen, die Rubinen unter die Demante zu zählen.

Wenn wir die Demante betrachten, so wie sie uns geschliffen und natürlich zugleich vorkommen, so müssen wir mit Hrn. Wallerius e) vier Gattungen annehmen:

1. Den achtseitigen gespitzten Demant, Adamas octoaedrus turbinatus, das ist der Brillant.
2. Den platten Demant, Adamas tabellatus, das ist der Tafelstein.
3. Den würflichten Demant, Adamas tessulatus.
4. Den rundlichten Demant, Adamas rotundatus. Von diesen runden Demanten sagt Herr Kronstedt am angezogenen Orte, daß sie ohne Zweifel mit einigen Bergkryſtallen einerley Schicksal gehabt hätten. Sie wären nämlich bey den Zerſtöhrungen, denen unser Erdball unterworfen

---

b) De luce hominum et brutorum. Lib. III. Cap. VII. vol. VI. S. 446.
c) De gemmis et lapidibus. Lib. II. Cap. II.
d) Versuch einer neuen Mineralogie. S. 48.
e) Mineralreich. S. 151.

gewesen, losgerissen, und durch eine beständige Bewegung im Wasser gegen einander so abgeschliffen worden. Denn man findet sie größtentheils im Sande, und zwar am häufigsten an solchen Oertern, die von starken Regen haben überschwemmet werden können.

Andere stellen sich die geschliffene Demante in einer sechsfachen Abwechselung vor, und rechnen dahin:

1. Dicksteine, oder Tafelsteine, welche auf ihrer obern Seite in ein Viereck geschliffen sind.

2. Schwache Steine, welche auf ihrer Oberfläche wie die vorhergehenden geschliffen sind, nur sind sie auf ihrer Unterfläche platt, da jene Kegelförmig sind. Daher kömmt es, daß die schwachen Steine sehr wenig spielen.

3. Rosensteine, welche in der Form einer Rose geschliffen sind. Ihre Unterfläche ist ganz platt, die Oberfläche aber kegel- oder pyramidenförmig, mit einer doppelten Reihe dreyeckichter Facetten, welche sich in eine Spitze endigen.

4. Brillanten, welche auf allen Seiten mit Facetten geschliffen sind, oben und unten aber haben sie zwey kleine Tafeln.

5. Halbe Brillanten, welche eben so wie die Brillanten geschliffen sind, nur unten sind sie ganz platt.

6. Birnförmige Steine, welche durchgehends in dreyeckichte Facetten geschliffen sind, und dadurch einer Birne ähnlich werden.

Hier bringe ich die Anmerkung des Herrn Baumers f) an den rechten Ort: „Was die den Diamanten durch die Kunst gegebene Gestalt betrift; so sind die Tafelsteine unten und oben platt geschliffen, und haben an den Seiten nur eine Reihe Facetten. Der untere Theil der Rosetten ist platt, und ohne Facetten, der obere aber läuft enge zusammen, und hat etliche Reihen Facetten über einander. Die Brillanten sind unten und oben, wie die Rosetten, zugeschliffen. An dem untern Theile schließen sich die eckichten Steine in eine Spitze; aber an dem obern Theile können sie sich auch an eine eckige horizontale Fläche schließen. Die Höhen des obern und untern Theils müssen einander gleich, oder doch nicht merklich unterschieden seyn. Zuweilen gehet bey dieser Art ein Betrug vor, und der obere und untere Theil pfleget mit Mastix zusammen geklebet zu seyn."

In den alten Zeiten wuste man von geschliffenen Demanten und von dem Brillantiren derselben nichts. Ludewig von Berken, ein Edelmann aus Brügge, hat die Kunst die Demante zu schleiffen, und zu brillantiren vor noch nicht 300 Jahren erfunden. Die Alten kannten daher keine andern Demante, als solche, welche in schnellen Strömen unter dem Sande fortgeführet und dadurch von Natur polirt und vollkommen durchsichtig geworden sind. Diejenigen, welche die Edelsteine nicht nach den Farben, sondern allein nach der Härte schätzen, reden von grünen, rosenfarbenen, blauen, gelben

---

f) Naturgesch. des Mineralreichs. Th. 1. S. 227.

gelben und schwarzen Demanten. Wir werden davon unser
Urtheil beym Worte Edelsteine
anführen.

Man kann folglich die De-
mante ungeschliffen, und geschliffen, so wie sie von Natur,
und so wie sie durch die Kunst
sind, betrachten. Die ungeschlif-
fenen oder rohen Steine sind
mehrentheils unförmlich, doch
giebt es auch runde, platte,
länglichte, eckichte von drey und
mehr Seiten. Wenn der Stein
roh ist, so siehet er mehrentheils
einem durchsichtigen Kieselsteine
ähnlich. g) Nur muß man bemerken, daß man selbst in Orient die Demante nicht allemal
roh findet. Diejenigen, die aus
den Gruben ausgegraben werden, sind allemal noch roh, und
liegen oft in einer Mutter; die
man aber in den Flüssen, und
auf den Feldern zerstreuet findet, sind mehrentheils von dem
Fortrollen im Wasser abgeschliffen. Man rechnet diese noch
gleichwol unter die rohen Steine,
um sie denen entgegen zu setzen,
welche durch die Kunst geschliffen sind. Diese rohen Demante
nennet der Franzos Diamans
brutes, und der Holländer ruwe
Diamantjes. Beyspiele davon
kommen in dem Museo Leersiano
S. 197. vor.

Die Anmerkung des Herrn
Kronstedt h) dürfen wir nicht
übergehen. „Die Diamanten
sind zu kostbar, um sie genau
untersuchen zu können. Unterdessen kann man sie, in Absicht
auf ihre Härte, und besondere
Figur ihrer Krystallen, mit mehrerm Grunde, als aus einem
besondern Urstoffe, der in einzelnen Tropfen in die Diamanten-
mütter herunter gefallen, oder
krystallisirt worden, entstanden
ansehen, als sie unter die Quarz-
krystalle rechnen; denn warum
wird ein Quarzkrystall auf den
barbarischen Küsten nicht härter, als in Jemteland, wenn die
Sonnenhitze, oder die Beschaffenheit der Himmelsgegend, die
Ursache der Härte der Diamanten wären, und wer kann uns
Europäern sagen, ob nicht an
den Oertern, wo die Diamanten
gebrochen werden, eine Bergart
ist, die die Basis, oder Mutter
dieser Edelgesteine sey, so wie
der Quarz der Bergkrystallen
Mutter ist?" Es bleiben uns
freylich über die Entstehungsart
der Demante noch manche
Schwürigkeiten übrig, obgleich
so viel ohne Widerspruch ist,
daß der Demant aus dem reinsten Wasser, welches ohne allen
Zusatz war, entstanden ist. In
unsern Gegenden glückt es uns
freylich selten, die Demante roh,
und in ihren Müttern zu bekommen, daher es auch gar so schwer
zu bestimmen ist, wie der Demant in seinem natürlichen Zustande beschaffen sey. Es wird
uns desto schwerer, da diejenigen,
welche natürliche Demante sehen
konnten, in ihrer Beschreibung
sogar abweichend sind. Agricola will sie zwölfeckicht gesehen
haben, und gleichwol sagt Laet,
daß sie sechseckicht mit acht drey-
kantigten Spitzen versehen wären.

Bb 4

---

g) S. Vogels praktisches Mineralsystem. S. 138.

h) Versuch einer neuen Mineralogie. S. 48. f.

ren. Rundmann i) besaß selbst, eine orientalische Demantmutter, die er für eine große Seltenheit hielt, aber er sagt uns von ihr weiter nichts, als daß auf halb durchsichtigen Cubis eckichte Spitzen, oder etliche 100 kleine orientalische Diamanten säßen, die das schönste Feuer haben.

Ich habe zwar schon etliche mal der falschen Demante gedacht, nirgends aber eine bequeme Gelegenheit gefunden, von ihnen zu reden. Ich will es jetzo thun, mich aber dabey der Anleitung des Herrn Rath Baumers k) bedienen. „Es giebt sehr harte, wasserhelle und vollkommen durchsichtige Steine, Nitrum quarzosum album, die man mit dem Namen der geringern oder occidentalischen Diamante belegen könnte. Sie werden von einer guten Feile wenig, oder gar nicht angegriffen, sind hart zu bearbeiten, werfen die Strahlen nach dem Schleifen, recht gut zurücke, und werden nicht dunkel, wie die Kryftallen. Einige derselben schielen in das gelbliche. Der Hr. Bergkammerrath Cramer sagt in seiner Probierkunst S. 31. daß diese Steine, nachdem sie groß, schön helle, vielfarbig und besonders hart sind, sehr hoch geschätzet würden. Hr. Brückmann äußert in der Abhandlung von den Edelsteinen S. 29. seine Meynung folgendergestalt darüber. Es giebt Kiesel, die dem Diamant an Farbe und Glanz sehr nahe kommen, und mit allem Rechte unter die Edelsteine gerechnet werden können. Sie werden, ihrer Härte wegen geschliffen, und sind sonderlich in Frankreich zum Schmuck gebräuchlich. „An einem andern Orte l) eröffnet er seine Meynung von ihnen also.“ Die occidentalischen Diamante halte ich für harte und durchsichtige Quarz- und Kryftallstücke, die durch das Fortrollen in dem Wasser eine runde, oder demselben ähnliche Figur erhalten haben. Je größer sie sind, je näher kommen sie der runden Gestalt. Die mittelmäßigen sind gemeiniglich länglich-runder Figur, und sehen abgestumpften Kryftallen ähnlich, und an den kleinen kann man die kryftallinische Figur noch deutlich sehen.“ Sie werden im Rhein, in dem Bernischen zu Aubonne, bey Helmstädt in einem weißen Sande, in Erfurthischen sonderlich bey Tiefengruben, in Spanien bey Carthagena, in der Schweiz, in den Flüssen des Harzes, im Würtenbergischen, in Schlesien, in Pohlen, auf den Carpathischen Gebürgen, und bey der Stadt Baligrod gefunden.

Der Werth der ächten orientalischen Demante ist längst entschieden. Man schätzt aber ihren Werth, welcher nach Karats, wo jeder vier Gran wiegt, gewogen wird, nach ihrer Größe. Der Demant der 60 Gran wiegt, wird auf 15 bis 16000 Thaler geschätzt, doch ist der Werth der Demante von Antwerpen, dem Werthe der Demante von Holland noch lange nicht gleich.

Wir

---

i) Rariör. natur. et artis. S. 194.
k) Naturgesch. des Mineralreichs. Th. I. S. 228.
l) Ebendaselbst Th. II. S. 14;.

Wir werden beym Wort Edelsteine den Beweis davon vorlegen. Man hat aber einige Demante von einer vorzüglichen Größe, und von einen außerordentlich großen Werthe. Es sind folgende:

1. Der Demant des großen Moguls von 279 Karat, welcher auf 2930819 Thaler geschätzet wird.

2. Der Demant des Großherzogs von Toskana, von 139 Karat, der einen Werth von 65208 Thalern hat.

3. Der Demant in der französischen Krone von 106 Karat, der auf 150000 Thaler geschätzet wird.

4. Der Demant, den der Herzog von Orleans in der Minderjährigkeit des Königs von Frankreich gekauft hat, von 547 Granen, welcher auch fünf Millionen Livres geschätzt wird.

5. Der Demant des Königes von Portugall, den man in den Brasilianischen Bergwerken gefunden hat, und der 1680 Karate wiegen, und einen Werth von 24 Millionen Pfund Sterling haben soll.

Ist dieses letzte wahr, so ist Hr. Jefferies in seiner Abhandlung von den Diamanten widerlegt, wo er vorgiebt, daß in den Brasilianischen Bergwerken keine Diamanten gefunden würden, sondern daß alle diejenigen Steine, die seit einiger Zeit aus Brasilien geschickt, und für Brasilianische Diamante geschätzt würden, keine solche, sondern würklich orientalische Steine wären.

Die Oerter, wo sich in Orient und Occident die Demanten finden, habe ich hin und wieder in dieser Abhandlung angeführet. Ich wiederhole sie nicht, aber die Nachricht will ich noch auszeichnen, die uns Brückmann m) aus dem M. de Bourges von der berühmten Demantgrube in Golkonda ertheilet. Sie ist folgende: „Der König von Golkonde hat in seinem Gebiet eine Mine der Diamanten, daraus er so große Reichthümer genießet, der mit dem der größten Fürsten verglichen werden kann. Diese Grube, daraus man die Diamanten bekömmt, ist 3 oder 4 Tagereisen von Golkonde, in einem unfruchtbaren Lande und zwischen Bergen, daß man gar schwerlich dazu kommen kann. Diese Diamanten zu finden, nimmt man Erde, die man dazu dienlich achtet, nämlich eine röthliche Erde mit weißen Adern unterschieden, und voll von Kieselsteinen und harten Klößern. Man bringt an den Ort, da man graben will, eine Erde, die gelind und gleich ist, und zu der bringt man alsdann diejenigen, die aus der Mine oder Grube gebracht wird, die man denn fast sänftiglich zerstreuet, und alsdann zwey Tage lang in Sonnenschein liegen läßt; wenn solche trocken genug, so klopfet und schlägt man darauf, um solche klein zu machen, und hernach wird sie gesiebet, und dergestalt findet man die Diamanten, und erkennet die Steine, die die Natur also formiret hat. Der König verpachtet diese Mine für 600000 Kronen, und behält noch dazu

---

m) Magnalia Dei in locis subterran. T. II. S. 1036.

dazu vor sein Eigenthum alle Demanten, die über 10 Karat wiegen. Hiebey hat er seine Amtleute, die wohl zusehen, daß diejenigen, die in der Grube arbeiten, diese großen Diamanten nicht mögen verstecken, und ihm entwenden. Man findet Diamante, die 35. bis 40. Karat wiegen."

In meinem Entwurf einer lithologischen Bibliothek habe ich §. 24. die Schriftsteller gesammlet, die von der Königin aller Edelsteine, dem Demant, gehandelt haben.

DEMOISELLES, heißen im Französischen die versteinten Libellen. Von ihnen werden beym Wort Insekten Beyspiele vorkommen.

Dendrachat, lat. Dendrachates, fr. Agates arborisés, holl. Boom-Agaat, Orientaalse Boom-Agaat, Boomtjes Agaates, heißt der Achat, der mit Bäumen und Sträuchen geschmücket ist. Orpheus nennet ihn bald δενδρεεις ἀχάτης, bald Διιδραχάτης, bald Διιδρεοφυης τίθεν. Einige führen diesen Namen unter den Dendriten an, und rechnen den Dendrachat überhaupt unter die Dendriten; und thun nicht Unrecht, wenn die Rede von Steinen ist, auf denen sich Bäumchen befinden. Aber wenn wir sie nach ihrem innern Werthe betrachten, so gehören sie unter die Achate, und sonderlich unter die Bildachate. Orpheus hat eine sehr schöne Beschreibung von dem Dendrachat gegeben, die wir aus dem Scheuchzer n), doch nur in der Uebersetzung, mittheilen wollen:

Si in manus gestaveris fragmentum lapidis Dendrachatis,
Deorum immortalium valde animus delectabitur.
In quo arbores multas conspicies, velut in horto
Florente frequentibus ramis frondente.
Idcirco ei homines Achatis arborescentis
Cognomen imposuerunt, quoniam partim similis est Achati,
Partim vero speciem praebet hirtae silvae.

Wir haben bey dem Artikel Bildachat schon einige Beyspiele aus dem Rundmann und Ritter angeführet, die wir hier nicht wiederhohlen wollen. Wir wollen aber noch einige hinzu thun. In den Zeiten des Orpheus, und noch nach ihm, waren die Dendrachate eine große Seltenheit. Plinius o) gedenket ihrer als Wunder der Natur: Et in India, sagt er, inventa contra eadem pollent et aliis magnis miraculis. Reddunt enim species fluminum, nemorum et jumentorum. In unsern Zeiten sind sie keine so große Seltenheit mehr, denn sie werden in dem orientalischen Indien bey Surata, auf den Indostanischen Bergen, sehr häufig gefunden. Daher hat auch Rumph in der holländischen Ausgabe seiner Amboinischen Raritätenkammer, Tab. LV. und LVI. eine ansehnliche Suite Dendrachaten abstechen lassen, und S. 237 beschrieben. Dalechamp bezeuget beym Scheuchzer am angeführten Orte, daß Camillus Pisaurensis einen Achat mit sieben Bäumchen

---

n) Herbarium diluvianum. S. 24.
o) Histor. natural. Lib. XXXVII. Cap. 10.

chen gesehen habe. Der egyptische Kiesel, lat. Caillou d'Egypte, holl. bruyne Aegyptische gearboriseerde Key-Jaspis, der unter andern in dem Museo Chaisiano S. 104. vorkömmt, ist bekannt genug. Er ist eigentlich ein brauner undurchsichtiger Achat, der schwarze Adern und baumähnliche Figuren hat. Es gehöret ferner hieher ein halbdurchsichtiger mit schwärzlich braunen Rändern und baumähnlichen Figuren bezeichneter Achat, der unter dem Namen Mochus bekannt ist, und unter diesem Namen von uns besonders wird beschrieben werden. In den holländischen Kabinetten kommen sie nicht selten vor, welches wir nun mit dem Museo Oudaaniano S. 138. und Chaisiano S. 104. beweisen. Selbst in den deutschen Kabinetten wird man nicht leicht eine Sammlung von Edelsteinen finden, wo man die Dendrachate vermissen würde. Dadurch aber will ich ihren Werth gar nicht herunter setzen, sondern es ist vielmehr ausgemacht, daß ihr Werth viel grösser als ihre Seltenheit ist.

DENDRACHATES heißt der vorher beschriebene Dendrachat.

**Dendriten**, Baumsteine, Buschsteine, Wassersteine; lat. Dendritae, Saxa nemorosa, Petra dendrachata, Pietra embuscata, Lapis nemorosus, Dendrachates, Mochos, Dendrophytos, Dendrophorus, Pietra di Sinai, Pietra citadina, Graptolithus frutices plantas muscosve referens Linn. franz. Dendrite, Pierre de florence, Pierre arborisée, Pierre herborisée, Pierre de Sinai. holl. Boomsteen, Boomsteentjes, Boom-Agaat, Boomtjes Achates, Swart gefigureerde Boomsteen of Boom-Achaat, Florentynse Boomsteen, Pappenheimer Boomsteen met Boomtjes doorgroeide, Dendrit, Bruyne Aegyptische gearboriseerde Key-Jaspis, heißen alle diejenigen Bildsteine, auf deren Oberfläche sich Bäume, Pflanzen, Kräuter, Buschwerk und dergleichen vorstellen. Das Wort kömmt her von Δενδρος, ein Baum, und sie führen diesen Namen eben darum, weil sie auf ihrer Oberfläche bald grössere, bald kleinere Bäumchens haben. Sie führen gleichwol verschiedene Namen. Einige der oben angeführten gehen auf die Oerter, wo sie gefunden werden, andere als der Name Baumachat, auf den innern Gehalt der Steinart; sonst aber hat man ihnen nach der Verschiedenheit ihrer Vorstellungen, noch verschiedene Namen beygeleget. Sie heißen daher Limniten, wenn sie kleine Seen mit Buschwerk vorstellen; Ichthyotrophiten, wenn sie Fischteiche vorstellen; Polylimniten, wenn sie einer Menge kleiner Sümpfe ähnlich sind; Chorolithen, wenn sie Landschaften vorstellen; Nemolithen, wenn sie Wäldern ähnlich sind; Ericiten, wenn sie einzelne Sträuche vorstellen; und Licheniten, wenn sie kleine Moose vorstellen.

Wir haben oben die Dendriten Bildsteine genennet, weil sie keine Versteinerungen sind, sondern, wie wir bald zeigen werden, ein blosses Spiel der Natur. Wenn sie daher der Herr Ritter von Linné unter die Petrificata ficta rechnet, so geschiehet

het es ganz ohne Grund, weil eine erdichtete Versteinerung keine Versteinerung ist. S. Graptolithus. Daß sie keine Versteinerungen sind, hat Scheuchzer p) daher bewiesen: weil sie bloß die Aestchen der Bäume, niemals aber die Blätter, oder die Blumen, oder die Früchte vorstellen, und weil auch, in Ansehung der Größe, unter dem Baume, den der Dendrit vorstellet, oder dem Kraute, welches er abbildet, wie ein Verhältniß gefunden wird." Gleichwol verwechseln sie verschiedene Schriftsteller mit den wahren Versteinerungen. Kundmann q) hat diesen Verdacht nicht unschuldig auf sich geladen, da er in seiner Abhandlung von den Dendriten, auch der wahren Kräuter, z. E. des Farrenkrautes, der Blätter u. d. gl. gedenket. Selbst die neuern Verfassern der Onomatologie r) sind von diesem Fehler nicht frey. Sie reden von Dendriten, die auf ihrer Oberfläche nur gewisse Theile von Blättern abgedruckt haben. Ja sie setzen gar unter die gemeinschaftlichen Eigenschaften der Dendriten, die sie ganz unrichtig Abbrücke nennen, auch folgende beyde:

1. Es sind gemeiniglich ausländische Gewächse abgedruckt.
2. Man trift alle Abbrücke von ausgeschlagenen, und niemals von gewickelten oder gewundenen Blättern an, woraus zu vermuthen ist, daß diese Pflanzen auf dem Wasser geschwommen haben.

Das Wort Dendrites kömmt schon beym Plinius s) vor, aber seine Beschreibung, die er giebt, ist viel zu dunkel, als daß man gewiß entscheiden könne, ob er just den Stein meyne, den wir heut zu Tage Dendrit nennen. Mit mehrerm Grunde gehöret hieher sein Dendrachates. im 10. Kap. seiner Naturgeschichte, ob er gleich als ein eigentlicher Achat hier keine Stelle verdienen kann. Was Orpheus in seinem Buche von den Steinen Δενδρίτις ἀχάτης, Δενδραχάτης, Δενδρόφυλος πίζεν, nennet, kann vielleicht eben das seyn, was Plinius unter seinem Dendrachat verstehet, entweder ein wahrer Dendrit, oder ein wahrer Achat. Eben diese Ungewißheit, in Ansehung der ältern Schriftsteller, und die verschiedenen Bemerkungen der Neuern, machen es beynahe nothwendig, die Dendriten nicht allein nach ihren Bildern, sondern auch nach ihrer Steinart zu betrachten. Nach ihren Bildern haben wir die Benennungen bereits angeführet; nach ihrer Steinart gefällt uns die Methode, deren sich der gelehrte Stobäus in seiner Historia naturali Dendritae, lapidumque cognatorum t) bedienet. Er macht folgende Arten bekannt:

1. Dendritae gemmeae, Dendriten auf Edelsteinen. Unter diesen ist der Dendrachat, ein Achat mit Dendriten, der in Ostindien so häufig ist, so selten er in Europa gefunden wird, der bekannteste. Kundmann hat in

---

p) Herbario diluviano. S. 27.
q) Rar. natur. et artis. S. 134. 135.
r) Onomatol. hist. natur. T. III. S. 591.

s) Histor. natural. Lib. XXXVII. Cap. 12.
t) Sie befindet sich in seinen Opusculis S. 84. f.

In seinen rarioribus naturae et artis Tab. XI. fig. 1 — 5. 66 solche Dendrachate abgebildet und S. 205. f. beschrieben. Das letzte Stück hält er zwar für Korallmoos, aber es ist ein bloßer Dendrit. Sa merket auch Stobäus am angezogenen Orte an, daß man auch im Jaspis oft Dendriten finde; er selbst bezeuget, daß er ein Stück von der Art aus Schlesien besitze. Man sehe auch Hrn. Ritters Commentationem de Zoolitho Dendroitis S. 15. 16. und wiederhohle, was man beym Wort Dendrachat gesagt habe.

2. Dendritae marmoreae, Dendriten auf Marmor. Hier sind die Florentiner Marmor so bekannt, als sie schön sind. In dem Büchnerischen Kabinet zu Halle, kömmt auch ein weißgelblicher Marmor mit schwarzen Dendriten aus dem Würtenbergischen, und gelbliche Marmore mit schwarzen Dendriten aus Sonderohausen und Reula vor. Wenn aber Scheuchzer und Stobäus auch von Suhlischen Marmorn mit Dendriten reden, so irren sie beyde, denn es sind nur Schiefer.

3. Dendritae vulgares, Dendriten auf gemeinen Steinen. Sie finden sich entweder auf bloßen Kalksteinen, oder auf Kalkschiefern, oder auf schwarzen Schiefern. Hier haben, wenn wir die vom Berge Sinai, welche Stobäus am angeführten Orte S. 92. ziemlich ausführlich beschreibt, ausnehmen, die Pappenheimer und Solenhofer ohne Zweifel den Vorzug für allen übrigen Dendriten.

Doch das sind noch nicht alle Steinarten, auf welchen sich Dendriten finden. In dem Hollsteinischen, bey Halle, und bey Frankfurth an der Oder, liegen sie auf Feuersteinen. Von Berlin besaß Hr. Geheimde Rath von Büchner, ein kreidiges Gestein mit schwärzlichen Dendriten. Wir besitzen einen weißen Kiesel von Weimar, mit schwarzen Dendriten; und Scheuchzer hat sogar in seinem Herbario diluviano, Tab. IX. Figur 2, einen Kryftall mit Dendriten vorlegen können.

Ueber die Entstehungsart der Dendriten, haben die Naturforscher verschiedene Meynungen, daher sagt Hr. Albrecht Ritter u), es sey keine Lehre an monströsen Einfällen des Witzes fruchtbarer gewesen als diese.

Einige glauben, daß eine ätzende metallische Feuchtigkeit diese Bäumchen und Vorstellungen bilde; einige schreiben es einem Erdharze zu; andere hingegen glauben, daß eine korrosivische oder beissende Feuchtigkeit, ein Spiritus corrosivus daran Schuld sey, welche sich in die Spalten der Steine lege, und wegen ihrer engen Fugen in zarte Linien vertheile. Doch will Scheuchzer v) ihre Bildung nicht gern einem metallischen Dunste beylegen.

Herr Professor Hollmann, will den Ursprung der Dendriten von dem Geripp der skeletirten Blätter herleiten. Er sagt: w) Ab his foliorum sceletis derivo subtilissimas arbuscularum quarundam in lapidibus delineationes

---

u) de Zoolitho dendroidis. S. 25.
v) Herbar. diluvian. S. 26.
w) Beym Kron in profusione oryctographiae Neostadriensis. S. 27.

tiones, quibus nihil fere simile alias in natura deprehendimus, facile enim parenchymate foliorum cum cuticulis putredine corrupto, sceleton, quod adhuc superstes est, luto, ex quo lapis postea oritur, figuram suam imprimit impressamque relinquit. Allein auf diese Art, wird die Entstehung der Dendriten nicht erwiesen werden können. Weil man einmal so leicht nicht finden wird, daß die Natur ein Blatt also skeletire, ehe sie dasselbe der Verwesung übergiebt, und demselben zuvor zuläßt, einen Eindruck in einer weichen Masse zu hinterlassen, besonders in einer so wunderbollen Ordnung und Abwechselung, als man bey den Dendriten würklich findet. Hernach kann man daher dennoch nicht begreifen, woher diese Bäumchen ihre verschiedene Farben bekommen, und annehmen.

Die Meynung des Hrn. Liebknechts x) ist sehr unwahrscheinlich zu machen, daß die Dendriten eine Art versteintes Moos wären, neunlich entweder das Majon, oder Hypnon, oder Bryum; oder Sphagnum. Allein seine Meynung hat, so viel wir wissen, nicht viel Anhänger bekommen, und bedarf keiner Widerlegung. Der einzige Hr. von Bromell y) war sein Vorgänger, der die Dendriten den Plantis fossilibus an die Seite setzte. Athanasius Kircher z) gieng von beyden in seiner Meynung wenig ab, denn er glaubte, daß die Erde, aus welcher Steine werden (Terra lapidescens) Staub und Saamen verschiedener Pflanzen enthielt, daraus leicht solche Bäumchen hätten werden können, ehe noch die Erde verhärtet sey. Seine Worte, die dies darthun, sind folgende." Cum enim in terra lapidescente variarum stirpium plantarumque pulveres in sint, inquibus vna cum exiguo calore nescio quid spermaticum adhuc inest, quod in lapide adhuc molli materiem nactum vtcunque ad id aptam, cum plantarum substantiam ex ea materia constituere non possit, id quod potest, id est, solas in materia arborum herbarumque imagines, plastica facultate, quae seminali virtuti adhuc aliquo modo inexistit, depingit." Allein da die vis plastica, eben so wie die aura seminalis längst ausgeklatscht ist, so bedarf auch diese so wunderliche Meynung keiner Widerlegung.

Der vorher schon genannte Albrecht Ritter fällt am angezogenen Orte denen bey, welche eine subtile bewegliche und flüssige Materie beym Dendriten zum Grunde legen, das übrige aber dem Geschäfte einer spielenden Natur überlassen. Hierüber drückt er sich also aus: „Naturae lusus in lapidibus jam descriptis et adhuc describendis nihil aliud nobis est, quam formatio figurarum, causa vel äeris irrumpentis, vel caloris vel frigoris constringentis efficiente delineatarum, sub quocunque nomine veniant,

---

x) Specim. Hassiae subterran. Sect. I. Cap. IV. S. 166.
y) Acta litteraria Suec. Vol II. S. 309.
z) Mundus subterraneus T. II. S. 39.

veniant, fortuita nulla vigente necessitate, vel naturae lege necessitante." Er erläutert sich denn die Sache mit den Blumen, welche im Winter durch den Frost an den Fenstern gebildet werden.

Stobäus a), dem die Meynung derer, welche die Dendriten ein Werk der spielenden Natur nennen, so wenig gefällt, nimmt zu den Ausdünstungen der Erde seine Zuflucht. „Seine Worte sind folgende: Rem quod ajunt acu tetigisse videntur imprimis ii, quicunque exhalationibus subterraneis vt canssae hoc phoenomenon attribuunt. Sic exempli gratia Imperatus modum fiendi ab exhalatione materiae bituminosae demonstrat. Clariss. Teichmeyer aquas vitriolicas per fissuras lapidum successive penetrantes efformare inibi ejusmodi fruticum figuras asserit, a quo non certe longe discedo, quando exhalationibus metallicis, imprimis martialibus admirandam hanc et amoenam naturae artem topiariam praecipue defero." Allein was er in der Folge zu seiner Vertheidigung anführet, beweiset zwar das Daseyn der Farbe, ohne ein Spiel der Natur anzunehmen, aber nicht die Bildung der Bäumchen selbst, die oft so wunderbar und in einer so schönen Ordnung dem Auge vorgelegt wird. Diejenigen kommen folglich der Sache weit näher, welche den Grund der Farbe in einer beissenden Feuchtigkeit, in einem *Spiritu corrosivo*, in einem metallischen Dunste oder dergleichen setzen, die Bildung selbst aber eine Wirkung der spielenden Natur nennen, welche oft gar wunderbar handelt; welche folglich beyde Wege zu verbinden suchen. Wir setzen hier eine gedoppelte Erfahrung her, welche die Zollmannische, und die mehresten andern angeführten Meynungen verwerflich macht, der unsern aber das Wort redet. Wir haben aus der Gegend von Markersdorf Dendriten, und wir wissen aus Schriftstellern, daß solche an mehrern Orten liegen, wo die Stiele der Bäumchen durch die ganze Platte hindurch gehen, welches in der That kein Abdruck eines sceletirten Stiels seyn kann. Wir haben andre Steine, wo sich das Bäumchen auf beyden Seiten, doch auf der einen Seite schwächer und unvollkommener als auf der andern, vorstellet. Wir haben in unserer Lithographischen Beschreibung der Gegenden um Tangelstädt und Rettewitz b), die Entstehungsart der Dendriten weitläuftiger vorgetragen, nachher aber mit Vergnügen bemerket, daß der verdiente Rektor zu Hof, Hr. Longolius e), fast auf gleiche Gedanken gefallen ist. Er bemerket, daß sie vornemlich da brechen, wo klüftiges Gestein ist, und wo folglich dem Eindringen des Wassers kein Widerstand geschehen kann; daß sich ferner dergleichen in solchen Gegenden finden, wo Schwe-

---

a) Opuscula. S. 98.
b) Kap. II. S. 13. f. sonderlich S. 28. ff.
c) In einer 1768. verfertigten Einladungsschrift von denen um Hof entdeckten Dendriten.

Schwefelkies und Eisenstein, und folglich auch Ocher anzutreffen ist. Darauf bauet er die Muthmaßung, daß das mit aufgelößten Kies und Eisentheilgen geschwängerte Waſſer in die zarten und oft unmerklichen Ritzen der Steine einbringe, und daß die daselbst zurück gelaſſenen kiesigten und martialischen Theilchen die Bilder hervorbringen, die bald von höherer bald von dunkeler Farbe, bald gelb, bald braun, bald ſchwarz wären, nachdem das Waſſer bald viel bald wenig solcher Theilchen eingeführet habe.

Auch der Hr. von Juſti hat diese Meynung angenommen d), denn wenn er von Steinen redet, auf welche Bäume und Kräuter gemahlt sind, so kann er keine andere Steine, als die Dendriten, verstehen. Von dieſen sagt er: „Es ist eine scharfe vermuthlich metallische Feuchtigkeit, die in die zarten Ritzen der Steine eindringet, eine andere Farbe dadurch hervorbringet, und der Einbildungskraft Gelegenheit giebt, Aehnlichkeiten mit natürlichen Dingen darauf wahrzunehmen, die öfters sehr schwach ist." Wenn aber der Herr von Juſti vorher sagt, daß um dieser Urſache willen die mehreſten Kräutersteine ein bloßes Spiel der Natur wären, so ist dies ein Gedanke, der für unsere aufgeklärten Zeiten gar nicht paßet, in welchen man den Unterschied unter den Dendriten und Kräutern nicht verkennet. Man kann auch Herrn Leſſers Lithotheologie S. 484. f. davon nachlesen.

Man hat mir in einer auswärtigen gelehrten Zeitung, über mein Syſtem von der Entstehung der Dendriten folgenden scharfſinnigen Einwurf gemacht: „Der in die Steine eindringende tingirte Saft sey zu deren Erklärung nicht allemal hinreichend, denn man finde oft auf Feuersteinen, die in Graſe liegen, außenher auf ihrer runden kalkigen Oberfläche die saubersten Baumfiguren." Allein ich kann doch noch nicht einsehen, warum diese Baumfiguren auf Feuersteinen nicht eine Wirkung des tingirenden Saftes seyn könnten. Zumal da man nicht beweisen kann, daß der im Grase liegende Feuerstein im Grase zum Dendrit geworden wäre, der auch durch andere Zufälle dahin geführet seyn kann.

Ihrer Farbe nach sind die Dendriten sehr verschieden. Einige haben rothe, andere gelbe, andere schwarze, noch andere braune, ja einige gar grüne Farben, und diese Verschiedenheit der Farbe rühret ohne Zweifel von Kupfer, oder Eisen, oder andern Metallen her, ja bey Boll findet man in schwarzen Schiefern weiße Bäumchen. Die Florentiner, Pappenheimer und Solenhofer sind die berühmtesten, doch findet man sie auch in mehrern Gegenden oft sehr schön. Einige sollen nicht im Feuer vergehen, nämlich die ganz weiſſen, welche Morochtii genennet werden; andere sollen langsamer vergehen, nämlich die Florentiner; aber die Pappenheimer sollen im Feuer gar bald vergehen. Dies führet mich auf die gesammleten Gedanken der Gelehrten von dem Verhalten der Dendriten im Feuer.

Herr

---

d) Grundriß des geſamten Mineralreichs. S. 184.

Herr Baumer e) merket an, daß wenn man die Dendriten ins Feuer lege, sich dann ihre gelbe Farbe in die rothe verwandle, nicht anders, als wenn man Eisenocher brenne. Kundmann f) bemerket: daß er die Florentinischen Dendriten geglüet habe, aber sie hätten ihre Farbe gar nicht verlohren. Er redet ferner von gelben und gräulichten Steinen, die wie Feld- oder Pflastersteine aussehen, bey Schweidnitz und Massel gefunden werden, die auf ihrer Oberfläche kleine schwarze Bäumchen, und oft gantze Landschaften haben, und die man durch das stärkste Feuer nicht vertilgen könne. Ja von dem Galmenstein, der bey Tarnowitz in Oberschlesien häufig gebrochen wird, sagt er sogar, daß bey ihm durch das heftige Brennen die Baumfiguren desto schwärzer und schöner hervorkommen. „Imperatus g) merket an, daß er einige Dendriten vom Berge Sinai kalciniret habe, und dabey befunden, daß sich die Bäumlein zwar verlohren, die Steine aber sehr hart geblieben sind." Nach Scheuchzers h) und anderer Berichte, hat der D. Schulze die Bäumchen abgeschabt, auf glüende Kohlen geworfen, und einen hartzigten Geruch gespühret, der Stein aber habe weder Rauch noch Geruch gegeben. Darauf bauet Scheuchzer diese Folgen: „Patet hinc omnino, Tincturae illius nigrae, qua lapides, caetera albidi vel cinerei, pinguntur, materiam aliam esse a materia lapidis ipsius, et quidem illam hac esse subtiliorem, mobiliorem, fluidiorem, quia poris solidi corporis ab igne reseratis illa, sive particulae magis volatiles, spirituosae, sulphureae avolant, relicta massa Tincturae experte. Et esse quidem Tincturam hanc sulphureae, bituminosae naturae, patet tum ex odore bituminoso et fumo, quem igni injectus Lapis de se spargit, tum ex loco natali." Ich habe selbst einige Dendriten der Feuerprobe unterworfen. Ich nahm nemlich zwey Dendriten aus meiner Gegend, wo auf weißgraulichten Kalkschiefern schwartze Bäumchens sind, und ein klein Stück Pappenheimer Dendrit, wo schwartze Bäumchen über die gelben hergemahlet waren. Ich glüete sie in sehr starken Feuer, so lange bis sie die Farbe der glüenden Kohlen hatten, und ließ sie, bis sie erkaltet waren, liegen. Bey meinen Dendriten war keine Spur mehr zu finden, wo ehedem der Dendrit gelegen hatte; außer, daß der Stein, da, wo sonst das Stämmchen des Baumes war, einen Ritz bekommen hatte. Der Pappenheimer Dendrit hatte seine schwartze Bäumchens gäntzlich verlohren, die gelben aber waren noch vorhanden, und hatten eine sehr geringe Veränderung erlitten. Die Dinte, damit ich dieses Stückchen für meinen

---

e) Naturgesch. des Mineralreichs. Th. II. S. 175. Anmerk.

f) Rar. nat. et artis. S. 134. 140.

g) Hist. natur. Lib. XXIV. S. 578.

h) Herbar. diluvian, S. 25. f.

nen Katalogus gezeichnet hatte, war im Feuer so gelb worden, als die Bäumchen des Dendriten. Man hat also nicht nöthig, zweyerley ätzende Dünste anzunehmen, um zweyerley Farben bey den Pappenheimer Dendriten zu erklären; einerley Dunst kann unter verschiedenen Umständen zweyerley Farbe hervorbringen; so wie meine Dinte ohne Feuer schwarz bleibet, im Feuer aber braungelb wird.

Was den Werth und die Seltenheit der Dendriten anlanget, so ist bekannt, daß die Steinspiele einen gar großen Theil desjenigen Ansehens, den sie bey unsern Vorfahren hatten, verlohren haben. Doch die Dendriten haben sich noch immer in den Kabinetten erhalten. Die Florentiner, die Pappenheimer, die Solenhofer und die vom Berge Sinai werden am allermeisten geschätzt. Es kommt freylich hier auf die Größe und auf die Schönheit der Zeichnung an.

Dendriten werden an unzähligen Oertern gefunden, ob sie gleich nicht alle von gleichem Werthe sind. Der fleißige und geschickte Hr. Albrecht Ritter i) hat sich die Mühe genommen, die vorzüglichsten Oerter aus allen Welttheilen zu sammlen, dessen Arbeit ich mich jetzo bediene. Dendriten werden gefunden

I. In Europa, und zwar

1. In Deutschland, bey Tyrol, Deningen, Eichstedt, Kronweißenburg, Solenhofen, Altdorf, Wonsiedel im Bareuthischen, bey Sonnenberg, Suhl, Schweinfurth, bey Rothenburg in Franken, bey Frankenberg in Hessen, bey Eisenach, Ordruf, Manebach, Ilmenau, Saalfeld, Jena, Altenburg, Gera, Querfurth, Mannsfeld, Bottendorf und Holzengel im Sondershausischen, Bleicherode, Walkenried, Ilfeld, Buchholz, Wolfenbüttel, Osnabrück, Küstrin und Goslar. Ich setze hinzu, bey Halle, bey Frankfurth an der Oder, im Würtenbergischen und bey Thangelstedt. 2. In Böhmen, in der Grafschaft Glatz. 3. In Schlesien, bey Neustadt, Massel, Schweidnitz, Lemberg und Hirschberg. 4. In der Schweiz. 5. In Italien, bey Florenz oder besser bey Verona, und bey Bononien. 6. In Sicilien auf der Insul Elba. 7. In Frankreich. 8. In Schottland. 9. In Schweden. 10. In Pohlen. 11. In Moskau.

II. In Asien, bey China und Surate.

III. In Afrika, in Arabien, und sonderlich auf dem Berge Sinai.

IV. In Amerika.

Die Schriftsteller, welche von den Dendriten handeln, habe ich in meinem Entwurf einer lithologischen Bibliothek, im ersten Theil §. 17. gesammlet.

Zeichnungen von Dendriten liefern: Knorr Sammlungen von den Merkwürdigkeiten der Natur, Th. I. Tab. I. II. III. IV. V. VII. a. XXXIV. a. fig. 6. Baier monumenta rer. petrificat. Tab. I. Kundmann rar. nat. et art. Tab. VII. fig. 12. 13. Scheuchzer Herbar. diluv. Tab. VI. Tab. VII. fig. 8. Tab. VIII. fig. 6.

---

i) Dissert. de Zoolitho Dendroidis. S. 13. ff.

fig. 6. Ritter Commentat. II. de alabaſtr. fig. 3. Ritter de Zoolith. Dendr. Tab. I. Baumer Naturgeſchichte des Mineralr. Th. II. fig. 5. 6. Büttner rud. diluv. teſtes Tab. XX. Mylius Memorab. Saxon. ſubterr. P. I. Rel. VIII. tab. ad p. 58. Stobäus opuſc. Tab. II — V.

DENDROIDES LAPIS werden die jetzt beſchriebene Dendriten, wegen ihrer Baumfiguren genennet.

**Dendrolithen,** lat. Dendrolithi, heißen die verſteinten Bäume. Man unterſcheidet ſie gewiſſermaßen von den verſteinten Hölzern, und verſtehet unter den verſteinten Hölzern nur einzelne Stücken Holz, unter den Bäumen aber entweder ganze Stämme von Bäumen, mit ihren Wurzeln und Aeſten, oder doch wenigſtens vorzüglich große Stücke. Man findet zwar die mehreſten Hölzer nur in einzelnen Stücken, allein es ſind auch wirklich ganze Bäume verſteint gefunden worden. Wir wollen wenigſtens die vorzüglichſten aus Schriftſtellern wiederholen.

Büttner k) führet davon folgende Beyſpiele an: „In den Mannsfeldiſchen Bergwerken hat man 40. Lachter tief Bäume angetroffen, welche man für kein Zimmerholz in den Schächten vor verſchwemmte Bäume halten müſſen. Bey Lübeck wurde einſt ein verſteinter Aſt mit einem Vogelneſt gefunden. Ein verſteinter Zweig wird in der Kunſtkammer zu Florenz gewieſen. Aus dem preußiſchen Fluß, die Schwete genennt, werden große Eichbäume herausgezogen, und für Ebenholz verarbeitet." Dieſe ſind daher nicht verſteint, ſondern nur unter der Erde verändert.

Leſſer l) entdeckte ohnfern des Kiphäuſer Berges einen verſteinten Stamm mit Wurzeln, der wie eine dunkelrothe Eiſerminer ausſahe. Er berichtet zugleich, daß man bey Florenz in Italien, bey dem Fluſſe Arno, ehebeſſen einen Stamm verſteint angetroffen habe. Von einem Stamme eines Baumes, der in Nürnberg noch in der Erde ſtehet, giebt uns Keyßler m) folgende ausführliche Nachricht: „In dem Hofplatze des Imhoffiſchen Hauſes in der Ledergaſſe ſtehet über der Erde heraus der Stamm eines Baumes, welcher in Stein verwandelt worden. An etlichen Orten deſſelben hat eine kryſtallene Materie die Poros dergeſtalt durchdrungen, daß man Steine zu Ringen daraus ſchleifen kann. Dieſer Stamm iſt deſto merkwürdiger, weil er noch vollkommen mit ſeinen Wurzeln in der Erde ſteht, und iſt glaublich, daß unter demſelben eine Quelle oder andere Feuchtigkeit zu finden, welche durch die Wurzeln in den obern Theil des Baumes gewirket, und ſolchen verſteinert hat."

Der in Heſſen gefundene, in Eiſenſtein verwandelte, und von Liebknecht n) ausführlich beſchriebene ganze Baum iſt keinem Freunde der Verſteinerungen unbekannt.

---

k) Ruder. diluvii teſt. S. 187.
l) Lithotheologie, S. 700.
m) Neueſte Reiſe, S. 1406. f.
n) Haſſia ſubterran.

Kundmann o) erzählet aus des Balbini historia regni Bohemiae, daß gedachter Schriftsteller vielerley Arten ganzer versteinter Bäume anführe, welche 150 auch 170 Ellen tief mit Stämmen, Aesten und Blättern in der Erde in ihrer natürlichen Farbe angetroffen würden.

Von einem in Schlesien entdeckten Baume giebt uns Volkmann p) folgende Nachricht: „Als Anno 1710. zum Grunde der Sakristey gegraben war, funden sie einen ganzen dicken und sehr langen Stamm, so in der Erde, wie ein großes Wasserröhr oder Geleite, die Länge hin lag. Jedermann sahe es mit großer Verwunderung und das Stücke, was man ausgraben konnte, wiewohl es in gar viele andere zerbrochen, war 10 und ⅛ der Ellen lang, wiewohl an dem Orte, wo es ausgieng, weil es zerbrochen, und damals weiter nicht gegraben war, noch ein Stück in der Erde liegen blieb. Fast in der Mitte dieses Lithoxyli war ein Ast, der an demselbigen unterwärts in die Erde gieng, den man wohl auf alle Weise zu erhalten suchte, aber er brach ab."

Den Baum, den man zu Joachimsthal in Böhmen gefunden hat, beschreibet Kayßler am angeführten Orte seiner Reisen: „Zu Joachimsthal in Böhmen wurde beynahe vor 200 Jahren ein tiefer Erbstollen gebauet, der unter der ganzen Stadt weggehet, und weil ihn der Kayser in baulichen Würden erhält, der kayserliche Erbstollen, sonst aber auch St. Barbara Stollen genennet wird. Als man viele Lachtern aufgefahren, fand sich mitten im Gange eine in Stein verwandelte sehr dicke und große Buche, deren Stamm damals weggeschaft worden. Vor ohngefehr sechszehn Jahren, als eine kayserliche Kommißion in Bergwerkssachen zu Joachimsthal war, ließ solche an dem Orte, wo die Buche ehemals gefunden worden, über sich auffahren, und da fanden sich die ordentlich ausgebreiteten Aeste."

Bey Chemnitz in Sachsen fand man im Jahr 1752. einen versteinten Baum, der 250. Centner wog. In dem Büchnerischen Kabinet zu Halle befindet sich von diesem Baume ein großes Stück Wurzel, und ein Stück versteinter Ast. Von Jdenburg bey Halle besaß der seel. Hr. Geheimde Rath von Büchner einen Klotz von anderthalb Centner, dergleichen auch in dem Kabinet des seel. Geheimden Rath Kaltschmied einige von sehr beträchtlicher Größe vorkommen.

Mehrere Beyspiele liefern Hr. Hofrath Walch im 3ten Theile der Naturgeschichte der Versteinerungen; Herr Lic. Schulze in der Betrachtung der versteinten Hölzer, und andere.

Man findet aber auch Bäume in der Erde, die nicht versteint sind; wir werden ihrer bey dem Wort Foßilien gedenken. Sonst macht Kundmann q) über die Lage der Bäume, die man in der Erde findet, folgende Anmerkung: „Hier ist probabel, daß

---

o) Rar. naturae et art. S. 39.
p) Silesiab suterran. S. 97.
q) Rar. nat. et art. S. 57.

daß in der Sündfluth ein Westwind die Fluthen gegen Osten getrieben, weil auf eben diese Weise auch die unterirrdischen versteinerten Bäume, ja ganze Wälder darnieder geleget angetroffen werden; also daß sie ordinair mit der Wurzel gegen Abend, mit dem Gipfel aber gegen Morgen sich strecken, auf denen manchmal so gar Vogelnester angetroffen werden."

DENDROLITHI von δὶνδρος ein Baum, und λίθος ein Stein, heißen die versteinten Bäume. S. Dendrolithen.

DENDROPHOROS und DENDROPHYTOS heißen die Dendriten, weil die Bilder derselben bald den Bäumen, bald den Pflanzen gleichen. Der erste Name kömmt von δινδρος ein Baum, der andere von φυτος ein Kraut, her.

DENS D'ELEPHANT et de LOUP heißen im Französischen die Dentaliten, weil sie Elephanten- oder Wolfszähnen ähnlich sind. S. Dentaliten.

DENTALES heißen im Französischen und im Lateinischen die Dentaliten, weil sie kleinen Zähnen gleichen. S. Dentaliten.

DENTALITAE LAEVES heißen die glatten Dentaliten. S. Dentaliten.

DENTALITAE striis circularibus laevissimis, heißen die Dentaliten, welche die Quere hindurch gestreift sind, sonderlich wenn sie ganz zarte Streifen haben. S. Dentaliten.

DENTALITAE transversim striatae heißen die Dentaliten, wenn sie die Quere hindurch gestreift sind.

Dentaliten, Zahnröhrensteine, Meerröhrchen, Syringiten, Tubuliten, Elephantenzähne, lat. Dentales, Dentalia, Dentaliti, Denticuli Elephantis, Canaliti, Tubuliti s. Tubulitae dentales, Tubuli vermiculares, Tubuli divi Josephi, Alcyonia stolycoidea, Scolecti lapides, Syringitae, Cochliti non turbinati canalium Wall. fr. Dentalites, Canalites, Coquilles faites en tuyaux, Tuyaux, Etuits testacés, Dens d'Elephant et de Loup, Dentales, Antales, holl. versteende Olyfants en Wolfstaanden, Pypagtige Kookers, heißen unter den Tubuliten diejenigen, welche regelmäßig gerade sind, theils einer konischen, theils einer cylindrischen Röhre gleichen, und sich meistentheils allmählig in eine leicht gebogene Spitze endigen. Sie heißen daher Dentaliten von Dens, ein Zahn, weil sie einige Aehnlichkeit mit einem Zahne haben, welches doch eigentlich nur von den konischen gilt.

Die Lithologen sind, in Ansehung des Gebrauchs des Worts Dental, nicht ganz einig. Vom Herrn Ritter von Linne habe ich an einem andern Orte r) angemerket, daß er nur diejenigen Tubuliten Dentaliten nenne, welche gerade, röhrigt und auf beyden Seiten offen sind. Aber da braucht er das Wort zu enge, weil sein Begriff wohl auf die cylindrischen, aber nicht auf die konischen Dentaliten passet.

---

r) In meiner Lithographischen Beschreibung, S. 77.

Herr Wallerius s) hingegen thut just das Gegentheil. Er nennt dasjenige Dentaliten, oder wie er sie nennet Kanaliten, welche umgewunden, lang und schmal sind, und einem gebeugten hohen langen Horne gleichen. Denn das paßt mehr auf die konischen, als auf die cylindrischen. Noch andere geben den Dentaliten den Namen Tubuli vermiculares, und gebrauchen das Wort viel zu enge, weil wir Tubulos vermiculares haben, die gar in keinem Betracht Dentals seyn können. Noch andere gebrauchen das Wort Dentaliten und Entaliten als gleichgeltend, da doch beyde gar merklich von einander unterschieden sind, wie bey dem Wort Entalit soll gezeigt werden.

Wie die Naturforscher in Ansehung des Gebrauchs des Worts Dental nicht einig sind, so sind sie auch darinne nicht einig, was sie sind? Einige haben sie für Zähne von gewissen Fischen, andere für eine Materiam testaceam wie die Siphunculi marini gehalten, aber sie gehören unter die Tubuliten. Ja Lange fiel gar darauf, daß sie bloße Stalaktiten wären. Er muß aber keine deutlichen Beyspiele vor sich gehabt haben, sonderlich solche, die noch mit ihrer natürlichen Schale versehen sind.

Am ersten könnte man sie mit einigen Judennadeln verwechseln, Herr Hofrath Walch t) aber merket an: „daß die Judennadeln allemal durch und durch aus einer spatigen Masse bestünden, da die Dentals eine bloße Hohlröhre wären." Nun ist es wahr, man findet auch spatartige Dentals, wie sie denn meine Gegend oft reicht; man wird aber auch allemal beym Zerbrechen gewahr werden, daß sie inwendig bald mehr oder weniger hohl, allemal aber, wenn sie ja voll sind, entweder mit einem krystallinischen Anfluge, oder einer andern fremden Materie vollgestopft sind. Dieser Anflug aber, und diese fremde Materie zeigen, daß diese Körper ehedem müssen hohl gewesen seyn. Diejenigen, die also die so genannten Tubulos unter die Dentaliten rechnen, irren, denn sie sind es nicht, die Dentaliten sind vielmehr eigentliche Röhren oder Gehäuse, darinnen ehedem ein kleiner Wurm gewohnet hat.

Wie man die Dentals mit den Entaliten leicht verwechseln kann, wie andere dieselben mit einigen Judennadeln wirklich verwechselt haben, so hat man sich noch vorzusehen, daß man sie nicht mit den Wurmgehäusen (Tubuli vermiculares) verwechsele. Herr D. Martini u) setzet ihren Unterschied darinne, daß

1) Die Meerröhren allemal eine kegelförmige, die Wurmgehäuse aber eine walzenförmige oder cylindrische Figur haben.

2) Die konischen Meerröhren allemal einsam und von einander abgesondert leben, die Wurmgehäuse aber gemeiniglich in beträcht-

---

s) Mineralreich, S. 471.
t) Naturgesch. der Versteinerungen, Th. II. Abschn. II. S. 277.
u) Systematisches Konchlienkabinet, 1ster Band, S. 2.

trächtlicher Anzahl zusammen geleimt, und auf eine wunderbare Art in einander verwickelt sind.

3) Die Schalen der konischen Meerröhren regelmäßiger, beständiger in ihrer Figur, und oft viel schwerer und stärker gefurcht sind, als alle Wurmgehäuse von ähnlicher Größe."

Ueberhaupt wird man im Steinreiche nicht so leicht in Versuchung fallen, die Meerröhren mit den Wurmgehäusen zu verwechseln, da die letztern überaus seltene Versteinerungen sind.

Im Reiche der Versteinerung findet man die Dentals bald als bloße Steinkerne, bald in Spat verwandelt, bald kalcinirt. Auf diese letztere Art werden sie in meiner Gegend gar häufig gefunden. Ihre Materie ist bald ein Kalkstein, bald ein Sandstein. In dem Pöseneckischen findet sich unter gewissen Pektunkulitenarten eine Art von geraden Röhrchen, welche zart, ungekrümmt, perlenfarben, und bisweilen 2 bis 3 Zoll lang sind. v) Herr Rath Baumer nennet sie Seenadeln, und giebt von ihnen diese Nachricht. w) "Die Seenadeln haben mit den Tubulis rectis Aehnlichkeit, und werden auch darunter zu rechnen seyn. Sie sind gerade silberfarbene Röhren, und sehen wie ein abgebrochnes Stück von einer Stricknadel aus. Ich habe sie verschiedene malen bey den Gryphiten und Pektunkuliten gesehen, und ihre Länge betrug anderthalb bis zwey Zoll. Man findet sie in dem Hornflöze des hohen Thüringischen metallhaltigen Kalchgebirges. x) Vermuthlich sind die von dem Hrn. Prof. Walch an den Pöseneckischen Pektunkuliten bemerkte Tubuli recti mit den Seenadeln einerley.

Ueber die Originale der Dentaliten zanken sich die heutigen Naturforscher nicht mehr, denn man liefert sie ihnen in großer Anzahl aus der See. Herr D. Martini y), der sie nach der Anleitung seiner Kupfertafeln einzeln beschreibet, giebt davon überhaupt folgende Nachricht: "Die äußere Fläche der Meerzähne ist bey einigen mit feinen, bey andern die Länge herab mit erhabenen Streifen und darzwischen liegenden Furchen besetzt. Inwendig sind sie alle glatt und glänzend. Ihre Farbe ist sehr abwechselnd; an vielen ganz glänzend weiß, an einigen matt grün, wie Kupferwasser, an andern dunkelgrün mit noch dunklern Querbändern. Manche sind purpurfarbig, einige schwärzlich. Die kleinern Meerröhren (Antales) sind theils schimmernd weiß, theils gelblich; einige weiß, mit rosenrother Spitze, andere mit braunen Ringen umgeben, u. s. w. Die ansehnlichsten Stücke von Meerzähnen kommen aus Ostindien." Man hat sie in Ansehung ihrer Geschlechtsgröße von gar verschiedener Art, wie denn Hr. Kohlreuter z) ein sehr gros-

---

v) Walch systematisches Steinreich S. 91.

w) Naturgeschichte des Mineralreichs, Th. I. S. 704.

x) Auch in der Ausfüllung eines Geraischen Gryphiten habe ich einmal eine solche Seenadel gesehen.

y) Konchyliologie, 1ter Band. S. 4.

z) Nov. comment. Academ. scientiar. Petropol. T. X.

großes Gehäuse eines Dentals beschreibt; und dabey zugleich anmerket, daß der Dental ein Amerikanischer Wurm sey. Eben so ist es im Steinreiche. Die Größe der Dentaliten ist gar sehr verschieden. Man findet sie von ⅛ Zoll bis auf 2. 3 Zoll in der Länge. Einige nennen nur die kleinsten Dentaliten Meerröhre, andere aber gebrauchen das Wort als einen gleichgeltenden Geschlechtsnamen.

Die Schriftsteller haben sich eben nicht so gar viel Mühe gegeben, die Dentaliten ordentlich zu klaßificiren, sie führen sie gemeiniglich unter den Tubuliten mit an, ohne sich bey ihnen lange aufzuhalten, doch müssen wir zwey Schriftsteller hievon ausnehmen, deren Eintheilungen wir nun mittheilen wollen.

Der Hr. D. Martini a) hat es in seiner Konchyliologie mit den Originalen unserer Versteinerungen zu thun, die er also eintheilet:

1. Glatte Meerzähne, 2. gestreifte Elephanten- oder Wolfszähne.

a. Gerade. b. Gekrümmte.

Herr Hofr. Walch b) klaßificiret die Versteinerungen dieses Geschlechtes auf folgende Art. Er theilet die Dentaliten ein:

I. In konische, welche nämlich allmählig abnehmen, und sich in eine lange, etwas wenig gekrümmte Spitze endigen.

1. Konische glatte. c)
2. Konische quergestreifte.

a. Einige haben bloße Streifen. Diese Gattung, die allerdings unter die seltenen Dentals gehört, wird in meiner Gegend bisweilen angetroffen. Die Matrix ist eben der sandartige Stein, darinn die andern Dentaliten, die ich in meiner lithographischen Beschreibung der Gegenden um Thangelstedt und Rettewitz ausführlich beschrieben habe, liegen, nur haben die gestreiften allemal eine braune oder schwarze Farbe, da die glatten allemal weiß sind.

b. Andere haben, außer den zarten Cirkelstreifen, noch ringförmige Einschnitte in gleicher Weite, die den Körper gleichsam in gewisse Glieder zu theilen scheinen.

c. Bey noch andern gehen die zarten Querstreifen schiefwärts in die Höhe, und sind dadurch einem zartgewundenen Hörnchen ähnlich. Sie liegen bey Jena.

3. Ko-

---

a) l. c. S. 22. f.
b) Naturgesch. der Versteinerungen, Th. II. Abschn. II. S 277.
c) In der Alaungrube bey Döschnitz, im Schwarzburg-Rudolstädtschen, findet sich eine konische glatte Dentalitenart, die viel Eigenes hat. Sie sitzet in schwarzen runden Kugeln, die sehr veste sind, und beym Zerschlagen allemal in ungewisse Stücke springen, Daher man gar selten einen ganzen Dental erhält. Von dieser schwarzen Farbe der Matrix kommt es ohne Zweifel her, daß die Schale des Dentals ebenfalls kohlschwarz und glänzend ist. Die innere Höhlung des Petrefakts ist zwar nicht mehr hohl, allein sie ist mit einer bräunlichen Erde ausgefüllt, in welcher sich bald mehr, bald weniger Bleykörner zeigen. Der Dental selbst gehet in eine gerade Spitze allmählig aus. Das Merkwürdigste ist, daß die mehresten derselben nicht ganz rund, sondern ein wenig gedruckt sind, welches auch von einem äußern Druck herkommen kann; und daß sie auf der einen Seite ganz kennbare erhöhete Streifen haben, die schief laufen, da die andern drey Seiten ganz glatt sind.

3. Konische in die Länge gestreifte Dentaliten.
a. Einige haben dichte und
zarte, oft unmerkliche Streifen.
b. andere haben zarte einzelne
Streifen.
c. Noch andere haben stark
erhabene Streifen mit tiefen
Furchen.
aa. Eine runde Spitze.
bb Eine eckichte Spitze, die
mehrentheils sechseckicht ist.
d. Noch andere haben tiefe
Furchen, und dazwischen zarte
Streifen.
e. Noch andere haben in die
Länge gehende säge- oder wellenförmige Streifen.
f. Und noch andere haben körnigte Streifen.
4. Konisch gegitterte Dentaliten.
II. Cylindrische Dentaliten, das
sind diejenigen, welche gerade
ausgehen, nicht gekrümmt, auf
beyden Seiten offen sind, und
wo der Durchschnitt des einen
Endes, eben das Maaß hat,
welches dem Durchschnitt des
andern Endes zukömmt:

1. Cylindrische glatte Dentaliten, Seenadeln. Das sind
eben diejenigen, von welchen
wir vorher angemerket haben,
daß sie in dem Pöseneckischen
gefunden werden. Man trift
sie aber auch in den Döschnitzer
Alaungruben, in eben den
schwarzen Kugeln an, wo die
von mir vorher bemerkten konischen Dentals liegen. Sie haben auch eben die schwarze Farbe,
und ihre zarte Höhlung hat ebenfalls merkliche Ueberbleibsel von
Bleykörnern.

2. Cylindrische in die Länge
gestreifte Dentaliten.
3. Cylindrische in die Quere
zart gestreifte Dentaliten.

Vom Werth und der Sel-
tenheit der Dentaliten bemerken
wir folgendes: Da die Dentaliten an gar vielen Orten, und
wo sie liegen gemeiniglich häufig
gefunden werden, so sind diese
Petrefakten überhaupt betrachtet
gar keine Seltenheit. Aber selten
und vom Werthe sind zuförderst
die großen, die den mittlern und
kleinern allemal weit vorgehen.
Ihnen folgen diejenigen, welche
noch ihre natürliche Schale haben; und endlich diejenigen, die
ein achatartiges Wesen angenommen haben, deren Hr. Davila d)
gedenket. Insonderheit sind unter den konischen glatten die von
mir aus der Döschnitzer Alaungrube zuerst bemerkten, ferner
die quergestreiften, die in die
Länge gestreiften, und die gegit-
terten nicht gar so häufig anzutreffen. Die cylindrischen werden überhaupt seltener als die
konischen gefunden, doch kommen unter ihnen die glatten noch
öfterer vor, als diejenigen, die
in die Quere gestreift sind.

Die vorzüglichsten Oerter,
wo sich Dentaliten finden, sind:
Bardi, Birse, Bologna, Bo-
nonien, Döschnitz, Engelland,
Erfurth, Florenz, Franken,
Frankreich, Hessen, Jena, Ita-
lien, Kletbach, Langensalze, Lü-
beck, Lüneburg, Neufchatel,
Pfefferbad, Piemont, Pöseneck,
Prag, Querfurth, Rom, la
Salsa, Schlesien, Schraplau,
Schweiz, Siena, Thangelstedt,
Thürin-

---

d) Catalogue systematique, T. III. S. 283.

Thüringen, Turin, Ukermark, Verona, Weimar, Windischholzhausen.

Im erſten Theile meines Entwurfs einer lithologiſchen Bibliothek habe ich §. 16. die Schriftſteller geſammlet, die von den Dentaliten gehandelt haben.

Zeichnungen liefern

1 Von den natürlichen Dentals: Martini. Syſtem. Konchylienkabinet Band I. Tab. I. fig. 1. 2. 3. 5. Rumph Amboin. Raritätenk. Tab. XLI. fig. 3. 5. 6. J. Gualtieri Index teſtar. Tab. X. E. F. J.

2. Von den verſteinten Dentals: Knorr Samml. von den Merkwürdigk. der Natur Th. II. Tab. I. a. Walch ſyſtem. Steinreich Tab VI. n. 1. Baumer Naturgeſch. des Mineralr. Th. I. fig. 3. 4. Bourguet traité des petrificat. Tab. LVI. fig. 384.

DENTALITES heißen im Franzöſiſchen die vorher beſchriebenen Dentaliten.

DENTALIUM CORDI werden die Porcellanen genennet, ohne Zweifel, weil Cordus, der ſie nicht kannte, ihnen dieſen Namen gab, oder weil er dabey auf die vielen Zähne ſahe, damit die Mundöffnung der Porcellanen gezieret iſt. So ſagt Johnſton: Dentalium, inquit Cordus, eſt conchula marina parva, dentatam rimam habens. S. Porcellaniten.

DENT de Poiſſon petrifiée, heißen im Franzöſiſchen die Gloſſopeters. S. Gloſſopetero.

DENTS de Serpent, heißen im Franzöſiſchen eben dieſelben.

DENTES foſſiles vel petrificati, fr. Dents foſſiles, Dents petrificés. S. Zähne.

DENTES orbiculati werden beym Luid die verſteinten runden und ovalen Fiſchzähne genennet. Sie heißen bey ihm auch Dentes ſcutellati. Da dies die eigentlichen Krötenſteine ſind, ſo werden wir bey dem Worte Krötenſtein mehr davon ſagen.

DENTICULI Elephantis, heißen die Dentaliten, weil die gekrümmten unter ihnen eine Aehnlichkeit mit den Zähnen der Elephanten haben. Sie heißen daher bey den Deutſchen Elephantenzähne, beym Franzoſen Dens d'Elephant, und beym Holländer Olyfants Taanden. Da man aber auch cylindriſche Dentals hat, ſo iſt dieſe Benennung nicht paſſend genug. S. Dentaliten.

DENTS de Chien de Mer ſerrants, heißen im Franzöſiſchen die Gloſſopeters. S. Gloſſopeters.

DENTS foſſiles de Lamie ou de Requin, heißen ebenfalls im Franzöſiſchen die Gloſſopeters. S. Gloſſopetero.

DÉS foſſiles, heißen im Franzöſiſchen die Baadner und Chineſiſchen Würfel. S. Baadner Würfel, Chineſiſche Würfel.

Diamant. S. Demant.

DIAMANT, heißt im Franzöſiſchen und Holländiſchen der Demant. S. Demant.

DIAMANTJES, heißen im Holländiſchen die kleinere Demante. In dem Muſeo Leerſiano S. 197. kommen vor, geelkleurige en rood geaderde Diamantjes, gelbliche roth geäderte Diamantchen; und ruwe Diamantjes, fr. Diamants brutes, rohe Diamantchen. S. Demante.

DIA-

**Diamants** brutes, heißen im Französischen die rohen Demante.

**Diamant-key,** Demantkiesel, werden die weißen und ganz durchsichtigen Kiesel genannt, bey welchen man sich die Art des Wachsthums der Demante vorstellen kann. Wir haben ihrer gedacht, da wir von den Demanten handelten.

**Diamantkiesel.** S. Diamant-Key.

**Diamantkugeln.** franz. Balles de Veld-Quarz avec des noyaux de Cornaline, holl. Veld-Quarz koogeltjes met Cornalynen pitten, sind runde Quarze, die auf die ächten Demante keinen Anspruch machen können. Sie kommen in dem Leerßischen Musäum S. 200. vor.

**Diamas;** heißt im Lateinischen der Demant. S. Demant.

**Diphyitae,** heißen die gleich folgenden Diphyiten.

**Diphyiten,** lat. Diphyitae, Nuclei anomiarum ventricosarum Wall. Concharum nuclei anomiarum ventricosarum Wall. fr. Diphytes, heißen unter den Hysterolithen diejenigen, welche die Zeugungsglieder beyderley Geschlechts zugleich vorstellen. S. Hysterolithen.

**Diphyites,** heißen diese Muscheln im Französischen.

**Disciten,** glatte Jakobsmäntel, lat Pectinitae majores laeves werden die zweyschaligen runden Muscheln genennet, welche glatt, und also ohne Furchen und Streifen sind, am Schlosse aber Ohren haben. Der Name der Disciten ist bey den Schriftstellern nicht eben so gar bekannt, den wir auch nirgends als in dem Walchischen System gefunden haben. Man hat diese Versteinerung sonst mit unter den Jakobsmänteln aufgestellt, und sie glatte Mäntels genennt. Allein ich weis nicht, ob es mit hinlänglichem Grunde geschiehet. Der Name der Pektiniten, der für die Mäntels eigentlich gehöret, kömmt ihnen gewiß nicht zu, da sie nichts haben, was ihnen eine Aehnlichkeit mit einem Kamme geben könnte. So ist auch ihre eine Hälfte nicht so bauchig, als bey den gestreiften Mäntels allemal gefunden wird, sondern, wenn man mehrere Versteinerungen von dieser Gattung unter sich vergleicht, so wird man allemal finden, daß beyde Hälften platt sind. Sie haben daher eine große Gleichheit mit einer flachen Scheibe oder einem Teller, welches auch ohne Zweifel den Grund zu ihrer Benennung gelegt hat

Da sie in dem Steinreiche unter die großen Seltenheiten gehören, sonderlich wenn sie die Größe haben, die einem eigentlichen Mantel zukömmt, so kann man überhaupt von ihnen keine weitläuftigen Nachrichten erwarten. Wir theilen von ihnen die Nachricht mit, die wir aus der Betrachtung mehrerer Stücke selbst gesammlet haben. Man könnte sie überhaupt in größere und kleinere eintheilen, die größere unter die Mäntels, und die kleinere unter die eigentlichen Disciten werfen. Man findet die Disciten entweder mit ihrer natürlichen Schale, oder in Spat verwandelt, oder in bloßen Steinkernen.

kernen. Solche, die ihre Schale noch erhalten haben, sind entweder ganz glatt, oder sie haben höchst zarte Streifen. Die Streifen gehen allemal bogenartig, und die Quere hindurch, an den Ohren aber die Länge hinunter. Selbst an der einen Seite siehet man die Streifen noch ganz deutlich. Diejenigen, die in Spat verwandelt sind, scheinen alle zu den ganz glatten zu gehören, es müste denn seyn, daß durch das Eindringen der gröbern spatartigen Theile, die so subtilen Streifen unkenntlich geworden wären. Die Steinkerne hingegen sind mehrentheils so glatt, als kaum die Muschel seyn kann, wenn sie noch ihre natürliche Schale hat. Ihre Matrix ist gemeiniglich ein bloßer Kalkstein, seltner werden sie in meiner Gegend auf Muschelmarmor gefunden, und in Sandstein sind sie mir nur bisweilen vorgekommen. Ihre Ohren haben sie noch zum Theil unverletzt erhalten, man findet sie aber nicht gar so selten, wo entweder ein Ohr abgebrochen ist, oder wo wohl gar beyde Ohren mangeln. Sie werden um Thangelstedt und Langensalza gefunden, dabey mir immer merkwürdig gewesen ist, daß ich in meiner Gegend nie eine Spur eines wahren Pektiniten entdeckt habe, wo ich doch die Disciten mehrmalen entdeckt habe. In dem Büchnerischen Katalogus werden auch drey Stück Disciten mit gleichen Ohren aus Esperstedt bey Querfurth, und dergleichen auch in Kreide aus Engelland angeführet. Die versteinte Kompaßmuschel, versteende Kompas-Schulp, kommt auch im Museo Leersiano S. 212. und in dem Museo Chaisiano S. 98. vor, sonst aber gedenken die Schriftsteller derselben sehr sparsam, zum Beweise, wie groß ihre Seltenheit im Steinreiche sey.

Diese vorhin genannten Kompasdupletten, welche im lateinischen Amusium, im fr. Sole petrifiée und im holl. Kompas-Schulpen, Maandobletten genennet werden, sind das eigentliche Original der Disciten, sonderlich der größern. Ob sie auch das Original der kleinern Disciten, und diese also noch nicht zu ihrer ganzen Geschlechtsgröße gelanget sind? das kann ich nicht zuverläßig entscheiden. Inzwischen finde ich doch an einem Exemplar aus meiner Gegend, welches ohngefähr die Größe eines Zweygroschenstücks, aber seine vollkommene Schale hat, diejenigen äußern Kennzeichen nicht, welche der Kompasmuschel zukommen. Fast sollte ich also glauben, daß unsre Disciten mehr als Ein Original in der See haben müßten, und daß wir folglich noch nicht alle Originale der Disciten entdeckt hätten.

Die eigentliche Kompasmuschel beschreibet Rumph e) sehr genau, der sie auch hat abzeichnen lassen. Er behauptet von derselben, daß sie mit den Jakobsmuscheln verwandt zu seyn scheine, daher er sich nicht getrauet, sie den eigentlichen Mänteln

---

e) Amboin. Raritätenk. S. 134. vergl. mit Tab. XLV. lit. A. B.

teln beyzuzählen. Er sagt, daß sie aus zwey dünnen runden, und mehrentheils flachen Schalen bestehe, die glatt sind, und nicht, wie die andern Kammmuscheln, erhabene Rippen haben. „Das Merkwürdigste von dieser Muschel ist, fähret er fort, daß die bauchige Schale ganz weiß ist, die flache und weniger bauchige Schale aber ist dunkel leberfärbig, und mit grünen Strichen durchzogen, die sich hinten bey dem Wirbel versammlen, und über die Schale, wie die Striche auf dem Kompas, ausbreiten, dahero sie denn auch diesen Namen bekommen hat. Inwendig aber haben beyde Schalen einige dünne erhabene Ribben, welche nicht ganz bis an Wirbel hinangehen, sondern sich in der Mitte verliehren. Diese Ribben kann man auch außenwendig sehen, wenn man die Schale gegen das Licht hält. Es scheinet also diese Muschel aus zweyen ganz verschiedenen Schalen zu bestehen, welche man nicht zusammen rechnen würde, wenn man sie nicht an einander vestsitzen fände, indem sie hinten am Wirbel in den zwey ausgebogenen Ecken, eben wie die Pektines, mit einem Bändchen vest sitzen."

Wie ich schon angemerket habe, so sind die Disciten auch, kleiner betrachtet, keine allzugemeinen Versteinerungen, die größern aber, oder die versteinten Kompasmuscheln, sind in den Kabinetten die größte Seltenheit.

Wie Rumph am angeführten Orte das Original abgezeichnet hat, also findet man in dem Walchischen System Tab. XIII. n. 2. einige Versteinerungen abgezeichnet.

DISCOIDES, ist beym Klein ein Geschlecht der Seeigel, welches bey ihm unter der zweyten Klasse, nämlich der Catocystorum, d. i. derjenigen Seeigel stehet, welche ihre Abführungsöffnung unten auf der Grundfläche haben. Er führet davon folgenden Grund der Benennung an f): Discoidem appellamus mutato nomine a figura Disci veterum, qui cum vase ligneo tornato convexo-concavo quo nos reliquias ex mensa reponimus comparari potest, Tischkorb, Tellerschüssel. „Klein verstehet unter dem Disco keinen flachen Teller, sondern eine flache Schüssel. Daher setzet er auch hinzu: Differt ab orbe. Er hat dieses Geschlecht Tab. XIV. abstechen lassen. Beym Herrn Hofr. Walch g) stehet diese Gattung der Seeigel, unter den runden sphärischen, bey welchen das Verhältniß ihres Durchmessers auf der Grundfläche zu ihrer Höhe eben so ist, wie bey einer Halbkugel. Hier machen also die Discoidae kein Geschlecht, sondern eine Geschlechtsgattung aus.

Bey andern Schriftstellern wird noch eine andere Gattung von Echiniten, Discoides genennet, nämlich diejenigen, welche rund und flach, und daher einer runden hölzernen Tellerscheibe ähnlich

---

f) Natural. dispos. Echinodermat. S. 26. §. 56.

g) Naturgesch. der Versteinerung, Th. II. Abschn. I. S. 157.

ähnlich sind. Diese nennet Klein Placentas, wir aber werden sie unter dem Namen, Echiniti placentiformes beschrieben.

DOEKE-HUIVEN of Huisjes, heißen im Holländischen die Schifsboote, welche keine Kammern haben. S. Nautiliten.

DOMITIANUS heißt der Smaragd. S. Smaragd.

DOMUNCULA POLYPI werden vom Hebenstreit die Schifsboote ohne Zwischenkammern genennt. Eben diese Namen haben auch die Maleyer, den sie in ihrer Sprache Roema Gorita schreiben. S. Nautiliten.

DONDER-STEENE heißen im Holländischen die gleich folgenden Donneräxte und Donnerkeile. Doch giebt Rumph auch den Echiniten diesen Namen.

Donneräxte, Donnerkeile, Donnersteine, lat. Ceraunia, Betuli, Betuli lapides, Lapides ceraunii, Secures lapideae, Lapides fulminares, Telum fulmineum s. jovis, Cuneus fulmineus, Lithoglyphi arte facti securiformes Wall. Lithoglyphi arte facti cuneiformes: franz. Ceraunites, Pierres de Tonnere, Fulminaire, Pierre fulminaire, Pierre de foudre: holl. Donder-Steene, werden diejenigen Steine genennt, welche die Gestalt einer Axt, oder eines Hammers, oder eines Keils an sich haben, von den Alten aber behauen worden sind, daß sie dieselben zu Streithämmern bey ihren Opfern, oder zu häuslichen Geschäften gebrauchen könnten. Sie werden daher oft in den Gräbern bey den Urnen gefunden. Daher sagt Hr. Schulze h), daß sich die alten Deutschen dieser vom Pöbel so genannten Donnerkeile, als Gewehre oder Streitäxte bedienet hätten, und daß dieselben nach ihrem Tode als Ehrenzeichen, entweder mit auf den Scheiterhaufen, oder in die Urne geleget worden. Man kann auch den Stobäus i) darüber nachlesen.

Die Onomatologie k) giebt uns von ihnen eine ziemlich vollständige und richtige Beschreibung: „Es ist solches ein schwarzer, oder grauer, oder dunkelgelber harter und sehr schwerer Stein, welcher gemeiniglich an dem Orte seines Gleichgewichtes ein Loch hat, und hiebey von verschiedener Gestalt ist. Denn bald ist er wie eine Axt, bald wie ein Hammer, bald wie ein Keil, bald wie eine Pflugschaar, bald wie ein Schlägel gebildet. Zuweilen findet man ihn von ganz metallischer Natur, vornämlich in Ostindien. Er ist bisweilen sieben, bisweilen nur fünf Zoll lang, und drey bis vier Zoll breit, dabey von ungleicher Dicke, so hart, daß er mit der Feile nicht angefeilt werden kann, und kommt einem Kiesel durchgängig sehr nah. Die Ackersleute treffen ihn bisweilen auf ihren Gütern, da er vermöge des Pfluges ausgegraben wird. Ueberhaupt aber ist er entweder ein

---

h) Nachricht von den an verschiedenen Orten in Sachsen gefundenen Todtenköpfen. S. 52.

i) In seinen Opusculis S. 158. f. 159. f.

k) Onomatolog. histor. natural. T. II. S. 768.

ein Belemnit l) oder ein Pyrit, oder Kryſtall, oder ſonſt ein figurirter Stein. Die Sineſer heißen ihn Donnerzahn, weil ſie mit den Indianern dafür halten, daß der Donner ein lebendiges Thier ſey, welches ſich in den Wolken aufhalte." Wir haben hier zur Berichtigung und zur Ergänzung dieſer Erzählung manches zu bemerken. Die Donneräxte und Keile haben nicht allemal die Natur eines Kieſels, denn aus dem Stobäus m) wiſſen wir, daß ſie bald aus Hornſtein, bald aus Achat, bald aus Porphyr, ja aus Kalk-, Topf- und Sandſteinen zugehauen ſind. Eben ſo iſt von jenen Verfaſſern die Größe dieſer Steine nicht genau genug angeben. Was Stobäus n) davon angeführet hat, will ich nicht wiederholen, ſondern an ſeiner Stelle die Nachrichten eines Rundmanns o) mittheilen. Er erzählet, daß Lange einen Donnerkeil von 300 Pfund geſehen habe, daß Happelius einen 3¼ Fuß langen beſchrieben, Paul Lukas aber eines 62 Pfund ſchweren gedenke; und daß man in dem erſten Gemach der Dresdniſchen Kunſtkammer einen ſolchen Stein zeige, der 39 Pfund wiege. Doch ſo viel iſt gewiß, daß die gewöhnlichen Steine dieſer Art 5 bis 7 Zoll in ihrer Länge betragen.

Eigentlich gehören die Donneräxte und Donnerkeile gar nicht in das Steinreich. Sie ſind keine Steine, die der Donner auf die Erde wirft, ſondern ſie ſind wirklich durch die Kunſt alſo bearbeitet worden, wie ich bald beweiſen will. Gleichwol hat ihnen der Aberglaube den Namen Ceraunia nigra, Donnerſteine gegeben, der ſich bis auf unſre Tage erhalten hat; ſie dürfen aber mit den Belemniten und Echiniten, die man ſonſt auch) Donnerſteine hieß, nicht verwechſelt werden. Wie die Meinung, daß dieſe Donnerſteine in der Luft bereitet und auf die Erde geſchleudert würden, wider alle Wahrſcheinlichkeit und phyſiſchen Principien iſt; alſo kommen diejenigen der Sache näher, welche glauben, daß ſie durch die Kunſt ehedem zu gewiſſen Geſchäften zubereitet worden ſind, davon ſonderlich Lave p) ſehr wichtige Gedanken hat.

Herr Joh. Baptiſt Beccaria q) hat die Geſchichte eines bey einem Donnerwetter aus der Luft gefallenen Steines erzählet. Er hält dies für möglich, und glaubt, der Stein ſey von dem Blitze in die Luft geſchleudert worden, ſo wie er durch den elektriſchen Funken, der das Waſſer zerſpritzt, eine hölzerne Kugel zwey auch wol vier Klaftern weit in die Höhe ſprengt. Wenn das wahr iſt, und aus dem letztern das erſte in allen Fällen folgt, ſo würde man

---

l) Den Belemniten hätte der gelehrte Verfaſſer dieſes Artikels hinweg laſſen ſollen. Für unſere erleuchtetern Tage ſchickt es ſich gar nicht mehr, den Belemnit aus dem Thierreiche zu nehmen, und unter die Steine zu legen, welche die Kunſt bearbeitet hat.

m) Opuscul. S. 150. f.
n) Ebendaſ. S. 152. f.
o) Rar. natur. et art. S. 238. f.
p) De telo fulmineo Lipſ. 1766.
q) Epiſt. de electricitate vindice. Turin 1767.

man die Donnersteine der Alten, wenigstens, was die Geschichte betrift, wieder für wahr annehmen müssen.

Daß hingegen die wahren Donnerkeile, Donneräxte und Streithämmer u. d. g. wirklich durch die Kunst bereitet sind, das lehret nicht allein der Augenschein, sondern auch manche Umstände, die dabey angetroffen werden, thun dies ebenfalls dar. Hr. Pastor Herrmann r) in Cassel besaß ein Stück mit zwey Löchern, wo das eine nur angefangen war, das man aber nicht fortgebohret hatte, weil es dem Rande so nahe war. Herr Kundmann s) hat eine Menge solcher Beobachtungen gesammlet. Er sah an einigen der seinen, daß sie das Loch durch einen Bohrer, den man drehen konnte, verfertiget haben. Denn bey dem einen wurde er noch die Cirkels in der Rundung gewahr, bey dem andern aber sahe er, daß sie das Loch auf beyden Seiten eingebohret hatten, weil es nicht genau genug auf einander paßte. Aus dem Helwing bringt er ein Beyspiel bey, wo das Loch nur halb durchbohret war, und aus dem Schütte bemerket er, daß das Loch an der Seite, wo man den Stiel einstecket, bey vielen weiter sey, als auf der gegen über stehenden Seite. Er selbst besaß einen Donnerstein, wo im Loche drey Ringe eingeschnitten waren, vermuthlich darum, damit der Stiel desto vester halten mögte. Das sind lauter redende Beweise, die es

darthun, daß diese Steine ehedem durch die Kunst bearbeitet sind, und daß sie denen Alten zu gewissen Geschäften gedienet haben. Man sollte daher fast nicht glauben, wie gelehrte Männer der Fabel, daß diese Steine in der Luft bereitet werden könnten, Beyfall geben, oder gar nachgrübeln können, wie dieses am füglichsten geschehen könne. Wir wollen einen einzigen Schriftsteller, nämlich einen Happel t) davon anhören. „Der Keil, sagt er, entstehet aus der Materie, die mit den Dünsten in die Luft gezogen, und daselbst durch die Kraft des Versteinerungsgeistes in einen harten Stein verhärtet und verwandelt wird. Diese Materie ist irrdisch, klebricht, grob und schweflicht; aber meist herrührend aus den metallischen Dünsten, die der Versteinerung am meisten fähig sind. Solchergestalt hat man gemerket, daß die Wolken, daraus ein Wetterkeil erzeuget worden, insgemein grünlich, tief und etwas schwarz erscheinen, denn eine solche Wolke ist voll Schwefels und irrdischen Dunstes. Der Keil selber ist so hart wie Eisen, hat nicht allemal einerley Gestalt, und soll, nachdem er seinen Schlag verrichtet, hernach großen Nutzen in der Arzney haben." Es giebt dieser Fabel auch einen großen Stoß, daß bis auf den Avicenna, einen alten berühmten arabischen Arzt, kein einziger alter heidnischer Geschichtschreiber von Donnerkeilen redet, die aus

---

r) Maslographia, S. 166.
s) Rar. nat. et art. S. 239. f.

t) Der kleinen Weltbeschreibung Th. I. Buch II. Kap. 22. S. 130.

aus der Luft fallen sollen. Selbst Seneka, der in seinen Schriften die Natur der Ungewitter fleißig untersuchte, hat von diesen Steinen, die aus der Luft fallen und in Bäume und Häuser einschlagen sollen, nicht ein Wort erwähnet. Da übrigens der Aberglaube so weit gesieget hatte, daß er so gar wußte, wie ein solcher Stein in der Luft erzeuget werden könnte, so folgte dann von sich selbst, daß diesen Steinen allerley Wunderkräfte zugeschrieben wurden. Ich führe sie nicht an, wer aber nach ihnen neugierig ist, der kann unter andern einen Herrmann u), Stobäus v), u. Kundmann w) darüber nachlesen.

Wie die Meynung, daß die Donnerkeile in der Luft erzeuget und vom Donner herunter geschleudert würden, ganz unwahrscheinlich ist, so ist eine andere noch unwahrscheinlicher, daß nämlich diese Steine ehedem eiserne Instrumente gewesen, die durch die Länge der Zeit wären in Steine verwandelt worden. Wir führen den Boodt x) zum Zeugen an, der aber keinen Mann anführet, der dieses behauptet, und diese Meynung, die überhaupt etwas unmögliches zum Grunde legt, ganz unrichtig dadurch widerlegen will, daß man diese Steine allemal da fände, wo es eingeschlagen habe. Boodts Worte sind folgende: „Quia autem omnes isti lapides, vel malleo vel cuneo vel securi vel vomeri vel similibus instrumentis foramina habentibus pro manubrio immittendo, forma simillimi sunt; nonnulli non esse fulminis sagittas, sed ferrea instrumenta, in lapides longo tempore mutata existimarunt. Illorum profecto opinionem probarem, nisi multi fide digni viri reclamarent, qui postquam a fulmine ictae domus aut arbores sunt, se tales lapides in ictus loco reperisse asserunt."

Woher aber die Meynung, daß der Donner dergleichen Steine bey sich führe, und daher diese Steine Donnerkeile genennt worden, gekommen sey? davon gefällt uns die Meynung derer am besten, welche es von dem Gott Thor, der bey den Franken Thunaer hieß, und ein Gott des Donners war, herleiten. Dieser Götze hatte nämlich in manchen Abbildungen einen Hammer in seiner Hand, und der Aberglaube hielt dafür, daß dieser Gott im Donnerwetter dergleichen Hämmer und Keile auf die Erde werfe, welche man daher Thunaerkeile oder Keile des Gott Thor hieß. y). Dieser, den alten Deutschen beygebrachte Aberglaube hat sich nachhero fortgepflanzet, daß man solche Steine noch Donnerkeile nennt, und daß das gemeine Volk glaubt, daß der Blitz beym Einschlagen solche Keile bey sich führe und auf die Erde werfe. Es ist wahr,

---

u) Maslographia. S. 267.
v) Opuscula S. 199. ff.
w) Rar. nat. et art. S. 142.
x) Histor. gemmar. et lapid. Lib. II. Cap. 261.
y) Stobaeus l. c. S. 176.

wahr, es bezeugen viele große Männer, daß man solche Steine an Orten, wo es eingeschlagen hat, bisweilen findet. Allein das beweiset nichts. Denn einmal schlägt es wohl an hundert Orten ein, wo aller Mühe ungeachtet, kein Donnerkeil zu finden ist. Hernach können auch dergleichen Steine entweder durch einen bloßen Zufall an einen solchen Ort gekommen seyn, die folglich lange zuvor, ehe es einschlug, daselbst lagen, oder sie sind wohl gar zur Unterstützung des Aberglaubens dahin gelegt worden; oder es sind gar keine Donnerkeile. Das letztere ist die gegründete Muthmaßung des berühmten Stahl beym Lesser, z) welcher glaubt, daß solche Steine, die man bey einem Donnerschlage bisweilen in der Erde findet, nichts anders wären als eine Schlacke, welche durch den Schlag des Blitzes in der Erde zusammen geflossen wäre, und daher auch gemeiniglich wie eine Eisenschlacke auszusehen pflege. Lesser selbst besaß zwey solche Steine, die er am angezogenen Orte S. 219. sehr genau beschreibet.

Es würde unnöthig seyn, der Oerter zu gedenken, wo sich Donnerkeile finden, da dieselben, sonderlich in den Heidnischen Grabmählern, entweder bey, oder wohl gar in den Urnen gefunden werden. Findet man sie gleich nicht in allen Gräbern, so muß man wissen, daß die alten Heiden ihren Verstorbenen solche Geräthschaften beylegten, mit welchen sie sich in ihrem Leben beschäftiget hatten. Man findet sie auch wohl da, wo man sonst keine Spur eines Grabes entdeckt, allein das gehet auch wohl ganz natürlich zu, da sie sich derselben in ihren Kriegen bedienet, und beym Tode eines Soldaten fielen die Streitäxte, die Hämmer und Keile auf den Erdboden, wo sie verschüttet, aber auch hin und her geführet werden konnten. Herr Gesner a) bemerket, daß sie in Deutschland hin und wieder, vornämlich aber an den Flüssen angetroffen würden.

Die Schriftsteller von den Donnerkeilen habe ich im ersten Band meiner lithologischen Bibliothek §. 18. gesammlet.

Zeichnungen von Donnerkeilen liefern: Stobäus opuscul. Tab. VII. Gesner de rerum fossilium figuris fol. 63. Lange Histor. lapid. figurat. Helvet. Tab. III. lit. A. Helwing Lithograph. Angerburg. Tab. X. fig. 1. und andere.

**Donnerkeile.** S. Donneräxte.

**Donnersteine,** lat. Ceraunia, fr. Ceraunites, Pierres de Tonnere, holl. Donder-Steene, heißen eigentlich die vorher beschriebenen Donneräxte und Donnerkeile. Außerdem aber werden auch die Belemniten und Echiniten Donnersteine genennet, weil man sonst glaubte, daß

---

z) Lithotheologie. S. 216 f.   a) de rerum fossilium figuris. S. 63.

daß sie mit dem Wetter auf die Erde fielen. S. Belemniten und Echiniten.

**Doppelstein,** lat. Crystallus islandica, fr. Cristal d'Islande ou Spath selenitique transparent à double refraction, holl. Selenitische doorzigtige Spath, dewelke alle onder leggende voorwerpen is verdubbelnde, heißt der Isländische Krystall, weil er die Körper, die man durch ihn betrachtet, verdoppelt. S. Crystallus islandica.

DOUPLET SCHULPEN, heißen im Holländischen die zweyschaaligen Muscheln. S. Muscheln.

**Drachensteine,** werden von einigen die Ammoniten genennet. S. Ammoniten. Die Drachensteine, welche Wallerius Calculos animalium Draconis volantis nennet, und welche die Onomatologie im 3. Bande S. 659. f. sehr umständlich beschreibet, gehen uns, wenn sie auch keine Erdichtungen wären, hier nichts an, weil man sie unter die Calculos animalium setzet.

DRACONITAE und DRACONTIAE, heißen bey einigen die Astroiten, quod, sagt Stobäus b) institores nugiuenduli, vt majus pretium mercibus statuerent, e capitibus Draconum in India exemtos esse ejusmodi lapides commenti sunt. S. Astroiten.

DRAGÉES de Tivoli. S. Confetto di Tivoli.

**Dreystrahl,** lat. Trisactis, heißen unter den Seesternen diejenigen, die nur drey Strahlen haben. S. Seesterne.

**Dreyzehnstrahl,** lat. Triscadecactis, heißen die Seesterne, welche dreyzehn Strahlen haben. Linke bildet sie de stellis marinis Tab. XXXII. n. 52. und Tab. XXXIV. n. 54. ab. S. Seesterne.

DRUIP-AGAAT, Tropfachat, ist ein weißer durchsichtiger stalaktitartig gewachsener Achat. Er kömmt in dem Museo van Dishoeckiano S. 42. unter folgender Benennung vor: Transpireerende witte stalactitagtig gegraeyde Druip-agaat.

DRUSA pyritacea, heißt der Markasit. S. Markasit.

DRUSA selenitica und DRUSA spatica. S. Spathe.

**Drusen,** lat. Drusa, franz. Drusens, Druses. S. Steindrusen.

DRUSENS und DRUSES, heißen franz. die Steindrusen. S. Steindrusen.

**Drusigter Spath,** lat. Drusa spatica, franz. Spath groupé, holl. Drusige Spath, wird der Spath genennt, wenn er drusigt gewachsen ist. S. Spathdruse.

---

b) Opuscul. S. 130.

Dryites, wird das versteinte Eichenholz genennet. S. Holz.

Duckstein, heißt der Topfstein. S. Topfstein.

Dun-Ichaltjes versteende, heißen im Holländischen die Telliniten. S. Telliniten.

Duttlinstein, heißen nach dem Zeugniß des Herrn Bertrand c), die Echiniten. Ich habe außerdem diesen Namen bey niemand gelesen. S. Echiniten.

Dytisci, heißen die versteinten Wasserkäfer. Ob es dergleichen im Steinreiche gebe? werde ich bey dem Worte Insekten untersuchen. S. Entomolithen.

---

c) Diction. des fossils T. II. S. 100.

## Ende des ersten Theils.

---

Da der erste Theil nicht völlig 1½ Alphabet beträgt, so wird man den respekt. Herrn Pränumeranten auf den folgenden Theil vier Groschen gut schreiben.